Ekkehard Lippert · Roland Wakenhut (Hrsg.)

Handwörterbuch
der Politischen Psychologie

Westdeutscher Verlag

CIP-Kurztitelaufnahme der Deutschen Bibliothek

Handwörterbuch der politischen Psychologie/
Ekkehard Lippert; Roland Wakenhut (Hrsg.). —
Opladen: Westdeutscher Verlag, 1983.
    (Studienbücher zur Sozialwissenschaft;
    Bd. 46)
    ISBN 3-531-21557-4

NE: Lippert, Ekkehard [Hrsg.]; GT

© 1983 Westdeutscher Verlag GmbH, Opladen
Umschlaggestaltung: studio für visuelle kommunikation Düsseldorf
Druck und buchbinderische Verarbeitung: W. Langelüddecke, Braunschweig
Alle Rechte vorbehalten. Auch die fotomechanische Vervielfältigung des
Werkes (Fotokopie, Mikrokopie) oder von Teilen daraus bedarf der
vorherigen Zustimmung des Verlages.
Printed in Germany

ISBN 3-531-21557-4

Vorwort

Das vorliegende Buch ist innerhalb einer Studienbuchreihe erschienen. In gewisser Weise dienten das bereits seit längerer Zeit vorliegende „*Wörterbuch zur politischen Ökonomie*" und das jüngst publizierte „*Handwörterbuch zur politischen Kultur der Bundesrepublik Deutschland*" als formale wie auch inhaltliche Anknüpfungspunkte.
Inhaltliche Begrenzungen ergaben sich zunächst durch den ins Auge gefaßten Umfang des Buches. Auch die bislang eher sporadische Beschäftigung der Sozialwissenschaften mit Themen einer Politischen Psychologie, deren Konzeption in der nachfolgenden Einleitung diskutiert wird, wirkte sich letztlich im Sinne eines *Selektionsrasters* für den Stichwortkatalog aus. Denn für einige der derzeit aktuellen bzw. sich für die absehbare Zukunft dringlich stellenden gesellschaftlichen Fragestellungen steht die Aufarbeitung durch die Politische Psychologie noch aus. Um nur ein Beispiel zu nennen: Über die individuellen wie gesellschaftlichen Voraussetzungen von Krieg und Frieden liegen allenfalls rudimentäre Forschungsergebnisse vor. Ein weiteres Kriterium für die Auswahl der Stichworte ergab sich implizit auch aus der Situation der Forschung: Gemeint ist die (subjektive) Auseinandersetzung der Herausgeber mit dem sozialen und politischen Wandel. Um die schließlich resultierende Stichwortliste weder zu subjektiv – auf die Bewertungen der Herausgeber ausgerichtet –, noch zu zeitabhängig, d.h. auf momentane Verhältnisse zugeschnitten, geraten zu lassen, wurde die Planung des Wörterbuchs mehrmals mit interessierten Fachkollegen diskutiert. Dessenungeachtet spielte der bei der Festlegung von Wörterbüchern der vorliegenden Art allfällige Konflikt zwischen dem Bemühen, über ein möglichst in jeder Hinsicht komplettes Stichwortinventar Vollständigkeit zu erreichen, und dem Bestreben der Autoren, ihre Beiträge möglichst informativ, also auch umfassend zu gestalten, für die inhaltliche Konzeption eine Rolle. Somit sind die Anzahl der Stichworte, ihre inhaltliche Bestimmung und ihr Umfang letztlich Ergebnis eines Kompromisses zwischen den genannten unterschiedlichen Rahmenbedingungen und Interessen.
Die Herausgeber sind der Überzeugung, eine im guten Sinn *pluralistische* Auswahl der Autoren getroffen zu haben. Dies bezieht sich nicht nur auf die fachliche Herkunft oder die Einbindung in die Hierarchien des Wissenschaftsbetriebes, sondern auch und vor allem auf die verschiedenen möglichen theoretischen Sichtweisen, unter denen Themen der Politi-

Vorwort

schen Psychologie betrachtet werden können. Ein an dieser Stelle besonders angebrachter Dank richtet sich an diejenigen der Autoren, die kurzfristig für nicht absehbare „Ausfälle" eingesprungen sind.

Das „Handwörterbuch der Politischen Psychologie" hat folgenden Aufbau:
- *Verzeichnis der Stichworte* in alphabetischer Reihenfolge mit Seitenverweis
- *Verzeichnis der Autoren* und der von ihnen abgehandelten *Stichworte* in alphabetischer Reihenfolge
- *Einführung* in das Problemfeld der Politischen Psychologie.
  Diese eher als editorische Notiz denn als programmatischer Vorspann für das Nachfolgende verstandene Ausarbeitung soll nach den Vorstellungen der Herausgeber vor allem dazu beitragen, die Sensibilität des Lesers für einen die herkömmlichen Pfade akademischer Psychologie verlassenden und nicht nur deshalb „neuen" Ansatz zu wecken.
- *Stichworte* in alphabetischer Reihenfolge
  Vor dem jeweiligen Text stehen *Querverweise* auf andere im vorliegenden Zusammenhang wesentlich erscheinende Stichworte. Kommen andere Stichworte im Text selber vor, so sind sie in *kursiver* Schrift und einem Hinweispfeil → versehen. Inhaltliche Überschneidungen zwischen den Stichworten sind im Interesse einer möglichst abgerundeten Darstellung erhalten geblieben. Am Ende der Einzelbeiträge finden sich Hinweise auf die im jeweiligen Kontext vom Verfasser als besonders wichtig eingestufte *Literatur*.
- Der Band wird abgeschlossen durch ein *Personen-* und ein *Sachregister*.

Augsburg und München, im Februar 1982

Ekkehard Lippert
Roland Wakenhut

Verzeichnis der Stichwörter

Einführung 11

Aggression (W. Kempf) 19
Angst (D. Kuhne) 26
Anomie (R. Wakenhut) 35
Autoritarismus (W. Gessenharter) 39

Bürgerinitiativen (M. Schenk) 48

Demoskopie (V. Ronge) 57
Diskriminierung (B. Six) 67
Dogmatismus (H. A. Hartmann) 72

Entfremdung (T. Krämer-Badoni) 83
Ethnozentrismus (E. Lippert & R. Wakenhut) 88

Friedensforschung (D. Wagner) 96
Führung (D. Stuart) 103

Gesellschaftsbild (J.-U. Sandberger) 112

Internationaler Konflikt (E. Weede) 125

Konformität (P. Steck) 130
Konservatismus (W. v. Bredow) 136

Loyalität (O. Massing) 143

Machiavellismus (H.-J. Henning) 170
Methodologie und Methoden (U. Peltzer) 178
Militarismus (E. Lippert) 189
Moral (G. Lind) 196

Öffentliche Meinung (E. Schreiber) 204
Organisationen (P. Barth) 215

Parteipräferenz (H.-D. Klingemann) 224
Partizipation (M. Kaase) 229
Politisches Bewußtsein (T. Leithäuser) 239
Politisches Lernen (R. Krieger) 255
Propaganda (G. Räder) 267
Protest (D. Fuchs) 276
Psychobiographie (D.-D. Hartmann) 283

Verzeichnis der Stichwörter

Sicherheitsdenken (B. Meyer) 289
Sozialisationsforschung (B. Claußen) 298
Terrorismus (E. Hennig) 308
Vertragsprinzipien (L. Kern) 317
Vorurteil (B. Six) 326
Wählerverhalten (J. Falter) 335
Wirkungsforschung (M. Schenk) 346
Zwischenstaatliche Beziehungen (D. Schössler) 357

Sachregister 365
Autorenregister 371

Verzeichnis der Autoren

Barth, Peter: Dipl.-Ing., Dipl. Sc. pol., Forschungsinstitut für Friedenspolitik, Starnberg. Stichwort: Organisationen.
von Bredow, Wilfried: Dr., Professor, Universität Marburg. Stichwort: Konservatismus.
Claußen, Bernhard: Dr., Professor, Universität Hamburg. Stichwort: Sozialisationsforschung.
Falter, Jürgen: Dr., Professor, Hochschule der Bundeswehr, München. Stichwort: Wählerverhalten.
Fuchs, Dieter: Dipl.-Soz., Zentrum für Umfragen, Analysen und Methoden (ZUMA), Mannheim. Stichwort: Protest.
Gessenharter, Wolfgang: Dr., Professor, Hochschule der Bundeswehr, Hamburg. Stichwort: Autoritarismus.
Hartmann, Dieter-Dirk: Dr., Dr., Tübingen. Stichwort: Psychobiographie.
Hartmann, Hans Albrecht: Dr., Professor, Universität Augsburg. Stichwort: Dogmatismus.
Hennig, Eike: Dr., Professor, Gesamthochschule Kassel. Stichwort: Terrorismus.
Henning, Hans-Jörg: Dr., Professor, Universität Bremen. Stichwort: Machiavellismus.
Kaase, Max: Dr., Professor, Universität Mannheim. Stichwort: Partizipation.
Kempf, Wilhelm: Dr., Professor, Universität Konstanz. Stichwort: Aggression.
Kern, Lucian: Dr., Wissenschaftlicher Oberrat, Sozialwissenschaftliches Institut der Bundeswehr, München. Stichwort: Vertragsprinzipien.
Klingemann, Hans-Dieter: Dr., Professor, Freie Universität Berlin. Stichwort: Parteipräferenz.
Krämer-Badoni, Thomas: Dr., Professor, Universität Bremen. Stichwort: Entfremdung.
Krieger, Rainer: Dr., Akademischer Rat, Universität Gießen. Stichwort: Politisches Lernen.
Kuhne, Diethard: Dr., Gesamthochschule Wuppertal. Stichwort: Angst.
Leithäuser, Thomas: Dr., Professor, Universität Bremen. Stichwort: Politisches Bewußtsein.

Verzeichnis der Autoren

Lind, Georg: Dr., Zentrum I Bildungsforschung an der Universität Konstanz. Stichwort: Moral.

Lippert, Ekkehard: Dipl.-Psych., Wissenschaftlicher Direktor, Sozialwissenschaftliches Institut der Bundeswehr, München. Stichworte: Ethnozentrismus, Militarismus.

Massing, Otwin: Dr., Professor, Universität Hannover. Stichwort: Loyalität.

Meyer, Berthold: M. A., Hessische Stiftung Friedens- und Konfliktforschung, Frankfurt. Stichwort: Sicherheitsdenken.

Peltzer, Ulf: Dr., Akademischer Rat, Universität Augsburg. Stichwort: Methodologie und Methoden.

Räder, Georg: Dr., Wissenschaftlicher Rat, Sozialwissenschaftliches Institut der Bundeswehr, München. Stichwort: Propaganda.

Ronge, Volker: Dr., Infratest Sozialforschung, München. Stichwort: Demoskopie.

Sandberger, Johann-Ulrich: M. A., Zentrum I Bildungsforschung an der Universität Konstanz. Stichwort: Gesellschaftsbild.

Schenk, Michael: Dr., Akademischer Rat, Universität Augsburg. Stichworte: Bürgerinitiativen, Wirkungsforschung.

Schreiber, Erhard: Dr., Akademischer Oberrat, Universität München. Stichwort: Öffentliche Meinung.

Schössler, Dietmar: Dr., Arbeitsgruppe Sicherheitspolitik an der Universität Mannheim. Stichwort: Zwischenstaatliche Beziehungen.

Six, Bernd: Dr., Professor, Universität Göttingen. Stichworte: Diskriminierung, Vorurteil.

Steck, Peter: Dr., Universität Würzburg. Stichwort: Konformität.

Stuart, Douglas: Ph. D., University of Southern California, München. Stichwort: Führung.

Wagner, Dietrich: Dr., Hochschule der Bundeswehr, München. Stichwort: Friedensforschung.

Wakenhut, Roland: Dr., Dr., Professor, Universität Augsburg. Stichworte: Anomie, Ethnozentrismus.

Weede, Erich: Dr., Professor, Universität zu Köln. Stichwort: Internationaler Konflikt.

Einführung

Begründungszusammenhang. – Gesellschaftlich-politische Ereignisse und Entwicklungen der jüngsten Vergangenheit, wie z. B. Jugendprotest und -apathie, Friedensbewegung, das Entstehen von Subkulturen, von Bürgerinitiativen und von Terrorismus von rechts wie von links, haben im etablierten politischen System beträchtliche Unruhe erzeugt. Mit dem Kanon herkömmlicher politischer Handlungsroutinen war und ist sie nicht mehr zu beseitigen. In der Folge wurde und wird seitens des politischen Systems an die Wissenschaft, speziell an die Sozialwissenschaften, vermehrt die Frage nach Erklärungen dieser Phänomene gestellt. Dies geschieht in der stillen oder auch vernehmlich geäußerten Erwartung, konkrete, politisch handhabbare Hilfestellungen für ein Management der Krisen zu erhalten. Daß die Sozialwissenschaften letztlich aufgrund ihrer selbstgewählten Praxisferne, ihres herkömmlichen Selbstverständnisses und der oft akzidentellen Problemstellungen solche Erwartungen nur unter bestimmten Voraussetzungen und nur zu einem Teil erfüllen konnten und können, braucht an dieser Stelle nicht weiter erläutert zu werden. Unbeschadet dieser Umstände werden die Sozialwissenschaften angesichts immer weniger absehbarer bzw. zunehmend eingeengter Handlungsmöglichkeiten der Politik vermehrt instrumentell herangezogen, um Effektivität und Effizienz (oder auch nur die Existenz) des politischen Systems aufrecht zu erhalten und zu gewährleisten. Ausgeklammert bleiben dabei freilich die Handlungs*prämissen* der politischen Entscheidungsträger, die als *vorgegeben* einer kritischen Analyse durch die sozialwissenschaftliche Auftragsforschung entzogen sind (vgl. Offe 1977).

Aber auch unabhängig von den tagespolitischen Ereignissen wird vermehrt ein allgemeiner Bedarf nach „Psychologie in der Politik" angemeldet. Grob gesprochen geht es dabei um zweierlei: Einmal um Probleme, die sich aus der Disparität zwischen Verfassungsnormen und Verfassungswirklichkeit, speziell zwischen den Anforderungen einer Ideal-Vorstellung von Gesellschaft und dem Verhalten der Individuen ergeben, und zweitens um die subjektiven Faktoren des Funktionierens einer Parteiendemokratie.

Diese vermehrte Inanspruchnahme der Sozialwissenschaften durch politische und administrative Instanzen wird innerhalb der sozialwissenschaftlichen Fachdisziplinen größtenteils durch eine an konkrete Praxis-

Einführung

felder auch des politischen Systems gebundene *Spezialisierung* zu beantworten gesucht. Am Ende dieses Weges scheint die Kumulierung großer Mengen von unzusammenhängendem Wissen und die Auflösung der traditionellen Fachdisziplinen zu stehen. In der Soziologie beispielsweise beobachtet König (1977) mit Sorge, daß diese Fachdisziplin immer weniger in der Lage sei, die gesellschaftlichen Realitäten zu begreifen. Als Reaktionen auf diese nicht zu übersehende Entwicklung konstatiert Beck (1982, S. 6):

„... professionelle Selbstbespiegelung, Selbstanklagen, Selbstrechtfertigungen haben Hochkonjunktur: *an Stelle von Gesellschaft wird Soziologie sich selbst zum Gegenstand.*"

Die fortschreitende Parzellierung etwa der Soziologie in sog. „Bindestrich-Disziplinen" (z. B. Industrie-Soziologie, Medizin-Soziologie usw.) dürfte, das ist prognostizierbar, in eine Auflösung der Fachidentität zugunsten einer Vielzahl von problem- und auftragsbezogenen Ansätzen einmünden. Daß andererseits gerade darin die Chance liegt, durch eine von mehreren Fachdisziplinen getragene, gemeinsame Bearbeitung eines Problems zu einer *interdisziplinären* Neuorientierung in den Sozialwissenschaften zu gelangen, hat Beck (1982) deutlich gemacht.

Für die Entwicklung und derzeitige Situation der Psychologie lassen sich ebenfalls die skizzierten Trends nachweisen. Zwar kann einer der Soziologie vergleichbaren Identitätskrise des Fachs (noch) nicht das Wort geredet werden, es mehren sich aber die Anzeichen für eine fortschreitende Ausdifferenzierung der Psychologie in untereinander nur noch wenig verbundene Fachgebiete. Am anschaulichsten zeigt sich dies an der inflationären Ausweitung der sogenannten *Angewandten Psychologie,* die von Umweltpsychologie über Verkehrs- und Wirtschaftspsychologie bis hin zur Psychologie der Planung und Beratung nahezu alle gesellschaftlichen Bereiche abzudecken beansprucht – nicht zuletzt auch die Politik via Politischer Psychologie (PPs). Hinzu kommen Bestrebungen in der einschlägigen psychologischen Diskussion, sich, anders als es in den traditionellen Fachgebieten der Allgemeinen, Sozial- und Persönlichkeitspsychologie der Fall ist, an Praxisfelder, mit Beck (1982) gesprochen, zu „assimilieren" und dabei die psychologische „nur noch" als eine unter mehreren möglichen Sichtweisen eines Problems zu begreifen.

Die neuere Entwicklung der PPs hat analoge Züge. Vorab ist zunächst feststellbar, daß sich – zumindest im deutschen Sprachraum – eine eingehende thematische Auseinandersetzung erst zu Beginn der 70er Jahre herauskristallisierte; dies obgleich die PPs weit auf Freud (1923), Le Bon (1910) und Lasswell (1948) zurückreichende historische Wurzeln hat und sich psychologisierende Politikwissenschaftler oder politische Philosophen schon im Altertum ausfindig machen lassen. Fragen an die Psychologie seitens der Politikwissenschaft, z. B. nach der Genese von politischen Handlungsmustern oder nach psychologischen Hypothesen über die Entstehung von Aggression, Fragen aus der Soziologie nach den mit der Makroebene gesellschaftlicher Prozesse korrespondierenden individuellen Einstellungsmustern, aber auch Fragen aus dem Handlungsfeld der Politik etwa nach dem Bedingungszusammenhang der Studentenbewegung, nach der Umsetzbarkeit theoretischer Konzepte politischer Bildung in pädagogische Praxis oder nach den Voraussetzungen individueller Wahlentscheidungen haben dazu beigetragen, daß sich so etwas wie ein *Forschungsansatz PPs* konstituieren konnte. Damit geht einher, daß speziell in der Politikwissenschaft dem *„subjektiven Faktor"* für die Aufklärung politischer Prozesse mehr und mehr Bedeutung beigemessen wird. Sehr deutlich läßt sich dies vielleicht durch Raschkes (1980) Analyse des „politischen Paradigmas" und des sich abzeichnenden Paradigmenwechsels verdeutlichen. Unter politischem Paradigma versteht er die vorherrschende „allgemeinste Sichtweise dessen, was primär als Gegenstand und Aufgabe der Politik gilt". Anhand von neuen Themen in der Politik wie Ökologie und Umweltschutz, bisher unbekannten sozialen Bewegungen wie Bürgerinitiativen und Alternativbewegungen und von neuen gesellschaftlichen Perspektiven wird ein neues politisches Paradigma identifiziert, das der *Lebensweise*. Im Lebensweiseparadigma wird das *Individuum* in seinem Lebensvollzug mit seinen Bedürfnissen, Werthaltungen und Aktivitäten *direkt* zum Bezugspunkt von Politik.

Von einer Fachdisziplin PPs im traditionellen Sinn kann trotzdem nicht gesprochen werden. Denn die PPs mußte sich von Anfang an ihr Praxisfeld mit anderen sozialwissenschaftlichen Disziplinen teilen. Hier kommt die nur geringe Einbindung der PPs in die vom universitären Lehr- und Forschungsbetrieb geprägten Disziplinen Psychologie und Politikwissenschaft hinzu. So ist die PPs bis heute in den entsprechenden Studiengängen weder als Prüfungsfach für Psychologen noch für Politologen vorgesehen, noch ist sie an den Politikwissenschaftlichen oder Psychologischen Instituten durch regelmäßige Lehrveranstaltungen oder gar personell durch Hochschullehrer besonders ausgewiesen.

Demgegenüber steht eine Reihe von Versuchen, die PPs formell innerhalb der berufsständischen bzw. wissenschaftlichen Vereinigungen zu institutionalisieren. In der Bundesrepublik sind diese Bemühungen seitens der Psychologie insbesondere mit dem Namen von Walter Jacobsen verknüpft. Ihm war es bereits im Jahre 1958 gegen etliche Widerstände geglückt, eine „Sektion Politische Psychologie" innerhalb des Berufsverbandes Deutscher Psychologen (BDP) zu gründen. Diese Sektion führte lange Jahre eher ein Schattendasein, nicht zuletzt wegen weitreichender Vorbehalte gegenüber einer im Sinne des Wortes politischen, d. h. parteilichen und damit nicht mehr „objektiven" Psychologie. Die enge Ver-

Einführung

flechtung der deutschen mit der angelsächsischen Psychologie, die via einer Überbetonung psychometrischer Verfahren Objektivität für ihre Ergebnisse beanspruchte, verhinderte überdies eine Beschäftigung mit Fragestellungen der PPs. Die Studentenbewegung von 1968 und der Positivismusstreit in der Soziologie, der in der Psychologie mit einiger zeitlicher Verzögerung und eher beiläufig rezipiert wurde, haben den *politischen* Gehalt psychologischer Fragestellungen und Erkenntnisse stärker bewußt gemacht. Erst nachdem in den USA im Jahre 1973 das von Jeanne Knutson herausgegebene „*Handbook of Political Psychology*" erschienen und dann im Jahre 1977 als fachübergreifende wissenschaftliche Gesellschaft die „*International Society of Political Psychology (ISPP)*" gegründet worden war, wurde auch die Sektion PPs im BDP wieder zu einem Forum der thematischen Diskussion. Teilweise davon unabhängig, teilweise personell mit der Sektion PPs verschränkt, formierten sich zudem seit den frühen 70er Jahren auf der Basis gemeinsamen Interesses einige informelle Gruppierungen von Sozialwissenschaftlern unterschiedlichster Provenienz (z.B. der Arbeitskreis PPs der Deutschen Vereinigung für Politische Wissenschaft, DVPW). Diese Gruppierungen traten wiederholt mit Tagungen und Publikationen an die Öffentlichkeit (z.B. jüngst K.D. Hartmann 1980; J.A. Schülein et al. 1981, H.-D. Klingemann & M. Kaase 1981). Der im Jahre 1981 – erstmals außerhalb der USA – in Mannheim abgehaltene Kongreß der ISPP kann als ein vorläufiger Höhepunkt unter dem Aspekt der formalen Konstituierung der PPs gelten.

Versucht man an dieser Stelle ein vorläufiges Resümee zur Situation der PPs zu ziehen, so kann nicht nur eine zunehmende Nachfrage nach PPs durch Politik und Administration festgestellt werden, sondern es lassen sich auch etliche Versuche beobachten, die PPs als einen neuen problemorientierten und interdisziplinär angelegten Ansatz institutionell zu verankern und dies durch formell-organisatorische Aktivitäten nach außen zu dokumentieren. Die PPs ist damit an einem Punkt angelangt, an dem zwar noch nicht von einer Konsolidierung hin zu einer eigenständigen, genauer umreißbaren sozialwissenschaftlichen Disziplin gesprochen werden kann, aber doch von einer Zwischenphase dorthin, die eine Bestandsaufnahme rechtfertigt und auch nahelegt.

Definitorische Probleme. – Der Versuch einer *definitorischen Eingrenzung und Kennzeichnung von PPs* kann von den beiden bereits genannten Charakteristika der PPs ausgehen, ihrem interdisziplinären Anspruch und ihrer Anwendungsorientierung. Dabei liegt es nahe, zunächst eine Abgrenzung von der akademischen Fachdisziplin Psychologie und insbesondere von der Sozialpsychologie zu leisten. Eine solche Grenzziehung ist auch erforderlich, weil noch immer, wenn auch meist nicht ausdrücklich, die PPs als ein Teilgebiet der Sozialpsychologie reklamiert wird. Die PPs ist sicherlich *auch* mit der „personalen Seite politischer Prozesse" befaßt und soweit kann Baeyer-Katte (1980) zugestimmt werden, allerdings nur unter bestimmten Voraussetzungen. Denn eine Subsumierung der PPs unter die vornehmlich von der angloamerikanischen Forschungstradition geprägte Sozialpsychologie, die sich als genuin apolitisch sieht bzw. die politischen Implikationen ihres Tuns nicht erkennt oder wahrhaben will, hätte für die PPs zumindest zwei Konsequenzen. Einmal läge es nahe, den Methodenkanon der Sozialpsychologie mit seinen quantifizierenden, „standardisierten" Verfahren zu übernehmen und anzuwenden. Damit würden implizit auch alle inhaltlichen Restriktionen und Modellannahmen, die für diese Verfahren kennzeichnend sind, übernommen und die Untersuchung etlicher Phänomene und Problembereiche, die sich solchen Verfahren entziehen, würde weniger wahrscheinlich oder mit letztlich inadäquaten Methoden durchgeführt. Zum anderen verengt und verfälscht eine Reduktion der PPs auf ein genuin psychologisches Fachgebiet die Betrachtung politischer Prozesse. Zu wenig berücksichtigt bzw. sogar ausgeklammert würden die von Jacobsen (1976) so benannten „überpersonalen Erscheinungen von politischer Relevanz", wie Gesellschaftsstruktur, kulturelle Normen oder kollektive Entscheidungen. Zudem gilt es, diese überpersonalen Erscheinungen *nicht* als zur personalen Bedingtheit politischer Prozesse *additiv* wirkende Faktoren oder als intermittierende Variablen zu betrachten, sondern gerade die Zusammenhänge und Wechselwirkungen von personalen *und* sozialen Faktoren zu untersuchen. Würden z.B. politische Einstellungen, operationalisiert und gemessen mit den Skalen der traditionellen Einstellungsforschung, zum zentralen Analysegegenstand der PPs, so könnte der entscheidende *Vermittlungszusammenhang* zwischen individuellen Bewußtseinsstrukturen und den Parametern des politischen Systems gerade nicht erfaßt werden. Die am Individuum erhobenen Einstellungen würden ihm auch *ursächlich* zugeschrieben, d.h. die Verantwortung für seine politischen Einstellungen werden dem Individuum angelastet. Eine Aussage der Art: „13 % der Bevölkerung in der Bundesrepublik haben ein ideologisch geschlossenes rechtsradikales Weltbild", wie sie aus der 1981 vom SINUS-Institut vorgelegten Untersuchung über Rechtsextremismus hervorgeht, ist entsprechend solange als verkürzt zu bezeichnen, als nicht auch die gesellschaftlichen und politischen Strukturen namhaft gemacht werden, auf die diese Befunde hinweisen und die das Entstehen eines solchen Weltbildes *nicht* bewirken, aber *mitbedingen*. Genuin für die PPs stellt sich somit das Problem einer Konzeptualisierung der Beziehung von Individuum und Institution, wie sie in der Debatte zwischen Arnold Gehlen und Jürgen Habermas in den 60er Jahren berührt, aber bis heute noch nicht zufriedenstellend gelöst wurde.

Einführung

Für die PPs ergibt sich mithin als Forderung, politische Prozesse auf mehreren unterschiedlichen Betrachtungsebenen zu erfassen und zu untersuchen, so wie dies ähnlich Geulen und Hurrelmann (1980, S. 65) für die Sozialisationsforschung fordern. Neben der intrasubjektiven wäre demnach die intersubjektive oder Gruppenebene, die Ebene der Organisationen und Verbände und schließlich die gesellschaftliche wie die zwischenstaatliche Ebene zu berücksichtigen. Diese Ebenen sind nicht als isolierte, voneinander unabhängige, sondern als wechselseitig abhängige Perspektiven zu verfolgen, auf und zwischen denen die als interaktionistisch zu begreifenden politischen Prozesse stattfinden. Gerade wegen dieses Stellenwertes einer interaktionistischen Betrachtungsweise kann dann PPs nicht nur alleiniges Betätigungsfeld der herkömmlichen Politikwissenschaft sein. Sie ist eben etwas anderes als eine ,,allgemeine politische Theorie auf psychologischer Basis" (Davies 1973).

Für eine erschöpfende Analyse reicht es auch nicht hin, nur aktuell gegebene politische Prozesse abzubilden. Erst eine Einbeziehung ihrer *historischen* Dimension führt zu einem umfassenderen Verständnis. Auch hierin unterscheidet sich die PPs zentral von der Sozialpsychologie. Letztere, sieht man von der sogenannten analytischen Sozialpsychologie nach Fromm (1970) einmal ab, kann sowohl nach ihren theoretischen Entwürfen wie nach den verwendeten Methoden als überwiegend ahistorisch bezeichnet werden.

Ein weiteres, entscheidendes Kennzeichen der PPs folgt schließlich aus ihrer Problem- bzw. Anwendungsorientierung. Eindringlicher vielleicht als in der sonstigen sozialwissenschaftlichen Auftragsforschung stellt sich in der PPs zunächst die Frage nach der Verantwortlichkeit des Forschers und damit auch nach der Wertfreiheit von Forschung. Für die PPs betont Jacobsen (1976):

,,Mit der Einbeziehung eines Anwendungszweckes für die politisch-psychologischen Erkenntnisse entsteht – ebenso wie bei allen anderen angewandten Wissenschaften – eine zusätzliche Verantwortlichkeit, die über rein wissenschaftliche Verantwortung hinausgeht."

Angesichts dieser zusätzlichen Verantwortlichkeit kann sich die PPs nicht darauf zurückziehen, ,,neutrale" oder ,,apolitische" Erkenntnisse zu liefern. Dies zeigt sich schon an der bisherigen Entwicklung der PPs. Sie hat sich im historischen Rückblick fast immer als Reaktion auf zeitnahe politische Veränderungen artikuliert, beginnend bei Le Bons und Freuds Überlegungen zur Massenpsychologie bis hin zu den jüngsten Untersuchungen über Protestbewegungen. Aber nicht nur vom Verwertungszusammenhang her wird der normative Gehalt der PPs einsichtig. Die Entscheidung zugunsten spezifischer theoretischer Ansätze, die Auswahl einer methodologischen Position wie auch die Verwendung von bestimmten Verfahren und Methoden zur Datengewinnung haben normative Voraussetzungen und Implikationen. So beinhaltet eine Beschränkung etwa auf die intra- und intersubjektive Betrachtungsebene a priori die Annahme, daß die gesellschaftlichen Verhältnisse als irrelevant außer Betracht bleiben können. Der im Feld der PPs Tätige kommt somit nicht umhin, seine Prämissen und seine Interessen deutlich offenzulegen. Diese können nicht mittels einer willkürlichen, beliebig legitimierbaren Entscheidung ausgewählt werden. Sie haben sich an der praktischen Bedeutsamkeit für je wünschenswert gehaltene gesellschaftliche Entwicklungen zu orientieren, wie sie etwa durch den Anspruch einer demokratischen Verfassung vorgezeichnet sind. So lassen sich denn auch Forschungen und Ergebnisse der PPs danach bewerten, inwieweit sie einen Beitrag zur Verwirklichung von Verfassungsprinzipien leisten. Unabhängig davon ist natürlich gleichermaßen die individuelle wissenschaftliche Verantwortung des Forschers als Bewertungskriterium gefordert. Diese ist, wie Kant und Jaspers deutlich gemacht haben, immer auch eine *politisch-moralische*.

Versucht man abschließend anhand der bisherigen Kennzeichnung eine nähere begriffliche Bestimmung von PPs zu geben, so ließe sich folgendes vorläufiges Fazit formulieren:

PPs ist ein *interdisziplinär* ausgerichteter, psychologischer Ansatz, der sich mit den Interaktionen – auch unter *historischer* Perspektive – zwischen den verschiedenen Betrachtungsebenen politischer Prozesse (intra- und intersubjektive Ebene, Ebene der Verbände und Organisationen, gesellschaftliche und zwischenstaatliche Ebene) in *Problemfeldern* der politischen Praxis befaßt. Als *psychologisch* kann dieser Ansatz insofern gelten, als die Ergebnisse dieser Interaktionen, spezifische Ausprägungen *individueller* Bewußtseins- und Handlungsstrukturen, im Mittelpunkt der Analyse stehen – wenn auch immer im Zusammenhang mit den überpersonalen Strukturen des politischen Systems. Der enge Bezug der PPs zur politischen Praxis läßt ihre normativen Grundlagen durchscheinen. Diese sind anhand allgemein anerkannter Prinzipien und Leitvorstellungen demokratischer Gesellschaftsentwicklung zu legitimieren.

Von dieser, zugegeben etwas abstrakten Kennzeichnung der PPs ist die Auswahl der Stichworte im vorliegenden Handwörterbuch bestimmt, die sich grob nach drei Gesichtspunkten gliedern läßt:

– *politische Bewußtseinsstrukturen* (Stichworte: Angst, Anomie, Autoritarismus, Dogmatismus, Entfremdung, Ethnozentrismus, Gesellschaftsbild, Konformität, Konservatismus, Machiavellismus, Militarismus, Moral, politisches Bewußtsein, Sicherheitsdenken, Vorurteil)

- *politische Handlungsformen* (Stichworte: Aggression, Diskriminierung, Loyalität, Parteipräferenz, Partizipation, politisches Lernen, Protest, Wählerverhalten)
- *Praxisfelder* (Stichworte: Bürgerinitiativen, Demoskopie, Friedensforschung, Führung, Internationaler Konflikt, Öffentliche Meinung, Organisationen, Propaganda, Psychobiographie, Sozialisationsforschung, Terrorismus, Vertragsprinzipien, Wirkungsforschung, Zwischenstaatliche Beziehungen)

Ekkehard Lippert/Roland Wakenhut

Literatur:

Beck, Ulrich: Folgeprobleme der Modernisierung und die Stellung der Soziologie in der Praxis. In: Ders. (Hrsg.): Soziologie und Praxis. Göttingen 1982.
Hartmann, K. D. (Hrsg.): Politische Bildung und politische Psychologie. München 1980.
Horn, Klaus: Politische Psychologie, Erkenntnisinteresse, Themen, Materialien. In: *Kress,* Gisela, *Senghaas,* Dieter (Hrsg.): Politikwissenschaft. Eine Einführung in ihre Probleme. Frankfurt/M. 1972.
Jacobsen, Walter: Politische Psychologie. In: *Dorsch,* Friedrich (Hrsg.): Psychologisches Wörterbuch, Bern 1976, S. 442.
Klingemann, Hans-Dieter, *Kaase,* Max, u. Mitarbeit v. Klaus *Horn:* Politische Psychologie. Sonderheft 12/1981 der Politischen Vierteljahresschrift. Opladen 1981.
Knutson, Jeanne: Handbook of Political Psychology. San Francisco 1973.
Moser, Helmut (Hrsg.): Politische Psychologie. Politik im Spiegel der Sozialwissenschaften. Weinheim 1979.
Schülein, Johann August, *Rammstedt,* Otthein, *Horn,* Klaus, *Leithäuser,* Thomas, *Wacker,* Ali, *Bosse,* Hans: Politische Psychologie. Entwürfe zu einer historisch-materialistischen Theorie des Subjekts. Frankfurt/M. 1981.
Steck, Peter: Grundzüge der politischen Psychologie. Bern 1980.
Streiffeler, Friedhelm: Politische Psychologie, Hamburg 1975.

Aggression

→*Angst, Anomie, Entfremdung, Friedensforschung, Militarismus, Sicherheitsdenken, Terrorismus.*

Bis weit in die sechziger Jahre hinein wurde die wissenschaftliche, psychologische Diskussion über Aggression (A) fast ausschließlich unter verhaltenstheoretischer (behavioristischer) Perspektive geführt. Dabei war die Diskussion von zwei theoretischen Positionen bestimmt, die als zueinander gegensätzlich aufgefaßt wurden: die *Triebtheorie der Aggression* (Lorenz) und die *Frustrations-Aggressions-Theorie* (Dollard, Doob, Miller, Mowrer & Sears).

Die erste Theorie behauptet, A werde durch einen angeborenen A-Trieb verursacht. Die zweite Theorie behauptet, die Ursache der A seien Frustrationen (F). Beiden Theorien gemeinsam ist die sogenannte Katharsis-Hypothese, wonach der Anreiz zur A durch die Ausführung einer A-Handlung verringert werde.

Ebenfalls gemeinsam ist den beiden Theorien der Versuch, ursprünglich psychoanalytisches Gedankengut verhaltenstheoretisch umzuformulieren und das Auftreten oder Ausbleiben von A mittels empirischer Allaussagen relativ zu (mehr oder weniger) objektiv beschreibbaren Situations- oder besser Stimulusbedingungen zu erklären: A als in der Natur des Menschen verwurzeltes Phänomen, vor dem es kein Entrinnen gibt.

Entsprechend zeichnen beide Theorien ein sehr pessimistisches Bild der Möglichkeiten, A abzubauen: Nach triebtheoretischer Auffassung hat die menschliche Kultur allein die Möglichkeit, die auf Grund von Naturgesetzen entstehenden aggressiven Impulse so zu ,,kanalisieren" oder ,,umzuleiten", daß möglichst wenig Schaden entsteht: Sie erlaubt uns zu wählen, wie wir unsere A ausleben. Ausgelebt werden müsse sie in jedem Fall. Die Frustrations-Aggressions-Theorie sieht darüber hinaus gerade noch die Möglichkeit vor, F zu vermeiden – was praktisch so gut wie unmöglich ist –, oder das Ausführen von A zu bestrafen – was am Ende auch nicht hilft: denn letzteres bedeutet wiederum eine F, bei der die Tendenz zur A durch Bestrafung abgeblockt wird, und als Folge entsteht neue A-Bereitschaft.

Indem beide Theorien mit allgemein zugänglichen lebenspraktischen Erfahrungen (dem gesunden Menschenverstand) übereinzustimmen scheinen, ist das eigentlich Fatale der von ihnen geschürte Glaube an die Unvermeidbarkeit der A, der am Ende zur self-fulfilling prophecy wird. Und dies, obgleich jahrzehntelange experimentelle und empirische Forschung für keine der beiden Theorien einen schlüssigen Beweis erbringen konnte.

Gegen diese fatalistische Grundeinstellung gegenüber der A wendete sich Bandura (1979) mit der von ihm vertretenen *Lerntheorie der Aggression*. Diese Theorie behauptet, daß aggressives Verhalten weder auf der naturgesetzlichen Dynamik eines eigenen A-Triebes beruhe, noch eine naturgesetzliche Folge von F sei. Aggressives Verhalten werde vielmehr als Reaktion auf bestimmte Stimulussituationen erlernt.
Als Lernprinzipien hat Bandura dabei von Anfang an neben dem Lernen am Erfolg (operantes Konditionieren) auch das Lernen am Modell (Imitationslernen) ins Auge gefaßt, womit sich Bandura von vornherein in eine Gegenposition zum amerikanischen Behaviorismus stellte, die er z. T. auch in geradezu kämpferischer Weise verteidigte. Im Gegensatz zum orthodoxen Behaviorismus, der die Umweltgegebenheiten als „unabhängige", dem jeweiligen Organismus unausweichlich vorgegebene Einflußfaktoren (Stimuli) auffaßte, die in ganz einseitiger Weise das Verhalten zu konditionieren vermögen, faßt Bandura das Lernen des Menschen als einen aktiven, kognitiv gesteuerten Prozeß der Verarbeitung von Erfahrungen auf. Menschliches Verhalten wird von Bandura nicht mehr als automatisches konditioniertes Reagieren auf verhaltensdeterminierende Umweltkontingenzen verstanden, sondern vielmehr als ein aktiver Prozeß begriffen, bei dem Motivationen, emotionale Empfindungen und komplexe Denkprozesse eine entscheidende Rolle spielen. Damit ergibt sich für Bandura auch ein weit optimistischeres Menschenbild, und ein weit optimistischeres Bild, was die Möglichkeit der Aggressionsbewältigung betrifft.
Dieselbe „humanistische" Grundauffassung des Menschen als eines aktiv handelnden und reflexiven Subjektes vertritt – in vielleicht noch radikalerer Weise – die der konstruktiven Wissenschaftstheorie nahestehende *Handlungstheorie der Aggression*. Anders als Bandura, der sein Hauptaugenmerk auf die Erforschung empirischer Regelmäßigkeiten des Erwerbs und der Ausübung aggressiver Verhaltensweisen legt, befaßt sich die Handlungstheorie der A in erster Linie mit der Erforschung analytischer, d. h. struktureller Gesetzmäßigkeiten des menschlichen Handelns und versucht, A aus diesen Gesetzmäßigkeiten heraus zu verstehen.
Einen gewissen Rückschritt gegenüber beiden, Lern- und Handlungstheorie der A, stellt die kürzlich von Kornadt vorgestellte *Motivationstheorie der Aggression* dar. Und zwar insofern, als Kornadt in seiner Theorie zwar ebenfalls z. B. instrumentelle A vorsieht, die aus einem Mittel-Zweck-Zusammenhang heraus verstehbar sind. Für andere A postulierte Kornadt aber dann doch wieder ein eigenes A-Motiv. Die in der Lern- und Handlungstheorie der A oft nur am Rande vermerkte Einsicht, daß es auch A gibt, die keinem über die A hinausgehenden Ziel dienen, wird solcherart gleich wieder zu einer schlichten „Verdoppelung der Realität" (Holzkamp) verwässert: den Motivationsbegriff auf zielgerich-

tete (finale) Motivinhalte einschränkend, wird der Umstand, daß es Handlungen gibt, deren (finaler) Motivinhalt A ist, dadurch zu ,,erklären" versucht, daß diese Handlungen ,,durch das A-Motiv verursacht" seien. So wird – wie schon zuvor in der Triebtheorie der A – die Beschreibung eines erklärungsbedürftigen Sachverhaltes zugleich als dessen Erklärung ausgegeben.

Einen Rückschritt stellt das Postulat eines A-Motives vor allem gegenüber Fromms *analytischer Aggressionstheorie* (1976) dar, die einen Zugang zum Verständnis nicht-instrumenteller A aufzeigt, der erst kürzlich auch von der Handlungstheorie der A übernommen und weiter präzisiert wurde: Fromm unterscheidet beim Menschen zwei völlig verschiedene Arten der A. Die erste Art, die er mit allen Tieren gemeinsam hat, ist ein phylogenetisch programmierter Impuls anzugreifen (oder zu fliehen), sobald lebenswichtige Interessen bedroht sind. Diese A dient dem Überleben des Individuums und der Art; sie ist biologisch angepaßt und erlischt, sobald die Bedrohung nicht mehr vorhanden ist. Die andere Art ist spezifisch für den Menschen, ist nicht phylogenetisch programmiert und nicht biologisch angepaßt; sie dient keinem Zweck, und ihre Befriedigung ist lustvoll.

Fromm verbindet die von ihm unterschiedenen A-Arten mit einer Unterscheidung zwischen Instinkt und Charakter oder – genauer gesagt – zwischen den in physiologischen Bedürfnissen verwurzelten (organischen) Trieben und jenen spezifisch menschlichen Leidenschaften, die in seinem Charakter verwurzelt und Antworten auf existentielle Bedürfnisse sind. Letztere haben ihre Begründung in den spezifischen Bedingungen der menschlichen Existenz. Nach Fromm sind sie als der Versuch des Menschen zu verstehen, die banale Existenz der reinen Fristung des Lebens zu transzendieren.

Gerade im Kontext der PPs, wo es letztlich doch um die Bedingungen der Möglichkeit einer Lösung oder zumindest friedlichen Bewältigung von Konflikten geht, erweist sich aber auch Fromms Unterscheidung immer noch als zu undifferenziert: und zwar insofern, als Fromm keinerlei expliziten Bezug auf die dem Menschen gegebene Fähigkeit nimmt, allgemeine empirische Gesetzmäßigkeiten zwischen Stimuli und Verhaltensweisen (wie sie von der biologischen A-Forschung beschrieben werden) durch absichtsvolles Handeln zu durchbrechen.

In der Handlungstheorie der A wird dieser anthropologischen Grundtatsache Rechnung zu tragen versucht. Dabei wird (aus dem praktischen Forschungsinteresse an einer friedlichen Konfliktlösung heraus begründet) der Handlungsbegriff möglichst breit gefaßt: Unter einer Handlung wird nicht nur in handlungsvorbereitendem Reden und Denken ,,bewußt" geplantes Verhalten verstanden, sondern redezugängliches Ver-

Aggression

halten allgemein, d. h. ein jedes Verhalten, das (durch die Rekonstruktion handlungsvorbereitender Reden) so dargestellt werden kann, als ob es geplant sei. Unter einer A wird dabei solches Handeln verstanden, das gegen den Willen einer anderen Person verstößt. Verstößt ein Handeln gegen grundlegende Rechte oder einen allgemein anerkannten Bedarf eines anderen, so spricht Werbik von „Gewalt". Dabei kann ein und dieselbe Handlung einmal als A gedeutet werden und das andere Mal nicht, je nachdem, aus welcher Perspektive sie betrachtet wird. Aus der Perspektive des Handelnden, aus der des Betroffenen oder aus der eines Außenstehenden. Ich kann einen anderen angreifen, ohne daß er sich angegriffen fühlt, und ich kann mich angegriffen fühlen, ohne daß man mich angreifen wollte (Brandt).

In neueren Arbeiten zur Handlungstheorie wird dabei ein Handlungsverstehen auf zwei Ebenen angestrebt. Ein Handlungsverstehen auf der Ebene von Handlungszielen (HO, Handlungsorientierungen im engeren Sinne) und ein Handlungsverstehen auf der Ebene von Lebensorientierungen (LO, Handlungsorientierungen im weiteren Sinne), die nicht einzelne Handlungen in unserem Leben, sondern unser Leben als Ganzes betreffen, auf die Frage nach der Sinngebung des Lebens ausgerichtet sind (Kempf 1978).

Mit den LO wird bei Fromm („Charakter") eine Orientierungsebene angesprochen, die den Menschen grundsätzlich vom Tier unterscheidet, denn nur für ihn stellt sich auf Grund seiner hoch ausgebildeten Sprach- und Denkfähigkeit das existentielle Problem der Sinngebung des Lebens. Nur der Mensch sieht sich über die Frage der Lebenserhaltung hinaus auch noch mit der Frage nach der Selbstfindung und Selbsterhaltung konfrontiert. Unter dem Selbst verstehe ich dabei die Lebensform eines Menschen, die gestalthafte Gesamtheit seiner LO.

In den LO sind all jene Selbstverständlichkeiten unseres Erlebens und Handelns niedergelegt, die es uns überhaupt erst erlauben, unser Leben als Ganzes und uns selbst als identische Person zu verstehen. LO sind afinal, d. h. sie weisen einen Weg, der sich nicht vom Ende her bestimmen läßt (Prozeßcharakter des Selbst bei Rogers). Sie sind unserem Erleben und Handeln implizit und nur über einen eigenen Reflexionsprozeß zugänglich, in dem wir den Gesamtzusammenhang unseres Handelns und Erlebens zu verstehen versuchen. Was uns bewußt wird, sind oft nur die emotionalen Reaktionen, die ein Handeln oder ein Widerfahrnis auslöst: positive Gefühle, wenn es der Form unseres Lebens – unserem Selbst – entspricht. Negative Gefühle, wenn es der Form unseres Lebens nicht entspricht, wenn unser Selbst „bedroht" ist.

LO sind daher auch nicht in derselben Weise verfügbar wie HO. Wir begreifen Lebensformen letztlich weniger theoretisch als vielmehr im ihnen gemäßen Erleben und Handeln, also „empraktisch". Worte genügen

erst, wenn eine Lebensform bereits empraktisch zugänglich ist, um sie zu vergegenwärtigen. Wenn die Worte, mit denen wir über Lebensformen reden, dieser empraktischen Basis entbehren, dann helfen uns noch so viele theoretische, insbesondere definitorische Bemühungen nicht weiter.
Obwohl LO nicht einzelne Handlungen in unserem Leben betreffen, sondern unser Leben als Ganzes, dienen sie doch auch der Orientierung einzelner Handlungen. Denn sie sind konstitutiv für die Situation, in der wir handeln. Sie bestimmen, welche Ereignisse, Gegenstände, Sachverhalte für uns relevant sind, mit welcher Bedeutung wir sie versehen und wie wir gefühlsmäßig auf sie reagieren. Darüber hinaus können wir immer auch für einzelne Handlungen erörtern (oder gefühlsmäßig bewerten), ob sie zu unserem Leben gehören sollen oder nicht – ob wir uns mit ihnen „identifizieren" können.
Emotionen sind an jeder Handlung beteiligt. Es wäre ein Mißverständnis der Aufgabe, welche die Vernunft gegenüber den Emotionen hat, wollte man so tun, als ob unser Handeln gleichsam aus rationaler Argumentation hervorginge. Ohne den Antrieb unserer Emotionen könnten wir nicht handeln, nicht reden, nicht denken. Die Vernunft soll nur dafür sorgen, daß wir nicht blindlings, nicht aus blinden Emotionen heraus handeln, um uns so den Erfolg unseres Handelns im Hinblick auf die verfolgten Handlungsorientierungen ein Stück weiter abzusichern.
Dennoch können strukturelle Zusammenhänge zwischen F, A und Katharsis ein Stück weit schon auf der Ebene der HO verstanden werden: Unter einer Frustration verstehe ich dabei ganz im Sinne der Definition von Dollard et al. ein Ereignis, als dessen Wirkung ein Handeln im Hinblick auf die damit verfolgten Orientierungen erfolglos bleibt. Tritt eine F als Wirkung des Handelns eines anderen ein, und deute ich diese Wirkung als vom anderen gewollt, so besteht aus meiner Perspektive ein Konflikt. Halte ich in diesem Konflikt an meinen Handlungsorientierungen fest und versuche sie gegen den Willen des anderen durchzusetzen, so sind alle darauf hingerichteten Handlungen meinerseits per definitionem A. Setze ich mich erfolgreich durch, d.h. sind die von mir verfolgten Handlungsziele am Ende erreicht, so besteht kein Grund mehr, ihre Erreichung anzustreben (Katharsis): HO werden mit ihrer Verwirklichung gleichsam aufgehoben.
Indem derartige Zusammenhänge zwischen F, A und Katharsis nicht auf einer empirischen Gesetzmäßigkeit beruhen, sondern schlichtweg aus der Art und Weise folgen, wie wir über Handlungen und A im besonderen sprechen, hat es allerdings keinen Sinn, zu sagen, F sei die Ursache von A und A die Wirkung von F. Auch alle auf einen solchen vermeintlichen Ursache-Wirkungs-Zusammenhang begründeten Erziehungsvorschläge sind damit hinfällig. Insbesondere werden auch die Gefahren einer fru-

strationsfreien Erziehung deutlich: Wenn man in einer quasi frustrationsfreien Umgebung aufwächst, so kann man auch nicht lernen, wie man mit F – die einen unvermeidbar irgendwann im Leben einholen werden – einen vernünftigen Umgang pflegen kann. Denn, daß wir uns in Frustrationssituationen durchzusetzen versuchen, ist uns keineswegs in die Wiege gelegt. Wir könnten genausogut auf die Verwirklichung unserer Handlungsorientierungen verzichten oder sie zumindest bis zur Bewältigung des Konfliktes hintanstellen.

Somit ist es uns zwar möglich, auf der Ebene der HO die empirische Regelmäßigkeit zu verstehen, mit der F oft aggressiv beantwortet werden. Um zu verstehen, warum jemand auf eine aktuelle F aggressiv handelt, reicht diese erste Erklärungsebene freilich nicht aus. Und zwar nicht zuletzt deshalb, weil A in jedem Fall dem sozialen Grundbedürfnis nach positiver Zuwendung und Solidarität zuwiderläuft.

Auf der Ebene der LO betrachtet, können A als ein Akt der Selbstverteidigung verstanden werden: insbesondere sind aggressive Gefühle – die von dem Wunsch geprägt sind, gegen den Willen eines anderen zu verstoßen – immer eine Reaktion auf eine Verletzung des Selbst (bei der grundlegenden LO ihre *praktische* Verwirklichung verwehrt wird) oder auf Verletzung des Selbstgefühls (bei der grundlegenden LO die *soziale* Wirklichkeit verwehrt wird).

Auf die Verletzung seines Selbst oder seines Selbstgefühls kann ein Mensch auch mit Sucht, Wahn oder Depression reagieren. Der Mechanismus der Sucht- und Wahnentstehung ist derselbe wie bei der A. Wahn, Sucht und A sind immer Reaktionen auf eine drohende Depression. Im Wahn verliert er sich in Illusionen über sein Selbst und die Welt. In der Sucht sucht er, sich von der Welt zu befreien. In der A will er die Welt bekämpfen. Und in der Depression gibt er sich selbst auf. Wahnhafte Elemente sind daran allemal beteiligt. Insbesondere gibt es wohl keine menschliche A ohne ein wahnhaftes Element. Sei es ein Feindbild mit mehr oder weniger wahnhaften Zügen, oder sei es nur die wahnhafte Vorstellung, man könne auf Dauer erfolgreich leben, ohne die eigene und fremde Bedürftigkeit in Rechnung zu stellen.

Letztere Wahnvorstellung ist jener modernen Lebensform implizit, die das Sozialisationsergebnis der Konsum- und Wettbewerbsgesellschaft darstellt, in der das Selbst durch Leistung und Leistung durch den Erfolg im Wettbewerb mit den anderen bestimmt sind. Bei der schon die positive Zuwendung, die ein anderer erfährt, das eigene Selbstgefühl verletzen kann, und aus der jene distanzierte, technisch anmutende, oft emotionslose A erwächst, mit der wir auf das Selbst des anderen schlichtweg keine Rücksicht nehmen.

Diese emotionslose A begegnet uns nicht nur im Privaten (und schon, wenn wir anderen „bloß rationale" Ratschläge geben – ihnen entgegenhalten: „So sei doch vernünftig"). Sie begegnet uns in der Politik (z. B. wenn wir bei der Errichtung von Kernkraftwerken nur die technische Machbarkeit und den wirtschaftlichen Nutzen in Rechnung stellen). Sie begegnet uns in der Wissenschaft (vom Neo-Darwinismus bis zur Testpsychologie) und in manchen psychologischen Therapieformen (z. B. wenn wir uns anschicken, „Verhaltensstörungen" wegzukonditionieren). Sie begegnet uns überall dort, wo über Menschen einfach verfügt wird.

Daß auch diese emotionslosen A als ein Akt der Selbstverteidigung verstanden werden können, rührt daher, daß die oben angesprochene, von der Konsum- und Wettbewerbsgesellschaft geprägte Variante einer Haben-orientierten Lebensform (Fromm) in der Tat zusammenbrechen muß, sobald die Bedürftigkeit des anderen in Rechnung gestellt wird. Emotionslos kann diese Form der A nur insofern und so lange bleiben, als sie eine präventive Verteidigung darstellt, eine Verletzung des Selbst oder des Selbstgefühls noch gar nicht erfolgt ist. Die Bedrohung unseres Selbst, auf die wir mit einer solchen präventiven Verteidigung („Nichts an uns heranlassen!") reagieren, kommt nicht von außen. Sie rührt daher, daß unsere Lebensform nicht mit unserem „wahren" Selbst im Einklang ist, daß wir Orientierungen unseres Lebens übernommen haben, die zu unseren eigenen Bedürfnissen im Widerspruch stehen. Sie rührt daher, daß wir an einem Selbst krampfhaft festhalten, das wesentliche Bedingungen unseres Lebens nicht in Rechnung zu stellen vermag.

Aus diesem Widerspruch rührt auch unsere →*Angst* vor dem Leben, unser Sicherheitsbedürfnis, die hochgradige Verletzlichkeit unseres Selbstgefühls und unsere Unfähigkeit zur Anteilnahme an anderen. Aus ihm rührt unsere Intoleranz und unsere Bereitschaft, Konflikte zu eskalieren, sie immer mehr auf die Ebene immer weniger verfügbarer Handlungsorientierungen zu verlagern, sie gleichsam im Selbst zu verankern: bis hin zur Selbst-Zerstörung des Gegners.

Das Problem, so stellt es sich auf dieser Erklärungsebene dar, besteht gar nicht wirklich darin, wie wir A bedingungslos vermeiden können. Das Problem ist, wie wir Sozialisationsbedingungen schaffen können, die nicht bloß in der Anpassung an herrschende Verhältnisse resultieren, sondern eine hinreichend autonome Persönlichkeitsentwicklung ermöglichen, daß wir uns die Anteilnahme an anderen leisten können, ohne unser eigenes Selbst gleich zu gefährden.

Wilhelm Kempf

Angst

Literatur:

Bandura, Albert: Aggression. Stuttgart 1979.
Fromm, Erich: Anatomie der menschlichen Destruktivität. Stuttgart 1974.
Fromm, Erich: Haben oder Sein. Stuttgart 1976.
Hilke, Reinhard & *Kempf*, Wilhelm (Ed.): Aggression. Bern 1981.
Kempf, Wilhelm: Konfliktlösung und Aggression. Bern 1978.
Rogers, Carl R.: Entwicklung der Persönlichkeit. 3. Aufl. Stuttgart 1979.
Selg, Herbert (Ed.): Zur Aggression verdammt? 4. Aufl. Stuttgart 1975.

Angst

→*Aggression, Autoritarismus, Diskriminierung, Dogmatismus, Entfremdung, Methodologie und Methoden, Moral, Partizipation, Protest, Sicherheitsdenken, Sozialisationsforschung, Vorurteil.*

Thematisierung. – Gemessen an den bei Dambauer bibliographierten deutschsprachigen psychologischen Veröffentlichungen des letzten Jahrzehnts hat das Interesse an Angst (A) kontinuierlich zugenommen. Unterteilt man diese Publikationen im Bereich der Angewandten Psychologie (Ps) grob nach gängigen Sachgebieten, so ergibt sich der weitaus größte Anteil für die Klinische, ein etwas kleinerer für die Pädagogische Ps. Dagegen lassen sich selbst bei weiter Auslegung nur verschwindend geringe Publikationsziffern unter der Kategorie PPs rubrizieren. Betrachtet man darüber hinaus die meisten der vorfindbaren Einführungen und Handbücher zur PPs, stößt man kaum oder gar nicht auf das Stichwort A. Wo dies doch der Fall ist, erscheint der politisch bedeutsame Akzent als etwas Additives und den allgemein- und differentialpsychologischen Befunden „aufgesetzt". Es mag nach alledem so scheinen, als wäre A kein Gegenstand der PPs. Dem widerspricht allerdings unsere *Alltagserfahrung,* wonach es kaum politisch relevante Bereiche im sozialen Kontext gibt, die nicht mit A in Verbindung gebracht werden können – man denke nur an die Diskussion um Atomwaffendeponierung in der Bundesrepublik, Radikalenerlaß und Berufsverbote, Arbeitslosigkeit, Energieverknappung und Umweltvergiftung, Kriminalisierung von →*Bürgerinitiativen*, etc. Gleichwohl scheint sich die PPs in bezug auf A abstinent zu verhalten – wenn man von einigen Ausnahmen absieht: z. B. Wiesbrock (1967), Duhm (1972), Gruen (1979), ansatzweise auch Baeyer & Baeyer-Katte (1973) sowie Anselm (1979).
Die Frage nach der Ursache für diese merkwürdige Diskrepanz zwischen dem Ausmaß der A-Untersuchungen in der Klinischen Ps und Pädagogi-

schen Ps einerseits und der beschränkten Anzahl von Veröffentlichungen über A in der PPs findet ihre Antwort zum einen in der →*Methodologie:* Sowohl in der Klinischen als auch in der Pädagogischen Ps lassen sich die in der akademischen Gemeinde der etablierten Psychologenschaft voll anerkannten Kriterien streng empirisch orientierter Forschung relativ zufriedenstellend einhalten, während die Sterilität der *umfassenden Bedingungskontrolle* einer ausgesprochen politischen Relevanz psychologischer Aussagen im Bereich der A-Forschung im Wege steht. Zum anderen ist es die A selbst, welche – ins Politische gewendet – Probleme aufwirft, die in sehr direkter Weise das *Erkenntnisinteresse* des Forschers zutage treten lassen und *Parteilichkeit* von ihm verlangen. Die im Wissenschaftsbetrieb erforderliche Distanzierungsmöglichkeit vom Untersuchungsgegenstand ist mithin eingeschränkt, der Forscher ist gleichsam ungeschützt gegenüber seinen eigenen (hier v. a. politischen) Einschätzungen, Interessen und Phantasien (vgl. Devereux 1976); deren Einfluß wirkt sich insbesondere dort aus, wo methodisch gesicherte Befunde hinsichtlich ihrer politischen Bedeutung extrapoliert werden müssen.

Theorieansätze. – Wie in der herrschenden akademischen Ps mit dem Thema A verfahren wird, läßt sich bei Lazarus-Mainka (1976), Birbaumer (1977) oder Krohne (1980) leicht nachlesen. Neben der *psychoanalytischen A-Auffassung* werden in der augenblicklich bestimmenden Diskussion zwei miteinander konkurrierende, sich aber nicht unbedingt ausschließende Konzepte bevorzugt, die beide aus der Tradition *lerntheoretischer Ansätze* entwachsen sind.
Nach der *kognitiven Theorie* von Lazarus ist A zu verstehen als Ergebnis kognitiver Bewertungsprozesse angesichts einer bedrohlichen Situation. Dabei dient die *Primäreinschätzung* dazu, herauszufinden, ob die bestehende Reizkonstellation Gefahrenelemente birgt. Ist dies der Fall, soll die *Sekundäreinschätzung* darüber Aufschluß geben, ob das Individuum über (Handlungs-)Strategien verfügt, um die Situation bewältigen zu können *(coping)*. Stehen diese nicht zur Verfügung, kommt es nach Lazarus zur eigentlichen A-Reaktion und in deren Nachfolge zur situativ-spezifischen *Neueinschätzung* mit dem Ziel, den A-Zustand selbst z. B. durch das Einüben neuer Sicht- und Verhaltensweisen erträglich zu machen oder zu meistern. Wichtig für das Verständnis dieser Theorie ist, daß zwei Variablenkomplexe zur Bestimmung der A notwendig sind: Allein die *objektiv feststellbaren Bedingungen* einer Situation lassen keine Aussage darüber zu, ob eine Person A empfindet; vielmehr bedarf es auch der Kenntnis über die von ihr vorgenommenen Bewertungen dieser Bedingungen. Diese sind von der jeweiligen Lerngeschichte bzw. von den *individuellen Dispositionen* abhängig.

Die Trennung von Person- und Situationsvariablen wird bei Spielberger ebenfalls vorgenommen. Er unterscheidet ausdrücklich zwischen A bzw. A-Neigung als Wesenszug *(Eigenschaft*, engl.: *trait)* und A als *Zustand* (engl.: *state)*. Danach lassen sich Menschen nach Maßgabe ihrer Punktsummenwerte in einem A-Test als ängstlich oder weniger ängstlich definieren, um auf dieser Grundlage deren Zustands-A in der experimentellen Konfrontation mit bestimmten bedrohlichen Anforderungssituationen zu prognostizieren. Allerdings scheint es erforderlich zu sein, zwischen verschiedenen Situationsklassen (z. B. physischer Gefährdung oder Selbstwertbedrohung) zu unterscheiden, um präzise Vorhersagen machen zu können, da offenbar A als Eigenschaft durchaus nicht zu *transsituativ einheitlichen* Reaktionsmustern führt. Daß sich hoch- und wenig ängstliche Kinder hinsichtlich ihrer *Leistungsfähigkeit* angesichts verschiedener Aufgabentypen und -instruktionen unterscheiden, ist von mehreren Autoren dokumentiert worden.

Die empirische Überprüfung der Theorien von Lazarus und Spielberger geht zumeist unter restriktiven Laborbedingungen vor sich, indem z. B. *Elektroschocks* appliziert oder furchteinflößende Filme (u. a. Beschneidungsrituale) vorgeführt werden, auf die sich die Probanden (Pbn) anhand bestimmter Vorinformationen einstellen und ihre spezifischen *A-Verarbeitungsmechanismen* aktivieren sollen. Indikatoren für das Auftreten von A sind dabei zum einen *physiologische Maße* (Aus der *Alltagserfahrung* bekannte Begleiterscheinungen der A wie z. B. erhöhte Schweißabsonderung, Zunahme der Atemfrequenz, des Pulsschlags u. ä. finden hier ihre registriertechnische Berücksichtigung.), zum anderen sollen direkte *Befragungen* Aufschluß über die subjektive Befindlichkeit der Pbn geben, und schließlich werden aus der *Beobachtung* des nonverbalen Verhaltens Rückschlüsse auf den emotionalen Zustand der Pbn gezogen. Trotz aller Anstrengungen zur methodischen Sauberkeit der Datenerhebung stellt sich aber immer wieder das Problem der inneren Konsistenz verschiedener Indikatoren (vgl. Birbaumer 1977), so daß auch aus diesem Grunde nochmals die Frage aufgeworfen werden muß, inwiefern die Rationalität experimenteller und inferenzstatistischer →*Methodologie* dem Gegenstand der A adäquat ist (allgemein hierzu Rappoport 1980).

Die *Generalisierbarkeit* dieser und ähnlicher Theorien ist zumindest diskutabel in bezug auf die Klinische und Pädagogische Ps; sie führt dort sogar zur offenbar erfolgversprechenden Anwendung z. B. in der *kognitiven Verhaltenstherapie* oder bei der psychologischen Analyse des *Schulalltags*. Die Übertragung auf Problembereiche der PPs müßte auf induktivem Wege eine größere Distanz zum Gegenstand überwinden und wird daher ohne beträchtliche Zusatzannahmen nicht auskommen. So bliebe es z. B. unbefriedigend, Erscheinungen der *politischen Apathie* breiter Bevölkerungskreise mit der Terminologie von Lazarus zu analysieren und restlos auf A vor politisch-ökonomischer Repression zurückzuführen. Ganz offensichtlich bedürfen solche Kategorien einer weitergehenden inhaltlichen Präzisierung, um sie für Belange der PPs fruchtbar zu machen. Etwas anders sieht es für solche Theorien aus, die sich von ihrem Ansatz her dem *naturwissenschaftlichen Paradigma* entziehen und insofern weiterreichende Interpretationen zulassen, wie das z. B. für *psychoanalytische* Konzepte gilt (vgl. Duhm 1972). Für den Bereich der PPs ist es daher in Anlehnung an Rappoports Vorschlag zweckmäßiger, wenn nicht gar notwendig, *sozialstrukturelle Erkenntnisse* und *Empathie* als ergänzende Zugangsweisen zum empirisch-experimentellen Vorgehen zu nutzen. Hinweise darauf, wie dies geschehen könnte, bietet Wiesbrock (1967), indem er fordert, mit Hilfe der Analyse von Schilderungen des *Lebensgefühls*, von Studien zum *Alltagsleben* usw. die ,,innere Seite der Geschichte'' aufzudecken, um die historische – und damit auch die politische und gesellschaftliche – Bedeutung der A herauszuarbeiten.

Geschichtliche Aspekte. – Erste Anstöße in diese Richtung haben bisher sozialwissenschaftlich orientierte Historiker gegeben. Kuczynski (1980) befaßt sich z. B. in seiner ,,Geschichte des Alltags des deutschen Volkes'' mit der Zeit des 30jährigen Krieges und widmet dabei einen Unterabschnitt dem Phänomen A, für dessen Existenz er hauptsächlich den durch die *Inquisition* geförderten Hexen- und Aberglauben des 17. Jh. sowie die allgemeine Verunsicherung durch den Verlust vertrauensspendender Zufluchtsräume als Folge der Kriegseinwirkungen, der Ausbreitung der Pest und der Sittenverwilderung verantwortlich macht. Die zur Bannung der Gefahren und damit zur *A-Abwehr* eingesetzten *rituellen Mittel* konnten schon deshalb nicht viel ausrichten, weil man nie sicher sein konnte, das jeweils richtige angewendet zu haben. Diese Verängstigung ist nach Auffassung von Schulz (1965) durch die von der *Aufklärung* vermittelte ,,Sicherheit des Weltverhaltens'' überwunden worden. Aus der Perspektive des Philosophen mag dies zutreffen, die große Masse der Bevölkerung dürfte von dieser Sicherheit gerade im 18. Jh. wenig verspürt haben angesichts der in weiten Teilen der deutschen Länder gewaltmäßig betriebenen Rekrutaushebungen für die stehenden Heere in Europa und Übersee, der immer noch vollzogenen öffentlichen *Züchtigungen* und *Hinrichtungen* gerade auch bei politisch motivierten Prozessen, den engen *Reglementierungen* von Standes-, Zunft- und Kleiderordnungen oder den z. T. katastrophalen *Ernährungskrisen* dieser Zeit. Und selbstverständlich hatten die verunsichernden Meldungen und Gerüchte über die *Französische Revolution* ängstigende, ja, panikfördernde Wirkung, wie Lefebvre (1979) nachweisen kann. Die Bedrohlichkeit dieser Epoche

Angst

wird freilich nicht erfahrbar, wenn man sich an die zeitgenössische Wissenschaftsliteratur hält; denn obzwar der Mensch in das Zentrum des Interesses rückt, stellt sich die Frage nach der richtigen *psychometrischen Methode* zwischen den Wissenschaftler und seine alltäglichen Zeitgenossen – eine Tendenz, die sich insbesondere am Ende des 18. Jh. durchsetzt (Lepenies 1978, 204 ff) und heute noch fortwirkt (s. o.). Zwar wächst gegenüber der Wissenschaft, die die Vernunft zum Maß aller Dinge macht, das Mißtrauen – Indiz dafür sind literarische Stoffe, in denen sich das mit rationalen Mitteln geplante und produzierte Gebilde zum Schaden seines Erfinders verselbständigt wie im Frankenstein-Roman – diese „literarische A" bleibt aber dem damaligen Wissenschaftsbetrieb selbst in der Psychiatrie äußerlich: A hat da allenfalls einen systematisch-abstrakten Platz.

Somit erscheint es folgerichtig, daß die Thematisierung der A in dieser Zeit nicht durch die Ps, sondern an ihrem Rande und von ihr zunächst nicht akzeptiert erfolgt: Kierkegaards „Der Begriff Angst" (1844) und Freuds erste A-Theorie (1895). In beiden Schriften bleibt – fast möchte man sagen: selbstverständlich – eine politische Problematisierung ausgespart, wenn auch die soziale Qualität der A anerkannt wird. Bei Kierkegaard wird A gefaßt in Begriffen von *Sünde* und *Unschuld*, von *Freiheit*, *Möglichkeit* und *Notwendigkeit*: „Man sieht den Begriff Angst nahezu niemals in der Psychologie behandelt, ich muß daher darauf aufmerksam machen, daß er ganz und gar verschieden ist von Furcht und ähnlichen Begriffen, die sich auf etwas Bestimmtes beziehen, wohingegen Angst die Wirklichkeit der Freiheit als Möglichkeit für die Möglichkeit ist." (1958, 40) und „Das Verbot ängstigt..., weil das Verbot die Möglichkeit der Freiheit ... weckt" (1958, 43). Heute erschiene es naheliegend, diesen A-Begriff auf spezifische A-Probleme des *politischen Alltags* in der ersten Hälfte des 19. Jh. anzuwenden, der gekennzeichnet war durch Entwurzelung und Vertreibung eines großen Teils der Landbevölkerung aus ihrem gewohnten Lebensraum, Verschärfung der Lebensbedingungen im Verlagswesen und den Manufakturen (Weberunruhen 1844), Bespitzelung und Verfolgung der sich formierenden bürgerlich-liberalen und proletarischen *Opposition* durch die *obrigkeitsstaatliche Gewalt* (Karlsbader Beschlüsse 1819) usw. Daß dies nicht geschah, hängt damit zusammen, daß für die *Intellektuellen* jener und der folgenden Zeit das Thema *Sünde* – v. a. bezogen auf *Sexualität* – wesentlich beunruhigender gewesen zu sein scheint als die miserablen Lebens- und Arbeitsbedingungen des Großteils der Bevölkerung und die *politische Repression* eines überlebten *Herrschaftssystems*. Die mit der Aufdämmerung kapitalistischer Wirtschaftsverhältnisse zu internalisierende Wohlanständigkeit der bürgerlichen Familie einerseits und der Aufstieg der Naturwissenschaften, insbesondere von Biologie und Physiologie andererseits sind denn auch ein halbes Jh. später die Wurzeln, aus denen Freud seine Gedanken entwikkelt: A entsteht durch direkte oder indirekte soziale Blockierung physiologisch angestauter, hauptsächlich sexueller *Triebenergie*, so daß diese verdrängt werden muß und bei mangelnder Kompensationsmöglichkeit entweder zu *A-Affekten (Zustand)* oder zu *A-Neurosen (Eigenschaft)* führen kann. Die Revision dieser Auffassung 1923 mündet in eine ausdifferenzierte Theorie: A wird nun nicht mehr als Folge, sondern als gelernter Auslöser *(Signal)* für *Verdrängungsprozesse* angesehen. Je nach Anlaß dieser A-Auslösung unterscheidet Freud zwischen *Real-A* (bei der Wahrnehmung tatsächlicher äußerer Gefährdungselemente), *neurotischer* (bei der Wahrnehmung von inneren Triebansprüchen, deren adäquate Befriedigung tabuisiert ist, also als sozial unangepaßt gilt) und *moralischer A* (bei der Wahrnehmung von Diskrepanzen zwischen eigenem Verhalten und frühkindlich vermittelten gesellschaftlichen Normen). Wie sich an der weiteren Entwicklung der *psychoanalytischen* Konzeption gezeigt hat, scheinen diese noch am ehesten in der Lage, politisch relevante Fragestellungen zu verfolgen. Im übrigen ergibt sich als Fazit dieses historischen Abschnittes, daß das Interesse der Ps zwar auf den Menschen konzentriert war, sich aber sehr bald unter ,,programmatischer Ausblendung aller Fragen sozialer und politischer Emanzipation" (Lepenies 1976, 204) einem methodischen Reglement unterwarf, das A kaum und im politischen Kontext gar nicht thematisieren konnte.

Analyse-Ebenen. – Bei einem Überblick über die heute vorliegende Literatur zur politischen Bedeutung der A scheint es sinnvoll, zwischen verschiedenen Ebenen zu differenzieren, wenn man davon ausgeht, daß *politische Verhältnisse* sich nicht nur auf den Bereich der dafür offiziell vorgesehenen Institutionen beschränken lassen (,,Politik als Sache der Politiker"), sondern sich in jeglichem sozialen Raum wiederfinden:

a) *Familie.* – Politisch relevantes Verhalten wird im Erziehungsprozeß gelernt (→*Sozialisationsforschung)*, wobei der A eine wesentliche Funktion bei der Durchsetzung von *Herrschaftsansprüchen* zukommt. Die Mittel, die dabei angewendet werden, beschränken sich nicht nur auf schichtabhängig unterschiedliches unmittelbares *Sanktionsverhalten*, sondern tragen zur A-Entstehung womöglich nachhaltiger bei in der mittelbaren Form von Drohungen mit übersinnlichen Mächten, mythischen Figuren der Märchenwelt und bewußten Fehlinformationen über biologische, soziale und eben auch politische Zusammenhänge. Beziehungen zwischen elterlichem Erziehungsverhalten und der Ausprägung von Ängstlichkeit in der Persönlichkeit sind in der Nachfolge der Untersuchungen über →*Autoritarismus* und →*Dogmatismus* festgestellt worden: Offenbar haben festgefügte (geschlossene) *Meinungssysteme* die angstreduzierende Funktion, eindeutige Anhaltspunkte für eigene soziale und politische Orientierungen und Handlungsweisen zu liefern (vgl. auch →*Vorurteil*).

b) Institutionen. Die angstverbreitende Wirkung der Bildungs- und Ausbildungseinrichtungen wird oftmals nur in ihrem umschriebenen Effekt für den *Leistungsbereich* angesprochen. Diese Vorgehensweise greift schon deswegen zu kurz, weil dadurch die Gefahr besteht, von der sozialen Dimension zu abstrahieren. Da aber in *Schule* und *Hochschule* Lebenschancen verteilt werden, erhalten diese Institutionen außergewöhnliche politische Relevanz; die dabei sich entwickelnden A-Formen sind existentieller Natur, die krankheitsverursachende oder -fördernde Wirkung, der Anstieg von *Verhaltensstörungen* bis hin zum *Suizid* geben darauf Hinweise. Subtiler – aber damit nicht weniger politisch bedeutsam – sind Ängste, die aus den fremdbestimmten Ansprüchen der Schule erwachsen und deren Bewältigung sich zumeist in herrschaftssichernden *Ritualen* vollzieht.

Diese von *Unterwerfung* und *Bluff* gekennzeichneten Handlungsmuster setzen sich mit großer Wahrscheinlichkeit dort durch, wo ähnliche *Entscheidungsstrukturen*, Kompetenz- und Machtverteilungen anzutreffen sind, also in Betrieben und *Behörden*. Zwar sind gesetzliche Regelungen vorhanden, die zur existentiellen Absicherung jedes einzelnen dienen und dessen Rechtsansprüche garantieren sollen, diese bleiben aber abstrakt, solange es persönliche Zuständigkeiten, Ermessensspielräume und Verantwortlichkeiten gibt. Beispielhafte Stätten für *Frustration* und A sind *Sozialbürokratien*, in denen Demütigungen eher die Regel als die Ausnahme sind – was aber weniger den einzelnen Bediensteten als der institutionellen *Informations- und Entscheidungsstruktur* anzulasten ist (z. B. Roth 1979, 219). Die Diskrepanz zwischen der öffentlich verbreiteten Botschaft vom vielversprechenden „engmaschigen sozialen Netz" und der „vor Ort" konkret erfahrenen →*Diskriminierung* ähnelt dem von Bateson auf bestimmte schizophrenogene Störungen der Kommunikation angewendeten Begriff der *Doppelbindung* (engl.: *double bind*). Resultat dieser A-Erlebnisse ist in vielen Fällen die Tendenz zur *Vermeidung* ähnlicher Situationen: Bestehende sozial-politische Ansprüche werden nicht geltend gemacht, um sich nicht einer Behandlung auszusetzen, die sowohl materiell als auch dem eigenen Selbstkonzept bedrohlich werden könnte. Dieses Rückzugsverhalten kann als Teilaspekt *politischer Apathie* angesehen werden – mit all den Implikationen, die z. B. von M. Gronemeyer (1979) angesprochen werden.

c) Gesellschaft. Nicht erst seit Galtungs Begriff von der „*strukturellen Gewalt*" ist klar, daß es zur Ausübung von Herrschaft nicht des interaktionellen Face-to-face bedarf, um Interessen durchzusetzen. In hochgra-

dig arbeitsteilig organisierten Gesellschaften haben die einzelnen Menschen dabei allenfalls instrumentelle Funktion. Auf den Zusammenhang zwischen den bestehenden *Produktionsverhältnissen* und der Verbreitung von A in zwischenmenschlichen Bereichen hat ausführlich Duhm (1972) aufmerksam gemacht. Eine zentrale Kategorie bildet dabei die →*Entfremdung*, die sich aus dem *Warencharakter* menschlicher Beziehungen ableitet; d. h. Menschen unterliegen einem fortwährenden Beurteilungsprozeß hinsichtlich ihrer *Verwertbarkeit* zur Erreichung gesellschaftlich vorgegebener Ziele (vgl. hierzu auch →*Machiavellismus*). Die Warenförmigkeit der Beziehungen, am deutlichsten sichtbar an der Betonung von *Leistung* und *Konkurrenz*, wirkt insofern ängstigend, als sie den einzelnen einem andauernden Bewährungsdruck aussetzt. Das sich verstärkt in *Gegengewaltakten* offenbarende Unbehagen an den bestehenden gesellschaftlichen Verhältnissen (ablesbar an der zunehmenden *Militanz* von →*Bürgerinitiativen*) soll zur Bewußtmachung dieser immanenten Menschenfeindlichkeit beitragen und die Aufmerksamkeit auf daraus sich ergebende Mißstände richten, weil die gesellschaftlich und staatlich anerkannten Wege hierzu (→*Partizipation*) sich als untauglich erwiesen haben. Die dabei zutage tretende →*Aggression* kann als Reaktionsform auf staatlich verordnete und bürokratisch perfektionierte Einschnürungen individueller und kollektiver Lebensäußerungen aufgefaßt werden, ist aber gleichzeitig Bedrohung und intendierte Schädigung privater und ordnungsstaatlicher Interessen. Die Verunsicherung der Bürger erwächst allerdings weniger aus der realen Gefahr, daß ihnen persönlich etwas passieren könnte, als vielmehr aus der Infragestellung ihrer angepaßten Lebensweise. Der Widerspruch zwischen dem Wissen um die allgemeine Anerkennung moralischer Forderungen (→ Moral) (wie sie u. a. im GG verankert sind) auf der einen und der spezifischen, auf Einkommens- und Gewinnmaximierung ausgerichteten realen Existenz auf der anderen Seite kann unter obwaltenden *Gesellschafts- und Produktionsverhältnissen* nicht generell gelöst werden und führt fast zwangsläufig zu Ohnmachtserfahrungen, die jedoch in →*Protest* umschlagen können, wenn ein Mindestmaß an psychosozialer *Sicherheit* aufgebaut werden kann.
Als Argumentation auf den vorgestellten Analyse-Ebenen zusammengefaßt, ergibt sich: A entsteht, wenn das Eintreten potentiell bedrohlicher Bedingungen subjektiv nicht vorhersagbar und deren Kontrolle dem davon Betroffenen entzogen ist. Mangelnde *Vorhersagbarkeit* (z. B. durch Informationsverwirrung oder -verweigerung: →*Öffentliche Meinung*, →*Propaganda*) und fehlende *Kontrollierbarkeit* (etwa durch die systematische Vorenthaltung von *Entscheidungskompetenzen*) sind nun aber für komplexe Gesellschaften geradezu konstitutiv. Zur Überwindung eines

Angst

daraus resultierenden Gefühls der A und darüber hinaus der *Hilflosigkeit* und der (psychischen) *Depression* (Seligman 1975), bedarf es daher der grundsätzlichen Aufklärung und der Beteiligung an Entscheidungen auf allen Ebenen.

Diethard Kuhne

Literatur:

Anselm, Sigrun: Angst und Solidarität. Eine kritische Studie zur Psychoanalyse der Angst. München 1979.
Baeyer, Walter v. & *Baeyer-Katte*, Wanda v.: Angst. Frankfurt/M. 1973.
Birbaumer, Niels: Psychophysiologie der Angst. 2. Aufl. München 1977.
Devereux, Georges: Angst und Methode in den Verhaltenswissenschaften. Frankfurt/M. 1976.
Duhm, Dieter: Angst im Kapitalismus. Lampertheim 1972.
Gronemeyer, Marianne: Politische Partizipation. In: *Moser*, Helmut (Hrsg.): Politische Psychologie. Weinheim 1979, S. 174–193.
Gruen, Eckhard: Angst und Gesellschaft. Sozialpsychologische Aspekte politischer Sozialisation. Frankfurt/M. 1979.
Kierkegaard, Sören: Der Begriff Angst. Vorworte. Düsseldorf 1958.
Krohne, Heinz W.: Angsttheorie: Vom mechanistischen zum kognitiven Ansatz. In: Psychologische Rundschau 31, 1980, 12–29.
Kuczynski, Jürgen: Geschichte des Alltags des deutschen Volkes 1. Köln 1980.
Lazarus-Mainka, Gerda: Psychologische Aspekte der Angst. Stuttgart 1976.
Lefèbvre, Georges: Die große Furcht von 1789. In: *Hartig*, Irmgard A. (Hrsg.): Geburt der bürgerlichen Gesellschaft: 1789. Frankfurt/M. 1979, S. 88–135.
Lepenies, Wolf: Das Ende der Naturgeschichte. Frankfurt/M. 1978.
Rappoport, Leon: Renaming the World: On Psychology and the Decline of Positive Science. Journal for Social Reconstruction 1980.
Roth, Jürgen: Armut in der Bundesrepublik. Untersuchungen und Reportagen zur Krise des Sozialstaates. 2. Aufl., Reinbek 1979.
Schulz, Walter: Das Problem der Angst in der neueren Philosophie. In: *Ditfurth*, Hoimar v. (Hrsg.): Aspekte der Angst. München 1965, S. 13–37.
Seligman, Martin E.P.: Helplessness. On Depression, Development and Death. San Francisco 1975.
Wiesbrock, Heinz: Einführung in die Thematik des Bandes. In: *Ders.* (Hrsg.): Die politische und gesellschaftliche Rolle der Angst. Frankfurt/M. 1967.

Anomie

→*Aggression, Angst, Entfremdung, Methodologie und Methoden, Partizipation, Sicherheitsdenken.*

Mit Anomie (A) wird im Sinne der ursprünglichen Wortbedeutung zunächst ein Zustand der Gesetz- und Normlosigkeit bezeichnet. Der anfangs ausschließlich in der Soziologie verwendete Begriff wird inzwischen auch in der sozialpsychologischen Einstellungsforschung und nicht zuletzt auch als Erklärvariable für bestimmte Formen des politischen Verhaltens im Rahmen des PPs diskutiert. In der Begriffsgeschichte von A lassen sich denn auch recht unterschiedliche Akzentuierungen und Versuche zur Um- und Reformulierung ausmachen, die, vereinfacht ausgedrückt, A einmal als objektivierbaren Zustand einer Gesellschaft oder bestimmter Gruppierungen innerhalb einer Gesellschaft fassen und zum anderen als eine subjektive Befindlichkeit eines Individuums begreifen. Den jeweils verschiedenen Begriffen von A entsprechen nicht nur unterschiedliche empirische Methoden zur Erforschung von A, sondern auch ein je unterschiedlicher politischer Gehalt und damit auch ein unterschiedlicher Stellenwert für die PPs.

Der Begriff A wurde von Durkheim (1897) in die Soziologie eingeführt und erfuhr in dessen Werk über den Selbstmord die entscheidende Ausformulierung. Ausgangspunkt war für Durkheim die Tatsache, daß bei raschen gesellschaftlich-ökonomischen Veränderungen die Anzahl der Selbstmorde bedeutsam zunimmt. Um dieses Faktum zu erklären, setzt Durkheim bei der Beziehung zwischen Individuum und Gesellschaft an, die er als eine dialektisch verschränkte begreift. Eine solche Beziehung steht zunächst einer einfachen Ursachenzuschreibung etwa der Art entgegen, daß eine bestimmte gesellschaftliche Situation notwendig zu Selbstmorden führt. Zudem wird diese Beziehung vermittelt durch die soziale Gruppe bzw. Familie, in der das Individuum lebt, und die, neben Alter und Geschlecht, mit Familienstand und Kinderzahl weitere Erklärungsmöglichkeiten für Selbstmord liefert. Durkheim nimmt an, daß in Zeiten unmerklicher gesellschaftlicher Veränderung individuelles Verhalten durch ein allgemeinverbindliches, internalisiertes Normensystem geregelt ist. Beginnt in Zeiten gesellschaftlicher Veränderung und Krisen die Beziehung zwischen Individuum und Gesellschaft sich aufzulösen, so verlieren die Normen an Verbindlichkeit und können im Extremfall völlig übergangen werden. Individuelle Ansprüche und Bedürfnisse unterliegen dann keiner gesellschaftlichen Steuerung mehr, sie äußern sich in sozial negativen Verhaltensweisen wie kriminellen Handlungen und Selbstmorden. In einer solchen Situation, in der das Individuum ohne Regeln und Normen handelt, herrscht A. Auf der empirischen Ebene kann der anomische Zustand einer Gesellschaft also durch *objektiv* festmachbare Phänomene wie Selbstmordraten oder Kriminalstatistiken erfaßt werden. Aufgrund der besonderen Beziehung zwischen Individuum und Gesellschaft, der Durkheim in einer Art von Mehrebenenbetrachtung gerecht zu werden versucht, lassen sich die individuellen Äußerungen von A nicht ausschließlich auf gesellschaftliche Verhältnisse zurückführen. Durkheim läßt, wenn auch mit deutlich geringerem Gewicht, durchaus noch Raum für subjektive Motive.

Als notwendige Reaktion auf einen Zustand der A bilden sich wieder neue Normen heraus, ohne die soziales Handeln auf die Dauer nicht vorstellbar ist. Durkheim unterstellt damit eine dynamische, in ständiger Veränderung begriffene Gesellschaft, ja, A wird nachgerade zu einem Indikator für sozialen Wandel. Gesellschaftliche Veränderungen bringen notwendigerweise anomische Zustände und Folgeerscheinungen mit sich, die Durkheim als regelmäßig wirkende Bestandteile des sozialen Lebens gelten. Diese Auffassung beinhaltet eine Bewertung von abweichendem Verhalten, die gegenüber der individuellen Verantwortlichkeit die gesellschaftlichen Ursachen in den Vordergrund stellt.

In der Nachfolge von Durkheim nimmt Parsons (1949) eine Präzisierung des Gegenpols von A vor, nämlich als einen Zustand der vollständigen Integration einer Gesellschaft. Während Parsons damit eine Art von Kontinuum der A postuliert und so eine eher formale Ergänzung vornahm, gibt Merton (1949) eine inhaltliche Ausformulierung von A und ebnet den Weg für eine umfangreiche empirische Forschung. Das bei Durkheim im Mittelpunkt stehende Verhältnis von Individuum und Gesellschaft wird insofern erweitert, als Merton nicht nur von allgemeinen Bedürfnissen und Zielsetzungen ausgeht, sondern zwischen kulturellen Leitbildern und Zielen sowie den sozial erlaubten Mitteln zur Erreichung eben dieser Ziele unterscheidet. A tritt dann auf, wenn zwischen Zielen und Mitteln Diskrepanzen dergestalt entstehen, daß die Gesellschaft dem Individuum keine legitimen Möglichkeiten mehr einräumt, die Ziele zu realisieren. Das Individuum wird dann mit nichtkonformem, abweichendem Verhalten reagieren. Mit der Unterscheidung von Zielen und Mitteln wird es einerseits möglich, unterschiedliche Verhaltenstypen der Anpassung zu beschreiben, je nachdem ob das Verhalten mit den gegebenen Zielen *und* Mitteln oder nur mit einem von beiden konform ist. Andererseits kann A nicht mehr nur auf Zustände in der Gesamtgesellschaft allein bezogen, sondern auch auf Subkulturen, soziale Schichten oder Klassen mit je spezifischen Zielen und Wertvorstellungen übertragen werden. In diesem Verständnis führt eine durch soziale Ungleichheit gekennzeichnete Sozialstruktur nicht notwendig zu einem anomischen Zustand der Gesellschaft. Ein solcher wird erst dann eintreten, wenn den Individuen die Kluft zwischen kulturellen Leitbildern und fehlenden Realisierungsmöglichkeiten bewußt wird. Hier spielen die modernen Massenmedien eine wichtige Rolle, die eine weitreichende Verbreitung bestimmter kultureller Standards bewirken und so die Diskrepanz zwischen Zielen und Mitteln vor Augen führen. Analog läßt sich dieser Sachverhalt auch auf das Verhältnis von hoch zu wenig entwickelten Gesellschaften übertragen. Insgesamt ist für Merton, im Unterschied zu Durkheim, A nicht so sehr ein Indikator gesellschaftlicher Entwicklung als vielmehr eine Beschreibungskategorie für sozialstrukturelle und gruppenbezogene Zustände.

Eine weitere, deutliche Begriffsverschiebung zeichnet sich dann bei Riesman (1950) ab, der über Durkheim und Merton hinausgehend anomisch gleichsetzt mit schlecht- bzw. fehlangepaßt und damit A auch auf subjektive Zustände bezieht. Konsequent wird dieser Schritt von Seeman (1959) vollzogen, der A als eine unter mehreren Dimensionen eines allgemeinen →*Entfremdungs*konzepts begreift und A damit letztlich zu einem am Individuum zu messenden, *sozialpsychologischen* Konzept macht. Noch vor Seeman aber hat Srole (1956) durch die Entwicklung einer Einstellungsskala faktisch diesen Schritt unternommen. Srole trennt allerdings deutlich Anomie, die er im Sinne Mertons versteht und nicht weiter verfolgt, von Anomia, die er als einen psychologischen Zustand und, bedingt durch die vorgelegte Operationalisierung, als *Einstellung* behandelt. Diese begriffliche Trennung, die von vielen Autoren übergangen wurde und wird, hat das Entstehen einer eigenständigen sozialpsychologischen Forschungstradition begünstigt, die mit dem ursprünglichen Begriff von A kaum mehr als dem Namen nach verbunden ist und über der Beschäftigung mit dem individuellen den korrespondierenden gesellschaftlichen Zustand vernachlässigte. Die für diese Forschungsrichtung typische und weit verbreitete Srole-Skala basiert auf 5 theoretischen Komponenten, die jeweils durch ein einziges Item operationalisiert werden:

1. Überzeugung, daß Bürokratie und Verwaltung den eigenen Bedürfnissen gleichgültig gegenüberstehen: ,,Es hat wenig Sinn, öffentliche Beamte anzuschreiben, da diese oft nicht an den Problemen des kleinen Mannes interessiert sind."
2. Annahme von Unbeständigkeit und fehlender Planbarkeit der sozialen Ordnung: ,,Heutzutage sollte ein Mensch viel mehr im ‚Heute' leben und das ‚Morgen' morgen sein lassen."
3. Fehlender Fortschrittsglaube und Antizipation von Rückschritt: ,,Obwohl manche Leute das Gegenteil behaupten, geht es der Mehrzahl der Durchschnittsmenschen eher schlechter als besser."
4. Abwertung und Verlust internalisierter Normen und Werte: ,,Es hat keinen Sinn, Kinder zur Welt zu bringen, wenn man bedenkt, wie es um die Zukunft steht."

5. Überzeugung, daß persönliche soziale Beziehungen nicht erhaltbar und planbar sind: „Heute weiß man gar nicht mehr, auf wen man sich noch verlassen kann."

In gleichen oder ähnlichen Formulierungen finden sich diese Items in nahezu allen vorliegenden Anomie-Skalen (vgl. Skalensammlung von Robinson & Shaver 1973). Die sowohl für die Srole-Skala wie auch für später entwickelte Skalen aufgewiesenen in aller Regel guten Werte der psychometrischen Gütekriterien können nicht darüber hinwegtäuschen, daß eine theoretisch stringente Begründung dieser Meßinstrumente weder von Srole noch von den nachfolgenden Autoren geleistet wurde. Weder lassen sich Anzahl und Zusammensetzung der 5 Komponenten noch die konkreten Operationalisierungen theoretisch zwingend rechtfertigen. Von einer Validierung der Instrumente, die aufgrund der unzureichenden theoretischen Einbindung ohnehin auf grundsätzliche Schwierigkeiten stoßen dürfte, wird nirgends berichtet. Die Ergebnisse der darauf basierenden empirischen Forschungen weisen ungeachtet der Schwächen dieser Skalen eine gewisse Übereinstimmung auf, die sich insbesondere an korrelativen Bezügen zu sozialen Verhaltensweisen sowie soziodemographischen und Persönlichkeitsvariablen zeigt. Mit zunehmendem Meßwert der A nehmen soziale, auf Kontakt und Teilnahme an der sozialen Umwelt ausgerichtete Verhaltensweisen ab; hinzu kommt ein niedrigeres Ausbildungsniveau mit einem generell niedrigeren Sozialstatus. Personen mit hohen A-Werten werden als pessimistisch, ängstlich, vorurteilsbestimmt beschrieben, politisches Engagement erscheint ihnen sinnlos. Darauf gründet auch der Vorschlag von Wasmund (1979), Anomie als Erklärvariable für politische Interesse- und Teilnahmslosigkeit („Apathie") zu verwenden. Auf den ersten Blick mögen diese und ähnliche Ergebnisse (vgl. Fischer 1970) wie ein empirischer Beleg für die theoretischen Überlegungen erscheinen, da Personen mit niedrigerem Sozialstatus weniger Mittel zur Verfügung haben, um kulturelle Zielsetzungen zu erreichen, und sich folgerichtig anomischer verhalten müßten als Personen mit höherem Sozialstatus. Eine solche Schlußfolgerung ist jedoch kaum möglich. Einmal lassen korrelative Beziehungen mehrere kausale Interpretationen zu, etwa auch der Art, daß anomische Personen aufgrund ihrer Persönlichkeitsstruktur keinen hohen Sozialstatus erreichen können. Zudem wird durch den *sozialpsychologischen* Rahmen der Forschungen in aller Regel genau die Frage ausgeklammert, ob und inwieweit A ein gesellschaftlich oder subkulturell vermitteltes Phänomen darstellt. Noch viel weniger stellt sich diese Frage allerdings, wenn man mit Milbrath (1965) A, neben politischer Entfremdung und politischem Zynismus, unter die Persönlichkeitseigenschaften einreiht, die fehlende politische Aktivität erklären sollen. In einem *persönlichkeitspsychologischen* Rahmen geht der Blick auf die Makroebene gesellschaftlicher Ent-

wicklung vollends verloren, ,,anomisch" gerät zu einer Kategorie, die auf einen unerwünschten, ja pathologischen Zustand verweist, dem durch Therapie am Individuum abzuhelfen ist.
Insgesamt läßt sich die Begriffsgeschichte von A, wie ganz ähnlich auch die der → *Entfremdung,* mit einem Trend zur Individualisierung und Psychologisierung kennzeichnen, eine Entwicklung, die gleichzeitig auch zu einer Entpolitisierung von A führte. Entfremdung und A als psychische Produkte aufgefaßt, weisen zudem recht ähnliche Operationalisierungen auf, die sich in Korrelationen von meist über .50 niederschlagen (zur Differenzierung der beiden Konzepte siehe Yinger 1973). Die in der psychologischen Anomieforschung verschüttete gesellschaftliche Dimension wird erst wieder in neueren Entwürfen der PPs herausgearbeitet. So diskutiert Zimmermann (1979) mögliche theoretische Erklärungsmodelle, die → *Entfremdung,* A und → *Aggression* miteinander verknüpfen und gleichzeitig die unterschiedlichen Betrachtungsebenen der PPs berücksichtigen.

Roland Wakenhut

Literatur:

Fischer, Arthur: Die Entfremdung des Menschen in einer heilen Gesellschaft. München 1970.

Robinson, John P., *Shaver,* Phillip R. (Ed.): Measures of social psychological attitudes. Ann Arbor 1973 (5th ed.).

Wasmund, Klaus: Konzepte und Ursachen politischer Apathie. In: Schriftenreihe der Niedersächsischen Landeszentrale für Politische Bildung, Gruppenpsychologische Reihe 2, S. 17–56, 1979.

Yinger, Milton J.: Anomie, alienation and political behavior. In: *Knutson,* Jeanne N. (Ed.): Handbook of political psychology. San Francisco 1973, S. 171–202.

Zimmermann, Ekkart: Anomie, Entfremdung, Aggression. In: *Moser,* Helmut (Ed.): Politische Psychologie. Weinheim, S. 245–258, 1979.

Autoritarismus

→*Aggression, Anomie, Entfremdung, Dogmatismus, Ethnozentrismus, Methodologie und Methoden, Partizipation, Sozialisationsforschung, Vorurteil.*

Die Begriffe Autoritarismus (A) bzw. ,,autoritär" (a) werfen im wissenschaftlichen Sprachgebrauch ähnliche Probleme auf wie z. B. die Begriffe

„Demokratie" bzw. „demokratisch". Zum einen sind sie sehr stark normativ besetzt, zum anderen werden sie zur Kennzeichnung verschiedener sozialer Analyseebenen verwendet (z. B. Attitüden, Handlungen, Persönlichkeit, Gruppe, Staat, Gesellschaft), zum dritten sind sie Begriffe der politisch-gesellschaftlichen Alltagssprache, sind also keine wissenschaftlichen Kunstbegriffe. Diese drei Aspekte legen es nahe, A weder von einer einzigen Wissenschaftsdisziplin her (z. B. Psychologie) noch von einer (z. B. auf reinen Empirismus) verengten Methodologie her anzugehen. Die bisher überwiegende Forschung zu A zeigt jedoch statt dieses eher integrationsfördernden Ansatzes deutliche Zeichen von Departmentalisierung. Konversationslexika weisen unter a aus: „mit überlegener Macht ausgestattet; aus eigener Machtvollkommenheit" (Brockhaus); „in (illegitimer) Autoritätsanmaßung handelnd, regierend; diktatorisch" (Duden). Der Begriff a wird hier auf Herrschaftsträger angewandt, wie sich dies auch in Max Webers „Wirtschaft und Gesellschaft" durchgängig findet. Während bei diesem a aber durchweg wertneutral gebraucht wird, implizieren die genannten Umschreibungen von a eine negative Bewertung i. S. von „gegen demokratische, liberale Machtgrundlagen gerichtet".

A auf der Individualebene. – Ebenfalls politisch abwertend i. S. von antidemokratisch wird a in der für die A-Forschung klassischen Studie von Th. W. Adorno u. a., The Authoritarian Personality (1950) (AP), verwendet. Gepaart mit dieser normativen (Ab-)Wertung ist die pragmatische Intention dieser Forschungsgruppe, Waffen gegen den A zu finden (Adorno 1973, S. 308). Dabei gehen Adorno u. a. von einer spezifischen Sichtweise aus: Ihre Forschungen wurzeln in der damals unmittelbaren Bedrohung der Welt durch den europäischen Faschismus, insbesondere den Nationalsozialismus; diese Bedrohung habe ihre allgemeinere Grundlage in der wachsenden Massenkultur. Insofern interessieren sie sich nicht so sehr für die politischen Strukturen faschistischer Staaten oder ihre politischen Führer als vielmehr für die Massenbasis, ohne die der moderne Faschismus unvorstellbar sei (a. a. O.). AP ist ein großangelegter Forschungsbericht, der auf psychoanalytischer Grundlage mit den Mitteln empirischer Sozialforschung die Einstellungen, Vorurteile, Verhaltensdispositionen, kurz die Persönlichkeitsstruktur oder Charakterstruktur faschistischer = a = antidemokratischer Personen analysieren will, die das faschistische Potential bilden. Als Analyseinstrument entwickelten Adorno u. a. die sog. F(Faschismus)-Skala. Ihrer Erarbeitung war die Konstruktion dreier anderer Skalen vorausgegangen: A-S(Antisemitismus)-Skala, E(Ethnozentrismus)-Skala, PEC (politisch-ökonomischer Konservativismus)-Skala. Besonders die beiden ersten Skalen erwiesen sich jedoch als zu vordergründig ideologisch formuliert, so daß sie Abwehrmechanismen bei den Befragten hervorrufen konnten. Daher versuchten Adorno u. a., ,,eine Skala zu konstruieren, die Vorurteile messen würde, ohne diesen Zweck sichtbar zu machen und ohne eine Minderheitengruppe mit Namen zu nennen" (a. a. O., S. 37). Diese Skala, die F-Skala, sollte alle jene Aspekte einer autoritären Charakterstruktur beinhalten, die durch diese drei Skalen bereits bekannt waren bzw. aus diesen abgeleitet werden konnten und von denen die Autoren annahmen, ,,daß sie ein einziges Syndrom, eine mehr oder weniger dauerhafte Struktur im Individuum bilden konnten, die es für antidemokratische Propaganda anfällig macht. Man könnte daher sagen, die F-Skala versuche, den potentiell antidemokratischen Charakter zu messen" (a. a. O., S. 46). Diese Aspekte (,,Variablen") werden von Adorno u. a. folgendermaßen benannt: ,,a) Konventionalismus. Starre Bindung an die konventionellen Werte des Mittelstandes. b) Autoritäre Unterwürfigkeit. Unkritische Unterwerfung unter idealisierte Autoritäten der Eigengruppe. c) Autoritäre →*Aggression*. Tendenz, nach Menschen Ausschau zu halten, die konventionelle Werte mißachten, um sie verurteilen, ablehnen und bestrafen zu können. d) Anti-Intrazeption. Abwehr des Subjektiven, des Phantasievollen, Sensiblen. e) Aberglaube und Stereotypie. Glaube an die mystische Bestimmung des eigenen Schicksals; die Disposition, in rigiden Kategorien zu denken. f) Machtdenken und ‚Kraftmeierei'. Denken in Dimensionen wie Herrschaft-Unterwerfung, stark-schwach, Führer-Gefolgschaft; Identifizierung mit Machtgestalten...; übertriebene Zurschaustellung von Stärke und Robustheit. g) Destruktivität und Zynismus. Allgemeine Feindseligkeit, Diffamierung des Menschlichen. h) Projektivität, Disposition, an wüste und gefährliche Vorgänge in der Welt zu glauben; die Projektion unbewußter Triebimpulse auf die Außenwelt. i) Sexualität. Übertriebene Beschäftigung mit sexuellen ‚Vorgängen'" (a. a. O., S. 45). AP kann zweifellos als einer der meistdiskutierten sozialwissenschaftlichen Klassiker angesehen werden. Es stimulierte bis heute sowohl eine Reihe weiterer Untersuchungen über Zusammenhänge zwischen A und anderen Variablen (z. B. intellektuelle Rigidität oder Angst) als auch scharfe Kritik, von der P. Heintz schon 1957 feststellte, daß sie ungewöhnlich strenge Maßstäbe aufstellte und sie diesem Werk gegenüber besonders scharf anwendete. Die meiste *Kritik* ist dabei *methodischer* Art: Sie richtet sich z. B. gegen die Stichproben, die in der Tat keine Zufallsstichproben sind; gegen die Bildungsabhängigkeit der F-Skala; gegen das sog. Response-set-Problem, d. h. einer systematischen Antwortverzerrung durch jeweils gleichgepolte Fragen; gegen die Multidimensionalität der Skala, wodurch Vergleiche unmöglich werden. Insbesondere Roghmann hat auf *theoretische* Schwächen des Ansatzes von Adorno u. a. hingewiesen: Wenn A als eine spezifische Ausprägung der Persönlichkeitsstruktur angesehen wird, wobei diese Struktur im Kindheitsalter entstehen soll und später sozialrelevantes Handeln beeinflussen kann, dann ist für diesen großangelegten Ansatz die psychoanalytische Persönlichkeitstheorie (nach S. Freud) als einzige Basis zu wenig. Denn für die Einstellungsmessung wird zwar mit viel Technik, aber ohne Einstellungstheorie die F-Skala etabliert, und die Ebene des sozialen Handelns wird völlig ausgelassen. Ohne eine (einigermaßen) explizierte Theorie kann aber keine Skala validiert werden: ,,Nicht zu Unrecht heißt es, A sei, was die F-Skala messe." (Roghmann 1966, S. 15). Obwohl AP mit normativen Aussagen durchwirkt ist – schließlich untersuchten ja die Forscher das a Potential, um der besseren, der demokratischen Sache zum Siege zu verhelfen – bleibt die *normative* Argumentation blaß. Ab welcher Intensität beispielsweise A eine Gefahr für eine Demokratie wird, ist ja nicht in erster Linie eine empirische Frage; vielmehr werden bei der Beantwortung dieser Frage normative Kriterien benötigt (,,ab wann sollen wir von Gefahr sprechen...?"), die wenigstens ansatzweise (dialogisch) begründbar sein müssen, wenn sie nicht dogmatisch eingeführt werden sollen (vgl. Gessenharter u. a. 1978, S. 24 ff.). Solange man den Hitler-Faschismus bzw. Nationalsozialismus vor Augen hatte, konnte man gerade auch in den USA des normativen Konsenses über den Faschismus als ein abzulehnendes Übel sicher sein. Geht man aber nicht nur auf Schwarz-Weiß, sondern auf Grautöne ein, wird ein Konsens schon sehr viel schwieriger. Daß die A-Forschung im Deutschland der 50er Jahre nahezu ohne Widerhall blieb, könnte auch mit der mangelnden Bereitschaft zusammenhängen, im Nachkriegsdeutschland das Faschismus-Phänomen argumentativ-normativ aufzuarbeiten. Für AP interessieren die Persönlichkeitsstrukturen der a Persönlichkeit nur insoweit, als diese auf dem extrem rechten, konservativen Flügel des politisch-ideologischen Spektrums angesiedelt ist; dies hat sich auch bei späteren Untersuchungen des A in der Bundesrepublik durch Adorno und seine Mitarbeiter nicht geändert (vgl. v. Freyhold 1971).

Man hat wohl nicht zu Unrecht behauptet, daß die Beschäftigung mit dem ,,*A von rechts*" als um so einseitiger empfunden wurde, je stärker der Faschismus in den Hintergrund und der Kommunismus als Bedrohungspotential für die westlichen Demokratien in den Vordergrund traten. Beide Ideologien wurden als a, antidemokratisch bzw. totalitär bezeichnet; der ,,*A von links*" wurde am anderen Extrempunkt einer ideologischen Rechts-Links-Achse angesiedelt. Eysenck hat aber bereits 1954 das A-Konzept seiner bis dahin vermuteten politischen Ideologiebehaftetheit zu entkleiden versucht: Er unterzog 40 Items publizierter Einstellungsskalen einer Faktorenanalyse und interpretierte zwei orthogonal zueinanderstehende Faktoren, die er „tendermindedness-toughmindedness" bzw. „radicalism-conservatism" benannte. Dabei hebt letzterer Faktor auf die ideologischen Elemente ab, ersterer dagegen eher auf Einstellungsmodi. Nach Eysenck unterscheiden sich Faschisten und Kommunisten nicht hinsichtlich ihrer ;„toughmindedness" (T), erstere rangieren jedoch bei „conservatism", letztere bei „radicalism". Da die F-Skala Adornos u. a. eher T messe anstatt Faschismus, schlug Eysenck vor, die F-Skala Autoritarismus-Skala zu nennen. Bekannter noch als die Eysenckschen Überlegungen sind die Forschungen von Rokeach geworden, denen die →*D(ogmatismus)*-Skala zu verdanken ist. Die D-Skala will nur noch die kognitiven Strukturen dogmatischer, intoleranter, a Personen aufdecken, ohne überhaupt auf ideologische Inhalte linker oder rechter Provenienz einzugehen.

A in der auf Adorno u. a. fußenden (sozial-)psychologischen Forschung kann etwa folgendermaßen *zusammengefaßt* werden: Autoritäre Personen sind in ihren kognitiven bzw. Charakterstrukturen unbeweglich, rigide, stereotyp; ihre Weltsicht ist dichotomisch; ihre Ich-Schwäche läßt sie unterwürfig gegenüber Autoritäten der Eigengruppe, aber unverträglich, aggressiv, kompromißlos („tough-minded") gegen Mitglieder von Fremdgruppen werden *(→Ethnozentrismus)*; unsicheren Situationen weichen sie aus. Inwiefern A als bloße Denk- bzw. Charakterstruktur begriffen werden kann, also unabhängig von politisch-ideologischen (z. B. ‚linken' oder ‚rechten') Werten und Normen, hängt wohl in erster Linie damit zusammen, ob und inwieweit soziologische Aspekte in das theoretische Modell miteinbezogen werden: Wird A als Ergebnis einer frühkindlichen Fehlentwicklung aufgrund von z. B. repressiven Erziehungsstilen aufgefaßt, wird man stärker weitgehend dauerhafte charakterliche Strukturmomente betonen; wird dagegen A auch als Ergebnis lebenslanger Auseinandersetzung mit der Umwelt verstanden (→*Sozialisation* als lebenslanger Prozeß), geraten die gesellschaftlichen Strukturen stärker in den Blickpunkt.

Autoritarismus auf der politischen Systemebene. – Obwohl Lipset schon vor Jahren vorgeschlagen hat, den Begriff a nur der Individualebene vorzubehalten (vgl. ders., Political Man 1963, S. 92), wird der Terminus a bzw. A nach wie vor in der makrosoziologischen bzw. politikwissenschaftlichen Forschung verwendet, um gesellschaftliche bzw. politische Systeme zu charakterisieren. Nahezu übereinstimmend wird dabei A für gesellschaftlich/politische Systeme benutzt, die zwischen totalitären und demokratischen Systemen anzusiedeln wären, die ihrerseits als zueinander gegensätzlich aufgefaßt werden.

Totalitäre Systeme können in Anlehnung an C. J. Friedrich knapp durch folgende Charakteristika gekennzeichnet werden: 1. monistisches

Machtzentrum, 2. zentral gelenktes Wirtschafts- und Nachrichtenmonopol, 3. eine Ideologie mit für alle verpflichtenden Endzielen und Handlungsregelungen, 4. Massenmobilisierung durch Partei und Hilfsorganisationen. Im Gegensatz dazu könnte man demokratische Systeme idealtypisch durch Parteienkonkurrenz, gesellschaftlichen, ökonomischen und ideellen Pluralismus und durch freiwillig wahrnehmbare →*Partizipations*chancen kennzeichnen. Zwischen diesen beiden Polen wären, wie erwähnt, a Systeme anzusiedeln, die sich nach J. J. Linz (1975, S. 264 ff.) wie folgt typisieren lassen: Politische Systeme können als a bezeichnet werden, wenn sie 1. einen begrenzten politischen Pluralismus dulden, 2. über keine ausgearbeitete und allgemein verpflichtende Ideologie verfügen, sondern statt dessen spezifisch geartete Denkstrukturen („mentalities"), die vornehmlich in Richtung Konfliktscheu tendieren, reproduzieren und favorisieren, damit 3. nicht nur auf politische Massenmobilisierung verzichten, sondern politische Apathie in der Bevölkerung bewußt dulden. 4. Politische Macht wird von einem Führer oder einer kleinen Führungsgruppe innerhalb eines von Fall zu Fall ziemlich klar vorhersehbaren Rahmens ausgeübt, der aber formell-verfassungsmäßig nur undeutlich festgelegt ist. R. Dahrendorf hat bei der Charakterisierung a Systeme vor allem auf den Zusammenhang von Wandlungs- und Partizipationsfeindlichkeit hingewiesen: Totalitäre Herrschaft wolle die Gesellschaft radikal verändern, bedürfe deshalb der dauernden, jedoch völlig kontrollierten Teilnahme der Menschen; die liberale Demokratie sei ebenfalls auf Wandel angelegt, wobei jedoch politische Teilnahme zwar generell unentbehrlich, aber für den einzelnen Bürger nicht unentrinnbar sei. „Der a Staat ist dagegen eine Verfassung der Stagnation. Auch weil seinen ständigen Herren der Wandel zuwider sein muß, gehört die Nichtteilnahme zu seiner Struktur. Autoritäre Herren brauchen die Vielen nur als Objekte für ihre Entscheidungen." (1971, S. 346). Die (wenigstens zeitweilige) Stabilität a politischer Systeme wird häufig dadurch erklärt, daß diese gesellschaftliche Konflikte nicht ganz unterdrücken oder durch verpflichtende Ideologien, z. B. auf Sündenböcke, gezielt umlenken, sondern das gesellschaftliche Konfliktbewußtsein erst gar nicht zur Entfaltung kommen zu lassen versuchen, indem sie Kritik in den privaten Bereich verdrängen und auf die Notwendigkeit staatlicher Autoritäten zur Wahrung des gesellschaftlichen Konsenses verweisen; dabei wird dann auf die Verbindung der Autoritäten zur (guten) Tradition abgehoben, welche oft durch religiöse Traditionen zusätzliche normative Verpflichtung für die Bürger erfährt (z. B. im Spanien Francos). Unter diesen Umständen überrascht es nicht, daß in a politischen Systemen die eher bewahrenden Institutionen wie Klerus, Armee, Rechtsprechungsorgane als wichtigste Unterstützung der a Herrschaft zählen, eher auf

Kritik angelegte Institutionen wie Universitäten aber die Keimzellen des Widerstandes bilden. Wenn es nach den bisherigen Ausführungen eines der wichtigsten Kennzeichen des a Staates ist, nicht, wie der Totalitarismus, die bürgerliche Freiheit abzuschaffen, sie jedoch einzuengen und dabei sich zu begnügen, ,,von der Bevölkerung geduldet zu werden, also passiven Gehorsam vorzufinden" (Rostock 1977, S. 97), dann wird es unumgänglich, den Blick von den staatlichen Institutionen auf die *Gesellschaft* zu weiten, die ein a politisches Regime duldet.

A auf der gesellschaftlichen Makroebene. – Hierbei muß wieder, wie schon weiter oben geschehen, die individuelle Ebene einbezogen werden, wobei jetzt jedoch die Interdependenzen zwischen staatlicher, gesellschaftlicher und individueller Ebene berücksichtigt werden müßten. Im Hinweis auf die spezifischen ,,mentalities" hat Linz in seinem obigen Definitionsversuch bereits diese Verbindungslinien markiert. Eine a Gesellschaft wäre dann durch solche ,,mentalities" charakterisiert, die die vorhandenen gesellschaftlichen Spannungslinien weitgehend nicht als veränderbar, sondern als traditionell und/oder als naturgegeben und/oder als religiös legitimiert akzeptieren, und denen das Bedürfnis nach Einheit und Harmonie weit höher steht als das Bedürfnis nach Freiheit, Selbstverwirklichung und Gleichheit (vgl. auch Hartfiel, Hrsg. 1969). Letztere Bedürfnisse werden nach dem a gesellschaftlichen Selbstverständnis in den privaten Bereich abgedrängt, in dem das Recht des Stärkeren dominieren soll. Solange der a Staat diesen privaten Sektor nicht tangiert, hat er – wenigstens von den gesellschaftlich starken Gruppen – keine Gegnerschaft zu befürchten. Die gesellschaftlich und/oder ökonomisch schwachen Gruppen werden durch patriarchalische Betreuung bzw. Bevormundung seitens des Staates oder der starken Gruppen soweit existentiell abgesichert, daß auch sie mögliche Unmutsäußerungen der postulierten Harmonie opfern. Von diesen Voraussetzungen her kann man erklären, warum in a politischen Systemen gesellschaftskritische Intellektuelle oft als Feinde der nationalen Einheit gebrandmarkt werden.

Die bisherigen Überlegungen führen zu dem (vorläufigen) Schluß, daß a politische Regime nur in einem gesellschaftlichen Umfeld existieren können, in dem a gesellschaftliche Denkstrukturen dominieren; als Träger dieser Mentalitäten sind letztlich nur Individuen vorstellbar, die durch eine a Persönlichkeitsstruktur charakterisiert sind, wie sie weiter oben im Anschluß an Adorno entwickelt wurde. Diese Persönlichkeitsstruktur wird wiederum gesellschaftlich normiert und in Sozialisationsprozessen durch Familie, Schule und beruflich-gesellschaftliches Leben aufrechterhalten und weitergegeben. Dieses Grundmodell von a Staat/a Gesellschaft/a Persönlichkeit ist weithin in der Literatur über A – mehr implizit als explizit – zu finden. Daß es eher nur implizit formuliert wird, hängt weitestgehend damit zusammen, daß die bisherige Literatur über A sich meist nur auf *eine* der angesprochenen Ebenen beschränkt und die jeweils anderen nur beiläufig und illustrativ berücksichtigt. Eine alle Ebenen einbeziehende, insofern gesamtgesellschaftliche A-Analyse ist bislang Mangelware. Sie stünde allerdings auch vor großen Schwierigkeiten, die aber sozialwissenschaftlicher Forschung generell nicht fremd sind.

Hauptprobleme der A-Forschung. – 1. Eine Analyse von A erfordert eine Auseinandersetzung mit wenigstens *drei Klassen von Normen* und deren Abhängigkeiten voneinander, nämlich den gesamtgesellschaftlichen/politischen Normen, den Normen der untersuchten Personen bzw. Populationen und den den Forscher leitenden Normen. So ist z. B. in die wissenschaftliche Grenzziehung zwischen A und Demokratie immer auch eine Wertung des Forschers eingewoben. Zudem besteht bei sozialwissenschaftlicher Datenerhebung und -auswertung für den Forscher das Problem, sensibel für Normen der Befragten zu sein. Wenn etwa bei der Formulierung von Items oder bei der Interpretation der Daten *unbewußt* Normen des Forschers einfließen, sind nicht mehr kritisierbare Verzerrungen der Ergebnisse kaum auszuschließen. Da A üblicherweise negativ bewertet wird, ist des weiteren die Offenlegung eines Kriteriensatzes für diese Bewertung nötig, der meistens aus einem gesamtgesellschaftlich vorhandenen und/oder geforderten Normensystem (z. B. Demokratie) besteht. So haben Vertreter der ,,antiautoritären" Bewegung der 60er Jahre die Entwicklung der BRD und insbesondere ihrer Eliten als verhaftet in a (Denk-)Strukturen vor der Folie ,,wahrer", aber (noch) nicht realisierter Demokratie beurteilt. Bemerkenswert erscheint auch die Tatsache, daß auf der Individualebene der Ansatz Adornos u. a. heute noch nahezu ungebrochene Dominanz aufweist, obwohl die Forschung der Berkeley-Gruppe normativ sehr stark von den negativen Erfahrungen mit den europäischen Totalitarismusbewegungen der 1. Hälfte des 20. Jahrhunderts geprägt ist. Hier wäre immerhin die Frage zu stellen, ob dieses Konzept heute noch sensibel genug ist angesichts solcher gesellschaftlicher Entwicklungen, die z. B. R. Inglehart mit dem Begriff ,,Postmaterialismus" gekennzeichnet hat (vgl. ders., The Silent Revolution, 1977; zu einer Längsschnitt- und Kulturvergleichsstudie mit Hilfe einer u. a. auf der F-Skala aufbauenden A-Skala vgl. G. Lederer 1981; zu einem Ansatz, rechtsextreme und dabei auch a Einstellungen eher auf induktivem Weg zu operationalisieren, vgl. SINUS-Studie 1981; zum hier nur angeschnittenen Normenproblem vgl. ausführlicher Gessenharter u. a. 1978).

2. Eine vergleichende A-Forschung, die auf das Zusammenspiel von politischen, gesellschaftlichen und individuellen Phänomenen abzielen will, kommt einerseits ohne das Konzept ,,*nationale politische Kultur*" kaum aus. Man weiß jedoch andererseits mittlerweile sehr viel mehr über mög-

liche Fragmentierungen nationaler politischer Kulturen Bescheid. So haben Linz/de Miguel (1966) bei der Analyse des a Franco-Spaniens derartige regionale Unterschiede festgestellt, daß sie zuletzt von ,,acht Spanien" sprachen. Oft sind die Unterschiede der politischen Kultur innerhalb einer Nation größer als die zwischen Nationen.

3. Ist die Vorstellung einer *einheitlichen Richtung* politischer Sozialisation, z. B. angesichts der erwähnten Fragmentierung, nicht zu einfach? Kann man weiter annehmen, daß die (möglicherweise tatsächlich vorhandene) Dominanz a Normen in einer Gesellschaft eine eindeutige Entsprechung auf der Individualebene hat? Schaffen solche Normen zwangsläufig auf Dauer a Herrschaftsstrukturen und umgekehrt? Welche Wirkungen haben familiale Sozialisation, Schule, Armeen sowohl auf ihre Mitglieder als auch auf das Gesamtsystem?

4. Ungeklärt ist weiterhin die Frage, inwieweit A auf der verbalen Ebene (Einstellungen) auf *soziale Handlungsweisen* durchschlägt.

5. Muß sozialwissenschaftliche A-Forschung nicht selbst als ein wichtiger Faden im Normengeflecht einer Gesellschaft gesehen werden? Linz schreibt (1975, S. 356), daß zukünftig erwartbar sei, daß immer mehr politische Systeme a Strukturen annähmen, weil diese der Gesellschaft einerseits mehr Freiheit ließen als totalitäre Systeme, andererseits aber weniger anspruchsvoll als demokratische Systeme seien. Denkt man z. B. nur an die immer stärker werdenden Bürokratieprozesse mit ihren Tendenzen, immer weniger Freiheitsspielräume zuzulassen, wobei sich die Menschen, solange sie und ihr Schicksal nur ‚gut' verwaltet werden, immer mehr an manipulierte Freiheit gewöhnen, kann man dieser These nicht glatt widersprechen. Ist A also unser aller Schicksal? Normativ auf die Grundprinzipien freiheitlicher Demokratie verpflichtete A-Forschung müßte konsequent alles tun, diese theoretisch erwartbaren Entwicklungen durch ihre Arbeit und das sich aus ihr ergebende Aufklärungspotential praktisch falsifizieren zu helfen. Dies setzte aber voraus 1. ein normativ bewußteres Vorgehen als heute sichtbar, 2. ein stärker alle gesellschaftlich-politisch relevanten Ebenen einbeziehendes, differenzierteres Analysemodell, 3. eine insofern wachsende Interdisziplinarität. Eine solchermaßen realistischere und gleichzeitig kritischere A-Forschung hätte vielleicht eine Chance, *gesellschaftspolitische Bedeutung* für die Stärkung demokratischer Einstellungen, Handlungen und Strukturen zu gewinnen.

Wolfgang Gessenharter

Literatur:

Adorno, Theodor W.: Studien zum autoritären Charakter. Frankfurt/M. 1973.
Dahrendorf, Ralf: Gesellschaft und Demokratie in Deutschland. München 1971.
Freyhold, Michaela von: Autoritarismus und politische Apathie. Frankfurt 1971.
Gessenharter, Wolfgang, *Fröchling*, H., *Krupp*, B.: Rechtsextremismus als normativ-praktisches Forschungsproblem. Weinheim und Basel 1978.
Hartfiel, Günter (Hrsg.): Die autoritäre Gesellschaft. Opladen[3] 1972.
Lederer, Gerda: Trends in Authoritarianism. (Doctoral Dissertation) Columbia Univ., New York 1981.
Linz, Juan J.: Totalitarian and Authoritarian Regimes. In: Handbook of Political Science, Vol. 3, Reading, Mass. 1975, S. 175–411.
Linz, Juan J., *de Miguel*, A.: Within-Nation Differences and Comparisons: The Eight Spains. In: *Merritt*, Richard L., *Rokkan*, Stein (Eds.): Comparing Nations. New Haven 1966, S. 267–319.
Roghmann, Klaus: Dogmatismus und Autoritarismus. Meisenheim 1966.
Rostock, Michael: Modelle politischer Ordnung. In: *Schlangen*, Walter (Hrsg.): Politische Grundbegriffe. Stuttgart 1977, S. 75–111.
SINUS-Institut: 5 Millionen Deutsche: ,,Wir sollten wieder einen Führer haben...". Die SINUS-Studie über rechtsextremistische Einstellungen bei den Deutschen. Reinbek 1981.

Bürgerinitiativen

→*Führung, Moral, öffentliche Meinung, Organisationen, Partizipation, politisches Bewußtsein, politisches Lernen, Protest, Wirkungsforschung.*

Bürgerinitiativen (B) haben sich seit den ersten Aktionen Ende der 60er Jahre, und z. T. noch getragen von den Ausläufern der außerparlamentarischen Opposition (Apo), inzwischen zu einer eigenständigen sozialen und politischen Kraft entwickelt, die von keiner politischen Partei oder Regierung mehr übersehen werden kann. Richtete sich der →*Protest* der Bürger bis zur Hälfte der 70er Jahre noch vorwiegend auf lokale und individuell unmittelbar erfahrbare Probleme im Zusammenhang mit dem *Reproduktionsbereich*, wie z.B. Erziehung, Bildung, Kommunikation, Verkehr, Industrieansiedlung usw., so bezieht er sich in letzter Zeit verstärkt auf allgemeine, übergreifende und von einer wachsenden Zahl von Bürgern verschiedener sozialer Herkunft erlebte ,,Malaisen". Dokumentiert werden sie z. B. durch B gegen Flughafenausbau und Atomkraftwerke sowie B für Umweltschutz, Frieden und Abrüstung usw.
B der letzteren Art gewinnen zusehends breitere personelle Basen, geraten zu *Massenaktionen*. Ihr →*Protest* wird der Form nach immer unkon-

ventioneller (Go-in, Besetzung, Blockade), dem Überraschungsmoment verpflichtet, vorgetragen. Die bevorzugte kontinuierliche Berichterstattung über gerade solche Aktionen in den *Massenmedien* (→ *Wirkungsforschung*) verdeckt allerdings, daß die Mehrzahl der B weiterhin um eine legale Interessendurchsetzung zum Zwecke der Änderung von politischen Entscheidungen, Gesetzen usw. bemüht ist. Das macht vielfach auch ihre Stärke in der politischen Auseinandersetzung aus. Im Gegensatz zu den B, die die Ursachen ihres Protests in Forderungen kleiden, die legal realisierbar sind, erscheinen den sozialen Bewegungen diese Ursachen nicht durch legale Entscheidungen aufhebbar. Ihr Protest entwickelt sich generell und weitet sich zum Gesamtentwurf aus (Rammstedt 1978, S. 155 f.). Aufgrund ihrer z. T. vorhandenen Konsolidierungen und Kooperationen (vor allem im Bereich Umweltschutz) werden nun B bisweilen insgesamt als soziale Bewegung eingestuft (Karl 1981). Die offenkundige politische Präsenz und die ständig wiederkehrenden Aktionen legen es nahe, von einer B-Bewegung insgesamt zu sprechen, obwohl sich die B doch hinsichtlich der Breite und Verschiedenartigkeit der aufgegriffenen Probleme beträchtlich unterscheiden, sich bisweilen auch nach dem „St.-Florians-Prinzip" gegenseitig im Wege stehen können und so dem Charakter von sozialen Bewegungen, der Umweltbereich einmal ausgenommen, nicht gänzlich nahekommen.

Die Vielfalt der Themenbereiche, die von B aufgegriffen werden, und die unterschiedlichen Strategien der Interessendurchsetzung machen es im übrigen schwer, B *definitorisch* festzulegen; dies würde geradezu ihrem spontanen und flexiblen Charakter widersprechen. Allenfalls lassen sich B als *spontan ins Leben gerufene, von einer mehr oder weniger losen Organisation getragene Gruppierungen von Bürgern bezeichnen, die aus einem konkreten Anlaß oder im Zeichen einer allgemeinen Zielsetzung zu Aktionen der Selbsthilfe greifen und/oder auf kommunaler, regionaler und überregionaler Ebene Einfluß auf politische Willensbildungsprozesse zu nehmen versuchen* (Mayer-Tasch 1977, S. 14).

B und repräsentatives System. – Die Probleme, die zur Entstehung von B führen, werden von den einzelnen Mitgliedern der B entweder *unmittelbar* oder zumindest *mittelbar* erfahren. Parallel zu diesem individuellen Bezug ist aber eine (komplexe) Systemebene vorhanden, aus deren Sicht sich das, was individuell rational erscheinen mag, als irrational entpuppen kann und vice versa. B stoßen sich damit an den gesellschaftlichen Strukturen, bzw. machen diese häufig auch für das Vorliegen der Ursache ihres Protests verantwortlich. Besonders an die in den letzten Jahrzehnten diskutierten *Struktur-* und *Funktionsmängel* des *politischen Systems* sei hier gedacht, die neben einer Verschlechterung der ökologischen Situation als Ursachen für die Entstehung der B-Bewegung angesehen werden (z. B.

Bürgerinitiativen

Mayer-Tasch 1977, Guggenberger 1980). Beispielsweise bleiben im modernen Repräsentativsystem die *gesellschaftlichen Allgemeininteressen* hinter den *partikularen Interessen* von Verbänden und →*Organisationen*, die sich häufig unter „Ausschluß der Öffentlichkeit" im „vorparlamentarischen Raum" formieren (Zimpel 1972), zurück, weil sie nicht über ein ebensolches Maß an *Organisations-* und *Konfliktfähigkeit* verfügen (Offe 1969, Olson 1968). Die am Konkurrenzmodell der Demokratie (Schumpeter, Downs) orientierte Parteipolitik verhindert langfristige, unpopuläre und weitsichtige politische Maßnahmen, wie sie z. B. für Umweltschutz, Energie, Verkehrswesen usw. notwendig wären (Guggenberger 1980, S. 15 f.).

Die *Funktion* der B besteht im modernen politischen System deshalb hauptsächlich darin, bislang vernachlässigte Interessen in den Prozeß der politischen Willensbildung einzubringen (→ Partizipation). B fungieren im parlamentarischen System als Vertreter schlecht organisierbarer Interessen (Zillessen 1974). Durch Beteiligung von B am politischen Willensbildungsprozeß könnten eventuell auch allgemeine, langfristige, nichtmaterielle Interessen Wirkungen erzielen. Ihren Mitgliedern könnten B außerdem zu →*politischen Lernprozessen* verhelfen, d. h. zur Erweiterung ihrer politischen Denk- und Handlungsperspektiven beitragen, wie sie die traditionellen Institutionen politischer Bildung (→*politisches Bewußtsein*) nicht in diesem Umfang zu vermitteln vermögen (Zillessen 1978, Gronemeyer 1973).

Ziele, Motivation und Moral. – In der 1. Hälfte der 70er Jahre überwiegen „Ein-Punkt-Bewegungen", die auf kommunaler Ebene konkrete Ziele verfolgen: B im Bereich Städtebau, Verkehr, Erziehung, Bildung und Soziales (Randgruppen, Drogenprobleme usw.) dominieren. Mit der wachsenden Bedrohung der Reproduktion der natürlichen Umwelt und dem Aufkommen sogenannter Umwelt-B vollzieht sich eine Verlagerung hin auf die Einkleidung konkreter Projekte in allgemein-politische Forderungen: Ein Trend zum „Politischen" ist feststellbar. Umwelt-B und auch Friedensinitiativen reichen in die Nähe sozialer Bewegungen, für die diese allgemeine Orientierung u. a. mit kennzeichnend ist. In sozialen Bewegungen wird der *Zweck* der Initiative mit der *Motivation* ihrer Mitglieder als identisch angenommen. Dieser Zusammenhang gilt aber nicht für die Durchschnitts-B, in denen zwar konkrete Ziele verfolgt werden, die auch zur Mitarbeit motivieren. Darüber hinaus aber lassen sich weitere Anreize zum politischen Engagement feststellen. So z. B. das Streben nach Wertverwirklichung, finanzielle Vorteile, politisches Karrieredenken, Gruppenzwänge, soziale Anreize usw. Bisweilen machen sich auch *Advokaten* oder Bürgeranwälte – gerufen oder ungerufen – zu Promotoren bürgerschaftlicher Anliegen (Knöpfle 1974). Die Initiatoren von B sind somit nicht in jedem Fall unmittelbar und selbst in einem existentiellen Anliegen betroffen.

Die Ziele von B sind je nach dem Anliegen entweder *kurzfristig* oder *langfristig* angelegt. B, die kurzfristige Ziele verfolgen, lösen sich nach Zielerreichung oder Mißerfolg rasch wieder auf, nicht aber B mit langfristigen Zielen: Sie setzen sich vielmehr häufig neue konkrete Ziele, die mit allgemeinpolitischen Zielsetzungen verknüpft werden. B agieren nicht ausschließlich *reaktiv*, fast ebenso viele B setzen sich auch *für* eine bestimmte Sache, z. B. im sozialen Bereich, ein. Entsprechend korrespondieren recht verschiedene →*Moral*vorstellungen, die die Mitglieder von B mit ihrem politischen Engagement verbinden. Die Moralvorstellungen rangieren von extremem Eigennutzdenken („St.-Florians-Prinzip") bis hin zu altruistischem Denken und zur Verneinung juristischer Vorschriften und Gesetze zugunsten übergreifender Werthaltungen. Dies wird z. B. bei Naturschutz-B deutlich, die sich durch politisch legal zustande gekommene Mehrheitsentscheidungen in ihrem Grundrecht auf Leben und körperliche Unversehrtheit gefährdet sehen und deshalb zu Aktionen schreiten. Legt man zur Präzisierung dieses Zusammenhanges die Kohlbergschen →*Moral*stufen zugrunde (Schenk & Bohm 1982), so kann man davon ausgehen, daß die Aktivisten in sogenannten linken Protestgruppen sich eher auf *prä*- oder *post*konventionellen als auf konventionellen Stufen befinden, während sich Angehörige konservativ orientierter Gruppierungen eher auf konventionellem Niveau bewegen und eine „Law-and-order"-Einstellung zeigen (z. B. Fishkin et al. 1973). Individuen mit postkonventioneller moralischer Urteilsstruktur weichen vom Bevölkerungsdurchschnitt in ihren Einstellungen zu sozialen Normen, Religion und Familienkonvention ab und bevorzugen häufig unkonventionelle und „alternative" Lebensformen (z. B. Wohngemeinschaften). Sie treten eher für die Verbesserung von Gesetzen und Verhältnissen ein, während Personen auf konventionellem Niveau die gegebenen Gesetzesspielräume besser ausnutzen möchten (z. B. Haan et al. 1977).

Entwicklung. – Zur Durchsetzung ihrer Forderungen benötigen B eine breite personelle, und zum Teil auch materielle, Basis. In der Entwicklungsphase sind B in hohem Maße von *interpersonellen*, „Face-to-face"-*Interaktionen* abhängig, die einen vorzüglichen Rekrutierungsmechanismus darstellen (Schenk 1982). Häufig sind in B mit allgemeinpolitischen Vorstellungen und langfristigen Zielen einige Gründungsmitglieder durch die Mitgliedschaft in anderen politischen →*Organisationen* miteinander bekannt; dies erleichtert die Kontaktaufnahme. In B mit kurzfristigen Zielen ergeben sich die Interaktionen aus der gemeinsamen

Betroffenheit, der ähnlichen sozialen Lage usw. Im Zuge der Ausweitung des Mitgliederkreises (Sympathisanten etc.) bedienen sich B der Massenkommunikationsmittel. Die Aktualität des Anlasses und die ungewöhnlichen Aktionen von B stellen für die Institutionen der Massenkommunikation einen Anreiz dar, Raum für Berichterstattungen über B zu gewähren (→ *Wirkungsforschung*). Als weitere Möglichkeiten zur Mitgliederwerbung dienen Informationsschriften, Veranstaltungen, Flugblätter, Postwurfsendungen usw.

Mitgliederstruktur. – Die Gründungsmitglieder von B sind überwiegend Privatpersonen im Alter zwischen 25–50 Jahren. Schichtenspezifisch gehören sie eher der *mittleren* und *oberen Mittelschicht* (Beamte, Selbständige, Angestellte usw.) an. In älteren Untersuchungen (Lange et al. 1973, Borsdorf-Ruhl 1973, Infas 1973) zählen Arbeiter nur selten zur Führungsschicht in B. Es sind also vor allem die sogenannten ,,Sozialaktiven", die B tragen und denen aufgrund von Herkunft, Bildung, Temperament und Neigung das Maß an Artikulationsfähigkeit und -bereitschaft zugewachsen ist, das regelmäßig als Voraussetzung jeder wirksamen Selbstbehauptung im sozialen und politischen Leben angesehen werden muß (Mayer-Tasch 1977, S. 84 f.). Die tragenden Mitglieder von B zählen damit keinesfalls zur sogenannten ,,apathischen Masse", sondern sind vielmehr politisch generell sehr aktiv, indem sie die klassischen Formen *politischer Teilhabe* (→*Partizipation*) sehr häufig ausüben und auch in weiteren politischen → Organisationen tätig sind. In den Umwelt- und Friedens-B verbreitert sich, worauf Karl (1981) hinweist, jedoch die soziale Basis zusehends, so daß inzwischen auch der Anteil der Arbeiter an B zugenommen hat.

Organisation. – So spontan B auch ins Leben gerufen werden, verdichten sie sich doch im Zeitablauf organisatorisch. Freilich weisen sie, große Zusammenschlüsse einmal ausgenommen, nicht einen ebensolchen Strukturierungsgrad auf wie formale →*Organisationen*. Idealtypisch können B in *Ad-hoc-Initiativen* und *Langzeitinitiativen* klassifiziert werden (Mayer-Tasch 1977). Während erstere die Reaktion auf eine in der Regel durch behördliches Handeln entstandene Drucksituation darstellen, die von den Agierenden als Mißstand empfunden wird, sprechen B des letzteren Typs die gezielte Einflußnahme auf bestehende oder sich abzeichnende politische, ökonomische, soziale oder kulturelle Verhältnisse und Entwicklungen an. *Ad-hoc-Initiativen* brechen *spontan* auf und sind *kurzfristig* angelegt. Die Anhänger der Initiative sind meist selbst *betroffen*, und das macht die Initiative für sie attraktiv. Die vorhersehbare Begrenztheit der Aktionsdauer erfordert keine dauerhafte Institutionalisierung bzw.

funktionale Kontinuität. Anders die *Langzeitinitiativen*. Sie sind *langfristig* angelegt und streben daher *institutionelle Absicherung* an, wie sie z. B. durch die sehr häufig gewählte *Organisationsform* des *rechtsfähigen Vereins* nach § 21 ff. BGB gewährleistet wird. Das Verhältnis zwischen Mitgliederversammlung und Vorstand wird dabei durch eine Vereinssatzung geregelt. In der Regel finden sich Formalisierungsprozesse, Arbeitsteilung, -gruppen usw. Demgegenüber sind die *Ad-hoc-Initiativen*, die bis Mitte der 70er Jahre quantitiv zugenommen haben, inzwischen aber wieder etwas rückläufig sind, eher durch informelle Regelungen der inneren Beziehungen sowie basisdemokratische Willensbildung und unbürokratische Geschäftsführung gekennzeichnet.

Problematisch an allen B ist aber die Herausbildung eines →*Führungskerns*, der von Verfechtern *direktdemokratischer* Prinzipien als *partizipationshindernd* betrachtet wird. Es kann nämlich behauptet werden, daß die Organisation von B um so straffer wird, je länger sie besteht (Lange et al. 1973). Der *organisationssoziologische Ansatz*, der auch zur Erklärung der Herrschafts- und Kommunikationsstruktur in B herangezogen wird, konstatiert eine beträchtliche Differenzierung der B in *Zentrum* (Führungskern) und *Peripherie* (Verfügungskreis, Sympathisanten) in der Phase der Ausweitung. Die stattfindenden internen Transformationen lassen sich sodann mit dem *Institutionalisierungs-* und *Zielverschiebungs*modell einfangen, das auf Max Weber und Robert Michels zurückgeht und in einer Untersuchung von Schenk (1982) auch an B bestätigt wurde: *Zieltransformation*, Übergang zur *Organisationserhaltung* und *Oligarchisierung*. Besonders Michels „ehernes Gesetz der Oligarchisierung" bzw. „Zentralisierung" der internen Willensbildung, die Weber auch als „Veralltäglichung des Charisma" bezeichnet, drücken aus, daß selbst in B basisdemokratische und basiskommunikative Entscheidungs- und Kommunikationsstrukturen im Zeitablauf durch *organisatorische Verdichtungen* substituiert werden; die Peripherie dient dem Zentrum nur noch als Fundus für personelle und materielle Ressourcen. B, die sich derart organisatorisch verdichten, müssen dann allerdings mit Stagnation bzw. Abbau des Mitgliederreservoirs rechnen, so daß sie sich parallel dazu ihres politischen Einflußpotentiales berauben. Das fortgesetzte Bemühen um Integration der Mitglieder und Kommunikation wird deshalb zu den wichtigsten Aufgaben des Führungskerns gerechnet.

Adressaten. – Der Adressatenkreis der B ist vielseitig. B wenden sich sowohl an die Öffentlichkeit als auch an die direkten Kontrahenten, Parteien, Verwaltungen, Regierungsstellen usw. Darüber hinaus pflegen sie kooperative Beziehungen zu Verbänden, Presse, anderen sozialen Organisationen und schließen sich z. T. auch mit anderen B zusammen (*Ko-*

operation und *horizontale Konsolidierung*). Die Gewinnung der *Öffentlichkeit* (→*öffentliche Meinung*) erfolgt in der Regel über die Massenmedien, insbesondere die etablierte Presse. Gelegentlich schaffen sich B auch eine eigene „Alternativpresse" (Siekmann 1981). Als Erfolgskriterium für die Öffentlichkeitsarbeit wird die Zahl der Unterschriften angesehen, die den Forderungen der B Nachdruck verleihen sollen. Sie reichen von 200 bis weit über 50000, je nach Größe der B und Konfliktgegenstand. Bei der Unterstützung der B durch *andere gesellschaftliche Gruppen* spielen vor allem die Kirchen, aber auch →*Organisationen* wie Gewerkschaften, Verbände, Jugendorganisationen usw. eine wichtige Rolle. Einen hohen Kooperationsgrad weisen vor allem Umwelt-B auf (Andritzki 1978). Sie schließen sich häufig regional und bundesweit zusammen und kooperieren mit vielen anderen politischen Organisationen. Kooperation ergibt sich besonders häufig dort, wo andere Organisationen punktuell und unabhängig von ihrem jeweiligen politischen Standort zur Zusammenarbeit bereit sind; die Interaktion ist also nicht durch prinzipielle Überlegungen geleitet, sondern ergibt sich eher situationsspezifisch.
Zwischen B und einer bestimmten *politischen Partei* lassen sich keine Korrelationen feststellen, B sehen vielmehr den überparteilichen Charakter als wesentliches Erfolgsmerkmal an. Kooperationen ergeben sich also auch hier aus situationsspezifischen Überlegungen. Die ursprüngliche Kritik der Parteien an B, die in dem an der Lautstärke der Argumente orientierten Vorwurf der „Phonokratie" (H. J. Vogel) gipfelte, verliert zusehends an Bedeutung, da den Parteien bewußt wurde, daß sie aus der Zusammenarbeit mit B Vorteile ziehen können, wie sie z. B. durch das Gewinnen von Wählerstimmen, wechselseitige Verstärkungen und die einst von den Jusos propagierte, inzwischen von allen Parteien, besonders den „Grünen", übernommene „*Doppelstrategie*" (Basismobilisierung und Parteiarbeit) zum Ausdruck kommen. Nicht selten arbeiten Parteipolitiker in B mit, bzw. gehören sogar zu den Gründungsmitgliedern. Der Versuch der „Patronisierung" oder der Unterwanderung bzw. Steuerung ist dabei freilich groß.
Die Verwaltungen, meist die direkten Kontrahenten lokaler B, haben sich zwar mit den B abgefunden, nach wie vor fällt es ihnen aber schwer, das Problem der *Bürgerpartizipation* zu bewältigen. Die Verwaltungen ziehen sich nämlich häufig auf „Vermeidungsstrategien" zurück und unternehmen von sich aus nur selten Anstrengungen, um die Kooperation und Kommunikation mit B herzustellen, verhalten sich also grundsätzlich passiv, wenn es um Bürgerpartizipation geht. Nur wenige Gemeindeverwaltungen sind z. B. über Existenz und Zielsetzungen der in ihrem Zuständigkeitsbereich agierenden B (auch nur) hinreichend informiert. Die Kenntnisse über B scheinen eher Zufallsprodukte zu sein. Eine

Koordination der Politik aller Verwaltungsstellen in bezug auf B findet nicht statt. Jedes Amt, in dessen Zuständigkeit die jeweiligen B fallen, treibt seine eigene Politik (v. Kodolitsch 1975). Überdies fördern die Verwaltungen nur solche B, die eine konfliktfreie Zusammenarbeit erwarten lassen. Deshalb fällt die vielbeschworene „Bürgernähe" im besonders konfliktträchtigen Umweltbereich geradezu vernichtend aus.

Einflußstrategien. – Ausgehend von den genannten Adressaten ergeben sich für B eine Reihe von Strategien politischer Einflußnahme. Die *Mobilisierung der Öffentlichkeit* steht dabei an erster Stelle, da es mittels einer breiten und aktiven personellen Basis leicht ist, die direkten Adressaten einem *„politischen Konsenstest"* zu unterziehen (Offe 1974), politischen Druck (Pressionen) auszuüben und die politischen Entscheidungsträger unter Legitimationszwang zu bringen. Mittels der →*öffentlichen Meinung* zwingen B ihre Gegner, sich zu rechtfertigen und stempeln sie damit zu Vertretern einer abweichenden Meinung ab (Rammstedt 1978, S. 156). Daneben bietet auch der „*Legalitätstest*", die Anwendung juristischer Verfahren, eine Strategie, obwohl hier die Verwaltungen als tendenziell unschlagbar gelten. Die Koalitionen mit geeigneten Verbündeten, Verbänden, anderen politischen Organisationen, Gewerkschaften usw., steigern darüber hinaus die Stoßkraft der B und tragen zur Legitimation ihrer Interessen bei (Mayer-Tasch 1977, S. 135 f.). Für B besteht zusätzlich stets die Möglichkeit der Kontaktaufnahme mit den direkten Adressaten, den Verwaltungen, Regierungsstellen und Parteivertretern. B müssen, um hier Zugang zu finden und nicht den bereits genannten Vermeidungsstrategien von vornherein zu unterliegen, in der Lage sein, *Netzstrukturen* zur *politischen Elite* aufzubauen, um so in die lokalen Einflußstrukturen bzw. in das „Pressure"-System eindringen zu können (Schenk 1982, S. 89). Da dabei die Gefahr einer „leisen, aber unaufhaltsamen Unterwanderung und Instrumentalisierung" der B durch ihre mächtigen Partner groß ist (Doppelstrategie usw.), kann eine „Ankoppelung" nur eine ad hoc gewählte Strategie sein, die jederzeit revidierbar ist (Mayer-Tasch 1977, S. 162). B bewegen sich deshalb ständig auf einem schmalen Grat zwischen Repression und Illegalisierung einerseits und Kooptation bzw. Patronisierung andererseits (Offe 1972), wie dies auch im sogenannten „Gesetz der antagonistischen Kooperation" (v. Friedeburg) zum Ausdruck kommt, das den B auch in Zukunft immer wieder Erfolge sichern dürfte.

Erfolgsdimensionen. – Gegenüber den anfänglichen B, die noch häufig Mißerfolge zu verbuchen hatten, halten sich inzwischen Erfolge und Mißerfolge die Waage. Außerdem hat ein großer Teil der B Teilerfolge errungen. Die Erfolgsbilanz der B ist jedoch nicht unabhängig von deren Zielsetzung (v. Kodolitsch 1978). Die meisten Erfolge erzielen B, die im Bereich der Verkehrsplanung aktiv sind oder bestimmte Einrichtungen im sozialen Bereich anstreben. Die meisten Mißerfolge mußten bisher B hinnehmen, die Bebauungspläne verhindern bzw. ändern wollten. B, die materielle Interessen verfolgen, setzen sich eher durch als B, die den politischen Entscheidungsprozeß zugunsten einer Verstärkung des plebiszitären Elements zu verändern trachten. Die Durchsetzungschancen von B wachsen mit der Entfernung von den zentralen Stellen des Gesamtsystems. Sie sind bei peripheren Problemen (z. B. Randgruppen) am größten und am geringsten bei solchen Problemen, die einen zentralen Konfliktgegenstand für die ganze Gesellschaft ausmachen. Umwelt-B, für die letzteres am ehesten angenommen werden kann, besitzen denn auch die geringste Erfolgsquote (Andritzki 1978). Ein wachsendes Geflecht von kooperierenden B könnte aber auch hier, langfristig betrachtet, erfolgreich sein, vor allem wenn es sich zu einer eigenständigen politischen Kultur innerhalb der Demokratie weiter verdichtet. Die Auswirkungen, die von den Umwelt-B ausgehen, sind mittlerweile beträchtlich, tragen diese B doch mit zu einem Wandel fundamentaler *Einstellungen* und *Werthaltungen* in der Gesellschaft bei. Nur in wenigen Fällen führt das Aufgreifen konflikttträchtiger Themen aber zu Ansprüchen hin zur Systemüberwindung.

Michael Schenk

Literatur:

Gronemeyer, Reimer: Integration durch Partizipation. Frankfurt/M. 1973.
Grossmann, Heinz (Hrsg.): Bürgerinitiativen. Schritte zur Veränderung. Frankfurt/M. 1973.
Guggenberger, Bernd: Bürgerinitiativen in der Parteidemokratie. Opladen 1980.
Karl, Fred: Die Bürgerinitiativen. Frankfurt/M. 1981.
Mayer-Tasch, Peter C.: Die Bürgerinitiativbewegung. Hamburg 1977, Neuauflage 1981.
Rammstedt, Othein: Soziale Bewegungen. Frankfurt/M. 1978.
Schenk, Michael: Kommunikationsstrukturen in Bürgerinitiativen. Empirische Untersuchungen zur interpersonellen Kommunikation und politischen Meinungsbildung. Tübingen 1982.

Demoskopie

→ *Methodologie und Methoden, Öffentliche Meinung, Parteipräferenz, Wirkungsforschung.*

1. Was ist Demoskopie? (D) – Der Begriff D bezeichnet, weitgehend sinngleich mit dem Terminus ,,Umfrageforschung", ein bestimmtes – quantitativ dominierendes – Verfahren der empirischen Sozialforschung, in dessen Zentrum die Datenerhebungsmethode ,,Befragung" oder ,,Interview" steht. Auf eine Kurzformel reduziert, ist D empirische Sozialforschung mittels standardisierter Massenumfragen.
Der Terminus ,,Demoskopie" findet in den USA, dem Mutterland der Umfrageforschung (Gallup-Institut), praktisch keine, in Deutschland nur sehr eingeschränkte (Institut für Demoskopie, Allensbach) und eher kritische Verwendung. Statt dessen werden die Begriffe survey, poll, opinion research, Umfrage, Befragung, Meinungsforschung gebraucht.
Im einzelnen gehören zur D (vgl. Noelle 1963, S. 314 ff.)
– die Ziehung von (möglichst repräsentativen) Stichproben aus Massen (vornehmlich von Personen, aber auch z.B. von Haushalten oder Betrieben);
– die Befragung (,,Feldarbeit") mittels Fragebogen;
– die Quantifizierung der auf diese Weise erzeugten Daten;
– die analytische Verarbeitung und Interpretation der Daten.

2. Was tut die demoskopische Forschung? – Im Mittelpunkt demoskopischer Forschung steht die Befragung, das Interview: Ein ausgebildeter (aber zumeist frei- und nebenberuflich arbeitender) Interviewer richtet, möglichst ,,neutral" bleibend, ihm vorgegebene, ausformulierte Fragen mit im Normalfall vorgegebenen Antwortmöglichkeiten an eine durch Stichprobenziehung bestimmte Zielperson und notiert deren Antworten, die dann die Daten der Forschung bilden.
Neben diesem bevorzugt eingesetzten Typ des mündlich-persönlichen Interviews gibt es auch schriftliche und telefonische Befragungen (sowie Kombinationen dieser Verfahren).
Da Massenbefragungen ein aufwendiges Unterfangen darstellen, haben sich dafür Institute herausgebildet, in deren organisatorischer Struktur sich die modellartigen Schritte einer Befragung (siehe Schema) arbeitsteilig widerspiegeln. Abteilungsförmig ausdifferenziert sind zumeist: Studienleitung, Fragebogenredaktion, Statistik, Interviewerstab (,,Feldorganisation"), Interviewerführung, -einsatz und -kontrolle, Datenaufbereitung, Datenverarbeitung, Datenanalyse (Methoden, Modelle), Archiv, Druck, Grafik, Poststelle.

Demoskopisches Befragungsmodell

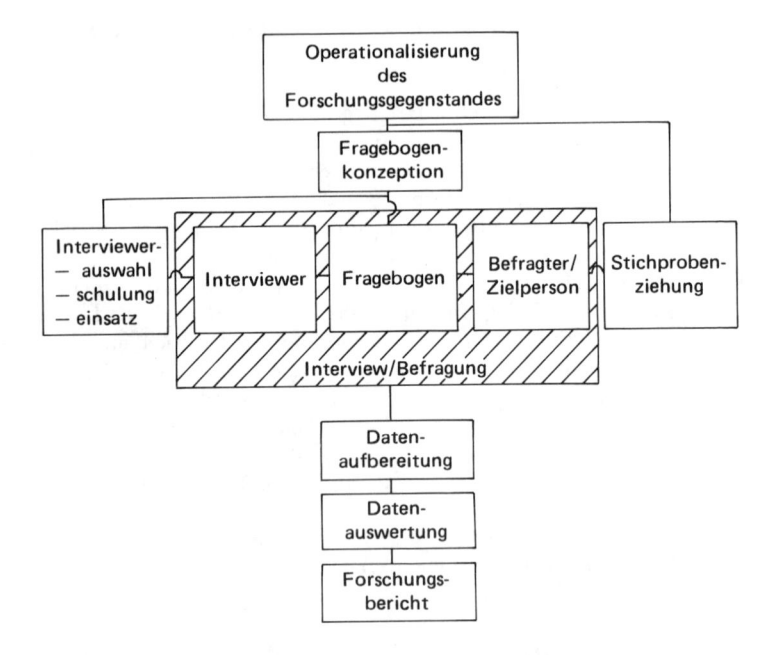

```
                    ┌─────────────────────────┐
                    │   Operationalisierung   │
                    │           des           │
                    │  Forschungsgegenstandes │
                    └───────────┬─────────────┘
                                │
                    ┌───────────┴─────────────┐
                    │      Fragebogen-        │
                    │      konzeption         │
                    └───────────┬─────────────┘
```

┌──────────────┐ ┌───────────┬───────────┬───────────┐ ┌──────────────┐
│ Interviewer- │ │   │   │ Befragter/│ │ Stichproben- │
│ – auswahl   │ │Interviewer│ Fragebogen│Zielperson │ │ ziehung   │
│ – schulung │ │   │   │   │ │   │
│ – einsatz   │ │   │   │   │ │   │
└──────────────┘ └───────────┴───────────┴───────────┘ └──────────────┘
                         Interview/Befragung

```
                    ┌─────────────────────────┐
                    │        Daten-           │
                    │      aufbereitung       │
                    └───────────┬─────────────┘
                    ┌───────────┴─────────────┐
                    │        Daten-           │
                    │       auswertung        │
                    └───────────┬─────────────┘
                    ┌───────────┴─────────────┐
                    │      Forschungs-        │
                    │        bericht          │
                    └─────────────────────────┘
```

Stichprobenauswahl. – Die auf dem „Gesetz der großen Zahl" beruhende Möglichkeit, durch Untersuchung eines relativ kleinen Teils von Einheiten (Stichprobe) berechenbar sichere Aussagen über die (Grund-)Gesamtheit erzielen zu können (Induktionsschluß), bildet das eigentliche „Geheimnis" der D und begründet ihren (nicht zuletzt kostenbedingten) Erfolg. (Bevölkerungsstichproben in der Bundesrepublik arbeiten in der Regel mit Stichproben von 1000 bis 2000 Personen. Es kommt allerdings weniger auf die Größenrelation von Grundgesamtheit und Stichprobe an als auf die absolute Größe von letzterer. Im übrigen bemißt sich die Größe einer Stichprobe nach der kleinsten erwarteten Teilgruppenbesetzung, an deren Auswertung man interessiert ist). Dieser Effekt ist allerdings theoretisch nur dann abgesichert, wenn die Auswahl der zu untersuchenden Zieleinheiten nach bestimmten wahrscheinlichkeitstheoretischen Regeln („zufallsgesteuert") erfolgt.

Voraussetzung jeder Stichprobenziehung sind elementare Kenntnisse der jeweils in Frage stehenden Grundgesamtheit. Je nach Auswahlverfahren genügt die Kenntnis ihrer Größe oder bestimmter Strukturverteilungen. In der praktischen D spielen drei Stichprobentypen eine dominante Rolle:

– Zufallsgesteuerte Auswahl (d. h. Ziehung nach Zufallszahlen oder nach dem Prinzip „jede x-te Adresse" bei „zufälligem" Anfang) aus vorhandenen Karteien (z. B. Einwohnermeldeamtskarteien, Wahlberechtigtenlisten, Adreßbücher, Mitgliedskarteien, Telefonbücher): klassische (Adreß-) *Random-Stichprobe*. Deren Anwendung scheitert freilich bei vielen Untersuchungen bzw. Grundgesamtheiten (z. B. alle Waschmaschinenbesitzer) am fehlenden Adressenmaterial. Diese Auswahlmethode ist die theoretisch einfachste, wissenschaftlich valideste, aber praktisch schwierigste.

– „Begehung" von Wohnstraßen und Auflistung von (Haushalts-) Adressen innerhalb bestimmter Regionen („sample points") nach vorgegebenem systematischen Schlüssel: die sog. *random route* (ein Typ der *Flächen-Stichprobe*. (Die eigentliche Befragung erfolgt separat von dieser Adressensammlung.) Dieses Verfahren, das sich nur für repräsentative Bevölkerungsumfragen eignet, setzt einen großen und regional gut gestreuten Interviewerstab voraus.

– Auswahl von Zieleinheiten durch Interviewer bei (pro Interviewer) vorgegebener Interviewgesamtzahl sowie vorgeschriebener Zusammensetzung dieser „spots" nach bestimmten Merkmalen: die *Quotenstichprobe*. Bei diesem Verfahren, das keinen wahrscheinlichkeitstheoretischen Rückhalt besitzt, aber praktisch zu guten Ergebnissen führt, liegen also vorweg keine Adressen vor. Die Quotenvorgaben entstammen, sofern Repräsentativität angestrebt wird, der (z. B. aus Zensus bzw. Mikrozensus geschöpften) Kenntnis über die Zusammensetzung der Grundgesamtheit, ansonsten folgen sie theoretischen Interessen. Bei der Quotenstichprobe wird dem Interviewer die Aufgabe zugeteilt, die bei der Random-Auswahl mathematisch vollzogen wird, nämlich jedem Menschen (in seinem Erhebungsgebiet und im Rahmen seiner Quotenvorgaben) die gleiche Chance zu geben, ausgewählt zu werden. Ein weiterer, sozusagen abgeleiteter Stichprobenauswahltyp, der häufige Verwendung findet, ist in folgender Weise *mehrphasig:* Repräsentative Bevölkerungsumfragen werden, über ihre primäre Funktion hinaus, dazu benutzt, Adressen (von Personen, Haushalten, Betrieben) zu ermitteln, die ein interessierendes Merkmal (z. B. Waschmaschinenbesitzer) aufweisen. So erhält man einen gewünschten, in seiner Verteilung repräsentativen Adressenpool für eine „neue" Grundgesamtheit.

Häufig (nicht nur bei der Quotenauswahl) werden Stichproben *geschichtet* angelegt, wobei die Schichtungsmerkmale (z. B. 47% Männer, 53% Frauen) zumeist der amtlichen Statistik entnommen sind, aber auch theoretischen Interessen folgen können (z. B. Überrepräsentierung bestimmter Gruppen). Durch Schichtung unterdrückt man für das jeweilige Merkmal den Einfluß der Zufälligkeit. Häufig verwendete Schichtungsmerkmale sind Geschlecht, Alter, Wohnverteilung, Beruf und Bildungsstatus.

Stichproben werden bei größeren Umfragen in der Regel *mehrstufig* gezogen, was die Zufallsstreuung erhöht. Beispielsweise werden in einem ersten (zufallsgesteuerten oder durch Proportionalitätsgesichtspunkte – Schichtung – bestimmten) Auswahlschritt Einwohnermeldeämter gezogen, aus deren Karteien dann im nächsten Schritt (zufallsgesteuert) Personen oder Haushalte ausgewählt werden.

Bei zufallsgesteuerten Stichproben ist, Repräsentativität vorausgesetzt, mathematisch berechenbar, mit welcher Sicherheit ihre Ergebnisse auf die zugrunde liegende Grundgesamtheit hochgerechnet werden können. Zum Beispiel: Das Stichprobenergebnis (x % der Befragten weisen ein bestimmtes Merkmal auf) plus/minus y % (Konfidenzintervall) entspricht dem „wahren" Wert der Grundgesamtheit mit z %iger Sicherheit. Im Prinzip besteht zwischen der Größe des Konfidenzintervalls und dem Sicherheitsmaß eine inverse Proportionalität.

Frage, Fragebogen, Interview. – Im Gegensatz zur landläufig abschätzigen Einschätzung der D als „Meinungsforschung" läßt sich mit diesem Instrument eine Vielzahl an Informationsarten erzielen. So spielen in der praktischen D Faktenfragen eine erhebliche Rolle, und Befragungen dienen oft der Eruierung von Einstellungen (attitudes) „hinter" den singulären und oberflächlichen Meinungen (beliefs). In der folgenden Klassifizierung von Holm (1975 I, S. 32) wird das große Spektrum demoskopischer Daten deutlich: 1) Faktfragen, 2) Wissensfragen, 3) Demoskopische Fragen, 4) Einschätzungsfragen, 5) Bewertungsfragen, 6) Einstellungsfragen, 7) Handlungsfragen.

Wichtig ist die Unterscheidung zwischen „offenen" und „geschlossenen" Fragen, d. h. Fragen ohne und mit Antwortvorgaben. Geschlossene Fragen werden in der D vor allem, aber nicht nur aus auswertungstechnischen Gründen bevorzugt. Diese „Standardisierung" ist nicht unproblematisch, impliziert sie doch die Gefahr, daß dem Untersuchungsbereich ein bestimmtes Ordnungssystem aufgezwungen wird, das ihm inadäquat ist. Die Struktur und Regeln des Interviews verhindern eine entsprechende Rückmeldung an den Forscher (vgl. Berger 1974, S. 90 ff.). Kritisch ist auch die in der D herrschende Tendenz zugunsten (spätestens in der Vercodung) quantifizierter Antworten (vgl. Holm 1975, I, S. 44 ff.; Petermann 1980), z. B. sogenannten Skalen-„Thermometern", einzuschätzen, die sich vom Wunsch nach Einsatz mathematischer und maschineller Auswertungstechniken her motiviert.

Bei der Frageformulierung (und -auswertung) sind viele psychologische Aspekte zu berücksichtigen. Selbst Nuancen der Frageformulierung kommt erwiesenermaßen, am wenigsten freilich bei Faktenfragen, eine große Bedeutung zu.
Der Gefahr, auf Befragen keine „wahren" Antworten der Zielpersonen zu bekommen, wird in der D u. a. damit entgegenzuwirken versucht, daß je Zieldimension regelmäßig mehrere Fragen gestellt werden. Der damit auf den Befragten ausgeübte Konsistenzdruck erschwert ihm das „unwahre" Antworten.
Der gute, fertige Fragebogen erscheint dem mit der D unvertrauten Betrachter zumeist als einfach und „unwissenschaftlich"; er beweist damit freilich gerade seine Qualität und verdeckt die vorangehende, in hohem Maße handwerkliche Arbeit der Übersetzung wissenschaftlicher Erkenntnisziele in Interviewfragen. Die Fragebogenerstellung erfolgt fast immer in Teamwork; (nur) auf diese Weise werden die selektiven Wahrnehmungen der einzelnen Bearbeiter aufgehoben.
Formal sind Fragebogen in der Regel zweigeteilt: in den eigentlichen Fragen – und einen demographisch-statistischen Teil.
Von größter praktischer Bedeutung ist die Länge des Fragebogens bzw. die erforderliche Interviewdauer. 45 Minuten gelten normalerweise als obere Grenze für ein Interview (Empfehlung des Arbeitskreises Deutscher Marktforschungsinstitute – ADM).
Die Grundidee der D, die Befragung einer Stichprobe zum Zweck der Verallgemeinerung der Ergebnisse auf die Grundgesamtheit, setzt idealiter voraus, daß sich alle Befragungen unter gleichen Bedingungen vollziehen.
Die eigentliche Befragung, das (mündliche) Interview, ist mehrfach definiert. Die Interaktion zwischen Interviewer und Interviewtem verlangt Vertrauen und ist doch ungleich, asymmetrisch, strukturiert. Im „demoskopischen Gespräch" wird eine lockere Gesprächssituation herzustellen versucht, um den Befragten zum Mitmachen und zu „wahren" Antworten zu bewegen. Der Interviewer ist demgegenüber sowohl um Neutralität bemüht wie durch Instruktionen in seinem Verhalten gebunden. Strenge Kritiker (wie etwa Berger 1974, S. 68 ff.) betonen diese mit einem Dilemma befrachtete Rolle des Interviewers sowie die implizite Herrschaftlichkeit der Interviewsituation, um daraus die Konsequenz der Ablehnung der Methode insgesamt zu ziehen. Um eine „saubere" Arbeit der Interviewer sicherzustellen, üben demoskopisch arbeitende Institute regelmäßige und aufwendige Kontrollen aus.

Pretest. – Zum Zwecke der Überprüfung des Fragebogens auf Inhalt, Verständlichkeit, Zeitbedarf usw. geht der Befragung regelmäßig ein sog.

Pretest voraus, in dem eine kleinere Anzahl von Interviews (außerhalb der Stichprobe) unter möglichst „echten" Feldbedingungen durchgeführt wird.

Gewichtung. – Die Gewichtung des Datenmaterials bildet einen häufig erforderlichen zweiten Schritt (nach dem ersten Schritt der Stichprobenauswahl) zur Erzeugung der Repräsentativität der Stichprobe. Sie wird selbst bei einer „sauber" gezogenen Random-Stichprobe notwendig, weil sich die bei jeder größeren Befragung vorkommenden Ausfälle (nicht angetroffene oder das Interview verweigernde Zielpersonen) nicht unbedingt repräsentativ verteilen.
Bei der Gewichtung werden einige grundlegende Merkmalsverteilungen, die man aus anderer, zumeist amtlicher Quelle über die Grundgesamtheit kennt, auf die Stichprobendaten übertragen. Alle anderen Daten der Befragung „folgen" dann dieser „richtigen" (berichtigten) Grundstruktur. Unproblematisch ist dabei die Geschlechts-, Alters- und Siedlungsverteilung. Umstritten sind dagegen Gewichtungen nach sozialen Schichten und insbesondere nach (in früheren Wahlen ausgedrückten) politischen Präferenzen (sog. politische Gewichtung).
Das Problem der Gewichtung taucht vornehmlich bei Random-Stichproben auf. Bei Quoten-Stichproben wird die Gewichtung ja sozusagen vorgezogen in die Bestimmung der Quotenmerkmalsverteilungen; hier gibt es dann nur vergleichsweise geringe Interviewer- (nicht Interview-) Ausfälle.

Datenaufbereitung und -auswertung. – Die vielfältigen Möglichkeiten der wissenschaftlichen Behandlung des demoskopischen Datenmaterials lassen sich hier nicht darstellen. Allgemein gesprochen muß die große Menge der in einer Massenbefragung angefallenen Daten auf ein handhabbares Maß verdichtet werden. Grundlegend für den – außerhalb der Wissenschaft nur begrenzt vorkommenden – Einsatz komplexer (multivariater) Verfahren ist immer die einfache kreuz-tabellarische Auswertung: Dabei wird (in der Regel mittels EDV) jede Frage (theoretisch: Variable) hinsichtlich ihrer Antwortverteilung für die untersuchte Stichprobengesamtheit sowie für Teilgruppen ausgezählt.
Bei der Bewertung und Interpretation der so erzielten „harten", weil zahlenförmigen, Daten ist immer die Datenerhebung (z. B. die den Repräsentativitätsgrad (mit)bestimmende Ausschöpfung der Stichprobe) mitzubedenken. Das Gefährliche an der D ist die Tatsache, daß die Schwächen und „Fehler" der Datenerhebung in den aufbereiteten Daten nicht mehr deutlich aufscheinen. Die Forderung, bei demoskopischen Ergebnissen immer zugleich ihre Erhebungsmodalitäten mitzunennen (und mitzuveröffentlichen), besteht deshalb zu Recht.

Omnibus. – Viele größere (insbesondere kommerzielle) Institute führen regelmäßig (z. B. wöchentlich oder monatlich) *Mehrthemenbefragungen* (sog. Omnibus) bei (jeweils neu gezogenen) Stichproben der Bevölkerung oder von Spezialgruppen durch. Damit sind zwei Vorteile verbunden: Man kann sich mit wenigen Fragen einschalten, die eine eigenständige Untersuchung nicht lohnen würden; und man kann dieselben Fragen in kurzen Abständen mehrfach stellen, um dadurch eine größere Stichprobengesamtheit zu erzielen oder um Trends auszumachen.

Paneluntersuchung. – Der Begriff „Panel" bezeichnet die wiederholte Befragung desselben Personenkreises zum selben Thema. (Davon zu unterscheiden ist eine Folgeuntersuchung, die sich zwar mit dem gleichen Thema, möglicherweise sogar identischen Fragen, an die gleiche Grundgesamtheit richtet, aber mit einer neu gezogenen Stichprobe arbeitet). Das Panel bietet die Möglichkeit, Veränderungen und Trends festzustellen und sogar Kausalitäten auszumachen.
Die Panel-Methode ist im Vordringen begriffen, obwohl sie sehr aufwendig und teuer ist. Wachsende Datenschutzbedürfnisse und -befürchtungen (vgl. Kaase et al. 1980) bilden hier allerdings eine Ausbreitungsbarriere.
Zentrales Problem beim Panel ist die Ersetzung der Ausfälle, die sich ja von Welle zu Welle kumulieren (sog. Panelsterblichkeit). Die Methode, mit der man sich behilft, heißt „matching". Dabei werden die ausgefallenen Zielpersonen (bzw. Einheiten) durch „statistische Zwillinge" ersetzt, die man aus ergänzenden Befragungen entnimmt.

Politische D. – Umfragen im Hinblick auf politische Wahlen und zum Zwecke der Parteienberatung (vgl. Kaase 1977) standen zwar am Anfang des Aufschwungs der D und bilden auch heute noch ein wichtiges Anwendungsfeld für diese Methode; allerdings trifft die verbreitete Identifizierung von D und Wahlforschung längst nicht mehr die Wirklichkeit. In der Bundesrepublik teilt sich eine kleine Anzahl kommerzieller Institute in das Geschäft der demoskopischen Politik- und Wählerforschung. Dabei bestehen relativ feste Bindungen von Instituten zu bestimmten Parteien.
Im Gegensatz zum öffentlichen Erscheinungsbild, in dem die Berichterstattung der Wahlforschung durch die Fernsehanstalten an Wahlabenden dominiert, spielt sich der größere Teil dieser Politik- und Wählerforschung ohne Publizität und, vor allem, permanent ab. Die bevorzugte technische Form dafür sind regelmäßige, in kurzen Abständen erfolgende Mehrthemenbefragungen („Omnibus").
Die politische D gerät immer wieder in die Diskussion, weil sie normalerweise exklusiv für die jeweiligen Auftraggeber (Parteien) arbeitet und

man befürchtet, daß auf diese Weise eine wissenschaftlich gestützte Manipulation der Wähler stattfindet. Als ernstzunehmendes Gegengewicht hat sich jedoch in den letzten Jahren die parteienunabhängige Wahlforschung im Auftrag von (insbesondere Presse-)Medien erwiesen.

3. *Demoskopische Sozialforschung und soziale Realität.* – Sozialwissenschaftliche Methoden sind weder kultur- und gesellschaftsunabhängig noch politisch (in einem weiten Sinne) neutral. Dies gilt auch für die D. Die erfolgreiche Anwendung der Methodik der sozialwissenschaftlichen Befragung beruht, wie Esser (1975) gezeigt hat, auf bestimmten sozialen Voraussetzungen: funktional-struktureller Differenzierung des Gesellschaftssystems, einem allgemein verbindlichen Werterahmen, generalisierten Kommunikationsmedien und autonomer, rollenstrukturierter Individualität. Diese Voraussetzungen sind nicht überall auf der Welt gegeben; und es werden auch Zweifel geäußert, ob sie in westlich-kapitalistischen Industriegesellschaften gelten. Nach Berger (1974, S. 11) versagen demoskopische Methoden gegenüber „latenten und kaum entfalteten Verständigungsmustern über die gesellschaftliche Wirklichkeit" sowie „komplexen, ambivalenten und widersprüchlichen Sozialorientierungen".

Der Kritik unterliegt insbesondere der von der D gleichermaßen vorausgesetzte wie bestärkte Individualismus (vgl. Berger 1974, S. 61): man kann dessen durchgängige Existenz bezweifeln und ihn im Interesse sozialen Fortschritts ablehnen.

Die D unterstellt zweifellos ein bestimmtes, über eine gemeinsame Verkehrssprache hinausreichendes Maß an Integration der Gesellschaft. Die Kritiker des Verfahrens argumentieren demgegenüber zumeist mit der Unterstellung fehlender Integration (vgl. Berger 1974, S. 86).

Unabhängig davon wird kritisiert, daß die D, insoweit ihren Objektivitätsanspruch umsetzend, ihr aus Menschen (Subjekten) zusammengesetztes „Feld" objekthaft behandelt, zum Objekt degradiert. Das Problem drückt sich ansatzweise in der praktischen Umfrageforschung darin aus, daß man immer wieder auf den – berechtigten – Wunsch von Befragten stößt, das Ergebnis der Befragung an sie zurückzumelden. Damit wäre der erste Schritt ihrer „Anerkennung" als Partner und eigentliches Subjekt gesellschaftlicher Entwicklung getan. Indem dies in der Regel nicht geschieht, trennt die D systematisch zwischen Forschern (und deren Auftraggebern) und Erforschten; die Scheidelinie mag von derjenigen zwischen Herrschern und Beherrschten möglicherweise nicht völlig verschieden sein.

4. *Andere – mit der D konkurrierende – Methoden.* – Seit den vierziger Jahren dieses Jahrhunderts dominiert das Verfahren der D in der empiri-

schen Sozialforschung. Das Interview gilt noch immer, wenngleich inzwischen nurmehr eingeschränkt, als „Königsweg der praktischen Sozialforschung" (R. König).
Andere Methoden der Sozialforschung, die es ja in großer Zahl gibt, haben es nicht vermocht, die D zurückzudrängen, werden aber in zunehmendem Maße als sinnvolle, wenn nicht notwendige Ergänzung verstanden und akzeptiert (Multi-Method-Approach).
Die entsprechende Methodenreflexion und -diskussion wird freilich von grundsätzlicher Kritik an „bürgerlicher Sozialforschung" unterlaufen, die ihre Alternative – „emanzipatorische Sozialforschung" – auf den Verzicht auf standardisierte Datenermittlung sowie die Preisgabe des Anspruchs objektiver Beobachtung (Berger 1974, S. 31) gründet.
Die Argumente, die zugunsten „anderer" – häufig „qualitativ" genannter (Hopf/Weingarten 1979; Gerdes 1979) – Methoden ins Feld geführt werden, sind regelmäßig zugleich solche, mit denen die D kritisiert wird. Die verschiedenen methodischen Ansätze lassen sich leicht der dichotomischen Unterscheidung von Beobachtung (quasi naturwissenschaftliche Außenperspektive) und Teilnahme („verstehende" Innenperspektive) zuordnen, wobei die sog. teilnehmende Beobachtung eine Mittelposition einnimmt.
Es sind vor allem drei – auseinanderzuhaltende – Aspekte, die sich in der Kritik der D stellen und alternative Forschungsmethoden auf den Plan rufen können:
– 1. ist anzuerkennen, daß mit dem Verfahren der D aus dem Gegenstandsbereich der Sozialwissenschaft, dem „sozialen Verhalten" der Menschen, nur ein Teil adäquat „abgebildet" werden kann. Anders formuliert: Das Phänomen „Gesellschaft" ist nicht auf die Summe individueller Meinungen oder Einstellungen reduzierbar.
– 2. sind Zweifel daran berechtigt, ob die D den Gegenstandsbereich, für dessen wissenschaftliche Erfassung sie legitimerweise Verwendung finden kann, angemessen „abzubilden" in der Lage ist. Mit ergänzend eingesetzten anderen Methoden läßt sich dieses Problem entschärfen.
– 3. ist je nach Aufgabenstellung verschieden, wieviel an Wissen oder Primärerfahrung beim demoskopischen Forscher vorhanden sein muß, damit er einen der sozialen Realität adäquaten Befragungsansatz zu unternehmen imstande ist. Ohne den Einsatz anderer als demoskopischer Methoden wird sich dieses Wissen in der Regel kaum erzeugen lassen.

5. *D in Marketing- und Sozialforschung.* – Zur ambivalenten Einschätzung des demoskopischen Verfahrens trägt sicherlich bei, daß es nicht nur innerhalb der (akademischen) Sozialwissenschaft Verwendung findet. Zum einen erfolgt die Masse der demoskopischen Forschung außerhalb

der akademischen Welt in kommerziell arbeitenden Instituten; zum anderen dient die D nicht nur sozialwissenschaftlichen, sondern in erheblichem Umfang auch Marketing-Zwecken.

Die angewandte D bleibt natürlich von diesen ihr äußerlichen Bestimmungen (Profitorientierung, Maschinisierung, Routinisierung, Termindruck u. a.) nicht untangiert. Andererseits kann man annehmen, daß ohne diese – sicherlich nicht unproblematische – Anwendung die D eine nur marginale Verbreitung und, vor allem, keinen wesentlichen methodischen Fortschritt (vgl. Noelle-Neumann 1977) erlebt hätte.

Im akademischen Bereich (der Bundesrepublik) ist es nicht gelungen, die aufwendige, betriebsförmige Organisation bereitzustellen, die für demoskopische Untersuchungen erforderlich ist. Die Universitäten müssen von daher auf kommerzielle Institute zurückgreifen, wobei sie vom Zentrum für Umfragen, Methoden und Analysen e. V. (ZUMA) in Mannheim, das sich in einer Brückenfunktion sieht, unterstützt werden.

Volker Ronge

Literatur:

Berger, Hartwig: Untersuchungsmethode und soziale Wirklichkeit. Frankfurt 1974.

Esser, Hartmut: Differenzierung und Integration sozialer Systeme als Voraussetzungen der Umfrageforschung. In: Zeitschrift für Soziologie 1975, S. 316–334.

Gerdes, Klaus (Hrsg.): Explorative Sozialforschung, Stuttgart 1979.

Holm, Kurt (Hrsg.): Die Befragung. 6 Bde. München 1975.

Hopf, Christel; *Weingarten*, Elmar (Hrsg.): Qualitative Sozialforschung. Stuttgart 1979.

Kaase, Max: Politische Meinungsforschung in der Bundesrepublik Deutschland. In: Wahlsoziologie heute. Sonderheft 2/3 der Politischen Vierteljahresschrift. Opladen 1977, S. 452–475.

Kaase, Max, et al. (Hrsg.): Datenzugang und Datenschutz. Königstein/Ts. 1980.

Karmasin, Fritz u. Helene: Einführung in Methoden und Probleme der Umfrageforschung. Wien/Köln/Graz 1977.

Kromrey, Helmut: Empirische Sozialforschung. Opladen 1980.

Noelle, Elisabeth: Umfragen in der Massengesellschaft. Reinbek 1963.

Noelle-Neumann, Elisabeth: Über den methodischen Fortschritt in der Umfrageforschung. In: *Dies.:* Öffentlichkeit als Bedrohung. Freiburg/München 1977. S. 25 ff.

Petermann, Franz: Einstellungsmessung und -forschung: Grundlagen, Ansätze und Probleme. In: *Ders.:* Einstellungsmessung-Einstellungsforschung. Göttingen/Toronto/Zürich 1980, S. 9–36.

Scheuch, Erwin K.: Das Interview in der Sozialforschung. In: *König*, René (Hrsg.): Handbuch der empirischen Sozialforschung. Bd. 2, Stuttgart 1973, S. 66–190.

Diskriminierung

→ *Ethnozentrismus, Methodologie und Methoden, Organisationen, Sozialisationsforschung, Vorurteile.*

Die Varianz in den vorliegenden *Definitionen* des Diskriminierungskonzepts ist im Vergleich zu anderen sozialwissenschaftlichen Konzepten eher gering. Die klassische Definition von Williams (1947, S. 39) wird in der Regel beibehalten oder nur minimal modifiziert: „Von Diskriminierungen kann dann gesprochen werden, wenn Personen einer bestimmten Gruppe, die ansonsten ausdrücklich als akzeptiert (qualified) gelten, nicht in Übereinstimmung mit den nominell gültigen Standards behandelt werden." Auch Yinger (1968, S. 449) verwendet die gleichen konstitutiven Merkmale des Diskriminierungskonzepts: das norminadäquate Verhalten gegenüber Personen bzw. Gruppen: Diskriminierung (D) ist die „permanente Anwendung beliebiger, irrelevanter oder unfairer Kriterien aufgrund dominierender Standards mit dem Ergebnis, daß einige Personen einen unangemessenen Vorteil und andere, wiewohl in gleicher Weise akzeptiert, ungerechtfertigte Sanktionen erhalten. Vergleicht man diejenigen, die bevorteilt sind, mit denjenigen, die benachteiligt sind, so ist D die ‚ungleiche Behandlung Gleicher'". Eine derartige Konzeption ist insofern erweiterungsbedürftig, als D-en nicht ausschließlich auf Einzelpersonen oder Gruppen beschränkt sind: Nationen, Rassen, Völker, Institutionen, → *Organisationen* und Parteien können gleichermaßen D-Ziele sein. Die Unterscheidung von individueller und institutioneller D, die notwendig wurde, um neben den D-en, die Einzelpersonen oder Gruppen praktizierten, auch jene zahlreichen Varianten der D zu berücksichtigen, die z.B. durch staatliche Organisationen begangen wurden, läßt sich auch dazu verwenden, Ziele von D-en zu klassifizieren. Demnach lassen sich sowohl Individuen wie Institutionen als Quelle von D wie als Ziel von D unterscheiden.

Der Katalog von D-Arten ist nicht nur erschreckend umfangreich, sondern wird beinahe täglich um neue Formen erweitert. Verbale Beleidigungen in der Öffentlichkeit, körperliche Angriffe, Kontaktmeidung, Segregation, Ghettoisierung, Deportation, Vernichtungs- und Gefangenenlager, Boykottierung, Unterbezahlung, Lynchjustiz, Kriminalisierung, Berufsverbote, Aufenthalts- und Einreiseverbote sind nur wenige Beispiele.

Der Konsens, derartige Handlungen als D-en einzustufen, kann jedoch nicht darüber hinwegtäuschen, daß geltende Normen und Standards verwendet werden, um Handlungen als D-en zu etikettieren. Derartige Wertsysteme erfahren jedoch nicht unerhebliche Veränderungen und ba-

sieren auf anthropologischen Grundvorstellungen, die sich ebenfalls wandeln.
Die in den Sozialwissenschaften verbreitetste Form der *Erfassung* von D-en erfolgt mit Hilfe von Fragebogenverfahren. Das klassische Beispiel eines derartigen Verfahrens stellt die bereits 1925 von Bogardus entwikkelte Skala der Sozialen Distanz dar, in der gefragt wird, ob man bereit sei, eine Person einer bestimmten Nation a) zu heiraten, b) mit ihr befreundet zu sein, c) sie als Nachbar zu dulden, d) mit ihr als Berufskollege zusammenzuarbeiten, e) sie als Staatsbürger im eigenen Land zu dulden, f) sie als Besucher im eigenen Land zu dulden, g) sie aus dem eigenen Land auszuschließen. Eine Weiterentwicklung dieser Skala stellt das Verhaltensdifferential von Triandis (1975) dar. Crosby et al. (1980) haben allerdings zu Recht darauf aufmerksam gemacht, daß die üblichen Befragungstechniken (reaktive Verfahrenstechnik) eher zu einer Unterschätzung des D-Potentials führen, da diskriminierendes Verhalten zu den sozial nicht erwünschten Verhaltensweisen gehört. In ihrem Literaturüberblick solcher Studien, die zur Erfassung von D-en ausschließlich nicht-reaktive Verfahren (d. h. solche Verfahren, bei denen die Personen nicht wissen, daß ihre Verhaltensweisen beobachtet und registriert werden) verwendet haben, können sie überzeugend belegen, daß das Ausmaß an diskriminierendem Verhalten weitaus höher liegt als die Untersuchungen vermuten ließen, die mit reaktiven Techniken durchgeführt wurden.
Die *Behandlung* der D-Problematik läßt sich durch vier thematische Schwerpunkte gliedern:

1. *Die Deskription und Analyse der sozialen Situation derjenigen, die faktisch diskriminiert werden.* – Vor allem für die USA und Großbritannien liegen ausführliche statistische Dokumentationen vor über die soziale Situation der in den jeweiligen Ländern besonders stark diskriminierten Gruppen. In den USA ist dies vor allem der farbige Teil der Bevölkerung, in Großbritannien sind dies vor allem die Einwanderer aus den ehemaligen Kolonialgebieten, meist indischer Herkunft. Großangelegte Umfragen, wie sie z. B. von Campbell & Schuman (1969) in den USA oder wie sie in der Arbeit von Bagley & Verma (1979) für Großbritannien berichtet werden, machen deutlich, wie sich D-en von Minoritäten durch das Verhalten der Majoritäten einerseits und durch die fast zwangsläufig sich ergebenden Reaktionen der Minoritäten andererseits wechselseitig stabilisieren.
Auch die für die Bundesrepublik zusammengetragenen Berichte über die Situation ausländischer Familien und die Sozialisation ausländischer Kinder (z. B. in den Arbeiten von Langenohl-Weyer et al. 1976; Schrader et al. 1976 und Hansen & Klemm 1979, mit ausführlichen Literaturanga-

ben) machen deutlich, wie exzessiv D-en Ausländer in ihrem Alltag betreffen. Zur Verbesserung der Lage der mehr als vier Millionen ausländischer Mitbürger in der Bundesrepublik kann nur empfohlen werden, die Mitglieder derartiger Minoritäten überproportional zu fördern, damit sie auch nur eine minimale Chance haben, unter Bedingungen zu leben, die denen der Majorität vergleichbar sind.

2. *Die Entwicklung von Programmen zur Reduktion von D-en.* – Die Maßnahmen, Techniken, Strategien und Programme zur Reduktion von D-en (→ *Vorurteile*) lassen sich prinzipiell danach unterscheiden, ob sie eher darauf gerichtet sind, Verhaltensweisen der Majorität gegenüber der Minorität zu ändern oder aber ob versucht wird, die Minorität in die Majorität bei größtmöglicher Erhaltung der eigenen Identität zu integrieren. Viel zu wenig wird allerdings bei all diesen Versuchen zur Reduktion diskriminierenden Verhaltens kontrolliert, wie effizient die verwendeten Programme und Techniken sind. Langzeiteffekte derartiger Maßnahmen werden so gut wie nie untersucht. Die Zentrierung der Problematik auf diskriminierendes Verhalten gegenüber Ausländern und Gastarbeitern ist zwar angesichts der sozialen Brisanz und der Zahl der ausländischen Familien und Gastarbeiter gerechtfertigt, dennoch muß gerade unter dem Aspekt der Reduktion von D-en auf die zahlreichen übrigen Minoritätengruppen hingewiesen werden, die Opfer von D sind, wie z.B. Alte, Arbeitslose, Nichtseßhafte, Vorbestrafte, Homosexuelle, Zigeuner, Behinderte, Kriegsdienstverweigerer.

Informationen über Alltagsprobleme und Erfahrungen von Ausländerfamilien und Gastarbeitern – sowohl in ihrem Gastland wie in ihrem Heimatland – sind bestenfalls förderlich für das Verständnis eben dieser Probleme (vgl. z.B. das Ausländerbuch für Inländer von Fröhlich & Märtesheimer 1980), sie sind jedoch nicht geeignet, um fest verankerte Verhaltensweisen (= D-en) zu ändern. Als Technik der Verhaltensänderung vor allem im schulischen Bereich wird von erfolgreich eingesetzten Rollenspielen berichtet (Schmitt 1979); weitere Literaturangaben bei Krahé & Krahé 1981; gute Anleitungen zu Rollenspielen bei Ostermann & Nicklas 1976). Der schulischen →*Sozialisation* kommt insgesamt vor allem deshalb Priorität zu, weil der schulische Kontext diejenige Umweltsituation darstellt, in der sowohl Mitglieder der Minorität als auch der Majorität zusammenkommen und im Lehrer einen ,,Sozialisationsagenten" haben, der in der Funktion des ,,change agent" wechselseitiges Verständnis und diskriminationsreduzierendes Verhalten fördern könnte. Dies setzt allerdings eine gezielte Ausbildung von Lehrern voraus, wie sie in mehreren Projekten auch betrieben wird (vgl. hierzu u.a. das Projekt ALFA = *A*usbildung von *L*ehrern *f*ür *A*usländerkinder). Das

Interesse an den inzwischen umfangreichen Informationen, Lehr- und Lernhilfen, wie sie von Instituten (z. B. dem Institut für Sozialarbeit und Sozialpädagogik in Bonn) und den Bundesministerien (für Arbeit und Sozialordnung; für Bildung und Wissenschaft; für Familie, Jugend und Gesundheit) angeboten werden, ließe sich allerdings durch stärker institutionalisierte Ausbildungsprogramme noch beträchtlich steigern. Erfolg werden nur diejenigen Dauermaßnahmen haben, die programmgeleitet Strategien entwickeln, die sich auf die konkrete Situation von Minoritäten in Interaktionen mit Majoritäten im Alltagshandeln beziehen.

3. *Erklärungsansätze zur Entstehung von D-en.* – Mit Ausnahme der Theorie von Tajfel (→ *Vorurteile*) gibt es keine genuinen theoretischen Konzepte, die die Entstehung von D-en anders erklären als die Entstehung von Vorurteilen. Auch jene Ansätze der Konfliktforschung, in der ungleiche Machtverteilung, Statusneid, knappe Ressourcen etc. als Auslöser für diskriminierende Verhaltensweisen angegeben werden, lassen sich gleichermaßen für die Entstehung von Vorurteilen wie für die Entstehung von D-en verwenden. Selbst jene Ansätze, die die funktionale Relevanz von D-en für die eigene Gruppe betonen, liefern keinen Beleg für die ausschließliche Entstehung von D-en. Funktionen, wie die Erhöhung des Selbstwertgefühls, des verstärkten Gruppenzusammenhalts, der Demonstration von Macht nach außen etc. sind Erklärungsvarianten, die so konzipiert sind, daß sie auch zur Erklärung von Vorurteilsprozessen dienen können.

Dies liegt zu einem nicht unwesentlichen Teil an der Tradition sozialwissenschaftlicher Erklärungsansätze überhaupt, die kognitiven Interpretationsschemata den Vorrang vor handlungstheoretischen gegeben hat und für den Bereich der D-en und Vorurteile die Analyseperspektive der Majorität bevorzugt, d. h. jenen Prozeß der Unterdrückung und Abhängigkeitsbildung beschrieben und modellhaft in ihren Untersuchungen nachgebildet hat, den sie bereits vorfand. Moscovici (1979) hat in pointierter Weise darauf aufmerksam gemacht, daß die Forschungsstrategien der Sozialpsychologie vornehmlich darauf gerichtet sind, Einflüsse und Abhängigkeiten anstatt Interdependenzen und Interaktionen zu untersuchen. Er plädiert dafür, Minoritäten als Promotoren des sozialen Wandels und nicht als Unterdrückte zu verstehen. Ein derartiges Forschungsprogramm würde bedeuten, die Probleme der Minoritäten als Indikatoren gesamtgesellschaftlicher Wandlungsprozesse zu interpretieren.

4. *Der Zusammenhang von D und Vorurteilen.* – Eine Klassifikation der Relation von Vorurteilen und D-en ergibt drei unterscheidbare Beziehungen: *a) D ohne Vorurteile.* Diese Relation kann vor allem dann

auftreten, wenn das diskriminierende Verhalten durch andere (durch Sanktionen) kontrolliert wird (Staaten boykottieren z. B. ehemalige Handelspartner, weil sie von Bündnispartnern oder Supermächten unter Druck gesetzt werden; Kinder meiden den Kontakt mit Gleichaltrigen, weil sie Bestrafungen durch die Eltern fürchten). *b) Vorurteile ohne D.* Immer dann, wenn die Unterlassung von D-en eine Gratifikation impliziert (z. B. positive Formen des Sozialverhaltens gegenüber Touristen als Devisenbringern oder gegenüber Minoritätengruppen als kaufkräftiger Kundschaft), oder wenn die Ausführung einer diskriminierenden Handlung sanktioniert wird (z. B. aufgrund bestehender Gesetze), ist die Wahrscheinlichkeit groß, daß D-en unterbleiben. *c) Vorurteile und D-en.* Die Untersuchung dieses Zusammenhanges ist seit Jahrzehnten ein „klassisches" Thema der Sozialpsychologie. Dabei ist die Thematik der Relation von Vorurteilen und D-en ein Ausschnitt der Forschungen auf dem Gebiet zur Relation von Einstellungen und Verhalten (vgl. Fishbein & Ajzen 1975, Meinefeld 1977). Die vor allem in den Anfängen dieser Forschungstradition hochgesteckten Erwartungen an die Prädiktorleistungen von Einstellungen bzw. Vorurteilen für das Verhalten wurden in z. T. spektakulären Untersuchungen derart enttäuscht (vgl. z. B. LaPiere 1934), daß eine Art Reaktionsbildung in der Bewertung der Validität von Einstellungs- und Vorurteilsmaßen für die Verhaltensvorhersage einsetzte. So schätzte z. B. Wicker (1969) die gemeinsame Varianz von Einstellungen und Verhaltensweisen auf ca. 10% ein. Dieser Durchschnittswert, im Anschluß an die Auswertung von 46 Einzelarbeiten ermittelt, verwertet Zusammenhangsmaße, die aus thematisch (z. B. Arbeitszufriedenheit und Leistungsverhalten; Vorurteile und diskriminierendes Verhalten gegenüber Schwarzen) und forschungstypisch (Befragungen, Labor- und Feldexperimente) derart verschiedenen Bereichen stammen, daß weder eine Aufsummierung noch ein Vergleich der Arbeiten untereinander gerechtfertigt erscheint. Die Reorientierung der Forschung in den letzten 10 bis 15 Jahren hat insofern zu einer angemesseneren Problemdefinition geführt, als anstelle der korrelativen Studien Strukturmodelle verwendet werden, bei denen davon ausgegangen wird, daß soziales Handeln in einem Bedingungsgefüge psychischer, sozialer und situativer Faktoren eingebunden ist (Ajzen & Fishbein 1980; Six 1982). Derartige Modelle berücksichtigen, daß neben Vorurteilen mikro- und makro-soziale Einflußfaktoren (Familien, Gleichaltrige, Schule, Beruf, kulturelle Traditionen, soziale Schichtzugehörigkeit, Religionszugehörigkeit, Sympathie und Ähnlichkeit, Normen und Werte etc.), einschließlich der Gruppenmerkmale der Minoritäten und Majoritäten und des jeweiligen Handlungskontextes, das diskriminierende Verhalten auslösen und steuern. Eine derartige Differenzierung des Problembewußtseins kann letzten Endes nur dazu dienen, daß Problemzusammenhänge deutlicher werden, wenn sie auch in ihrer Struktur komplizierter zu verstehen sind. Angesichts des Ziels, Vorurteile und Diskriminierungen zu reduzieren, ist ein derartiger Aufwand gerechtfertigt.

Bernd Six

Literatur:

Ajzen, Icek, *Fishbein*, Martin: Understanding Attitudes and Predicting Social Behavior. Englewood Cliffs, N. J. 1980.
Bagley, Christopher, *Verma*, Gajendra K.: Racial prejudice, the individual and society. Westmead 1979.
Campbell, Angus, *Schuman*, Howard: Racial attitudes in fifteen American cities. The University of Michigan 1969.
Crosby, Faye, *Bromley*, Stephanie, *Saxe*, Leonard: Recent unobtrusive studies of black and white discrimination and prejudice: a literature review. Psychological Bulletin, 1980, 546–563.
Fishbein, Martin, *Ajzen*, Icek: Belief, attitude, intention and behavior: an introduction to theory and research. Reading, Mass. 1975.
Hansen, Georg, *Klemm*, Klaus (Hrsg.): Kinder ausländischer Arbeiter. Neue Deutsche Schule: Essen 1979.
Krahé, Barbara & *Krahé*, Peter: Vorurteilsverminderung durch Unterricht. Neue Deutsche Schule: Essen 1981.
Meinefeld, Werner: Einstellung und soziales Handeln. Reinbek 1977.
Moscovici, Serge: Sozialer Wandel durch Minoritäten. München 1979.
Ostermann, Änne & *Nicklas*, Hans: Vorurteile und Feindbilder. München 1976.
Six, Bernd: Einstellung und Verhalten. Berlin 1982.
Tajfel, Henri: Differentiation between groups. London 1978.
Simpson, George E., *Yinger*, J. Milton: Racial and cultural minorities: an analysis of prejudice and discrimination. New York 1972.

Dogmatismus

→*Angst, Autoritarismus, Ethnozentrismus, Konservatismus, Methodologie und Methoden, Vorurteil*

Dogma, Dogmatik, Dogmatismus. – Dogma, das griechische Wort für Meinung, Beschluß, Grundsatz, bezeichnete im philosophisch-wissenschaftlichen Sprachgebrauch seit der Antike eine gültige, zumindest herrschende Lehrmeinung. Von spezieller und zentraler Bedeutung (als unantastbarer Glaubenssatz) ist der Begriff heute nurmehr in der Theologie.

Dogmatismus

Die moderne (Erfahrungs-)Wissenschaft benutzt das griechische Wort *Theorem*, die praktische Politik das lateinische *Doktrin* zur Bezeichnung für Grundsatzaussagen. In der Umgangssprache tragen Dogma und Doktrin, vor allem in adjektivischer und adverbialer Form (dogmatisch und doktrinär), einen stark abwertenden Akzent.

Der Begriff *Dogmatik* (systematische Lehre von den – christlichen – Dogmen) wurde erst im 19. Jahrhundert von einer anderen normativen Wissenschaft, der Jurisprudenz, übernommen und bezeichnet hier – im Gegensatz zur eher anekdotischen *Topik* – die Systematik der positiven Rechtssätze. Philosophisch wurde der Anspruch dogmatischen Denkens auf die Möglichkeit wahrer Erkenntnis spätestens seit Pyrrhon von Elis (376–270 v. Chr.), dem Begründer des Skeptizismus, in Frage gestellt. Ein neuzeitlicher Hauptvertreter dieser Denktradition, der englische Empirist David Hume (1711–1776), riß Kant (1724–1804) aus seinem „dogmatischen Schlummer": Der Verfasser der „Kritik der reinen Vernunft" (1781) nannte nunmehr die rationalistische Metaphysik, dogmatisches Philosophieren ohne Erkenntniskritik, *Dogmatismus* (D) – und brachte damit die Orthodoxie auf den pejorativen Begriff. Dieser bezog sich auf das Denken, nicht auf den Denker als Person. Das zu ändern blieb – rund 170 Jahre später – einem Psychologen vorbehalten: dem Amerikaner Milton Rokeach (1954).

D und verwandte Konzepte. – Die *psychologische* Konzeptualisierung des D-Begriffs, die weit in die Sozialwissenschaften hineinwirkte, ist das Ergebnis eines mehrstufigen Abstraktionsprozesses. Während des Zweiten Weltkrieges befaßten sich vor allem jüdische Emigranten in den USA theoretisch und empirisch mit dem Phänomen des *Antisemitismus*. Else Frenkel-Brunswik untersuchte bereits in der ersten Hälfte der 40er Jahre neben inhaltlichen auch *strukturelle* Aspekte der (antisemitischen) Vorurteilsneigung und beschrieb 1949 einen emotional-perzeptiven Persönlichkeitsfaktor *(intolerance of ambiguity)*, der dem später von Rokeach entwickelten D-Konzept in mancher Hinsicht ähnelt. Das Problem des Antisemitismus initiierte auch die Forschung der legendären Berkeley-Gruppe (Adorno, Frenkel-Brunswik, Levinson, Sanford 1950), deren induktives Vorgehen bei der schrittweisen empirischen Analyse von *Antisemitismus*, allgemeinem →*Ethnozentrismus*, politisch-ökonomischem →*Konservatismus* und *faschistoider Vorurteilsneigung* von spezifisch-inhaltlichen Einstellungen auf ein zugrunde liegendes Persönlichkeitskonstrukt abstrahierte, das als →*Autoritarismus* bezeichnet wurde. Der „autoritäre Charakter", durch eine Reihe quasipathologischer Strukturmerkmale sozialer Genese bestimmt, erhöht nach Auffassung der Autoren die Anfälligkeit für faschistische Propaganda.

Milton Rokeachs Werk ist der Versuch einer Abstraktion auch des Autoritarismus-Konzepts. Nach Kooperation mit der Berkeley-Gruppe und vorbereitenden eigenen Arbeiten über *generalized mental rigidity* (1948) und *narrow-mindedness* (1950/51) (Beschränktheit, Engherzigkeit) entwickelte er in seinem Aufsatz über *„The nature and meaning of dogmatism"* (1954) ein Konzept, das er (1956) als Alternative zu dem der „autoritären Persönlichkeit" bezeichnete. Die beiden Konzeptionen unterscheiden sich in zwei wesentlichen Aspekten: im theoretischen *Bezugsrahmen* und im beanspruchten *Geltungsbereich*.

Der theoretische Bezugsrahmen der Berkeley-Gruppe war die *Psychoanalyse;* entsprechend galt ihr Interesse vorab der *affektiven* Organisation und Sozialisationsgenese der „autoritären Persönlichkeit". Rokeachs Ansatz war *kognitionstheoretischer* Natur und klammerte entwicklungspsychologische Überlegungen zunächst aus. Definiert wurde D als „(a) eine relativ geschlossene kognitive Organisation meinungskonformer und meinungskonträrer Aussagen (beliefs vs. disbeliefs) über die Realität, (b) zentriert auf eine Reihe von Kernüberzeugungen hinsichtlich einer absoluten Autorität, die ihrerseits (c) einen Bezugsrahmen für intolerante und eingeschränkt tolerante (Einstellungs- und Verhaltens-)Muster gegenüber anderen schafft" (1954, S. 195). Die Definition enthält neben kognitionstheoretischen Begriffen zusätzlich *Autorität* und *Intoleranz* als Bestimmungsstücke, die auch für das Autoritarismus-Konzept konstitutiv sind. Und in der Tat verstand Rokeach D als generalisierten Autoritarismus (A), der den A sensu Adorno et al. als Spezialfall einschließt. Rokeach kritisierte die Konfundierung struktureller und inhaltlicher Elemente im A-Konzept der Berkeley-Gruppe und postulierte dessen „ideologiefreie" Weiterentwicklung, die er im D-Konzept realisiert sah. A als ideologisches und individuelles Strukturmerkmal existiere nicht nur – so seine Plausibilitätsannahme – auf der politischen „Rechten" (wie offenbar bei Adorno et al. impliziert), sondern in allen Bereichen des politischen (wie des religiösen und kulturellen) Spektrums; es gebe also auch einen „linken" und sogar einen A der „Mitte". Nach Rokeachs Konzeption ist D als generalisierter A mithin von der politischen Rechts-Links-Dimension *unabhängig*.

Rokeachs Begriffsapparat zur Analyse kognitiver Systeme. – Die weiterführende Darstellung dieser Konzeption wird durch mehrere Sachverhalte erschwert. Zunächst ist D selbst nur ein mehr oder minder ausgeprägtes Strukturmerkmal des als umfassend gedachten *kognitiven Orientierungssystems* (belief-disbelief-system) von Individuen und Gruppen, das für Rokeach die analytische Makroebene darstellt. Dieses System gliedert sich in ein *belief-* und in ein *disbelief-system,* die alle *beliefs* bzw.

disbeliefs einer Person oder Gruppe umfassen. Ein *belief (disbelief)* ist jede Vorstellung oder Aussage, daß ,,etwas Bestimmtes der Fall ist" (,,*nicht* der Fall ist"). Die Einheiten, die mit diesem für Rokeach zentralen Begriffspaar bezeichnet werden und die jeweils in ein und derselben Person kognitiv repräsentiert sind, lassen sich im Deutschen mit meinungs*konformer* vs. meinungs*konträrer* Aussage, *positiver* vs. *negativer* Einstellung, *Zustimmung* vs. *Ablehnung, Überzeugung* vs. *Gegenüberzeugung, Glaube* vs. *Unglaube* umschreiben.

Sodann benutzt Rokeach den Begriff belief zumindest in dreierlei Bedeutung: *formal-strukturell* zur Klassifikation von Überzeugungen nach ihrer Zugehörigkeit zum Zustimmungs- oder Ablehnungssystem, *spezifisch-inhaltlich* zur Kennzeichnung von Grundüberzeugungen (*primitive* oder *central* beliefs), deren Herkunft von der Person oder Gruppe nicht reflektiert und in Frage gestellt wird, und ,,*formal-inhaltlich*" zur Identifizierung von Überzeugungen hinsichtlich der Vertrauenswürdigkeit (positiver und negativer) Autoritäten *(intermediate beliefs)*, über die Überzeugungen ,,aus zweiter Hand" *(peripheral beliefs)* erworben werden. Ein mögliches Bezugssystem für Überzeugungen ist die *Zeitperspektive,* auf die sie sich erstrecken: sie ist *weit,* wenn Vergangenheit, Gegenwart und Zukunft repräsentiert sind, und *eng,* wenn ein Bereich dominiert.

Rokeachs Begriffsapparat zur Analyse von Orientierungssystemen, der hier noch nicht einmal vollständig aufgeführt wurde, ist zugleich kompliziert und simpel, die Definition der Begriffe teils mehrdeutig, teils leer. Ihr Bezug zur Terminologie in Gestalt-, Kognitions- und Einstellungstheorie, die im Hintergrund der Konzeption stehen, bleibt vage oder wird von Rokeach ausdrücklich negiert, ohne daß er seine eigenen Vorstellungen begrifflich präzisiert. Nicht gerade erleichtert wird der Nachvollzug seines Ansatzes schließlich dadurch, daß dessen Weiterentwicklung in verschiedenen Einzelbeiträgen niedergelegt ist, deren Integration im Hauptwerk (1960), das sich an einen undefiniert-allgemeininteressierten Leserkreis wendet, eher oberflächlich erfolgt.

Rokeachs Theorie kognitiver Systeme. – In diesem Werk mit dem Titel ,,The open and closed mind" benutzt Rokeach zur strukturellen Charakterisierung von Orientierungssystemen statt des D-Begriffs überwiegend das terminologische Gegensatzpaar *offen* vs. *geschlossen.* Die *Geschlossenheit* (dogmatische Tendenz) eines Belief-Disbelief-Systems wächst relativ mit dem Ausmaß
– der Zurückweisung von Teilen des Ablehnungssystems;
– der Isolierung von Teilen innerhalb des Zustimmungs- bzw. Ablehnungssystems und zwischen beiden;

- der Diskrepanz im Differenzierungsgrad zwischen Zustimmungs- und Ablehnungssystem;
- der Undifferenziertheit bzw. Entdifferenzierung des Ablehnungssystems;
- der Einschätzung der Welt und der eigenen Lebenssituation als bedrohlich (primitive beliefs);
- der Verabsolutierung von Autoritäten und Autoritätsgläubigkeit (intermediate beliefs);
- der Isolierung übernommener Überzeugungen (peripheral beliefs);
- der Einengung der Zeitperspektive auf die Zukunft (vgl. 1960, S. 55 f.).

Das Belief-Disbelief-System erfüllt zwei *komplementäre Funktionen:* Es dient der Orientierung von Individuen und Gruppen in einer komplexen Realität und zugleich der Abwehr von Informationen und Ideen, die die kognitive Konsistenz des eigenen Weltbildes gefährden. Eine Person (eine Gruppe) öffnet sich neuen Informationen „*soweit wie möglich,* und weist sie zurück, blendet sie aus oder verzerrt sie *soweit wie nötig*" (Rokeach 1960, S. 68). Die Relation zwischen Möglichkeit der Informationsverarbeitung und Notwendigkeit der Informationsabwehr bestimmt den Charakter eines Orientierungssystems als eher *offen* oder eher *geschlossen.* Im Grunde beschreibt *Rokeach* zwei *kognitive Stile,* deren Repräsentanten bereits von Kelman & Cohler wesentlich prägnanter als „*Klärer*" und „*Vereinfacher*" bezeichnet worden waren. Auch der *energetische* Aspekt, vor allem geschlossener Orientierungssysteme, die im Zentrum von Rokeachs Interesse stehen, ist anderweitig präziser und umfassender elaboriert worden. Wenn Rokeach feststellt: „In seiner extremen Ausprägung ist das geschlossene System nichts anderes als das gesamte Netzwerk psychoanalytischer Abwehrmechanismen, in einem kognitiven System organisiert und dazu bestimmt, ein verwundbares Selbst zu schützen" (1960, S. 70), so rekurriert er auf die Psychoanalyse, von der er sich ursprünglich distanzieren wollte.

Alles in allem werden die Theoreme, die Rokeach formuliert, und die Hypothesen, die er aus ihnen ableitet, nur lose miteinander verknüpft. Seine Konzeption von Struktur und Dynamik kognitiver Orientierungssysteme erreicht nicht den Status einer durchformten oder gar formalisierbaren Theorie, sondern verharrt auf dem Niveau der – nicht einmal sonderlich anschaulichen – Beschreibung. Karl Jaspers hatte mit seiner Analyse weltanschaulicher Einstellungen, Weltbilder und Geistestypen (Rokeachs „mind"!) in seiner „*Psychologie der Weltanschauungen*" (1919) zumindest phänomenologisch auf einem vergleichbaren Feld schon mehr geleistet. Zur Charakterisierung eines von drei Geistestypen benutzte Jaspers übrigens die Begriffe „geschlossenes System", „Gehäuse" und „Halt im Begrenzten"; die terminologische Analogie zu Roke-

ach wäre es wert, weiterverfolgt zu werden. Die beiden anderen Geistestypen finden nach Jaspers ihren Halt „in Skeptizismus und Nihilismus" bzw. „im Unendlichen". Eine solche Unterscheidung erinnert an das ungelöste Problem der D-Forschung, *offene* Orientierungssysteme zu *spezifizieren* und womöglich zu *differenzieren*. Der *dogmatische* Bereich des Spektrums ist relativ besser umschrieben als der *nichtdogmatische* (vgl. Roghmann 1966, S. 230 ff.).
Aus den genannten und anderen Gründen wird Rokeachs theoretischer Ansatz von Sozialwissenschaftlern unterschiedlicher fachlicher und ideologischer Provenienz zunehmend skeptisch beurteilt (z. B. Roghmann 1966) oder gar vernichtend kritisiert (z. B. Offe in Keiler & Stadler 1978).

Die D-Skala. – Womöglich noch schärfer richtet sich die Kritik gegen die Operationalisierung des D-Konzepts anhand der *D-Skala*, einer nach der Likert-Methode entwickelten Einstellungsskala, deren 89 Items umfassende Rohform im Verlauf von 4 Revisionen nach teststatistischen Gütekriterien auf 40 Items zusammenschmolz. Dabei erwiesen sich gerade jene Statements, die die theoretisch besonders relevante *Strukturdimension* von Orientierungssystemen und die Dimension der *Zeitperspektive* abdecken sollten, gegenüber den Statements zur Erfassung der *spezifisch-inhaltlichen* und der *„formal-inhaltlichen"* Dimension als weniger trennscharf. Die Endfassung (Version E) der D-Skala enthält denn auch nur jeweils 4 struktur- und auf die Zeitperspektive bezogene Statements, dagegen 32 Indikatoren für Grund- und Autoritätsüberzeugungen (Einsamkeits-, Zukunfts- und Statusängste, Minderwertigkeitsgefühle, →*Autoritarismus*, Intoleranz, Anhängerschaftsdenken, Kontakteinschränkung). Daß die D-Skala in ihrer Unausgewogenheit zu Lasten der theoretisch zentralen Strukturdimension eine zureichende Operationalisierung des ursprünglichen Konzepts darstellt, darf bezweifelt werden. Überhaupt erscheint es naiv, ein derart komplexes Konstrukt mit einer simplen Einstellungsskala empirisch überprüfen zu wollen. Die Statements, eine Sammlung teilweise skurriler Aphorismen, sind übrigens durchgehend „dogmatisch" formuliert, was zwei erhebungstechnologische Probleme impliziert: die Response-Set-Anfälligkeit der Skala (ein Problem, dem Rokeach generell keine Bedeutung beimißt) und ihre Unfähigkeit, eine *offene* Orientierung anders zu messen als durch Ausschluß des Gegenteils. Der Versuch Peabodys, die Statements der D-Skala „umzudrehen" und „dogmatische" mit „nichtdogmatischen" Statements zu mischen, erscheint ungeeignet, diese Probleme zu lösen. Die Umformulierung der Statements galt hauptsächlich ihrem Inhalt, weniger ihrer linguistischen Struktur; thematisch und formal wirken sie noch artifizieller als die Originalstatements, und die „Umkehrskala" korreliert mit Rokeachs Originalversion nur schwach negativ und in der Regel statistisch insignifikant (vgl. Roghmann 1966, S. 236 ff.). Außerdem stimmen manche Probanden nicht selten beiden sich widersprechenden Statements zu *(double agreement phenomenon)*.

Die teststatistischen Gütekriterien der D-Skala sind – soweit sie von den Benutzern überhaupt mitgeteilt werden – stark stichprobenabhängig und können sich mit denen der, konstrukttheoretisch allerdings viel weniger problematischen, klassischen Einstellungsskalen nicht messen. In eigenen Untersuchungen des Referenten variierten die Reliabilitätskoeffizienten der verwendeten D-Skala zwischen .71 und .36, die durchschnittlichen Trennschärfeindizes zwischen .30 und .18; diese Werte liegen weit unter denen gleichlanger Skalen zur Messung gesellschaftlich-politischer Einstellungen. Wenn andere Autoren in dieser Beziehung auch etwas bessere Erfahrungen machten, so mag es doch überraschen, daß mit einem testtheoretisch insgesamt derart unbefriedigendem und vor allem gegenstandsinadäquatem Instrument wie der D-Skala, die der vielgeschmähten F-Skala der Berkeley-Gruppe kaum überlegen ist, gleichwohl hypothesenkonforme Befunde ermittelt wurden. Das Sammelreferat von Vacchiano et al. (1969), das allerdings vor dem quantitativen Höhepunkt der D-Forschung in den frühen 70er Jahren (vgl. Offe in Keiler & Stadler 1978, S. 26) geschrieben wurde, stellt die Rokeachs Konzeption scheinbar überwiegend bestätigenden, teils aber auch entkräftenden oder nichtssagenden Untersuchungsergebnisse zu verschiedenen Fragestellungen zusammen. Die empirische D-Forschung krankt vor allem an ihrer Theorieabstinenz und erschöpft sich überwiegend in kritikloser Anwendung der D-Skala und statistischer Sicherung mäßiger Mittelwertsdifferenzen und Korrelationskoeffizienten. Von einer theoretischen Verarbeitung der Befunde oder gar von einer Weiterentwicklung des D-Konzepts kann kaum die Rede sein. Österreich (1974, S. 11) hat recht, wenn er feststellt: „Die Rokeachsche Arbeit repräsentiert, was die Theorieentwicklung hinsichtlich des Autoritarismusproblems betrifft, auch heute noch den neuesten Stand."

Der zentrale *empirische* Prüfstein für die Gegenstandsadäquatheit der D-Skala ist ihre „ideologische Neutralität", d. h. ihre statistische Unabhängigkeit von inhaltlich-politischen Einstellungsmaßen. Die entsprechenden empirischen Befunde sind uneinheitlich und – schon aufgrund der metrischen Unzulänglichkeiten der D-Skala – schwer zu bewerten. Rokeach (1956, S. 29 ff.) selbst berichtet von durchweg positiven, wenn auch schwachen Korrelationen zwischen D und →*Konservatismus* – ein Ergebnis, dem er zwar keine große Bedeutung beimißt, das ihn aber doch dazu zwingt, gegen seine ursprüngliche Intention *inhaltliche* Interpretationsgesichtspunkte einzuführen. Immerhin unterscheiden sich D und

ideologische Position erheblich in ihrer *faktoriellen Struktur* (vgl. Rokeach 1960, S. 420). Dies entspricht den Ergebnissen einer eigenen Studie des Referenten, in der sich keinerlei Zusammenhang zwischen D und einer Vielzahl gesellschaftlich-politischer Einstellungen ergab. In einer anderen deutschen Untersuchung (Boden 1975) mußte dagegen die D-Skala erst durch Eliminierung „rechtslastiger" Statements „bereinigt" werden, um ihre ideologische Neutralität zu gewährleisten.
Aus der Fülle der empirischen Untersuchungen sei hier nur der immer wieder eingebrachte Befund einer Kovariation von D mit →*Angst* und verwandten Persönlichkeitsmerkmalen erwähnt (vgl. zusammenfassend Vacchiano et al. 1969, Boden 1975). Dieser Befund scheint – in den Grenzen seiner instrumentbedingten Aussagefähigkeit – Rokeachs Funktionshypothese zu bestätigen, daß ein geschlossenes System der psychischen *Abwehr* diene. Getrübt wird diese Feststellung allerdings durch den Umstand, daß die D-Skala selbst zahlreiche Statements enthält, die Angst und Unsicherheit ausdrücken.

Ertels D-Forschung. – In der *Bundesrepublik* spielte die D-Forschung – abgesehen von der breitangelegten Untersuchung eines amerikanischen Politologen (vgl. Roghmann 1966, S. 141 ff.) – bis hinein in die frühen 70er Jahre praktisch keine Rolle und wurde auch, von Roghmann abgesehen, kaum kritisch rezipiert. Das änderte sich abrupt und gründlich, als seit 1972 Suitbert Ertels Forschungsarbeiten bekannt wurden. Diese lösten eine wissenschaftlich-ideologische Kontroverse aus, die in ihrer Schärfe wohl nur mit der thematisch ähnlichen Auseinandersetzung von Rokeach und Christie mit Eysenck verglichen werden kann, der anhand seiner Tough-Tenderminded-Dimension eine strukturelle Ähnlichkeit zwischen Kommunisten und Faschisten zu belegen versucht hatte (Psychological Bulletin 53, 1956).
Ertel nahm eine wissenschaftstheoretische Kontroverse zwischen dem „kritischen Rationalisten" Albert und dem „kritischen Psychologen" Holzkamp, dem Albert – beiläufig und umgangssprachlich – „D" vorgeworfen hatte (Z. f. Sozialpsych. 2, 1971, S. 22) zum Anlaß für die Feststellung: „Wenn die Prädikation ‚dogmatisch' einen standpunktunabhängigen Realitätsbezug haben soll, wird man zu neutralen empirischen Kriterien greifen müssen, die eine objektive Entscheidung in dieser Frage ermöglichen" (1972, S. 249 f.). Ertel entwickelte ein (nonreaktives) *Dogmatismus-Textauswertungs-Verfahren* (DTA) zur Analyse schriftlicher Texte anhand *linguistischer Kriterien*. Dabei setzte er voraus, „daß ein Text um so dogmatischer ist, je häufiger gewisse Stilmerkmale in ihm vorkommen, von denen angenommen wird, daß sie als Ausdruck dogmatischer Denkprozesse besonders geeignet sind" (S. 250). Als Stilmerk-

male in diesem Sinne definierte Ertel den relativen Anteil „dogmatischer" Ausdrücke an der Verwendungshäufigkeit der entsprechenden linguistischen Kategorien. Mit eher implizitem Bezug zu Rokeachs D-Konzept – er wird nur einmal zitiert – wählte Ertel für seine Analyse sieben solcher Kategorien aus (die beiden ersten Beispiele sind, abgesehen von der 7. Kategorie, jeweils „dogmatische" Indikatoren): 1. *Häufigkeitsausdrücke* (immer, nie – oft, selten), 2. *Mengenausdrücke* (alles, nichts – viel, wenig), 3. *Maßausdrücke* (äußerst, völlig – ziemlich, sehr), 4. *Aus- und Einschließungsausdrücke* (nichts als, nur – oder, auch), 5. *Notwendigkeits-Möglichkeitsausdrücke* (muß, darf nicht – darf, muß nicht), 6. *Gewißheitsausdrücke* (zweifellos, natürlich – offenbar, vielleicht), 7. *Entgegensetzungs-Begründungsausdrücke* (aber, vielmehr – weil, deshalb). (In diesem Fall hatte Ertel keine Hypothese. Die spätere Analyse ergab eine hohe Korrelation der *Gesamtzahl* dieser Ausdrücke mit den übrigen D-Merkmalen).

Anhand der nach diesen Kategorien quantitativ bestimmten Stilmerkmale gelang es Ertel, Texte von 6 „Dialektikern" (Adorno, Habermas, Holzkamp, Keiler, H. Marcuse, Marx) und 6 „Erfahrungswissenschaftlern" (Albert, Dahrendorf, Th. Herrmann, Popper, Topitsch, Max Weber) bemerkenswert klar zu unterscheiden: die „dialektischen" Texte waren stilistisch wesentlich „dogmatischer" als die „erfahrungswissenschaftlichen". Ertel hütete sich freilich vor einer *persönlichkeits*psychologischen Interpretation seines Befundes. „Eine solche dürfe man erst wagen, wenn die relative Position des Autors über verschiedene Schreibsituationen hinweg konstant bleibt" (1972, S. 262).

Ertel im Kreuzfeuer der Kritik. – Die Veröffentlichung dieser Studie löste in wissenschaftlichen Kreisen der westdeutschen „Linken", die – auch ohne unmittelbar angegriffen zu sein – der „bürgerlichen" Sozialwissenschaft nicht eben wohlgesonnen ist, Entrüstung aus, die durch Ertels weitere Analysen von Texten unterschiedlichster Provenienz (darunter nationalsozialistischer) eher noch geschürt wurde (vgl. Keiler & Stadler 1978). Die Kritik richtet sich gegen Ertels theoretischen Ansatz und dessen Operationalisierung, gegen die Methoden der Datengewinnung und -interpretation und reicht bis zum Vorwurf der Datenmanipulation und der Diffamierung politischer Minderheiten. Kurz: Nach Meinung seiner „linken" Kritiker bleibt von Ertels Forschungsgebäude kein Stein auf dem anderen.

Diese massive Reaktion war unausweichlich und mußte von Ertel wohl in Kauf genommen werden: Seine Interpretation der eigenen empirischen Befunde traf – mehr noch als Alberts abstrakter D-Vorwurf – die Betroffenen ins Mark ihres wissenschaftstheoretischen Selbstverständnisses.

Dogmatismus

Hatte doch Holzkamp bereits Albert geantwortet: „‚Kritik' – marxistisch verstanden – ist *niemals*(!) dogmatisch" und: „Sofern der kritisch-emanzipatorische Ansatz tatsächlich dogmatische Züge trägt, wären diese als Abweichungen von den Prinzipien kritischer Gesellschaftstheorie... anzusehen" (Z. f. Sozialpsych. 2, 1971, S. 262). Mag es Ertel darüber hinaus durch manche seiner Vorgehensweisen und Argumentationen seinen Kritikern mitunter unnötig leicht gemacht haben, mag die Kritik teilweise sogar berechtigt sein und von manchen „bürgerlichen" Sozialwissenschaftlern geteilt werden, so ist doch die pauschale Ablehnung des *Forschungsansatzes* offensichtlich unangemessen.

Daß Stilanalysen nicht nur die formale Struktur von Texten aufzeigen, sondern auch Rückschlüsse auf deren Urheber erlauben, ist eine plausible Annahme mit Tradition: „Le style est l'homme même" (Buffon 1753), „Der Stil ist die Physiognomie des Geistes" (Schopenhauer 1851). Fragt sich nur: Welche Stilelemente entsprechen welchen Persönlichkeitszügen und Geisteshaltungen? Die Frage zielt auf das Hauptproblem der Ertelschen Forschungskonzeption: auf die Konstruktvalidität des gewählten Prädiktorensatzes. Ob das DTA-Verfahren D mißt – und schon gar im Sinne Rokeachs – wird überwiegend bezweifelt. Der Einwand, Ertels Verfahren korreliere nur mäßig positiv (.38 bei $p < .05$ nach Günther & Groeben in *Keiler* & *Stadler* 1978, S. 98) oder gar negativ (Baruffol & Guntern, Z. f. Sozialpsych. 11, 1980, S. 230) mit Rokeachs konstruktgleicher D-Skala, ist dabei als Argument weniger stichhaltig. Auch wenn sich Ertel locker auf Rokeach bezogen hat, dürfte es für die Klärung der Validitätsfrage kaum förderlich sein, die D-Skala, deren mangelnde Gegenstandsadäquatheit doch sonst betont wird, als Kriterium heranzuziehen. Bedeutsamer sind da schon die Zweifel an der Validität anderer, von Ertel allerdings selbst problematisierter, Außenkriterien (vgl. Günther & Groeben, S. 90) und Hinweise auf paradoxe Befunde. So steigen etwa nach Ertels Auszählungen Kants D-Werte in der „Kritik der reinen Vernunft", dem allseits akzeptierten Klassiker des Kritizismus, gegenüber den – von Kant selbst als dogmatisch bezeichneten – vorkritischen Schriften steil an, um später ebenso steil wieder abzufallen. Sollte also Kant auf dem Höhepunkt seines kritischen Denkens ein Dogmatiker gewesen sein? (vgl. dazu Gerhardt in Keiler & Stadler 1978).

Günther & Groeben, Ertels konstruktivste Kritiker, vertreten angesichts ihrer eigenen empirischen Befunde die Auffassung, daß die D-Stilmerkmale eher Introversion und emotionales Engagement des Autors indizieren, seine ideologische Mehrheits- oder Minderheitsposition, möglicherweise auch den Erklärungsanspruch und die Abstraktheit von Texten. Ob diese – im Unterschied zu Ertel teilweise persönlichkeitspsychologischen – Hypothesen für die betroffenen „dialektischen" Autoren annehmbarer sind, sei dahingestellt.

PPs als Magd der Politik? – Einzelne Autoren der von Keiler & Stadler herausgegebenen Streitschrift nahmen die Kontroverse mit Ertel zum Anlaß, mit der A- und D-Forschung, und damit zugleich mit Poppers „offener Gesellschaft", *politisch* abzurechnen. So wirft Offe (S. 17 ff.) bereits der Berkeley-Gruppe vor, sie habe mit der Privatisierung des A als eines pathologischen Persönlichkeitsmerkmals den politisch-emanzipatorischen Ansatz von Reich und Fromm vernachlässigt, um nicht zu sagen: verraten. In den USA sei in den 50er Jahren beim Übergang vom Antifaschismus zum Antikommunismus das A-Konzept zunehmend zur Diffamierung sozialistischer Orientierungen mißbraucht worden. Die (bescheiden) aufstrebende D-Forschung wird mit dem politischen Klima der McCarthy-Ära und während des Vietnam-Krieges in Verbindung gebracht. Keiler & Holzkamp assoziieren Ertels Forschungsarbeiten mit dem von ihnen festgestellten „Roll back" in der Bundesrepublik (S. 252), und Keiler & Stadler haben die „durchaus naheliegende Vision", das DTA-Verfahren könne womöglich in „Berufsverbotsfällen" eingesetzt werden (S. 11). Kurz: Nach Auffassung dieser Autoren ist der D-Begriff wissenschaftlich längst obsolet geworden und wird von der „bürgerlichen" Sozialwissenschaft nur noch als Waffe im Kampf mit dem Sozialismus eingesetzt.

Sollte dieser Vorwurf ganz oder zur Hälfte zutreffen, so wäre er doch aus mehreren Gründen recht wohlfeil. *Zum einen* gehört es in *sozialistischen Ländern* sogar zur offiziellen politischen Sprachregelung. Abweichler von der herrschenden Parteilinie des „D" zu bezichtigen, getreu dem Statement der D-Skala: „Heutzutage ist es erforderlich, gegenüber Ideen aus den eigenen Reihen mehr auf der Hut zu sein als vor denen der anderen Seite" (vgl. Roghmann 1966, S. 389). *Zum zweiten* wird der „anderen Seite" hüben und drüben Schlimmeres vorgeworfen als D. *Zum dritten* hat es zwar auch die „bürgerliche" Sozialwissenschaft bisher nicht geschafft, das Rationale des D-Konzepts theoretisch und empirisch hinreichend zu verankern. Doch selbst wenn ihr dies durch verstärkte theoretische Reflexion und empirische Grundlagenforschung gelingen sollte, würde das Ergebnis von der Gegenseite kaum akzeptiert werden. Denn die D-Forschung ist nur ein Nebenschauplatz; die eigentliche Auseinandersetzung vollzieht sich auf dem Felde der *Wissenschaftstheorie (→ Methodologie und Methoden)*, und hier sind die Fronten erst recht unversöhnlich. *Zum vierten:* Selbst wenn sich die Wissenschaft jenseits aller politischen Überzeugungen über den D-Begriff einigen könnte – welche Politik würde es der PPs überlassen zu entscheiden, was „dogmatisch" ist und was „kritisch"?

Hans Albrecht Hartmann

Literatur

Boden, Ulrike: Eine empirische Überprüfung der Validität der Dogmatismusskala im Hinblick auf einige ausgewählte Implikationen der Dogmatismustheorie. Diss. Erlangen-Nürnberg 1975.
Ertel, Suitbert: Erkenntnis und Dogmatismus. Psychologische Rundschau 13, 1972, 241–269.
Keiler, Peter, *Stadler,* Michael (Hrsg.): Erkenntnis oder Dogmatismus? Kritik des ,,Dogmatismus"-Konzepts. Köln 1978.
Österreich, Detlef: Autoritarismus und Autonomie. Stuttgart 1974.
Roghmann, Klaus: Dogmatismus und Autoritarismus. Meisenheim 1966.
Rokeach, Milton: The nature and meaning of dogmatism. Psychological Review 61, 1954, 194–204.
Ders.: Political and religious dogmatism: An alternative to the authoritarian personality. Psychological Monographs 70, No. 18 (Whole No. 425), 1956.
Ders.: The open and closed mind. New York 1960.
Vacchiano, Ralph B., *Strauss,* Paul S., *Hochman,* Leonard: The open and closed mind: A review of dogmatism. Psychological Bulletin 71, 1969, 261–273.

Entfremdung

→ *Anomie, Methodologie und Methoden, Politisches Bewußtsein, Vorurteil.*

Der Begriff der ,,Entfremdung" (E) stellt in der Vielfalt seiner Bedeutungen eines der umfassendsten und zugleich umstrittensten Konzepte in der Sozialwissenschaft dar (Ludz 1975). Auf der einen Seite finden wir eine große Anzahl marxistisch orientierter Entwürfe. In teilweise sozialphilosophischer – aber auch objektivistischer Fassung – thematisieren sie die dialektische Einheit von Individuum und Gesellschaft in ihrer jeweiligen historischen Konkretion als E-Zusammenhang. Diesen Entwürfen gegenüber finden wir eine unübersehbare Anzahl in empirisch-analytischer Wissenschaftstradition stehender Versuche, den E-Begriff nach gesellschaftlichen Bereichen zu differenzieren und für empirische Untersuchungen zu operationalisieren. Während die einen – in einer paradoxen Wendung aus Beckets Endspiel ausgedrückt – immer ,,bloß alles" begreifen, begreifen die anderen nur die ,,Sektoren" und damit immer weniger. Der theoretisch hypostasierten gesellschaftlichen Totalität steht die empirisch-analytische Zersplitterung gesellschaftlicher Wirklichkeit gegenüber – selbst ein schönes Beispiel für den Prozeß wissenschaftlicher E. Nicht nur erschwert die Bedeutungsvielfalt die Abgrenzung zu anderen Konzepten (→ *Anomie*); die verschiedenen sozialwissenschaftlichen Ein-

Entfremdung

zeldisziplinen sorgen für weitere Bedeutungsspezialisierungen. All dies zu verfolgen, würde den hier gegebenen Rahmen sprengen. Wir werden deshalb zunächst auf die Bedeutung des E-Begriffs in der Marxschen Theorietradition eingehen. Sodann wenden wir uns den verschiedenen forschungsstrategischen Implikationen zu, die der E-Begriff in marxistischer und empirisch-analytischer Tradition entfaltet. Zuletzt gehen wir kurz auf die Methoden ein, mit denen empirisch-analytische Ansätze E messen. Wir wählen diese Darstellung deshalb, weil es zu den Eigenheiten des empirisch-analytischen Wissenschaftsbegriffs gehört, keine dem Marxismus vergleichbare Theorie zu entwickeln. Sehr wohl aber lassen sich die theoretischen Implikationen aus der Forschungsstrategie und den Methoden erschließen.

In der marxistischen Theorietradition ist der E-Begriff – ungeachtet verschiedener E-Theorien, als da genannt werden: religiöse E, politische E und ökonomische E (Israel 1975) – in seiner wesentlichsten Bedeutung unmittelbar gebunden an die Organisationsform der Gesellschaft. E ist daher bei Marx nicht eine individuelle Reaktionsform auf die Gesellschaft, sondern ein unter bestimmten Bedingungen sich notwendig herstellendes Ergebnis des gesellschaftlichen Reproduktionsprozesses. Sie ist weiterhin verknüpft – sieht man von den anthropologischen Konnotationen ab, die schon den marxistischen E-Begriff sehr umfassend machen (z. B. Gattungs-E) – mit der Entstehung und Entfaltung der bürgerlichen Gesellschaft. In diesem Prozeß ist E dann ganz besonders geknüpft an die Produktionsverhältnisse, die die Basis dieser Gesellschaft darstellen und – nach marxistischer Theorie – alle ihre Ausprägungen in letzter Instanz bestimmen. So lassen sich verschiedene Formen der E entsprechend den Entwicklungsstufen der bürgerlichen Gesellschaft unterscheiden (vgl. Tomberg 1969): E unter der Voraussetzung privater Warenproduktion sowie E unter der Voraussetzung des Verhältnisses von Lohnarbeit und Kapital. Während in der ersten Form E wesentlich durch das Tauschverhältnis bestimmt ist, das die privaten Produzenten miteinander eingehen müssen, letztlich also mit der Organisationsform des Marktes gesetzt ist (hier bezeichnet Adam Smiths „unsichtbare Hand" genau das Gemeinte: eine außerhalb der Individuen liegende Macht, die gleichwohl durch ihre individuellen Akte produziert wird), tritt im Verhältnis von Lohnarbeit und Kapital die Ware Arbeitskraft hinzu mit ihrer bekannten Eigenschaft, Wert zu produzieren und damit das Kapital stets zu reproduzieren und zu vermehren.

Hier meint E ein Zweifaches: zum einen (im Sinne von „Entäußerung" in Hegelscher Tradition) die Abgabe von Lebensenergie in die Produkte, die dem Arbeiter äußerlich fremd bleiben, in das Eigentum des Kapitals übergehen, also E vom Produkt; zum anderen als E von der Arbeit selbst, deren Organisation sich ihm nicht mehr als etwas Eigenes und Sinnhaftes

erschließt. Vielmehr ist der Arbeiter Gegenstand eines fremden, außer ihm liegenden Willens geworden. Dies spiegelt sich für ihn in der Arbeitsteiligkeit, die den Produktionsprozeß eines Ganzen für den Arbeiter auch sinnlich nicht mehr erfahrbar macht. Die Folgen sind nach Marx Selbst-E und Gattungs-E: der Arbeiter findet weder zu sich noch ist ihm seine produktive Tätigkeit als menschlicher Akt des Produzierens zugänglich. So stellt die marxistische Theorie E als einen Zustand dar, der durch die kapitalistische Produktionsweise hergestellt wird und der – in der einen oder anderen Form – die Gesamtheit der Gesellschaftsmitglieder erfaßt. E ist also ein theoretisches Konzept. Die E des Lohnarbeiters soll diesen letztlich in die Lage versetzen, sich ihrer bewußt zu werden, ihre Ursachen zu erkennen und für ihre Aufhebung zu sorgen. Niemals aber ist in dieser Theorietradition E als psychisches Produkt zu verstehen, als individuelle Devianz gegenüber einer gesellschaftlichen Normalität.
Soweit diese zugegebenermaßen grobmaschige Darstellung des Kerns des marxistischen E-Begriffs. Sie reicht hier deshalb aus, weil im Vergleich mit anderen Konzeptionen deutlich die zentralen Unterschiede hervortreten.
Nun gehen in der Regel auch nicht-marxistische Konzeptionen größtenteils davon aus, daß E gesellschaftliche Ursachen hat, verknüpfen aber diese mit psychologischen Ursachen (so z. B. Keniston 1972). Was zunächst lediglich als eine Erweiterung eines gesellschaftlich verstandenen E-Begriffs erscheint, hat allerdings erhebliche Folgen. Denn in der Tat ist es so, daß die These einer in der Gesellschaftsstruktur wurzelnden E einen je unterschiedlichen Status und forschungsstrategischen Stellenwert einnehmen kann. Nimmt man an, daß die Struktur der Gesellschaft als solche E bei allen generiert, dann kommt es in forschungsstrategischer Perspektive darauf an, die Gesellschaftsmitglieder nach Graden des Bewußtseins zu differenzieren und nach den gesellschaftlich objektiven und subjektiven Gründen zu suchen, die das Bewußtsein der E im einen Fall ermöglichen, im anderen nicht. Nimmt man dagegen an, daß zur E generierenden Gesellschaftsstruktur jeweils individuelle oder kollektive Dispositionen hinzutreten müssen, um E entstehen zu lassen, so kommt es in forschungsstrategischer Perspektive auf die Einstellungen und Strukturen dieser Individuen an sowie auf die Genese dieser Einstellungen. Während im ersten Fall Gesellschaft „objektiv" E produziert und deshalb die Frage lautet, wieso nicht alle in gleichem Maße das Bewußtsein dieser E haben, ist im zweiten Fall E (noch) ein Produkt der Gesellschaftsstruktur und individueller Momente. Die Frage zielt hier also auf die subjektiven Strukturen, die E nicht nur erfahrbar machen, sondern mitkonstruieren. Diese Unterschiede mögen zunächst minimal erscheinen, sind es aber keineswegs. In ihren methodischen Konsequenzen werden sie bereits deutlicher. Während nämlich im ersten Fall die Analyse der objektiven gesell-

schaftlichen Struktur ergänzt wird durch eine komplementäre Analyse des (historischen) Konstitutionsprozesses des Bewußtseins, liegt der Schwerpunkt im zweiten Fall auch dann, wenn es sich um gesellschaftstheoretisch angeleitete Untersuchungen handelt, auf der Erfassung von Einstellungen, die als Indikatoren für E gelten. Wie leicht dies zur Lösung des „entfremdeten" Individuums, seines „Verhaltens" und seiner „Werte" von der doch gerade noch als entfremdend begriffenen Gesellschaftsstruktur führt, werden wir gleich sehen. Das Problem nämlich, das eine Resubjektivierung der E nahezulegen scheint, liegt in der Frage, wieso denn, wenn die Gesellschaft E produziert, die E-Erscheinungen nur bei einzelnen Gesellschaftsmitgliedern nachweisbar sind und verhaltensrelevant werden. Damit gewinnen die Fragen nach den E-Erscheinungen und ihrer Messung die Oberhand gegenüber der Frage nach den gesellschaftlichen Ursachen der E. Da der empirischen Sozialforschung E-Erscheinungen nur am Menschen meßbar sind, rückt dieser als Objekt der Einstellungsmessung in den Mittelpunkt des Forschungsinteresses. Auch die reflektiertesten Ansätze (so z. B. Etzioni 1968, Keniston 1965, 1972) greifen auf Einstellungsskalen und psychologische Instrumente zurück. Keniston verwendet zur Erfassung dessen, was er das „alienation syndrome" nennt, 13 Skalen, deren Werte hoch miteinander korrelieren. Wir wollen zur Verdeutlichung einige dieser Skalen und einige ihrer Items anführen: 1. Mißtrauen: Erwarte das Schlimmste von anderen, so kannst du Enttäuschungen vermeiden; 2. Pessimismus: Es ist kaum möglich, wirklich glücklich zu werden; 5. Angst: Ob er es zugibt oder nicht, der moderne Mensch ist ein hilfloses Opfer einer der schlimmsten Krankheiten unserer Zeit – neurotische Angst; 6. Zwischenmenschliche E: Emotionale Bindungen zu anderen sind normalerweise das Vorspiel zu Desillusionierung und Enttäuschung (Keniston 1972, Übers.). Schon an diesen wenigen Skalen wird sowohl die Breite des Spektrums als auch die individualpsychologische Subjektzentriertheit des E-Konzeptes besonders deutlich: E als Konglomerat von Meinungen und Einstellung zur inneren und äußeren Umwelt unabhängig von der tatsächlichen Konstitution dieser Wirklichkeit. Etzioni definiert E als „Unfähigkeit, an der Macht teilzuhaben". Auf der einen Seite folgt daraus, „daß egalitärere Gesellschaften weniger entfremdet sind." Andererseits zeigen aber die Operationalisierungsbeispiele, daß auch hier durch den Rückgriff auf psychologische Instrumente die ganze E-Konzeption in eigenartiger Verkehrung trotz aller theoretischer Überlegungen auf das Subjekt verkürzt wird (Etzioni 1968). Ebenso verhält es sich mit Seemans „E-Theorie", deren verschiedene Dimensionen häufig die Grundlage von Skalenbildungen abgegeben haben: Machtlosigkeit, Bedeutungslosigkeit, Normlosigkeit, Isolierung von den Werten, Selbst-Entfremdung, soziale Isolierung (Seeman 1972).

Und schließlich gilt dies auch für die häufig zur Messung der E verwendete Srolesche Anomiaskala (→*Anomie;* vgl. auch die Skalensammlung von Robinson & Shaver 1973). So häufig wie die Versuche, E begrifflich zu fassen und zu operationalisieren, so häufig finden sich in der Literatur auch Kritiken, die teils die theoretischen Konzeptionen, teils die Operationalisierungen als jeweils unsystematisch etikettieren, um anschließend umstandslos ein ebenso unsystematisches und zu kurz greifendes Konzept vorzustellen (vgl. einer für alle: Olsens Kritik an Seeman und sein eigenes Konzept, Olsen 1969). Wir wollen all diesen Profilierungsstrategien das Fazit unseres Überblicks entgegenhalten:
1. E ist ein *theoretisches Konzept,* das auf die Konstitutionsprinzipien einer Gesellschaft zurückverweist, deren objektives Ergebnis E ist: die Macht des gesellschaftlichen Ganzen, die das Individuum von der Natur, seinen Produkten und sich selber trennt. In diesem Sinne handelt es sich wesentlich um einen gesellschaftskritischen Topos, eine Chiffre für die letztliche Fremdbestimmtheit des Subjekts.
2. Demzufolge ist E auch *nicht* bruchlos am Individuum *als eine Einstellung oder eine Meinung nachzuweisen,* ist die Suche nach entfremdetem Verhalten und zugehörigen Persönlichkeitsvariablen verfehlt. Forschungsstrategisch relevant für eine PPs wäre dagegen die Frage nach den historischen Konstitutionsbedingungen des Bewußtseins, die das Subjekt von der Erfahrung der E sorgsam abschirmen.
3. Die verschiedenen *Skalen,* die unter der Flagge der E segeln, messen daher auch nicht E, sondern *sind schlichte Einstellungsskalen* zu bestimmten Werten und Normen (Normlosigkeit, Bedeutungslosigkeit usw.). Israel hat vorgeschlagen, den Begriff E fallen zu lassen und statt dessen gleich von Normlosigkeit usw. zu reden. Soweit damit die dargestellte Form der empirischen Forschung gemeint ist, sollten wir Israel folgen. Als theoretisches Konzept marxistischer Prägung dagegen impliziert der Begriff der E durchaus forschungsstrategisch relevante Fragen.
Zu diesem Fazit kommen wir vor allem deshalb, weil die Verkehrung des theoretischen, gesellschaftskritisch gerichteten E-Begriffs in einen Begriff der sozialpsychologischen Empirie unter der Hand auch eine Verkehrung der wissenschaftlichen Inhalte und des politischen Stellenwertes zeitigt: die ursprünglich noch als psychische Repräsentanz gesellschaftskonstituierter E gedachten Phänomene gerinnen unversehens zu Einstellungen des Subjekts, angesiedelt zwischen Devianz und Psychopathologie. Daß sich dahinter die Reifikation des gesellschaftlichen Status quo verbirgt, braucht nicht eigens betont zu werden.

Thomas Krämer-Badoni

Literatur:

Etzioni, Amitai: Basic Human Needs, Alienation and Inauthenticity. American Sociological Review 33, 1968, 870–883.

Israel, Joachim: Der Begriff der Entfremdung. Makrosoziologische Untersuchung von Marx bis zur Soziologie der Gegenwart. Reinbek 1975².

Keniston, Kenneth: The Uncommitted. Alienated Youth in American Society. New York 1965.

ders.: Youth and Dissent. The Rise of a New Opposition. New York 1972.

Ludz, Peter Christian: „Alienation" als Konzept der Sozialwissenschaften. Kölner Zeitschrift für Soziologie und Sozialpsychologie 27, 1975, 1–32.

Olsen, Marvin E.: Two Categories of Political Alienation. Social Forces 47, 1969, 288–299.

Robinson, John P., *Shaver,* Phillip R. (Eds.): Measures of Social Psychological Attitudes. Ann Arbor 1973⁵.

Seeman, Melvin: Alienation and Engagement. In: *Campbell,* Donald D., *Converse,* Phillip, E. (Eds.): The Human Meaning of Social Change. New York 1972, S. 467–527.

Tomberg, Friedrich: Der Begriff der Entfremdung in den „Grundrissen" von Karl Marx. Das Argument 11, 1969, 187–223.

Ethnozentrismus

→*Aggression, Autoritarismus, Diskriminierung, Konservatismus, Sozialisationsforschung, Vorurteil*

Anscheinend ist in der Sozialpsychologie wie in der PPs die Furcht des Forschers weitverbreitet, er könnte in der akademischen Welt vornehmlich über sein Forschungsobjekt identifiziert werden. Denn kaum anders dürfte erklärbar sein, warum vergleichsweise nur wenig an Theoriebildung und empirischer Forschung über ein soziales →*Vorurteil* vorliegt, das offenbar, universell verbreitet, als wesentlicher Verursacher unsagbaren menschlichen Leidens gilt. Gemeint ist der Ethnozentrismus (E). Schreckliche Ereignisse wie Genocid und Holocaust, Archipel Gulag, Apartheid und →*Diskriminierung* werden kausal dem E zugeschrieben. Hussiten, Hugenotten, Zigeuner, Kurden, Neger und Juden sind und waren einige der sozialen Gruppen, die zum Objekt und Opfer von E wurden. Rassismus, Antisemitismus, Fremdenfurcht und Ausländerfeindlichkeit dürften einige der augenfälligsten Konkretionen sein. Auf den ersten Blick weniger deutlich, aber von Inhalt wie Struktur her sind sicherlich die gesellschaftlich weitverbreiteten Vorurteile gegen Homosexuelle, gegen Alte („Jugendzentrismus"), gegen Kriegsdienstverweigerer oder Behinderte ebenfalls ethnozentrisch. Und unter einem weitgefaßten

E-Begriff wird man auch geschlechtsbezogene Einstellungen, wie Frauenhaß (Misogynie) oder Machismo subsumieren können. Gesellschaftliche und/oder militärische „Feindbilder" schließlich lassen sich, zumindest partiell, als Instrumentalisierung von E begreifen.

Begriffsbestimmungen. – Um den theoretischen Rahmen der bisherigen E-Forschung zu umreißen, werden drei Begriffsbestimmungen aus unterschiedlichen Theorietraditionen angeführt, die ursprüngliche, *behavioristisch* beeinflußte, die *kognitivistische* und die *psychoanalytische* Auffassung von E.

Als Begriff wurde E von Sumner (1906) im Rahmen einer vom Sozialdarwinismus geprägten, soziologischen Analyse von Volksbräuchen eingeführt. E galt als eine besondere soziale Perspektive, bei der die eigene Gruppe bzw. Gesellschaft im Mittelpunkt steht und andere Gruppen daran gemessen und beurteilt werden. Für Sumner ist der E ein in einer primitiven Gesellschaft typisches und dort auch notwendiges *Verhaltensmuster,* von dem das Überleben und die Behauptung gegenüber anderen Gesellschaften abhängt. E gerät so zum vornehmlichen Forschungsgegenstand (und zur Sichtweise) einer Ethnologie, die entweder mit dem Studium bestehender primitiver Gesellschaften oder mit der Entwicklungsgeschichte zivilisierter Gesellschaften befaßt ist.

In ihrem bereits als „Klassiker" der E-Forschung geltenden Buch versuchen LeVine und Campbell (1972) an Sumners Verständnis von E anzuknüpfen. Die umfassende Diskussion und Ausarbeitung ihres Konzepts E und ihre weitgespannte ethnologische Feldforschung bei 20 primitiven Gesellschaften, der ein ausgearbeitetes „Ethnocentrism Field Manual" zur Datenerhebung zugrunde lag, können nicht darüber hinwegtäuschen, daß E, gewollt oder ungewollt, sich letztlich als ein typisches „Dritte-Welt-Phänomen" darstellt: das in der Forschungspraxis dieser Autoren dominierende Interesse an manifesten *konflikthaften* – im Hintergrund steht der Darwinsche „struggle for life" – Beziehungen zwischen ethnischen Gruppen ließ insbesondere schwarzafrikanische und fernöstliche Gesellschaften als ethnozentrisch hervortreten. Der Schlußfolgerung von Bürki (1977), daß eine derartige Auffassung von E selber als ethnozentrisch zu gelten hat, braucht nichts mehr hinzugefügt werden.

Aus der Sicht der genetischen Epistemologie von Piaget (1951) bietet sich eine vergleichsweise differenzierte Möglichkeit zur begrifflichen Fixierung von E an. Ausgangspunkt hierbei ist die Logik der kindlichen Denkentwicklung, die – grob unterteilt – von der sensomotorischen über die präoperationale zu den operationalen Phasen verläuft. Typisch für das präoperationale Denken des Kindes ist seine Egozentrik, d. h. die Unfä-

Ethnozentrismus

higkeit, seine objektive Lage als ein soziales Wesen zu erkennen und die Konzentration auf die eigene, als allgemein gültig angenommene soziale Perspektive. Die Überwindung dieser Zentrierung des Denkens in einem Prozeß der Dezentrierung bildet eine notwendige Voraussetzung für operationale Denkstrukturen. Eine detaillierte Beschreibung dieses Prozesses geben Flavell (1975) und insbesondere Selman (1976) in ihren Stufenmodellen zur Entwicklung der Rollenübernahmefähigkeit bzw. der sozialen Perspektive. Zentrierung und Dezentrierung gelten Piaget aber nicht nur als Kennzeichen der individuellen Denkentwicklung, sondern auch, indem er einen Parallelismus postuliert, als typisch für das *kollektive* Denken. Den Stufen der individuellen Denkentwicklung werden parallele Entwicklungsstufen des kollektiven Denkens zugeordnet, nämlich technisches, ideologisches und wissenschaftliches Denken.

Charakteristikum des *ideologischen* Denkens ist die Zentrierung auf die eigene Gruppe bzw. Kultur, die sich selbst als Mittelpunkt begreift und den eigenen Standpunkt verabsolutiert – analog dem präoperational denkenden Kind. Ideologisches Denken als notwendig *soziozentrisch* trifft sich mit dem Verständnis von E, wie es in der Tradition von Sumner steht. Piaget's Beispiele für soziozentrisches Denken unterstreichen zudem die Tatsache, daß Soziozentrismus ein Charakteristikum von ,,zurückgebliebenen" bzw. von – gemessen an der abendländischen Zivilisation – zuwenig entwickelten Kulturen darstellt. Ohne jetzt die Frage, ob Prinzipien der Individualentwicklung ohne weiteres auf kollektive Phänomene übertragen werden können, weiter zu verfolgen, bleibt als ein Fazit, daß der Soziozentrismus ähnlich wie der E (nach Sumner) auf eine letztlich ethnozentrische Position des Forschers schließen lassen. Zu bedenken ist auch, daß E als ein vorrangig *kognitives* Defizit weitreichende problematische Konsequenzen impliziert, die insbesondere die individuelle Verantwortlichkeit für ethnozentrisches Urteilen und Handeln wenn nicht aufheben, so doch in Frage stellen würden.

Diese Distanz des E vom unmittelbaren gesellschaftlich-politischen Umfeld des Forschers wurde in den Untersuchungen von Adorno, Frenkel-Brunswik, Levinson und Sanford zur ,,Autoritären Persönlichkeit" (1950) aufgehoben. Gegenstand dieser Studien war die Genese von Vorurteilen und insbesondere die des Antisemitismus als einer spezifischen Form von E. Anders als Sumner präzisiert Levinson, auf den die einschlägigen Arbeiten vor allem zurückgehen, E als eine individuelle *Bewußtseinsform*, die das – zunächst noch offene – Verhältnis zu kulturell andersartigen Gruppen bestimmt. Im weiteren wird E charakterisiert als eine Ideologie, die auf einer dominanten, starren Unterscheidung von Eigen- und Fremdgruppe basiert (S. 150): ,,Sie beinhaltet ein stereotypes negatives Bild und feindselige Einstellungen gegenüber Fremdgruppen,

ein stereotypes positives Bild und unterwürfige Einstellungen gegenüber der Eigengruppe und eine hierarchisch autoritäre Betrachtungsweise der Gruppeninteraktion, in der Eigengruppen als zu Recht dominierend, Fremdgruppen untergeordnet auftreten." Damit ist der enge Rahmen der Ethnologie aufgelöst, E wird zu einem universalisierbaren, auch die entwickelten Industriestaaten betreffenden Phänomen, E wird zu einem vornehmlichen Gegenstand der PPs.
In diesen hier in der gebotenen Kürze nur skizzierbaren Begriffsbestimmungen spiegelt sich vor allem der Wandel der komplexen Semantik des Teilbegriffes „Ethnie" wider. Die „Ethnie" als Rasse, Nation, Volk, Kultur oder Gruppe dürfte zwar nach wie vor ein Bezugspunkt für das individuelle Selbst- und →*Gesellschaftsbild* sein. Daneben aber ist, mit zunehmendem Gewicht, eine Vorstellung von der Höherwertigkeit der eigenen Lebensordnung gegenüber konkurrierenden getreten. Dabei handelt es sich um eine Zentrierung des Denkens, die über den von Adorno et al. formulierten Gruppenbezug hinausreicht, sich z. B. den „freien Westen" oder das „Abendland" als ausschließlich ideologischen Bezugsrahmen wählt und damit *Andersdenkende* zunehmend zum Gegenstand ethnozentrischer Diskriminierung werden läßt. Diese Ausweitung der ursprünglichen Begrifflichkeit vergrößert das Spektrum potentieller Objekte von E um weltanschauliche Fremdgruppen. Für das Konzept E selbst allerdings bedeutet dies den weitgehenden Verlust seiner Spezifik und eine Bedeutungsverschiebung hin zu einem Begriff, der eine mit subjektiv konstruierten Majoritäts-Verhältnissen befaßte ideologische Gruppendynamik beschreibt.

Entstehung von E – Eine Inventarisierung der Vermutungen über das Zustandekommen von E ergibt einen Abriß der Historie der PPs. Zumindest die wichtigeren sozialpsychologischen Paradigmen sind jeweils mit einschlägigen Konzepten bzw. Hypothesen vertreten. An nahezu allen Entwürfen wird dabei die Aporie einer zu kurz greifenden, weil wenig erklärenden *psychologistischen* Betrachtung deutlich. Die Defizite einer nicht hinreichenden Einbeziehung gesellschaftlicher Verhältnisse treten vielleicht auch deshalb so deutlich zu Tage, weil die Frage der Verhaltensrelevanz sich für E in einer in der Psychologie selten so deutlich erfahrbaren Schärfe stellt.
Eine archaische Reaktion, der die Funktion zukommt, die unmittelbare Bezugsgruppe des Individuums homogen, frei von „Überfremdung" zu halten, ist als „normerhaltende Aggression" zusammen mit einer angeborenen „Fremdenscheu" (Eibl-Eibesfeldt 1982) das anthropologische Substrat des E in der Verhaltensforschung.
Die herkömmliche Persönlichkeitsforschung ist mit dem E-Konzept Rokeach's (1960) repräsentiert. Danach bildet E eine Komponente einer Per-

sönlichkeitsdimension „Konservatismus". Die ethnozentrische Persönlichkeit ist dabei eher von allgemeiner Misanthropie gekennzeichnet. Weniger ist ihr am Verhältnis der eigenen Bezugsgruppe zu Fremdgruppen gelegen. Eine negative Einstellung z. B. gegenüber Negern ist demnach also lediglich ein Sonderfall einer allgemeinen Menschenscheu bzw. -verachtung.
Aus der Vielfalt der Ansätze, nach denen E, wie Vorurteile generell, das Ergebnis von Lernprozessen ist, sei wegen ihrer besonders weitreichenden Bedeutung die sog. Frustrations-Aggressions-Hypothese herausgegriffen (Dollard et al. 1939). Demnach kann individuelle Frustration zu negativen Einstellungen gegenüber anderen Gruppen führen. E wäre demnach vor allem ein sozial akzeptabler Weg der Aggressionsabfuhr (→*Aggression*).
Getreu ihrer in der klassischen Psychoanalyse verankerten Grundannahmen ging die Berkeley-Gruppe (Adorno et al. 1950) davon aus, daß spezielle Eltern-Kind-Interaktionen im Sinne von E verursachend wirksam sind. Entgegen einer genuinen Entwicklungsrichtung wird das Kleinkind von autoritären (und so erlebten) Eltern in einen anderen Entwicklungsverlauf gedrängt. „Dabei kommt es zu einer zwanghaften Überanpassung an die neuen Standards, was auch die Funktion hat, die Aggressionen in Schach zu halten, die dabei entstehen. Dieser Sachverhalt bildet sich auf sozialpsychologischer Ebene in einer starren Überidentifikation mit den Normen der eigenen Gruppe und der Projektion der unterdrückten Tendenzen auf eine minoritäre Fremdgruppe, die für diese Tendenzen bestraft werden muß, ab" (Streiffeler 1975, S. 135). Die in diesem Konzept enthaltene Kontinuitätsthese (autoritäre Eltern reproduzieren sich in autoritären Kindern) wurde auch empirisch überprüft. Es gelang nur teilweise sie zu bestätigen (Frenkel-Brunswik 1954). Demnach stammen ethnozentrische Kinder zwar meist aus relativ strenger, emotional eher ungünstiger Familienatmosphäre, aber die nach psychoanalytischer Lehrmeinung „kritischen" Ereignisse in der kindlichen Entwicklung, wie die Sauberkeitsgewöhnung oder der Ablauf der Libidofixierung waren ohne Belang (→*Sozialisationsforschung*).
Auf gruppenpsychologischen Aspekten und damit auf den Denkfiguren der positivistischen Sozialpsychologie basiert das E-Konzept von LeVine und Campbell. Demnach sind vor allem die gruppeninternen Bedingungen, und speziell der Konsens bzw. die Solidarität, verantwortlich für das Verhalten der Gruppenmitglieder gegenüber Fremdgruppen. Eine hohe Binnensolidarität korrespondiert mit starker Ablehnung nach außen.
Nach kognitivistischem Verständnis liegen die Ursachen für Soziozentrismus bzw. E in einem spezifischen Interaktionsprozeß zwischen Gruppe und sozialstrukturellen Gegebenheiten der Umwelt begründet.

Bestimmte Umweltkonstellationen ermöglichen bzw. begünstigen es, das ideologische zugunsten des wissenschaftlichen Denkens aufzugeben, andere Umweltkonstellationen wiederum fixieren den Soziozentrismus. E stellt sich insgesamt als ein naturgegebenes, in der Entwicklungsgeschichte notwendig auftretendes Phänomen dar, das unvermeidlich, wenn auch nur temporär, erscheint.

Nicht mehr in den klassischen Kanon der Sozialpsychologie einzuordnen ist das E-Konzept von Fromm (1972, 1979). Demnach ist es vor allem das soziale Umfeld, das das Individuum ethnozentrisch werden läßt. ,,Das Kleinbürgertum (war und ist) der Brutherd für das Gefühl, einer überlegenen Rasse anzugehören. Diese rückständige... wirtschaftlich und kulturell benachteiligte Klasse ohne begründete Hoffnung auf eine Änderung ihrer Situation kennt nur eine Befriedigung: das aufgeblähte Bild ihrer selbst als der wunderbarsten Gruppe der Welt, die sich einer anderen rassischen Gruppe, welche als minderwertig hingestellt wird, überlegen fühlt." (Fromm 1979, S. 14).

Funktionen von E. – Unterstellt man menschlichem Verhalten eine wie auch immer geartete Rationalität, d. h. geht man also davon aus, daß Verhalten nicht zufällig zustande kommt, stellt sich im Falle des E wegen der ihm zugeschriebenen Folgen besonders dringlich die Frage nach der Begründung seines Konzeptes und damit die Frage nach seiner Funktion für Individuum wie Gesellschaft. Auch unter Rückgriff auf die Spekulationen über die Genese des sozialen Vorurteils E lassen sich in vorsichtiger Annäherung drei, keinesfalls voneinander unabhängige, Funktionsaspekte ausfindig machen.

Demnach wäre *zuerst* die stabilisierende Funktion des E für das schwache Ich zu nennen (,,Alibi des schwachen Ich", Ostermann & Nicklas 1976). E wäre demnach, anders betrachtet, eine ,,systematische Unwahrheit über sich selbst" (Rattner 1971), eine ,,neurotische Pseudoorientierung" (Adorno) von Menschen, die mit ihrer sozialen Umwelt nicht zurecht kommen. Dieser Rückhalt des sozialen Selbstbewußtseins wird spätestens dann gesellschaftlich bedeutsam, wenn man E, was sich rechtfertigen läßt, als einen Indikator für den Zustand des dem Realitätsprinzip verpflichteten Ichs als der Vermittlungsinstanz zwischen gesellschaftlich bestimmtem Über-Ich und dem Unbewußten begreift. Spätestens dann läßt das Vorhandensein ausgeprägter ethnozentrischer Orientierungen auch den Schluß auf ein hohes Ausmaß an →*Entfremdung* und →*Anomie* in der Gesellschaft zu.

Die Erläuterung der *zweiten* Funktion von E macht einen kurzen Exkurs erforderlich. Dieser bezieht sich auf die gesellschaftliche Kommunikation. Neben einer allen Beteiligten gemeinsamen Sprache setzt Kommunikation zwei Ebenen der Sinnfixierung voraus: Das Vorhandensein von Themen und die Äußerung von Meinungen über diese Themen. Die soziale Unterstellbarkeit von Themen als Sinnkomplexe ermöglicht dabei erst Kommunikation wie auch das Vorhandensein der Themen die Meinungsbildung strukturiert (vgl. Luhmann 1971). Folgt man dieser Skizze, so ist es möglich, auch E – und speziell die Vorurteile, in denen er sich konkretisiert – als Themen zu verstehen, die dazu beitragen, daß Kommunikation in der Gesellschaft erst möglich wird. Diese These wird plausibler, folgt man der Analyse, die Marin (1980) über den zeitgenössischen Antisemitismus in Österreich angefertigt hat. Er konstatiert zunächst, daß der Antisemitismus eine ubiquitäre Kommunikationsfigur, quasi ein kulturelles Schema darstellt. Dies mag zunächst verwundern, da weder eine nennenswerte Anzahl von Juden in Österreich lebt, noch Antisemitismus dort offiziell legitimiert ist, noch als eine gesellschaftspolitische Norm gilt. Für Marin ist Antisemitismus damit als „das Gerücht über die Juden" (Glaser 1978, S. 148) eine symbolische Repräsentation des sozial Angestrebten und nicht Erreichbaren (wie auch des „Verbotenen") und damit eine Interpretation der eigenen Inferiorität.

Der *dritte* Aspekt schließlich bezieht sich auf die „utilitaristische Funktion" (Barres 1974, S. 105 f.) von E. Dabei ist ein eher individueller Aspekt von einem eher gesellschaftlichen zu unterscheiden. Für das *Individuum* bedeutet E aus dieser Sicht zunächst einmal eine „Denkersparnis", die Reduktion sozialer Komplexität: Wenn das soziale Umfeld dualistisch in Freunde und Feinde geschieden ist, ist in neuen Situationen differenzierendes Denken nicht mehr erforderlich. Zudem findet in der Kategorisierung ein auch nach der Alltagserfahrung immer wieder vorfindbares „Bedürfnis nach Gewißheit" seine Befriedigung. Die Abwehr von Unsicherheit und Angst hat darüber hinaus eine entlastende Wirkung, zumal wenn man zugleich andere für die eigene miserable Lage verantwortlich machen kann.

Bemerkenswert ist die historische Kontinuität, mit der versucht wird, solche Prozesse zu rechtfertigen. Bott (1969) spricht von „Rationalisierungsformeln": „Die Fremdgruppe schädigt das Volk politisch, wirtschaftlich und gesellschaftlich, moralisch. Seit dem Ende des Ersten Weltkrieges setzen sich die konkreten Vorwürfe aus den gleichen Stereotypien zusammen. Die Fremdgruppe ist kommunistisch infiziert, weist eine überproportionale Kriminalität auf, führt eine parasitäre Lebensweise, verbreitet ansteckende Krankheiten, gefährdet die biologische Substanz des Volkes und entzieht dem deutschen Volksvermögen ungeheure Summen".

Unter *gesellschaftlicher* Perspektive wirkt E sowohl integrierend als auch stabilisierend. „Die Ablenkung der Triebspannung nach außen, auf Minoritätsgruppen, ist gleichsam der ökonomische Trick zur Erhaltung des Gruppengleichgewichts" (Mitscherlich 1962, S. 12). Unterstellt man realistisch, daß die eine oder andere Form des Triebverzichts stets Inhalt gesellschaftlicher Sozialisation ist und geht man davon aus, daß es für den Einzelmenschen in der Regel nicht möglich ist, den Anlaß für die Beschränkung seiner sozialen Möglichkeiten auszumachen, so wird eine gefahrlose und gesellschaftlich nicht negativ sanktionierte Möglichkeit der Aggressionsabfuhr nahezu zur Notwendigkeit. Daß sich diese Situation im Sinne gesellschaftlicher Machtentfaltung oder -erhaltung kanalisieren läßt, beweist die Historie überdeutlich.

Versucht man, diese drei Einzelaspekte der Funktion von E zu einem *Ganzen* zu vereinigen, so könnte man in Anlehnung an Carl Schmitt (1932, S. 67) vermuten, daß Gesellschaft und Politik offenbar eine effektive Unterscheidung in Freund und Feind voraussetzen. Dies aber würde bedeuten, daß dem E auch eine gesellschaftlich sinnstiftende Wirkung zukommt. Der Zynismus dieser Aussage ist wohl nur durch eine ,,Entprivatisierung" des E kompensierbar. Das bedeutet, vermehrt als bislang geschehen, die gesellschaftlichen Rahmenbedingungen seiner Entstehung zu beachten. Konkret: Ansätze, die die Interaktionen zwischen Individuum und Gesellschaft in Betracht ziehen und E etwa aus der Verschränkung individueller Dispositionen mit den historisch-gesellschaftlichen Lebensbedingungen zu erklären versuchen, sind das Desiderat. Und eine Identifikation von besonders der Aktualisierung von E förderlichen gesellschaftlichen Situationen könnte das Ergebnis solcher Ansätze sein. Die im politischen Tagesgespräch immer wieder geäußerte, reichlich plakative, weil so recht nicht begründete Behauptung etwa über den Zusammenhang zwischen zunehmender wirtschaftlicher Rezession und eskalierender Ausländerfeindlichkeit in der Bundesrepublik wird so zumindest im Sinne einer Gesellschaftsanalyse näherungsweise erklärbar und damit bewußt gemacht werden können. Dies auch insofern, als dann möglicherweise deutlicher wird, als es bislang mit dem ,,Sündenbockkonzept" (Allport 1951) erläuterbar war, warum eine bestimmte soziale Gruppe – und speziell diese – diskriminiert wird. Die bisherigen Erklärungen, die von der allgemeinen Erkennbarkeit des abgesonderten Status der Fremdgruppe und ihrer für das Individuum deutlich wahrnehmbaren geringeren gesellschaftlichen Macht ausgingen, eigneten sich lediglich zu ex-post-Betrachtung ethnozentrischer Exzesse. Und weiterhin ließe sich mit Hilfe eines solchen Inventars historisch-gesellschaftlicher Situationen E als eine Verfallserscheinung politischer Kultur auch historisch genauer fixieren. Denn jenseits aller Einmaligkeit historischer Situationen dürften auf einer Makroebene im weitesten Sinne vergleichbare Konstellationen beim Auftauchen ethnozentrischer Epiphänomene auffindbar sein. Ein

Blick in die Sozialgeschichte läßt dies aussichtsreich erscheinen. Mit der gebotenen Vorsicht könnte so in erster Annäherung ein Bewertungsraster präventiver Art entstehen. Der allfälligen Skepsis über den Wert eines solchen Rasters, die sich auch mit der relativen Wirkungslosigkeit politischer Bildung begründen ließe, kann mit dem Hinweis auf die noch stets furchtbaren Konsequenzen des E begegnet werden.

Ekkehard Lippert/Roland Wakenhut

Literatur

Adorno, Theodor W. et al.: The Authoritarian Personality. New York 1950.
Barres, Egon: Das Vorurteil in Theorie und Wirklichkeit. Opladen 1974.
Bürki, Jean-François: Der Ethnozentrismus und das Schwarzafrikabild. Bern 1977.
LeVine, Robert A., *Campbell,* Donald T.: Ethnocentrism: Theories of Conflict, Ethnic Attitudes, and Group Behaviour. New York 1972.
Marin, Bernd: A Post-Holocaust ,,Anti-Semitism without Anti-Semites"? Austria as a Case in Point. Political Psychology 2, 1980, S. 57–74.
Ostermann, Änne, *Nicklas,* Hans: Vorurteile und Feindbilder. München 1976.

Friedensforschung

→*Aggression, Internationaler Konflikt, Partizipation, Sicherheitsdenken, Zwischenstaatliche Beziehungen.*

Entwicklung der Friedensforschung (F) im 20. Jahrhundert. – Die moderne F, die sich nach dem Ersten Weltkrieg im Zuge der Problematisierung der Bedingungen von Krieg und Frieden in den Internationalen Beziehungen entwickelte (Forschungszentren: Council of Foreign Relations, New York; Royal Institute of International Affairs, London; Deutsche Hochschule für Politik, Berlin), stellte von Anfang an *nicht* den Anspruch, eine eigenständige wissenschaftliche Disziplin zu sein, sondern verstand sich als interdisziplinäre, von Zuträgerwissenschaften abhängige Richtung innerhalb der Sozialwissenschaften, die *aus theoretischen Konzepten und Modellen praxisnahe Handlungsanleitungen entwickelt.* Damit besitzt F in ihrem Selbstverständnis eine wirklichkeitsverändernde Zielsetzung.

F untersucht und definiert nicht nur die gesellschaftlichen, ökonomischen, technologischen, politischen und psychologischen Aspekte menschlichen Zusammenlebens auf ,,Frieden" hin, sondern hat darüber hinaus zum Ziel, durch ihre Ergebnisse „zur Durchsetzung des Friedens" beizutragen (Kaiser 1970). In Ermangelung eines allgemein verbindlichen Friedensbegriffs erscheint es sinnvoll, zunächst eine Bestimmung des Gegenstandes der F nach der für sie charakteristischen Arbeitsweise vorzunehmen; dabei werden in Anlehnung an Karl Kaiser und Johan Galtung folgende Merkmale für wichtig erachtet: *Wertbindung:* bei der F handelt es sich um eine wertorientierte Wissenschaft; der Wert „Friede" wird zum Relevanzkriterium ihrer Forschungsarbeit und deren Umsetzung in die Praxis. *Partizipation:* F reflektiert auf die Bedingungen der Umsetzung ihrer Ergebnisse; dieses ergibt sich zum einen aus der Tatsache, daß F im Interesse aller betrieben wird, für eine Öffentlichkeit, die politische Entscheidungen nicht nur nachträglich legitimiert, sondern an diesen Entscheidungen mitbeteiligt sein will, zum anderen aus der Erkenntnis, daß in einer ständig verflochtener werdenden Welt „Friede" nur dann sichtbar werden kann, wenn *alle* Dimensionen des Lebens und Zusammenlebens in den Gegenstand seiner Analyse einbezogen werden. Dazu gehört auch die Ebene des Individuums, denn „Friede" bedeutet: Friede der Menschheit mit sich selbst. „Friede" wird so weit reichen wie die Wahrnehmung der Individuen von ihren Lebensbedingungen. *Unabhängigkeit:* da F nicht nur analysieren, sondern auch Anleitungen erarbeiten will, muß in besonderem Maß darauf geachtet werden, daß sie unabhängig bleibt. Dieser Grundsatz sollte auch für staatliche Forschungsinstitutionen gelten. *Multinationalität:* F darf sich nicht dem nationalen Interesse unterordnen, sondern muß in einem übernationalen Rahmen betrieben werden; z.B. die Zusammenarbeit von Wissenschaftlern aus einander feindlichen politischen Systemen könnte überfällige Lernprozesse in Gang setzen und neue Wege des friedlichen Miteinanders eröffnen (Kaiser 1970, S. 58–62; Galtung 1972, S. 25–37).

Angesichts der ständig wachsenden Drohpolitik zwischen Ost und West, des sich verschärfenden Gegensatzes zwischen „unterentwickelten" und „entwickelten" Ländern sowie des Ansteigens innenpolitischer Konflikte in den Industriestaaten bildete sich seit den 50er Jahren eine *kritische Richtung in der F* heraus, die die bei vielen Friedensforschern vorherrschende Auffassung ablehnte, daß „Frieden und Krieg ... als die beiden naturgegebenenen Grundkategorien sozialen und politischen Verhaltens (gelten), die in einem ... dialektischen Verhältnis zueinander stehen." (Bracher 1969). Ekkehard Krippendorf spricht von zwei Denkansätzen in der heutigen F. Er unterscheidet zwischen denjenigen Wissenschaftlern, die nur nach der Bedeutung von Gewaltinstrumenten und der Verhinderung ihrer Anwendung fragen und denjenigen, die grundsätzliche Kritik an dem ihrer Meinung nach in den Grenzen der Gewalt festgefahrenen Denken bei Konfliktlösungen üben. Während die erste Richtung ihr Ziel vor allem in dem Streben nach Gewaltfreiheit sehe, sei die zweite – kritische – Richtung orientiert auf die Verbesserung der sozialen Bedingungen der Existenz und Entfaltung jedes Menschen (Forndran 1971, S. 16, 23).

Friedensforschung als angewandte Wissenschaft. – F ist eine noch junge wissenschaftliche Richtung und mit vielen typischen Merkmalen des Anfangsstadiums behaftet: mangelnde Klarheit über Forschungsbereiche und -gegenstände, Dominanz von Forscher-Einzelpersönlichkeiten, unzureichende Finanzierung. Eine von der UNESCO angeregte und 1972 vorgelegte Studie über Forschungsinstitute und Organisationen der Forschungsförderung, welche sich vorrangig mit Problemen der F und Konfliktforschung beschäftigt, gibt Aufschluß über quantitative und qualitative Aspekte der gegenwärtigen und zukünftigen Arbeit. Die UNESCO-Studie führt weltweit 264 Institute und Organisationen auf und berichtet über ihre personelle und materielle Ausstattung sowie Forschungsplanung und -koordination. In den Instituten und Organisationen, die neben der engeren F auch Forschungen auf den Gebieten Politische Wissenschaft, Soziologie, Wirtschaftswissenschaft, Geschichte und Sozialpsychologie betreiben, werden folgende Projekte bzw. Untersuchungsbereiche als bedeutend angesehen (alphabetisch geordnet):

Allgemeine Theorie der Konflikte; Außenpolitischer Entscheidungsprozeß/Diplomatie; Friedensbewegung; Friedenserziehung; Gewaltfreie Verteidigung; Konfliktfaktoren in Sozialisationsprozessen; Rolle der Eliten in außenpolitischen Entscheidungsprozessen; Rolle der Massenmedien; Rüstungsdynamik und militärischer Komplex; UN-Sicherheitsstreitmacht; Wirtschaftliche Folgen von Abrüstung und Rüstungskontrolle (Reichel in: Funke 1975, S. 447 f.).

Forschungsfeld „Friede". – „Die eigentliche Gefahr für den Menschen ist nicht mehr die Natur, sondern der Mensch selbst. Von sich selbst und von seinen lebensbedrohenden Fähigkeiten aber weiß der Mensch weniger als von der ihn umgebenden Natur. Die Ursachen der Konflikte unter den Völkern und die menschlichen Aggressionstriebe sind weniger erforscht als die Gesetze der Ordnung im Atom... Sie erwachsen aus Gewohnheiten, Vorurteilen, Sozialordnungen und Herrschaftsformen. Deshalb brauchen wir eine Erforschung dieser Zusammenhänge. Wir brauchen eine Friedensforschung. Deshalb brauchen wir neue Ordnungen und neue Gewohnheiten, neue Spielregeln und neue Verhaltensweisen..."
(G. Heinemann 1969). Wenn „*Friede*" nicht nur die Abwesenheit von Krieg, sondern eine Möglichkeit gesellschaftlicher Wirklichkeit sein soll,

wird F Modelle der Konfliktlösung entwickeln müssen. *Konflikte (Kf)* werden dabei nicht grundsätzlich als das Gegeneinander miteinander verfeindeter Individuen und Gruppen anzusehen sein, sondern als sozialer Prozeß, der der Orientierung dazu dient, wie Abweichungen von den Normen der Gesellschaft vorzunehmen sind sowie als Ausgangspunkt für Impulse, die den Gruppenzusammenhalt fördern. Kf können so zum Regelmechanismus zwischenmenschlichen Handelns werden.
F ist notwendigerweise Konfliktforschung. Dabei kommt es entscheidend darauf an, die Ursachen von Kf, die in ihnen verfolgten Ziele, den Verlauf von Kf sowie die unterschiedlichen Konfliktlösungsmuster zu analysieren. Speziell die PPs muß Abhängigkeiten und Wechselwirkungen zwischenmenschlicher Kf aufzeigen. Die PPs sollte den Schwerpunkt auf die personale Seite der Konfliktaustragung und -lösung legen; sie sollte überall da ansetzen, wo individueller Charakter, persönliche Wertvorstellungen und interpersonale Wahrnehmung die politisch-sozialen Entwicklungen beeinflussen.

Ursachen des Un-Friedens. – Die Erforschung der Ursachen des Un-Friedens kann nicht von konsistenten und empirisch bewährten Tatsachen ausgehen. In der gesellschaftlichen Wirklichkeit erleben wir ständig eine Vielzahl sich z. T. überlagernder Erscheinungsformen des „Nicht-Frieden-Wollens", für die die F unterschiedliche Analyse- und Erklärungsmuster bereithält.
In der heutigen Welt werden Mißtrauen als Verhaltensprinzip, Tausch von Vergeltung, Drohung als Ende aller Argumente in der Hoffnung praktiziert, daß die Menschen sich nicht ausrotten bzw. ihre Lebensgrundlagen zerstören. F muß sich darum bemühen, diese Denkweisen zu minimieren, bzw. sie auf eine neue Grundlage zu stellen.
Schon frühzeitig wurde in der F der *Bedeutung des Gewaltphänomens* nachgegangen und die unterschiedlichen Formen der Gewalt, ihre Wirkungen in der Gesellschaft und Möglichkeiten ihrer Verhinderung untersucht. Um Gewalt begrifflich schärfer fassen zu können, hat der norwegische Friedensforscher Johan Galtung vorgeschlagen, „Gewaltformationen" zu operationalisieren (Galtung in: Funke 1975):

Strukturelle Gewalt: Verursacht durch soziale Verhältnisse (z. B. durch ungleiche Macht-, Einfluß- und Lebenschancen). Strukturelle Gewalt erzeugt emanzipatorische Defizite, die sich in niedriger Lebenserwartung, geringem Bildungsgrad und niedrigem Pro-Kopf-Einkommen auswirken können.

Personale Gewalt: Verursacht durch Gewalteinwirkung anderer. Ziel der Personalen Gewalt ist die physische Vernichtung des Gegners durch qualitativ unterschiedliche Gewaltmittel (GM):

Strukturbezogene GM

1. Zerschmettern (Faustkampf, Wurfgeschosse)
2. Zerreißen (Hängen, Strecken, Zerteilen)
3. Durchbohren (Messer, Speere, Kugeln)
4. Verbrennen (Brandstiftung, Feuer, Flammenwerfer)
5. Vergiften (vergiftetes Wasser, vergiftete Nahrung, Gase)
6. Explosion (z. B. bei einer Atomexplosion)

Funktionsbezogene GM

1. Entzug der Luft (Ersticken, Erdrosseln)
2. Entzug des Wassers (Dehydration)
3. Entzug der Nahrung (Aushungern durch Belagerung, Embargo)
4. Entzug der Bewegung
    a) durch Einengung des Körpers
    b) durch Beschränkung des Raumes
    c) durch Kontrolle des Gehirns

Außer zum Phänomen der Gewalt hat sich in der F neuerdings auch eine breite Diskussion zum Einfluß der → *Aggression* (A) auf menschliches Verhalten entwickelt. In der Regel werden zwei Dimensionen von A unterschieden: die zwischenstaatlich-völkerrechtliche sowie die gesellschaftlich-psychische. Da die methodischen Probleme hinsichtlich des Zusammenhangs zwischen aggressivem Verhalten und Internationaler Politik weitgehend ungeklärt sind, beschränken sich die folgenden Ausführungen auf die gesellschaftlich-psychische Dimension von A. Die Individual- und Sozialpsychologie sowie die Verhaltensforschung belegen eine Vielzahl von individuellen und kollektiven Handlungsmustern mit dem Begriff der A; die wissenschaftlichen Ansätze reichen von psychoanalytischen Triebtheorien bis zu ethologischen (das Tierverhalten erklärende) Theorien.
Psychoanalytische Forschungen gehen davon aus, daß Menschen „Wesen sind, welche in der Spannung zwischen der Abhängigkeit von äußerer und innerer Natur zugleich sich selber hervorbringen müssen." (Horn in Senghaas 1973, S. 130). Dem Aggressivitätspotential des Individuums sind kulturelle Normen usw. stets schon vorgegeben. Im Laufe der Persönlichkeitsentwicklung können Rollenkonflikte, widerstreitende Fähigkeiten und Bedürfnisse positiv umgeformt werden, sich aber auch in Vorurteilen, Bedrohtheitsgefühlen und Angstzuständen äußern.
Die Tierverhaltensforschung geht dagegen von der Existenz eines von Anfang an instinktiven, umweltunabhängigen Aggressionstriebes aus.

Konrad Lorenz hat versucht, den Nachweis zu erbringen, daß auch beim Menschen A „ein Instinkt wie jeder andere (ist) und unter natürlichen Bedingungen... lebens- und arterhaltend...". Erst im Verlauf fortschreitender Zivilisation sei das natürliche Instinktpotential zurückgegangen, so daß Kompensationsmuster geschaffen werden mußten, um das „Abreagieren sozialer Aggression" zu ermöglichen (Lorenz 1963, S. 35 f.).
Lorenz, der vor allem mit seinen Versuchen zu Tötungshemmungen bei Tieren großes Aufsehen erregte, geriet mit seinen Forschungsergebnissen schnell ins Kreuzfeuer der Kritik. Zum einen wurde die anthropologische Ergiebigkeit seines Ansatzes bezweifelt, zum anderen befürchtet, das durch seine Einfachheit bestechende Instinkt-Aggressions-Schema könne unter bestimmten politischen Bedingungen als Rechtfertigungsideologie für Völkermord und innenpolitische Gewalttaten mißbraucht werden.

Strategien der Friedenssicherung. – F sollte eine Veränderung menschlichen Zusammenlebens auf „Frieden" hin nicht nur analysieren, sondern auch praktische Schlußfolgerungen ziehen. Eine Möglichkeit dazu besteht in der Erarbeitung von gesellschaftlichen Strategien der Friedenssicherung. Eine dieser Strategien ist die der „*Sozialen Verteidigung" (SV),* wie sie vom Berliner Politikwissenschaftler Theodor Ebert entwickelt worden ist. SV versteht sich als radikale Alternative zu jeder Form militärischer Auseinandersetzung und beinhaltet *gewaltfreie Verteidigungsformen* für innerstaatliche wie zwischenstaatliche Kf. Kampfmittel der SV sind: *Protestmärsche, Mahnwachen, Happenings, Hungerstreiks.* SV, die sich als „Macht von unten" versteht, kennt auch den *massenhaften zivilen Ungehorsam,* wie Streik, Boykott, zeitweilige Auswanderung.
Das Konzept der SV hat seine konzeptionellen Grundlagen in den Fallstudien skandinavischer und amerikanischer Friedensforscher der 50er und 60er Jahre und stellt einen Versuch dar, die Verteidigung eines Volkes gegen einen potentiellen Angreifer so zu organisieren, daß der „verfassungs- und gesetzmäßige Funktionszusammenhang des sozialen Lebens" wiederhergestellt wird (Forndran 1971). Der SV ist – z.T. mit Recht – der Vorwurf gemacht worden, sie basiere auf der (falschen) Annahme eines Konsenses über verteidigungswerte Ziele zwischen Regierung und Regierten. Häufig wird auch darauf verwiesen, daß in den heutigen Überflußgesellschaften durch übermächtige politische Apparate eine Verantwortungslosigkeit des einzelnen erzeugt werde, die verschiedene Grundannahmen der SV wie Initiative, selbständiges Denken u.a. in Frage stellen würde.

Friedenserziehung. – F kann dazu beitragen, die Relevanz von „Frieden" zu thematisieren und pädagogisch zu vermitteln. Friedenserziehung (Fe) und F bilden ein solches Bezugsfeld, in dem die Bedingungen des Friedens auch für die politische Praxis deutlich gemacht werden. Einen wichtigen Bereich der Fe stellt das „Lernfeld Schule" dar; bei der Erarbeitung von *Unterrichtsmodellen* müssen zunächst die Sozialisationswirkungen (Kommunikations- und Interaktionsprozesse) im schulischen Bereich analysiert werden, um die Lehrer-Schüler-Beziehungen so zu gestalten, daß im Rahmen der Fe individuelle und gruppenspezifische Fähigkeiten friedensbezogenen Verhaltens und Handelns entwickelt werden können. Als Mittel zur Realisierung eines derartigen didaktischen Modells der Fe dient die *Lernzielformulierung und -operationalisierung* von Themen der F. Die deutschen Friedenspädagogen Nicklas und Ostermann erarbeiteten dazu folgenden Katalog (alphabetisch geordnet): *Emanzipation:* Das eigene Handeln auf individuelle und gesellschaftliche Emanzipation beziehen; Erkennen, daß mit inhumanen Mitteln kein humanes Ziel zu erreichen ist. *Gesellschaft:* Veränderbarkeit von gesellschaftlichen Bedingungen in Richtung auf Emanzipation und Demokratisierung; Erkennen der eigenen gesellschaftlichen Stellung und des begrenzten Handlungsspielraums. *Interessen:* Erkennen der eigenen Interessen, der Widersprüchlichkeit zwischen partikularen und eigenen Interessen; Friede als allgemeines Interesse. *Konflikt:* Erkenntnis der Ursachen gesellschaftlicher Kf, der sie bedingenden Antagonismen, des in ihnen enthaltenen Konfliktpotentials, der Versuche, Kf zu unterdrücken (Wulf 1973).

Im Selbstverständnis der Fe können Lernzielzusammenhänge für die Entwicklung curricularer Materialien sowie für die Durchführung friedenspädagogischen Unterrichts genutzt werden, um *friedensbezogenes soziales Lernen* zu ermöglichen. Dazu ist es erforderlich, pädagogisch-politische und didaktisch-methodische Zielvorstellungen den Bedürfnissen und Wünschen der Schüler nach Erarbeitung eigener Entwürfe zur Durchsetzung, Sicherung und Stärkung des Friedens anzupassen. Nur so kann Fe auch Handlungsanleitungen für die F entwickeln (vgl. Abschnitt: Entwicklung der Friedensforschung im 20. Jahrhundert).

Friedensforschung in der Bundesrepublik. – Die bereits erwähnte UNESCO-Studie von 1972, die eine Auswahl von Forschungsinstituten und Forschungsförderungsorganisationen im Bereich F und Konfliktforschung enthält, führt für den Bereich der Bundesrepublik Deutschland insgesamt 8 Einrichtungen auf. Zwischenzeitlich sind weitere dazugekommen. Die nachfolgende Auflistung erhebt keinen Anspruch auf Vollständigkeit:

- Arbeitsgemeinschaft für Friedens- und Konfliktforschung e. V., Bonn,
- Arbeitsgruppe Friedensforschung am Institut für Politikwissenschaft der Universität Tübingen (AGFF), Tübingen,
- Berghof-Stiftung für Konfliktforschung Berlin,
- Deutsche Gesellschaft für Friedens- und Konfliktforschung e. V. (DGFK), Bonn,
- Fachbereich (15) Politische Wissenschaft der Freien Universität Berlin, Berlin,
- Forschungsinstitut für Friedenspolitik e. V., Starnberg,
- Forschungsstätte der Evangelischen Studiengemeinschaft, Heidelberg,
- Forschungsstelle der Vereinigung Deutscher Wissenschaftler e. V., Hamburg,
- Hessische Stiftung Friedens- und Konfliktforschung (HSFK), Frankfurt/M.,
- Institut für Friedensforschung und Sicherheitspolitik an der Universität Hamburg, Hamburg.

Dietrich Wagner

Literatur:

Forndran, Erhard: Abrüstung und Friedensforschung. Kritik an Krippendorf, Senghaas und Ebert. Gütersloh 1971.
Funke, Manfred (Hrsg.): Friedensforschung – Entscheidungshilfe gegen Gewalt. München 1975.
Galtung, Johan: Modelle zum Frieden. Methoden und Ziele der Friedensforschung. Wuppertal 1972.
Kaiser, Karl: Friedensforschung in der Bundesrepublik. Göttingen 1970.
Lorenz, Konrad: Das sogenannte Böse. Zur Naturgeschichte der Aggression. Wien 1963.
Senghaas, Dieter (Hrsg.): Friedensforschung und Gesellschaftskritik. Frankfurt a. M. 1973.
Wulf, Christoph (Hrsg.): Kritische Friedenserziehung. Frankfurt 1973.

Führung

→ *Autoritarismus, Internationaler Konflikt, Konformität, Machiavellismus, Methodologie und Methoden, Organisationen, Psychobiographie, Zwischenstaatliche Beziehungen.*

Stanley Hoffmann stellte noch 1974 fest, daß „das Studium der Politischen Führung ein Waisenkind der zeitgenössischen Politischen Wissen-

schaft ist" (1974, S. 63). Bis in die Mitte der siebziger Jahre galt diese Feststellung auch für die Sozialwissenschaften generell.
Das mangelnde Interesse an Politischer Führung (PF) war teilweise Ergebnis einer sozialwissenschaftlichen Prioritätensetzung, die die Suche nach empirisch verifizierbaren interindividuellen Konsistenzen im menschlichen Verhalten voranstellte. Soweit PF sich auf einzelne überragende historische Persönlichkeiten bezog, war sie per Definition idiographisch und deswegen wenig aussagekräftig im Sinne universell gültiger Generalisation. Zudem wurden Kosten-Nutzen-Argumente gegen die Betrachtung einzelner politischer Führer geltend gemacht, da erst spezielle methodologische Probleme der Datenzugänglichkeit und der Auswertung zu lösen waren. Bemühungen, die Persönlichkeitsmerkmale eines einzelnen politischen Führers zu quantifizieren oder systematisch zu analysieren, bedienten sich gewöhnlich der Inhaltsanalyse – einer Technik, die einen enormen Aufwand an Zeit und Energie erfordert und sowohl wegen ihrer Validität, als auch ihrer Reliabilität Gegenstand ernsthafter Kritik war und ist. Weiterhin wurde gegen die Bemühungen wichtige Konstrukte in der Persönlichkeit Politischer Führer zu identifizieren eingewendet, daß PF höchstens eine Residualkategorie bei der Analyse politischer Prozesse sei. Demnach wird ein politischer Führer stets mit Ereignissen konfrontiert, über die er nur geringe Kontrolle hat und auf die er nur begrenzt politisch reagieren kann. Der Grund dafür sind situative Zwänge, nicht unbegrenzte Fähigkeiten des Führers, eingegangene Verpflichtungen, bürokratische Hemmnisse, fixierte Rollenerwartungen etc. Vor all diesen Einschränkungen kann dann der Führer sich nur noch in Details einbringen.
Seit Mitte der 70er Jahre ist trotzdem aus vier Gründen eine beachtliche Zunahme des wissenschaftlichen Interesses an PF zu konstatieren. *Erstens* wurde seitens der Forschung Einzelfall- und Einzelereignisstudien mehr Bedeutung und Aussagekraft für die Entwicklung der Sozialwissenschaften zugemessen. *Zweitens* sind die für die Betrachtung von PF geeigneten Methodologien weiterentwickelt. Inhaltsanalytische Techniken zur Identifikation und Klassifizierung persönlicher Charakteristiken eines Führers, wie z. B. das Semantische Differential oder der Thematische Apperzeptions-Test (TAT), wurden im Zuge ihrer steten Anwendung verfeinert und waren reliabler geworden. *Drittens* hatte Mitte der 70er Jahre eine zunehmende Zahl politischer Wissenschaftler und Experten aus dem Bereich der Internationalen Beziehungen Einwände gegen das Argument von der Verzichtbarkeit von PF vorgebracht und Beweise angeführt, nach denen Persönlichkeitsmerkmale politischer Führer einen deutlichen Einfluß auf die Politik hatten.
Die wichtige Frage, ob PF überflüssig ist, wurde in verschiedener Form von Toynbee, Carlyle und jüngst von Margaret Hermann (Hermann

1976) diskutiert. Dabei waren nationale Führer Gegenstand des Erkenntnisinteresses. Eine Zusammenfassung dieser im Englischen als ,,great man"-Debatte bezeichneten Auseinandersetzung ergibt drei Bedingungen, unter denen ein politischer Führer eher als Architekt denn als Gärtner in der Politik wirksam sein kann. Einmal, so ist zu erwarten, werden Politische Führer besonders die Lösungen problematischer Not- und Krisensituationen beeinflussen, bei denen bestehende bürokratische und institutionelle politische Instanzen ausgefallen sind und deswegen eine zentrale Entscheidungsinstanz benötigt wird. John F. Kennedy demonstrierte sein einschlägiges Verständnis, als er sich bei einem seiner Mitarbeiter beklagte, daß seine Aussichten, ein großer Präsident zu werden, stark dadurch beeinträchtigt würden, daß während seiner Amtszeit kein Krieg absehbar sei. Dann, in einer Situation ,,struktureller Unsicherheit", in der gesellschaftliche und institutionelle Interessen nicht klar artikuliert sind, können Politische Führer aufgerufen sein, die geistigen und die moralischen Orientierungen der Gesellschaft zu bestimmen. Der persönliche Einfluß eines Führers wird schließlich durch bestimmte Systeme institutionalisierter Autorität verstärkt, von denen am bekanntesten das System charismatischer Herrschaft sein dürfte.

,,Charismatische Herrschaft, Kraft affektueller Hingabe an die Person des Herrn und ihre Gnadengaben (Charisma), insbesondere: magische Fähigkeiten, Offenbarungen oder Heldentum, Macht des Geistes und der Rede. Das ewig Neue, Außerwerktägliche, Niedagewesene und die emotionale Hingenommenheit dadurch sind hier Quellen persönlicher Hingebung. Reinste Typen sind die Herrschaft des Propheten, des Kriegshelden, des großen Demagogen." (Weber 1922). Die klassisch so beschriebene charismatische Autorität wird durch mehrere Faktoren aufrechterhalten und gesteigert: Diese schließen eine dramatische Machtübernahme, nationalen Notstand (tatsächlich oder nur so wahrgenommen) und die persönlichen Qualitäten des Individuums, das die Autorität beansprucht, mit ein. Stanley Hoffmanns Analyse über de Gaulle als einem ,,Hohen Priester" und Henry Kissingers Studie über den ,,Propheten" in der Politik enthalten eine Liste der typischen Persönlichkeitsmerkmale des selbsternannten charismatischen Führers. Er ist ein Individuum, das überzeugt ist, jederzeit die wichtigsten Charakteristika seiner Nation zu verkörpern. Im Falle de Gaulle schloß dies eine Verpflichtung zur ,,Größe", zur Unabhängigkeit und stetiger Konfliktbereitschaft mit ein. Der heroische bzw. charismatische Führer verachtet die Interpretation von Politik als einer ,,Kunst des Möglichen". Er sieht in seiner Berufung eine Art von Sendung und geht davon aus, daß seine Einsichten und Visionen weder veräußerbares noch übertragbares Geschenk der Natur sind. Schließlich ist die zur charismatischen Führung befähigte Person typischerweise pessimistisch, da sie überzeugt ist, daß ihre visionäre

Kraft in keiner Weise an einen Nachfolger übergehen kann. Das Wissen um den Kanon der Führungseigenschaften repräsentiert nur den ersten und weniger wichtigen Aspekt des „Priestertums" (Hoffmann 1974; Kissinger 1969, S. 47–48). Ein solches Individuum wird permanent in einen Prozeß der „Relegitimation" seiner Herrschaft involviert sein, indem es sich selbst als die einzige Alternative zum Chaos darstellt (de Gaulles Vorgehensweise) oder indem es periodisch selbst Chaos erzeugt und dann versucht, dieses zu managen (Maos Ansatz). In jedem Falle aber ist die Zeit der Hauptgegner des heroischen Führers. Wie *Le Monde* in einem Leitartikel anläßlich de Gaulles Rücktritt feststellte, „ist Größe zwar großartig, aber ermüdend".

Die *vierte* Erklärung für den jüngsten Zuwachs akademischen Interesses am Phänomen PF ist, daß Führungsforschung an einem Schnittpunkt verschiedener anderer Forschungslinien, die in den späten 70er Jahren verfolgt wurden, angesiedelt ist. Speziell die Betrachtung PF hat vom Fortschritt der Vergleichenden Regierungslehre, der kognitiven Psychologie, der Motivations- und Persönlichkeitsforschung sowie der Entscheidungsforschung profitiert.

Beiträge der Vergleichenden Regierungslehre. – Eine besonders umfassende Studie politischer Führung ist Jean Blondels „World Leaders" (1980). Der erste Teil der zweibändigen Studie enthält einen Vergleich der nationalen Führer der Nachkriegszeit, gegliedert nach institutionalisierten Autoritätsstrukturen, nach der Amtsdauer, den Wegen zur Macht und den Nachfolgemodalitäten. Im Resümee seiner Betrachtung zieht Blondel mehrere Schlüsse, von denen zwei hier besonders erwähnenswert sind: 1. „Absolute" Systeme von Präsidialführung haben seit 1945 beträchtlich zugenommen, während eingeschränkte Präsidenten- und Ministerpräsidentensysteme abgenommen haben. 2. In genau der Hälfte der Länder, in denen seit 1945 Führungswechsel stattgefunden haben, vollzog sich ein irregulärer Führungswechsel, bei dem der Führer entweder vor Ende der Zeitspanne, für die er berufen war oder auf Wegen, die nicht als üblich zu betrachten sind, aus dem Amt entfernt wurde. Blondels erster Befund hat spezielle Bedeutung für die Entwicklung der PF-Forschung. Denn er zeigt an, daß die demokratisch fundierten, interaktiven Arten von PF, die die meisten heutigen Forscher auf diesem Gebiet besonders interessieren, möglicherweise verschwinden. Blondels Befund, daß irreguläre Nachfolge im Amt überwiegt, ist auch bedeutsam für die zukünftige Forschung. Offensichtlich ist mehr Wissen darüber erforderlich, wie ein Führer Kontrolle und Autorität in einem politischen System aufrechterhält und wie die Dynamik abnehmender Autorität beschaffen ist. Jüngste Studien über Modernisierung und Revolution in tra-

ditionellen Gesellschaften bieten dafür eine Informationsquelle. Diese Studien könnten mit Gewinn verknüpft werden mit früheren Arbeiten, z. B. von Weber (1922) oder Jouvenel (1963) über die Natur der Führung, um so das Problem der irregulären Nachfolge besser verstehen zu können.
Im Gegensatz zu Blondels eindrucksvoller vergleichender Forschung haben andere Autoren versucht, den Umfang ihrer Vergleichsstichprobe zu beschränken, entweder indem sie die Anzahl der Länder, aus denen Führer betrachtet wurden, deutlich reduziert oder indem sie nur spezifische Typen von Führern untersucht haben. Robert Putnams (1973) Vergleich britischer und italienischer Parlamentarier repräsentiert den ersten Ansatz, während Victor Wolfensteins psychologische Studie „The Revolutionary Personality" (1967) ein Beispiel für den zweiten Forschungsansatz ist. Auch wurde versucht, den Stichprobenumfang zu beschränken, indem innerhalb *einer* Nation Führer verglichen wurden. Ein Beispiel dafür sind die Studien J. D. Barbers über U. S.-Legislatoren (1965) und Präsidenten (1972). Die von Barber herangezogenen Bewertungsdimensionen der Aktivität/Passivität und des positiven bzw. negativen Affekts wurden von George (1974) allerdings als vage und zu wenig operational kritisiert. In Folgestudien zur Führerpersönlichkeit und zum Entscheidungsverhalten wurden die beiden Dimensionen getrennt und explizit mit anderen eher operationalen Konzepten verknüpft (Winter & Stewart 1977, S. 55–58; Herrmann 1980).

Befunde der kognitiven Psychologie zu Führungseigenschaften. – In jüngster Zeit hat die Führungsforschung Vorteile aus einem zunehmenden Interesse an Studien über Überzeugungen und Werte gezogen. Zum Teil geschah dies, weil politische Führer oft als Gegenstand für diese Art von Forschung dienten. Die Überzeugungen und Werte, die politische Führer in ihre Tätigkeit einbringen, haben stets Biographen und Politikhistoriker interessiert. Aber systematische Forschung über die Überzeugungen und Werte von Führern setzen das Vorhandensein angemessener Verfahren für die Erfassung, Codierung und den Vergleich der Bestimmungsmerkmale voraus. Erst in jüngster Zeit wurde eine entsprechende Methodologie entwickelt. Unter den weiterverbreiteten Verfahren, die derzeit angewendet werden, befindet sich die „Operational-Code-Technique" (OCT) (George 1979; Holsti 1977). Diese Methode wurde entwickelt, um sowohl den Inhalt als auch die Struktur der politischen Überzeugungssysteme eines Führers zu erkennen. Ein anderes Verfahren ist der Wertansatz Rokeachs (Rokeach 1973; Hopple 1980). Es thematisiert die individuellen Überzeugungen von den bevorzugten Formen oder Zuständen des Lebens (Rokeach 1972, S. 5). Die „Cognitive Mapping

Technique" (Axelrod 1976; Heradstreit & Narvesen 1977) schließlich ist im wesentlichen ein prozeßhafter Ansatz, um kausale Verbindungen zwischen den verschiedenen politischen Überzeugungen eines Führers zu erkennen.
Von diesen drei Verfahren hat der Ansatz der OCT derzeit das größte akademische Interesse gefunden. Mehr als zwei Dutzend politischer Führer wurden bereits mit Hilfe dieses Verfahrens betrachtet (u. a. John F. Kennedy, Henry Kissinger, Mao, Dean Rusk, J. F. Dulles, Dean Acheson, Kurt Schumacher, Willy Brandt, Charles de Gaulle und Valery Giscard d'Estaing).
Die Methode der OCT wurde entworfen, um die weltanschaulich-philosophischen wie die instrumentellen Überzeugungen eines Führers über Politik zu identifizieren. Dem Verfahren liegt die Annahme zugrunde, daß diese Überzeugungen Systemcharakter haben. Dies schließt strukturelle wechselseitige Abhängigkeit zwischen den einzelnen Komponenten mit ein. Die Grundannahme, für deren Richtigkeit sich jüngst einige empirische Hinweise fanden, erlaubt es einschlägig befaßten Forschern, zur Hypothesenbildung aus dem reichen Fundus psychologischer Literatur zur kognitiven Dissonanz und zur Attributionstheorie zu schöpfen. Die OCT hat sich so bereits als eines der wichtigsten Instrumente der Führungsforschung erwiesen. Überzeugungen, die sich durch Anwendung dieses Verfahrens darstellen ließen, sind hinreichend allgemein, um sich für die Betrachtung von Führern aus verschiedenen Regionen und Kulturen zu eignen. Da diese Prozedur zudem systematisiert und leicht replizierbar ist, erlaubt sie den Vergleich verschiedener Führer und die Konstruktion von Typologien.
Ole Holsti beschäftigt sich seit Mitte der 70er Jahre intensiv mit der Entwicklung einer solchen OCT. Seine Forschung basiert auf der Annahme, daß bestimmte Elemente in der Weltsicht eines Führers die Funktion von zentralen oder übergeordneten Überzeugungen haben, ,,die die Reihenfolge der Reaktionen auf Fragen des Operational-Code direkt oder indirekt betreffen" (Holsti 1977, S. 33). Eine dieser zentralen Überzeugungen wurde durch OCT bereits identifiziert: das Bild des Führers von seinem Hauptopponenten.
Bei diesem Stand der Operational-Code-Forschung erscheint die Suche nach wenigen übergreifenden zentralen Überzeugungen, wie z. B. dem Image vom Opponenten, ein vernünftiger Ansatz. Dabei sollte im Auge behalten werden, daß die neueste Literatur aus der kognitiven Psychologie vor der Annahme der Existenz transsituational konsistenter Überzeugungsstrukturen warnt. Es dürfte deshalb wahrscheinlich sein, daß zukünftige Versuche zur Typologieentwicklung mit Hilfe der OCT die situationale Kontingenz von Überzeugungen unterstreichen. Es bleibt

auch abzuwarten, ob die OCT auf allen Ebenen politischer Führungsforschung anwendbar sein wird. Die Methode kann möglicherweise viel von ihrem analytischen Nutzen verlieren, wenn sie auf politische Führer niedrigerer Ebene, wie z. B. Bürgermeister, Stammeshäuptlinge oder Kleingruppenführer, angewandt wird, da viele der Inhalte des Operational-Code-Fragebogens sich auf Außenpolitik oder Themen nationaler Sicherheit beziehen und es schwierig sein dürfte, das Instrument anderen Ebenen politischer Führung anzupassen.

Motivations- und Persönlichkeitsforschung. – Während der späten 70er Jahre haben auch Fortschritte in der Erforschung menschlicher Motivation unserem Verständnis von PF beigetragen: So wurden speziell Lasswells frühe Schriften über Macht als einem kompensatorischen Wert und Maslows Forschung über das Verhältnis zwischen Bedürfnissen und Verhalten auf PF übertragen. Diese Arbeiten haben es der Forschung ermöglicht, eine bessere kausale Verknüpfung zwischen den Motiven eines Führers, seinen Denkstilen und seinem aktuellen Verhalten herzustellen. David McClelland, Richard Donley und David Winter sind drei der Sozialwissenschaftler, die Laswells Konzentration auf ein Machtbedürfnis hinterfragt haben. Sie wollten so andere Motive, die im alltäglichen Führerverhalten vorkommen, aufklären (z. B. das Erfolgs- oder das Gesellungsmotiv). Diese motivationalen Konzepte wurden auch redefiniert durch Befunde zur situationalen Kontingenz (Bem 1974; George 1980). In Übereinstimmung mit Alexander George ist ,,die kritische Frage, ob die Egokontrollen des Subjekts stark und verläßlich genug sind, um seine Reaktion auf Situationen zu regulieren. Der Ausdruck und die Befriedigung tiefer persönlicher Bedürfnisse wird demnach nur dann erlaubt, wenn die Reaktion auf die Situation angepaßt und angemessen ist, von der Logik der Situation her benötigt und vom Subjekt in Übereinstimmung mit seinen Operational-Code-Überzeugungen und seinen Nutzenkalkulationen interpretiert wird" (persönliche Mitteilung des Autors).

Entscheidungsverhalten politischer Führer. – Die Forschung über die persönlichen Prädispositionen politischer Führer ist ein wichtiges Teilgebiet des umfassenderen Feldes der Entscheidungsforschung bei Führerpersönlichkeiten. Die Erforschung von Entscheidungen geht über die kognitiven und motivationalen Eigenschaften des Entscheidungsträgers insofern hinaus, als auch die Analyse der Art und Weise interpersonaler Kommunikation des Führers, seine Art der Informationsverarbeitung und sein Management kleiner Gruppen und Organisationen eingehen. Die Rolle des Führers in Entscheidungsprozessen wurde von Irving Janis, Victor Vroom, Philip Yetton und kürzlich von Henning Behrens und

Alexander George (1980) analysiert. Wegen ihrer Implikationen für die Führungsforschung verdient in diesem Zusammenhang Janis' Hypothese vom sogenannten ,,Groupthink" besondere Beachtung. Janis beschrieb damit ein Muster konsenssuchender Verhaltensweisen kleiner Gruppen in Situationen, die gekennzeichnet sind durch Entscheidungsdruck. Die Kennzeichen von ,,Groupthink" sind ein hohes Ausmaß von Übereinstimmung der Gruppenmitglieder in bezug auf eine bestimmte Strategie, die ,,Zähmung" von nicht übereinstimmenden oder potentiell zum Dissens neigenden Gruppenmitgliedern und wechselseitige Verstärkung des Widerstandes gegen dissonante Informationen von außen. Janis betrachtet die Aktivität des politischen Führers daraufhin, wieweit sie für den ,,Groupthink"-Prozeß beitragen. Es läßt sich vermuten, daß Janis bei seinen Bemühungen, die interaktive Natur des ,,Groupthink"-Entscheidungsverhaltens herauszustellen, nur ungenügende Aufmerksamkeit dem Einfluß des Führers bei der Festlegung des Entscheidungsergebnisses widmet. Neuere politische Memoiren, wie z. B. Henry Kissingers ,,White House Years", machen auf die Fähigkeit eines Führers aufmerksam, listig die Interaktionen kleiner Gruppen so zu steuern, daß Berater einem Führer Verfahrensweisen und -wege empfehlen, die er vorher bereits im Auge hatte. Dies ist auch eine der Hauptlektionen aus der Handhabung der Kuba-Krise durch J. F. Kennedy.

Richtungen zukünftiger Forschung. – Das schnelle Fortschreiten systematischer, theoretisch-bedeutsamer Studien über PF hat einige Autoren ermuntert, die Schaffung eines eigenen Forschungsbereiches PF zu fordern (Burns 1979; Paige 1977). Trotzdem werden an Forschung über PF Interessierte finden, daß die definitorischen Grenzen dieses Bereiches noch unklar sind. Es besteht auch ein besonderes Bedürfnis nach einer definitorischen Präzisierung des Konzepts PF im engeren Sinne.
Derzeit ist die Forschung dabei, ein solches Konzept besonders in einer von zwei allgemeinen Möglichkeiten zu erörtern. Diese Interpretation PF betont die interaktive Verbindung zwischen Führer und Geführten nach Maßgabe von sozialpsychologischen und Kleingruppentheorien. Burns überdenkt diesen eher engen definitorischen Ansatz in der Einführung zu seiner bemerkenswerten Studie über ,,Leadership" (Burns 1979): ,,Ich werde mich mit Führung im Unterschied zum reinen Machtinnehaben und im Gegensatz zur brutalen Gewalt auseinandersetzen" (Burns 1979, S. 4). Nach Burns ist der Führer ein besonderer, genau kennzeichenbarer, potentiell aber der effektivste Machtinhaber, insofern als er reale Veränderungen hin zur Realisation von Zielen vollbringt, die sowohl von den Führern als auch den Geführten angestrebt werden (Burns 1979, pp. 18, 19).

Die alternative Definition „PF" basiert in erster Linie auf den Traditionen der Politischen Wissenschaft und der Soziologie. Dies spiegelt sich in Margaret Hermanns Behauptung wider, nach der als politischer Führer ein Individuum verstanden wird, das die Verfügungsgewalt über die Ressourcen hat und die Ziele einer politischen Gruppe bestimmen kann, aber auch in der Lage ist, die Politik dieser Gruppe zu beeinflussen" (Hermann 1977, S. 2).
Von den beiden Definitions-Ansätzen ist die engere Definition, die von Burns favorisiert wird, die anspruchsvollere und intellektuell herausfordernde, da sie einen Satz von Kriterien voraussetzt, mit Hilfe derer sich Führung von anderen Formen des Herrschens unterscheiden läßt. Unseligerweise sind diese Kriterien, so wie sie von Burns derzeit entwickelt werden, sehr subjektiv. Zudem scheint er sich auf eine Ethik des Erfolgs bei der Unterscheidung zwischen Herrschaft und Führung zu verlassen. Bis die PF-Forschung weiter entwickelt ist, dürfte der eher allgemein gehaltene und flexible definitorische Ansatz von Hermann dem anspruchsvolleren Ansatz von Burns vorzuziehen sein.
Die Analyse der Ähnlichkeiten und Unterschiede zwischen politischen Führern verschiedener Ebenen (Stamm, Kanton, Bezirk, Staat, Nation usw.) repräsentiert eine zweite Herausforderung für die Führungsforschung. Die meisten einschlägigen Studien konzentrieren sich auf nationale Führer. Dies ist nicht überraschend, da nationale Exekutive die am meisten sichtbaren und auch umstrittensten politischen Führer sind. Nationale Führer kommen auch am nähesten an David Eastons Definition eines politischen Führers als der Person, die verantwortlich ist für die autoritative Festlegung von Werten. Diese Begriffsbestimmung ist wiederum die Basis für Margaret Hermanns Definition von PF.
Bemühungen für eine systematische Verschränkung der Erforschung nationaler mit der Erforschung politischer Führer auf anderen Ebenen können profitieren vom Rückgriff auf systemtheoretische Literatur und speziell auf die wichtige Studie „Living Systems" (1978), die kürzlich James Grier Miller vorgelegt hat. Millers Vergleich der Exekutivfunktion auf allen Ebenen lebender Systeme, von der Zelle bis hin zu supranationalen Organisationen, hat direkte theoretische Bedeutung für die Führungsforschung allgemein und die politische Führung speziell.
Die Systemtheorie kann auch dem Verständnis der Art und Weise, wie politische Führer konfligierende Forderungen ihrer internen und äußeren Umwelten in Gleichklang bringen, beitragen. James Rosenau (1970) bezieht sich bei seiner Analyse der Rolle des Führers für die Lenkung von Gesellschaften ausdrücklich auf Konzepte, die er der Systemtheorie entlehnt hat. Ein nützlicher nächster Schritt würde es sein, Rosenaus vier Typen der Lenkungsorientierung (unnachgiebig, fügsam, fördernd,

schützend) mit der beginnenden Forschung zu Persönlichkeitstypen zu verbinden (Hermann 1980, Barber 1972, Driver 1977, Paige 1977), um unser Verständnis von der interaktiven Beziehung zwischen dem Führer und dem „Zeitgeist" zu vergrößern. Befunde aus dieser Forschung werden ihrerseits die Betrachtung der Rolleninteraktion des Führers, seiner Persönlichkeit und seiner Autorität befruchten.

Douglas T. Stuart

Literatur:

Axelrod, Robert (Ed.): The Structure of Decision: The Cognitive Maps of Political Elites. Princeton, N.J. 1976.
Barber, James D.: The Lawmakers. New Haven, Conn. 1965.
Ders.: The Presidential Character: Predicting Performance in the White House. Englewood Cliffs 1972.
Behrens, Henning: Politische Entscheidungsprozesse. Opladen 1980.
Blondel, Jean: World Leaders: Heads of Government in the Postwar Period. London 1980.
Burns, James M.G.: Leadership. New York 1978.
George, Alexander L.: Presidential Decision Making in Foreign Policy: The Effective Use of Information and Advice. Boulder, Col. 1980.
Hermann, Margaret: A Psychological Examination of Political Leaders. New York 1977.
Hoffmann, Stanley: Decline or Renewal? France since the 1930s. New York 1974.
Janis, Irving: Victims of Groupthink. Boston 1972.
Miller, James G.: Living Systems. New York 1978.
Putnam, Robert: The Beliefs of Politicians. New Haven, Conn. 1973.
Wolfenstein, Victor E.: The Revolutionary Personality: Lenin, Trotsky, Gandhi. Princeton, N.J. 1967.

Gesellschaftsbild

→*Konservatismus, Loyalität, Partizipation, Politisches Bewußtsein, Politisches Lernen, Protest, Sozialisationsforschung, Vertragsprinzipien.*

Mit dem metaphorischen Terminus Gesellschaftsbild (G) werden gewöhnlich *Vorstellungen über die gesellschaftliche Wirklichkeit* bezeichnet, welche eine gewisse Kohärenz und Konsistenz aufweisen und über den Bereich der unmittelbaren Erfahrung hinausreichen. Während Ossowskis (1962) Werk zur „Klassenstruktur im sozialen Bewußtsein" sozialphilosophische und sozialwissenschaftliche Theorien ebenso wie das

Gesellschaftsbild

Bewußtsein von „Laien" zum Gegenstand hat, bleibt der G-Begriff in aller Regel reserviert für Vorstellungen der letzteren Provenienz, d. h. für „Alltagswissen". Vielfach wird der Begriff dem *Image-Konzept* subsumiert, welches als wesentliches Bedeutungselement ein Interaktionsverhältnis zwischen Subjekt und Objekt der Vorstellung einschließt: Images entstehen in der „Auseinandersetzung des Subjektes mit seiner Umwelt" (Kleining 1965).
Der G-Begriff stellt indes kein individualpsychologisches Konstrukt dar, G werden vielmehr konzipiert als „gesellschaftlich objektiviertes Wissen" (Berger & Luckmann 1969), als Elemente der Kultur, d. h. als bis zu einem gewissen Grade *institutionalisiert* und auf dem Wege der → Sozialisation übertragen. Das bedeutet freilich nicht, daß Gesellschaften im Hinblick auf die Vorstellungen ihrer Mitglieder zur sozialen Realität homogen wären, daß solche Vorstellungen ein allgemein geteiltes kollektives Bewußtsein verkörperten. Jedoch variieren G, unter soziologischem Gesichtswinkel betrachtet, nicht rein zufällig-idiosynkratisch, sondern in *Abhängigkeit von der gesellschaftlichen Position und sozialen Erfahrung* des vorstellenden Subjekts: G sind – jedenfalls in der modernen hocharbeitsteiligen Gesellschaft – Bestandteile unterschiedlicher sozialer Milieus (Lepsius 1962). Oder in einer räumlichen Metapher ausgedrückt: Die Gesellschaft stellt sich dem Betrachter je nach dessen sozialem Standort in je anderer Perspektive dar. Im Nachweis der Tatsache, daß G sozial-struktureller und (sub-)kultureller Differenzierung unterliegen, ist ein Hauptergebnis der empirischen Forschung auf diesem Gebiet zu sehen.
Auf die individuelle Verarbeitung und Widerspiegelung dieser Differenzierung sind die zum G-Konzept komplementären Begriffe der sozialen Verortung und des sozialen Selbstbildes bezogen. Popitz et al. (1967, S. 7) verstehen unter *sozialer Verortung* die Valenzhierarchie einer Person: „Der Mensch schafft sich seinen ‚Ort', indem er die ihm zugänglichen Gegebenheiten einer natürlichen oder gestalteten Objektwelt in eine Rangordnung des für ihn Relevanten bringt." „Die Begriffe ‚Verortung' und ‚Gesellschaftsbild' setzen sich... wechselseitig voraus": denn im G einer Person „manifestiert" sich ihre soziale Verortung, und „die eigene Verortung (wird) mit Hilfe eines Gesellschaftsbildes vollzogen – oder auch in Form eines Gesellschaftsbildes übernommen" (ibid., S. 9).
Als *soziales Selbstbild* werden Vorstellungen von der eigenen Position in der Gesellschaft bezeichnet. Zum Verhältnis von G und Selbstbild (als der Oberkategorie von „sozialem Selbstbild") formuliert Dreitzel (1962, S. 193): „...das Selbstbild (ist) vorzüglich verbunden mit dem Gesellschaftsbild, dessen Ausfluß und Gegenwurf es zugleich ist." Anknüpfend an G. H. Meads Unterscheidung zwischen „me" und „I" stellt Dreitzel

Gesellschaftsbild 114

das Selbstbild als diejenige Kategorie heraus, in der die Vergesellschaftung des Individuums durch angesonnene soziale Identität mit seiner Individualität, welche „Distanzierung von der eigenen gesellschaftlichen Bedingtheit" (ibid., S. 192) ermöglicht, vermittelt ist.

Heterogenität der G-Forschung. – Der Begriff des G, so wie er in den Sozialwissenschaften gebraucht wird, ist in hohem Maße vage und mehrdeutig. Dementsprechend kann von einem „Paradigma" der G-Forschung, im Sinne einer konsolidierten und einigermaßen konturierten, d. h. abgrenzbaren Forschungstradition nicht die Rede sein. Mit dem G-Begriff sind vielmehr sehr verschiedenartige Denkansätze und Studien zu assoziieren; dazu gehören auch zahlreiche Arbeiten, in denen die Bezeichnung G nicht benutzt wird.

Als Ansatzpunkt für die Strukturierung dieses heterogenen Feldes bietet sich zunächst eine Differenzierung nach *Allgemeinheit versus Spezifität* des zugrunde liegenden G-Begriffs (bzw. verwandter Konzepte) an. In umfassender Weise ist G etwa bestimmt worden als „die Summe des Umgebungswissens des einzelnen, das Bild, das das Individuum von der Gesellschaft hat, in der es lebt. ... Die Frage nach dem Gesellschaftsbild impliziert ... notwendig die nach dem ‚Geschichtsbild' und dem Begriff vom Menschen" (Hortleder 1974, S. 14). Im engeren Sinn werden dagegen unter G Vorstellungen zur Struktur der Gesellschaft und sozialen Ungleichheit, oder noch präziser, Vorstellungen zur vertikalen Ungleichheit und sozialen Schichtung (engl. „images of class", „class schemes") verstanden.

G-Untersuchungen sind typischerweise nicht an Bevölkerungsquerschnitten, sondern an spezifischen gesellschaftlichen Gruppen vorgenommen worden. Für Studien, die von einem umfassenden G-Begriff ausgingen, erleichterte dieser Umstand vielfach die Eingrenzung des Untersuchungsfeldes, indem die Themenauswahl sich an Vorwissen und Annahmen über die soziale Verortung (im Sinne einer aggregierten Relevanzhierarchie) der jeweiligen Gruppe orientieren konnte. So schloß – als Illustration – der Themenkatalog von Schefers (1969) Befragung von Gymnasiallehrern u. a. das „Bild vom Schüler", politischen Unterricht, geistige Elite, Schulreform und Bürokratie ein.

Als ein zweiter Einteilungsgesichtspunkt bietet sich die *Fraktionierung der G-Forschung* in verschiedene „Schulen" an. Wenn auch der G-Begriff als solcher im Schnittpunkt von Psychologie und Soziologie steht, so ist doch der weit überwiegende Teil der theoretischen und empirischen Arbeiten auf diesem Gebiet soziologischer Provenienz. Wie in anderen soziologischen Domänen stehen einander auch in der G-Forschung Vertreter des marxistisch-kritischen, des phänomenologisch-interaktionistischen und des im weiteren Sinne positivistischen Lagers mit konkurrierenden Ansprüchen auf „den" adäquaten Denk- und Untersuchungsansatz gegenüber. Diese Fraktionen geben sich bereits in der Benennung des Forschungsgegenstandes zu erkennen. Von marxistischer Seite werden gegen den G-Begriff vielfach ideologiekritische Vorbehalte geltend gemacht: so möchte Herkommer (1969, S. 221) den Verdacht überprüft wissen, „ob mit dieser soziologischen Kategorie nicht... die marxistische Kategorie des Klassenbewußtseins neutralisiert und verdrängt werden sollte". Hinter den terminologischen Divergenzen stehen als wesentliches Moment der Fraktionierung Unterschiede in der Art und Weise, wie subjektives Bewußtsein und objektive Bedingungen der sozialen Lage aufeinander bezogen werden, und, als Konsequenz, in der relativen Gewichtung subjektivistischer und objektivistischer Zugangsweisen. Der marxistisch-kritische Ansatz hebt auf die Bedingtheit gesellschaftlichen Bewußtseins durch objektive Gegebenheiten ab und rückt die dafür konstitutiven sozio-ökonomischen Prozesse ins Blickfeld (Deppe 1971; Tjaden-Steinhauer 1975). Dagegen hat für den phänomenologisch-interaktionistischen Ansatz, der von der Maxime ausgeht, Phänomene so zu untersuchen, wie sie im alltäglichen Leben erfahren und definiert werden, gerade die subjektivistische Erfassung von Vorstellungen zur Gesellschaft und sozialen Ungleichheit Priorität gegenüber objektivistisch verfahrender Gesellschaftsanalyse, die auf eine vorgängige definitorische Festlegung ihres Untersuchungsgegenstandes angewiesen ist und so Gefahr läuft, die Relevanzstrukturen der handelnden Menschen zu verfehlen (Hiller 1973, 1975). – Um gleichgewichtige Berücksichtigung objektiver und subjektiver Konstituierungsprozesse der sozialen Wirklichkeit ist ein Ansatz bemüht, den Hack (1977; Hack et al. 1979) jüngst vorgelegt hat.

Ansatz und Befunde „klassischer" Studien. – Ungeachtet mancher Versuche, durch Hochstilisieren von Differenzen in der Untersuchungsmethodik zur Abgrenzung der verschiedenen Lager in der G-Forschung beizutragen, kann man doch die methodische Ausrichtung des Großteils der empirischen Studien auf diesem Gebiet als *qualitativ-interpretativ* bezeichnen. Psychometrische Verfahren sind in diesem Bereich kaum zum Einsatz gekommen. Die meisten Untersuchungen bedienten sich zur Datenerhebung halbstandardisierter Interviews (d. h. Befragung mit weitgehend festem Frageschema, jedoch ohne Vorgabe von Antwortalternativen). Ziel der Auswertung und Mittel der Interpretation war, zumal bei den frühen Studien, vielfach eine Typologie von G. Als prototypisch für diese Vorgehensweise können die Untersuchung von Popitz et al. (1967) bei Hüttenarbeitern und die Studentenstudie von Habermas et al. (1967) gelten.

Gesellschaftsbild

In der Befragung der *Hüttenarbeiter* wurden Arbeitserfahrungen, Rationalisierung und technischer Fortschritt, wirtschaftspolitische Fragen, die soziale Lage der Angestellten und die Mitbestimmung angesprochen. Anhand der Aussagen zu diesen Themen identifizierten Popitz et al. (1967, S. 186 ff.) sechs Typen von G. Am häufigsten vertreten waren Vorstellungen von der Gesellschaft als (statischem oder progressivem) Ordnungsgefüge oder als „unabwendbarer Dichotomie" (teils resignativ hingenommen, teils Gegenstand individuellen Konflikts). Nur eine kleine Minderheit der befragten Arbeiter konzipierte die Gesellschaft als eine (durch Reform oder Revolution aufzuhebende) Klassengesellschaft im engeren Sinn. Entscheidender Befund dieser Studie aber ist die allen Typen gemeinsame Sichtweise der Gesellschaft als *dichotomisch geschieden* in ein Oben und ein Unten (ibid., S. 237 ff.). Die Arbeiter lokalisieren ihre eigene Position unten. Ihre soziale Verortung besteht in einem spezifischen „*Arbeiterbewußtsein*" mit den Komponenten „Leistungsbewußtsein" und „Kollektivbewußtsein": in der Betonung des körperlichen, produktiven und primären Charakters der Arbeit identifiziert sich der einzelne mit der Arbeiterschaft als Wir-Gruppe und grenzt diese gegen die „anderen", die in der Gesellschaft oben stehenden, ab.

Eine ganz anders ausgerichtete Typologie von G haben Habermas et al. (1967) aus Daten ihrer *Studentenbefragung* entwickelt; diese Typenbildung basiert auf Aussagen zu sozialen Unterschieden, zur Stellung der Akademiker in der Gesellschaft und zur gesellschaftlichen Machtverteilung (ibid., S. 300–303). Die Autoren von „Student und Politik" unterscheiden nach der ideologischen Geschlossenheit und nach der Reichweite zwischen „autochthonen" G, „modifizierten" G und „realistischem Bewußtsein". Prototypen *autochthoner* G sind die politischen Ideologien des Liberalismus, →*Konservatismus* und Sozialismus. Solche G „beanspruchen, die Totalität der Gesellschaft zu erfassen"; ihre „Motive knüpfen objektiv eindeutig an die Interessenlage bestimmter sozialer Gruppen an" (ibid., S. 152), sie implizieren Normen und Handlungsanweisungen. Bei den im Jahr 1957 befragten Studenten waren drei Typen autochthoner G auszumachen; ein „Unterschichtenmodell" (entsprechend der von Popitz et al. gefundenen Dichotomievorstellung), ein „Oberschichtenmodell" und ein „Modell des absteigenden akademischen Mittelstandes", welches im Protest gegen das Aufkommen der „Neureichen" eine defensive Ausrichtung erkennen läßt. Dazu kommen vier Typen „*modifizierter*" G (ibid., S. 171 ff.), die als „Zerfallsprodukte" der politischen Ideologien einen geringeren Grad an Geschlossenheit aufweisen. Das „Modell der inneren Werte" und das der „nivellierten Mittelstandsgesellschaft" nehmen jeweils eines der beiden zentralen Themen des G vom absteigenden akademischen Mittelstand auf: den Gegensatz von Geist und Geld bzw. die Tendenz zur Nivellierung. Das ,,Modell der geistigen Elite" und das der ,,sozialen Gleichheit" verkörpern einander entgegengesetzte Orientierungen: auf der einen Seite die Vorstellung einer zu Recht privilegierten akademischen Leistungselite, auf der anderen Seite Zurückweisung der sozialen Unterschiede als ungerecht. Als ,,*realistisches Bewußtsein*" bezeichnen Habermas et al. (ibid., S. 157 ff.) das Resultat einer noch weitergehenden Entideologisierung. Kennzeichen dieses Bewußtseins ist ,,Neutralität"; die Vorstellungen über Gesellschaft sind eingeschränkt auf weithin zusammenhangslose Detailkenntnisse, ,,perspektivische Verlängerung" unterbleibt.

Merkmale von G. – Aus der Literatur läßt sich eine Reihe von Merkmalen zusammentragen, anhand derer G beschrieben, verglichen und klassifiziert werden kann (ohne daß Vollständigkeit oder begriffliche Unabhängigkeit der einzelnen Aspekte beansprucht würde):
– Reichweite; dieser Parameter bezieht sich auf den Umfang der von einem G abgedeckten sozialen Tatbestände und den Grad, in dem ein G über den Bereich der Primärerfahrung hinausgreift
– Kohärenz und Widerspruchsfreiheit
– Realitätsgehalt, d. h. Grad der Übereinstimmung eines G mit primärer und/oder veranstalteter Erfahrung
– Affekt- und/oder Wertbesetzung versus Neutralität (auch als Ich-Nähe versus Ich-Ferne bezeichnet)
– Grad der Interessenbindung; dieser Gesichtspunkt stellt den Bezug zum Ideologiebegriff her
– Grad der Handlungsrelevanz
– gesellschaftliche Institutionalisierung versus subjektive Beliebigkeit
– Verbreitung innerhalb einer Population oder Bevölkerungsgruppe
– Grad der Stabilität und Dauerhaftigkeit.
Beziehen sich diese Aspekte auf ,,äußere" Modalitäten von G, so lassen sich auf die *Vorstellungsinhalte* u. a. die folgenden Kategorien anwenden:
– statische versus dynamische Sichtweise der Gesellschaft
– Konsensus, Harmonie und soziale Integration versus Zwang, Antagonismus und sozialer Konflikt.
Zumindest die Gesichtspunkte der Reichweite und der Kohärenz werden vielfach nicht allein als variable Merkmale, sondern – im Sinne von Mindestanforderungen – gleichzeitig auch als Definitionskriterien von G aufgefaßt. Vor diesem Hintergrund sind die in vielen empirischen Arbeiten ausgewiesenen Anteile von Personen *ohne* G (im Sinne der Definition der Untersuchenden) zu verstehen.

Bedingungen von G. – Unterschiede des G werden in erster Linie auf die sozialstrukturelle Differenzierung und damit gegebene Disparitäten der sozialen Erfahrung zurückgeführt, als zentraler Erfahrungsraum gilt dabei der Bereich von Beruf und Arbeit. Solchen Abhängigkeiten kann auf verschiedenen Aggregatebenen nachgegangen werden. Im Mittelpunkt der G-Forschung stand lange Zeit der Vergleich zwischen global bestimmten sozialen Klassen oder Schichten. Die Ergebnisse einer Reihe von frühen Studien konvergieren in einer *Kontrastierung von Arbeiter- und Mittelschichtperspektive* (Bott 1954; Dahrendorf 1961; Goldthorpe et al. 1969). Übereinstimmend mit den Befunden von Popitz et al. (1967) ergaben auch Untersuchungen in anderen Ländern, daß Arbeiter typischerweise die Gesellschaft als Dichotomie von Oben und Unten konzipieren, Chancen individuellen Aufstiegs negieren, kollektivistisch orientiert, gegenwartsbezogen und eher auf Sicherung des eigenen Status bedacht sind (Hoggart 1957). Dagegen traten bei Angehörigen der Mittelschicht typischerweise die Vorstellung einer hierarchisch gegliederten und für Aufstieg offenen Gesellschaft, Zukunftsorientierung und individualistisches Aufstiegsstreben zutage. In dieser Gegenüberstellung erscheinen unterschiedliche G als die Angelpunkte umfassender ,,Daseinsperspektiven", welche auch Verhaltensdispositionen einschließen. – Beziehungen zwischen sozialem Kontext und G sind jedoch auch unterhalb der Ebene global bestimmter Sozialschichten thematisiert worden. So konzipiert Lockwood (1966) drei *verschiedene Arbeitermilieus*, denen kontrastierende G zuzuschreiben sind: das Milieu des traditionellen ,,proletarischen" Arbeiters, dasjenige des traditionell-konservativen Handwerkers und dasjenige des gut verdienenden, instrumentell orientierten ,,neuen" Arbeiters.

Verglichen mit den frühen Studien haben neuere Untersuchungen wesentlich schwächere Zusammenhänge zwischen sozialer Lage und G gefunden; insbesondere konnten die in der Literatur idealtypisch herausgearbeiteten Perspektiven von Arbeitern und Mittelschicht nicht in annähernd gleicher Prägnanz repliziert werden (Braun & Fuhrmann 1970; Bulmer 1975). Betitelte Dahrendorf (1961) seinen Essay über die Befunde früher Studien mit ,,Dichotomie und Hierarchie", so zieht Mayer (1975, S. 90 ff.) das Fazit einer 1969 durchgeführten G-Untersuchung unter der Überschrift ,,Uneinheitliche Vielfalt und Statuskosmetik"; damit ist gemeint, daß sehr heterogene Vorstellungen über Gesellschaftsstruktur nur in geringem Maße mit Unterschieden der sozialen Lage kovariieren, und daß die vorhandene Kovariation zum Teil auf eine Tendenz zurückzuführen ist, für die Beschreibung der Gesellschaft Kategorien zu wählen, welche die eigene Position in einem günstigen Licht erscheinen lassen. – Zwar kann nicht mit Sicherheit ausgeschlossen werden, daß der

Trend zur Auflösung schichttypischer G, zumindest teilweise, Artefakt einer veränderten Untersuchungsmethodik ist. Anzeichen dafür, daß sich die Zusammenhänge zwischen sozialer Lage und Bewußtsein sowie Verhalten lockern, liegen jedoch nicht nur aus G-Studien, sondern auch aus anderen Bereichen der soziologischen Forschung vor; für diese Entwicklung wurde der Ausdruck *„sociological release"* geprägt.
Dem vorherrschenden sozial-strukturellen Erklärungsansatz ist entgegengehalten worden, daß er den *Einfluß kultureller Faktoren* – politischer Normen und Ideologien sowie des übergreifenden Wertsystems – auf G vernachlässige. Als Beleg für die Wirksamkeit dieses Bedingungskomplexes führt Scase (1974) die Ergebnisse eines Vergleichs von Stichproben englischer und schwedischer Arbeiter an, deren Auswahl auf ein matching von Arbeitsbedingungen und sozialer Lage abgestellt war und die sich auch im Hinblick auf Mobilitätserfahrungen kaum unterschieden: dennoch traten in den G beträchtliche interkulturelle Differenzen hervor, die mit einiger Plausibilität auf Spezifika des „politischen Klimas" in beiden Ländern zurückgeführt werden können.

Funktionen von G. – Bezogen auf das Individuum sind zumindest drei Funktionen von G zu unterscheiden, nämlich: Primärerfahrung zu ergänzen und zu „verlängern", Informationen und Wahrnehmungen zu kanalisieren und, im Zusammenhang damit, Handeln zu ermöglichen und zu steuern.
In der „Diskrepanz zwischen dem unübersehbaren Komplex von Wirkungszusammenhängen, durch die der einzelne determiniert wird, und dem engen Bereich, der ihm durch Anschauungen und Erfahrungen zugänglich werden kann" sehen Popitz et al. (1967, S. 1/2) eine Konstante des „menschlichen Weltverhältnisses". Für den modernen Menschen wird das Dilemma, „Vorstellungen von Sachverhalten entwickeln zu müssen, die sich selbst einer mittelbaren Prüfung weitgehend entziehen" (ibid., S. 1) insbesondere im Hinblick auf die *soziale* Realität virulent, sind doch parallel zur fortschreitenden Decodierung und Verfügbarmachung natürlicher Vorgänge die gesellschaftlichen Strukturen und Prozesse zunehmend komplexer und intransparenter geworden. Als Ordnungsschemata und Deutungsmuster dienen G der *Orientierung* gegenüber dieser komplexen Wirklichkeit.
G „kanalisieren" darüber hinaus die soziale Wahrnehmung und Informationsverarbeitung (Dreitzel 1962, S. 195 f.; Boulding 1961). Durch die Tendenz, Informationen, die mit den vorhandenen Vorstellungen nicht vereinbar sind, „auszufiltern", wirken G als *Faktoren selektiver Wahrnehmung*. Selbstverständlich ist diese Wirkung nicht absolut zu setzen: wenn der Fluß image-konträrer Information, wenn die Diskrepanz zwi-

schen Erfahrung und Vorstellungen ein gewisses Maß überschreitet, kommt es zur Revision des G oder zu seiner Auflösung in ,,realistisches Bewußtsein".

Legt man einen *handlungstheoretischen Bezugsrahmen* zugrunde, so ist davon auszugehen, daß G als Vorstellungskomplexe und Orientierungsmuster jedenfalls für bewußtes Agieren (als unterschieden von gewohnheitsmäßigem Verhalten) nicht folgenlos sind. Um allerdings diese protheoretische Annahme zu konkretisieren und empirisch handhabbar zu machen, wäre vorab der G-Begriff zu präzisieren, und es wären Differenzierungen etwa nach dem Typ des G und nach der Struktur des jeweiligen Handlungsfeldes einzuführen. Auf konzeptueller Ebene liegen Ansätze solcher Differenzierung durchaus vor. Eine für die PPs bedeutsame Zuspitzung erfährt die handlungstheoretische Grundannahme in der Konzeption von Habermas, der ,,fungierende" G als Prädiktoren politischen Handelns unter veränderten Bedingungen betrachtet: ,,... erst wenn die... jeweils typische Gestalt des politischen Verhaltens durch ein entsprechendes Gesellschaftsbild abgesichert, gewissermaßen ,ideologisch' stabilisiert ist, erwarten wir, daß sie auch in Situationen der Krise durchhalten wird, in Situationen also, in denen mit der Veränderung des ,Systems' für ein bloß ,systemgerechtes' Verhalten zugleich der Bezugsrahmen zerbrechen müßte" (Habermas et al. 1967, S. 229). Die Autoren von ,,Student und Politik" betonen jedoch selbst den hypothetischen Status dieser Beziehung. Auch auf dem gegenwärtigen Stand der Forschung bleibt die Handlungsrelevanz von G eher Gegenstand von Annahmen als von empirisch fundierten Aussagen.

Vorstellungen über soziale Ungleichheit. – Im Unterschied zu dem projektiven Verfahren von Popitz et al. (1967), die Vorstellungen über die Gesellschaftsstruktur und soziale Ungleichheit aus Stellungnahmen zu anderen Themen erschlossen haben, wurden in einer Reihe von Interviewstudien, die auf G im engeren Sinne von ,,images of class" bezogen waren, solche Vorstellungen im direkten Zugriff zu erfassen gesucht (u. a. Mayntz 1958; Moore & Kleining 1959, 1960; Daheim 1960; Jaeggi & Wiedemann 1966; Himmelweit et al. 1952; Oeser & Hammond 1954; Martin 1954; Willener 1957; Nowak 1964; Davies 1967; Wesolowski & Slomczynski 1968). Im Mittelpunkt des Untersuchungsinteresses standen dabei in der Regel Vorstellungen über Klassen bzw. Schichten (meist typologisch ausgewertet im Hinblick auf die Anzahl der genannten Gruppierungen und das Medium der wahrgenommenen sozialen Unterschiede) sowie die Selbsteinordnung in die Klassen-/Schichtstruktur. Dieser gemeinsame ,,Kern" des Frageschemas wurde jeweils ergänzt durch einen von Studie zu Studie unterschiedlich zusammengesetzten

Kranz von Fragen zu weiteren Aspekten der sozialen Ungleichheit (wie Beziehungen zwischen den Klassen/Schichten, Aufstiegschancen usw.). Eine *systematische Taxonomie* solcher Aspekte hat Mayer (1975, S. 19) vorgelegt. Als Ansatzpunkt für eine Systematisierung bietet sich die analytische Unterscheidung zwischen zwei Prozessen sozialer Ungleichheit an: einerseits der Allokation von Belohnungen und Ressourcen auf soziale Positionen und andererseits der Rekrutierung von Personen für diese Positionen; Resultat des ersten Prozesses ist (realiter) Verteilungsungleichheit, Kennzeichen und Resultat des zweiten Prozesses Chancenungleichheit. Ausgehend von dieser Zweiteilung können als Raster für die Erfassung, Beschreibung und Analyse von G folgende Aspekte vertikaler sozialer Ungleichheit unterschieden werden (ohne Anspruch auf Vollständigkeit):

Verteilungsungleichheit (VU): (a) Existenz von VU, (b) ,,Form" der VU (nach Medien/Dimensionen zu differenzieren; d. h.: Größe der sozialen Unterschiede; vertikales Kontinuum versus Klassen-/Schichteinteilung; Anzahl und Umfänge der Klassen/Schichten); Verhältnis unterschiedlicher Dimensionen der VU (Konvertierbarkeit, ,,Statuskristallisation"), (c) ,,Substanz" der VU: Medien/Dimensionen der VU; Zusammensetzung der Klassen/Schichten; Beziehungen zwischen Klassen/Schichten (interaktiv versus distributiv; konflikthaft versus harmonisch; Herrschaft/Ausbeutung versus funktionale Interdependenz); Indikatoren der Klassen-/Schichtzugehörigkeit, (d) Stabilität/Veränderungsresistenz, (e) Ursachen der VU, (f) Wirkungen/Folgen der VU.

Chancengleichheit (CU) bzw. *Mobilität* (M): (a) Existenz und Ausmaß von CU bzw. von M-Chancen, (b) ,,Modalitäten" der CU bzw. M: Definition und Dimensionen von M; Einheit der Bewegung (individuelle versus kollektive M); M-Richtung (Aufstieg versus Abstieg); M-Distanz, (c) individuelle und gesellschaftliche Ursachen von CU bzw. M (Selektionskriterien, M-Kanäle und M-Barrieren, Erfolgs- und Mißerfolgsfaktoren), (d) individuelle und gesellschaftliche Folgen von CU bzw. M, (e) Stabilität der CU.

Dieser Katalog von G-Komponenten wäre zu ergänzen durch soziales Selbstbild und M-Erfahrung.

Über diese Differenzierung hinaus stehen G-Studien drei wesentliche *Erweiterungsmöglichkeiten* offen:

– Es können Vorstellungen über Entwicklungstendenzen einbezogen werden (etwa Trend zu Nivellierung oder Polarisierung, Öffnung oder Abschließung).

– Man kann untersuchen, welche Vorstellungen über soziale Ungleichheit eine Person anderen Personen, Gruppen oder der öffentlichen Mei-

nung zuschreibt; weiterhin, welches G ihrer Vermutung nach ihr selbst von anderen zugeschrieben wird, usw. (Hiller 1973).
– Neben kognitiven Vorstellungen über soziale Ungleichheit können Normen und Werte sowie Bewertungen in die Untersuchung einbezogen werden.
Nachdem frühere Studien selbst mit ihren vorwiegend auf kognitive Vorstellungen ausgerichteten Erhebungsinstrumenten bereits deutlich gemacht hatten, daß G Wertungen einschließen, haben sich neuere Untersuchungen mit der expliziten Erfassung normativer und evaluativer Stellungnahmen verstärkt der Frage nach der *Legitimität von Strukturen und Prozessen sozialer Ungleichheit* zugewandt, einer Thematik, die von der empirischen Forschung lange Zeit vernachlässigt worden war. Zwar gehören Legitimitätsstudien zum Repertoire von Politologie und PPs, solche Studien erstreckten sich jedoch in der Regel allein auf Einstellungen gegenüber dem politischen System im engeren Sinn. Die Aufnahme von Fragen *sozialer* Legitimität durch die Forschung kann darauf zurückgeführt werden, daß sich in der modernen Gesellschaft Probleme der Rechtfertigung sozialer Ungleichheit zunehmend unabweisbar stellen (Habermas 1973): sprechen doch die verfügbaren Indikatoren dafür, daß einerseits egalitäre Normen und Werte an Gewicht gewinnen (Parsons 1970), andererseits aber bestehende Strukturen der Ungleichheit sich gegenüber auf Nivellierung und Chancengleichheit ausgerichteten Reformbestrebungen als hochgradig resistent erweisen.
Der Rechtfertigung und kulturellen Absicherung sozialer Ungleichheit dient in der modernen Gesellschaft in erster Linie die *Ideologie der offenen Leistungskonkurrenz* (Bolte 1979) mit den beiden zentralen Postulaten Leistungsprinzip (Statuszuweisung nach Leistung) und Chancengleichheitsprinzip (gleiche äußere Voraussetzungen aller zur Leistung). Geltung und Wirksamkeit dieser Ideologie sind auf drei Ebenen zu analysieren. Es ist erstens zu fragen, inwieweit ihre Prinzipien als in der gesellschaftlichen Realität *eingelöst* gelten, d.h. inwieweit die reale Statuszuweisung als im Einklang mit diesen Prinzipien erfolgend wahrgenommen und vorgestellt wird (Huber & Form 1973). – Zweitens ist auf der normativen Ebene zu untersuchen, ob Leistungs- und Chancengleichheitsprinzip in der Tat als (ausschließliche) *Kriterien der Legitimität* sozialer Ungleichheit anerkannt werden, vor allem auch, ob die Vorstellung, Status werde nach Leistung zugeteilt, tatsächlich ausreicht, Verteilungsungleichheit unabhängig von ihrem Umfang gerechtfertigt erscheinen zu lassen. Normative Stellungnahmen zur Ungleichheit sind in zweifacher Hinsicht zu hinterfragen: daraufhin, wie etwa die vagen und mehrdeutigen Postulate der Leistungsideologie interpretiert und konkretisiert werden, sowie im Hinblick auf die zugrunde liegenden *Wertstandards* (etwa: funktionale Effizienz, individuelle Freiheit, soziale Gerechtigkeit,

menschliche Solidarität, Gleichheit). – Schließlich ist, drittens, zu überprüfen, wie sich Kritik an sozialer Ungleichheit auf die Einstellung zur Gesellschaftsordnung insgesamt und die politische Kultur auswirkt, in welchem Maße Legitimitätsdefizite der Ungleichheit als *Protest- und Konfliktpotentiale* politisch wirksam werden.
Zu diesem ganzen Fragekomplex liegen, wie Mayer und Müller (1976) zutreffend diagnostizieren, eher nur *fragmentarische Erkenntnisse* vor. Immerhin legen neuere Untersuchungsresultate den Schluß nahe, daß die Legitimitätsgeltung der sozialen Ungleichheit etwa in der Bundesrepublik nicht ungebrochen ist (Eckart et al. 1975); der Befund, daß auch bei relativ günstiger Einschätzung der Mobilitätschancen verbreitet eine Nivellierung der Verteilungsunterschiede gefordert wird, indiziert eine eingeschränkte Geltung der Leistungsideologie auf normativer Ebene (Sandberger 1977). Auf der anderen Seite ist eine politische Destabilisierung als Folge von Legitimationsdefiziten sozialer Ungleichheit offenbar nicht auszumachen. Bezogen auf die britische Gesellschaft ist diese Tatsache teils mit einer weitgehenden Selbstbeschränkung disprivilegierter Schichten in der Wahl komparativer Bezugsgruppen (Runciman 1966), teils mit der Stabilität der politischen Kultur erklärt worden.
Indes erscheint die Annahme durchaus plausibel, daß sowohl eine zunehmend egalitäre Ausrichtung des allgemeinen Wertsystems als auch eine Verschärfung der Verteilungskämpfe dieser Entkoppelung von sozialer Legitimität und politischer Stabilität entgegenwirken dürften. Orientierungen zur sozialen Ungleichheit sind daher als ein für die PPs zumindest potentiell bedeutsamer Komplex von intervenierenden Variablen zu betrachten. Um dieses Feld für die PPs fruchtbar zu machen, bedarf es empirischer Studien, welche über die integrale Untersuchung solcher Orientierungen (in ihren kognitiven, normativen und evaluativen Komponenten) hinaus auf soziale Ungleichheit und Ungerechtigkeit bezogene *Handlungsdispositionen* erfassen, sowohl im Sinne der Bereitschaft zu konventioneller politischer →*Partizipation* als auch im Sinne von →*Protest*potential.
In Entsprechung zu ihrem interdisziplinären Stellenwert erscheint für derartige Studien eine ,,*methoden-pluralistische*" Vorgehensweise angemessen. Die Hauptnachteile des qualitativ-interpretativen Ansatzes, wie er in der G-Forschung vorwiegend angewandt wurde, liegen in einem Mangel an Transparenz und Nachvollziehbarkeit der Datenauswertung und Interpretation sowie in der Tatsache, daß solche Untersuchungen kaum repliziert werden können; darauf ist es zurückzuführen, daß keine gesicherten Erkenntnisse über den Wandel von G vorliegen. Diese Nachteile lassen sich auffangen, wenn der qualitativ-interpretative Ansatz durch standardisierte Erhebungs- und Auswertungsverfahren ergänzt – nicht ersetzt – wird. In einem derartigen Methodenverbund versprechen

insbesondere standardisierte Verfahren, die auf die Erfassung von *Bewußtseinsstrukturen* (McKennell 1973) ausgelegt sind, neue Erkenntnisse.

Weitere Konzepte und Ansätze. – An weiteren Forschungsrichtungen, die für die Thematik von Interesse sind, seien abschließend genannt: die von W. L. Warner begründete „reputationalistische" Schichtungsforschung und die in großer Zahl vorliegenden Berufsprestigeuntersuchungen, die mit dem Begriff „Klassenbewußtsein" bezeichnete Denk- und Forschungstradition (Lopreato & Hazelrigg 1972) sowie Th. Geigers (1932) Konzept der sozialen Mentalität und J. A. Laponces (1975) Theorie der räumlichen Archetypen.

Johann-Ulrich Sandberger

Literatur:

Bolte, Karl M.: Leistung und Leistungsprinzip. Opladen 1979.

Dreitzel, Hans P.: Selbstbild und Gesellschaftsbild. Europäisches Archiv für Soziologie 3, 1962, 181–228.

Habermas, Jürgen et al.: Student und Politik. 2. Aufl. Neuwied 1967.

Hack, Lothar et al.: Leistung und Herrschaft. Frankfurt/M. 1979.

Herkommer, Sebastian: Gesellschaftsbild und politisches Bewußtsein. Das Argument (Nr. 50) 1969, 208–222.

Hiller, Peter: The Nature and Social Location of Everyday Conceptions of Class. Sociology (9) 1975, 1–28.

Hortleder, Gerd: Das Gesellschaftsbild des Ingenieurs. 3. Aufl. Frankfurt/M. 1974.

Laponce, Jean A.: Spatial Archetypes and Political Perceptions. American Political Science Review 69, 1975, 11–20.

Mayer, Karl U.: Ungleichheit und Mobilität im sozialen Bewußtsein, Opladen 1975.

Mayer, Karl U., *Müller*, Walter: Soziale Ungleichheit, Prozesse der Statuszuweisung und Legitimitätsglaube. In: *Hörning*, Karl H. (Hrsg): Soziale Ungleichheit. Darmstadt/Neuwied 1976. S. 108–134.

Popitz, Heinrich, et al.: Das Gesellschaftsbild des Arbeiters. 3. Aufl. Tübingen 1967.

Sandberger, Johann-U.: „Gesellschaftsbilder" als subjektive Indikatoren im sozio-politischen Bereich. In: *Hoffmann-Nowotny*, Hans-J. (Hrsg.): Politisches Klima und Planung – Soziale Indikatoren V. Frankfurt/M. 1977, S. 11–41.

Scase, Richard: Conceptions of the Class Structure and Political Ideology: Some Observations on Attitudes in England and Sweden. In: *Parkin*, Frank (Ed): The Social Analysis of Class Structure. London 1974, S. 149–177.

Tjaden-Steinhauer, Margarete: Gesellschaftsbewußtsein der Arbeiter. Köln 1975.

Internationaler Konflikt

→ *Friedensforschung, Sicherheitsdenken, Vertragsprinzipien, Zwischenstaatliche Beziehungen.*

Bei weltpolitischen Analysen tut man oft so, als ob Staaten einheitlich handelnde Akteure wären. Das ist sicher eine Vereinfachung der Realität, die aber durch ihre theoretische Fruchtbarkeit gerechtfertigt werden kann (vgl. Waltz 1979). Nur dort, wo es unvermeidbar ist, werde ich auf diese Abstraktion verzichten.

Eine wichtige Ursache von internationalen Konflikten sind Sicherheitsdilemmata (vgl. Herz 1974, Frei 1977). Solange es keine effektive übergeordnete Instanz gibt, die Frieden zwischen den Staaten notfalls auch erzwingen kann, solange nicht weltweit freiwillig anerkannte Normen dasselbe leisten, wird Weltpolitik immer durch zumindest latente Kriegsdrohung und Kriegsfurcht gekennzeichnet sein. Für jeden Staat bzw. seine Entscheidungsträger stellt sich deshalb die Frage, wie man eigene Interessen – allen voran: das Interesse am Überleben des eigenen Staates – sicherstellen kann. In einem anarchischen internationalen System liegt folgende Lösung nahe: ‚Sicherheit durch Überlegenheit' oder ‚Frieden durch Stärke'.

Diese ‚Lösung' des Sicherheitsdilemmas ist nicht für alle Staaten gleichermaßen attraktiv – sicher eher für Amerikaner als für Luxemburger, eher für Russen als für Ungarn. Allgemeiner formuliert: Je mächtiger ein Staat ist, desto eher wird er zu einer Politik der Stärke neigen, was sich u. a. darin äußert, daß Großmächte überproportional viel in die Rüstung investieren, daß sie besonders häufig Krieg führen.

Für Großmächte ist Politik der Stärke als Lösung des Sicherheitsdilemmas ein attraktiver Weg, aber sicher ein eigennütziger, denn der Nutzen dieser Politik für die eine Großmacht muß zum Schaden rivalisierender Großmächte und auch anderer Staaten werden. Denn militärische Überlegenheit ist ein Positionsgut. Es ist noch nicht einmal denkbar, daß alle (oder auch nur alle Großmächte) es gleichzeitig genießen. Auch eine gewisse Kurzsichtigkeit ist unverkennbar: Im allgemeinen kalkulieren Großmächte bei Rüstungsentscheidungen die dadurch provozierten Reaktionen der Gegenseite zumindest nicht voll ein. Wettrüsten und Eskalationsgefahr ist in eine Politik der Stärke quasi eingebaut. Selbst wenn bei weltpolitischer Rivalität zwischen Großmächten der Frieden gewahrt bleibt, neutralisieren die Anstrengungen der Rivalen einander weitgehend oder zumindest teilweise.

Einsichten in die Mängel einer Politik der Stärke als ‚Lösung' von Sicherheitsdilemmata reichen nicht aus, um solche Lösungsversuche zu über-

winden. Solange Krieg denkbar ist, bleibt Sicherheit ein Positionsgut, beeinträchtigt die Sicherheit des einen die des anderen. Nichts spricht dafür, daß staatliche Entscheidungsträger weniger eigennützig bei der Verfolgung ‚nationaler Interessen' sind als Individuen bei der Verfolgung persönlicher. Falls nationale Entscheidungsträger nationale Interessen zugunsten subnationaler, d. h. persönlicher oder gruppenspezifischer Interessen vernachlässigen, ist kaum zu erwarten, daß dadurch die Vereinbarkeit rivalisierender nationaler Interessen gefördert wird. Theoretisch ist weit klarer, wie Machtpolitik, Großmachtrivalität und Krieg entstehen, als wie man sie überwindet.
Neben dem Sicherheitsdilemma, ist das Abgrenzungsdilemma ein Zentralproblem der Weltpolitik. Aus historischen Gründen stimmen staatliche und ethno-linguistische Grenzen an vielen Orten nicht miteinander überein. Weil Kriegsverlierer oft an die Sieger Territorium verlieren, stimmen auch momentane und historische Grenzen von Staaten oft nicht überein. Dann liegt ein latentes Territorialproblem vor. Wie werden eigennutzmaximierende Politiker, Parteien oder auch Offiziersclique darauf reagieren? In der Regel dürfte es innenpolitisch am „sichersten" sein, die eigenen Ansprüche zu maximieren: Man will eroberte Territorien behalten, verlorene wiederhaben, von Angehörigen der eigenen Volksgruppe besiedelte Gebiete anschließen, solche, die von Fremdvölkern besiedelt sind, aber nicht freigeben. Wenn die innenpolitische Rivalität um Macht zu dieser ‚Lösung' von Territorialproblemen und Ansprüchen führt, dann ist der internationale Konflikt schon vorprogrammiert, weil die territorialen Ansprüche unvereinbar werden müssen. Tatsächlich läßt sich zeigen, daß ein Auseinanderfallen historischer und momentaner, ethno-linguistischer und staatlicher Grenzen Rüstungsanstrengungen und Kriegswahrscheinlichkeit erhöht.
Eigennützige und z. T. kurzsichtige Lösungen des Sicherheits- und Abgrenzungsdilemmas sorgen für Interessengegensätze. Ob bei solchen latenten Konflikten auch manifeste Gewalt eingesetzt wird, ob es deswegen zum Krieg oder auch nur zur Kriegsvorbereitung kommt, ist auch eine Frage der Durchsetzungschancen. Für kleinere Staaten sind sie geringer, deshalb rüsten sie weniger und führen seltener Krieg. Außerdem spielen kleinere Staaten eine andere Rolle als größere innerhalb von Allianzen. Sicherheit aller Mitglieder einer Allianz vor Angriffen von außen kann man als Kollektivgut betrachten. Nach Olson (1968) ist zu erwarten, daß die kleinen Mitglieder von Allianzen die großen ausbeuten, daß die kleinen Trittbrettfahrer und Konsumenten von Sicherheit, die großen aber Produzenten von Sicherheit werden. Das äußert sich darin, daß die Großen nicht nur absolut, sondern auch relativ größere Verteidigungslasten tragen. Auf die NATO angewendet: Holländer oder Dänen können kalkulieren, daß ihre Sicherheit mehr von fremden als von eigenen Anstren-

gungen abhängig ist. Amerikaner und selbst Westdeutsche können das nicht.
Vor Erfindung und Verbreitung von Atomwaffen konnte man bei weltpolitischen Rivalitäten davon ausgehen, daß zumindest eine Seite auf militärische Durchsetzungschancen hofft. Im Nuklearzeitalter haben die Kosten des Krieges eine andere Qualität angenommen. Grundsätzlich ist die Vernichtung aller Rivalen im Atomkrieg denkbar oder gar wahrscheinlich, sind die Aussichten auf ein als ‚Sieg' interpretierbares Kriegsende gesunken. Deshalb kann nukleare Abschreckung zum Frieden (absentia belli) beitragen – zunächst zwischen den Atommächten. Wegen der Eskalationsgefahr werden auch konventionelle Kriege zwischen Atommächten abgeschreckt. Aber Abschreckung kennzeichnet nicht nur die Beziehungen zwischen annähernd gleichwertigen Atommächten, wie den USA und der UdSSR, sondern zwischen Ost und West überhaupt (vgl. Schelling 1966, Weede 1975).
Wie ist eine solche Ausweitung der Abschreckung zwischen den Supermächten auf die Beziehung zwischen den von ihnen geführten Blöcken möglich? Wieder spielt die Eskalationsgefahr eine vermittelnde Rolle. Weil der mit einem großen Atomkrieg verbundene Schaden vermutlich extrem groß ist, reicht schon eine relativ geringe Eskalationsgefahr aus, um den Einsatz kriegerischer Mittel zwischen Ost und West abzuschrekken. Diese Eskalationsgefahr wird u. a. dadurch konstituiert, daß Supermachttruppen einander in Europa, vor allem in Deutschland, direkt gegenüberstehen.
Die von den zeitgenössischen Supermächten geführten Allianzen sind Allianzen zwischen extrem Ungleichen, die ich als Blöcke bezeichnen werde. Formal sind Blöcke Allianzen. In Anbetracht der überwältigenden Überlegenheit der jeweils führenden Supermächte laufen sie auf (fast) einseitige Garantien für die jeweiligen Klienten oder auf Einflußsphären für die Supermächte hinaus. Weil Abschreckung zwischen den Blöcken aber nicht nur ein zumindest grobes Gleichgewicht des Schreckens und damit zusammenhängend beiderseitige Eskalationsgefahr voraussetzt, sondern auch eindeutige und stabile Blockzuordnungen, kann diese extendierte Abschreckung nur funktionieren, solange die kleineren Partner freiwillig oder gezwungen der Führung ‚ihrer' Supermächte folgen. Militärische Maßnahmen seitens der Supermächte gegen unbotmäßige ‚Alliierte' sind mit Abschreckung zwischen den Blöcken sicher vereinbar, wie die UdSSR in Osteuropa und die USA in Zentralamerika oder der Karibik gezeigt haben – möglicherweise sogar Voraussetzung für extendierte Abschreckung.
Die erwarteten Kosten des Atomkrieges schrecken den Krieg zwischen den Supermächten, auch den Krieg zwischen den Blöcken in Europa ab. Innerhalb beider Blöcke sind die militärischen Durchsetzungschancen

ebenfalls wesentlich gesunken. Ein Krieg zwischen Klienten derselben Supermacht ist weitgehend undenkbar geworden. Welche rivalisierenden Kleinstaaten oder auch Mittelmächte, die eindeutig demselben Block angehören bzw. in der engeren Einflußsphäre derselben Supermacht liegen, können sich schon deren ‚Vermittlungsvorschlägen' entziehen. Dabei kommt es nicht so sehr auf aktive, beobachtbare Vermittlung an als darauf, daß schon die Möglichkeit ‚zwingender' Vermittlung jeden Gedanken an militärische Durchsetzung von vornherein obsolet erscheinen läßt.

Kosten-Nutzen-Kalküle können also erklären, warum Kriege zwischen den Blöcken ebenso wie Kriege zwischen den Klienten derselben Supermacht seltener als anderswo sind, auch warum anderswo extremes Machtungleichgewicht zwischen Staaten zum Frieden beitragen kann. Gerade das Gleichgewicht des Schreckens und die hierarchischen Elemente in der Weltordnung unserer Zeit können also erklären, warum lokale Sicherheits- und Abgrenzungsdilemmata in Afrika und Asien soviel destabilisierender als in Europa sind, warum in Europa und Lateinamerika militärische Interventionen im allgemeinen der Stabilisierung der Blöcke gegen innergesellschaftlich bedingte Auflösungserscheinungen dienen sollen.

Die vorhandenen Machtverteilungen und Destruktionspotentiale tragen zu einem nur begrenzten und prekären Frieden bei. Die Dynamik des Wettrüstens macht das Weiterrüsten und den Stillstand gefährlich, wobei man nicht weiß, was davon mehr. Wer stillsteht, muß befürchten, daß der Rivale eines Tages nicht mehr abgeschreckt ist, daß der Rivale der Gefahr einer ,,Nachrüstung" durch Präventivschlag entgegenwirken will. Wer sich auf ein dynamisches, auch qualitatives Wettrüsten einläßt, muß befürchten, daß irgendwann eine Seite wegen eines technologischen Durchbruchs zeitweilig einen Vorsprung hat (oder zu haben glaubt) und deshalb der Versuchung zum Präventivschlag ausgesetzt ist.

Neben den technologischen Instabilitäten des Wettrüstens gibt es die sozialen und politischen der Blöcke. Für die Abschreckung zwischen den Blöcken optimal (weil den politischen Handlungsspielraum der Nationen klar definierend) wäre das Verbot ‚veröstlichenden' sozialen Wandels im Westen und ‚verwestlichenden' sozialen Wandels im Osten. Es ist fragwürdig, ob die Supermächte einander den sozialen und politischen Status quo garantieren könnten, selbst wenn sie wollten. Je weniger die gegnerischen Akteure organisiert und greifbar sind, desto schwerer lassen sie sich abschrecken. Bei amorphen sozialen Bewegungen findet sich u. U. kein Adressat für Abschreckung.

Die sozio-politischen Instabilitäten des Abschreckungssystems liegen aber nicht nur bei den Klienten der Supermächte, sondern auch bei diesen selbst. Wenn es schon ein dynamisches Wettrüsten gibt, dann wäre ein

gleichgeschalteter Rhythmus bei den Rivalen am ehesten mit friedenserhaltenden Nutzenkalkülen kompatibel. Die innenpolitisch bedingte Abfolge von Entspannung und Nachrüstung aber kann ‚Fenster der Gelegenheit' und Anreize zum Präventivschlag schaffen.
Von zunehmender Bedeutung für den Weltfrieden könnte auch die geographische Eingrenzung des Friedens durch Abschreckung auf die Ost-West-Beziehungen sein, das Aussparen Afrikas und des größten Teils Asiens. Dort wurden nicht nur die meisten Kriege seit 1945 geführt – etliche nach klassischen Kriterien auch ‚gewonnen' – sondern dort gibt es weiterhin Konfliktpotentiale, Rüstungsanreize und die Möglichkeit der Proliferation von Atomwaffen. Vermutlich werden vor allem die frühen Nuklearstreitkräfte von Entwicklungsländern sowohl die Gefahr von versehentlichen Atomexplosionen erhöhen als auch wegen ihrer Verwundbarkeit eher zu Erst- als zu Zweitschlagszwecken brauchbar sein. Das kann nur Nutzenkalküle bedingen, die die Risiken des Abwartens statt die des Losschlagens in den Vordergrund stellen.
Wie beim Wettrüsten zwischen den Supermächten oder ‚ihren' Blöcken ist auch bei der Proliferationsgefahr vor allem in der dritten Welt das Kollektivgut klar erkennbar, aber schwer erreichbar: Theoretisch stünden sich beide Supermächte und Blöcke besser, wenn sie abrüsten und nicht weiter aufrüsten würden. Aber man kann sich auf den jeweils anderen nicht verlassen. Falls es zu ernsthaften Abrüstungsversuchen käme, würde der Anreiz heimlich wieder aufzurüsten mit abnehmendem Niveau der Rüstung und sinkendem Overkill ansteigen. Je niedriger das Niveau, desto mehr Unterschied machen wenige verborgene Raketen und Atomsprengköpfe. Schon als Rückversicherung dagegen, daß der andere sich nicht an die Abmachungen hält, gerät jede Seite unter Druck, das selbst nicht zu tun. Selbst wenn beide Seiten die Abrüstung ernsthaft und ehrlich – und lange genug gleichzeitig! – wollen, dürften die technischen Probleme eines stabilen Abrüstungswettlaufs die eines Wettrüstens eher noch überschreiten.
Atomstreitkräfte von Entwicklungsländern sind auf absehbare Zeit eher gegen benachbarte Entwicklungsländer als gegen die Supermächte einsetzbar. Deshalb könnte man die Non-Proliferation auch für die Entwicklungsländer als kollektives Gut betrachten. Aber wer sich nicht darum schert, sondern individuelle Interessen durchsetzen will (gegen benachbarte ‚feindliche' Entwicklungsländer), der kann hoffen, durch atomare Rüstung Abschreckungsfähigkeit und politische Durchsetzungschancen zu erwerben. Ein Verzicht darauf kann immer wieder durch die Befürchtung, daß der Rivale nuklear aufrüstet, in Frage gestellt werden. Unter Entwicklungsländern wie unter entwickelten Ländern gilt, daß rationale Nutzenmaximierungsversuche von Einzelakteuren kollektive Ir-

rationalität begründen können, d. h. ineinandergreifende Handlungen, die alle Akteure schlechter stellen – allein schon wegen der mit der Anzahl der Atommächte zunehmenden Gefahr ungewollter Atomkriege. Mit Hilfe von Nutzenkalkülen wird verständlich, warum Großmächte Machtpolitik betreiben, warum im Atomzeitalter Abschreckung begrenzt und prekär zum Frieden beitragen kann, auch warum ein andauerndes Funktionieren der Abschreckung unwahrscheinlich ist. Der Versuch, Nutzenkalküle zu explizieren, zeigt auch, warum interne Reformen von Staat und Gesellschaft, wirtschaftliche Zusammenarbeit zwischen Staaten oder atmosphärische Verbesserungen so wenig zum Frieden beitragen. Sicherheits- und Abgrenzungsdilemmata existieren weitgehend unabhängig von speziellen Regierungs- und Gesellschaftssystemen. Wenn Abschreckung im Atomzeitalter nicht ausreichen sollte, den Frieden zu sichern, wie kann dann etwas mehr Handel oder eine entspannte Atmosphäre ausreichen?

Erich Weede

Literatur:

Frei, Daniel: Sicherheit: Grundfragen der Weltpolitik. Stuttgart 1977.
Herz, John H.: Staatenwelt und Weltpolitik. Hamburg 1974.
Olson, Mancur: Die Logik des kollektiven Handelns. Tübingen 1968.
Schelling, Thomas C.: Arms and Influence. New Haven, Conn. 1966.
Waltz, Kenneth N.: Theory of International Politics. Reading, Mass. 1979.
Weede, Erich: Weltpolitik und Kriegsursachen im 20. Jahrhundert. München 1975.

Konformität

→ *Autoritarismus, Diskriminierung, Dogmatismus, Führung, Öffentliche Meinung, Parteipräferenz, Wählerverhalten.*

Konformität (K) bezeichnet als psychologischer Fachterminus die *Übereinstimmung individuellen Verhaltens mit einer sozialen Norm*, wobei letztere als Richtschnur oder Vorschrift zu verstehen ist. Solche Normen sind selbstverständliche Bestandteile des gesellschaftlichen Lebens. Sie verdanken ihre Entstehung jeweils der Verfolgung eines gemeinsamen Zieles durch mehrere Personen. Man unterscheidet *formelle* Normen, die in Satzungen ausgeführt sind, und *informelle* Normen, die sich allein in Verhaltensgewohnheiten konkretisieren. K ist nicht mit Uniformität gleichzusetzen; denn die Differenzierung des sozialen Lebens in Rollen bedingt, daß K stets rollenspezifisch realisiert wird. Die Uniformität normenkonform handelnder Menschen ist deshalb meist nur partiell oder in einzelnen, vom beobachteten Tun abstrahierten Merkmalen erkennbar. K als Thema der Forschung wird in der Psychologie aus zwei Perspektiven betrachtet: Die traditionelle Betrachtungsweise begreift K als individuelle Verhaltensdisposition; die in jüngerer Zeit häufiger gepflegte Sichtweise erfaßt K als Erscheinung des gruppendynamischen Prozesses.

K als Einstellung. – K kann äußerlich, rein verhaltensbezogen sein, sich als ,,Anpassungs-K" (Peuckert 1975) darstellen, sie kann aber auch die innerpsychischen Prozesse – Denken, Fühlen, Handlungsimpulse – prägen, sich somit als ,,Einstellungs-K" präsentieren. K in diesem Sinne wird von der wissenschaftlichen Psychologie gewöhnlich dimensional verstanden, d. h., man begreift K als Verhaltenstendenz, deren individueller Ausprägungsgrad auf einem Kontinuum zwischen den Polen K und Nicht-K zu markieren ist. Während man den einen Pol in der Fachsprache gelegentlich mit dem umgangssprachlich gebräuchlichen Ausdruck *Konformismus* belegt, vermeidet man für den Gegenpol die vordergründig naheliegende Bezeichnung Nonkonformismus. Der Grund liegt darin, daß Nonkonformismus als polemische Haltung eine negative oder inverse Orientierung an der Norm erkennen läßt. Der Gegenpol zu K stellt sich psychologisch indessen als *Unabhängigkeit* dar. Freilich ist der Nonkonformismus vom Konzept der K nicht zu isolieren. Die bekannten dimensionalen Modelle der K fügen deshalb Nonkonformismus als 3. Pol bei oder bedienen sich einer zweidimensionalen Betrachtungsweise (s. dazu Irle 1975, S. 464 f.).

K als Persönlichkeitseigenschaft, d.h. als eine das Verhalten allgemein und überdauernd bestimmende Disposition, bildete einen wichtigen Gesichtspunkt in der Erforschung der sog. autoritären Persönlichkeit durch Adorno et al. (→*Autoritarismus*). K wurde von diesen Autoren als Kennzeichen eines Persönlichkeitstyps genannt, der für faschistische Ideologien besonders anfällig sei. Als weitere Merkmale dieses Typs und damit als verwandte Eigenschaften der K wurden angegeben: Rigidität, Aggressivität, Intoleranz, Autoritätsgläubigkeit, Suggestibilität. Wiederholt lieferten empirische Befunde Argumente für die Gültigkeit der hier behaupteten Zusammenhänge (vgl. Steck 1980, S. 75 ff.), doch erregten Adorno et al. heftigen Widerspruch mit ihrer These, daß es sich bei dem beschriebenen Persönlichkeitstyp fast ausschließlich um den für politischen Rechtsextremismus prädestinierten Menschen handele.

Neuere Entwicklungen in der Persönlichkeitspsychologie haben dazu geführt, daß die Brauchbarkeit des Eigenschaftsbegriffes allenthalben in Frage gestellt und vielfach bestritten wird. Die Kritik gründet sich auf die offensichtliche Instabilität der Korrelationen, die zwischen verschiedenen Variablen des Verhaltens errechnet werden. Bestimmten überdauernde Eigenschaften das Verhalten entscheidend, so würden sie sich in relativ stabilen Zusammenhängen zwischen verschiedenen Verhaltensweisen Geltung verschaffen. Tatsächlich sind solche Zusammenhänge aber meist labil. Die Kritik trifft auch das Modell der autoritären Persönlichkeit und die aus ihm deduzierten Aussagen über K.

K als Anpassung. – Der offensichtlich geringe Erklärungswert des eigenschaftstheoretischen Ansatzes bewirkte zwangsläufig ein Übergewicht sozialpsychologischer Perspektiven bei der Erforschung der K. Prägender Einfluß ging dabei von Sherifs in den 30er Jahren durchgeführten Experimenten mit dem sog. autokinetischen Effekt aus (s. Peuckert 1975). Sherif konnte nachweisen, daß das Urteil über einen wahrgenommenen Sachverhalt im Sinne der Uniformität verändert wird, wenn die betreffende Person darüber informiert wird, wie andere Personen dasselbe Phänomen wahrgenommen haben. Die grundsätzliche Gültigkeit von Sherifs Feststellung kann inzwischen als gesichert angesehen werden. Doch gibt es zahlreiche Faktoren, die die Uniformitätswirkung des sozialen Drucks auf das individuelle Urteil variieren, in besonderen Fällen auch ganz aufheben oder ins Gegenteil verkehren. Als Faktoren, die die Uniformitätswirkung verstärken, gelten (Irle 1975, S. 71 f. u. 458 ff.): Zusammenhalt der Gruppe, von der der Druck ausgeht und der das betreffende Individuum angehört; Attraktivität der Gruppe für das Individuum; Bedeutung des Urteils für die Erreichung des Gruppenzieles; das Ausmaß der ursprünglichen Diskrepanz der Urteile innerhalb der Gruppe; Komplexität des zu beurteilenden Sachverhalts. Als Faktoren, die die Uniformitätswirkung des sozialen Drucks negativ beeinflussen, werden genannt: Fraktionsbildung in der Gruppe; Inhomogenität der Gruppe; Unterscheidbarkeit von Mehrheits- und Minderheitspositionen; Anonymität innerhalb der Gruppe.

Zu dem von Sherif begründeten Forschungsansatz ist zu bemerken, daß er nur einen Teilaspekt des Themas K erfaßt, nämlich die Uniformierung kognitiver Vorgänge unter kommunikativen Einflüssen. Der wichtigere Teil des K-Problems, die rollenspezifische Umsetzung sozialer Normen in das Erleben und Verhalten, bleibt hier außer acht. Einen Schritt auf diesen Teil des Forschungsgegenstandes zu bedeutet die Einführung des Konstrukts *Gehorsam* in die sozialpsychologische Theorienbildung. Man bezeichnet damit das Verhalten einer Person, mit dem sie dokumentiert, daß sie eine andere Person als Autorität, Experten oder Sachwalter der sozialen Norm anerkennt. Aufsehenerregende Experimente zu diesem Thema hat Milgram (1974) durchgeführt. Milgram verwendete eine

Versuchsanordnung, in der der Versuchsperson (Vp) die Rolle eines Assistenten in einem wissenschaftlichen Experiment zugewiesen wurde. Unter Aufsicht eines Versuchsleiters sollte sie einer anderen Person, die ihr als Proband bezeichnet worden war, für Fehler im Lernprozeß Elektroschocks verabreichen. Die Intensität der Schocks wurde im Laufe des Versuches gesteigert, wovon sich die Vp anhand der Reaktionen des Opfers überzeugen konnte. Die Echtheit der Versuchsanlagen durfte für die Vp nicht zweifelhaft sein. In wiederholten Versuchsdurchführungen mit durch Zeitungsanzeigen geworbenen Vpn beobachtete Milgram, daß die große Mehrheit den Anordnungen des Versuchsleiters bis zur höchsten, als sehr gefährlich gekennzeichneten Schockstufe folgte. Bei Variationen der Versuchsbedingungen stellte Milgram fest, daß der Gehorsam der Vpn gegenüber dem vermeintlichen Versuchsleiter mit der Verringerung der physischen Distanz zu ihrem Opfer abnahm.
Milgrams Experimente haben nur eines unter vielen möglichen Paradigmen menschlichen Gehorsams aufgezeigt – zudem noch abstrakt, da die vielen interferierenden Faktoren, die in der sozialen Wirklichkeit auf die Interaktion zwischen Befehlendem und Befehlsempfänger Einfluß nehmen, unbeachtet bleiben mußten. Doch vermitteln sie einen Eindruck, wie verbreitet die Bereitschaft ist, sich einer persönlichen Autorität, die ihre Legitimation von einer nichtkontrollierten sozialen Norm herleitet, zu unterwerfen und eine zugewiesene Rolle zu spielen. Hatte sich in Sherifs Ansatz K als Nachahmung präsentiert, so liefert das Milgram-Experiment ein Beispiel dafür, wie allgemeine Normen konformistisch in das individuelle Rollenverhalten umgesetzt werden.
Ein weiterer sozialpsychologischer Beitrag zum Verständnis der K ergibt sich aus der Untersuchung *devianten* Verhaltens. Devianz stellt eine Variante nichtkonformen Verhaltens dar, die sich von der oben definierten Unabhängigkeit dadurch abhebt, daß sie den sozialen Sanktionen trotzt. Der Deviante erfährt also die für normwidriges Verhalten angedrohten Sanktionen, läßt aber keine Wirkung in Richtung Anpassung erkennen, höchstens die Bereitschaft zum Arrangement außerhalb normaler Verhaltensvollzüge. Deviant in diesem Sinne sind sowohl Krankheit als auch Kriminalität. Obwohl zwischen beiden Kategorien psychologisch sicher eine Zone der Überschneidung besteht, werden sie gesellschaftlich in konträrer Weise behandelt, wobei die zentralen, unterscheidenden Attributionen Schicksalhaftigkeit und persönliche Verantwortung zu sein scheinen. Die gegensätzlichen Reaktionen, die die Gesellschaft auf Krankheit und auf Kriminalität zeigt, kennzeichnen prototypisch die Möglichkeiten der sozialen Antwort auf nichtkonformes Verhalten: kompensatorische Stützung versus Verschärfung der Sanktionen. Wendet man die Ergebnisse der Dogmatismusforschung (→*Dogmatismus*)

auf diese Problematik an, so wird man als wahrscheinlich erachten, daß eine Gesellschaft, die ihre Existenz bedroht sieht, auf Devianz eher mit verschärften Sanktionen antwortet, eine sich sicher wähnende Gesellschaft eine größere Bereitschaft zu stützenden Maßnahmen zeigen wird. Auf einen weiteren Bedeutungsaspekt der Devianz für die K weist Irle (1975, S. 467) hin: Die Devianz einer gezeichneten Minderheit verhelfe der sich konform verhaltenden Mehrheit zur Selbstaufwertung. Als wichtigstes Beispiel nennt Irle den Rassismus. Über verschiedene Methoden der →Diskriminierung trage die normkonforme Majorität selbst dazu bei, die Devianz der Minorität aufrechtzuerhalten. So könne die Art und Weise des Antagonismús beider Gruppierungen zum Garanten des Fortbestandes der Devianz werden. Irle belegt dies beispielhaft mit der Praxis der Prostitution in zivilisierten Gesellschaften.

Überblickt man die Behandlung des Themas K innerhalb der psychologischen Literatur der letzten drei Jahrzehnte, so zeichnet sich deutlich eine Abkehr vom Konzept der K als einer allgemeinen Haltung des Individuums ab. Statt dessen wird K vorwiegend als ein situationsbezogenes Verhaltensmerkmal verstanden, das seine Entstehung und Ausprägung dem jeweiligen Zusammenwirken individueller und gruppendynamischer Kräfte verdankt. D. h., weder das Bedürfnis des einzelnen nach K ist konstant, noch ist es der soziale Druck zur K. Einige der Variablen, die hier mitwirken, wurden oben genannt – u. a. der Komplexitätsgrad der zu lösenden Probleme, oder die Bedrohtheit des sozialen Zusammenhalts. Es wäre aber sicher verfehlt, unter dieser Perspektive die Frage nach der Allgemeinheit und Dauerhaftigkeit von K in dem Sinne, in dem sich die Eigenschaftstheoretiker damit befaßt haben, als Scheinproblem abzutun. Kein Mensch handelt losgelöst von seiner Biographie, sondern jeder geht seine Lebensprobleme mit dem Potential seiner Erfahrungen an. Die Lerntheorie lehrt, daß erfolgreiche Reaktionen zur Wiederholung und zur Ausdehnung auf andere Situationen tendieren. Es gibt keinen Grund, anzunehmen, daß Reaktionsweisen, deren Hauptkennzeichen K ist, von dieser Regel ausgenommen sind. Somit sind die Voraussetzungen gegeben, daß K eine interindividuell verschieden ausgeprägte Verhaltensbereitschaft wird. Zur Realisierung konformen Verhaltens scheint aber stets ein bestimmter, situationsspezifischer sozialer Druck zu gehören, der das Phänomen K in seiner Konkretisierung unübersehbar vielfältig werden läßt.

K und politisches Verhalten. – Um politische Konsequenzen der voranstehenden Aussagen über K abzusehen, bedarf es keiner besonderen gedanklichen Anstrengung. Feststellungen zur K sind stets auch Feststellungen zu politischem Verhalten, da Politik in Gruppen betrieben wird.

Es sollen hier nur drei Teilbereiche politischen Verhaltens hervorgehoben werden, in denen K eine prominente Rolle spielt.
K begegnet uns in der politischen *Meinungsbildung* als Uniformierung kognitiver Vorgänge, die ihre Vollendung im linientreuen Denken des Mitläufers findet. Aufklärende Informationen über dieses Phänomen verdanken wir der Dogmatismusforschung (→*Dogmatismus*). Nach ihren Ergebnissen wirken begünstigend für die Entwicklung linientreuen Denkens recht heterogene Faktoren, nämlich u. a. die bereits erwähnte Bedrohung der normgebenden Gruppe, die Radikalität der vertretenen Ideologie, das Bewußtsein, der Majorität anzugehören, geringer Bildungsgrad, Frustration elementarer Bedürfnisse.
Die Bedeutung der K für das →*Wählerverhalten* läßt sich aus jenen Argumenten herleiten, die dafür sprechen, daß Parteienwahl häufig Erfüllung einer Gruppennorm bedeutet (s. Steck 1980, S. 121 ff.). Für einen sehr großen Teil der in unserer Gesellschaft existierenden Primärgruppen – Familien, Lebensgemeinschaften – scheint die gemeinsame →*Parteipräferenz* ein Faktor des Zusammenhaltes zu sein, so daß von dieser Seite in der Regel der stärkste Druck zur K im Wählerverhalten ausgeübt werden dürfte. Die Primärgruppe muß aber auch als der wichtigste Vermittler für die Propagierung klassen-, konfessions- und verbandsgebundener Wahl gelten.
Eindrucksvolle Beispiele für die Wirkung der K in *politischen Beraterstäben* beschreibt Janis (1972). Aufgrund seiner Analysen postuliert er, daß in solchen Stäben nach längerer Zusammenarbeit die Aufrechterhaltung des Konsenses zum Hauptziel wird. Infolgedessen würden Wirklichkeitsbezug und Entscheidungsfähigkeit geschwächt. Janis schreibt solchen Gruppierungen ein Verhaltenssyndrom zu, das er ,,Groupthink" nennt. Seine Merkmale seien die Illusion der Unverwundbarkeit, Widerstand gegen kritische Reflexion des eigenen Standpunktes, Glaube an die Moralität der Gruppe, stereotype Abwertung gegnerischer Führerpersönlichkeiten, Forderung nach strikter Loyalität der Gruppenmitglieder, Fiktion der Einmütigkeit, Druck auf deviante Mitglieder mit dem Ziel der Selbstzensur, Auftreten von selbsternannten Führern, die vorgeben, die Gruppe vor falschen Informationen schützen zu müssen.

Peter Steck

Literatur:

Adorno, Theodor W., *Frenkel-Brunswik*, Else, *Levinson*, Daniel J., *Sanford*, R. Nevitt: The Authoritarian Personality. New York 1950.
Irle, Martin: Lehrbuch der Sozialpsychologie. Göttingen, Toronto, Zürich 1975.
Janis, Irving L.: Victims of Groupthink. Boston 1972.

Milgram, Stanley: Obedience to Authority. New York 1974.
Peuckert, Rüdiger: Konformität. Stuttgart 1975.
Steck, Peter: Grundzüge der politischen Psychologie. Bern, Stuttgart, Wien 1980.

Konservatismus

→*Führung, Gesellschaftsbild, Militarismus, Politisches Bewußtsein.*

1. *Definitionsprobleme.* – Während in der Umgangssprache des Bildungsbürgertums der Begriff Konservatismus (K) umstandslos verwendet wird (ebenso wie das Adjektiv ‚konservativ'), gehört es zu den Standardfragestellungen wissenschaftlicher Untersuchungen über Erscheinungsformen des K, ob eine ‚Theorie' oder gar eine ‚kritische Theorie' des K überhaupt möglich sei. Die Antwort fällt je nach der Vorstellung, die sich der jeweilige Autor von den Erfordernissen an eine Theorie macht, unterschiedlich aus. Die auch von anderen politischen Begriffen her bekannte Diskrepanz zwischen unbekümmertem Alltagsgebrauch und Definitionsproblemen der Wissenschaft erscheint im Falle des K allerdings besonders groß. In politischen Disputen verbindet sich mit der Bezeichnung konservativ je nach Atmosphäre und Standort entweder eine mitleidige bis aggressive Ablehnung von unterstellter Fortschrittsfeindlichkeit oder eine selbstbewußte bis aggressive Verteidigung des Status quo. Zur politischen Polarisierung genügt diese Zweiteilung bereits. Notfalls werden verschärfende Begriffe eingeführt – mit negativem Vorzeichen: reaktionär, restaurativ, rechtsradikal; mit positivem Vorzeichen: bewahrend, traditionsbewußt, gemäßigt.

Schon die Gegenüberstellung dieser Wörter macht indes deutlich, daß beträchtliche Schwierigkeiten zu vermuten sind, wenn es um die (Re-)Konstruktion der Inhalte konservativer Weltanschauung, der (einer) Lehre des K geht. Die Verwendung des Begriffs Lehre anstelle von Theorie macht wissenschaftstheoretische Debatten an dieser Stelle überflüssig. Offenbar werden jene Inhalte zunächst von Nicht-Konservativen ins Spiel gebracht, und es gehört dann zu den Zielen des K, die aus seiner Sicht unerfreulichen Übertreibungen und Auswüchse zu verhindern oder zumindest abzumildern. So gesehen, geht jedem K ein *sozio-kultureller Wandel als Herausforderung* voraus, auf den der K dann eine je nach den spezifischen Umständen inhaltlich bestimmte Antwort darstellt.

2. *Grundhaltung.* – Mögen die Inhalte einer Lehre vom K auch wandelbar sein, so ist die Annahme einer vergleichsweise konstanten konservati-

ven Grundhaltung oder Mentalität doch sinnvoll. Viele Autoren sehen sie als eine allgemein menschliche seelische Veranlagung, die sich darin äußert, lieber am Althergebrachten zäh festzuhalten und nur ungern auf Neuerungen einzugehen. Falsch wäre es, einen solchen *Traditionalismus* als anthropologisch-strukturellen Ursprung jeglichen K derart überzuinterpretieren, als handele es sich dabei um eine in allen Menschen gleich starke und ihr Menschsein erst konstituierende Veranlagung. Gleichviel: Der Unmut über Veränderungen, für Karl Mannheim die Grundfigur konservativer Haltung und die Voraussetzung konservativen Denkens, läßt sich auf allen Ebenen gesellschaftlichen Lebens, keineswegs nur in der Politik beobachten.

So läßt sich am Beispiel der modernen bildenden Kunst der letzten einhundert Jahre verfolgen, wie bestimmte Kunstrichtungen vom Impressionismus bis zur concept-art sich nur mühsam gegen konservative Sehgewohnheiten des Publikums durchsetzen konnten. Hatten sie sich aber einmal durchgesetzt (wobei auch Interessen von Kunsthändlern eine Rolle spielten), hatte sich (wie z. B. bei Dada und beim Surrealismus) ihre Bürgerschreck-Wirkung abgenutzt, dann dauerte es nicht lange bis zu ihrer fast allseits akzeptierten Einordnung in die ‚klassische Moderne'. Nur wenige Außenseiter proklamierten aus forciert konservativer Sichtweise heraus – reaktionär – die Irrelevanz der gesamten Kunstentwicklung als ‚Verlust der Mitte'. *Nicht eine bestimmte Kunstauffassung ist konservativ, vielmehr der Widerstand gegen neue Kunstrichtungen.* Mißtrauen gegenüber Neuerungen, das Festhalten am Bestehenden und als bewährt Eingestuften, Bejahung von Dauer, Beständigkeit und Überlieferung, Skepsis gegenüber Zukunftsverheißungen, Zustimmung zur vorhandenen Ordnung – keiner dieser Termini ist eindeutig bestimmt, im Gegenteil, alle können mit einander völlig widersprechenden, ja sich ausschließenden Inhalten gefüllt werden, deren Protagonist dann jeweils die Bezeichnung konservativ für sich reklamiert.

Es ist verwunderlich, daß es für diese Grundhaltung keinen eigenständigen Begriff gibt, etwa analog zum vom Liberalismus abgeleiteten Begriff der Liberalität. Denn in der Tat ist diese Art von K ein ubiquitäres Phänomen, das man in allen gesellschaftlichen Gruppen, auch in allen Gesellschaften vorfindet, in bürgerlichen wie in sozialistischen, in Demokratien wie in Diktaturen.

3. *Sicherung von Vorrechten.* – Es bleibt die Frage, ob mit dem Hinweis auf allgemein verbreitete konservative Haltungen als sozio-kulturellen Wandel verlangsamende Verhaltensweisen schon ausreichend Verständnis für sämtliche Erscheinungen des K gewonnen ist. In der (im übrigen oft recht weitschweifigen und mit vielen Gefühlsäußerungen durch-

mischten) Literatur zum K gibt es eine die bisherige Erklärung *herrschaftssoziologisch* erweiternde Interpretation, wonach K zu verstehen ist als (jeweilige) Ideologie einer Oberschicht.
Im deutschsprachigen Raum ist diese Vorstellung, deren Kern sich am deutlichsten in Paretos Soziologie ausmachen läßt, u. a. in der universalgeschichtlichen Kulturkritik formuliert worden, mit der Alexander Rüstow in den fünfziger Jahren hervorgetreten ist. Angriffen auf die bestehende und der Oberschicht bequemen Ordnung aus den Unterschichten wird von dieser entweder mit der Ideologie des ‚Rechts des Stärkeren' oder mit einer Ideologie zur Verherrlichung ihrer Herrschaft vorzubeugen versucht. Ideologie wird dabei ganz im Sinne von Pareto und Mannheim als Herrschaftsinteressen und Vorrechte verschleiernde intellektuelle Konstruktion mit dem Zweck der Bewahrung dieser Vorrechte aufgefaßt. Sind solche Betrachtungsweisen auch in der Hauptsache im Blick auf die griechisch-abendländische Geschichte erprobt worden, so entbehren sie doch keineswegs der Aktualität. Außerdem lassen sie sich auch auf Organisationen (wie Arbeiterparteien und Gewerkschaften) und Gesellschaften anwenden, die ihrem Selbstverständnis nach fortschrittlich sind und jeglichen K weit von sich weisen. Detaillierte Analysen organisations-interner Entscheidungsprozesse oder der Herrschaftsstruktur in sozialistischen Gesellschaften kommen nur zu unverblümt auf Befunde, in denen organisations-struktureller K eine gewichtige Rolle spielt. Das vielleicht mißverständlich so bezeichnete Phänomen einer ‚neuen Klasse' (auch ‚Nomenklatura' genannt) in sozialistischen Ländern sowie die Art und Weise, wie deren Angehörige faktisch und propagandistisch Herrschaftsabsicherung betreiben, bilden die Grundlage für einen ‚linken' K. Verfolgt man diesen Ansatz weiter, so kommt man zu der These, daß es nicht sinnvoll ist, innerhalb sozialer Bewegungen und Entwicklungen von konservativen und nichtkonservativen *Kräften* (im Sinne von Individuen oder Gruppen) zu sprechen. Statt dessen gilt es, auf allen ihren Ebenen konservative und nichtkonservative *Momente* zu unterscheiden, die untrennbar miteinander verknüpft sind. Dann aber ist K nicht nur die Ideologie der Etablierten, der Herrschenden, wiewohl er diese am nachhaltigsten durchdringt, sondern er ist überall anzutreffen, wo es um die Verteidigung oder prospektive Verteidigung von partiellen Vorrechten und einseitigen Vorteilen und um die Stabilisierung oder prospektive Stabilisierung von Herrschaft und Hierarchie geht – im internationalen System, im Staat, in jeglichen Organisationen, Gruppen und sozialen Beziehungen. Eine Junta, die mit wie fortschrittlichen Parolen und Absichten auch immer ein Regime stürzt, dann aber nichts als dasselbe Regime mit ausgewechselten Akteuren errichtet, erscheint in dieser Sicht ebenso konservativ wie z. B. die Regierung der Sowjetunion.

4. *Bürgerliche Gesellschaft.* – Für die anthropologische und die herrschafts-soziologische Interpretation des K sind daher die Inhalte der Lehre eines spezifischen K völlig zweitrangig. Demgegenüber hat sich ein großer Teil der *geistesgeschichtlich* orientierten Forschung über den K mit Verve auf die verschiedenen historisch und national nuancierten Spielarten des K gestürzt. Fragestellungen, wie die nach der Kontinuität und nach den Brüchen in der Entwicklung des K in Deutschland seit dem 18. Jahrhundert, bilden den roten Faden vieler jüngerer Arbeiten zum K. Ein Interesse in solchen Untersuchungen ist darauf gerichtet, die Rolle des K als hemmendes Korrelat des Liberalismus bei der Herausbildung der bürgerlichen Gesellschaft im Zusammenhang mit der industriellen Revolution und den politischen Umbrüchen vom 18. bis zum 20. Jahrhundert näher zu bestimmen. Nach einer inzwischen weitgehend als überholt angesehenen Vorstellung gilt der moderne europäische K als Antwort auf die Französische Revolution. Für diese Vorstellung spricht, daß sich in der Tat als *Reaktion auf 1789* eine ganze Reihe (übrigens voneinander abweichender) Konservatismen entwickelte. Burke in England, de Maistre in Frankreich, Adam Müller in Deutschland und verwandte Geister können so als Begründer des modernen europäischen K betrachtet werden. Allerdings sind ihre Gedanken und Forderungen eben nicht zu einer einzigen Lehre des K zusammengeflossen.

Obwohl die Impulse, die im Gefolge der Ereignisse von 1789 auf die Formulierung konservativer Gedanken und Konzepte ausgingen, nicht gering zu veranschlagen sind, muß die These von der Reaktion auf 1789 bezweifelt werden. Zu viele Spuren des K finden sich bereits in der vorrevolutionären Zeit. So hat sich heute eine andere These durchgesetzt, nach der der K ebenso wie der Liberalismus genuine Momente im Prozeß der Durchsetzung der bürgerlichen Gesellschaft und der kaptialistischen Wirtschaftsweise darstellen. ,,K ist ein Produkt der bürgerlichen Gesellschaft selbst. Der K entsteht nicht als ein ahistorisch-retrospektiver Gegenentwurf zur bürgerlichen Gesellschaft, sondern geht aus deren eigenen ideologischen Bedürfnissen insofern hervor, als die bürgerliche Gesellschaft selbst mit dem K eine ihr inhärente Gegenstrategie gegen die ihr immanenten emanzipatorischen Momente, die die bürgerliche Gesellschaft über sich selbst hinausweisen, hervorbringt, und zwar bereits in einem historischen Zusammenhang, in dem gleichzeitig die alte Produktionsweise sich in der Auflösung befindet und die neue, die kapitalistische, die sich durchzusetzen beginnt" (Grebing 1974, 26).

Diese Passage illustriert auch einen methodischen Zug in der gegenwärtigen K-Forschung, nämlich die Verbindung von geistesgeschichtlichen mit polit-ökonomischen Ansätzen. Ganz gelungen ist diese Verbindung aber noch nicht, wie man ebenfalls hier erkennen kann: K als Zügel über-

schießender Emanzipationsenergien einer dadurch ‚über sich selbst hinausweisenden' bürgerlichen Gesellschaft ist eher eine geschichtsphilosophisch als empirisch geprägte Vorstellung.
Ein zweites Interesse gegenwärtiger K-Forschung liegt in der Erhellung des spezifisch *deutschen* K, wobei häufig danach gefragt wird, ob, wie und warum der deutsche K in die Vorgeschichte und Geschichte des Nationalsozialismus verstrickt war. Ableugnen läßt sich diese Verstrickung nicht. Diesbezügliche Apologien sind nichts als peinlich; zugleich muß man einräumen, daß auch jene vor allem in den vierziger und fünfziger Jahren publizierten Pauschalvorwürfe gegen den K in Deutschland eher propagandistischen und kaum erkenntnisfördernden Wert besaßen.

5. *Revolutionärer K.* – Die interessanteste deutsche Spielart des K im 20. Jahrhundert ist der aus der Jugendbewegung um die Jahrhundertwende, der ‚völkischen' Bewegung und mehreren anderen, oft sektenhaft verschrobenen Gruppierungen gespeiste, in sich heterogene, indes durch die allen gemeinsame Ablehnung der Weimarer Republik parallelgeschaltete revolutionäre K. Der Begriff selbst macht auf das Opalisieren dieses K aufmerksam. Hier ging es gerade nicht um Bewahrung des aktuell Bestehenden, sondern um eine irrational-dynamische Verknüpfung antimodernistischer mit Modernisierungs-Gedanken. Mittels Gewalt und als Folge der Zerstörung des als perfide ungenügend empfundenen Systems von Politik, Wirtschaft, Kultur usw. sollte ein neues Deutschland geschaffen werden. Als zitierfähige Parole hatte u. a. Hugo von Hofmannsthal 1927 in seiner berühmten Rede ‚Das Schrifttum als geistiger Raum der Nation' den Begriff verwendet und als zwei grundlegende Bestrebungen der konservativen Revolution genannt: die Suche nach Bindung anstelle der Suche nach Freiheit, die Suche nach Einheit, Ganzheit anstelle immer weiterer Aufteilungen und Spaltungen. Nach einer treffenden Formulierung fühlten sich die konservativen Revolutionäre als „enterbte Konservative" (Fritz Stern), deren Lebenseinstellung, →*Gesellschaftsbild* und Weltanschauung nicht zuletzt durch das Kriegserlebnis 1914–1918 und das Desaster der unmittelbaren Nachkriegszeit geprägt wurden. Schützengraben-Romantik, Einzelkämpfer- →*Militarismus* und das zwischen Nihilismus und Führermythos (→*Führung*) oszillierende Selbstmitleid der anderenorts so genannten ‚lost generation' verbanden sich nicht nur in Deutschland zu einer brisanten Mischung aus Heilslehren und Gewaltmythos. Anders als die meisten europäischen Faschismen aber, die von den politischen Kulturen in diesen Ländern national eingefärbt und dadurch insgesamt gemildert wurden, ließen sich die deutschen revolutionären Konservativen mit dem Nationalsozialismus ein, der sie entweder korrumpierte, (eine Minderheit) in die innere Emi-

gration trieb oder (eine noch kleinere, aber beachtliche Minderheit) sogar eliminierte.
Wenn auch der eine oder andere Beobachter in vielen Zügen der ‚Studentenunruhen' der sechziger und den alternativen Bewegungen der siebziger und achtziger Jahre Elemente der konservativen Revolution zu entdecken glaubt, so erscheint eine Wiederbelebung dieser mit vielen Strudeln durchsetzten Zeitströmung vor 1933 in der Gegenwart unwahrscheinlich.

6. *Nachkriegs-K.* – Die Nähe zum Nationalsozialismus hat den K in den Jahren nach 1945 stigmatisiert, so daß man vor ihm zurückscheute. Vor dem Hintergrund einer weitverbreiteten modischen Auffassung vom ‚Ende der Ideologien' kam auch das konservative Selbstverständnis kaum dazu, sich neu zu formulieren, obwohl natürlich gerade die These vom Ende der Ideologien zutiefst konservativ ist. Gelegentliche Debatten unter Intellektuellen über Fragen wie ‚Was heißt heute konservativ?' führten zu kaum mehr als eifrigem oder elegischem Geschwätz. Nicht übersehen werden darf allerdings, daß Einzelgänger wie Armin Mohler oder informelle Zirkel wie die ihrem Vorbild zwei aufschlußreiche Festschriften widmende Carl-Schmitt-Gemeinde das subjektive Bedürfnis nach einem kämpferischen bzw. akademischwürdigen K über die fünfziger und sechziger Jahre hinweg wachhielten. Mit Beginn des folgenden Jahrzehnts wandelte sich das Bild. Zwar nicht in Verbindung mit, aber animiert von dem Aufkommen verschiedener neo-konservativer bis neo-reaktionärer Strömungen im Ausland (vor allem in den USA und Frankreich), hat in den westlich orientierten deutschsprachigen Ländern ein Prozeß der ‚Rekonstruktion des K' (Kaltenbrunner) eingesetzt. Dieses publikations-politisch sehr geschickt gestützte Unternehmen ist zwar zur Zeit über zahlreiche Bestandsaufnahmen des bisherigen und Forderungen an einen künftigen K kaum hinausgelangt. Indes verspricht der Neuaufbau einer konservativen Lehre unter Zeitumständen, in denen das Bestehende (z.B. den durchschnittlichen Lebensstandard) zu erhalten zum Problem erster Ordnung wird, einigen Erfolg. Neo-Konservative konstatieren in der Bundesrepublik Deutschland seit längerem eine neue Grundstimmung, welche die geistigen Interessen intensiv zu beeinflussen beginnt. Mag auch jene von Zeit zu Zeit von Voreiligen identifizierte ‚Tendenzwende' mehr dem Wunsch nach einer self-fullfiling prophecy entspringen, so lassen sich doch in vielen Bereichen von Kultur und Gesellschaft verstärkt konservative Impulse erkennen, nicht zuletzt gerade auch dort, wo fortschrittliche Orientierungen lange Zeit unbestritten waren, wie z.B. in der Erziehungswissenschaft.
Für Kaltenbrunner, dessen publizistische Aktivität seit längerem den Brennpunkt konservativer Erneuerungsbestrebungen darstellt, gelten die

Verhaltensforschung und die Ökologie, aber auch viele Ansätze in der Psychologie als Fundus für eine zeitgemäße Lehre vom K. „Die mit der Verschmutzung, Vergiftung und Zerstörung von Erde, Wasser und Luft zusammenhängenden Probleme von Umwelt- und Lebensschutz verleihen den typisch konservativen Tugenden des Erhaltens, Hegens und Bewahrens, der Bindung des Menschen an ihn übergreifende Ordnungen eine neue Aktualität" (Kaltenbrunner 1972, 49 f.). Die entscheidende Aufgabe einer erneuerten Lehre vom K ist die Verarbeitung der technologisch-industriellen Entwicklung und die Bereitstellung von Orientierungen zur Bewältigung dieser Entwicklung.

7. *Verlust-Erfahrung.* – Für den einzelnen Konservativen oder für die Konstrukteure eine Lehre vom K mag es heuristisch fruchtbar sein, die Kernbegriffe dieses K und entsprechende Gegenbegriffe aufzureihen, um damit die Substanz des K sichtbar zu machen. Solche Kernbegriffe sind etwa: Ordnung, Tradition, Institution, Disziplin, →*Führung,* Staat. Zu den Feindbegriffen zählen u. a.: Rationalismus, Liberalismus, Utopie, Fortschritt, Emanzipation. Beide Listen können um zahlreiche Begriffe verlängert werden, ohne daß sich doch die Vorstellung eines in sich einheitlichen K gewinnen ließe. Die klügeren unter den Konservativen und unter den kritischen Beobachtern des K stimmen darin überein, daß es einen solchen K als Lehre, analog zum Liberalismus oder Sozialismus nicht gibt. Denn das, was ‚jeweils konservativ ist', bestimmt sich je nach der geschichtlichen Lage und den nationalen Bedingungen ganz verschieden (vgl. Kaltenbrunner 1972, 38 f.). Konservatives Denken, das sich in einer ‚begrifflich einwandfreien' (Hans Barth) Lehre von Staat, Gesellschaft und Individuum verdichten möchte, gelangt in einen Widerspruch mit sich selbst und wird bestenfalls blaß, schlimmstenfalls plebejisch-militant.

So ergibt sich zuletzt als entscheidender Grundzug konservativer Haltung und ihrer verschiedenen Ausformungen in Lehren oder ‚Theorien' die als *schmerzvoll empfundene Erfahrung eines* erlittenen oder eines drohenden *Verlustes,* von *bestandsgefährdenden Krisen* des sozialen Lebens, deren Überwindung je nach Lage auch unkonventionelle Instrumentarien erfoderlich macht. Skepsis und Melancholie, aber auch Militanz und Partisanenmentalität sind Reaktionsweisen auf Verlust und Krise. Bezogen auf den deutschen K des 19. Jahrhunderts, hat Greiffenhagen (1977, 67) diese Reaktion so beschrieben: „Der Moment des Verlustes ist also der Moment der Entdeckung, der Erkenntnis konservativer Werte und Forderungen. Indem der Rationalismus sich gegen bestimmte Traditionen und Autoritäten wandte, schuf er sie gleichsam als Werte für den K. Der K bleibt in seiner Verteidigung solcher Inhalte eng an die Situation ihrer Entdeckung gebunden."

Erst vor diesem Hintergrund und der dadurch ausdeutbaren Vorstellung vom Glück wird ein keineswegs ironisch gemeintes Aperçu eines Konservativen ganz verständlich: Glückliche Gesellschaften brauchen keinen K.

Wilfried von Bredow

Literatur:

Grebing, Helga: Aktuelle Theorien über Faschismus und Konservatismus. Eine Kritik. Stuttgart usw. 1974.
Greiffenhagen, Martin: Das Dilemma des Konservatismus in Deutschland. München 1977, 2. Aufl.
Kaltenbrunner, Gerd-Klaus (Hrsg.): Rekonstruktion des Konservatismus. Freiburg 1972.
Kaltenbrunner, Gerd-Klaus (Hrsg.): Die Herausforderung der Konservativen. Absage an Illusionen. Freiburg 1974.
Mohler, Armin: Die konservative Revolution in Deutschland 1918–1932. Ein Handbuch. Darmstadt 1972, 2. Aufl.
Schumann, Hans-Gerd (Hrsg.): Konservativismus. Köln 1974.

Loyalität

→*Anomie, Entfremdung, Konformität, Moral, Politisches Bewußtsein, Protest, Vertragsprinzipien, Wählerverhalten.*

Loyalität

1. *„Loyalität" als Prozeßkategorie und soziales Tauschverhältnis.* – In sozialwissenschaftlichen Theorieansätzen bzw. Forschungsprogrammen ist der Kategorie „Loyalität" bisher kaum die Ehre widerfahren, in einer Weise definiert, gar operationalisiert zu werden, daß sich daraus ein theoretisch schlüssiger wie empirisch handhabbarer Erklärungsansatz hätte ableiten lassen. Dennoch dürfte sich mit dem Desinteresse der Wissenschaft an begrifflicher Klärung nicht auch schon die Relevanz der unter jene Kategorie subsumierbaren Phänomene und Prozesse erledigt haben.

In der Regel wird unter Loyalität (L) eine besondere Anhänglichkeit von Menschen an andere Menschen, Gruppen oder Organisationen verstanden, abstrakt gesprochen, eine affektiv getönte, positive Einstellung zu bestimmten sozialen Bezugseinheiten.

Mit dieser Begriffsbestimmung ist aber weder etwas ausgesagt über das Ausmaß noch über die Intensität einer derartigen Bindung; auszumachen ist auch nichts über das Spezifische der behaupteten Anhänglichkeit, weder über die Gründe, wieso es dazu kommen konnte, noch über die Unterschiede, die sich ergeben, je nachdem, ob es sich um zwischenmenschliche oder gruppenspezifische Beziehungen handelt oder um Beziehungen zu bürokratischen (Groß-)Organisationen bzw. abstrakten kulturellen Objektivationen, wie Staat, Verfassung, Volk, Nation etc. Wir können der Definition auch nicht entnehmen, wann und wodurch L in der beschriebenen Weise entstanden ist, wie sie sich entwickelt hat bzw. unter welchen Einflüssen und in welche Richtung sie sich verändern könnte. Ebensowenig läßt sich ihr entnehmen, ob das gemeinte Beziehungsverhältnis symmetrisch oder asymmetrisch strukturiert ist, kurz, infolge der individualistischen Perspektive des in Frage stehenden Erklärungsansatzes, der vom einzelnen als dem Träger von L seinen Ausgang nimmt, werden möglicherweise gerade die Wechselwirkungen der Bedingungsfaktoren in einem hochgradig komplexen Interdependenzzusammenhang systematisch vernachlässigt.

Tatsächlich besteht das definitionstheoretische Basisproblem einer Prozeßkategorie wie L darin, die Komplexionen jenes sozialen Tauschverhältnisses näher zu bestimmen, in dem individuelle und kollektive Erwartungen, Wünsche, Absichten und Zielvorstellungen zu jenem Syndrom verschmelzen, dessen Katalysator-Effekt im Kontext eines institutionell wie prozedural vorgegebenen, d. h. historisch spezifischen, gesellschaftlichen Funktionszusammenhanges darin besteht, den gesellschaftlichen Interaktionsprozeß ebenso effizient wie geräuschlos am Funktionieren zu halten.

Im Prozeß sozialer Interaktion ist L selbst nicht eigentlich der Zweck des Austauschverhältnisses, sondern Mittel und Medium, das System von Zwecken, zu deren Realisierung soziale Beziehungen eingegangen werden, mittels legitimatorischer Vorleistungen, wie Anhänglichkeit und Zustimmung, sozial akzeptabel, d. h. konsensfähig zu machen. Ihre Prozeßlogik ist Garant dafür, daß mit der Verläßlichkeit der Einstellungen, Einschätzungen und Handlungen anderer in dem Maße gerechnet werden kann, wie die eigene Verläßlichkeit von diesen als individuelle Bringschuld legitimerweise einkalkuliert werden darf. Die Hoffnung, daß auf die anderen Verlaß sein kann, tauscht sich aus mit der inversen Gewißheit, in den eigenen Erwartungen, Hoffnungen und Kalkülen sichergehen zu können und nicht enttäuscht zu werden. Als Medium des sozialen Austausches sichert sie die Berechenbarkeit von Neigungen und die Enttäuschungsfestigkeit von Erwartungen, erlaubt also, die sozialen Verhältnisse nicht jeden Moment neu begründen oder nur von neuem einschätzen zu müssen.

Gleichwohl sind die Quasi-Treue-Verhältnisse, die durch L strukturiert werden, als Verhältnis auf Gegenseitigkeit nicht nur auf die Wirksamkeit jener Überzeugung angewiesen, wonach die eigene →*Moral* ohne die der anderen leerliefe und umgekehrt, sondern immer wieder auch auf bilaterale Verständigung. L von anderen zu erwarten, ohne selbst zu gleichem Verhalten bereit zu sein, scheint unzumutbar; mindestens muß die mehr oder minder informelle Bereitschaft vorhanden sein, in Formen symmetrischen Äquivalententausches Gleiches mit Gleichem vergelten zu wollen.

In der Tat haben Zumutbarkeits- bzw. Unzumutbarkeitsregeln im sozialen Beziehungsgefüge nur dann einen Sinn, wenn die betroffenen Akteure sich von ihnen in Pflicht nehmen lassen und gleichzeitig bereit sind, sich einvernehmlich auf ihre Verbindlichkeit gegebenenfalls neu zu verständigen. Diese darf nicht nur propagandistisch behauptet werden. Vielmehr bedarf sie des uneingeschränkten Geltungsglaubens, d. h. der beiderseitigen Gewißheit, daß jene befolgt werden, wenn L nicht von vornherein zum Scheitern verurteilt sein soll.

Die loyale Befolgung von Verhaltensweisen, die unter dem informellen Zwang von Ls-Erwartungen und deren Zumutungen zustande kommen, setzt infolgedessen persönliche Anhänglichkeit nicht nur voraus, sondern ist selbst bereits Ausdruck ,,funktionierender", von Zumutbarkeits- bzw. Unzumutbarkeitsregeln gesteuerter, insoweit rational kalkulierbarer sozialer Beziehungen bzw. Austauschverhältnisse. Dennoch geht diese Art ,,Berechenbarkeit" nicht so weit, daß aus ihr Erzwingbarkeit erfolgte. Im Gegenteil. Gerade die formelle Nicht-Erzwingbarkeit ist das eigentlich Charakteristische einer Vergesellschaftungsform, die ihr quid-pro-quo auf L gegründet hat, selbst wenn soziale Selbstverständlichkeiten dieser Art niemals dagegen gefeit sind, einseitig, d. h. bestimmter Interessendurchsetzung zuliebe instrumentalisiert und manipuliert zu werden. Tatsächlich kommen Einstellungen und Verhaltensweisen, wie sie für Ls-Beziehungen typisch sind, ohne vertragliche Grundlagen, d. h. ohne Recht aus. Loyale Beziehungen – und ihr Funktionieren – sind gekennzeichnet durch Abwesenheit von formalisierten Reglements. Während vertraglich geregelte, in die Rechtsform sich kleidende Sozialbeziehungen eine Stufe oberhalb loyaler Beziehungen (und Beziehungsregelungen) ansetzen, sozusagen jenseits informeller Gehorsamserzwingung und sozialer Akzeptanz, ist das informelle Konditionalprogramm, das den durch L zu strukturierenden sozialen Beziehungsmustern zugrunde liegt, über die Schwelle der Verrechtlichung seiner konstitutiven, insbesondere der ihm eigentümlichen Zwangs- und Sanktionsmomente nie hinausgelangt. Es wäre freilich ein leichtes, sie auf diese Stufe der Formalisierung zu bringen. Allein, der Aufwand lohnte schon deshalb nicht, weil die eigentümliche funktionale Leistung bilateraler Verhaltenssteuerung mittels Ls- ,,Programme": daß die wechselseitigen Beziehungen relativ konfliktfrei

Loyalität

und enttäuschungsfest funktionieren, gerade darin besteht, nicht nur den informellen sozialen Austausch, sondern auch große Teile des materiellen Güterverkehrs, der über derartige Mechanismen abgewickelt wird, (relativ) störungsfrei sicherzustellen, und zwar paradoxerweise dadurch, daß – jedenfalls faktisch – an so unformale Tatbestände wie Moral, Gesinnung, Treue und Glauben, gute Verkehrssitte etc. soziale Folgetatbestände sich knüpfen lassen, die den Interessen der „Verkehrsteilnehmer" an rascher, unkomplizierter, auch unkonventioneller, nichtbürokratischer Abwicklung ihrer „Rechts"-Geschäfte entgegenkommen. Das Interesse aller Betroffenen an der (auch nichtjuristischen) Verkehrssicherheit konvergiert demnach mit jener Enttäuschungsfestigkeit, die sich Menschen, Gruppen und Organisationen im Rückgriff auf gesinnungsethische Rationalisierung, d. h. mittels L gegenseitig zusichern.

Selbst wenn mit zunehmender Bedeutung des Güterverkehrs in der entwickelten Warengesellschaft das Bedürfnis nach rechtlich erzwingbarer Durchsetzung eines bestimmten Verhaltens, d. h. nach juristisch verstandener Verkehrssicherheit, und ökonomischer Rentabilität gleichermaßen anwachsen sollte (vgl. Max Weber, Rechtssoziologie, § 8), so wird doch nicht nur normales, größtenteils informelles Alltagsverhalten, sondern es werden auch – kaum jemals richtig gewürdigt – große Teile des materiellen Güterverkehrs, auch von Herrschaftsbeziehungen, relativ reibungslos und unkonventionell abgewickelt aufgrund des weitgehend gesinnungsmäßig „verankerten" Vertrauens in die materiale L des Verhaltens aller Teilnehmer am gesellschaftlichen Verkehr.

Gleichzeitig sind ausreichend Handlungsvariabilitäten zugelassen, so daß – etwa im Falle von Abweichungen oder Verletzungen von L – nicht sofort die Falle eines Sanktionsmechanismus zuzuschnappen braucht. Solange loyales Verhalten mit einigermaßen zuverlässiger Sicherheit erwartet werden kann, brauchen Strafen – wenn überhaupt – allenfalls angedroht zu werden. Die relative Gewißheit, daß Einstellungen und Verhaltensweisen loyal funktionieren, hat sozusagen strafaufschiebende Wirkung. Bevor es zum Einsatz der spezifischen Mittel einer ultima ratio kommt, müssen Erwartungen, die sich auf die Sicherstellung von loyalen Verhaltensweisen richten, erst einmal „normal" abgearbeitet und entsprechend eingelöst worden sein. Eine Gesellschaft, auch keines ihrer Subsysteme, kann nicht dauernd strafen. Ohnehin sind demgegenüber effizienter und kostengünstiger alle Bemühungen, sie sicherstellen, daß das Verhalten ihrer Mitglieder und (institutionell ausdifferenzierten) Subsysteme auf einer mittleren Bandbreite von „Normalität" gehalten werden kann, die gegenseitige Verläßlichkeit garantiert.

Gäbe es nicht den Normalitätsbereich loyaler Verhaltenserwartungen und ebenso loyaler Verhaltenspraxis, die auf ihre Abweichungen, gar auf anomisches (→*Anomie*) Verhalten gesetzten Strafen müßten entweder leerlaufen oder ständig verschärft werden, wenn sie überhaupt eine Chance auf Durchsetzung haben sollen. Diese These läßt sich freilich auch umkehren, daß nämlich ohne den Normalitätskorridor, der durch die Bandbreiten zulässiger loyaler Verhaltensvariabilitäten markiert wird, alltägliches, ,,normales" Verhalten ständig Gefahr liefe, anomisch zu werden bzw. weder Enttäuschungsfestigkeit noch (relative) Berechenbarkeit garantiert werden könnten.

Das Bedürfnis nach konsensual geregeltem, gleichwohl elastischem Verhalten innerhalb eines Korridors ,,normalen" Funktionierens legt es infolgedessen nahe, die Weberschen Typen charismatischer, traditionaler oder rational-bürokratischer Herrschaft mindestens um den Typus konsensualer Herrschaft zu erweitern. Deren Besonderheit besteht darin, daß Herrschaftsausübung nur so lange und insoweit möglich ist – und dies gilt insbesondere für die vorherrschende Form rationaler Herrschaft –, als wesentliche Teile, wenn nicht der Zentralbereich sozialen Handelns mit individuellen Freiheitsgraden der Willensbekundung, Optionssuche und Entscheidungsfindung ausgestattet sind, in denen L als Funktionsmodus zurechenbaren, ebenso enttäuschungsfesten wie erfolgreichen Handelns obwaltet.

Es ist daher kein Zufall, daß gerade in Bereichen mit ständig steigender sozialer Kontrolle im Wege formalisierter Herrschaftsausübung – etwa im Produktions- und Distributionsbereich der Wirtschaft – Ansprüche auf loyalitätsgemäßes Verhalten sich besonders hoher Wertschätzung erfreuen.

So wird beispielsweise ein Warenhauschef unter allen Umständen davon ausgehen müssen, daß seine Mitarbeiter sich, wie es umgangssprachlich heißt, reell verhalten und er sich insoweit auf sie verlassen kann.

Zwar gibt es eine Reihe von legalen Spielregeln, die einzuhalten sind bzw. deren Nichtbefolgung mit abgestuften Strafen belegt werden – von dem Mittel der Verwarnung über Entlassung bis zur Aburteilung etwa im Strafprozeß. Soll jedoch auf die zu erwartenden, genehmen Verhaltensweisen der Mitarbeiter Verlaß sein, d. h. kostengünstig und mit geringem Aufwand an Reibungsverlusten bzw. Zeit, ohne daß die förmlichen Disziplinierungsmittel eingesetzt zu werden brauchen, dann müssen die Mitarbeiter jene externen Ls-Erwartungen als Maxime so sehr verinnerlicht haben, daß deren Verpflichtungscharakter nun nach außen als Gewissenhaftigkeit, Ehrlichkeit, Verläßlichkeit, Zurechenbarkeit etc. in Erscheinung treten kann. Als individuelle Tugend wird dabei fingiert, was in Wirklichkeit gesellschaftlich-funktionales Erfordernis darstellt; für notwendig wird aufgrund eigener Überzeugung erachtet, was faktisch Fremdwartung als unabdingbar suggeriert hat. Da die Androhung von

Strafverschärfung im Falle von Zuwiderhandlungen gegen die erwarteten, als adäquat erscheinenden und allein für zulässig erklärten Verhaltensweisen zunehmend sich abstumpfen oder aber auf eine stetig steigende Verschärfung hinauslaufen müßte – wenn anders Gehorsam sollte erzwingbar sein –, hilft allein das quasi blinde Vertrauen des Chefs auf die L seiner Mitarbeiter.
Diesen wiederum erleichtert die Verinnerlichung derartiger Verhaltensmaximen mit der entsprechend positiven Einstellung dem Betrieb gegenüber, die formellen, verrechtlichten Sozialbeziehungen, die au fond in ihm gelten, vor allem aber die mit diesen unweigerlich verknüpften Sanktionsmechanismen sozusagen links liegenzulassen, wenn nicht zu verdrängen, dann doch zu überspielen. Selbst wenn L von Mitarbeitern einer Organisation, ihren Zielen, Methoden, Praktiken und Positionsinhabern gegenüber praktiziert werden sollte, allein aufgrund von Einsicht in die realen Abhängigkeitsverhältnisse, nach dem Motto: Wes' Brot ich ess', des' Lied ich sing', bzw. aufgrund einer Rationalisierung jener Bedrohungsängste, die aus den allgegenwärtigen Strafandrohungen herrühren, die man schon aus Gründen der Risikovermeidung gar nicht erst auf sich ziehen möchte, so wird in solchen Verinnerlichungsvorgängen und ihrem spiegelbildlichen Ausagieren nach außen deutlich, daß mit ihnen asymmetrisch strukturierte bzw. hierarchisch aufgebaute Sozialbeziehungen individualethisch lediglich rationalisiert werden.
Um so wichtiger dürften die immateriellen Gratifikationen sein, die auf prompte, verläßliche, enttäuschungsfeste Erfüllung loyalen Verhaltens gesetzt werden. Darunter fallen nicht nur Belobigungen formeller Art bzw. Entlohnungen, wie informelle Anerkennung, eigens ausgeworfene, mehr oder minder symbolisch gemeinte Treueprämien etc.; gleichwohl stehen diese Formen der Entschädigung in kaum einem Verhältnis zur Bedeutung, die der Bereitschaft zukommt, in einem höheren Maße vielleicht als andere, L überhaupt unter Beweis stellen zu können. Tatsächlich können das Ausmaß und die Intensität narzißtischer Selbstbezogenheit in Sachen loyal erbrachter „Leistungen" geradezu als Maß für objektiv gelungene, zumindest für gelungen erachtete L gelten.
Diese Formen subjektiver Entlohnung erklären somit auch, wieso im Falle loyalen Verhaltens auf den Einsatz anderer Anreiz- und Sanktionssysteme in der Regel verzichtet werden kann: verinnerlichte L, sobald sie nach außen praktisch werden kann, ist sich sozusagen selbst genug. Die Befriedigung, die aus ihr resultiert, ist einerseits nur erklärlich als Ergebnis gelungener erzieherischer Konditionierung im primären Sozialisationskontext, derart, daß die Disposition, loyales Verhalten als Leistung zu erbringen, zutiefst als ethische Verpflichtung gefühlt wird, die als eigene „Tugend"-Ausstattung nach außen sich kehren darf, andererseits

aus der Übereinstimmung mit der Funktionalität, d. h. Stimmigkeit jener Verhaltensmaximen und Normen, deren Verinnerlichung von den Funktionsimperativen des gesellschaftlichen Produktions- und Reproduktionsprozesses gegebenenfalls auch gegen Widerstände durchgesetzt wird. Praktische Konkordanz von individueller Überzeugung und gesellschaftlichen Funktionserfordernissen ist das Ergebnis. Dem Modell der „organisierten Persönlichkeit" (Robert Presthus) kommt daher mehr als bloß theoretische Plausibilität zu.

2. *Zur Nutzenfunktion von Loyalität und Loyalitäten.* – Wie immer die Bereitschaft, loyales Verhalten zu praktizieren, zustande gekommen sein mag, ob aufgrund sozialisatorisch verankerter Anhänglichkeit und Überzeugung oder aufgrund einer mehr oder minder bewußten Rationalisierung sozialer Abhängigkeits- und Herrschaftsverhältnisse; wie auch immer sie sich unterm Einfluß individueller oder kollektiver Entwicklungsschübe verändern mag, mit Sicherheit kann gesagt werden, daß die Richtung, in die die affektive „Ladung" individuelles wie kollektives Handeln drängt, aber auch die Intensität der Motivationen, unter deren Einfluß es steht, den Träger von L sowohl hinsichtlich seiner Wahrnehmungsfähigkeit und Problemverarbeitungskapazität als auch hinsichtlich seines Informationsverhaltens wie seiner Handlungsorientierung entscheidend beeinflussen. Wofür er sich entscheidet, ist davon ebenso geprägt wie das, wogegen er sich wendet.
Idealtypisch gesprochen, erlaubt L infolge der dualen, symmetrischen Nutzenstruktur der Beziehungsverhältnisse, die auf ihre prozedurale Steuerungsleistung angewiesen sind, ein Verhalten, das weder allzu unkritische Bereitschaft zur Anpassung an unmittelbare Autoritätsansprüche, schon gar nicht masochistische Unterwürfigkeit ihnen gegenüber a priori an den Tag legt, noch eines, das in Formen realitätsferner Auflehnung gegenüber Autorität generell in putschistisch-nihilistische, insoweit verantwortungslose Praxis regrediert. Vielmehr scheint durch L und ihre Praxis eine Disposition zu einer Art von flexiblem Verhaltens-Konformismus ins Spiel zu kommen, der in die Lage versetzt, verinnerlichte Normen und Verhaltenserwartungen nicht allein unbefragt zu befolgen, sondern sich auch reflexiv auf sie zu beziehen, indem sie situativ auf die Bedürfnisse und Intentionen anderer Akteure appliziert und diese mit den eigenen Aspirationen in einen erträglichen Ausgleich gebracht werden.
Doch wird diese Beobachtung – für sich genommen – in keiner Weise der Ambiguität sozialer Beziehungsverhältnisse, die auf L gegründet sind, gerecht, schon gar nicht in handlungstheoretischer Perspektive. Tatsächlich sind nicht nur der Begriff „Loyalität", der sich einer empirisch hand-

habbaren Operationalisierung vorerst zu entziehen scheint, sondern erst recht die Konnotationen, die er im Streubereich seiner Praxisrelevanz mit sich führt, ambivalent. Dies wird vor allem deutlich, wenn man ihre zweiwertige Nutzenstruktur näher in Augenschein nimmt.

Nimmt man ihre Prozeßlogik ernst, dann läßt sich nicht von vornherein entscheiden, wer, wenn L im Spiel ist, ihr eigentlicher Nutznießer ist: derjenige, der sie praktiziert, oder derjenige, dem sie gilt. Handelnde und betroffene Personen bzw., abstrakt ausgedrückt, soziale Einheiten, sind dabei kaum auseinanderzuhalten. Jeder Aktor ist zugleich Betroffener, jeder Betroffene zugleich aktiv Handelnder, so lange jedenfalls, wie von der Fiktion symmetrischer Beziehungen ausgegangen werden kann.

Zunächst hat es den Anschein; als handele es sich in einem durch L strukturierten und von ihr als Handlungsmaxime angeleiteten sozialen Austausch- und Beziehungsverhältnis um eine Art von Zwei-Personen-Nicht-Nullsummen-Spiel, insofern für jeden denkbar möglichen Spielausgang die Summe der Gewinne sämtlicher Akteure (= Spieler) größer als Null ist. (Gleichwohl können sowohl die Nutzenquanten wie ihre Verteilung asymmetrisch „streuen".) Dabei repräsentieren die in den Verhaltensmaximen von L enthaltenen Steuerungsimpulse diejenigen Spielregeln, die das Verhalten aller Beteiligten im Handlungsablauf festlegen. Allerdings ist das Verhaltens- und Entscheidungsrepertoire nicht beliebig groß, sondern als endliche Menge von Entscheidungsmöglichkeiten (= Zugvarianten) vorgegeben. Dabei ist die Strategie eines jeden Aktors eine Funktion, die jeder Informationsmenge dieses Aktors eine Entscheidung bezüglich seines Verhaltens beim nächsten „Zug" zuordnet. Aus der verfügbaren Strategiemenge aller Beteiligten ergibt sich am Ende aller absolvierten Aktionen (= Züge) deren Gewinnfunktion.

Zunächst hat es nun den Anschein, als entstünden Vorteile nur für diejenigen, die als die unmittelbaren Nutznießer der ihnen entgegengebrachten bzw. zuteil werdenden L eingestuft werden können. Sie dürfen der Zustimmung ihrer Gefolgschaft beispielsweise sicher sein, egal, ob es sich um die Einschätzung von Situationen, Mitteleinsätzen oder um Ziele handelt, deren Verwirklichung ihre Handlungen anstreben.

Dennoch liegt es auf der Hand, daß auch der Erbringer von L davon etwas „hat". Insoweit sind beide Nutznießer loyaler Verhaltensweisen. Beide können L positiv „verwerten", wenn auch ihrer besonderen Lage je unterschiedlich gemäß, d. h. in Ausmaß, Form und Richtung verschieden.

Freilich ist der Vorteil, den der L an den Tag legende Akteur aus seiner Verhaltensweise bzw. aus der Reaktion auf sie zu ziehen vermag, von anderer Art als der Vorteil, den ihr unmittelbarer Nutznießer als Adressat aus ihr zieht. Hat dieser günstigstenfalls seine Interessen durchgesetzt, was ihn befriedigen mag, wird jenem Genugtuung zuteil dadurch, daß er sich in dem Identifikationszusammenhang, den seine Verhaltensweise zum Ausdruck bringt und begründet, durch die positiven Reaktionen der Gegenseite bestätigt fühlen kann. Die Gewißheit, akzeptiert zu sein, reicht ihm aus als psychisch funktionales Äquivalent, mag die Zweck-Mittel-Kombination, die die jeweiligen Identifikationszusammenhänge bestimmt – von der verschworenen Blutsbrüderschaft bis hin zum Lobbyistenverband –, noch so heterogen sein.

Infolge dieser zweiwertigen Nutzenstruktur, die L als Medium des sozialen Verkehrs erzeugt und voraussetzt, wird jede Seite, was ihre Werthaltungen, Überzeugungen, Strategien und Handlungskonzepte anlangt, für alle Beteiligten mehr oder minder berechenbar, wenn es auch nicht jene mechanische Kalkulierbarkeit ist, die vertraglich fixierte und rechtsförmlich geregelte Beziehungen beispielsweise determiniert.

Noch zuverlässiger kalkulierbar – zumindest in der Sicht der Nutznießer – wird diese (relative) Verhaltenskonsistenz, die sich auch auf die Einschätzung von Akteuren, Organisationen und ihrer „images" erstreckt, je unzweideutiger „bloße" L in Identifikation übergeht. Die durch sie motivierten und ineinandergreifenden affektiven Bindungen funktionieren dann wie ein Reißverschluß.

Verankert in den Tiefenschichten affektiver Zustimmung bzw. libidinös besetzter Identifikationsbereitschaft, entzieht sich L jedem vordergründig ansetzenden Begründungs- und Rechtfertigungszwang; dies um so mehr, je mehr die Bereitschaft wächst, die Kontrolle über die Fähigkeit zur Selbststeuerung des eigenen Tuns und Lassens an andere Bezugseinheiten (Leitfiguren, opinion leader etc.) abzugeben, d. h. Widerstand gegen Fremdverfügung aufzugeben, wie sie für die Fixierung auf Autoritäts-Gehorsams-Beziehungen charakteristisch ist (vgl. das Milgram-Experiment).

Daß es möglich ist, soziale Beziehungen via L aufzubauen und mittels L am Leben zu erhalten, verdankt sich daher in letzter Konsequenz der Besonderheit, daß ihre eigentliche Steuerungs- und Strukturierungsleistung sozusagen in Latenz gehalten werden kann. Je genauer ihre Feinjustierung „greift", d. h. je gewisser mit einem reibungslosen Funktionieren ihrerseits gerechnet werden kann, desto eher ist auf sie Verlaß. Und verläßlich ist sie um so mehr, je weniger dringlich sie im Moment ihrer Nutzung legitimiert und je weniger zwanghaft sie zur Disposition gestellt zu werden braucht.

Infolgedessen würde der Versuch, den Wirkungsmechanismus von L rechtstechnisch handhabbar zu machen, sie durch Festlegung auf Wenn-dann-Beziehungen, d. h. im Wege ihrer Substituierung durch Konditionalprogramme zu ersetzen und auf diese Weise zu rationalisieren, L und L-en beispielsweise verrechtlichen zu wollen, darauf hinauslaufen müssen, infolge der geschichtlichen Form dieser Rationalität – den Zwangscharakter wie die Allgemeinverbindlichkeit der Rechtsform betreffend – gerade das selbstregulierende Vermögen jener „freiwillig" erbrachten Zuverlässigkeit zu unterdrücken, die weder im sogenannten guten Willen des einzelnen noch in dem Teil von ihm, der als Bewußtsein in Erscheinung tritt, ganz aufgeht.

Indes läßt sich daran auch ablesen, daß derartige Beziehungen, sollen sie auf Dauer funktionieren, von der Präexistenz einer intakten politisch-moralischen Kultur zehren, von jenem Vertrauensvorschuß an Fundamentalkonsens, der keinem taktischen Kalkül geopfert werden darf, wenn er als Katalysator soll wirken können.

Tatsächlich kommen infolge der zweiwertigen Nutzenstruktur von L, die sich nicht beliebig asymmetrisch auflösen läßt, Freiheitsgrade ins Spiel, die es – zumindest idealtypisch gesehen – unmöglich erscheinen lassen, ihre „Verwertung" einseitig zu betreiben. Ls-Verhältnisse lassen sich so leicht nicht auf Maße und Gewichte, Gesetzesregeln und Festpreise beziehen, geschweige denn reduzieren. In ihnen obwalten Observanz und Schätzung – Momente von Freiheit, Übereinkommen und Konsens, kurz, nichtkontraktuelle Übereinstimmung. Das relativiert zwar die Berechenbarkeit des mit ihrer Hilfe sicherzustellenden Verhaltens, was jeder Krämerseele zutiefst zuwider sein mag, läßt jedoch offen Spontaneität und autonome, kritisch prüfende Entscheidungstätigkeit hinsichtlich möglicher Wahlalternativen in es einströmen.

Insoweit ist die Palette der phänomenologisch in Erscheinung tretenden L-en – verglichen etwa mit der Eindimensionalität eines Rechtsregeln und förmlichen Sanktionsdrohungen unterworfenen Verhaltens – in ihren Ausdrucksmöglichkeiten insgesamt variabler, „reicher", zumal individuelles Handeln infolge der ihm inhärierenden Freiheitsgrade nicht nur unterschiedliche Motivationen voraussetzt, sondern auch unterschiedliche Motivierungsfähigkeiten ins Spiel bringt, vor allem aber flexible, situationsbezogene Handhabung erlaubt.

Tatsächlich machen es diese Unwägbarkeiten, die ihren Grund in besagten Handlungsvariabilitäten haben, erforderlich, sich ständig zu vergewissern, ob die L in den in Frage stehenden Verkehrs- und Austauschbeziehungen noch „hält", d. h. wenigstens von keiner Seite in wesentlichen Belangen für verletzt angesehen wird. Bilaterale, gelegentlich auch multilaterale Rückversicherung bei allen darin Involvierten ist daher erforderlich, um das Funktionieren und die Akzeptanz dieser Verkehrsform gleichermaßen sicherzustellen. Es ist nur scheinbar ein Widerspruch, wenn infolge dieses Umstandes der Konnotationszusammenhang sozialer Beziehungen, die auf L gegründet sind, als ambivalent bezeichnet wurde.

Wenn auch nicht ständig, so ist doch gelegentlich Verständigung über die Grundlagen der zu praktizierenden Verhaltensweisen und subjektiven Einschätzungen erforderlich, zumal die ihnen zugrunde liegenden Quasi-Vereinbarungen – in Wirklichkeit soziale Selbstverständlichkeiten – sich nicht nur auf die funktionale Bewährung der in Frage stehenden Mechanismen, ihre Effizienz und Plausibilität etwa, erstrecken, sondern primär den materialen Gehalt jener Verhaltensweisen, Praktiken, Personen und Leistungen (output) sichergestellt wissen wollen, denen mittels Zustimmung und via Gefolgschaft zur Durchsetzung verholfen werden soll.

L-en begründen stategische „Linien", wodurch diejenigen, die sich dazugehörig fühlen, als die „ins" definiert, andere aber ebenso ausgegrenzt werden. Einvernehmlichkeit und Einverständnishandeln sind dabei jene Mechanismen, über die die immateriellen Äquivalente, wie affektive Bindung, Übereinstimmung in Wertvorstellungen, positive Erwartungen etc., im loyalen Beziehungsverhältnis getauscht werden. In der Tat stellen Ls-Konflikte mehr dar als bloße Formen der Konfliktminimierung und Konfliktbereinigung; in ihnen werden gleichzeitig auch soziale Auseinandersetzungen um materiale Politik-Orientierung, um strategische „Linien" und Macht-Rivalitäten ausgetragen, wenn auch primär symbolisch vermittelt.

Welche funktionale Bedeutung ihnen in diesem Äquivalententausch beizumessen ist, wird beispielsweise daran deutlich, daß zumindest durch unerwartete Aufkündigung von L bzw. einseitig in Szene gesetzte Ls-Verletzungen, Illoyalität, Leiden erzeugt wird. Die Erschütterung von Gewißheitshoffnung und Enttäuschungsfestigkeit wird jedesmal als Treffer verzeichnet. Vertrauen in die Gewißheit bewährter Verhaltensweisen und Einstellungen, mit denen bisher legitimerweise gerechnet werden konnte, wird verletzt, weil eine Aufkündigung von L bzw. Ls-Schwenks, über die man sich hätte vorab verständigen müssen, nicht erfolgten. Insofern markieren die Toleranzmargen, die mit der Erwartung loyalen Verhaltens gesetzt sind, auch Leidensschwellen. Ebenso ließe sich die Sensibilität, auf Gewißheitsenttäuschungen infolge Ls-Verletzung Wirkung zu zeigen, als Leidens-Maß interpretieren bzw. forschungsstrategisch nutzen.

Des Leidens wegen, das sie erzeugen, können L-Verletzungen offenbar nicht hingenommen werden. Faktisch jedenfalls wird illoyales Verhalten – wenn auch abgestuft – bestraft. Die Skala der gradualistisch einzusetzenden Sanktionen reicht dabei von simplen Signalen der Enttäuschung oder des Entsetzens über die „beklagenswerten Vorkommnisse", von Vorwürfen und Aufkündigung der bisherigen Beziehungen zu den sozialen Bezugseinheiten (ob Mensch oder Organisation) über apathisches Re-

Loyalität

signieren, Menschenverachtung und Zynismus bis zu Rachegefühlen und sozialer Ächtung. Im äußersten Fall wird die Umkehrung von L in Illoyalität als abtrünniges Verhalten, als Desertion und Verrat in Acht und Bann getan.

Doch nachhaltiger als die „bloß" moralische Ächtung illoyalen Verhaltens wirkt jener Bestrafungsmechanismus, der einrastet, wenn Sanktionen auf die Verletzung von L durch Drohung mit Abwanderung bzw. Ausstieg aus bislang gültigen Beziehungsverhältnissen gesetzt worden sind. Sie reichen von Maßnahmen der Selbstbestrafung (Gewissensbisse, Katatonie, Dekompensation) über den Verlust sozialer Kontakte bis zu Repressalien, wie soziale Benachteiligung, Diffamierung, Exkommunikation und Sippenhaft, von jener sublimen Form der Verdrängung und Zensurierung ganz zu schweigen, die die Geschichtsbücher umschreibt und die Annalen der Geschichte fälscht, um ewige Verdammnis bereits auf Erden verhängen zu können.

Selbst wenn, je nach wechselnder gesellschaftlicher Interpretationsmatrix, die Straftatbestände und Strafmaßnahmen historischen Formänderungen unterworfen sein sollten, woran kein Zweifel bestehen dürfte, so unterstreichen doch die Strenge und Varianz der auf Ls-Verletzungen gesetzten Strafen, welche funktionale Bedeutung eine Gesellschaft dem durch sie präventiv und repressiv zu schützenden Steuerungsmechanismus „Loyalität" regelmäßig beigemessen hat. Wegen tatsächlicher oder angeblicher Verfehlungen gegen die Erwartungen an L sozial geächtet zu werden, stellt infolgedessen nur die Kehrseite ihrer Unverzichtbarkeit für die Regelung des „normalen" gesellschaftlichen Verkehrs dar.

In der Tat ist die Lagestabilität sozialer Aggregate, die durch sie vermittelt werden, durchaus prekär. Verhaltensinkonsistenzen im Einzugsbereich loyaler Verhaltensweisen und Erwartungen sind nicht nur deshalb zu verzeichnen, weil die sie konstituierenden Handlungsvariabilitäten von innen heraus ständig sich verunsichernd auswirken, sie machen sich auch insoweit bemerkbar, als es neben eindeutig positiv gestimmten negativ motivierte L-en gibt, die mangels attraktiver, „rentabler Alternativen" noch eine Weile aufrechterhalten, bei der nächstbesten Gelegenheit jedoch von ihren unsicheren Kantonisten aufgegeben werden.

Um so wichtiger ist es für ihre Bestandserhaltung, schwankende Gefühls- und Affektlagen gegenüber internen wie externen Störungen bzw. Verunsicherungen immer wieder auszutarieren. Abweichungen von der „normalen" Gefühls-, Einschätzungs- und Praxislage müssen jedesmal aufgefangen und abgefedert werden. Zwar werden Divergenzen kurzfristig zugelassen, über kurz oder lang aber müssen sie wieder in jene Normalitätslage (rück-)überführt werden, deren Re-Stabilisierung in der Regel das Interesse aller gilt.

Selbst wenn hinsichtlich der Praxis von L, ob dies oder jenes noch hingenommen oder schon nicht mehr toleriert werden könne, nicht unbedingt Übereinstimmung zu herrschen braucht, faktisch wird es gerade dieser Praxis wegen, ähnlich wie in Konflikten um inhaltlich-strategische „Linien" sonst, immer wieder zu Auseinandersetzungen und Zielkonflikten kommen, vor allem aber zu Konflikten wegen der Toleranzmargen, die eingehalten werden sollten bzw. deren Verletzung unter keinen Umständen mehr hingenommen werden kann. In jedem Falle bedarf es der Übereinstimmung dahingehend, daß L als Verhaltensregel selbst nicht außer Kraft gesetzt werden darf.

Ls-Beziehungen sind infolgedessen alles andere als pflegeleicht. Ihnen Aufmerksamkeit zuzuwenden und Pflege angedeihen zu lassen, zieht Verausgabung von Zeit und Einsatz von Interessen nach sich. Im Gegensatz zu den durch Inanspruchnahme von Rechtstiteln beispielsweise gewährleisteten Möglichkeiten, die nicht nur Legalität verbürgen: daß alles seinen „rechten" Gang geht, sondern Legitimität gleich mitliefern, muß im Falle loyal verfolgter Handlungsabsichten nicht nur die Legitimität der vereinbarten Regeln, nach denen Handeln vor sich gehen soll, sondern auch die Legitimität der Zielvorstellungen, Optionen und strategischen „Linien" immer wieder neu gesucht, ermittelt und bestätigt werden. Die Zurückdrängung und Eindämmung der genannten Unwägbarkeiten bzw. Ungewißheiten gehört selbst noch zur Aufrechterhaltung dieser durch L verbürgten und jeweils neu zu verbürgenden systemspezifischen Lagestabilität.

Wird L aufgekündigt, weil ihre Funktionalität verbraucht scheint, sei es im Hinblick auf die Grundlagen, auf denen bisher eine Verständigung über sie erfolgte, sei es im Hinblick auf die Kriterien, anhand deren ihre relative Effektivität festgestellt und „gemessen" werden konnte, wird sie in der Regel auch zur Disposition gestellt. Unter veränderten Voraussetzungen ist eine Revision ihrer Bezugs- und Konsensgrundlagen nicht nur jederzeit möglich, sondern wahrscheinlich auch wünschenswert.

Dabei ist entscheidend, daß Veränderungen ihrer Einschätzung bzw. Abweichungen von der bisher praktizierten „Linie" des Ls-Schutzes gleichwohl sicher sein dürfen. Daß Güterabwägungen vorgenommen, Neuorientierungen in die Wege geleitet und Wahlakte zugunsten bisher gemiedener, ausgeblendeter Alternativen getroffen werden müssen, d. h. ihre Zeit brauchen, unterstreicht die Bedeutung, die dem Umstand beizumessen ist, daß Umorientierung, Abwanderung (exit) und Aussteigen im Medium von L selbst sich anbahnen und verdichten können.

Dies läßt sich an der gewichtigsten einschlägigen Verhaltensinkonsistenz, an der Aufkündigung von Ls-Verhältnissen beispielsweise, nachweisen. Zwar dürfte bereits unter normalen Umständen loyale Gefolgschaft, auf

Loyalität 156

der Grundlage von Parteiidentifikation beispielsweise, kaum ohne Bereitschaft auskommen, von prinzipiellen wie akuten Einwänden gegen bestimmte Personen, Praktiken und Strategien, die zur Realisierung der entsprechenden Organisationsziele befolgt werden müssen, Abstand zu nehmen und einschlägige Bedenken gegenüber wichtigeren Interessenkalkülen zurückzustellen. Eine Umorientierung in der Parteibindung indes, längerfristig selbst der Abfall von ihr, muß sich zunächst im Medium funktionierender Loyalität vollziehen können, wenn disruptive, unkalkulierbare Entwicklungen vermieden werden sollen (→*Parteipräferenz*).

Jede Form von L, ob entgegengebracht oder „bloß" geduldet, entwickelt eine ihr gemäße Eigenzeit, in der sie sich entfaltet, betätigt und bestätigt. Diese Gleichzeitigkeit ungleichzeitiger Eigenzeiten macht unterschiedliches Handeln und Reagieren in Ls-Beziehungen überhaupt erst erklärlich. Es wäre daher ein Mißverständnis zu glauben, der Übergang von L zu Illoyalität oder auch nur zu Zweifeln an den informellen „Geschäftsgrundlagen" loyaler Beziehungen gehe reibungslos über die Bühne, ereigne sich sozusagen auf einem Kontinuum gleichmäßig sich umschichtender Energiepotentiale. Eher paßte zur Erläuterung der in sich widersprüchlichen Entwicklung das Bild von Schwerefeldern und Masseklumpen, die unstet und diskontinuierlich in andere Aggregatzustände übergehen.
In jedem Falle müssen neue Arrangements der beteiligten Akteure vereinbart, neue Eigenzeiten akkomodiert und aufeinander abgestimmt werden. Fliegende Wechsel in Ls-Beziehungen müssen nicht nur vorbereitet, sondern auch produktiv erledigt und verarbeitet werden.
Daß dabei Humanität im Umgang miteinander ins Spiel kommt, darf freilich nicht naturalistisch mißverstanden werden. Sie ist durch praktische Konkordanz ertrotzt und somit eine, die den Konstitutionsbedingungen „offener", wechselseitiger Austauschbeziehungen Rechnung tragen muß, wenn nicht die Input-Leistungen an L mangels Schonung, Anerkennung und Respektierung in sich zusammenbrechen sollen. Dieser Umstand hat zur Folge, daß – bei uneingeschränkter Geltung von L – der Zwang zu „humanem", umgänglichem Verhalten einer einseitigen Durchsetzung von Herrschaft wenig Chancen einräumt. Jede nicht funktional sich rechtfertigende Herrschaft wird von L – zumindest prinzipiell – in Frage gestellt.
In der Tat sind im Zentrum der Kategorie geschichtliche Erfahrungen präsent, wonach in der Form konkret zu verausgabender, lebendiger Arbeitskraft prinzipiell nur ein Verhältnis der Gleichrangigkeit zum Ausdruck kommen dürfte. Wenn auch der gesellschaftliche Kontext, wie Herkunft, Status, soziale Wertschätzung usw., in dem die Verausgabung lebendiger Arbeitskraft vor sich geht, alles andere als gleich zu sein pflegt, handelt es sich gleichwohl um präsentes Arbeitsvermögen, das ohne Um-

schweife in Einsatz gehen kann. Vermittelt durch L, werden gleichgerichtete Intentionen von prinzipiell Gleichen in gesellschaftlich nützliche Arbeit transformiert, zwar arbeitsteilig organisiert, doch gemeinschaftlicher Produktion dienend.
Insoweit vermag sich in loyalen Austausch- und Arbeitsbeziehungen der einzelne ebenso wie deren gebündelte Arbeitskraft zu verwirklichen, ohne sich der Kommandogewalt politischer Herrschaft oder des Kapitals unterwerfen zu müssen. Im Gegenteil. Sie läßt sich, als loyale, gerade dadurch charakterisieren, daß sie sich gegen das Aufgesogenwerden durch Fremdbestimmung wehrt und sich jeder Überherrschung durch nicht konsentierte äußere Bestimmungsmomente, gewalttätige oder manipulative, zu entziehen sucht. Darin antizipiert sie gelungene Emanzipation. Tendenziell geht sie in Solidarität über, da sie die Zusammenarbeit mit anderen nicht ausschließt, sondern voraussetzt und mitbedingt, selbst wenn die Beobachtung kaum von der Hand zu weisen sein dürfte, daß die Fähigkeit, andere nicht nur an ihren Besonderheiten zu erkennen, sondern sie darin auch anzuerkennen, aufgrund der besonderen geschichtlichen Entwicklung Deutschlands zu einem kollektiv verpflichtenden Verhaltensstandard kaum sich hat ausbilden können.
Loyal sich verhalten impliziert gleichwohl, Fremderwartungen weder sich überdehnen zu lassen noch die eigenen Erwartungen anderen gegenüber zu überziehen, vielmehr sich zu sich selbst und anderen in ein einfaches Verhältnis zu setzen, d. h. in ein Verhältnis der Gleichheit und Gleichrangigkeit. Konkurrenz kommt erst durch konkurrierende L-en ins Spiel, die wiederum auf die Realexistenz konkurrierender Funktionseliten innerhalb vorgegebener, pluralistisch aufgespaltener gesellschaftlicher Bezugssysteme zurückverweisen.

3. *Loyalität als Funktionsbedingung gesellschaftlicher Herrschaft.* – Jeder Versuch, ,,Loyalität" jenseits individualpsychologischer Zuordnung, folglich vereinseitigender Betrachtungsweise als gesellschaftstheoretisch relevantes Phänomen zu begreifen, muß darauf abstellen, die gesellschaftliche Entwicklungslogik in der kategorialen Struktur selbst aufzuspüren. Erst wenn die funktionale Verwertbarkeit von L im ,,System der Bedürfnisse" und ihre nicht nur potentielle, sondern tatsächliche Indienststellung als strategisches Mittel zur prozeduralen Steuerung gesellschaftlicher Beziehungen, darüber hinaus ihre Funktion als Medium statussichernder und statusdistributiver Verteilung belegt werden können, vermag sie als Gegenstand von PPs zu interessieren. Die Besonderheit und spezifische Leistungskapazität individueller, loyaler Verhaltensweisen sind infolgedessen zunächst einmal auf die Struktur des ihnen vorgelagerten gesellschaftlichen ,,Werte"-Systems und seiner Unter-Systeme zu

beziehen, innerhalb deren sie sich entwickeln und ausagiert werden. Erst im Kontext gesellschaftlich ungleicher Machtverhältnisse werden sie funktional verwertbar.

Im Wege affektiv verankerter Zustimmung betreibt L nicht nur die Formierung von Innerlichkeit mittels Einübung von Werten, Überzeugungen und Normen, die durch Macht und gesellschaftliche Verfügungsgewalt präformiert sind, sie schafft gleichzeitig die Voraussetzungen dafür, daß es zur Verfestigung und Verstetigung von Herrschaft in der Gesellschaft kommen kann durch Fixierung auf deren inhaltliche Rationalität bzw. Irrationalität.

Noch jenseits der Frage, ob durch sie Herrschaft am Leben erhalten wird, die aufs bonum commune verpflichtet ist oder nicht, sich also inhaltlich zu legitimieren vermag, wird sie allein durch die Modelung des Vorgangs, in dem legitimatorische Zustimmung zu jener sich entwickelt und verfestigt, zu einer ihrer wichtigsten Funktionsbedingungen. Dies um so mehr, als mittels loyaler „Bindung" die Menschen, insoweit sie in Abhängigkeitsbeziehungen stehen, die ihrerseits in sozialen Begründungszusammenhängen ihre Ursache haben, die jeder Verausgabung von lebendiger Arbeitskraft in egalitären Arbeits- und Kooperationsbeziehungen äußerlich sind, bei der Stange gehalten werden und sich bei der Stange halten lassen. In letzter Konsequenz zielt der Mechanismus, den L „betreibt", auf die Herstellung von Identifikation mit den Zielen der Bestandserhaltung und Bestandserweiterung jener sozialen Einheiten, in denen ihr die Umtreiberrolle zugewiesen wurde.

An der Differenz zwischen individueller und Organisations-L wird deutlich, daß in dem Maße, wie die Beziehungsmuster abstrakt, sozusagen bürokratieförmig werden, der Charakter symmetrischer Austauschbeziehungen verschwindet und in einseitige, asymmetrische Dominanz-Subordinationsverhältnisse übergeht. Als soziales Verhältnis, das seine zweiwertige Nutzenstruktur und die daraus resultierende Beziehungsarbeit auf wechselseitiger Verläßlichkeit gründet, geht L infolge der ihr vorgelagerten gesellschaftlichen Rollen- und Positionsstruktur von einem relativ symmetrisch vorzustellenden Symbiose-Verhältnis allmählich in ein einseitig dominiertes Abhängigkeitsverhältnis über.

Dabei stellt sich die Frage, ob Organisationen, d. i. der Wille von Majoritäten, überhaupt in der Lage sind, sich gegenüber einzelnen, ihren Mitgliedern z. B., loyal zu verhalten oder ob es im beiderseitigen Verhältnis nicht wesentlich darauf ankommt, um das Interesse daran, nicht untergebügelt zu werden, zur Geltung bringen zu können, formale Gleichbehandlung durch Verrechtlichung herbeizuführen, d. h. auf L gar nicht erst zu setzen.

Ohnehin schlägt deren Quantität in eine neue Qualität um. Je zahlreicher diejenigen sind, die Großorganisationen gegenüber, im Verhältnis zu

Parteien und Kirchen beispielsweise, bzw. gegenüber den von diesen repräsentierten Aktionslinien L an den Tag legen müssen, je mehr darüber hinaus die einzelnen in die ihnen vorgegebenen, nicht beliebig zur Disposition zu stellenden Optionen und Handlungsorientierungen bzw. in die jeweils vorgegebene Art der Mittelwahl dieser Organisationen eingebunden sind, desto eher gelingt es diesen, sich gegenüber den von ihnen abhängigen, sie aber gleichwohl „tragenden" loyalen Mitgliedern zu verselbständigen. Dies geschieht insbesondere durch bürokratische Absonderung von allen individuellen Interessenorientierungen, folglich durch Setzung als Selbstzweck.

Der kollektive, majoritäre Wille der Großorganisation tendiert dazu, sich gegenüber dem Einzelwillen – insbesondere gegenüber dem abweichenden einzelnen – durchzusetzen, d. h. sich tendenziell alle zu unterwerfen. In dem Maße, wie die vielen einzelnen Ls-Träger in der Zustimmung zu Zielen, Methoden und Mitteleinsatz einer Organisation gleichgeschaltet werden, wird jeder einzelne im Verhältnis zu den übergeordneten Systemzwecken als das jeweils schwächere Glied in der Beziehungskette definiert. Das aber bedeutet Auflösung der zweiwertigen Nutzenstruktur von L und ihre Überleitung in ein Dominanz-Subordinations-Verhältnis auf der Basis von Befehls- und Gehorsamsbeziehungen, wenn nicht vollständiger Manipulation. Individuelle L-en, so sie überhaupt noch eine Rolle zu spielen vermögen, werden von den vorgeordneten Organisationszwecken und deren Realisierungstendenzen buchstäblich aufgezehrt. Auf dieser Stufe bildet sich L zurück zu einem Instrument der raffinierten, sanften Ausbeutung, das der Disziplinierung dient und anderslautende individuelle Interessenartikulationen niederhält.

Primär beruht ihre instrumentelle „Verwertung" auf der Ausbeutung von „Moral" als (relativ) verbindlicher sozialer Obligation. Da in der neuen Situation, in der ein symmetrisches bargaining nicht mehr möglich ist, die Interessen des Loyalitätsträgers unter die Räder geraten, hat er nur noch Schaden davon. Umgekehrt kann der Ls-Nutznießer aus dem zunehmend asymmetrischer werdenden Beziehungsverhältnis nur deswegen einen Vorteil ziehen, weil er aufgrund der abstrakten, entfremdeten, distanzierten, ihn insoweit privilegierenden Bedingungen, die er selbst nicht zu verantworten hat, automatisch in der Vorhand ist.

Unterm Einfluß dieser strukturellen Vorgegebenheiten verlieren die bisher bestehenden wechselseitigen Verständigungsmuster an Bedeutung. Entweder werden sie – im Wege der Regression – durch rohe, quasi naturwüchsige Gewaltverhältnisse ersetzt, die selber fait brut, nicht lediglich „Datum" sind, bzw. in neue, in der Regel verrechtlichte Beziehungen übergeführt, wobei die gesellschaftlichen Abhängigkeitsverhältnisse durch die Rechtsform erst sanktioniert und legitimiert werden, oder aber sie verändern sich zu asymmetrischen, einseitig dominierten Beziehungsverhältnissen, unter deren Einfluß die ehemals zweiwertige Nutzungsstruktur von L zu einer einwertigen schrumpft, womit die manipulativen Grundlagen für funktionierende Massen-L gelegt wären. Eine Funktionsbestimmung von L in den entwickelten kapitalistischen Industriegesellschaften hat dem besonderen Umstand Rechnung zu tragen, daß hier die wichtigsten Teile der produzierten Produktionsmittel noch immer in privater Verfügungsgewalt sich befinden, aus der sich die letztinstanzlichen Weisungsbefugnisse und Kompetenzen herleiten, hinter die nicht weiter zurückgegangen werden kann, nicht zuletzt jenes „Letztentscheidungsrecht", das noch im Urteil des Bundesverfassungsgerichts zur Mitbestimmungsfrage die herrschenden Machtverhältnisse ungeschminkt beim Namen nannte.

Die aktuelle Problematik von Ls-Beziehungen besteht nun darin, daß die ihnen adäquaten Verkehrsformen Traditionsschichten entstammen, die sozusagen stammesgeschichtlich älteren Datums sind. Im eigentlichen Sinne repräsentieren sie ständische, feudale Verhältnisse. Zusammengehalten durch Eid und Treueschwur, basierte deren Zirkulationsmodell auf individueller Tüchtigkeit und sozialer Auserwähltheit infolge persönlicher Fähigkeiten, gelegentlich auch infolge charismatischer „Begabung", in jedem Falle aber auf sozial vermittelter Ehre.

Demgegenüber sind die mittels L zu regelnden Verhältnisse und Vorgänge, auf die sie sich heute zu beziehen hat, die Zwecksetzungen, deren Realisierung ihr Einsatz gilt, die Zielvorstellungen, deretwegen sie affektive Bindungen „auslöst" und Identifikation erzeugt, ganz und gar moderner Natur, so daß ihr Dilemma heute darin besteht, mittels „alter", bewährter Verkehrsformen, die in einem anders gearteten historischen Kontext entwickelt wurden, neuartigen Funktionserfordernissen Rechnung tragen zu müssen.

Daß dies gelingt, jenseits ihrer genetischen Verortung in vorindustriellen Verhältnissen, stellt unter Beweis, wie elastisch und multifunktional verwendbar L als Steuerungsmedium sozialer Beziehungen auch unter veränderten Voraussetzungen zu funktionieren vermag. Eingespannt in die Dynamik sozialpsychologisch vermittelter sozioökonomischer Prozesse, selber Variable und Katalysator, besorgt sie auf der Einstellungs- und Verhaltensebene, interessenbedingt und konfliktabsorbierend, Entlastung von solchen Anfechtungen und Bestandsbedrohungen, die, würden sie nicht mittels vorgängiger Konsensbildung und Konsensvermittlung aus dem Weg geräumt, die Effizienz des Kapitalverwertungsprozesses, insbesondere aber die „Freiheit" der Entscheidungs- und Willensbildung sowohl der Agenten des Kapitals wie der Funktionseliten politisch-administrativer Zentralinstanzen beeinträchtigen müßten.

Die aus der Verfügungsgewalt über privatkapitalistische wie staatlich-administrative Ressourcen sich herleitende Entscheidungsbefugnis zur

Erzeugung und Verteilung sozialer Werte wird durch L als prozedurale Steuerungsregel abgesichert. Ihrem intentionalen Zweck zufolge schützt L den Verfügungsmodus, d. h. die Verlaufsform kapitalistischer Kapitalverwertung bzw. administrativ verfügender staatlicher Herrschaftsausübung, wie und zu welchem Zweck die Ressourcen beispielsweise eingesetzt werden sollen, durch Beschaffung massenhafter, nichtkontroverser Zustimmung. Entsprechend den Optionen und Zielvorstellungen jener sozialen Bezugseinheiten, denen ihre emotionale Bindung gilt, bildet sie die bestimmte Verfügungsweise von Kapitalverwertung bzw. Herrschaftsausübung, die letztlich auf der Verfügungsgewalt im Sinne privatrechtlicher Sanktionierung von Eigentumstiteln basiert, in der Wertstruktur der Individuen als deren Überzeugungen und Ideale, d. h. als individuelle Sekundärtugenden ab.
Mag die Identifikation mit jenen Instanzen noch so kritisch ausfallen bzw. in sich widersprüchlich, inkonsistent sein, es handelt sich gleichwohl um eine, die deren Organisations- und Funktionszwecke innerlich gleichsam akzeptiert hat. Als Mittel ist L somit ein Verfahren zur Beschaffung von Legitimität. Ihr Zweck jedoch ist die Absorption von Konflikten, die den Herrschaftsbestand, seine Positionen und deren Inhaber eventuell gefährden könnten. Insofern ist sie nicht nur Bestandsvoraussetzung, sondern gleichzeitig Funktionsbedingung privatwirtschaftlich betriebener wie staatlicher Herrschaft.
Sie sichert jedoch nicht nur die Verfügungsweise der Kapitalverwertung bzw. politischen Herrschaftsausübung ab, indem sie beide legitimatorisch abfedert, sondern bezieht sich auch auf die Ergebnisse ihrer Realisierung in affirmativer Absicht, indem sie ihnen ebenso umstandslos die erforderliche motivationale Zustimmung beschafft. Dadurch ist sie freilich an einen Willensbildungs- und Entscheidungsprozeß mit im weitesten Sinne ,,politischer" Prioritätenbildung rückgekoppelt. Gleichzeitig ,,demonstriert" sie nicht nur, daß es schlechterdings soziale Abhängigkeiten gibt, individuelle wie kollektive; sie verfestigt auch deren funktionale Notwendigkeit, indem sie beide, Verlaufsform und Resultat gesellschaftlicher Herrschaft, bestätigt und bejaht.
Es ist diese ungleiche Verteilung – formell: die Asymmetrie der Entscheidungsstruktur, materiell: die Asymmetrie der Verfügungsgewalt –, aus der sich unter Bedingungen kapitalistischer Vergesellschaftung erklärt, wieso es jener Zurechnungsformen, die sich in Ls-Beziehungen niederschlagen, zur instrumentellen Verwendung überhaupt bedarf.
Gleichwohl vermag L, da sie lediglich auf der Ebene der Verlaufsform der Kapitalverwertung bzw. des Verfügungsmodus von Herrschaft ansetzt, auf der sie freilich ihre ganze legitimatorische und integrative Kraft entfaltet, bis auf die Ebene ihrer Begründung gar nicht erst vorzudringen. Der Grund von Herrschaft wird von ihr nicht tangiert. Das macht ihre eigent-

liche ideologische Funktion aus. Indem sie das soziale Substrat, die Machtverhältnisse, auf Grund deren Verfügungsgewalt überhaupt zum Tragen kommt, jeder Thematisierung entzieht, legt sie zwischen Machtadressaten und Ausübende eine Art Knautschzone, die die gefährlichen Bewegungsenergien, die von außen oder innen bestandsbedrohend einwirken könnten, abfängt und in Lageenergie gleichsam umwandelt.
Allerdings macht das vermittelnde Dazwischentreten von L zwischen den Grund von Herrschaft und die Form ihrer Ausübung soziale Abhängigkeiten auch erträglicher – im übrigen nach zwei Seiten hin. Ihre gesundheitspolizeiliche Funktion sozusagen besteht darin, die Träger von Entscheidungskompetenzen vor allzu unberechenbaren Anfechtungen und Infragestellungen, kurz, vor Delegitimation zu schützen. Gleichzeitig fordert sie den Herrschenden Eigenschaften und Verhaltensweisen ab, wie Verläßlichkeit, Zuverlässigkeit, Toleranz, Rücksichtnahme etc., die keineswegs naturwüchsig zu entstehen pflegen (schon gar nicht unter den Bedingungen einer ungehindert sich entfaltenden kapitalistischen Warengesellschaft), sondern als Ausdruck sozial verbindlicher, zumindest opportuner Verkehrsverhältnisse erst einmal gesellschaftlich produziert und dann auch durchgesetzt werden mußten. Als Steuerungsmechanismus individuellen wie kollektiven Verhaltens verknüpft L in letzter Konsequenz die Motive von Befehlsadressaten, auch wenn deren Identifikation nur eine partielle ist, mit den umgreifenderen, entscheidungsautonomen Steuerungsimpulsen verselbständigter Zentralinstanzen, sei es in sozialstaatlich-interventionistischer Regelungsform, sei es durch privatkapitalistisch begründete Verfügungsgewalt legitimiert. Verknüpft werden Motive autonomer, isolierter einzelner mit den zweckrationalen Funktionszielen formal organisierter Handlungsbereiche, wie Organisationen, Behörden etc.
Während L auf der Werte- und Handlungsebene von Individuen diesen bei der Strukturierung von Wahrnehmung und bei der Verarbeitung einkommender Informationen Orientierungshilfen bietet, wodurch sich auch die Kosten für Informationsbeschaffung und Informationsverarbeitung senken lassen – die Handlungsvorgänge, politischen Aktionen und Akteure werden positiv bewertet, auch die Toleranzgrenzen gegenüber Zumutbarkeiten werden erhöht, so daß sich als typischer Effekt eine gewisse Elastizitätssteigerung erzielen läßt –, sichert sie auf der Ebene des (sozialen) Handlungssystems vermittels der relativen Verhaltenskonsistenz loyal eingestimmter Bevölkerungsteile die Stabilität des politisch-gesellschaftlichen Systems insgesamt, und zwar in der Form von Massen-L. Ist sie für die Individuen, die sich ihren Verhaltenserwartungen beugen, ein Mittel zur Reduktion sozialer Komplexität, so verringert sie – bezogen auf die Interessen des Gesamtsystems oder Teile

desselben – dessen bestandsbedrohende Alternativen, indem sie die Anfälligkeit seiner zweifelnden bzw. delegitimatorisch motivierten ,,Anhänger" gegenüber systemsprengenden Wahlalternativen reduziert bzw. blockiert. Indem es diese gegenüber ,,extremistischen" Strömungen, beispielsweise gegenüber den Möglichkeiten des (systemimmanenten) → *Protestes,* der offenen Rebellion, des Ausstiegs, des Exils etc. immunisiert, trägt es zur Stabilisierung des Systems insgesamt bei. Als affektiv getönte Zustimmung zu den Funktionszielen, aber auch zu den Repräsentanten sozialer Systeme integriert L diese durch Aufbietung von Sinn.

Darüber hinaus ermöglicht L als Steuerungsmedium sozialen Systemen eine produktive, ertrags- und kostengünstige Anpassung ihrer Strukturen an veränderte Umweltbedingungen, vornehmlich dadurch, daß sie die zentralinstanzlichen Entscheidungsträger von den Bedürfnisartikulationen der durch L ,,gebundenen" Anhänger, Vasallen und Parteigänger abzukoppeln erlaubt. Insoweit leistet sie freilich auch Tendenzen zur Entdemokratisierung bzw. verselbständigender Oligarchiebildung der Leitungsgremien im Michelsschen Verständnis Vorschub. L bringt die Funktionseliten in die Vorhand. Komplementär dazu läßt die Summation von L die Grenzen zwischen kritischem Selbstbewußtsein und privat-egoistischer Interessenorientierung zugunsten zunehmender Identifikationsbereitschaft mit den ,,opinion-leadern" bzw. mit den von den Leitungsgremien ausgegebenen Handlungsanweisungen verschwimmen. Kontrollverluste gegenüber eigenem Tun und Lassen, z.B. individueller Chancenwahrnehmung und Chancendurchsetzung, sind die möglichen Folgen. Erkauft wird die gesteigerte Reaktions- und Anpassungsfähigkeit sozialer Systeme vermittels zentralinstanzlicher Entscheidungsvorgaben mit Verlusten an Individuation, Eigenwille und Eigensinn.

Mag auch die Komplexität einer einmal erreichten sozialen Ausdifferenzierung Gefahr laufen zu schrumpfen, das relativ freie, ungehinderte Spiel der entscheidungsrelevanten Funktionseliten erlaubt gleichwohl – Lernfähigkeit vorausgesetzt –, relativ unbehindert durch Rücksichtnahme auf Betroffene, die Systemstrukturen den veränderten Umweltanforderungen, Bedürfnislagen und Verwertungsmöglichkeiten mehr als kontraproduktiv anzupassen. Infolgedessen werden die Erzeugung und Bereitstellung von L selbst zu einem zentralen Bestanderhaltungsproblem sozialer Systeme.

Tatsächlich wäre es ein Irrtum, zu glauben, unter L ließe sich eine Art natürliche, gar spontane und prinzipielle Zustimmungsbereitschaft aller Gesellschaftsmitglieder zu organisatorisch ausdifferenzierten Daseinsformen vergesellschafteter Lebenspraxis vorstellen. Sie ist zwar eine notwendige, nicht jedoch hinreichende Bedingung für das vergesellschaftete Zusammenleben von Menschen. Fingiert man sie als Dauerdialog aller billig und gerecht Denkenden, gar als Ergebnis eines herrschaftsfreien Diskurses mündiger Bürger, verkennt man die wirklichen Verhältnisse und setzt an Stelle von Realitäten pures Wunschdenken.

4. *Strategien zur Erzeugung und Durchsetzung von Loyalität.* – Nicht naturwüchsig vorgegeben, muß sie – im Gegenteil – gesellschaftlich erst „produziert", organisiert, verwaltet und entfaltet werden. Zu diesem Zweck bedarf es der institutionellen ebenso wie der instrumentellen Vorkehrungen, um das, was als notwendige Bedingungen des komplementären Verhältnisses von Staat und Bürgern intendiert ist, in ausreichendem Umfang sicherstellen und gewährleisten zu können.

Der ihm eigentümlichen Ressource Massen-L kann sich der Staat demnach nicht bloß bedienen, er muß sie zunächst einmal herstellen, beschaffen und auf Dauer sicherstellen. Unter den Bedingungen des interventionistischen Wohlfahrtsstaates und in der politischen Form einer sozialstaatlichen Massendemokratie sind die Mittel, mit deren Hilfe sich der Staat ein Ambiente des Wohlwollens und der affektiven Zustimmung schaffen kann, in dem die Agenten des politisch-administrativen Systems ihren Willen ungehindert entfalten und ihre Interessen nachhaltig durchsetzen können, noch am ehesten mit seinen sozialpolitischen Leistungen gleichzusetzen. Mittels der ihm gegebenen Möglichkeiten als Steuerstaat, systemkonforme Entschädigungen bereitzustellen, so lange jedenfalls, wie Wirtschaftswachstum nicht prinzipiell gefährdet ist, schafft und erhält er sich den ihm gemäßen „support". Jedenfalls scheint diese Form der Systemanbindung bisher noch immer zu dominieren, weil erfolgreich zu sein, wenn auch zwischenzeitlich neue Muster sozialer Desintegration bzw. Reintegration sich abzuzeichnen beginnen (vgl. das Paradigma vom Wertewandel).

Den Zwecken von Herrschaft gegenüber erweisen sich Menschen am ehesten willfährig, wenn ihnen L als deren Funktionsbedingung durch systematische Konditionierung im familialen wie im massenmedial vermittelten gesellschaftlichen Sozialisationsprozeß gleichsam zur zweiten Natur geworden ist. Der Vermittlungsstrategien gibt es viele.

So ist z. B. die Fiktion vom gemeinwohlorientierten Staat eine jener typischen, zeitlos gültigen Illusionsbildungen, mittels deren L im Äquivalententausch mit der Verfolgung des Allgemeininteresses durch staatliche Instanzen als individuell abzustattende Bringschuld den Menschen eingeredet zu werden pflegt. Demgegenüber wird die Wirklichkeit des realen Staates, der in der Regel instrumenteller Staat, Klassenstaat ist, weitgehend verdrängt. Angesichts einer Metaphysik des Staates, die zumal in der deutschen politischen Tradition massive Unterstützung findet, schrumpft dessen Realität als asymmetrische Verteilungsagentur geradezu auf Schimärenmaß.

Noch am ehesten eignet sich zu dem Zweck, der herrschaftsstabilisierenden Wirkung von L sich zu versichern, jene Strategie, die loyalitätsgesteuertes

Verhalten in dauerhaft unbewußte Langzeitwirkungen überzuleiten vermag. Daß dies um so eher möglich ist, je mehr die bisher konstatierbaren Leistungen, Erfolge und Sicherheiten, die eine Organisation zu erbringen in der Lage war, einen positiven Einfluß auf das gegenwärtige Verhalten bzw. auf die momentanen Erwartungsniveaus ihrer Mitglieder bzw. Anhänger ausüben, vermag die empirische Forschung an Hand des sogenannten „Primacy-Effekts" zu belegen. Von ihm profitieren die Output-Erwartungen an den Wohlfahrtsstaat auf der Basis von Massen-L in erster Linie.

Doch nicht nur im Sozialisationsbereich, verstärkt zudem durch massenmedialen Einfluß, auch in anderen gesellschaftlichen Subsystemen wird jene systemkonforme Verhaltenskonditionierung systematisch eingeübt.

Abgesehen davon, daß L als prozedurales Steuerungsmittel auch bewußt manipulativ eingesetzt wird – in der Regel von den Spitzenfunktionären einer Organisation, sei es, um die eigene Position zu festigen, sei es, um ihre Handlungsfreiheiten, unbeeinflußt von Mitgliederbeschwerden und Ausstiegsdrohungen, zu erhalten, gar zu erweitern –, wird sie nicht zuletzt verwandt zur Manipulation am Aggregatzustand der menschlichen Arbeitskraft, sei es als Kontrolle über das Arbeitsverhalten, sei es als Manipulation an ihrer Entlohnungsform.

So verzeichnet z.B. ein bekanntes „Ökonomisches Lexikon" unter dem Stichwort „Treueprämie" folgende Bestimmung: „Zusätzliche Entlohnung für langjährige ununterbrochene Tätigkeit in volkseigenen Betrieben und bestimmten technisch-wissenschaftlichen Institutionen. Die Treueprämie soll die Werktätigen an einem dauerhaften Arbeitsverhältnis mit einem Betrieb materiell interessieren und damit helfen, die Fluktuation von Arbeitskräften zu verhindern..." (Berlin 1966, Bd. 2, S. 840).

L als affektive, „treue" Bindung wird hier systematisch als Instrument betrieblicher Strategie genutzt, in der Verfügungsreserve von Lohnabhängigen solche psychischen Dispositionen zu erzeugen, daß sich mit ihrer Hilfe ein kostenoptimaler Faktoreinsatz planen läßt. Durch die Aufspaltung des als Produktivitätsprämie ausgeworfenen (garantierten) Einkommens in einen fixen Bestandteil und einen variablen Prämienteil, der sozusagen als eine Art Konsumgeld-Surplus ausgewiesen wird, läßt sich temporäre L in Dauerbindung umwandeln, Bewegungsenergie in Lageenergie. Gleichzeitig soll mittels Planung des Faktors Arbeit, wobei die menschliche Arbeit mit allen sonstigen Produktionsfaktoren gleichgestellt, folglich um ihre spezifischen Qualitäten gebracht wird, die gesamtgesellschaftliche Nutzenfunktion „Nachfragesicherung" garantiert werden („zusätzliche Entlohnung..."). Was als private Tugend gilt, „Betriebstreue", der die gesellschaftliche Anerkennung, materielle wie immaterielle, gewiß sein darf, ist auch objektiv von Wert: sie verdeckt und erleichtert das Geschäft der Intensivnutzung als Ausbeutung der Ware Arbeitskraft in ein und demselben Arbeitsgang.

Nicht anders verhält es sich mit dem Interesse des politischen Verfassungsstaates an der L seiner Bürger, in besonderer Weise an der L seiner Beamten.

Dem weltanschaulich neutralen Staat gegenüber L zu fordern, und zwar von allen ohne Ausnahme, war historisch deswegen unabdingbar geworden, weil, wäre ihm dieses Identifikationsminimum, die Legalität seiner Einrichtungen und Handlungsweisen betreffend, als verläßlicher „support" entzogen worden, der moderne Verfassungsstaat in den Zustand konfessioneller Bürgerkriege, aus deren Überwindung er selbst einmal entstanden war, wieder hätte zurückfallen müssen. Weder wäre es möglich gewesen, seinen legalen Willen gegen widerstrebende Partikularinteressen durchzusetzen, noch die Erhaltung des religiösen und weltanschaulichen Friedens nach innen zu sichern. Diesen zu garantieren, war der moderne Verfassungsstaat jedoch entwickelt worden.

Selbst wenn er sich faktisch vielfach anders verhält, so muß er doch, normativ, grundsätzlich von der Verfassungsloyalität seiner Bürger ausgehen. Es ist infolgedessen nur konsequent, wenn die Angehörigen des öffentlichen Dienstes, die Funktionskader des Verfassungsstaates, durch das informelle Ls-Erfordernis auf diesen verpflichtet werden. Abgesehen von den auf Treuepflicht- bzw. Dienstpflichtverletzungen gesetzten förmlichen Sanktionen disziplinarrechtlicher wie strafrechtlicher Art, kann sich der abstrakte Verfassungsstaat der Zustimmung seiner Mitarbeiter nicht anders versichern als dadurch, daß er sie seinen Ls-Anforderungen uneingeschränkt unterwirft. Die ehedem personalen Verpflichtungsermächtigungen, die von feudalen Beziehungen einmal ausgingen, werden sozusagen in Rechtsabstraktionen übergeführt. In der Zustimmung zu den in die Innerlichkeit des einzelnen abstrakt zurückgenommenen, gleichwohl allgemein konsentierten Wertvorstellungen, kurz, den politischen „Sinn"-Gehalten, realisiert sich L jetzt als Akzeptanz der politischen Verfassung, zumindest ihrer begrifflichen Symbole, und bestünden sie nur im flatus vocis sprachlicher Metaphern und assoziativer Wortketten, wie sie typisch sind für die dilatorischen Formelkompromisse des Verfassungsrechtskreises. Darin ist Funktionsneutralität als Distanzierung zu den konkret herrschenden gesellschaftlichen Kräften, einer bestimmten Parteienkoalition beispielsweise, konstitutiv mitgesetzt. Während die verfassungspolitische Leistung des modernen Nationalstaates bürgerlicher Prägung, wie wir gesehen haben, gerade darin bestand, feudale, ständisch geprägte Ls-Verpflichtungen in abstrakte Pflichtenethik überzuführen – anstelle der monarchischen Legitimität tritt nun die Legi-

timität des abstrakten Verfassungsstaates auf der Grundlage der Volkssouveränität –, zeichnen sich neuerdings wieder Tendenzen zu einer politischen Refeudalisierung im Verfassungsrechtskreis ab.
Anstelle von L gegenüber Gesetz und Recht („Verfassungstreue") wird L gegenüber dem bestimmten Staat, seinen konkreten Erscheinungsformen und seinen politischen Repräsentanten gegenüber gefordert („politische Treuepflicht"). Die erpreßte Versöhnung jedoch, wonach der Beamte beispielsweise „sich in dem Staat, dem er dienen soll, zu Hause fühlt – jetzt und jederzeit..." (BVerfGE, Bd. 39, S. 334 ff. [349]), wie es zuletzt im Radikalen-Urteil des Bundesverfassungsgerichts hieß, verkehrt die zu Recht vom Berufsbeamtentum erwartete L dem Normprogramm der Verfassung gegenüber in jubelnde Affirmation angesichts selbst kritikwürdigster Zustände. Statt daß sie aus dem Genuß der bürgerlichen Freiheiten entspränge, wird L im Äquivalententausch – als Kompensation für die beamtenrechtliche Privilegierung und staatliche Alimentierung – den Bewerbern für den öffentlichen Dienst zur Disziplinierung jener Freiheiten abgepreßt.
Über verinnerlichte Pflichtenethik soll L als erpreßtes Wohlverhalten Zustimmung zur konditionalen, regierungskonformen Programmierung garantieren. Das Dilemma, das der Begriff des Rechtsstaats noch zum Ausdruck bringen wollte, daß L dem konkreten Staat gegenüber notwendigerweise seine Schranke darin findet, daß die Seite des Faktischen nicht identisch werden dürfe mit der Seite des rechtlichen Sollens, wird hier einseitig zugunsten der puren Faktizität aufgelöst.
Die Erweiterung legitimer Ls-Erwartungen in Richtung Gesinnungskonformität, zumal als Voraussetzung für den Einstieg ins Privilegiensystem des bürgerlichen Beamtenstaates, dehnt freilich den Einzugs- und Kontrollbereich der staatlichen Instanzen in einer Weise aus, daß „der" Staat nun nur noch als Angelegenheit seiner Verteidiger erscheint. Der Staat aller wird damit zum Spielball und Faustpfand der wenigen Privilegierten. Er gerät in die Verfügungsgewalt derer, die über ihn ohnehin zu bestimmen und ihn für eigene Zwecke, zur Erzwingung von Wohlverhalten beispielsweise in dem von ihnen monopolistisch definierten Vorverständnis, einzusetzen in der Lage sind.
Der Sinn dieser verschärften Ls-Anforderungen besteht nun nicht nur darin, Gewissenszwang zu erzeugen, d.h. die Gewissen und Überzeugungen der Menschen den funktionalen Systemerfordernissen entsprechend zu präparieren, sondern ihnen auch das sacrificium intellectus abzupressen, den Kotau sinnfällig zu vollziehen. Legales Verhalten genügt nicht. Es muß loyal sein, d.h. die Menschen müssen „richtig" funktionieren.

Darüber hinaus sind diese Maßnahmen auch insofern funktional, als durch sie die manipulative Auswahl zwischen „linientreuen" Kandidaten

überhaupt erst möglich wird. Gleichzeitig wird sichergestellt, daß den bisher tonangebenden Funktionseliten das Definitionsmonopol hinsichtlich der Festlegung der „Linie", damit auch der Abwehr möglicher Positionsbedrohungen auch in Zukunft nicht streitig zu machen ist.
Daran, daß das politische Bezugssystem und seine Repräsentanten sich gegen den Einzug „neuer" L, sofern sie sich nicht zugleich als systemkonforme auszuweisen vermag, sperren, läßt sich ablesen, in welcher Weise L Systemaffirmation zum Ausdruck bringt, aber auch, welcher Konformitätsdruck über Ls-Erwartungen weitergeleitet wird. Gleichzeitig wird daran deutlich, daß sich soziale Systeme, sie mögen noch so sehr auf Ls-Zufuhr angewiesen sein, aufgrund der ihnen eigentümlichen Bedrohungsängste lernpathologisch abschotten, wenn sie vermutete Illoyalität zum Vorwand nehmen, Systemfremde vor dem Einzug in das von ihnen beherrschte Statussystem abzuhalten. Binnensystemisch bedingte Angst vor dem Verlust privilegierter Positionen behindert folglich die Elitenzirkulation. Der Ghettoisierung nach außen entspricht die Lagermentalität der Insider. Daß sich damit die „gute" Gesellschaft, die staatsloyale, von der „schlechten", illoyalen, separiert, verschleiert in Wirklichkeit nur das Bestandserhaltungsinteresse der gesellschaftlich Privilegierten. Schließlich hilft die programmatische Stilisierung der politischen Verfassung zur naturrechtlich entrückten Wertordnung, schon auf Erden zwei, wenn auch ungleiche „Ordnungen" zu etablieren: die eine, der zugerechnet wird, wer sich zu ihr in Affirmation ergeht, was sich in systemkonformer L „auslegt"; die andere, der zugewiesen wird, wer ohnehin mit gesellschaftlicher Diskriminierung zu rechnen hat (vgl. z. B. die gegenwärtige Berufsverbotspraxis).
Entsprechend werden zwei Klassen von Bürgern unterscheidbar: die einen, deren lauthals bekundete wertkonforme L mit entsprechenden Privilegien honoriert wird; die anderen, deren abweichendes Meinen, Fühlen und Verhalten, mit entsprechenden materiellen Einbußen geahndet, der sozialen Ächtung anheimfallen. Damit wird die asymmetrische Struktur von konkreter Herrschaft noch einmal bestätigt. L markiert die Systemgrenzen zwischen den „ins" und den „outs".
In letzter Konsequenz jedoch dürften die systematische Verwertung und Kontrolle des Faktors Arbeit – ob sie nun für Gebrauchswertproduktion im öffentlichen Bereich oder für die Tauschwertproduktion des privatkapitalistischen Wirtschaftsprozesses eingesetzt wird, ist dabei relativ gleichgültig – den Zweck verfolgen, die Spontaneität und Unberechenbarkeit menschlicher Subjektivität, die sich jeder Form von Ausbeutung zu entziehen droht, der Kuratel von Zentralinstanzen und ihren Verwertungsinteressen zu unterstellen; wenn schon der subjektive Faktor nicht ganz zu eliminieren sein sollte, so ihn doch in maschinenähnlicher Weise

zu autonomisieren und sich damit seiner Unzuverlässigkeit endgültig zu bemächtigen.

Im Gegensatz zu dem, was als ideologische Zweckbestimmung oder auch nur als Nebeneffekt von Sekundärtugenden vorgegaukelt werden mag, vorrangig setzt sich das Interesse an einer Indienststellung von L zu dem Zweck durch, die ökonomische und politische Effektivierung des gesellschaftlichen Systemganzen sicherzustellen. Schließlich wären die Menschen in der Figur und Reaktionsweise des „l'homme machine" sowohl stillgestellt als auch maschinenmäßig bewegt, brauchten die Bürger nur noch als Stammbelegschaft bei der Stange gehalten zu werden, wie ihre Belohnung mit Treueprämien es bezweckt, wäre die „Quelle" menschlicher Arbeitskraft identisch mit den Funktionserfordernissen des politischen und ökonomischen Systems.

Otwin Massing

Literatur:

Gerth, Hans, *Mills*, C. Wright: Person und Gesellschaft. Die Psychologie sozialer Institutionen. Frankfurt/a. M./Bonn 1970.
Greiffenhagen, Martin, *Greiffenhagen*, Sylvia, *Prätorius*, Rainer (Hrsg.): Handwörterbuch zur politischen Kultur der Bundesrepublik Deutschland. Opladen 1981.
Grochla, Erwin (Hrsg.): Handwörterbuch der Organisation. Stuttgart 1973.
Hirschmann, Albert O.: Exit, Voice and Loyalty. Cambridge, Mass. 1970.
Kaase, Max (Hrsg.): Wahlsoziologie heute. Analysen aus Anlaß der Bundestagswahl 1976. In: Politische Vierteljahresschrift, 18, H. 2/3, 1977.
Klages, Helmut, *Herbert*, Willi: Staatssympathie. Eine Pilotstudie zur Dynamik politischer Grundeinstellungen in der Bundesrepublik Deutschland (= Speyerer Forschungsberichte 18). Speyer 1981.
Narr, Wolf-Dieter, *Offe*, Claus (Hrsg.): Wohlfahrtsstaat und Massenloyalität. Köln 1975.
Presthus, Robert: The Organizational Society. New York 1962.
Simon, Herbert A.: Entscheidungsverhalten in Organisationen. Eine Untersuchung von Entscheidungsprozessen in Management und Verwaltung. Landsberg am Lech 1981.
Weber, Max: Wirtschaft und Gesellschaft. Grundriß der verstehenden Soziologie. 5., revidierte Ausgabe. Tübingen 1976.

Machiavellismus

→*Aggression, Autoritarismus, Dogmatismus, Konservatismus, Moral, Propaganda.*

Historischer Bezug. – Mit dem Begriff des Machiavellismus (M) werden Schlagworte wie ,,der Zweck heiligt die Mittel; Suspendierung der Ethik und →*Moral* vom politischen Handeln; skrupelloser Einsatz von Gewalt zur Erlangung von Macht" assoziiert. Der Begriff des M wurde durch die Jesuiten, Habsburger und Bourbonen als Schimpfwort für ihre politischen Gegner popularisiert, also von Kreisen, die sich durch ein Höchstmaß rationalisierter Machtausübung zur Erreichung ihrer Ziele auszeichneten, sich also perfide des M bedienten. Kaum ein Klassiker ist so widersprüchlich interpretiert worden wie Niccolo Machiavelli (1469–1527) mit seinen Hauptwerken Il Principe (1513) und Discorsi (1522). Er galt als Zyniker, Patriot, Demokrat, Antichrist, Ratgeber für Diktatoren, engagierter Humanist, Moralist, Polit-Krimineller, Neutralist, kalter Technokrat, objektiver Analytiker, Genie, Pragmatiker, Theoretiker, des Teufels Advokat. Dennoch muß man ihn primär als politischen Realisten sehen, dessen Analyse des politischen Handelns im Italien des 15. Jahrhunderts die Wende mittelalterlichen Denkens zur Neuzeit dokumentiert und Nachwirkungen bis in heutige Staatslehren zeigt. Das Motiv des politischen Handelns ist das reine Machtinteresse.

Machiavelli hat die Eigengesetzlichkeiten des Politischen ins Bewußtsein gebracht, Gesetzmäßigkeiten der Einflußnahme, Manipulation und Machtausübung, wie sie vor allem auch im Kultur-, Wirtschaftsleben und Wissenschaft zu finden sind. Er hat Handlungen und Strategien konkretisiert, die je nach Situation Erfolg oder Mißerfolg bringen. Er hat die Mechanik der Machtapparaturen seiner Zeit aufgedeckt und die Politiker auf die Vorteile aufmerksam gemacht, sich ihrer zu bedienen. Der Dauerkonflikt zwischen Ethik und Politik ist spätestens seit Machiavelli ein unverlierbares Erbe im politischen Denken und Handeln. Machiavelli gilt als Vorläufer soziologischer Konflikttheorien. Als begrenzt theoretischer Ansatz reichen seine Arbeiten aber nicht aus, das Ausmaß und die Brutalität sowie die soziale Bedingtheit menschlicher Überlebenskämpfe im 20. Jahrhundert auch nur annähernd zu beschreiben.

Erst die Analyse seines Gesamtwerks vor dem Hintergrund seiner Zeit zeigt, daß Machiavelli zwar resignierend die politischen Zustände beschrieb, aber doch keinen Zweifel aufkommen ließ, daß er die demokratische Regierungsform für die beste hielt. Macht kann nur durch Gegenmacht gezügelt werden. In dem dialektischen Verhältnis von Herrschaft und Opposition liegt die Grundlage der Freiheit, die soziologisch gesehen ein Ausbalancieren der Kräfte bedeutet (Burnham 1949, 97). Aber gerade diese Sichtweise ist nahezu allen sozialwissenschaftlichen Konzepten des M fremd geblieben.

Der Definitionsversuch der Psychologie. – M ist ein vager, mehrdeutiger und kontroverser Begriff, was sich darauf zurückführen läßt, daß die Politik- und Sozialwissenschaftler Machiavellis Ansichten i. d. R. nur als einen projektiven Rahmen für ihre eigenen zeit- und situationsabhängigen Reaktionen verstehen, durch den sie – weltanschaulich bedingt, häufig implizit – ihre eigene Art der Einflußnahme manifestieren wollen. Seitens der *Psychologie* liegt nur *ein* regulierender Definitionsversuch von Christie & Geis (1970) vor, der das überwiegend negative M-Bild des Alltagsverständnisses aufgreift. Alle weiteren Arbeiten in der Psychologie legen den zum M-Konzept entwickelten Fragebogen (eine deutsche Version, vgl. Henning & Six 1977) o. a. Autoren zugrunde. Christie und Mitarbeiter entwickelten zunächst anhand eines hypothetischen Rollenmodells folgende abstrakte Charakteristika von Personen, von denen man annahm, daß die effektive Kontrolle anderer ihr erklärtes Ziel ist:
(1) Ein relativer Gefühlsmangel in den zwischenmenschlichen Beziehungen. Sympathien würden nur einen skrupellosen Einsatz von Manipulationstechniken und Intrigen behindern.
(2) Eine geringe Bindung an gängige →*Moral*vorstellungen, Normen und Konventionen. Täuschmanöver, Lügen, Halbwahrheiten werden unter dem Aspekt der Nützlichkeit gesehen.
(3) Ein Mangel an neurotischen und psychotischen Verhaltenstendenzen. Wer andere beeinflussen will, muß realitätsangepaßt sein und die Schwachstellen seiner Mitmenschen ausfindig machen können.
(4) Geringe ideologische Bindungen. Selbst bei Mitgliedschaften in ideologisch gebundenen Organisationen ist man primär an taktischen Aktionen interessiert, um das jeweils Machbare erfolgreich durchzusetzen.

Als Mitglied des ,,Center for the Advanced Study of Behavior Sciences, Palo Alto, Calif." interviewte Christie seine Kollegen in den dortigen Seminaren. Jeder dort galt als ,,Star" in den Sozialwissenschaften oder als einer ihrer Protégés. Die unstrukturierten, informellen Interviews über das Verhalten der Mächtigen in den Organisationen, Komitees und Forschungsgemeinschaften bestätigten in geradezu erschreckender Weise die o. a. vier charakteristischen Aussagen einer hypothetischen machiavellistischen Persönlichkeit. Diesem Hinweis Christies ist eine höhere politische Wirksamkeit beizumessen, als man sie möglicherweise in die jährlich ca. 15 neu publizierten Arbeiten zum M hineininterpretieren könnte.

Professionelle Beeinflussung. – Während Christie nur das machiavellistische Verhalten seiner Berufskollegen belegt, gelingt es Andreski (1974, 10) in seinem Buch zu zeigen, „wie bei der Erforschung der menschlichen Angelegenheiten Ausrede und Täuschung i. d. R. profitabler sind als Wahrheit". Hier ist nicht mehr der M Forschungsgegenstand der PPs, sondern die Produktion und Verwertung der wissenschaftlichen Ergebnisse selbst werden der Wirkungsweise des M bezichtigt. Dies bedeutet politisch, daß die wissenschaftliche Elite die Mitglieder der Gesellschaft „blufft" und gleichzeitig der politischen Elite Legitimationshilfen für ihr Handeln, d. h. für ihren sozialen, politischen und wirtschaftlichen Machtkampf zur Verfügung stellt. Jede Gesellschaftsstruktur weist darüber hinaus soziale Rollen auf, die einer legitimierten Form der Beeinflussung menschlichen Verhaltens dienen. Es sind dies nicht zuletzt gewisse Rollen von Psychologen, Soziologen, Politologen, Psychiatern, Ärzten, Sozialarbeitern, Priestern, Journalisten, Autoren, Pädagogen und den Stars des kulturellen und sportlichen Lebens. Die Beschäftigung mit M kann in diesem Rahmen dann nur die Aufgabe haben, den Angehörigen der Nicht-Eliten zu zeigen, welches die vielfältigen Mechanismen sind, derer sich die erfolgreichen Polit-Techniker und die anderen Professionellen bei der Manipulation menschlichen Verhaltens bedienen. Diese Zielsetzung wird im M-Konzept der Psychologie bisher jedoch noch nicht thematisiert (s. a. →*Propaganda*).

Persönlichkeitsmerkmal. – In der empirisch-experimentellen Psychologie wird der M ausschließlich als Persönlichkeitsdisposition behandelt. Das Konzept basiert auf keiner explizit formulierten Theorie, wie z. B. der →*Autoritarismus*, der →*Dogmatismus* oder die Eysenckschen R/T-Dimensionen. M wird als dreidimensionales Konstrukt angesehen:
– das taktische Vorgehen im Umgang mit anderen,
– die Vorstellungen über die menschliche Natur,
– die Vorstellungen über moralische Prinzipien.
Zu diesen Dimensionen wurden u. a. nach Machiavellis Arbeiten Fragen ausgewählt und konstruiert und nach testtheoretischen Kriterien zu einer M-Skala zusammengestellt (vgl. dazu Henning & Six 1977). Die Forschungsarbeiten der Psychologie beschränken sich nun i. d. R. darauf, diese Skala mit den Ergebnissen der selben Personen in anderen Persönlichkeits- und Einstellungsskalen zu korrelieren und die mittleren M-Punktwerte ganz bestimmter Teilgruppen in der Stichprobe miteinander zu vergleichen. Auf diese Weise etabliert sich dann das M-Konzept der empirischen Psychologie. Die wichtigsten Ergebnisse (vgl. z. B. Krampen 1980) sind in der folgenden Übersicht zusammengefaßt. Es ist dabei zu beachten, daß neben dem M auch die übrigen Variablen oftmals nur

Machiavellismus

Zusammenhang zwischen M und anderen Persönlichkeits- und Einstellungsvariablen:				M-Werte in verschiedenen Stichproben:	
hoch *	niedrig **	kein	negativ	niedrig	hoch
externale Kontrolle	direktive Einstellungen (FDE)	→ *Autoritarismus* (F-Skala)	Berufszufriedenheit	weiblich	männlich
→ *Anomie*	→ *Aggression*	Radikalismus (Eysenck)	differenzierte Wahrnehmung interpersonaler Konstrukte (Kelly)	jüngere Vpn	ältere Vpn
→ *Dogmatismus*		Intelligenz		Studenten	Berufstätige
	Risikobereitschaft			päd. Berufe	techn. Berufe
		soziale Mobilität		Gehaltsindex 100	Gehaltsindex 120
				amerikanische Vpn	deutsche-niederländische-chinesische-Vpn

* ca. 30 % gem. Varianz   ** ca. 10 – 20 % gem. Varianz

unzureichend definiert sind oder nur sehr spezifische Bedeutungen aufweisen, so daß vor unüberprüften Verallgemeinerungen nachdrücklich gewarnt werden muß.

Für die PPs läßt sich als ein wichtiges Ergebnis ableiten, daß M und *politischer Extremismus* divergierende Bereiche sind und keinen nachweisbaren Zusammenhang aufweisen. Der M ist unabhängig von →*Konservatismus* und progressiven Neigungen. Er läßt sich z. B. klar von der Eysenckschen Radikalismus-Dimension trennen. Zusammenhänge mit der F-Skala (Faschismus-Skala) sind widersprüchlich oder nicht vorhanden. Machiavellisten sind bei der Forderung nach politischen Veränderungen zurückhaltend, solange die Alternativen und Konsequenzen nicht klar erkennbar und kalkulierbar sind.

Den übrigen Resultaten der empirischen M-Forschung haftet das Attribut einer apolitischen und die Fakten eher verschleiernden ,,Meinungsforschung" an.

Eine originelle *Validierungsstudie* ist von Falbo (1977) zum Bereich der interpersonellen Machtstrategien durchgeführt worden. 91 % der von Studenten selbst mitgeteilten Handlungsstrategien zum Durchsetzungsvermögen und Machtverhalten wurden in 16 Kategorien kodiert, die mit Hilfe eines MDS(ALLSCAL)-Verfahrens zu einem zweidimensionalen Beschreibungsmodell (rational/nicht-rational vs. direkt/indirekt) vereinfacht werden konnten. Regressionsanalytisch wurden dann mehrere Persönlichkeitsvariablen auf das Modell projiziert. M ist in dieser Untersuchung eindeutig mit den indirekten und den nichtrationalen Handlungsstrategien assoziiert. Diese sind hier: Intrigen spinnen, Anspielungen provozieren, jmd. täuschen, unechte Gefühle vortäuschen und einsetzen, jmd. bewußt in andere Stimmung versetzen, schmeicheln, flunkern, Notlügen verbreiten. Dagegen sind die nicht-machiavellistischen Tendenzen mit: Beharrlichkeit, mit jmd. Fraktur reden, seine Rechte geltend machen, assoziiert. Das M-Konzept weist 74 % gemeinsame Varianz mit der Anordnung der 16 Handlungsstrategien in der zweidimensionalen Lösung auf.

Insgesamt gesehen muß das M-Konzept der Psychologie skeptisch beurteilt werden. Es fehlen z. B. die Einbeziehung situativer Variablen und die von handlungstheoretischen Aspekten völlig. Ansätze eines generellen Interaktionsmodells des M von Christie & Geis (1970, 350 f.) sind über bloße Formulierungen nicht hinausgekommen.

Ein Definitionsversuch der Soziologie. – Seitens der Soziologie beschränken wir uns auf eine Definition von Burnham (1949, 8), die den konstruktiven Gegenpol zum psychologisierenden M-Konzept darstellt und die sich etwa an aktuellen Ereignissen (z. B. Pazifismus-Bewegung; politische Veränderungen in Polen) leicht exemplifizieren läßt.

M ist danach eine Position, die die nüchterne Beschreibung der Politik als *sozialen Machtkampf* zum Ziel hat. Folgende Prinzipien definieren den M als eine Tradition politischen Denkens, die den Bezug auf moralische und weltanschauliche Positionen meidet und den politischen Prozeß und das Handeln als einen Kampf um die Macht analysiert. Nach Burnhams Verständnis (1949, 225 f.) läßt sich das machiavellistische Prinzip in moderner sozialwissenschaftlicher Terminologie folgendermaßen formulieren:
- Bei der wissenschaftlichen Analyse politischer und sozialer Phänomene sind die wahrnehmbaren sozialen Tatsachen nicht isoliert zu betrachten und nicht von ihrer historischen Genese und Analogie zu trennen.
- Das Grundthema ist der Kampf um die soziale Macht in seinen verdeckten und offenen Formen. Der politische Gedanke befaßt sich mit Begriffen wie ,,Wohlstand, Lebensqualität, Gemeinsinn u. a." nur insoweit, als sie bei der Erhaltung der Macht notwendig erscheinen.
- Die Gesetzmäßigkeiten des politischen Lebens und der politische Sinn des gesprochenen und gedruckten Wortes lassen sich nur in der Konfrontation mit den realen sozialen Tatsachen finden. Traditionelle Meinungs- und Fragebogenforschung geht an den existentiellen Problemen vorbei.
- Sozialer Wandel ist selten durch rationale Handlungen und logisches Vorgehen bestimmt. Subjektive Interessen, pragmatische und situative Faktoren, sozial-bedingte Umweltwahrnehmung sind die Katalysatoren des sozialen Lebens.
- Das politische und soziale Geschehen ist nur erklärbar, wenn die allerwichtigste soziale Trennung beachtet wird, diejenige in Herrscher und Beherrschte, in die verschiedenen Eliten (politische, militärische usw.) und die Nicht-Elite, die Mehrheit.
- Die strukturelle Zusammensetzung der Eliten, ihre Beziehungen zueinander und die zur Nicht-Elite ,,machen" Geschichte, selten die Massen, einzelne Persönlichkeiten oder bestimmte Institutionen.
- Das Hauptziel der Eliten ist der Ausbau ihrer Einflußnahme und die Erhaltung ihrer Machtpositionen und Privilegien.
- Die Herrschaft der Eliten beruht auf Gewalt und der Kontrolle sozialer Steuerungsmechanismen. Die Gewalt wirkt oft nur als latente Drohung. Folgen der sozialen Steuerung sind oft unbewußte Irreführung, Schaffung von Informationsdefiziten, Meinungsmanipulation, latente Verhaltensmodifikation und -kontrolle.
- Die soziale Struktur wird durch politische Formeln ideologischer, religiöser oder mythologischer Art integriert und aufrechterhalten. Demokratie ist z. B. der Mythos der ,,Selbstverwaltung", der mit ,,keiner

wirklichen oder möglichen sozialen Realität überein"-stimmt (Burnham 1949, 238).

- Unterschiede in den sozialen Strukturen verschiedener Gemeinschaften lassen sich nicht durch weltanschaulich fixierte Zielsetzungen bestimmen, sondern nur durch die *gemeinsame* Berücksichtigung folgender Beurteilungsfaktoren:
  a) die Leistungsstärke einer Volkswirtschaft,
  b) das erreichte Zivilisationsniveau, d. h. das Innovationspotential und den Grad des materiellen und kulturellen Fortschritts,
  c) die Freiheit des Individuums, d. h. seine Sicherheit vor willkürlicher und unverantwortlicher Macht- und Gewaltanwendung.
- In jeder Elite konkurrieren aristokratische und demokratische Tendenzen, die die Macht ihrer Mitglieder beibehalten wollen bzw. die, die neue Elemente von unten in die Elite einbringen wollen.
- Keine soziale Struktur ist stabil und statisch. Der permanente soziale Klassenkampf ist lebensnotwendig, d. h. die demokratische Tendenz der Erneuerung der Eliten ist auf Dauer durchsetzungsfähiger.
- Periodisch auftretende, rapide Verschiebungen in der Struktur von Eliten führen jeweils zu größeren sozialen Umwälzungen.

Handlungschancen. – Die Erklärung menschlichen Verhaltens in seiner gesamten Komplexität durch hypothetische Einstellungssysteme in Verbindung mit Situations- und Handlungstheorien überfordert die Sozialwissenschaften. Die Konstruktion von Verhaltensmodellen in begrenzten Handlungsfeldern scheint dagegen lösbar zu sein.
Es kann erwartet werden, daß der M als ein Verhaltensmodell des politischen Menschen expliziert werden muß, das vor allem *Informationen über Handlungsspielräume und -chancen des Individuums in einem komplexen Sozialsystem* abgibt. Die Brauchbarkeit der beiden vorgestellten M-Konzepte läßt sich nur anhand von Kriterien beurteilen, die a) wissenschaftstheoretischen Forderungen standhalten und b) aus dem jeweils eigenen Verständnis von PPs (z. B. als selbstkritischer Ansatz wiss. Tätigkeit) ableitbar sind. Vor diesem Hintergrund sind beide bisherigen psychologischen Definitionsversuche zum M unter beiden Aspekten nur ein jämmerlicher Beitrag zu einem Verhaltensmodell des politischen Menschen.
Die möglichen Implikationen des sicherlich nicht ohne Widersprüche bleibenden M-Konzepts von Burnham scheinen deutlich fruchtbarer. Allerdings kann eine derart lineare Theorie, die jegliche Form gesellschaftlichen Handelns auf die Suche und den Kampf um Macht reduziert, den Anforderungen eines auch prognostischen Verhaltensmodells nicht ausreichen, wenngleich mit dem Machtprinzip die Hauptkomponente expli-

ziert sein dürfte. Welche Informationen liefert Burnhams M? In seiner Mehrheit existiert der politische Mensch als „Beherrschter". Die hervorragendste Eigenschaft ist seine politische Passivität. „Alles, was sie wünschen, ist ein Minimum an Sicherheit und die Chance, ihr eigenes Leben zu führen und ihre Angelegenheiten selbst zu regeln" (Burnham 1949, 81).
Das Ziel des „Herrschenden" ist es, den eigenen Interessen zu dienen, seine Macht zu bewahren. „Keine Theorie, kein Versprechen, keine Moral, kein noch so guter Wille, keine Religion kann die Macht in Schranken halten. Weder Priester noch Militärs, weder Arbeiterführer noch Geschäftsleute, weder Bürokraten noch Feudalherren unterscheiden sich in diesem Punkt voneinander" (Burnham 1949, 247). Die Macht der Herrschenden kann nur durch die Macht der Beherrschten in Grenzen gehalten werden und diese einschränkende Macht, die Grundlage von Freiheit, wird durch die Existenz *und* die Tätigkeit von Opposition verkörpert. Und in diesem Punkt sind auch die denkbaren Handlungschancen (vgl. Hondrich 1975, 74) begründet.
Geld, Vernichtungswaffen und institutionalisierte Normen steuern oder verhindern individuelles Handeln. Soziale Konflikte werden nicht ausgetragen, sondern zu Individualkonflikten erdrückt. Wenn die einzelne Person spürt, daß sie gegenüber den sozialen Systemen, die ihre Existenz steuern, kaum noch etwas ausrichten kann, dann bleibt ihr nur eine *Handlungsstrategie:* Sie muß dem sozialen System, der jeweiligen Elite, mit gleichen Mitteln antworten, d.h. durch Solidarisierung und Konsensbildung der Individuen muß das bestehende System zur Reaktion auf bestimmte Ansprüche gezwungen werden oder es müssen in einem weiteren Schritt alternative Sozialsysteme organisiert werden. Opposition, die keine wirkliche soziale Kraft darstellt, ist in bezug auf die Macht so unbedeutend wie früher die Hofnarren.

H. Jörg Henning

Literatur:

Andreski, Stanislav: Die Hexenmeister der Sozialwissenschaften. München 1974.
Burnham, James: Die Machiavellisten. Verteidiger der Freiheit. Zürich 1949.
Christie, Richard, *Geis,* Florence, I.: Studies in Machiavellianism. New York 1970.
Falbo, Toni: Multidimensional Scaling of Power Strategies. Journal of Personality and Social Psychology 35, 1977, 537–547.
Henning, H. Jörg, *Six,* Bernd: Konstruktion einer Machiavellismus-Skala. Zeitschrift für Sozialpsychologie 8, 1977, 185–198.

Hondrich, Karl O.: Menschliche Bedürfnisse und soziale Steuerung. Reinbek 1975.
Krampen, Günter: Machiavellismus und Kontrollüberzeugungen als Konstrukte der generalisierten Instrumentalitätserwartungen. Psychologische Beiträge 22, 1980, 128–144.

Methodologie und Methoden

→ *Demoskopie, Dogmatismus, Politisches Bewußtsein, Psychobiographie.*

Mit *Methodologie* (Methodenlehre, M) wird die Gesamtheit der normativ gesetzten Regeln bezeichnet, die die Vorgehensweise bei der Entwicklung und Anwendung von Methoden zum wissenschaftlichen Erkenntnisgewinn vorschreibt. M in diesem Sinne ist also gleichbedeutend mit *Wissenschaftstheorie*. Aussagen über Wissenschaftstheorien (Meta-Theorien) sind, über die Analyse auf Widerspruchsfreiheit hinaus, letztlich nur auf der Basis einer wiederum übergeordneten Theorie (Meta-Meta-Theorie) möglich, die ihrerseits normative Entscheidungen beinhalten muß.

Methodologische Positionen. – In der PPs gibt es *weder eine einheitliche noch eine eigenständige M*. Unabhängig davon, ob man PPs als Teildisziplin der Sozialpsychologie oder als interdisziplinären sozialwissenschaftlichen Forschungsansatz versteht oder auch Psychologie insgesamt als eine politische Wissenschaft betrachtet, kann sich eine M nur auf alle Sozialwissenschaften beziehen. Unter den von Psychologen vertretenen wissenschaftstheoretischen Positionen (siehe z. B. Schneewind 1977) haben sich im Bereich der PPs einige als dominierend erwiesen, so daß es gerechtfertigt erscheint, hier nur diese Ansätze zu berücksichtigen. Idealtypisch betrachtet, lassen sich dann drei Hauptpositionen benennen: der *Kritische Rationalismus* (KR), die *Kritische Theorie des Subjekts* (KTS) und die *Kritische Psychologie* (KPs); einige wichtige Vertreter dieser Positionen: Hans Albert und Theo Herrmann für den KR, Klaus Horn und Alfred Lorenzer für die KTS und Klaus Holzkamp und Karl-Heinz Braun für die KPs.

Pragmatische Positionen. – Bei Betrachtung der psychologischen Forschungspraxis lassen sich neben Vertretern dieser Positionen auch noch Gruppen von – eher pragmagischen – Wissenschaftlern mit weniger betonten wissenschaftstheoretischen Grundsätzen finden.
Die sicherlich größte Gruppe bedient sich zwar der, auf der Grundlage des logischen Empirismus entwickelten, empirisch-analytischen Metho-

den, enthält sich aber jeglicher expliziten methodologischen Reflexion. Eine zweite Gruppe, die im Bereich der PPs stärker vertreten ist, vermutlich weil hier das Wertproblem eher thematisiert wird, besteht aus den „dem traditionellen Wissenschaftsverständnis unter der Fahne der Wertfreiheit verschriebenen" (Moser 1979, S. 28). Diese stimmen mit den Vertretern des KR nicht nur in der Beurteilung der Angemessenheit der empirisch-analytischen Methoden überein, sondern auch in einem grundsätzlichen, methodologischen Postulat, eben der Wertfreiheit der Forschung. Diese Forderung beinhaltet die Notwendigkeit – und damit natürlich auch die Möglichkeit – einer Trennung zwischen individuellen, politischen Interessen der Forscher und ihren wissenschaftlichen Erkenntnissen.

Die Auffassungen dieser beiden pragmatischen Gruppen lassen sich logisch problemlos unter die M des KR subsumieren. Zwar ist das Ausmaß wissenschaftstheoretischer Reflexion unterschiedlich, aber in der Vorgehensweise entsprechen sie sich vollständig.

Anders sieht dies bei der dritten Gruppe innerhalb der „Pragmatiker" aus. Sie erachten zwar das Inventar der empirisch-analytischen Methoden als notwendig und hinreichend für die wissenschaftliche Arbeit, akzeptieren aber nicht den Anspruch der Wertfreiheit der Forschung. Die Vertreter dieser Richtung teilen in diesem Punkt die Kritik der KTS und der KPs am KR; sie differenzieren den Wissenschaftsprozeß in drei Stufen: 1. die Stufe der Auswahl der zu untersuchenden wissenschaftlichen Problemstellungen *(Entdeckungszusammenhang)*, 2. die Stufe der Theorienformulierung und -überprüfung *(Begründungszusammenhang)* und 3. die Stufe der praktischen Konsequenzen der Theorieanwendung *(Verwendungszusammenhang)*.

Vertreter des KR erkennen davon nur die 2. Stufe als wissenschaftlich relevant an, die beiden anderen Stufen haben für sie subjektiven bzw. moralischen Charakter. Entgegen einem manchmal geäußerten Vorurteil, behaupten sie nicht, daß diese Stufen nicht existieren oder unwichtig sind, sie halten es aber für möglich und notwendig, dezisionistische und wertbehaftete Aspekte vom wissenschaftlichen Prozeß abzutrennen. Eben diese Möglichkeit wird aber von den Vertretern der KTS, der KPs und auch der genannten dritten Gruppe der pragmatischen Forscher prinzipiell bestritten. Für sie ist die Reflexion über Forschungsgegenstand und mögliche Forschungsauswirkungen untrennbarer Bestandteil wissenschaftlicher Arbeit. Während Anhänger der KTS und der KPs daraus die Konsequenz ziehen und den Versuch unternehmen, alternative Methoden zu entwickeln, die ihrem Wissenschaftsbegriff entsprechen, halten die „Pragmatiker" an den überlieferten, empirisch-analytischen Methoden fest. Daher ist auch eine eindeutige Zuordnung dieser Gruppe zu einer der methodologischen Hauptpositionen nicht möglich. Vom KR unterscheiden sie sich in der Beurteilung des Wertproblems, von der KTS und der KPs in der Bewertung der Angemessenheit der herkömmlichen methodischen Verfahren. Aus der Sichtweise des KR wird diese Gruppe sicherlich zu den „Instrumentalisten" gerechnet, denen es nicht um die Wahrheitsannäherung von Theorien geht, sondern um die Erreichung außerwissenschaftlich gesetzter Ziele. Für die KTS und die KPs handelt es sich wegen der Übernahme der empirisch-analytischen Methoden um „positivistische" Forschung, die das Vorgefundene als das Gegebene interpretieren muß, ohne Veränderungsmöglichkeiten erkennen zu können. Ob und, wenn ja, in welcher Richtung der Widerspruch zwischen methodologischer Position und methodischem Vorgehen gelöst werden kann, ist zur Zeit nicht abzusehen. Die Entwicklung einer eigenständigen methodologischen Position ist auch deshalb unwahrscheinlich, weil die Beschäftigung mit Wissenschaftstheorie den meisten Forschern als „brotlose Kunst" erscheint und sich wissenschaftstheoretische Experten selten in die „Niederungen" der wenig exakten Sozialwissenschaften verirren.

Darstellung der methodologischen Hauptpositionen. – Der *Kritische Rationalismus* (KR) kann als Weiterentwicklung und teilweise Revidierung des logischen Empirismus angesehen werden. Seine Position ist durch drei wesentliche Annahmen gekennzeichnet: 1. *Falsifikationismus:* Eine allgemeine theoretische Aussage läßt sich in logischem Sinn nie verifizieren, sondern im besten Fall nur falsifizieren; daher ist von einer prinzipiellen Fehlbarkeit der menschlichen Erkenntnis auszugehen. 2. *Rationalismus:* Eine Theorie kann zwar nie endgültig als wahr bewiesen, aber doch kritischen Prüfungen ausgesetzt und hinsichtlich des Eintreffens ihrer Vorhersagen mit alternativen Theorien verglichen werden. Eine Theorie wird immer dann einer anderen vorgezogen, wenn sie im Vergleich zu alten Theorien neue zusätzliche Vorhersagen ermöglicht, die empirisch bestätigt werden können. 3. *Realismus:* Mithilfe einer Theorie wird im Prinzip die in ihrer Struktur vom Erkenntnissubjekt unabhängige Wirklichkeit erfaßbar.

Neben diesen Grundsatzannahmen existieren noch eine Reihe weiterer Forderungen und Aussagen, von denen nur solche ausgewählt werden sollen, die mindestens zu einer der beiden anderen methodologischen Hauptpositionen im Widerspruch stehen. Der KR geht von einer einheitlichen M für alle Wissenschaften aus; für ihn gibt es keine grundsätzliche Trennung zwischen Naturwissenschaften und Sozialwissenschaften. Daraus folgt, daß ein Sozialwissenschaftler in seinem Forschungsgebiet mit der gleichen Objektivität und Neutralität vorgehen kann und soll, wie es dem Naturwissenschaftler möglich ist (Wertfreiheit der Forschung). In der Sicht des KR ist die soziale und gesellschaftliche Entwicklung des Menschen historisch nicht determiniert; daher ist es sinnlos und irreführend, entsprechende Gesetze in der Geschichte finden zu wollen oder zu formulieren. Die Entscheidung über die Beibehaltung oder Verwerfung einer Theorie kann nur aufgrund empirischer Untersuchungen getroffen werden. Dabei gilt aber, daß es keine „objektive" Beobachtung gibt; jede Wahrnehmung empirischer Phänomene ist theoriegeleitet. Ob eine Beobachtungsaussage als Basissatz zur Entscheidung über eine Theorie herangezogen werden kann, hängt allein vom Konsens der Gemeinschaft der Wissenschaftler ab, und auch dieser Konsens muß prinzipiell kritisch hinterfragt werden. Ziel der Wissenschaft allgemein ist die Entwicklung von Theorien, die die Realität so fehlerfrei wie möglich *erklären* können und damit optimale Vorhersagen erlauben. Die wissenschaftlichen Methoden zur Überprüfung von Theorien müssen *objektiv* sein, d. h. unabhängig vom jeweiligen Forscher und dessen außerwissenschaftlichen Interessen, und logisch eindeutig in ihrer Aussagekraft bezüglich der der zu prüfenden Theorie (vgl. auch Giesen & Schmid 1976).

Die *Kritische Theorie des Subjekts* (KTS) kann als Adaptation der Kritischen Theorie („Frankfurter Schule") für den psychologischen bzw. den Bereich der PPs gelten. Sie basiert im wesentlichen auf der Kombination zweier theoretischer Positionen: *Marxismus* und *Psychoanalyse*. Während der marxistische Ansatz zur Analyse der objektiven Bedingungen gesellschaftlicher Entwicklung herangezogen wird, soll die psychoanalytische Betrachtungsweise die Bestimmung der Auswirkungen dieser Bedingungen auf das Bewußtsein des individuellen Subjekts ermöglichen. Dabei werden kritische Einschränkungen hinsichtlich des Geltungsbereichs der marxistischen Theorie und des psychologistischen Charakters der Freud'schen Psychoanalyse vorgenommen. Danach ermöglicht die Analyse rein ökonomischer Bedingungen keine hinreichend eindeutigen Aussagen über korrespondierende subjektive Bewußtseinsstrukturen. Andererseits erlaubt es die – von konkreten gesellschaftlichen Bedingungen abstrahierende – Betrachtungsweise des menschlichen Bewußtseins durch die klassische Psychoanalyse nicht, diese subjektiven Strukturen richtig zu erfassen. Eine historisch-materialistische Neu-Interpretation der Psychoanalyse soll daher die Erkenntnisbereiche erschließen, die der überwiegend ökonomisch orientierten marxistischen Analyse unzugänglich bleiben.

Wie beim KR sollen auch hier einige Aussagen herausgestellt werden, bei denen sich Unterschiede und Widersprüche zu den anderen Positionen zeigen. Die KTS geht von der Notwendigkeit einer spezifischen M für die Sozialwissenschaften aus, da hier Erkenntnissubjekt und Erkenntnisob-

jekt im Gegensatz zur Naturwissenschaft – nicht zu trennen sind und daher auch nicht künstlich getrennt werden dürfen. Erkenntnis über den Menschen ist nicht das Produkt objektiver, unabhängiger Beobachtungen, sondern Resultat eines Interaktionsprozesses auf der Basis gemeinsamer Sprache und Normen. Daher läßt sich menschliches Bewußtsein und Handeln auch *nicht im naturwissenschaftlichen Sinne erklären*, sondern nur aufgrund kritischer Interpretation (Hermeneutik) *verstehen*. Da es – auch im naturwissenschaftlichen Bereich – keine theorieunabhängigen Wahrnehmungen gibt, ist selbst die Einigung über die Geltung von Beobachtungsaussagen nur auf dem Hintergrund gemeinsamer Normen der Wissenschaftler interpretierbar. Menschliches Bewußtsein und Handeln kann nicht allein aufgrund individueller Eigenschaften und Einstellungen verstanden werden; eine wissenschaftliche Analyse muß neben den subjektiven Strukturen auch immer die objektiven (gesellschaftlichen) Strukturen mit einbeziehen. Ziel der Sozialwissenschaft ist nicht nur die *theoretische Klärung* des Zusammenhangs von gesellschaftlichen Verhältnissen und individuellen Bewußtseinsstrukturen, sondern auch die Aufklärung der Betroffenen über die bewußtseins-deformierenden und krankheitserzeugenden Auswirkungen des gegebenen Gesellschaftssystems. Da sich Bewußtsein als Ergebnis subjektiver und objektiver Prozesse darstellt, läßt es sich nicht im Sinne empirisch-analytischer Methoden operationalisieren und messen, sondern muß durch qualitative Interpretationsverfahren (z. B. psychoanalytische Textinterpretation) empirisch erschlossen werden (vgl. auch Leithäuser & Volmerg 1979) (→*Politisches Bewußtsein*).
Die *Kritische Psychologie* (KPs) entwickelte sich aus der Kritik am traditionellen Wissenschaftsverständnis der Psychologie, der Verarbeitung von Positionen der kultur-historischen Schule der sowjetischen Psychologie und marxistischen Ansätzen französischer Sozialwissenschaftler zu einer Methodologie auf der Basis des *dialektischen und historischen Materialismus*. Die Richtigkeit der historischen Analyse von Marx, Engels und Lenin gilt durch die rekonstruierbare Entwicklungsgeschichte des Menschen und der jeweiligen Wirtschaftsformen als bewiesen. Deshalb wird die marxistische Theorie als einheitliche und übergeordnete Methodologie für alle Einzelwissenschaften angesehen. Da Arbeit als wesentliches Moment menschlicher Entwicklung gilt, ist für die Analyse menschlichen Bewußtseins und Handelns die historisch jeweils gegebene Beziehung zwischen Produktionsverhältnissen und Produktionsweise relevant. Dabei existiert eine Wechselwirkung zwischen dieser Beziehung, die das *gesellschaftliche Sein* des Menschen konstituiert, und seinem *Bewußtsein*, die stärkere Beeinflussungsrichtung verläuft vom Sein zum Bewußtsein, d. h. die gesellschaftlichen Gesetze bilden die bestimmenden Vorausset-

zungen für die Persönlichkeitsstrukturen der Individuen. Da sich im Kapitalismus die Beziehung zwischen der, aufgrund fortschreitender technologischer Entwicklung gegebenen Produktionsweise und den Produktionsverhältnissen (Trennung von Kapital und Arbeit) zu einem Widerspruch entwickeln muß, entsteht langfristig die historische Notwendigkeit einer Veränderung der Produktionsverhältnisse. Dies ist allerdings erst dann möglich, wenn die Betroffenen die wahrgenommene Gesellschaftsform nicht nur als gegebene, sondern auch als veränderbare Realität betrachteten. Die dazu notwendige Realitätskontrolle wird von den im Kapitalismus existierenden Herrschaftsverhältnissen verhindert, so daß die Zielrichtung einer kritischen Psychologie in der Analyse der Entwicklungsmöglichkeiten gesellschaftlicher und individueller Realitätskontrolle im Verhältnis zu politischen und sozialen Einrichtungen und Entwicklungen bestehen muß.

Auch für die KPs sollen im folgenden noch einige Aussagen herausgestellt werden, die kontrovers zu den anderen methodologischen Positionen sind. Als M für alle Wissenschaften existiert der dialektische und historische Materialismus. Aufgrund der fortschreitenden Entwicklung der Produktionsweise folgt, historisch gesehen, notwendigerweise eine entsprechende Entwicklung der Produktionsverhältnisse. Aus dem, in einer konkreten historischen Situation gegebenen Widerspruch zwischen der Produktionsweise und den Produktionsverhältnissen (Produktion im Spätkapitalismus) ergibt sich die *Notwendigkeit der Parteinahme* für die fortschrittliche Klasse in der Gesellschaft (Lohnabhängige). Unparteiische Forschung dient – ob dies beabsichtigt ist oder nicht – der Aufrechterhaltung der bestehenden gesellschaftlichen Verhältnisse (Kapitalismus). Kriterium wissenschaftlicher Forschung ist allein die gesellschaftliche Praxis. Aufgrund des Widerspiegelungscharakters der Wahrnehmung ist die objektive Erkenntnis materieller Gegebenheiten prinzipiell möglich. Ziel der Sozialwissenschaft ist die Analyse der *objektiven Bedingungen* für die Erreichung gesellschaftlicher und individueller Realitätskontrolle. Zur Erreichung dieses Ziels können, über die grundlegende, historische Analyse der menschlichen Entwicklung (Phylogenese) hinaus, auch empirische und experimentelle Methoden verwendet werden (vgl. auch Braun 1978).

Kontroversen der methodologischen Positionen. – Die knappe Darstellung der drei methodologischen Hauptpositionen im Bereich der PPs sollte Gemeinsamkeiten und Gegensätze in den jeweiligen Annahmen und Aussagen skizzieren. Eine weitergehende Gegenüberstellung von Vertretern des KR (allerdings eher in der pragmatischen Ausrichtung), der KTS und der KPs enthält der Sammelband von Moser (1979). Die direkte Auseinandersetzung zwischen den drei Richtungen findet, wenn überhaupt, in polemischer Form statt. Für die Vertreter des KR sind die beiden anderen Positionen „dogmatisch" oder zumindest „instrumentalistisch"; für die Vertreter der KTS ist das Wissenschaftsverständnis des KR „positivistisch" und das der KPs „ökonomistisch"; für die Vertreter der KPs ist die Position des KR „systemstabilisierend" oder „naiv", das der KTS „freudo-marxistisch" oder bestenfalls „marxistisch gemeint". Diese – eher irrational anmutende – Konfrontation hat vor allem einen Grund: die jeweils bezogene Position wird als Kriterienkatalog für die Beurteilung der Gültigkeit der anderen Positionen zugrunde gelegt. Wenn die eigene Theorie als Meta-Theorie für alle anderen Theorien gewählt wird, und damit natürlich auch für die „gegnerischen" Positionen, ist eine Verständigung der Anhänger unterschiedlicher M nicht mehr möglich.

Von den drei Positionen müßte sich, vom eigenen Anspruch her, allein die Theorie des KR prinzipiell selbst in Frage stellen, da sie von der Notwendigkeit der Kritik und Revidierung jeglicher Theorie (also auch Meta-Theorie) ausgeht. Allerdings soll dies nur dann geschehen, wenn sich aufgrund empirischer Befunde eine andere Meta-Theorie als überlegen erweist, und dafür gibt es nach Ansicht der Vertreter des KR bislang keinerlei Hinweise. Die beiden anderen Positionen stellen ihre methodologische Basis (den dialektischen und historischen Materialismus) nicht grundsätzlich in Frage. Eben dies setzt sie seitens des KR dem Vorwurf des „Dogmatismus" aus. Dabei sind (zumindest einige) Verfechter des KR nicht gerade zurückhaltend, wenn sie sich über die konkurrierenden Positionen äußern; so bewertet Herrmann (in Schneewind 1977, S. 56) die Psychoanalyse und die „Marxistische Theorie" als „Pseudowissenschaften". Lakatos (in Lakatos & Musgrave 1974) bezichtigt die Vertreter dieser theoretischen Positionen der „intellektuellen Unredlichkeit" (S. 90) und nennt die Überzeugung „revolutionärer" Studenten das „Credo der religiösen Irren von heute" (S. 91). Daß diese Bewertungen im Rahmen von wissenschaftstheoretischen Abhandlungen völlig undogmatisch sind, kann wohl mit Recht bezweifelt werden. Der theoretisch für sich in Anspruch genommene „undogmatische" Standpunkt des KR wird von den beiden anderen Positionen nicht akzeptiert, weil ihre Vertreter davon ausgehen, daß die empirische Erfahrung (vor allem historischer Art) die Angemessenheit ihrer methodologischen Auffassung stützt und im Widerspruch zu den Annahmen des KR steht. Der zweite Vorwurf des KR gegenüber der KTS und der KPs besteht in der „instrumentalistischen" Betrachtungsweise von Theorien. Der Absicht, Sachverhalte nicht nur erkennen, sondern prinzipiell auch verändern zu wollen, wird entgegengehalten, daß a priori einfließende Wertentscheidungen die Entwicklung von richtigen Theorien verhindern. Die Erwünschtheit gesellschaftspolitischer Ziele kann prinzipiell kein Argument für den Wahrheitsgehalt einer entsprechend formulierten Theorie sein, daher ist es notwendig, zwischen moralischen und wissenschaftlichen Entscheidungen zu trennen. Diesem Argument des KR wird von seiten der KTS und der KPs entgegengehalten, daß eine Trennung von gesellschaftlich vermittelten Wertvorstellungen und Forschungsinteressen in der Sozialwissenschaft nicht möglich bzw. auch nicht sinnvoll ist, weil sie objektiv vorhandene historische Entwicklungen negiert. Eine wertfrei intendierte Sozialwissenschaft kann daher nur der Erhaltung des „status quo" dienen.

Der methodologische Gegensatz zwischen dem KR und der KTS ist im wesentlichen auf den Bereich der Psychologie beschränkt, zwischen dem KR und der KPs ist er hier besonders zugespitzt, gilt aber bezüglich der allgemeinen methodologischen Aussagen prinzipiell für alle Wissenschaftsbereiche.

Die KTS und die KPs sind sich im Bereich der Psychologie in der Beurteilung der gesellschaftlichen und historischen Bedingungen für die objektiven Strukturen einig, unterscheiden sich aber in der Analyse des subjektiven Faktors. Während die KPs die marxistische Theorie als hinreichend aussagefähig auch für die subjektiven Strukturen erklärt, ist für die KTS die, unter historisch-gesellschaftlichen Gesichtspunkten revidierte Psychoanalyse notwendige Grundlage der Untersuchung individuellen Bewußtseins. Dementsprechend zweifeln die Vertreter der KPs an der marxistischen Position der KTS, weil diese eine nicht-marxistische Theorie mit einbezieht, auf der anderen Seite werfen die Vertreter der KTS der Position der KPs vor, aufgrund einer unzureichenden Analyse von den objektiven Strukturen unmittelbar auf die subjektiven Strukturen zu schließen.

Methoden. – Wie für die M gilt auch hier, daß es *keine spezifischen Methoden* der PPs gibt; die verwendeten Verfahren sind der allgemeinen, sozialwissenschaftlichen Forschung entlehnt. Die meisten existierenden Methoden lassen sich dem empirisch-analytischen oder deduktiv-nomologischen Bereich des KR zurechnen, von denen einige, z. T. in Abwandlungen, auch für andere methodologische Positionen verwendbar sind. Die geringe Zahl von alternativen Methoden für die KTS und die KPs ist nicht zuletzt auch durch die kürzere Entwicklungsgeschichte dieser Ansätze bedingt. Während der KR und die pragmatischen Positionen auf Methoden zurückgreifen können, die schon im Rahmen des logischen (und auch des naiven) Empirismus begründet und aufgrund der starken Verbreitung differenziert und weiterentwickelt wurden, kann der Startpunkt für die Entwicklung alternativer Methoden innerhalb der Psychologie für die KTS und die KPs etwa mit Beginn der 70er Jahre angesetzt werden.

Bevor einzelne Verfahren behandelt werden, sollen die *allgemein methodischen Betrachtungsweisen* der drei vorgestellten M dargestellt werden. Die Methoden des KR entsprechen der deduktiv-nomologischen Modell-Vorstellung. Gesetze sollen optimale Beschreibungen der Realität darstellen, daher müssen die Methoden logisch möglichst eindeutig Rückschlüsse auf die zu prüfende Theorie erlauben. Je mehr die – im Sinne der Fragestellung – irrelevanten Faktoren ausgeschaltet oder wenigstens kontrolliert werden können, desto höher ist die Aussagekraft der erhaltenen empirischen Ergebnisse in bezug auf die Theorie. Die methodologische Position der KPs hält die empirisch-analytischen Methoden für notwendig, aber nicht hinreichend in bezug auf eine umfassende theoretische Beschreibung und Erklärung der Realität, da sie historische Gesetzmäßigkeiten entweder gar nicht oder nur unzureichend berücksichtigen können. Das allgemeinste methodische Prinzip ist daher die historische Analyse der Persönlichkeitsentwicklung des Menschen (siehe dazu Braun 1978). Die methodologische Position der KTS bezieht sich ebenfalls auf die historisch-gesellschaftliche Analyse, hält aber die empirisch-analytischen Methoden im Bereich der Sozialwissenschaften für inadäquat, da hier die Trennung von erkennendem Subjekt und zu erkennendem Objekt aufgrund der Notwendigkeit gemeinsamer Sprache und Normen nicht in dem Maße möglich ist, wie es in den Naturwissenschaften gegeben ist. In dieser Sicht ist keine strikte Erklärung menschlichen Bewußtseins und Handelns möglich, sondern nur kritisch interpretierendes Verstehen. Entsprechend werden hier qualitative, psychoanalytische Interpretationsverfahren – in der Regel für den Einzelfall – verwendet, diese können sich sowohl auf schriftliches (z.B. [Auto-]Biographien, Texte) als auch auf mündliches Material (z.B. therapeutische Situation, Interviews, projektive Verfahren) beziehen (siehe hierzu Leithäuser & Volmerg 1979).

Ethnomethodologie und Aktionsforschung. – Als Alternative zu den – zumindest vom Anspruch her – objektiven Verfahren der empirisch-analytischen Ausrichtung stellen sich zwei methodische Verfahrensweisen: die Ethnomethodologie und die Aktionsforschung (Handlungsforschung). Die Ethnomethodologie unterscheidet sich von den traditionellen Verfahren weniger in der Art der Datenerhebung (teilnehmende Beobachtung, Interview, inhalts-analytische Verfahren), sondern in der Interpretation dieser Daten. Da für diese Betrachtungsweise kein prinzipieller Unterschied zwischen der Alltagspraxis und der Forschungspraxis besteht, kann die Erforschung der Alltagspraxis von Menschen aufgrund der bestehenden interaktiven Situation nur durch interpretierendes Verstehen erfolgen. Diese Sichtweise entspricht in bezug auf den Analyseaspekt des subjektiven Faktors der Position des KTS. Die Aktionsforscher betrachten – ebenso wie die Ethnomethodologen – die von der Forschung Betroffenen als Experten für die Analyse ihrer eigenen Situation, gehen aber insofern darüber hinaus, als sie Veränderungen dieser Situation während des Forschungsprozesses intendieren. Als spezifische Methode gilt die teilnehmende Beobachtung (bzw. beobachtende Teilnahme). Dabei wird von einem gemeinsamen Lernprozeß von Betroffenen und Forschern ausgegangen, der zu situationsveränderndem Handeln führt. In wessen Interesse diese Veränderung durchgesetzt werden soll, wird in Abhängigkeit von der jeweiligen gesellschafts-politischen Position des Forschers (bzw. seines Auftraggebers) unterschiedlich beurteilt werden. Insofern ist diese Methode beliebig einsetzbar. Wird sie im Sinne eines system-kritischen Veränderungswillens verwendet, so ist die Aktionsforschung prinzipiell mit den Positionen der KTS und der KPs kompatibel, nicht aber mit der des KR. Von seiten der traditionellen Sozialforschung und besonders entschieden von der Position des KR werden Aktionsforschung und Ethnomethodologie abgelehnt, weil sie keine objektive Erkenntnisgewinnung ermöglichen, allenfalls werden sie als hypothesen-generierende Methoden akzeptiert. Eine kritische Gegenüberstellung der traditionellen Sozialforschung, der Ethnomethodologie und der Aktionsforschung findet sich bei Müller (1979).

Empirisch-analytische Methoden. – Die empirisch-analytischen Methoden können, grob gesehen, in zwei Ebenen differenziert werden: die Methoden der *Datengewinnung* und die Methoden der *Datenanalyse*. Die Methoden der Datenanalyse (Statistik) differieren auch zwischen Autoren unterschiedlicher methodologischer Positionen nur in Nuancen. Versuche einer methodologie-kritischen Statistik müssen bisher als gescheitert angesehen werden; die thematische Änderung der Demonstrations- und Übungsbeispiele gegenüber den hergebrachten mag im günstigsten Fall eine motivationssteigernde Wirkung auf den Lernenden haben, kann aber nicht darüber hinwegtäuschen, daß die dargestellten statistischen Verfahren die üblichen sind. Eine Sonderstellung im Rahmen der Datenanalyse-Verfahren nehmen die Methoden ein, die sich direkt auf (meist) formalisierte, inhaltlich-theoretische Annahmen beziehen, wie es bei *Einzelfallanalysen, Kausal-Modellen* (siehe hierzu Weede 1977) und *Simulations-Modellen* (siehe hierzu Browning in Knutson 1973, S. 383 f.) der Fall ist.

Je nachdem, ob man PPs als Teildisziplin der Sozialpsychologie, als interdisziplinären, sozialwissenschaftlichen Forschungsansatz oder als

Psychologie schlechthin versteht, wird man diese eher als angewandtes Forschungsgebiet oder als Grundlagenforschung betrachten. Die Methoden der *Datengewinnung* unterscheiden sich dabei prinzipiell nicht, wohl aber die Bewertung der Aussagekraft bezüglich der jeweiligen Fragestellung. Während im Bereich der *Grundlagenforschung* theoretische Annahmen mit Methoden von möglichst hoher interner Validität überprüft werden müssen, werden im Bereich der angewandten Forschung theoretisch mehr oder weniger strikt abgeleitete Aussagen über Auswirkungen von sozialen und politischen Veränderungen auf ihr Zutreffen hin untersucht *(Evaluationsforschung)*. Die dafür herangezogenen Methoden der Datengewinnung werden in der Regel eher eine höhere externe Validität aufweisen müssen. Daher eignen sich im Bereich der PPs vor allem *Feldstudien* (siehe hierzu Hyman in Knutson 1973, S. 322 f.) und, wenn auch in eingeschränktem Ausmaß, *Experimente* (siehe hierzu McConahay in Knutson 1973, S. 356 f.). Für bestimmte Fragestellungen muß auf speziellere Datengewinnungsverfahren zurückgegriffen werden, wie *Inhaltsanalysen* (siehe hierzu Ritsert 1972), *projektive Verfahren* (siehe hierzu Knutson in Knutson 1973, S. 413 f.) und *psychobiographische Analysen* (siehe hierzu Glad in Knutson 1973, S. 296 f.) (→ *Psychobiographie).* Bei diesen Verfahren wird üblicherweise versucht, Daten in quantifizierter Form zu erhalten. Qualitative Interpretationen werden von manchen Forschern aus theoretischen Gründen bevorzugt, so z. B. auch von den Vertretern der KTS (siehe hierzu Leithäuser in Moser 1979, S. 146)(→ Politisches Bewußtsein). Eine, auf ähnlichen methodologischen Überlegungen basierende Kritik am Einstellungsbegriff der traditionellen Sozialwissenschaft und der entsprechenden Meßmethoden äußert Markard (in Moser 1979, S. 104 f.). Allerdings zeigt sich hier, daß über die Kritik vorhandener Ansätze hinaus bisher kaum Kriterien dafür ausgearbeitet wurden, in welcher Form die üblichen Datengewinnungs-Verfahren der Beobachtung und Befragung in befriedigender Weise als empirische Basis für ,,kritische" Konzepte verwendet werden können. Dabei darf man sich aber nicht darüber hinwegtäuschen, daß die Mehrzahl der Forscher, auch im Bereich der PPs keine Notwendigkeit sieht, die von ihnen verwendeten empirisch-analytischen Methoden grundsätzlich in Frage zu stellen.

Ulf Peltzer

Literatur:

Braun, Karl-Heinz: Einführung in die Politische Psychologie. Köln 1978.
Giesen, Bernhard, *Schmid,* Michael: Basale Soziologie: Wissenschaftstheorie. München 1976.

Knutson, Jeanne, N. (Ed.): Handbook of political psychology. San Francisco 1973.
Lakatos, Imre, *Musgrave*, Alan (Eds.): Kritik und Erkenntnisfortschritt. Braunschweig 1974.
Leithäuser, Thomas, *Volmerg*, Birgit: Anleitung zur empirischen Hermeneutik. Psychoanalytische Textinterpretation als sozialwissenschaftliches Verfahren. Frankfurt/M. 1979.
Moser, Helmut (Ed.): Politische Psychologie. Weinheim 1979.
Müller, Ursula: Reflexive Soziologie und empirische Sozialforschung. Frankfurt/M. 1979.
Schneewind, Klaus, A. (Ed.): Wissenschaftstheoretische Grundlagen der Psychologie. München 1977.

Militarismus

→ *Ethnozentrismus, Gesellschaftsbild, Politisches Bewußtsein, Vorurteil.*

Es dürfte eine Eigenart vieler Begriffe der politischen Kommunikation sein, daß sie wissenschaftlich sowohl deskriptiv als auch präskriptiv benutzt werden und darüber hinaus im politischen Alltag mit je unterschiedlichem Verständnis appellativ oder als Kampfbegriffe Verwendung finden. Dies gilt auch oder besonders für den Begriff „Militarismus" (M). In der zweiten Hälfte des 19. Jahrhunderts tauchte er erstmals auf. Mit ihm wurden zu verschiedenen Zeiten und in verschiedenen politischen Kulturen jeweils unterschiedliche gesellschaftliche Situationen und Phänomene (auch aus der Zeit vor 1800) bezeichnet. Deswegen ist die Geschichte des Begriffs M zu trennen von der Historie des damit Bezeichneten. Im nachhinein gelten z. B. Sparta oder das alte Assyrien als militaristische Gesellschaften oder Staaten.
Versucht man die unter diesen Umständen fast zwangsläufig vielfältigen Begriffsfestlegungen und -verwendungen miteinander zu vergleichen, so läßt sich zunächst feststellen, daß offensichtlich nahezu alle Definitionen das Verhältnis zwischen dem Militärwesen und dem Staat beziehungsweise der dazugehörigen Gesellschaft zum Gegenstand haben. Weiterhin wird beim Überblick deutlich, daß M vorwiegend – auch im wissenschaftlichen Gebrauch – pejorativ im Sinne von Militärkritik benutzt wird und daß mit diesem Konstrukt eine Art „Anomalie", eine Art „Wucherung", „Übertreibung" oder „Exzeß" des Militärischen gemeint ist. Dabei bleibt in der Regel unklar oder variiert von Definition zu Definition, wie der Normal- oder Ausgangszustand bzw. die Toleranzschwelle, nach deren Überschreiten M diagnostizierbar ist, bezeichnet

werden könnten und wo die in den Exzeß eingehenden gesellschaftlichen Ressourcen weggenommen wurden oder zu wessen Lasten sie gehen. Zudem ist für den einschlägigen Diskurs erst eine Vorverständigung darüber erforderlich, welche Symptome in welcher Ausprägung den Zustand der Übersteigerung anzeigen. Die Anzeichen reichen von z. B. konkret angegebenen Prozentsätzen des Militäretats am Staatshaushalt über hohe gesellschaftliche Wertschätzung des Militärs bis hin zur Durchdringung weiter Bereiche von Gesellschaft oder einzelner Gruppen oder Individuen mit militärischen Wertvorstellungen. Die Notwendigkeit einer Operationalisierung über Symptome ergibt sich spätestens immer dann, wenn die Diagnose M in der Absicht einer nachfolgenden ,,Therapie" gestellt wird.

Dadurch, daß M vorrangig eine Relation oder Interdependenz zwischen Militär und Gesellschaft bezeichnet, stellt sich eine weitere Frage. Diese bezieht sich auf die Abgrenzung der Bezugsobjekte; denn ,,das Militär" oder ,,das Militärische" ist längst kein eindeutig angebbarer gesellschaftlicher Objektbereich: Je nach Betrachtungsweise, nach formaler Festlegung oder nach Organisationsziel zählen zum Militär z. B. auch paramilitärische Organisationen, Zivilschutzverbände, die zivile Administration von Streitkräften oder Wirtschaftsunternehmen, die in die Produktion von Rüstungsgütern einbezogen sind. Und wenn die Verwendung des M-Begriffes auch nur eine geringe aufklärende Funktion, etwa im Sinne einer Identifizierung von Zusammenhängen oder eines Aufdeckens von Verursachungsfaktoren haben soll, so dürfte es geboten sein, auch diejenigen Bereiche von Gesellschaft zu benennen, die von einer Militarisierung erfaßt oder dafür anfällig sind. Da jede Art von Militär auch gesellschaftlichem Wandel unterliegt bzw. Objekt von sich verändernden militär- und sicherheitspolitischen Doktrinen ist, ergibt sich zusätzlich die Frage des zeitlichen Bezugs. Ein M-Begriff etwa, der zur Zeit des Kaiserreiches nach Maßgabe der damals vorherrschenden Verhältnisse formuliert und benutzt wurde, läßt sich vielleicht als historische Kategorie benutzen, für eine Erklärung des derzeitigen zivil-militärischen Verhältnisses in der Bundesrepublik dürfte er wenig hilfreich sein. Stärker soziologisch gefaßt impliziert die Begrifflichkeit ,,Militär" die Akzeptanz organisierter Gewalt als einem legitimen Mittel zur Erreichung sozialer Ziele (Lang 1968). So betrachtet wäre dann sogar ein M denkbar, ohne daß auf Streitkräfte unmittelbar Bezug genommen wird, wie dann auch Interdependenzen zwischen Militär und anderen gesellschaftlichen Bereichen vorstellbar wären, die nicht unbedingt mit dem Etikett M versehen werden müßten.

Die bei derartigen Definitionsproblemen zuweilen hilfreiche Begriffsabgrenzung über das Gegenteil oder eine Negation des fraglichen Terms bleibt für den M ebenfalls unbefriedigend. Denn es lassen sich neben Konzepten die von einem (hypothetischen) Nichtvorhandensein von M bis zu meist nicht näher bezeichneten (ebenfalls hypothetischen) Maximalwerten reichen, auch solche finden, in die ein zu M inverses Konzept als Bestandteil integriert ist. Der allfällige *„Antimilitarismus"* taugt in diesem Zusammenhang nicht, da er als politischer Aktions- bzw. Kampfbegriff alle konzeptionellen Schwächen von M notwendig beinhaltet. Als Alternativen bzw. Gegenpole von M werden weiterhin *„Pazifismus"*, dieser in verschiedenen theoretischen und praktischen Spielarten, und *„Zivilismus"* gehandelt. Jenseits ihrer tagespolitischen Konnotationen sind diese Begrifflichkeiten insofern nicht unproblematisch als ihre Verwendung zumeist eine Reduktion des M entweder auf vornehmlich sozialpsychologische Einstellungen (→ *Vorurteil*) oder genuin politische Rhetoriken bedeutet. Denn sowohl „Pazifismus" als auch „Zivilismus" dürften primär subjektive Orientierungen sein, entstanden im Kopf des Bürgers aus der Interaktion mit Aggression und bzw. oder (bewaffneter) Macht. Und „Frieden" oder „Zivilisation" als konkrete Situationen, in denen organisierte Gewalt nicht vorkommt oder allenfalls rein instrumental begriffen wird, sind historisch bislang stets Utopien geblieben. Hinsichtlich der binnenspezifischen Dimensionalität von M schließlich lassen sich verschiedene Auffassungen vorfinden. Eindimensionale Konzeptionen des Konstrukts finden sich neben mehrdimensionalen. Bei den letzteren variieren die verschiedenen Subdimensionen. Genannt werden neben verschiedenen Präfix-militarismen (z. B. Gesinnungsmilitarismus) etwa Sozialdarwinismus, → *Ethnozentrismus* oder Totalitarismus. Dabei dürfte das Ausweisen einzelner Subdimensionen weitgehend abhängig sein von den spezifischen sozio-politischen Arrangements, auf die der jeweilige M-Begriff sich bezieht.

Vor all diesen Problemen einer Verständigung liegt es auf der Hand, daß breite Grauzonen wechselseitiger Überschneidung zu anderen Schlagworten des politischen Diskurses beobachtbar sind. Ein häufig anzutreffendes Beispiel ist der Imperialismus, der z. T. als dem M vorgeordnete, z. T. als nebengeordnete Kategorie benutzt wird. Auch Feudalismus-, Absolutismus- oder Faschismus-Analysen kommen selten ohne einen Rekurs auf M aus.

Wenn nachfolgend versucht wird, vor diesen Schwierigkeiten politischer Kommunikation den Begriff M durch eine Art Zusammenfassung einzelner Begriffszugänge holzschnittartig zu fixieren, so soll damit nicht einem stets präsenten Bedürfnis nach Eindeutigkeit entgegengekommen werden. Auch wird das Artifizielle des Unterfangens ausdrücklich betont – wissenschaftliche M-Analysen werden stets eine Mischform der hier aufgelisteten Varianten vorfinden. Zudem soll mit der Kategorisierung nicht unterstellt werden, politische Kommunikation bedürfe dogmatisch festgelegter Begriffe. Vielmehr gilt auch oder gerade für M die „Endlichkeit sprachlicher Ausdrucksformen für sich wandelnde Wirklichkeiten" (Moltmann 1981).

M als Grundtyp einer Staats- und Gesellschaftsverfassung. − In einer erstmals wohl von Spencer so vorgenommenen Begriffsbestimmung wird die militante Staats- und Gesellschaftsverfassung der industriellen gegenübergestellt. Kennzeichen der militanten sind starke Zwangsgewalt, zentralisierender Despotismus und staatliche Reglementierung des Privat- und Wirtschaftslebens. Zweck ist das Erreichen eines Maximums an militärischer Kraftleistung. Demgegenüber wird der liberale Verfassungstypus erstrangig von „individuellen Freiheits- und Wohlfahrtszwecken" bestimmt (Hintze 1962). Kriegerische Komponenten gelten dabei als Atavismen. Entwicklungsgeschichtlich gilt M nach dieser Konzeption vor allem als ein Kennzeichen präindustrieller Gesellschaften. Die letztgenannte Attribuierung läßt sich noch in der zeitgenössischen liberalen M-Kritik, soweit sie sozio-ökonomische Aspekte miteinschließt, auffinden.

In den analogen sozialistischen Begriffsbestimmungen gilt M ebenfalls als zentrales Kennzeichen einer Staats- und Gesellschaftsverfassung. Gemeint ist die „Klassengesellschaftsordnung" (Liebknecht 1907). Dabei ist M eine besondere Begleiterscheinung des Imperialismus, der höchsten und letzten Stufe kapitalistischer Ausbeutungsordnung. Als Instrument der Bourgeoisie dient der M besonders der Unterdrückung des Proletariats und der Durchführung von Eroberungskriegen gegen andere Völker. Als historische Kategorie ist M nach dieser Diktion erst einmal durch die jeweiligen konkreten historischen Umstände samt ihrer politischen und sozio-ökonomischen Bedingungen charakterisiert. Somit ist kein einheitliches Erscheinungsbild angebbar, zumal auch nationale Eigenheiten miteinfließen können. M kann deswegen auch als ein Begleitphänomen des Wandels kapitalistischer Gesellschaftsordnung angesehen werden (Fiedler 1977). Der Sozialismus per se ist demgegenüber nach eigenem Verständnis für M nicht anfällig.

M als (politisches) Entscheidungsverhalten (Vogt 1978). − Gemeint ist mit dieser Begrifflichkeit ein Eingreifen von militärischen Fachüberlegungen in den Gang der politischen Entscheidungen (v. Bredow 1977). Dies kann sich in einem „Säbelregiment", in dem alle anderen Gesichtspunkte militärischen untergeordnet sind und jeglicher „Primat der Politik" aufgehoben ist, ausdrücken. Es kann aber auch bedeuten, daß politische Planung hauptsächlich auf die Interessen des Militärs zugeschnitten ist oder daß das Militär als einziges oder wichtigstes Instrument zur Bewältigung politischer Krisen angesehen wird. In jedem Fall ist eine Trennbarkeit von Militär und Gesellschaft vorausgesetzt. Das Militär gilt als eigenständiger Teilbereich von Gesellschaft. Ferner werden militärische Auseinandersetzungen als naturgegeben, ja als naturnotwendig angesehen. Entsprechend ist der Krieg ein „Glied in Gottes Weltordnung" (Moltke). Vor dieser Überhöhung ergibt sich nahezu zwangsläufig eine bevorzugte Stellung des Soldaten in Staat und Gesellschaft. Das konkrete Erscheinungsbild, das diese Art von M letztlich zeigt, wird wesentlich als eine Funktion der jeweils vorherrschenden politischen Kultur betrachtet.

M als Disposition zu sozialem Handeln. – Diese Begriffsbestimmung beinhaltet die „teils bewußte, teils unbewußte Übertragung soldatischer Verhaltensweisen und Orientierungen auf zivile Interaktionen und Entscheidungsprozesse" (v. Bredow 1977). Im zivilen Alltag gelten militärische Vorstellungen und Verhaltensweisen als Richtschnur individuellen Verhaltens. Das Soldatsein in allen seinen Aspekten wird als eine der bürgerlichen überlegene, deshalb erstrebenswerte Lebensform betrachtet. Entsprechend findet die sui-generis-Einschätzung des Soldaten von seinem Beruf als dem Kriegerstande breite Akzeptanz in Staat und Gesellschaft. Das soldatische „Handeln in die Gefahr hinein" erfordert demnach besondere Qualifikationen und verdient entsprechend große Hochachtung.
Als anthropologisches Substrat für diese auf das Subjekt verlagerte Begriffsbestimmung wird ein weitgehend als angeboren geltendes Aggressionspotential, das durch späteres Lernen nur noch bedingt überformbar ist, angesehen. Zum Beleg werden z. B. Beobachtungen aus der Verhaltensforschung herangezogen. Kollektive Frustrationen gelten demnach, da sie individuelle wie gesellschaftliche Aggressivität hervorrufen, als M-Auslöser. Vor diesem Hintergrund ist ein M ohne Militär dann gegeben, wenn es um die Inanspruchnahme von Macht unter Beeinträchtigung von Gleichheitsrechten anderer geht.
Neben den Ansätzen, die M als letztlich genetisch verankert begreifen, gibt es auch im weitesten Sinne lerntheoretische Erklärungsversuche. Demnach gelten beispielsweise Streitkräfte, im Sinne einer „Schule der Nation", als besonders wichtige Agenturen der Erwachsenensozialisation. Die dort sowohl intendiert als auch unbeabsichtigt ablaufenden Sozialisationsprozesse wirken sich als fördernde Vorbedingung für das Entstehen von M aus.
Angeborene oder gelernte individuelle Orientierungen führen verallgemeinert als „Geistesverfassung des Nichtmilitärs" (Endres 1927), als „militarism of the mind" (UNESCO-Deklaration) zu bereitwilliger Ak-

zeptanz von Hierarchie und klaglosem Unterstellen individueller Interessen unter tatsächliche oder nur vorgestellte (militär-)politische Notwendigkeiten. Gesellschaftlich entwickelt sich so ein kollektives Wertsystem, das die Legitimation für militärisch orientiertes Handeln in allen Lebensbereichen bereitstellt und alles Militärische verabsolutiert.

M im Militär. – Gemeinhin und ursprünglich zweckgebundene militärische Organisationsprinzipien werden innerhalb der Organisation der Streitkräfte zum Selbstzweck. Dies kann sich konkret z. B. in einer Überbetonung militärischer Statussymbole, in Zeremonialismus oder sinnentleertem Drill um des Drills willen ausdrücken. Auch Übersteigerungen des Befehls- und Gehorsamsverhältnisses bis hin zur Schinderei von Untergebenen gehören hierher. Das Selbstbild der von dieser Art von M geprägten Soldaten ist vom „Kampf als Lebensprinzip" und von einer Söldnermentalität durchdrungen. Entsprechend wird nicht nur die politische Auseinandersetzung durch Argument und Gegenargument gering geschätzt. Humanes Empfinden gilt als Gefühlsduselei. Letztendlich wird Gewalt nach professionellen Gesichtspunkten organisiert und gegebenenfalls auch angewendet.

Erweiterter M-Begriff. – Die Industrialisierung und Totalisierung der Kriegführung hat seit der Jahrhundertwende zu einer zunehmenden „Entgrenzung des Militärischen" (Geyer 1978) geführt. Hinzu kam ein Wandel des Begriffes „politisch". War man ehedem geneigt, etwa eine freiwillige Verpflichtung zum Militärdienst auch als einen in einem weiteren Sinne politischen Akt zu begreifen, so gilt heute häufig schon das vordem Selbstverständliche, etwa das bloße Befolgen eines Einberufungsbescheides durch einen Wehrpflichtigen, als politisch. Beides, die Inanspruchnahme weiter gesellschaftlicher Bereiche durch Politik wie auch der Begriffswandel dort (→*Politisches Bewußtsein*), führte dazu, daß ursprünglich mögliche und auch geläufige Abgrenzungen von Militär, Gesellschaft und Politik weithin obsolet wurden. Deswegen und aufgrund behaupteter oder tatsächlich notwendiger aktueller sicherheits- und militärpolitischer Erfordernisse ist ein nicht mehr überschaubares Geflecht zwischen Politik, Militär, Wirtschaft und Wissenschaft entstanden. Zuweilen wird für diese Verschränkungen reduktionistisch vom „Militärisch-Industriellen-Komplex (MIK)" gesprochen. Senghaas (1975) benutzt zur genaueren Kennzeichnung, wahrscheinlich auch zutreffender, das Wortungetüm „politisch-ideologisch-militärisch-wissenschaftlich-technologisch-industrieller Komplex".

Unter den Bedingungen des Rüstungswettlaufes zwischen den Militärblöcken wurde innerhalb dieses Komplexes der sogenannte „Rüstungs-M" (bzw. technologische M) Gegenstand gesonderter Betrachtung. Mit der durch das Präfix herausgehobenen Beziehung werden die politisch kaum mehr steuerbaren – von gesellschaftlichen Sicherheitsbedürfnissen offensichtlich losgelösten – Implikationen, Konsequenzen und Automatismen, die die Entwicklung und Präsenz moderner Waffensysteme für Staat und Gesellschaft mit sich bringen, zusammengefaßt. Ein eindrucksvolles Beispiel dafür wäre in der Bundesrepublik im Beschaffungsvorgang des Kampfflugzeuges Tornado zu sehen (Mechtersheimer 1977).

Ausblick. – Die noch zunehmende Totalisierung der Kriegsplanung, die in Form der stategischen und taktischen Nuklearwaffen einen vorläufigen Höhepunkt erreicht hat, die vorhandenen beträchtlichen Overkill-Kapazitäten und die Propagierung der Abschreckung als maßgeblicher militär-strategischer Doktrin führten zu einem Funktionsverlust bzw. zu einem Funktionswandel des herkömmlichen Militärs. An die Stelle der Gewährleistung äußerer Sicherheit tritt mehr und mehr eine symbolische Funktion: Militär firmiert demnach auch oder besonders für die Sicherheit und Werterhaltung der subjektiven Lebenswelten. Nur so dürfte die augenscheinliche Bereitschaft zum Begleichen der beträchtlichen materiellen und immateriellen Kosten, die der Unterhalt einer Armee für eine Gesellschaft wie für den einzelnen mit sich bringt, erklärbar sein; wie andererseits auch die offenkundigen Legitimationsprobleme des Militärs aus der Relation seiner Kosten zu denen, die in anderen gesellschaftlichen Problembereichen erwachsen, begründet sind.

Vor diesem Vorverständnis einer im Wandel begriffenen Funktion der militärischen Institution reichen die bislang vornehmlich von Historikern zur Beschreibung geschichtlicher Tatbestände formulierten M-Konzepte zur Erklärung momentaner Phänomene nicht mehr aus. Es dürfte vielmehr ratsam sein, den M-Begriff, soll er nicht vollends zur Worthülse denaturieren, stärker in die Kategorien der sozialwissenschaftlichen Gesellschaftsanalyse (→ *Gesellschaftsbild*) einzubinden und die qua symbolischer Funktion vermehrt gesellschaftlich sinnstiftende Wirkung von Militär wie auch die gesellschaftsstrukturellen Bedingungen für die Existenz von Streitkräften in die kritische Analyse miteinzubeziehen.

Ekkehard Lippert

Literatur:

Berghahn, Volker R. (Hrsg.): Militarismus. Köln 1975.
Eide, Asbjorn, *Thee*, Marek (Hrsg.): Problems of Contemporary Militarism. London 1980.
Geyer, Michael: Militarismus. In: *Brunner*, O. et al. (Hrsg.): Lexikon geschichtlicher Grundbegriffe, Bd. 4. Stuttgart 1978, S. 22–47.

Moltmann, Bernhard: Militarismus: Ein Problem und seine Bezeichnung. In: *Ders.* (Hrsg.): Militarismus und Rüstung. Heidelberg 1981.
Müller, Klaus-Jürgen, *Opitz*, Eckardt (Hrsg.): Militär und Militarismus in der Weimarer Republik. Düsseldorf 1978.
Radway, Laurence, I.: Militarism. In: *Sills*, David, L. (Hrsg.): International Encyclopedia of the Social Sciences. New York 1968.

Moral

→*Aggression, Gesellschaftsbild, Konformität, Konservatismus, Machiavellismus, Politisches Bewußtsein.*

Moral (M) (Sitte, Moralität, Ethik) ist ein mehrdeutiger Ausdruck, dessen Sinn sich, im Zusammenhang mit Veränderungen in den Orientierungen, religiösen Überzeugungen, philosophischen Entwürfen und sozialen und naturhaften Grundlagen des Lebens, in der Geschichte ausdifferenziert und (zuweilen) grundlegend gewandelt hat. Eine gewisse, wenn auch keine gradlinige Entwicklung dokumentieren die modalen Bedeutungen des Wortes:
1) *Tüchtigkeit*, Aufrechterhaltung des Kampfgeistes (engl.: morale) in Sport, Industrie, Krieg. Entsagung körperlicher Bedürfnisse (Hunger, Sexualität) zugunsten geistiger, religiöser oder sozialer Werte *(Tugend)*. Festhalten an einem übernommenen oder aufgegebenen Ziel *(Pflicht*, Gehorsam); nach Machiavelli die Grundlage der Regierkunst (Durchsetzungsvermögen, Machterhaltung), derentwegen auch andere Werte (Ehrlichkeit, Treue, Leben) außer acht gelassen werden können (→*Machiavellismus*).
2) Sittliche *Gewohnheit* und *Ordnung* (griech.: ethos; gewohnter Ort des Lebens). Individuelle (Gewohnheiten) und soziale (Gesetze, Ordnung) Institutionen, die als unveränderbar und unverletzlich (als heilig) gelten. Die Übereinstimmung des Verhaltens damit gilt als moralisch oder sittlich. Im Alltag vorwiegende Bedeutung von M.
Ihre Autorität als Orientierungsinstanz für das menschliche Verhalten beziehen moralische Sitten meist aus Mythen und Religionen (Natur-, Ahnenkult, Gottesglaube). Sie sind charakterisiert durch Allgegenwärtigkeit, Unwandelbarkeit, Heiligkeit (Tabu) und Natürlichkeit (s. u.: Naturalismus). Dem Menschen ist aufgegeben, den ihm zugewiesenen Platz nach besten Kräften auszufüllen (→*Konformität*, Tüchtigkeit). Konflikte zwischen moralischen und anderen Bedürfnissen werden typischerweise gelöst durch Segmentation von Lebensbereichen (Doppelmoral), monomanen Moralismus (Despotismus) oder Unterwerfung unter

autorisierte Auslegung des moralisch Gebotenen. Moralische Erkenntnis kann vermittelt werden durch individuelle (moralisches Gefühl, Eingebung, Intuition, Gewissen), religiöse (Orakel, Priester, Theologen), soziale (Eltern, Rat der Ältesten, Führer) und wissenschaftliche Instanzen (Platos Philosophen-Herrscher, Comtes Priester der Wissenschaft, Husserls phänomenologische Wesensschau). Abweichendes Verhalten gilt an sich, d. h. ohne Ansehen der Konsequenzen und Intentionen einer Handlung als Sakrileg, auf das individuell mit Schuldgefühlen, Angst, Rückzug und sozial mit Sanktionen und Isolierung (Kommunikationsabbruch, Ghettoisierung, Gefängnis) und Strafe reagiert wird.

3) *Aufgeklärte, autonome M, Vernunftsmoral.* Das Verhältnis der Vernunft zur M wird sehr unterschiedlich bestimmt: als Methode der Optimierung des Verhaltens (Entscheidungstheorie, diagnostische Urteilsbildung, Spieltheorie, Sozialwahltheorie) unter gegebenen moralischen Konventionen (instrumentelle Vernunft), als oberste M-Instanz (Laizismus, Positivismus, Verstandesmoral) oder als kritisches Prinzip für den Entwurf, die Anwendung und Begründung von Prinzipien, die den Austausch von Personen und Gruppen und ihrer sozialen Umwelt regulieren (Vernunftmoral, kommunikative und humanistische Ethik). Der Grad der Rationalität wird entweder durch Zweckmäßigkeit der Mittel zur Erreichung außermoralischer Werte (materiale Wertethik, Zweckrationalität) oder durch die Rationalität der Zwecke (formale Ethik, Wertrationalität) bestimmt. M ist nach Kant ein Sollen, das nach innen mit einer nur der Vernunft möglichen, universellen Idee des Guten (kategorischer Imperativ, guter Wille, Pflicht) übereinstimmt und sich nach außen begrenzt durch die Achtung vor der Würde des (Mit-)Menschen.

Systeme der M-Philosophie. Die Notwendigkeit und Freiheit des moralischen Urteilens beim Menschen ergeben sich aus seiner Armut an Instinkten, der Formbarkeit seiner Fähigkeiten, der langen Jugendperiode und seiner Fähigkeit zur Schaffung von Kultur, d. i. von dauerhaften Institutionalisierungen von selbstgegebenen Gesetzen des individuellen und sozialen Handelns (Sprache, Recht, Konventionen, Brauchtum, Gewohnheiten etc.). Das „praktische" (d. h. freie, nicht Naturgesetzen folgende) Leben vollzieht sich im Spannungsfeld zwischen physischer Natur, menschlichen Institutionen und autonomem moralischem Bewußtsein. Die grundsätzliche Frage nach der Möglichkeit einer begrifflich-rationalen Bestimmung der M (Wie ist moralische Erkenntnis möglich?) stellt sich seit der Antike. In der Begründung der M, vorwiegend durch die verstandesmäßige Ausdeutung des Ortes (ethos) des Menschen in der „natürlichen" Ordnung der Welt, hatten die Sophisten den immer noch aktuellen Versuch unternommen, die Entzweiung des zur existentiellen

Entscheidung gezwungenen Menschen von der fraglosen, naturhaften Lebensgestaltung zu überbrücken oder gar rückgängig zu machen.
Naturalismus (N). Die Natur hat als Bezugspunkt der M-Begründung immer wieder, wenn auch in sehr unterschiedlicher Weise, eine Rolle gespielt: Als Grad des durch moralisches Handeln erreichbaren individuellen Glücks (Aristoteles: ,,eudaimonia", der die Politik zu dienen habe; Epikur: das glückselige Leben; Bentham, James Mill: ,,das größte Glück für die größte Zahl", Utilitarismus), als der natürliche Überlebenstrieb und Egoismus (Hobbes, Spinoza), als menschliche Gefühle wie Liebe und Mitleid (Shaftsbury, Bishop, Butler, Schopenhauer).
Entsprechend, direkt oder abgeleitet von den natürlichen Neigungen des Menschen, wurden die moralischen Institutionen naturhaft begründet (a) als Erfüller von Bedürfnissen des Menschen (,,Naturrecht"; Demokrit, Protagoras, Hobbes, Rousseau), (b) als die erreichte oder anzustrebende Verkörperung der Vernunft (der ,,späte" Plato, Aristoteles, Hegel, Comte, Durkheim, Max Weber, Gadamer), (c) als Ersatz für die verlorenen Instinkte (Gehlen) und Komplementär zur ,,Icheinsamkeit" (Solipsismus), (d) als eine vom Tierreich (Paarbildung, Hackordnung, Territorialkämpfe, Ameisen- und Bienenstaat) überkommene, instinktive Anpassungshandlung (Lorenz, Eibl-Eibesfeldt; →*Aggression*), oder (e) als Garant der Gattung (,,M der Gene", ,,Überleben der am besten Angepaßten", Vitalismus). Am N orientieren sich, mehr oder minder explizit, auch die semantischen (begriffs-realistischen, sprach-analytischen und logizistischen) Ethiken.
Die Problematik des N liegt in dem unscharfen und häufig unkritischen Naturbegriff. In seiner anti-rationalen Variante führt der N zur Pseudo-Natürlichkeit. Vertreter der neuen Ökologiebewegung fordern dagegen ,,Aufklärung auch über die Aufklärung" (Erhard Eppler), um das richtige Verhältnis vom Menschen zur Natur zu bestimmen. *Paradoxien* des N: (a) Die will-kürliche Festlegung der moralischen Natur und der moralischen Forderung nach Umkehr zu einer vorgeblich nicht entrinnbaren Natur. Soweit der N die Vernunft berücksichtigt, sieht er diese außerhalb der menschlichen Natur. Angesichts seiner Triebhaftigkeit und Irrationalität muß der Mensch letzten Endes durch Zwang ,,zur Vernunft gebracht werden" (autoritative Erziehung, Erziehungsdiktaturen). (b) Die Irrationalität der Urheber rationaler Systeme und die Wertsetzung einer vorgeblich wertfreien Vernunft.
Religionsethik. In Gegensatz zu dem N stellen sich vor allem die Weltreligionen, deren Gottheiten nicht *in*, sondern *über* der Natur gedacht werden. Propheten, Schriftgelehrte, Priester und Theologen verkünden und interpretieren unter Hinweis auf die Autorität Gottes moralische Regeln zur Orientierung des Verhaltens (Orakel zu Delphi, Zehn Gebote, Berg-

predigt, Koran). Ihre Starrheit und inneren Widersprüche führen zu exegetischen Problemen (Sektenbildung, Protestantismus). Die Schwierigkeit, den Glauben an Gott aus freier Entscheidung mit der Vorstellung eines allwissenden und allmächtigen Gottes zu vereinbaren, münden in die Versuche einer wechselseitigen Rückführung von Glaube und Vernunft. Die Argumente für den Primat der Vernunft (Abelard, Duns Scotus, Ockham) und die Stärkung des individuellen Glaubens (Luther, Calvin) führt Kant in seinem ,,Gottesbeweis'' zusammen. Danach ist Gott nicht in den Sinnen erfahrbar, jedoch als Voraussetzung einer Vernunft-M denknotwendig. Tatsächlich greifen viele Philosophen letzten Endes auf die Gottesidee zurück.

Vernunft-Ethik (VE). Für Kant ist die Vernunft kennzeichnender Bestandteil der Natur des Menschen, der mittels der Vernunft zur freien moralischen Entscheidung, unabhängig von der ,,Nötigung durch Antriebe der Sinnlichkeit'' (Kant 1969, S. 171), fähig ist. Die Vernunft heißt praktisch als sie selbst Ursache von Handlungen sein (Spontaneität) und Zwecke setzen kann (Selbstgesetzlichkeit, Autonomie). Vernunft als ,,Erkenntnis aus Prinzipien'' nötigt zum Denken von ,,systematischen Einheiten'' (Ich, Welt, Gott) und Zwecken ,,an sich'' (Teleologie), die als regulative Ideen die empirischen Verstandesbegriffe bewahren. Was die Vernunft nach freiem Wollen (ohne Nötigung durch sinnliche Antriebe und ohne Ansehen empirischer Folgen) als gut erkennt, heißt moralisch. Das Wollen ist moralisch, wenn seine Maximen im subjektiven Handeln (allerdings nicht in seinen Resultaten, über die der einzelne keine totale Verfügung hat) die Verbindlichkeit allgemeiner Gesetze aufweisen: ,,Handle nur nach derjenigen Maxime, durch die du zugleich wollen kannst, daß sie allgemeines Gesetz werde'' (Kategorischer Imperativ, Kant 1969, S. 247).

Eine moralische Verfassung ist die, in der ,,die Freiheit der Willkür eines jeden mit jedermanns Freiheit nach einem allgemeinen Gesetze zusammen bestehen kann'' (Kant 1969, S. 391). Mit den regulativen Prinzipien der Vernunft (Universalität, Zweckeinheit, Verbindlichkeit, Kausalität und Begrenzung) sind die Kriterien ausgearbeitet, denen subjektive Maximen genügen müssen, um als moralisch zu gelten (,,Metaphysik der Sitten''). Das Ziel ist die Abweisung partikularer, relativistischer, dogmatischer Ethiken. Die Untersuchung der Beziehung von moralischen Maximen zu konkreten Handlungen überantwortet Kant der ,,praktischen Anthropologie''.

Kommunikative Ethiken (KE). Die Notwendigkeit einer (noch auszuarbeitenden) KE ergibt sich aus dem Verhältnis der ,,moralischen Vernunft'' zu der physischen, heute großteils schon technisch überformten Natur, deren Vernünftigkeit man nicht dinglich unterstellen kann (Kant: ,,verkehrte Vernunft''), den individuellen Gewohnheiten (Konventionen, Reaktionstendenzen; vgl. William James zur Bedeutung von „moral habits"), den sozialen Institutionen (Familie, Bildung, Wirtschaft, Recht, Staat, Wissenschaft, Sprache; vgl. Hegel zur Vernunft des modernen Verfassungsstaates; Max Weber zur formalen Rationalität bürokratischer Strukturen). Gewohnheiten, Institutionen, Kultur sind Ausdruck der „Kausalität" der moralischen Vernunft, aber nicht damit identisch. Ihre „Unvernünftigkeit" kann resultieren (a) aus der Unmoralität der ihre Entstehung leitenden Maximen, (b) aus einer starren Anwendung der Maximen, (c) aus einer unangemessenen Perfektion (Aristoteles), (d) aus einer (wegen habituellen oder institutionellen Widerständen) imperfekten Zur-Geltung-Bringung. Unter dem Prinzip der Sicherung und Ausweitung der menschlichen Freiheit erdacht, wenden sich jene gegen dieselbe. Autoritative „Systeme begehen den Fehler einer Umkehrung ethischer Kausalität. Die Erzeugnisse der sittlichen Anschauung werden zu Ursachen derselben gemacht" (Wundt 1903, Bd. 2, S. 7). Mithin gebietet die Moralitätsforderung nicht allein die Allgemeinheit der Maximen, sondern auch die Spezifität von individuellen und sozialen Institutionen, d. h. die Anpassung des Verhaltens und nicht des Charakters, der sozialen Wirklichkeit und nicht der Verfassung (Werte- vs. Struktur- →*Konservatismus*). Diese Reform-Maxime ist in empirischen Fällen prekär: (a) unvollständige Kenntnis der Problemlage, (b) schwere Durchschaubarkeit von Rück- und Nebenwirkungen von Maßnahmen („ökologische Krise"; Wundt: „Heterogonie der Zwecke"; Dörner: „Komplexität der Entscheidungssituation"; Lorenzen/Schwemmer: „technische und praktische Probleme"), (c) teilweiser oder völliger Verlust der Vernunftkontrolle über Gewohnheiten (Sucht, funktionelle Autonomie, Zwangsneurose, Ich-Schwäche, Abwehrmechanismen), (d) Behinderung oder Zerstörung der sozialen Kommunikation (Bürokratie, Monopolisierung der Medien; Willkürherrschaft). Die moralische Vernunft zur Geltung bringen, heißt nach Habermas (1976, S. 34) „die Tilgung jener Gewaltverhältnisse, die in die Kommunikationsstrukturen unauffällig eingelassen sind, und die die bewußte Konfliktaustragung und eine konsensuelle Konfliktregelung durch intrapsychische ebenso wie durch interpersonelle Sperren der Kommunikation verhindern". Als Bedingungen und Kriterien einer KE gelten: die „unbegrenzte Kommunikationsgemeinschaft ..., die die bestimmte Ordnung einer Gesellschaft transzendiert" (George H. Mead), die Teilnahme aller Betroffenen an der gemeinsamen Beratung (Lorenzen/Schwemmer), eine „gerechte Gemeinschaft" (Kohlberg), eine „ideale Sprechsituation" (Apel), die „Institutionalisierung von Diskursen" (Habermas).

Moral und Politik. Im Verhältnis zwischen M und Politik gilt es, zweifach zu unterscheiden: (a) zwischen Inhalt und Akteuren der Politik, (b) nach

dem Begriff der M (s. o.). Mit Inhalt der Politik kann wiederum eine an allgemeinen Prinzipien orientierte, gestaltende (engl. ,,policy") oder eine sich am Bestehenden zu bewährende, taktische Politik (engl. ,,politics"; Real-, Macht-Politik) gemeint sein. Ein besonderes moralisches Problem liegt in ihrer wechselseitigen Beziehung, besonders virulent in dem Problem der Freiheits-Wahrung gegenüber Freiheits-Feindlichkeit (s. ,,Radikalenerlaß", McCarthyismus); ein anderes in der rechten Strategie der Bewältigung veränderter natürlicher und sozialer Problemlagen, wobei beide Hauptstrategien den Prinzipien der Vernunft-M zuwiderlaufen können: (a) die Reformstrategie (,,Stückwerktechnologie", Karl Popper) langfristig durch die Anhäufung von immer unüberschaubareren und zur latenten Inkonsistenz neigenden staatlichen Gesetzen; (b) die Revolutionsstrategie durch die Zerstörung von akkumuliertem Konfliktlösungswissen (Kulturgüter). Die Unterscheidung nach dem M-Begriff findet ebenso Anwendung auf die moralische Kategorisierung von politischen Akteuren. Die M eines Politikers kann meinen, (a) daß sein Verhalten den moralischen Konventionen entspricht oder (b) daß es sich an den Maximen der Vernunft orientiert. In bezug auf das Problem der politischen Willensbildung (Wählerauftrag, imperatives Mandat, Fraktionszwang) wird die (von Lorenzen/Schwemmer getroffene) Scheidung in (a) ,,bloß intersubjektive" (Mehrheits-M) und (b) ,,transsubjektive" (kommunikative) Prinzipien relevant.
Moralpsychologie (MPs). Als Teil der ,,praktischen Anthropologie" (Kant) befaßt sich MPs mit der Beziehung von subjektiven moralischen Maximen zu dem individuellen und sozialen Handeln, den moralischen Gewohnheiten, dem moralischen Urteilsverhalten (Entscheidungen, Begründungen) und den psychologischen Voraussetzungen der Übernahme und Zur-Geltung-Bringung moralischer Maximen.
Moralisches Urteil (MU) ist (a) im Rahmen der konventionellen M die Entscheidung in Übereinstimmung mit geltenden Sitten und Gesetzen und (b) im Rahmen der Vernunft-M die Orientierung der freien Entscheidung an moralischen Maximen. Im zweiten Fall zielt das MU nicht auf jedes Verhalten, sondern nur auf die Moralität von Handlungsbegründungen. Es ist insofern ,,allgemein", als es nur die Grenzen der Entscheidung steckt, die sich im konkreten Fall noch an der jeweiligen empirischen Situation auszurichten hat.
Zentraler Bezugspunkt der MPs ist die *,,Persönlichkeit"*, d. i. für Kant die ,,Empfänglichkeit der Achtung für das moralische Gesetz als einer für sich hinreichenden Triebfeder der Willkür". Die Verschiedenheit der Ansätze und methodischen Vorgehensweisen der m-psychologischen Forschung beruhen vor allem auf Divergenzen in den M-Begriffen und den Grundmodellen der Persönlichkeit. Drei Grundmodelle beherrschen,

ausgehend von Platons Unterscheidung von Erfahrung (Empfindung, Anschauung) und ethischer Idee, den „höchsten Formen des Wissens", die Diskussion: (a) Der (atomistische) *Assoziationismus*, zumeist verbunden mit einer naturalistischen Ethik (s. o.), wurzelt in der Doktrin von Aristoteles, daß Lernen und Gedächtnis auf den Prinzipien Kontiguität, Ähnlichkeit und Kontrasten beruht. Denken folge den Verbindungen, die durch Erfahrungszusammenhänge geschaffen wurden (s. auch Hobbes, Hume, Hartley, James Mill, Bain; Ebbinghaus, Thorndike, Hull, Skinner, W. Mischel). Zumeist fehlt ein ausgearbeiteter Begriff von M; moralische Forderungen bleiben oft implizit. Es wird ein fragloser Konsens unterstellt, was richtiges, angepaßtes, intelligentes oder funktionstüchtiges Verhalten ist. Die Veränderung des Verhaltens sei nur möglich durch Umwelteinflüsse und Selektionsmechanismen (vgl. Hartshorne et al.; Kritik von Pittel/Mendelsohn).
(b) Das Modell der *Ganzheitspsychologie* geht u. a. zurück auf Rieds „Kognitivismus", Ch. Wolffs Lehre von den Fakultäten der Seele (die später von Kant kritisierte „Rationale Psychologie") und Berkeleys „subjektiven Idealismus". Es setzt angeborene Einstellungen (sets) voraus, durch die die Wahrnehmung der Umwelt bestimmt sei („Gestaltungsqualitäten"). Analog sei es dem Menschen auch möglich, moralische Gesetze durch einen besonderen Erkenntnisakt (Werte-„Intuition") zu schauen. Diese Vorstellung hatte wesentlichen Einfluß auf die Persönlichkeitspsychologie (u. a. Stern, Allport, Cattell). Problematisiert wird diese Sicht durch große individuelle und intra-individuelle Variationen im moralischen Verhalten (Hartshorne et al.). Als Alternativen wurden eine „probabilistische" Abwandlung (als „latent traits"; Brunswik, Lazarsfeld), die Rückkehr zu Varianten des Assoziationismus (Situationismus, vgl. auch den sog. „modernen Interaktionismus") vorgeschlagen sowie die (c) *kognitive Entwicklungstheorie*, die in der Tradition „dialektischer" Denktraditionen steht. Hierunter fallen verschiedene Versuche, die Beziehung zwischen „primären" (sensuellen) und „sekundären" (intellektuellen) Qualitäten der Seele (Locke) bzw. zwischen der konkreten Lebenswelt und dem „Reich der Zwecke" (Kant) zu klären. Zu der ursprünglichen Betonung der erkenntnismäßigen („kognitiven") Komponente ist in neuerer Zeit, unter dem Eindruck der Evolutionstheorie, der entwicklungsmäßige Aspekt (Baldwin, Piaget), unter dem Einfluß der Soziologie, der interaktive Aspekt (Cooley, Mead) und durch philosophische Anleihen der dialektische Aspekt (Hegel, Habermas) getreten. Die kognitive Entwicklungstheorie der M (Piaget, Kohlberg) postuliert, daß sich das moralische Bewußtsein (d. i. die Orientierung der freien Entscheidung an moralischen Maximen) infolge oder parallel zur menschlichen Interaktion entwickelt, daß es auf jeder Stufe eine „strukturelle

Ganzheit" bilde und daß diese Entwicklung in einer invarianten Abfolge (Sequenz) verlaufe. Nach Piaget verläuft die moralische Entwicklung des Individuums von der vor-moralischen „motorischen" Imitation (Rituale, Einübung von Gewohnheiten) über die Befolgung von äußeren Regeln aus Achtung vor einer Autorität (Heteronomie; Kant: bloß pflichtgemäßes Handeln) zur freien (nur bei wechselseitiger Achtung möglichen) Selbstverpflichtung (Autonomie). Auf den „Egozentrismus" folgt die „intellektuelle Dezentrierung" (höhere Flexibilität der Regelanwendung, Veränderbarkeit von Regeln durch vernünftige Kommunikation). Piagets Theorie wird erweitert (und z. T. modifiziert) durch das 6-Stufen-Modell von Kohlberg:
(A) *Präkonventionelle Ebene,* (1) Orientierung an Bestrafung und Gehorsam, (2) Naiv-egoistische Orientierung an Gegenseitigkeit;
(B) *Konventionelle Ebene,* (3) Orientierung am Vorbild des „guten Jungen", (4) Orientierung an der Aufrechterhaltung von Autorität und sozialer Ordnung;
(C) *Postkonventionelle Ebene,* (5) Legalistische Vertragsorientierung, (6) Orientierung an Gewissen und Prinzipien. Ähnliche „Entwicklungslogiken" werden auch für die Ethikgeschichte postuliert (Hobhouse, Westermarck, Apel, Habermas).
Soweit sie sich „struktureller" Methoden (s. u.) bedienen, bestätigen die bisherigen Untersuchungen die kognitive Entwicklungstheorie weitgehend. Der strukturell-kognitive Aspekt korreliert (bei Jugendlichen und jungen Erwachsenen) konsistent mit dem Lebensalter und mit dem Bildungsstand. Verbleibende Irregularitäten (Fälle von Regression und Segmentation) sind gegenwärtig Ausgangspunkt von theoretischen und empirischen Untersuchungen, die eine Modifikation der Piaget-Kohlberg-Theorie bzw. ihre Erweiterung zum Ziel haben. Die kognitive Entwicklungstheorie hat großen Einfluß auf die neuere moralpsychologische Forschung, die Politische Psychologie, die M-Philosophie und die M-Pädagogik; sie wird gleichwohl kontrovers diskutiert. Bei den *Methoden* der moralpsychologischen Forschung erlangen die „impliziten anthropologischen Annahmen" (Holzkamp) eine besondere Bedeutung. Während der klassische „Gemeinsame-Eigenschaften"-Ansatz („common trait approach") die Persönlichkeit nach konventionell vorgegebenen, äußeren Kriterien kategorisiert (Allport: „external-effect approach") und die formalen Eigenschaften (Komplexität, Feldabhängigkeit) aus der Persönlichkeitsstruktur dinglich herauszulösen versucht, begreift die kognitive Entwicklungstheorie Inhalt und Struktur des moralischen Urteils als nur analytisch unterscheidbar, aber nicht dinglich trennbar. Zur Erfassung der „inhaltlichen" Komponente des MU (affektive Bindung an moralische Regeln und Prinzipien) finden u. a. klassische Einstellungsskalen

Anwendung (Likert, Thurstone). Zur Erfassung der „kognitiven" Komponente wurden verschiedene „strukturelle" Techniken entwickelt: Konfrontation moralischer Regeln mit Machtansprüchen einer Autorität (Piaget), Erfragung von Regelbegründungen und Auf-die-Probe-Stellen von Argumenten (Piaget, Kohlberg), Enttäuschung von sozialen Vereinbarungen (Kathryn Jacobs), Variation des situativen Kontexts (Kohlberg, Rest), Konfrontation mit Argumenten, die gegen eine offen geäußerte Meinung des Befragten stehen (Lind, Wakenhut).

Georg Lind

Literatur:

Döbert, Rainer, *Habermas*, Jürgen, *Nunner-Winkler*, Gertrud (Hrsg.): Entwicklung des Ichs. Köln 1977.
Eppler, Erhard: Wege aus der Gefahr. Reinbek 1981.
Habermas, Jürgen: Zur Rekonstruktion des Historischen Materialismus. Frankfurt/M. 1976.
Höffe, Otto: Ethik und Politik. Frankfurt/M. 1979.
Kant, Immanuel: Die drei Kritiken. Stuttgart 1969.
Kohlberg, Lawrence: Zur kognitiven Entwicklung des Kindes. Frankfurt/M. 1974.
Piaget, Jean: Das moralische Urteil beim Kinde. Frankfurt 1973.
Portele, Gerhard (Hrsg.): Sozialisation und Moral. Weinheim 1978.
Praktische Philosophie/Ethik. Reader zum Funkkolleg, 2 Bände. Frankfurt/M. 1980/81.
Rest, James R.: Development in Judging Moral Issues. Minneapolis 1979.
Wundt, Wilhelm: Ethik, 2 Bände. Stuttgart 1903.

Öffentliche Meinung

→*Demoskopie, Loyalität, Machiavellismus, Propaganda, Wirkungsforschung.*

Seit seinem Aufkommen im 18. Jahrhundert in Frankreich und seiner Einbürgerung in Deutschland durch den „Neuen Teutschen Merkur" (1790) und Johann Georg Forster (1793) im Zuge der Französischen Revolution von 1789 wird der Ausdruck ÖM (frz. *opinion publique;* engl. *public opinion) inkonsistent* benutzt. Von Anfang an *mehrdeutig* und *vage*, bezeichnet er in sozialphilosophischer, staatstheoretischer, massen- und sozialpsychologischer sowie demoskopischer Dimension jeweils verschiedene und sich historisch wandelnde Phänomene.

Definitionen. – Eine allgemein anerkannte *Realdefinition* des Allgemeinbegriffs ÖM gibt es nicht. Jedoch ist nach herrschender Auffassung ÖM nicht identisch mit der *veröffentlichten Meinung.* Vielmehr kann die ÖM der veröffentlichten Meinung entgegengesetzt sein, z. B. in totalitären Staaten. Der Ausdruck ÖM benennt auch nicht die vor der *Öffentlichkeit* vertretene Meinung einzelner, sondern die wie auch immer artikulierte Meinung strukturierter oder amorpher Kollektive. Sogar die *Meinungsverteilungen,* die durch Befragung zwar statistisch repräsentativer, aber in Anonymität verharrender Stichproben aus der Grundgesamtheit eines Volkes festgestellt werden, gelten als ÖM. Der Topos drückt deshalb vielfach das Gegenteil dessen aus, was er dem Wortsinne nach zu bedeuten scheint. Die überbordende Fülle von *Nominaldefinitionen* der ÖM, die kontroverse Standpunkte reflektieren, ist in diachronischer und synchronischer Perspektive verwirrend. Gilt ÖM vielfach als allenfalls begriffsgeschichtlich interessante Fiktion, so wird ihre soziale Macht vor allem als Kontrollinstanz anderseits seit Niccolò Machiavelli und John Locke für erwiesen gehalten. Gleichwohl bestreiten sowohl moderne Staatslehre wie Politische Wissenschaft allgemein die normative Verbindlichkeit der ÖM (Krüger 1964, Roos 1969, Kriele 1975). Die marxistisch-leninistische Sozialpsychologie postuliert diese Verbindlichkeit rhetorisch (Uledow 1964, 1972).

Hauptprobleme empirischer Forschung. – In den Sozialwissenschaften lassen sich Bestrebungen erkennen, die bislang überwiegend auf gruppendynamische Integrationsprozesse bezogenen mikrosoziologischen Analysen des Phänomens ÖM auf größere Sozialgebilde auszudehnen. *Soziale Integration* als kollektive Leistung größerer sozialer Systeme gerät derart zum zentralen Begriffsmerkmal der ÖM. Sie wird systemtheoretisch als sozialer Prozeß bestimmt, der seinerseits Element gesamtgesellschaftlicher Prozesse ist (Hunziker 1981). Ziel der Forschungen von →*Demoskopie* und Soziologie ist, ÖM zur Systemsteuerung in den Griff zu bekommen. Beim heutigen Stand der Theoriebildung zeichnet sich ab, daß das umgangssprachliche Explikandum ÖM durch das Explikat ,,Prozesse gesamtgesellschaftlicher Integration" präzisiert werden wird. Wegen der erst rudimentär entwickelten Prozeßtheorien (Merten 1977) und enormer forschungspraktischer Schwierigkeiten ist die Aufhellung dieses Problemfeldes noch nicht in Sicht.

,,*Öffentlich*" *und* ,,*Öffentlichkeit*". – Der ambivalente Ausdruck ,,Öffentlichkeit" (Ö) entstand erst im 18. Jahrhundert aus dem zunächst überwiegend adverbiell benutzten Wort ,,öffentlich" (ö), das soviel wie ,,klar" oder ,,offensichtlich sein" bedeutete. Deutsches Synonym für das lat. Adjektiv „publicus" ist anfangs nicht ö gewesen, sondern „gemein", welches das Wortfeld der Bezeichnungen für soziale Zusammenschlüsse beherrschte („Gemeinde" usw.). Im 17. Jahrhundert nahmen beide Wörter parallel zur Entwicklung des Staatsrechts die Bedeutung von „staatlich" an. Seit der Geburt des Substantivs bezeichnet Ö eine „für den west- und mitteleuropäischen Sprachraum spezifische Kategorie des politisch-sozialen Lebens" (Hölscher 1978, S. 413 f.).

Definition und Bewertung der „Meinung" (M). – Traditionell wird in der Philosophie seit Platons Distinktion von *epistéme* und *doxa* das *Meinen* und das *Glauben* präzise vom *Wissen* gesondert. In Kants repräsentativer Definition weist das *Fürwahrhalten* als subjektive Gültigkeit des Urteils drei Stufen auf: *Meinen* nennt er ein „mit Bewußtseyn sowol subjectiv, als objectiv unzureichendes Fürwahrhalten". Ist das Fürwahrhalten zwar subjektiv zureichend, wird aber zugleich für objektiv unzureichend gehalten, dann heißt es *Glauben*. *Wissen* hingegen ist sowohl subjektiv wie objektiv zureichendes Fürwahrhalten. Von Platon über den deutschen Idealismus bis hinein in die gegenwärtige sprachanalytische Philosophie wird jene Differenzierung tradiert, die pejorativ das Meinen und sein Produkt, die M, als ein Fürwahrhalten bestimmt, das sich allein auf Wahrscheinlichkeit zu stützen vermag. Erscheint Meinen als vorläufiges Urteil, so impliziert Wissen absolute Gewißheit, deren Korrelat die Wahrheit ist. Meinen ist somit gemäß der von Platon vorbereiteten Stufentheorie im Prozeß des Erkennens zwar mehr als Nichtwissen, doch weniger als Glauben und Wissen. Das Insgesamt dieses Urteilens, Meinens und Ratens der einzelnen über allgemeine Angelegenheiten nennt Hegel dann ÖM. Wegen der für sie charakteristischen Mischung von Allgemeinem, Substantiellem und Wahrem mit dem Besonderen des Meinens der Vielen gilt sie ihm konkret als Widerspruch ihrer selbst. *Beides* liegt für Hegel in der ÖM: der gesunde Menschenverstand als die durch alle einzelnen in Form von Vorurteilen hindurchgehende sittliche Grundlage und zugleich die Zufälligkeit des Meinens aufgrund von Unwissenheit, falscher Kenntnis und mangelhafter Beurteilung. Weil ÖM Wahrheit und endlosen Irrtum unmittelbar vereinigt, ist sie zugleich zu achten und zu verachten: zu achten wegen ihrer wesentlichen Grundlage, zu verachten wegen der Beliebigkeit des bloßen Meinens.

Vorgeschichte des Begriffs ÖM. – Alle historischen Ausprägungen des Begriffs ÖM sind nicht an den einzelnen und dessen Meinen gebunden, sondern an die Vielen, das Volk, die Rotte, den Haufen, die Menge, die Masse, die Gesellschaft. Mit deren wechselnder Bewertung ist die changierende Bewertung der ÖM verquickt. Seit alters sind die Vorformen des

Begriffs ÖM politisch besetzt. Das gilt schon für die *Vox populi* des alttestamentarischen Propheten Jesaja, der eine *Vox de templo* und die *Vox domini* korrespondieren, und für Nestors Antwort an Telemachos in der „Odyssee": Ist die Vox populi der Vulgata die „Stimme des Getümmels" in der Übersetzung Luthers, der begriffen hatte, daß die Verwandlung des „alten" in ein „neues Jerusalem" auch ein politischer Akt war, so erweist sich die Imprägnierung der M der Völker des Landes durch göttlichen Ausspruch bei Homer als durchaus politisch relevant für den Sohn des Odysseus. Zumindest in der Vorstellungswelt der Griechen scheint sich also schon etwas zu finden, was sich mit den meisten späteren Vorformen des Begriffs ÖM deckt: daß das Urteil des Volkes über das Betragen des Fürsten richtet (Bauer 1914). Derart sind *Volksmeinung* und *Herrschaft* seit der Antike komplementäre Begriffe. Werden Herrschaftskonzepte schon früh präzisiert, so bleibt der Topos der „Volksstimme" durch die Jahrtausende vage. Bei Hesiod scheint sie selbst als „Gerede" die Vox Dei zu sein. Schon Quintilian indes glaubt sie, ähnlich wie später Hegel und Wilhelm Hennis (1957), als Mischung aus ö Zeugnis verantwortungsbewußter Bürger, dem ein Konsens zugrunde liegt, und haltlosem Gerede dunkler Observanz zu erkennen. Mit der Vox populi, was immer das war, mußte der Herrscher rechnen. Daß sie aber selbst als vorgebliche Vox Dei verächtlich sei, hat vermutlich erstmals Alkuin (798) einem Herrscher geraten: Nicht der Stimme des Volkes sollte Karl der Große gehorchen. Die ungestüme Masse, stets dem Wahnsinn nahe, müsse geleitet werden: gemäß göttlichem Gebot. Diese Traditionslinie kulminiert nach einem Jahrtausend in der Maxime Adolf Hitlers, nicht Büttel der ÖM dürfe seine Partei sein, sondern ihr Herr. War die Warnung vor der Vox Dei in Gestalt der Vox populi bei Alkuin noch eindeutig politisch motiviert, so speist sich die scheele Sicht des Mittelalters auf die „opinio" aus philosophischen und theologischen Quellen. Wer von der geoffenbarten Wahrheit abwich, galt als Sünder, Ketzer und Irrlehrer (Bauer 1914). Die Ö der Kirche war universal (Dempf 1973). Das von ihr sanktionierte Weltbild galt als wahr und unwiderlegbar. Für disparate M war in diesem wohlgeordneten Kosmos kein Platz. Gleichwohl war das Meinen als Zweifel am allgemeinen Fürwahrhalten allzeit präsent. Thomas von Aquins verräterische Definition der „opinio" markiert dialektisch sowohl die Höhe des klassischen Weltbildes wie dessen nahendes Ende: M bezeichnet die Entscheidung des Intellekts, sich angesichts eines Widerspruchs wohl auf eine Seite zu schlagen, gleichzeitig aber zu fürchten, die Gegenseite könne am Ende doch recht haben (vgl. Summa theologica I 79, 9 ad 4).

Mit der *Ausgrenzung besonderer Öffentlichkeiten* aus der Universalität der Kirche des Mittelalters gewinnen an der Schwelle zur Neuzeit besonders virulente Vorformen der ÖM an Boden. (1) Die von Aristoteles begründete und von der katholischen Kirche adaptierte Konzeption der *Wissenschaft* beginnt sich in die moderne zu verwandeln. Ihr Prinzip ist der klassischen diametral entgegengesetzt. Ideal klassisch-mittelalterlicher Wissenschaft wie des ekklesiologischen Selbstverständnisses sind die Absolutheitsthese oder der Absolutheitsglaube, die Voraussetzung der Wahrheit und das Postulat der Allgemeinheit sowie der logische Ableitungs-Evidenzcharakter gewesen. Moderne Wissenschaft präsentiert sich dagegen als „konditionales hypothetisch-deduktives System von Sätzen" (Diemer 1968). Sie beanspruchen keine absolute, sondern allein hypothetische Geltung. Aus wahren Sätzen werden nun wohlbegründete Hypothesen oder wissenschaftliche M. Zugleich strukturiert sich die „in sich geschlossene Gelehrtenrepublik" langsam in die wissenschaftliche Ö der Forscher um (Baumgartner 1974). Hier ist wissenschaftlicher Meinungsstreit nicht nur erlaubt. Er gerät nachgerade zur Bedingung des wissenschaftlichen Fortschritts. Die Struktur wissenschaftlicher Revolutionen hat Thomas S. Kuhn (1976) als dialektischen Prozeß ö Meinungswandels von Wissenschaftlern beschrieben. Die große Mehrheit der auf das Paradigma von „ordinary science" eingeschworenen Forscher hält das wissenschaftliche Meinungsklima so lange stabil, bis der von relativ isolierten Außenseitern kreierte Paradigmakandidat siegt und zu einem von „extraordinary science" inaugurierten totalen Umschlag des Klimas führt. (2) In dem desgleichen als partielle Ö aus der universalen Ö der Kirche sich ausgrenzenden Freiraum der *Politik* beginnt die Entwicklung *politischer Vorformen der ÖM*. Sie säkularisieren die göttliche Legitimation des Fürsten, die freilich noch bis zur Französischen Revolution formell in Geltung bleibt. Ist ÖM nach dem von ihr goutierten blutigen Ende des absoluten Herrschers von Gottes Gnaden am Ende des 18. Jahrhunderts samt ihrem Begriff mächtig präsent, so wird diese neue Macht als Korrelat der Herrschaft schon 300 Jahre zuvor von Machiavelli klar und distinkt erkannt. Machiavelli beschreibt das später ÖM genannte Phänomen als Mischung aus Ruf (fama), Stimme im Sinne von Stimmung (voce) und M (opinione). Detailliert erwägt er, welcher „Ruf, welche Stimmung oder M es bewirkt, daß das Volk einem Bürger seine Gunst zuwendet". Kennt das Volk den Kandidaten für ein Amt nicht aufgrund seiner Taten oder Vermutungen oder durch umlaufende M, dann richtet er sich nach der ö Stimme (pubblica voce) und handelt gemäß dem Ruf (fama) der Person. Zwar kennt er den Ausdruck ÖM nicht. Allein die Bezeichnungen *allgemeine M* (opinione universale) und *ö Stimme* sind ihm geläufig. Da er aber sachlich und sprachlich sicher ganz nahe daran war, den Ausdruck ÖM zu finden (Bucher 1887), wird neuerdings ,,pubblica voce" korrekt mit ÖM übersetzt (Zorn 1966). ÖM im Sprachgewand der ,,pubblica voce" bzw. ,,opinione universale" bezeichnet bei Machiavelli die ,,Disposition des allgemeinen Willens" eines Volkes. In ihm hat das psychologische Studium der politischen Wirksamkeit bestimmter Massenprozesse einen ersten Höhepunkt für Jahrhunderte erreicht (Bauer 1914). Er hat den Grundstein zu einer Wissenschaft von der ÖM gelegt und zunächst praktische Überlegungen, wie diese beeinflußt werden könne, angeregt (→ *Machiavellismus*). Zwar ist die streng erfahrungswissenschaftliche Erforschung der ÖM erst das Werk des 20. Jahrhunderts (→ *Propaganda*, → *Demoskopie*, → *Wirkungsforschung*). Doch wird seit 1532 durch die Jahrhunderte die bedrohliche Macht der ÖM als eine Art mystisches Faktum in Europa allgemein unterstellt. Ihre Beachtung gilt Regenten als Akt der Klugheit. Als Element der Staatskunst erscheint sie im politisch-psychologischen Kalkül. Selbst in der dramatischen Literatur lassen sich Auswirkungen des → *Machiavellismus* nachweisen, wenn diese Probleme der Herrschaftssicherung reflektiert. ,,Opinion", enthüllt Shakespeares Henry IV. seinem Sohn, ,,did help me to the crown", und Othello bezeichnet ,,opinion" erzmachiavellistisch als ,,a sovereign mistress of effects". Schillers Leicester rät der Königin Elisabeth von England dringend, Maria Stuart zu empfangen: durch diesen Akt der Großmut soll, wie es die Staatskunst will, die ÖM für Elisabeth gewonnen werden.

Die *englischen und französischen Sozialphilosophen* und *Staatstheoretiker* des 17. und 18. Jahrhunderts sind im Grunde über die Erkenntnisse Machiavellis nicht hinausgekommen. William Temple analysiert das Verhältnis von ,,general opinion" und ,,government"; John Locke entdeckt ein ,,law of opinion or reputation": Beider Urteil läuft lediglich darauf hinaus, daß einzelne und Regierungen nicht nur dem Lob und dem Tadel der allgemeinen M verfallen, sondern daß allgemeines Lob eine Position kräftigt und allgemeiner Tadel um jeden Kredit bringt. Joseph Glanvills Begriff ,,climates of opinion" illustriert diesen altbekannten Sachverhalt mittels einer meteorologischen Metapher. Auch David Hume, der Lockes sozialpsychologische Perspektive staatstheoretisch erweitert, reformuliert im Grunde nur die Erörterungen Machiavellis, wenn er statuiert, es sei ,,on opinion only that government is founded".

Genese und Problematik des Begriffs ÖM. – In Frankreich lagen die Dinge zunächst nicht anders. Der Topos ,,opinion publique" bezeichnet anfangs wie ,,voix", ,,esprit", ,,estime", ,,rumeur publique" lediglich die ,,von vielen geteilte M" (Hölscher 1978). Leibniz urteilte, die ,,opinions publiques de différens partis" markierten durchwegs gegensätzliche Positionen. ÖM ist keine einheitliche M, sondern eine Menge widerstreitender M. Jean-Jacques Rousseau, der den fast 200 Jahre zuvor schon von Michel de Montaigne im Plural gebrauchten und abwertend mit ,,opinions vulgueres" gleichgesetzten Topos ,,l'opinion publique" 1744 erstmals im Singular benutzt, will damit lediglich einen venezianischen Diplomaten das Fürchten lehren: er gelte in der ÖM als Parteigänger Österreichs. Falsch ist es, den Begriff unreflektiert mit der ,,volonté générale" gleichzusetzen. Nur unter idealen Bedingungen wäre dies möglich: wenn in nicht-kompetitiver Lebensart Besitzverhältnisse und Bildungsstand der Menschen annähernd gleich wären, vermöchte eine ,,tragfähige Gleichheit der Interessen zu entstehen", aus der die ,,volonté générale" resultieren kann (Forschner 1977). Allenfalls ginge es an, Rousseaus Konzept der ,,volonté de tous" im Sinne einer wirklichen Mehrheitsmeinung synonym mit ,,opinion publique" zu verwenden. Keinesfalls ist dies bezüglich jener faktischen ,,opinion publique" von 1744 möglich, die lediglich die ÖM der Aristokraten, Diplomaten, Clubs und Cafés gewesen ist, also nicht die M aller oder der meisten. Der politische Gehalt des neuen Worts war zunächst noch gering. 1761 symbolisiert es in der ,,Nouvelle Héloise" eine Kategorie des sozialen Lebens, die Rousseau durchaus verpönt war, nämlich Prestige. ÖM verliert ihren pejorativen Beigeschmack erst in den Wehen der Französischen Revolution. Unter dem neuen Namen erscheint das alte Phänomen: ÖM ist eine Art mystisch-kollektives Urteil der Menge, Korrelat zu Herrschaft und als Urteilsinstanz auch für unpolitische Akte des einzelnen ,,zuständig". Auch Jacques Necker, der den Begriff schon im Ancien régime popularisierte, versteht sie ganz auf diese Art. Erst die Revolution, die eine neue Ö schafft, fügt den bisherigen Merkmalen des Begriffs ein wichtiges neues hinzu: ÖM gerät einerseits zum Rückhalt der Assemblée nationale im Dritten Stand. Andererseits wirken die Protagonisten der Revolution publizistisch auf die ÖM mit dem Ziel ein, den Dritten Stand ganz oder in Teilen zu ihren Gunsten zu bestimmen, um sich dann wiederum auf die ÖM berufen zu können. Forster, der sie in Paris als Werkzeug und Seele der Revolution erkannt hatte, wurde 1793 zugleich gewahr, daß es in Deutschland nichts ihr Vergleichbares gab: weder einen deutschen Gemeingeist noch eine deutsche ÖM. Selbst diese Wörter waren den Deutschen neu. Zu einem ,,zentralen Begriff der politisch-sozialen Sprache" wurde ÖM hier erst im *Vormärz*, als der Begriff zum Symbol für die Politik des liberalen Bürgertums avancierte. Markierte ÖM in Frankreich das Programm des ,,tiers état", so wurde sie im vormärzlichen Deutschland oppositionell als die ,,Stimme der gebildeten Mittelschichten" laut, welche die ,,parlamentarische Vertretung ihres mit dem ö identifizierten Privatinteresses" in einer konstitutionellen Monarchie begehrte. Nicht einmal im deutschen Vormärz war ÖM daher der Name für den „allgemeinen Willen der Nation". Nach 1848 wurde sie Zug um Zug mit der Entwicklung des parlamentarischen Systems abgewertet zum „beachtenswerten", aber doch auch „manipulierbaren Stimmungsbarometer" (Hölscher 1978, S. 451–455). Dies aber hatte ihr deutscher Entdecker schon antizipiert. Sein Realismus verband ihn mit dem Mirabeaus. Er trennte ihn von Christian Garve, der ÖM in einer berühmten Definition idealtypisch als wohlerwogenen Konsens der meisten Staatsbürger bestimmte. In Mirabeau und Forster trat hingegen das elitäre Konzept der ÖM auf den Plan. „Herrn Neckers opinion publique", die Mirabeau zufolge „alles zerstört" hatte und nun „wiederherstellen" sollte, könne man nicht bestimmen außer durch populäre „Führer der M."

Der Grundsatz dieses *elitären Konzepts* der ÖM lautet: Weder sind alle gleichermaßen intensiv an allgemeinen Angelegenheiten interessiert noch ebenbürtige Politiker. Da aber Revolutionen und Reformen die Untertanen absoluter Herrscher in souveräne Mandanten verwandelt hatten, sahen sich die gewählten Mandatare genötigt, die ÖM (a) in ihrem Sinne zu beeinflussen und sie (b) genau zu erkunden, um sie taktisch desto besser für ihre respektiven Zwecke bestimmen zu können. Auf die von publizistischen Meinungsführern („Opinionisten") geprägte Parteipresse des 19. und 20. Jahrhunderts, in der politische Eliten die Gefolgschaft des Publikums gemäß einem instinktpsychologisch und massensoziologisch gestützten Reiz-Reaktions-Modell naiv unterstellten, folgte in den USA parallel zum Siegeszug des Films und Radios die psychologisch und soziologisch feiner differenzierende Analyse der Chancen für die *Manipulierung der ÖM(→ Wirkungsforschung)*.

ÖM in Gestalt flüchtiger Meinungsverteilungen kann und will niemals herrschen: Noch vor Edward Ross hatte Johann Caspar Bluntschli (1862) erkannt, daß ÖM keine schöpferische, sondern eine kontrollierende Macht und deshalb keine ö Gewalt ist, aber eine unorganische ö Macht. Am Ende des 19. Jahrhunderts hat die Opposition gegen den Liberalismus dem von diesem gerade erneuerten „Dogma der vox populi, vox dei die schärfsten Wunden beigebracht" (Bauer 1914, S. 29). Diese Wunden sind bis heute nicht verheilt. Alle späteren Versuche, ÖM begrifflich zu fassen, vermögen in ihr Gottes Stimme nicht mehr zu hören. Friedrich Julius Stahl reduziert wie Bluntschli ihre Macht auf die Kontrollfunktion. Auch Albert Schäffle und Gustav Schmoller schätzen ihre Kreativität gering ein: ÖM gilt nurmehr als „rechtlich formlose Reaktion der Massen oder einzelner Schichten des sozialen Körpers" auf die Regierung (Schäffle 1896) oder als Antwort des passiven Teils der Gesellschaft auf das Tun des aktiven (Schmoller 1908). Gemeint sind die Eliten, denen das

Volk respondiert. Wie seine kollektive Reaktion zustande kommen kann, vermag Karl von Gersdorff (1846) nur hypothetisch zu erklären: In der ÖM manifestiere sich die Gemeinsamkeit der Wertsetzung eines Volkes bezüglich sozialer Objekte. Gegründet sieht er sie in Geschichte und Sitten.

Als *Summe der Begriffsgeschichte* von Machiavelli bis Franz von Holtzendorff (1879) ergibt sich für Peter Hunziker (1981), daß ÖM vornehmlich als „Element des politischen Systems" angesehen wird, als eine „kollektive Definition der sozialen Situation", die die soziale Entwicklung prägend beeinflußt. In irgendeiner Weise gerate ÖM in allen Herrschaftssystemen zur Entscheidungshilfe. Die konkreten Herrschaftsmechanismen, die historische Sozialstruktur und deren Kommunikationsmuster bedingten die Art und Weise, wie ÖM jeweils berücksichtigt wird. Wegen des Wandels der sozialen Rahmenbedingungen der ÖM im Laufe der Geschichte bezeichne der Begriff ÖM verschiedene Erscheinungen. Dies ist auch heute der Fall, weil die genannten Bedingungen nicht überall dieselben sind. Wird ÖM hingegen sozialpsychologisch als jene Meinung bestimmt, die jeder „ohne Gefahr von Sanktionen ö aussprechen und der entsprechend man ö sichtbar handeln kann", während entgegengesetztes Meinen und Tun mit sozialer Isolationsgefahr verbunden sind (Noelle-Neumann 1977), dann läßt sich ÖM als „universelles Phänomen" synchronisch mühelos vom Chorheulen der Wölfe über den Pranger und die Mode bis hin zum Schneefegen auf dem Bürgersteig durch empirische Forschung und diachronisch leicht durch Analyse historischer Zeugnisse und von Belletristik (z. B. Choderlos de Laclos 1782) nachweisen (Noelle-Neumann 1980, Hunziker 1981). Die Integration beider Konzepte ist eine Hauptaufgabe, vor der sich die Theorie der ÖM heute sieht.

Moderne Konzepte der ÖM. – (1) Die PPs und Soziologie bestreiten die Existenz einer einheitlichen ÖM und weisen nach, daß es in den westlichen Demokratien „so viele ö M wie Meinungsgegenstände" gibt (Lenz 1956). Lediglich die marxistisch-leninistische Sozialpsychologie bestimmt ähnlich wie die nationalsozialistische Zeitungswissenschaft (Münster 1934) ÖM als *„einmütiges Urteil des Volkes zu Fragen des gesellschaftlichen Lebens, die die allgemeinen Interessen berühren und eine praktische Lösung fordern"* (Uledow 1964). Ist hier die Arbeiterklasse Garant der Einmütigkeit, so waren es dort die Eigenschaften des Blutes der germanischen Rasse. In beiden Fällen fungieren Einheitsparteien als Gleichschalter der ÖM (Friedrich 1957). (2) Solchen ideologischen Bestimmungen diametral entgegengesetzt ist das Konzept zur Erforschung der ÖM in den USA („public-opinion-research"). Hier und in vielen

Ländern des Westens wird ÖM als Summe von Meinungsverteilungen zu wechselnden Ereignissen und Problemen interpretiert (→*Demoskopie*). (3) Weil ÖM hier als der „statistische Durchschnitt der M aller Einzelnen" gefaßt wird, in welchen auch Irrationalitäten, Beliebigkeit und sachliche Unverbindlichkeit eingehen, sieht neomarxistische Ideologiekritik die Kontrollfunktion der ÖM als gefährdet an: ÖM sei nicht mehr „in ihrer Wahrheit kontrollierbar". Der Begriff ÖM wird nicht preisgegeben, um in einer antagonistischen Gesellschaft das Schlimmste zu verhindern, „solange sie nicht zur totalitären übergegangen ist" (Adorno 1961). (4) Eine liberalistische oder „klassische" Konzeption sondert ÖM normativ als Ansicht der „relativ bestinformierten, intelligentesten und moralischsten Bürger" von der „gemeinen M" (Hennis 1957). Sie habe sich der ÖM unterzuordnen. (5) Ein Repräsentanzkonzept von ÖM identifiziert in der funktionierenden parlamentarischen Demokratie den Willen der jeweiligen Parteienmehrheit in Regierung *und* Parlament mit der „volonté générale" (Leibholz 1958) und diese mit der ÖM. Die von Fraenkel (1957) vorgenommene Gleichsetzung von ÖM und Parlamentsdiskussion verfällt der Kritik. (6) Ein neuer Beitrag zur Theorie der ÖM aus amerikanischer Sicht (Entman und Paletz 1980) hält Meinungsumfragen (→*Demoskopie*) für ungeeignete und unzuverlässige Methoden zur Bestimmung der ÖM und ihrer Herkunft. ÖM gilt als Resultat der Interaktionen von Massenmedien und Eliten. Wenigstens für die USA sei erwiesen, daß Eliten Ereignisse von ö Interesse setzen und auch die dazu nötigen Informationen liefern. Eng mit diesem Elitenkonzept verwoben ist die Hypothese von der „Agenda-setting-Funktion" (Thematisierungsfunktion) der Massenmedien, die das Publikum auf bestimmte Ereignisse und Probleme aufmerksam machen und so die Tagesordnung für die ö Debatte aufstellen. Derart beeinflussen Eliten die ÖM und bestimmen das Meinungsklima. (7) Die Thematisierungsfunktion der Massenmedien erscheint auch als Konkretisierung eines hochabstrakten systemtheoretischen Bestimmungsversuchs durch Niklas Luhmann (1970). Er definiert ÖM empirisch fast gehaltlos als „substantivierte politische Kontingenz", erweitert aber die sozialpsychologische zur makrosoziologischen Perspektive. (8) Allein aus dem historischen „Strukturwandel" der Ö läßt sich nach Auffassung der Kritischen soziologischen Theorie ein „historisch sinnvoller, normativ den Ansprüchen sozialstaatlicher Verfassung genügender, theoretisch klarer und empirisch einlösbarer Begriff" der ÖM gewinnen (Habermas 1962). Auch Habermas hält eine einheitliche ÖM für eine Fiktion. Am Begriff ÖM will er wegen des Prozeßcharakters der Verfassungsrealität des Sozialstaats in einem komparativen Sinne festhalten. Modellhaft unterscheidet er zwei politisch relevante Kommunikationsbereiche: (a) ein System informeller, *nicht-öffentlicher* M und (b) die Zirkulationssphäre einer *quasi-öffentlichen* M als System formeller, institutionell autorisierter M. Die quasi-ö M sind zwar womöglich an ein breites Publikum gerichtet, erlangen aber trotz der durch die Massenmedien zwischen beiden Bereichen hergestellten Verbindung „keine wechselseitige Korrespondenz mit der nichtorganisierten Masse". Nicht durch ö Kommunikation werde das Publikum der nichtorganisierten Privatleute beansprucht, sondern nur „*im Sog demonstrativ oder manipulativ entfalteter Publizität*". Habermas behauptet, im strengen Sinne könne sich ÖM heute nur in dem Maße herstellen, in dem beide Kommunikationsbereiche durch „*kritische Publizität*" vermittelt werden. In seiner Nachfolge untersuchen Oskar Negt und Alexander Kluge (1972) *proletarische Ö* als *Gegen-Ö* zu *bürgerlicher Ö*. Dieses kritisch-theoretische Konzept der ÖM ist empirisch bislang folgenlos geblieben.

Ausblick. – Die Theoretiker der ÖM brechen gegenwärtig mit der traditionellen Modellierung idealer sozialer Systeme. Dementsprechend wenden sie sich von normativen Aussagen ab und suchen empirisch die sozialen Rahmenbedingungen zu beschreiben, in denen sich Prozesse ö Meinungsbildung vollziehen. Als wichtigste Bedingung dieser „sozialökologischen" Theorie der ÖM gilt Realitätsnähe bei der Darstellung des sozialen Feldes (Hunziker 1981). Obgleich nirgendwo eine einheitliche ÖM auszumachen ist, wird der Begriff nicht aufgegeben, weil komplexe Großgesellschaften augenscheinlich ohne Prozesse ö Meinungsbildung funktionsunfähig sind. Den Funktionsbeitrag der ÖM nennen Noelle-Neumann (1980) und Hunziker „soziale Integration". War der Blick bei der Analyse von Integrationsprozessen zunächst auf Individuen und Gruppen gerichtet, so rückt neuerdings die Integrationsfunktion in den Brennpunkt des Interesses, die ÖM für das gesellschaftliche Gesamtsystem erfüllt.

Erhard Schreiber

Literatur:

Bauer, Wilhelm: Die öffentliche Meinung und ihre geschichtlichen Grundlagen. Tübingen 1914.
Hölscher, Lucian: Öffentlichkeit. In: *Brunner*, Otto, Werner *Conze* und Reinhart *Koselleck* (Hrsg.): Geschichtliche Grundbegriffe. Historisches Lexikon zur politisch-sozialen Sprache in Deutschland. Bd. 4, Stuttgart 1978, S. 413–467.
Hunziker, Peter: Gesellschaftliche Strukturbedingungen der öffentlichen Meinung. In: Media-Perspektiven, H. 7/1981, S. 515–520.
Lenz, Friedrich: Werden und Wesen der öffentlichen Meinung. München 1956.
Noelle-Neumann, Elisabeth: Die Schweigespirale. Öffentliche Meinung – unsere soziale Haut. München/Zürich 1980.
Smelser, Neil J.: Theorie des kollektiven Verhaltens. Köln 1972.

Organisationen

→ *Bürgerinitiativen, Entfremdung, Internationaler Konflikt, Konformität.*

1. Begriff. – Der Begriff „Organisation" (O) wird in verschiedenen Wissenschaften in durchaus unterschiedlichen Bedeutungen verwendet. In den Wirtschaftswissenschaften ist er ebenso geläufig wie in den Sozialwissenschaften, die Rechtswissenschaft verwendet ihn genauso selbstverständlich wie Philosophie und Naturwissenschaften.
Daher ist der Terminus im Deutschen recht unscharf geworden. Darüber hinaus werden organisatorische Fragestellungen gerade im Bereich der politischen Wissenschaft immer drängender und schwieriger, die Flut der in Wissenschaft und Praxis entwickelten und vertretenen Konzepte zu O-Problemen scheint kaum noch überschaubar, ihre Darstellung wird zusätzlich erschwert durch die zahlreichen Verzweigungen und Überlagerungen der verschiedenen Ansätze. Gemeinsam scheint den allermeisten hierzu vertretenen Meinungen allerdings die Betonung interdisziplinärer Fragestellungen zu sein.

a) In der Umgangssprache wird der Begriff „O" als Synonym für freiwillige Zusammenschlüsse von Menschen oder Menschengruppen gebraucht, z. B. für Vereinigungen, Verbände und Vereine, politische Parteien ebenso wie Wirtschaftsverbände oder etwa eine „Verbrecher-O".

b) Wenn in der Kultur- und Sozialanthropologie von „Sozialer O" die Rede ist, so richtet sich das Augenmerk weniger auf die einzelnen O selbst als vielmehr auf die Rolle, die diese Art sozialer Gebilde im Vergesellschaftungsprozeß spielt. Soziale O meint also immer in der Mehrzahl vorkommende kooperierende Gruppen mit einem mehr oder weniger hohen Grad an Organisiertheit. Die Gesamtheit der sozialen Strukturprinzipien einer Gesellschaft unterfällt in diesem Sinne dem Begriff der O. Ordnungssysteme der Familie, der Sippe, des Standes und der Klassen gehören ebenso dazu wie die Prinzipien verschiedener Herrschafts- und Wirtschaftsordnungen. Organisch gewachsene Strukturen werden in diesem Sinne ebenso als O bezeichnet wie planvoll geschaffene. Von dieser Art der O unterscheidet sich die Institution dadurch, daß sie entweder aus rein personell in einer Reihe zusammenhängender Rollenvorstellungen (Rollenaggregate) besteht oder mehr sachlich in komplexen Begriffen wie etwa Eigentum, Erbe u. ä.

c) Die betriebswirtschaftliche Organisationslehre hat weniger das soziale Gebilde, sondern vielmehr die Tätigkeit des Organisierens und deren Ergebnis, die zielgerichtete Ordnung des Betriebes, zum Gegenstand. Als Verfahrenslehre beschäftigt sie sich mit der zweckmäßigen Gestaltung betrieblicher Abläufe und entwickelt Regeln für das zweckmäßige Organisieren des Arbeitsprozesses, um Reibungsdefizite zu vermindern und so die Effizienz eines Unternehmens zu steigern. Bei aller Eingeschränktheit ihres Untersuchungsgegenstandes hat sie für die moderne O-Soziologie insofern wichtige Anstöße ergeben, als sie über die formellen Ordnungsverhältnisse hinaus auch informelle Strukturen analysiert und in die Betrachtung einbezogen hat. Denn gerade die informellen Beziehungen zwischen den verschiedenen Mitgliedern eines sozialen Systems sind für sein Funktionieren von entscheidender Bedeutung und können das geplante Ziel einer formellen, zweckgerichteten Ordnung gefährden: Individuelle Freundschaften oder ,,natürliche" Autoritätsverhältnisse etwa vermögen den geplanten Zweck der künstlich hergestellten Ordnung, wenn sie dieser zuwiderlaufen, sogar gänzlich zu vereiteln.

d) Die vorwiegend in den USA entwickelte O-Soziologie versteht unter O alle sozialen Systeme, die mit einem angebbaren Mitgliederkreis und einer kollektiven Identität auf die Verwirklichung spezifischer Ziele ausgerichtet sind, gleichgültig, ob es sich dabei um freiwillige Vereinigungen oder um die bürokratisch strukturierten Institutionen auf den wichtigsten Lebensgebieten handelt (Renate Mayntz). Hier geht es also nicht nur um Betriebe, sondern z. B. auch um Krankenhäuser, Schulen, Universitäten, Institute, Verwaltungsbehörden, Militärverbände und Kirchen, aber auch Parteien, Gewerkschaften sowie Berufs-, Wirtschafts-, Kriegsopfer- oder Heimatvertriebenenverbände. Charakteristisch für diesen soziologischen Fachterminus von O ist vor allem die Zweckbestimmung des Zusammenschlusses, so daß die familiäre oder territoriale Verbindung mehrerer Menschen allein nicht ausreicht, um ein strukturiertes soziales System als O zu bezeichnen. In Anlehnung an R. Mayntz versteht man unter O jene sozialen Gebilde, die

1) einen bestimmbaren, nicht allzu kleinen Umfang haben und im Sinne einer Rollenverteilung strukturiert sind,
2) bewußt auf spezifische Zwecke und Ziele ausgerichtet sind und
3) zumindest der Idee nach auf diese Zwecke und Ziele hin rational gestaltet sind.

Gebildecharakter, spezifische Zweckorientierung und rationale Gestaltung sagen allerdings noch nichts darüber aus, um welche O-Ziele es sich handelt, ob die Mitgliedschaft des einzelnen freiwillig oder erzwungen ist oder in welchem Maße das einzelne Mitglied die O beansprucht bzw. von dieser beansprucht wird. Im Rahmen dieser Definition sind also die verschiedensten Formen und Typen von O vorstellbar.

2. *Typologie.* – Üblicherweise gehen die meisten Versuche, typologisch zu differenzieren, von empirisch ordnenden Klassifikationen aus. Dies ist aber wenig befriedigend, weil auf diese Weise kaum Einsichten über die

signifikanten Unterschiede bzw. Gemeinsamkeiten zwischen den einzelnen Kategorien gewonnen werden können. Somit beschränkt sich die nützliche Funktion wohl weitgehend darauf, dem interessierten Forscher als Inventurliste für evtl. zu unterscheidende Variable zu dienen.
a) Talcott Parsons unterscheidet in seiner O-Typologie nach der Funktion der O, also nach ihrer spezifischen Leistung für die gesamte Gesellschaft, dem übergeordneten System. Entsprechend den vier Hauptkategorien seiner Systemtheorie differenziert er zwischen wirtschaftlichen, politischen, sozial integrativen und kulturellen O sowie hieraus kombinierten Mischtypen. Für organisationsanalytische Fragestellungen ist allerdings dieser Ansatz nur in Grenzen brauchbar, da eine O ihre Funktion – anders als ihr Ziel – eben auch aus jener gesamtgesellschaftlichen Perspektive bezieht und sich nicht allein auf die Betrachtung der O selbst beschränkt.
b) Amitai Etzioni nennt sein Unterscheidungsmerkmal ,,compliance" und versteht darunter die Art der Kontrolle, der die unteren O-Mitglieder unterworfen sind sowie die Einstellung dieser Mitglieder zur Autorität des Systems. Aufgrund dieses Merkmals gelangt er zu drei grundsätzlichen O-Typen:
In ,,Zwangsorganisationen" (coercive organizations) werden die unteren Mitglieder vor allem durch Zwang kontrolliert (Bsp. Gefängnis). Die solcherart Kontrollierten reagieren darauf mit Ablehnung und Widerwillen, also mit einer intensiv negativen Einstellung zur ganzen O. Bei den ,,utilitaristischen" O (utilitarian organizations) steht als Kontrollmittel materielle Belohnung oder der Entzug solcher Belohnung im Vordergrund, im Industriebetrieb z. B. die finanziellen Leistungsanreize eines gestaffelten Entlohnungssystems. Die Mitglieder an der Basis reagieren hierauf in erster Linie rechnend und berechnend, d. h. sie richten ihre Einstellung zur O und damit auch ihr tatsächliches Verhalten nach dem Ausmaß und der Art der in Aussicht gestellten Belohnungen. ,,Normative O" schließlich stützen ihre Kontrolle vornehmlich auf normative Sanktionen (Bsp. Kirche oder eine Weltanschauungspartei), ihre Mitglieder an der Basis orientieren ihre Einstellung zur O an moralischen Kriterien.
Etzionis Typologie wurde zu einem bestimmten, klar abgegrenzten Untersuchungszweck entwickelt und ergibt daher bei abweichenden Fragestellungen für viele O keine befriedigende Einordnungsmöglichkeit. Derartige Mängel der Theorie dürften allerdings kaum zu vermeiden sein, solange man die vielfältigen Erscheinungsformen von O anhand nur eines einzigen Merkmals klassifizieren will.
c) Als analytische Merkmale für eine theoretisch ergiebigere Klassifizierung kommen eine ganze Reihe von organisationsimmanenten Faktoren in Frage, so z. B., inwieweit die Mitgliedschaft in der O freiwillig oder er-

zwungen ist, die Struktur der O, der eher demokratische oder mehr autoritäre Aufbau, verschiedene Ausprägungen und Arten der Ziele etc. Dabei ergäbe sich ein vieldimensionales Koordinatensystem, innerhalb dessen theoretisch jede Kombination denkbar wäre. In der Praxis allerdings werden viele Merkmale stets in derselben Kombination auftreten, da z. B. bestimmte O-Ziele in Zusammenhang mit gewissen Strukturen oder Sanktionsmechanismen sinnlos sind. Auf diese Weise wird sich die Anzahl der Dimensionen in vielen Fällen auf ein überschaubares Maß reduzieren lassen. Eine solche Dimension für die Klassifizierung politischer O kann z. B. die organisatorische Intensität sein, eine andere etwa die Dauerhaftigkeit des Zusammenschlusses. In der Regel werden die verschiedenen Merkmalsausprägungen in denselben Kombinationen auftreten:
– Spontane Interessengruppen besitzen zunächst nur eine recht diffuse organisatorische Struktur, eine kleine Führungsgruppe steht einer größeren Anzahl von Anhängern gegenüber. (Bsp. →*Bürgerinitiativen*, Demonstrationen). Sie werden kurzfristig ins Leben gerufen und können sich ebenso schnell wieder auflösen, wenn sie ihr Ziel erreicht oder resigniert haben. Solange sie sich nicht organisatorisch verfestigen, Mitglieder werben, dauerhaft für ihre Ziele eintreten und damit praktisch den Charakter der Spontaneität aufgeben, um in eine „höhere" O-Form aufzusteigen, werden solche Interessengruppen kaum Aussicht auf längeren Bestand haben.
– Mehr Aussicht auf dauerhafte Existenz haben absichtlich als informell angelegte Gruppierungen, die zwar gemeinsame Ziele verfolgen, ohne dazu jedoch eine formelle O aufzubauen.
Mangelnde organisatorische Intensität wird hier ersetzt durch ein überragendes gemeinsames Interesse. Sobald dies nachläßt, ist auch die Gruppe nicht mehr bestandsfähig (Bsp. Gesprächskreise von Abgeordneten über Parteigrenzen hinweg, lose Zusammenschlüsse von Produzenten verschiedener Branchen, die etwa an Informationen über ein bestimmtes, von allen beliefertes Exportland interessiert sind).
– Am dauerhaftesten schließlich dürften die als formelle O durchstrukturierten Interessengruppen sein, die etwa über hauptamtliche Mitarbeiter und einen gewählten Vorstand verfügen, Mitgliedsbeiträge erheben, sich eine Satzung gegeben haben etc. Eine solche O kann u. U. sogar dann noch fortbestehen, wenn der Zweck ihrer Gründung längst obsolet geworden ist.
3. Internationale O. – Bei der Differenzierung verschiedener O-Typen richtet sich die Auswahl der Parameter nach den speziellen Gegebenheiten der betrachteten Gesamtheit von O. Bei den int. O läßt sich zunächst am ehesten danach unterscheiden, ob an den Zusammenschlüssen Regierungen direkt beteiligt sind oder nicht. Anhand dieses Kriteriums kommt die Praxis zu folgenden Hauptgruppen:

a) IGOs (International Governmental Organizations); das Brüsseler Jahrbuch der Internationalen Organisation führt über 240 solcher IGOs auf. Der Begriff „Internationale O" ist dabei die geläufige völkerrechtliche Kurzform für verschiedene Bezeichnungen wie „öffentlich internationale", „zwischenstaatliche" oder „amtlich internationale" O. Im Völkerrecht bezeichnet man als Internationale O eine durch Vertrag gebildete und autonom organisierte völkerrechtliche Verbindung von mehreren Staaten zur Verfolgung gemeinsamer Ziele der Mitgliedsstaaten. Die autonome O bedeutet dabei die Einrichtung eines eigenen Organs, welches für alle Mitgliedsstaaten eine einheitliche Zuständigkeit ausübt. In der Regel kommen Internationale O auf der Grundlage von völkerrechtlichen Verträgen zustande; Völkerrechtssubjekte werden sie selbst allerdings nur dann, wenn sie von den beteiligten Staaten bzw. Völkerrechtssubjekten als solche anerkannt werden. Die Internationalen O haben an der Entwicklung des modernen Völkerrechts wesentlichen Anteil, denn technische Entwicklung, das Vordringen des Menschen in den Weltraum und in die Tiefsee haben Rechtsfragen aufgeworfen, deren Lösung ohne ihre Mitwirkung kaum denkbar wäre.

Neben den souveränen Staaten und den sonstigen traditionell anerkannten Völkerrechtssubjekten sind es gerade die Internationalen O, die sich als Träger von Rechten und Pflichten am internationalen Rechtsverkehr beteiligen und deshalb der internationalen Gemeinschaft zugerechnet werden. Auch das Recht der Internationalen O ist daher völkerrechtlicher Natur, und aus demselben Grund werden die rechtlichen Beziehungen zwischen Internationalen O und Staaten ebenso dem Völkerrecht zugerechnet wie der Rechtsverkehr zwischen den O selbst.

b) Die INGOs (International Non-Governmental Organizations) sind nicht-amtliche internationale O, die privater Initiative entspringen und sich aus Privatpersonen oder nationalen Vereinigungen zusammensetzen; ihre Zahl beträgt derzeit etwa 2300 und nimmt stetig zu. Sie entstehen also nicht durch Staatsvertrag, sondern werden von Rechtssubjekten aus verschiedenen Ländern gegründet und getragen.

c) Eine Sonderstellung zwischen den beiden genannten Kategorien nehmen jene Internationale O ein, denen von den Mitgliedsstaaten gewisse Souveränitätsrechte übertragen worden sind. Diese Gruppe bezeichnet man als „Supranationale O" (z. B. die Kommission der Europäischen Gemeinschaften).

Freilich ließen sich die Internationalen O auch anders oder zusätzlich nach anderen Gesichtspunkten klassifizieren. So könnte man etwa die Ziele (wirtschaftliche, militärische, allgemein friedensstiftende, Erfüllung bes. Aufgaben etc.) der O in den Vordergrund stellen. Oder aber man ordnet nach den Kompetenzen, die den O von den vertragsschließenden Parteien verliehen werden. Ein weiteres Merkmal schließlich

wäre das Kriterium der territorialen Ausdehnung einer O. Es erscheint schwierig, einem dieser Parameter für alle Internationale O die größte Bedeutung beizumessen. Angesichts der tatsächlich existierenden Internationalen O bietet sich daher eher eine pragmatische Kombination dieser Unterscheidungsmerkmale an, um die Vielzahl der O zu strukturieren. Daß hierbei die Grenzen zwischen den einzelnen Gruppen unscharf werden, manche O auch in mehreren Gruppen erscheinen können, liegt auf der Hand. Die IGOs (s. o.) ließen sich danach z. B. folgendermaßen klassifizieren:
– O zur Erhaltung und Sicherung des Weltfriedens (UNO, bzw. früher Völkerbund)
– O mit militärischen oder sicherheitspolitischen Zielsetzungen (NATO, Warschauer Pakt, SEATO)
– O mit ökonomischen Zielsetzungen (EG, Comecon, EFTA, OPEC etc.)
– O, die ein anderes gemeinsames Ziel verfolgen (FAO, WHO etc.).
Nach dem territorialen Gesichtspunkt dagegen lassen sich unterscheiden:
– weltweite Internationale O (UN, WHO, IAO, FAO etc.)
– regionale Internationale O (EG, EFTA; NATO, Warschauer Pakt etc.)
– nicht nach territorialen Gesichtspunkten zusammengesetzte O (OPEC etc.)

4. *Die organisierte Gesellschaft* (R. Mayntz). – Für die stark differenzierte leistungsorientierte Industriegesellschaft sind O ein unverzichtbares und überlebensnotwendiges Ordnungsmittel. Zahl, Umfang und Bedeutung von O im politischen Prozeß scheinen unvermindert anzuwachsen. Politische Artikulation des Individuums ohne Zwischenschaltung von O ist kaum noch vorstellbar.

In der primitiven Gesellschaft, in der die Familie, der Sippen- oder Stammesverband oder auch der kleine, meist familiär betriebene Produktionsbetrieb das dominante soziale Gliederungsprinzip darstellt, bedarf es keiner zusätzlichen Strukturierung durch differenzierende O. Erst die Verstädterung der Gesellschaft und die Produktionsweise in industriellen Großbetrieben läßt die Feingliederung durch O notwendig werden.

Sicher hat die organisatorische Ausdifferenzierung der Gesellschaft die modernen Produktionsweisen erst möglich gemacht und so zu einer ungeheuren Leistungssteigerung gegenüber der früher vorherrschenden Bedarfsdeckungswirtschaft auf dem Land und in kleinen Handwerksbetrieben beigetragen. Doch andererseits ist zu fragen, inwieweit O den gesellschaftlichen Fortschritt wegen ihrer bisweilen nur durch die Struktur und nicht durch den Zweck begründeten Beharrungstendenz auch bremsen können (Erstarrung durch Bürokratisierung). Doch das Verhältnis zwischen O und Gesellschaft wird nicht nur durch quantitative Aspekte bestimmt. Von entscheidender Bedeutung ist auch der Inhalt der von den verschiedenen Gruppen verfolgten Ziele, denn die O-Soziologie macht zunächst noch keine Unterschiede zwischen legalen, nicht förderlichen oder sogar verbrecherischen und zerstörerischen Organisationszielen und kann auch keinen Maßstab dafür bieten. Für die Gestalt des Staates ist es darüber hinaus außerordentlich wichtig, ob die O relativ selbständige, vom Staat unabhängige Machtzentren sind oder ob sie praktisch nur als der verlängerte Arm einer allumfassenden Zentralgewalt fungieren. Nur soweit sie in diesem Sinne autonom sind, um Unterstützung, Loyalität und Energie des einzelnen miteinander buhlen müssen und sie deshalb nie vollkommen in ihren Bann ziehen können, haben die O Anteil an der Gestaltung der modernen, pluralistischen Demokratie. Im anderen Fall führt die Durchorganisation der Gesellschaft im Gegenteil dazu, daß der einzelne der herrschenden Autorität noch hilfloser ausgeliefert ist.

Zum Wesen einer freien, demokratischen Gesellschaft gehört es, daß neben Regierung und Opposition auch Parteien, Verbände, Interessengruppen und andere O um die Durchsetzung ihrer Ziele ringen können. Die demokratische Gesellschaft ist auf die Vielfalt der in Institutionen organisierten Gruppeninteressen angewiesen, die Entfaltungsmöglichkeit von O ist geradezu ein Gradmesser für den Stand einer Demokratie. Ein stabilisierender Nebeneffekt der Überschneidungen im Mitgliederreservoir der O liegt darin, daß gesellschaftliche Bruchstellen – etwa zwischen den Wählern der großen Parteien – durch zum Teil beiderseitige Mitgliedschaft in einer dritten O gekittet werden können. Auf diese Weise tragen die O bzw. ihre Vielfältigkeit zur Erhaltung des sozialen Friedens bei. Zugleich darf aber nicht vergessen werden, daß übermächtig gewordene O, denen eine direkte Mitwirkung an der politischen Willensbildung zunächst nicht zugedacht war, massive Macht ausüben und sogar die Staatsorgane beeinflussen können (Bsp. ADAC und sein Einfluß auf die Straßenbau- und Verkehrspolitik des Bundes).

5. *Der organisierte Mensch.* – Eine O ist mehr als nur die Summe ihrer Mitglieder. Von einem gewissen O-Grad an neigt sie dazu, sich zu verselbständigen (etwa indem die Selbsterhaltung der O zum Ziel wird). Konflikte zwischen den Zielsetzungen des Individuums und denen der O sind die Folge. Mit solcherlei Untersuchungsgegenständen, die in erster Linie Zugehörigkeit des einzelnen zu einer O, seine Motivationen und Bindungen, sein Verhalten und seine Reaktionen in bezug auf die O betreffen, beschäftigen sich vor allem Studien aus dem Bereich der Sozialpsychologie.

Da es eine wesentliche Aufgabe der O ist, Hemmnisse, Friktionen, Widerstände und Reibungsflächen zu vermindern oder zu beseitigen, neigen sie zu Uniformierung und Monopolisierung des einzelnen. Doch da dem

Menschen einerseits neben dem Bedürfnis, sich in eine Gruppe mit gleichgelagerten Interessen zu fügen, der Wunsch nach einem Rest von Selbständigkeit und Unabhängigkeit zueigen ist, andererseits neben dem zentralen Interesse auch andere Interessen latent vorhanden sind, wehrt er sich gegen derlei Bevormundung.

Die O wiederum reagieren auf Versuche der Selbstbefreiung und Selbstverwirklichung mit immer ausgefeilteren Sanktionsmechanismen: gesellschaftliche Ächtung, Druck oder die Drohung mit Ausschluß sind noch die humaneren Spielarten des „sanften Zwangs". Doch die Skala möglicher Reaktionen reicht auch bis zur Verleumdung und Terror gegen den „Verräter" der gemeinsamen.Sache.

Andererseits kann die zunehmende O gesellschaftlichen Lebens dem Menschen auch zusätzliche Freiräume verschaffen. Man spricht zwar von der „Funktionalisierung" des Menschen, der im Rahmen einer O-Hierarchie nur noch als jederzeit auswechselbarer Positionsinhaber agiert, ja von der O zum bloßen Spieler einer von anderen geschriebenen Rolle degradiert wird; doch sichert die Distanz des Individuums zu seiner Rolle gleichzeitig mit der Rationalität und Kontinuität der O auch ein Stück persönlicher Freiheit, welche bei seiner totalen Identifikation mit der Rolle zwangsläufig verlorengehen müßte. Darüber hinaus bietet die sachlich-unpersönliche Autorität der durch die O bestimmten Hierarchien für viele Menschen eine Möglichkeit, sich ohne Verletzung des Selbstwertgefühls unterzuordnen.

6. Nutzen und Gefahren der Organisationen. – Politisches Leben ohne die Mittlerfunktion der O ist in einer Gesellschaft wie der der Bundesrepublik nicht mehr denkbar. Sie bündeln und kanalisieren Kommunikationen, welche ohne diese Vermittlung wirkungslos bleiben müßten. Die Zugehörigkeit zu einer – oder mehreren – O ist heute zunehmend die einzige Chance, die Rechte, Ziele und Meinungen des einzelnen zur Geltung zu bringen.

Andererseits zwingen die O das Individuum, ihre Bedingungen zu akzeptieren, ihre Rituale mitzumachen. O-Zusammenhänge bestimmen wesentliche Teile des Alltags. Die jeder O innewohnende Tendenz zur Verselbständigung – und damit zur Entfernung von den Individualzielen ihrer Mitglieder – und der immer umfassendere Anspruch auf Identifikation drohen tatsächlich, die individuellen Regungen des Einzelmenschen in erheblichem Maße einzuengen. Die soziale Kultur könnte dadurch nur noch zum Spielball von O-Interessen werden, anstatt eben gerade den Individuen bei der Bewältigung ihrer Zwänge zu helfen.

Es mag als erschreckendes Zeichen gelten, wenn „Aussteiger", die sich im Grunde gerade gegen diese O-Zwänge wehren möchten, sich selbst wiederum organisieren müssen, um sich zu artikulieren, ihr eigentliches

Ziel dadurch pervertieren und schließlich folgerichtig auch selbst den Zwängen des Organisiertseins anheimfallen. Die später aus gerade diesen Gründen „umgekippte" Jugendbewegung zu Anfang dieses Jahrhunderts ist ein Beispiel hierfür. Andere in der Gegenwart zu finden, dürfte kaum Schwierigkeiten bereiten.
Offenbar kann es ein Zuviel und ein Zuwenig an gesellschaftlicher O geben. Doch es scheint kaum zweifelhaft, daß die Gefahren der Über-O gegenwärtig deutlich überwiegen. Kaum leugbar ist die Gefahr, daß das Eigeninteresse einer O jenes des teilnehmenden Individuums überragt und die O damit zum Mittel der Beherrschung des einzelnen wird. Ist diese O auch noch eine staatliche, so ist der Unterdrückung des einzelnen hierdurch Tür und Tor geöffnet. Daß die Leitung einer O Kräften übertragen werden kann, die mit den ursprünglichen Zielen des Individuums nichts mehr gemein haben, ist lediglich eine besondere Spielart dieses Mißbrauchs. Schließlich kann es O-Ziele geben, die eben nicht mehr in ein Modell pluralistischer Demokratie passen. Auch die wahnwitzigsten Ideen werden durch eine „vernünftige" O gefördert; dabei kann die perfekte O sogar dazu beitragen, die Mitglieder über den wahren Zweck zu täuschen und in die Irre zu führen. Freiheit und Unfreiheit des einzelnen werden nicht von der Zahl der O bestimmt, die ihn beeinflussen bzw. ihm zur Verfügung stehen, sondern von deren qualitativen Bestimmungsfaktoren. Die Frage, ob eine O der gesellschaftlichen Wohlfahrt nützt oder sie hemmt, ist nicht immer eindeutig zu beantworten. Ein und dieselbe O kann dem einen Möglichkeiten zur Durchsetzung seiner Interessen und zur Selbstverwirklichung bieten, den anderen gleichzeitig einengen und in seiner Entwicklung hemmen.
Die organisationssoziologische Untersuchung allein liefert noch kein aussagekräftiges Kriterium für die Entscheidung, ob eine O dem gesellschaftlich gewünschten Fortschreiten und der Verwirklichungsmöglichkeit des Individuums nützt oder dies eher verhindert. Sie kann jedoch nützlich sein bei der Bestimmung der Bedingungen, unter denen gesellschaftlicher Wandel möglich bleiben oder werden kann. Ohne Revolution kann sich der Wandel nur vollziehen, wenn sich die Institutionen neuen Ideen nicht systematisch hinter dem Schutzschild der O verschließen.
Offenheit für neue Ideen und Erhaltung der Beweglichkeit muß ein Ziel öffentlichen Handelns sein. Wir Menschen leben trotz aller Organisiertheit in Ungewißheit (Karl Popper). Wir wissen also nicht, ob unsere Antworten auf die sich stellenden Fragen „richtig" im Sinne von „wahr" sind. Deshalb sind auch unsere politischen Lösungen niemals mehr als „Hypothesen"; auch wenn wir zur Bewältigung der anstehenden Probleme auf das Arbeiten mit diesen Hypothesen angewiesen sind, dürfen

wir nicht aus dem Blick verlieren, daß es stets noch bessere, dem Richtigen noch näher kommende Möglichkeiten geben kann. Dogmatismus, ob er auf der Absolutsetzung einer Einzelposition oder auf dem falschen Konsens aller beruht, zerstört die Freiheit.

Peter Barth

Literatur:

Ellwein, Thomas: Das Regierungssystem der Bundesrepublik Deutschland. Opladen 1977.
Etzioni, Amitai: Soziologie der Organisationen. München 1973.
Luhmann, Niklas: Funktionen und Folgen formaler Organisationen. Berlin 1964.
Ders.: Politische Theorie im Wohlfahrtsstaat. München 1981.
Mayntz, Renate: Soziologie der Organisation. Reinbek 1963.
Mayntz, Renate (Hrsg.): Bürokratische Organisation. Köln/Berlin 1968.
Mayntz, Renate, *Ziegler*, Rolf: Soziologie der Organisation. In: Handbuch der empirischen Sozialforschung. Bd. II, Stuttgart 1969, S. 444–513.
Pfeiffer, Dietmar K.: Organisationssoziologie. Stuttgart 1976.
Popper, Karl: Die offene Gesellschaft und ihre Feinde. 2 Bände, Bern 1957/58.

Parteipräferenz

→*Demoskopie, Loyalität, Methodologie und Methoden, Partizipation, Protest, Sozialisationsforschung, Wählerverhalten*

Definition und *Bedeutung*. – Mit dem Begriff der Parteipräferenz (P) soll die generalisierte Einstellung des Individuums zu einer bestimmten politischen Partei beschrieben werden. P kann als Resultat von Vergleichsprozessen aufgefaßt werden. Verglichen werden dabei die politischen Überzeugungen und Erwartungen des Individuums mit den politischen Standorten und dem politischen Handeln der Parteien. Nach dieser Konzeptualisierung drückt P die Summe der Erfahrungen des Individuums mit den politischen Parteien aus. Dabei gilt, daß die politischen Überzeugungen und Erwartungen der Individuen kulturell vorgeprägt sind und daß die Erfahrungen mit den politischen Parteien in der Regel auf indirekte Weise zustandekommen (Primäre Umwelt; Massenmedien). P variiert nach *Richtung, Intensität* und *Stabilität*. Der Begriff schließt das für die Wahlforschung wichtige Konzept der Parteiidentifikation als einen besonderen Zustand der P ein. Die Einschränkung der P als generalisierte Einstellung des Individuums zu einer *bestimmten* politischen Partei soll den Begriff von solchen Einstellungen abgrenzen, die sich auf das

Parteiensystem als Ganzes beziehen. Damit wird jedoch nicht ausgeschlossen, daß das Individuum hinsichtlich unterschiedlicher Parteien eines Parteiensystems je spezifische P-en besitzen kann.
Politische Parteien sind ein zentraler Bestandteil demokratischer Herrschaft. Ihr primäres Ziel ist die Übernahme der Regierungsmacht, um so bestimmte Vorstellungen über die Organisation von Gesellschaft durchzusetzen. In den demokratischen Herrschaftssystemen wird die Frage der Übernahme von Regierungsmacht letztlich durch die P-en der Bürger entschieden. Die große Bedeutung, die das Konzept der P für die Demokratieforschung besitzt, leitet sich aus diesem Sachverhalt ab (→ *Wählerverhalten*; → *Partizipation*).

Richtung. – Die Ausprägung der Richtung der P eines Individuums ist durch unterschiedliche theoretische Ansätze erklärt worden. In der Wahlforschung dominieren solche Modelle, die einen Zusammenhang zwischen den sozialstrukturellen Konfliktlinien einer Gesellschaft und den P-en herzustellen versuchen (Lipset & Rokkan 1967). Unter diesen Arbeiten fand die These, daß die politischen Parteien als Repräsentanten bestimmter Klasseninteressen anzusehen seien und ihre Wähler durch die Vertretung eben dieser Interessen gewinnen, die größte Aufmerksamkeit. „Linke" Parteien sind danach die Anwälte der unteren Klassen, „rechte" Parteien die der oberen Klassen. Maßstab des Individuums für die Beurteilung der politischen Parteien ist sein Klasseninteresse. Je stärker sich eine Partei für das Klasseninteresse einsetzt, um so größer ist die Präferenz des Individuums für die entsprechende Partei. Diese Denkfigur läßt sich auf andere sozialstrukturell bedingte Gegensätze und Interessenlagen unschwer übertragen (Pappi 1973).
Ein zweiter Erklärungsansatz argumentiert, daß die P durch die Wertorientierung des Individuums geprägt ist. Diese Sichtweise geht nicht von „objektiv" vorgegebenen Interessengegensätzen aus. Es wird vielmehr betont, daß erst eine kulturelle Deutung Interessengegensätze politisch handlungsrelevant macht (Pappi & Laumann 1974). Sozialstrukturelle Variablen werden so als Indikatoren für bestimmte Sozialisationseinflüsse konzeptualisiert, die Werthaltungen prägen (→ *Sozialisationsforschung*). Und erst diese Werthaltungen bestimmen die Art des politischen Konflikts im einzelnen. Mit diesem Modell läßt sich insbesondere der Konflikt zwischen den Generationen deuten, der die politische Auseinandersetzung in zunehmendem Maße bestimmt (Inglehart 1977). Maßstab für die Beurteilung der politischen Parteien und somit für die Ausprägung der P ist die Wertorientierung des Individuums. Die Richtung der P wird aus der Kongruenz der eigenen Wertorientierung und den Wertprofilen der politischen Parteien erklärt.

Ein dritter Ansatz bestimmt die Richtung der P aus der Fähigkeit der politischen Parteien mit den aktuellen innen- und außenpolitischen Ereignissen in effizienter Weise fertigzuwerden. In diesem Modell kommt dem politischen Ereignis die Funktion eines Signals zu, welches das Individuum veranlaßt, die Handlungskompetenz der politischen Parteien zu überprüfen (Klingemann 1972). Entspricht das Parteienhandeln den individuellen Erwartungen, so werden die bestehenden P-en beibehalten. Ist das nicht der Fall, so werden die P-en in Richtung auf die effizienter handelnde Partei verändert. Dieses Modell ist indes nur dann angemessen, wenn die in Frage stehenden Parteien programmatisch konturlos sind. In der Regel können auch die Kompetenz- und Effizienzvorstellungen der Individuen nicht von der sozio-ökonomischen Interessenlage oder der Wertorientierung losgelöst betrachtet werden.

Intensität. – Die generalisierten Einstellungen zu den politischen Parteien können von Individuen mit unterschiedlicher Intensität empfunden werden. So unterscheidet man etwa zwischen überzeugten und weniger überzeugten Parteianhängern oder zwischen Personen, die eine starke oder schwache Identifikation mit einer politischen Partei verbindet. Die Vorstellung von P als Summe der Erfahrungen des Individuums mit einer politischen Partei legt eine dynamische Erklärung von Präferenzintensitäten nahe. Der Grad der affektiven Bindung ergibt sich dann aus den *längerfristigen* Erfahrungen des Individuums mit den politischen Parteien. Auch wenn, was die Regel ist, die konkreten Anlässe der einzelnen Beurteilungen der Parteien vergessen werden, bleibt deren affektive Komponente im Grad der Präferenzintensität erhalten. Diese Sichtweise impliziert einen graduellen Auf- und Abbau der Präferenzintensität. Eine politische Partei kann sich also im Laufe der Zeit einen gewissen „Kredit" erwerben, der erst durch eine Kette von Erwartungsenttäuschungen wieder abgebaut wird. Der Wechsel der P wird dann nur bei Erreichen bestimmter Schwellenwerte wahrscheinlich.

Stabilität. – Die Annahmen über den Grad der Stabilität der P sind in den unterschiedlichen theoretischen Ansätzen verschieden. Nach den Erklärungsmodellen, die sozialstrukturell argumentieren oder die den Einfluß der Wertorientierung betonen, wird P bereits frühzeitig – in der Regel vor Erreichen des Wahlalters – erworben und bleibt danach im weiteren Lebensverlauf relativ unverändert erhalten. Modelle, die das Effizienzkriterium herausstellen, machen die Stabilität der P von der Entwicklung der Leistungsfähigkeit der Parteien abhängig. Die These einer notwendig langfristig stabilen P gilt hier also nicht.
Empirisch hat sich ergeben, daß die P, verglichen mit anderen Einstellungsvariablen, einen hohen Stabilitätsgrad aufweist (Converse & Mar-

kus 1979). Dies spricht einerseits für die angeführte Sozialisationsthese, andererseits aber auch dafür, daß sich die Perzeption der Leistungsfähigkeit der politischen Parteien nur relativ langsam verändert. Die Beobachtung der langfristigen Stabilität der P hat zur Entwicklung des Konzepts der *Parteiidentifikation* geführt (Campbell et al. 1960). Wenn das Wahlverhalten unstabiler ist als die Parteiidentifikation, dann kann man die Ursachen für das Abweichen des Wahlverhaltens von der Parteiidentifikation in kurzfristigen, in der Wahlsituation wirksamen Einflußgrößen, suchen (Converse 1966). Kurzfristige Einflußgrößen dieser Art sind etwa die Kandidaten oder die aktuellen politischen Streitfragen. Die analytische Fruchtbarkeit des Konzepts hat sich in den USA für die Untersuchung der Präsidentschaftswahlen erwiesen. Die Frage der Übertragbarkeit des Konzepts auf parlamentarische Regierungssysteme ist umstritten. Dies vor allem deshalb, weil sich Parteiidentifikation und Wahlentscheidung weitgehend entsprechen (Gluchowski 1978; Berger 1977; Falter 1977; Budge et al. 1976).
Die These von der Stabilität der P unterstellt, daß mindestens eine der im Parteiensystem vorhandenen politischen Alternativen für das Individuum attraktiv ist. Diese Annahme wird durch das Anwachsen politischer Protestbewegungen jedoch zunehmend in Frage gestellt (→*Protest*).

Operationalisierungen. – Das Konzept der P ist in der empirischen Forschung auf unterschiedliche Weise operationalisiert worden. Die Operationalisierungen unterscheiden sich einmal nach der Zahl der politischen Parteien, für die P-en erhoben werden, und zum anderen durch das mit den Erhebungsinstrumenten erreichbare Meßniveau.
Die relative Bevorzugung *einer* Partei vor allen anderen wird üblicherweise mit Hilfe der „*Sonntagsfrage*" ermittelt. Die dafür vom Institut für Demoskopie, Allensbach, verwendete Frage lautet: „Wenn schon am nächsten Sonntag wieder Bundestagswahl wäre, welche Partei würden Sie dann wählen – können Sie mir nach dieser Liste hier sagen, welche Partei das ist?" Wird auf diese Frage hin eine bestimmte Partei genannt, so wird auf das Vorliegen einer entsprechenden P geschlossen.
Die Frage nach der *Parteiidentifikation* erfaßt als zusätzliche Information die Intensität der Parteibindung. Die von Berger (1973) vorgeschlagene Fassung hat den folgenden Wortlaut: „Viele Leute in der Bundesrepublik neigen längere Zeit einer bestimmten politischen Partei zu, obwohl sie auch ab und zu eine andere Partei wählen. Wie ist das bei Ihnen: Neigen Sie – ganz allgemein gesprochen – einer bestimmten Partei zu? – Wie stark oder wie schwach neigen Sie – alles zusammengenommen – dieser Partei zu?" Der Befragte kann sich hier in eine von sechs angebotenen Antwort-

kategorien einordnen (von sehr stark bis sehr schwach). Die P-en gegenüber *mehreren* Parteien werden üblicherweise durch ein *direktes Rangordnungsverfahren* abgefragt. Die Forschungsgruppe Wahlen e.V., Mannheim, verwendet dazu die folgende Frage: „Ich habe hier fünf Kärtchen mit den Namen politischer Parteien in der Bundesrepublik. Würden Sie bitte die Kärtchen danach ordnen, wie Ihnen die Parteien gefallen? Ganz oben soll die Partei liegen, die Ihnen am besten gefällt, und als letztes Kärtchen liegt dann die Partei, die Ihnen am wenigsten gefällt." Mit Hilfe der *„Skalometerfrage"*, die nach der Methode der gleicherscheinenden Abstände konstruiert wird, sollen über die Rangordnungsinformation hinaus Daten über die Präferenzintensitäten erhoben werden. Hierzu wird in der Regel eine Frage wie die folgende benutzt (Forschungsgruppe Wahlen e.V., Mannheim): „Und was halten Sie, so ganz allgemein, von den politischen Parteien? Sagen Sie es bitte anhand dieser Skala. +5 heißt, daß Sie sehr viel von der Partei halten; −5 heißt, daß Sie überhaupt nichts von ihr halten. Mit den Werten dazwischen können Sie Ihre Meinung abgestuft sagen. Was halten Sie von der SPD, von der CDU, der CSU und von der FDP?" Durch den Vergleich der Präferenzintensitäten können annäherungsweise Aussagen über die Abstände zwischen den P-en ermittelt werden.

Die Technik des *Paarvergleichs* hat gegenüber dem direkten Rangordnungsverfahren und der Methode der gleicherscheinenden Abstände den Vorteil, daß intransitive Rangordnungen identifiziert werden können. Aus dem Vorhandensein bestimmter Präferenzordnungen läßt sich, falls eine eindimensionale Entfaltungsanalyse gelingt, partiell metrische Information über die Distanz der politischen Parteien auf der gemeinsamen Skala ableiten (Coombs 1964). Eine Fragestellung zur Ermittlung entsprechender Daten lautet etwa: „Ich lese Ihnen nun die Namen von jeweils zwei Parteien vor und möchte Sie bitten, mir zu sagen, welche Ihnen am sympathischsten ist." Ein Beispiel für das Analysepotential von Paarvergleichsinformationen liefert Norpoth (1979).

Eine weitere Möglichkeit für die Verbesserung des Meßniveaus in Hinsicht auf die Präferenzintensitäten ist durch die Methode der Magnitude-Skalierung gegeben, deren Fruchtbarkeit erst jüngst auch für die Umfrageforschung aufgezeigt wurde (Wegener 1980).

Hans-Dieter Klingemann

Literatur:

Berger, Manfred: Parteiidentifikation in der Bundesrepublik. Politische Vierteljahresschrift 14, 1973, 215–225.

Berger, Manfred: Stabilität und Intensität von Parteineigung. Politische Vierteljahresschrift 18, 1977, 501–509.

Budge, Ian, *Crewe*, Ivor, *Farlie*, Dennis (Eds.): Party Identification and Beyond. London 1976.
Campbell, Angus, *Converse*, Philip E., *Miller*, Warren, *Stokes*, Donald: The American Voter. New York 1960.
Converse, Philip E.: The Concept of a Normal Vote. In: *Campbell*, Angus, *Converse*, Philip E., *Miller*, Warren, *Stokes*, Donald: Elections and the Political Order. New York 1966, 9–39.
Converse, Philip E., *Markus*, Gregory B.: Plus ca change...: The New CPS Election Study Panel. American Political Science Review 73, 1979, 32–49.
Falter, Jürgen W.: Einmal mehr: Läßt sich das Konzept der Parteiidentifikation auf deutsche Verhältnisse übertragen? Politische Vierteljahrsschrift 18, 1977, 476–500.
Gluchowski, Peter: Parteiidentifikation im politischen System der Bundesrepublik Deutschland. In *Oberndörfer*, Dieter (Hg.), Wählerverhalten in der Bundesrepublik Deutschland. Berlin 1978, 265–323.
Klingemann, Hans-Dieter: Politische Bestimmungsgründe der Wahlentscheidung? Politische Bildung 5, 1972, 24–50.
Lipset, Seymour M., *Rokkan*, Stein, (Eds.): Party Systems and Voter Alignments: Cross National Perspectives. New York 1967.
Norpoth, Helmut: Dimensionen des Parteienkonflikts und Präferenzordnungen der deutschen Wählerschaft: Eine Unfoldinganalyse. Zeitschrift für Sozialpsychologie 10, 1979, 350–362.
Pappi, Franz Urban: Parteiensystem und Sozialstruktur in der Bundesrepublik. Politische Vierteljahrsschrift 14, 1973, 191–213.
Pappi, Franz Urban, *Laumann*, Edward O.: Gesellschaftliche Wertorientierungen und politisches Verhalten. Zeitschrift für Soziologie 3, 1974, 157–188.
Wegener, Bernd (Ed.): Social Attitudes and Psychophysical Measurement. Hillsdale, N. J. 1980.

Partizipation

→*Bürgerinitiativen, Demoskopie, Loyalität, Parteipräferenz, Protest, Wählerverhalten.*

Historischer Bezug und Begriffsbestimmung. – Partizipation (P) hat wie kein zweiter Begriff die öffentliche wie wissenschaftliche Diskussion der letzten zwei Dekaden über Demokratie und Politik bestimmt; sie gilt als „axiales" Prinzip der postindustriellen liberalen Demokratien. P als Beteiligung einzelner Bürger an den sie oder die Allgemeinheit (Kollektivität) betreffenden Entscheidungen steht in enger Beziehung zu den normativen Vorstellungen einer guten politischen Ordnung und der Rolle, die dem einzelnen Bürger bei der Herstellung und Bewahrung dieser Ordnung zugeschrieben wird. In historischer Perspektive kann die politische und soziale Geschichte Europas der letzten zweihundert Jahre als ein Prozeß analysiert werden, in dem das bürgerlich-liberale Prinzip der Gleichheit in verbindliche Rechtsansprüche umgesetzt wurde; im politischen Bereich gipfelte diese Entwicklung in der Herstellung des allgemeinen und gleichen Wahlrechts für alle Bürger (Nie & Verba 1975, S. 30–31).

P an Prozessen der Willensbildung und Entscheidungsfindung kann als unbestrittenes Handlungs- und Organisationsprinzip demokratischer Gesellschaften gelten; insofern besitzt sie den Status eines Grundrechtes und ist auch von daher nicht bereichsspezifisch abzugrenzen. In Konkurrenz zu anderen Grundrechten und Organisationsprinzipien kann sich jedoch erst in je konkreten sozio-politischen Entwicklungsprozessen bestimmen, wie das Recht auf Beteiligung institutionell zu verankern ist und auf welche Personen und Bereiche es sich erstreckt. Aus dieser Überlegung ergibt sich zwangsläufig, daß P nicht ein für allemal verbindlich zu fassen ist, sondern daß sie stets in einen historischen Entwicklungszusammenhang gestellt ist.

Eine bereichsspezifische Eingrenzung des untersuchten Gegenstandes, wie sie in diesem Beitrag auf Politik und Administration erfolgt, ist aus mehreren Gründen sinnvoll. Zum einen geht es gerade auf dem angedeuteten demokratie-theoretischen Hintergrund der P-Diskussion in erster Linie um die Beteiligung der Bürger an den kollektiv verbindlichen Entscheidungen, wie sie in modernen Gesellschaften ganz überwiegend im politischen Subsystem getroffen werden. Zum zweiten ist das Ziel einer überschaubaren Darstellung nur bei Konzentration auf einen engeren Teil des Gesamtbereichs zu erreichen. Mit einer solchen Einschränkung ist keine Wertung über die Bedeutung anderer Bereiche neben der Politik (z. B. Arbeit, Schule, Familie) sowie der Generalisierung von P-Rechten über die Politik hinaus verbunden.

P steht dementsprechend im folgenden als Kürzel für politische P. Darunter werden in der Literatur alle Aktivitäten verstanden, die Bürger freiwillig mit dem Ziel unternehmen, Entscheidungen auf den verschiedenen Ebenen des politischen Systems zu beeinflussen (Nie & Verba 1975, S. 1; von Alemann 1975, S. 41–42; Barnes, Kaase et al. 1979, S. 42). Aus dieser Begriffsbestimmung wird deutlich, daß P vor allem als instrumentelles, zielorientiertes Handeln aufgefaßt wird, und zwar aus der Sicht des einzelnen Bürgers. Damit werden im Interesse der analytischen Präzisierung des Begriffes alle jene Handlungen außer acht gelassen, die lediglich in ihren *Konsequenzen* politisch sind; dies ist schon deshalb sinnvoll, weil in den vielfältigst verflochtenen Industriegesellschaften nur wenige Handlungen von Personen und Gruppen langfristig ohne jede politische Bedeutung sind. Ausgeschlossen werden auch solche P-Formen,

die eher symbolischen Charakter im Sinne der Mobilisierung von Unterstützung von oben für das politische System ohne Entscheidungsbezug haben, so etwa Wahlen ohne Alternativen (Nie & Verba 1975, S. 2).
Formen der politischen Beteiligung können danach unterschieden werden, ob sie direkt oder indirekt sowie verfaßt oder nicht verfaßt sind und auf welche Ebene des politischen Systems sie abzielen (von Alemann 1975, S. 79–86). Unter direkter Beteiligung sind alle die P-Formen zu fassen, in denen auf eine spezifische Entscheidung eingewirkt wird und keine generalisierte Handlungsvollmacht (wie etwa bei Wahlen) erteilt wird. Verfaßt ist eine P dann, wenn sie institutionell verbindlich verankert ist, etwa in der Verfassung oder z. B. in einer Gemeindeordnung. Dazu gerechnet werden kann etwa ein Bürgerbegehren, ganz im Gegensatz zu der nicht verfaßten P-Form der → *Bürgerinitiative*. Die Zielebene des politischen Systems hat gegenüber den beiden anderen, gerade beschriebenen Kategorien einen geringen analytischen Stellenwert. Sie gewinnt ihren Sinn aus der Beobachtung, daß bestimmte P-Formen typischerweise mit Einflußversuchen der Bürger auf Entscheidungen einmal auf den zentralen Systemebenen (Bund und Länder) und zum anderen in der Gemeinde verbunden sind.
Zwei weitere Abgrenzungen gewinnen in der P-Forschung zunehmend an Bedeutung. In ihrer Definition politischer P betonen Nie und Verba die Notwendigkeit, daß P legal sei, d.h. eine gesetzliche Grundlage besitzen muß. Dieser Gesichtspunkt ist wichtig, um z. B. politische Gewalt als getrenntes Phänomen behandeln zu können. Besonders unter mittel- und langfristiger Betrachtung ist über die Legalität von P-Formen hinaus auch deren Legitimität zu betrachten. Es zeigt sich nämlich, daß eine Reihe von P-Formen zwar legal, aber keinesfalls legitim und diese Einschätzung durchaus veränderlich ist. Solche Veränderungen geben wichtige Aufschlüsse über Prozesse des sozialen und politischen Wandels. In diesem Sinne kann man legale P-Formen mit eindeutigem positiven Legitimitätsstatus auch als konventionell, legale P-Formen mit kontroversem Legitimitätsstatus als unkonventionell bezeichnen (Barnes, Kaase et al. 1979, S. 42–45).
Eine zweite Überlegung bezieht sich auf die Frage, ob Gegenstand der P-Forschung nur tatsächliches P-Verhalten oder auch Einstellungen und Affinitäten zur P sein sollen. Die Entscheidung, nur tatsächliches P-Verhalten zu untersuchen, berücksichtigt das in der Forschung zweifelsfrei dokumentierte Ergebnis, daß eine Identität von Einstellung und Verhalten in aller Regel nicht gegeben ist (Nie & Verba 1975, S. 2–3). Demgegenüber spricht für die Analyse auch von P-Absichten der Gesichtspunkt, daß damit durchaus bedeutsame Voraussetzungen tatsächlicher P erfaßt werden und ein Beitrag zur Analyse von politischem Wandel wie

auch der Bedingungen, unter denen P tatsächlich zustande kommt, geleistet werden kann (Barnes, Kaase et al. 1979, S. 42; S. 57–81; Verba, Nie & Kim 1978, S. 70–93).

Zur Dimensionalität politischer P. – Die Bewertung der Rolle von P für Politik, Gesellschaft und Individuum ist stets ein Hauptanliegen der unterschiedlichen Demokratietheorien gewesen. Bei diesen Überlegungen haben normative Vorstellungen über die erforderliche Ausstattung der Bürger mit menschlichen und wissensmäßigen Fähigkeiten eine wichtige Rolle gespielt, ohne daß diese Vorstellungen auf zuverlässigen, systematischen Informationen über die Ausstattung der Bürger mit diesen Fähigkeiten hätten beruhen können. Diese Situation änderte sich grundsätzlich mit der Entwicklung und nachfolgenden breiten Anwendung der Methoden der empirischen Sozialforschung und der →*Demoskopie*. Mit diesen Methoden wurde es möglich, unter Einsatz begrenzter ökonomischer Ressourcen verbindliche Aussagen nicht nur über das Verhalten der Bürger, sondern auch dessen Bedingungen und Motive zu machen.

Die Herstellung verfaßter Teilhaberrechte an Politik für *alle* Bürger (ab einer bestimmten Altersschwelle) liegt in vielen westlichen Demokratien noch so kurz zurück, daß eine Konzentration der frühen Forschung auf den verfaßten Akt der Beteiligung bei politischen Wahlen verständlich scheint (→*Parteipräferenz;* →*Wählerverhalten*). Wenn es zunächst nur um Wahlverhalten selber ging, so erfolgte konsequenterweise eine erste Ausweitung der Fragestellung innerhalb der wahlbezogenen Dimension, also z. B. auf P-Formen wie Wahlkampfengagement oder Kontakte mit Politikern. Dabei wurde von einer Eindimensionalität der wahlbezogenen P-Aktivitäten im Sinne einer hierarchischen Struktur ausgegangen: Bürger, die sich an den selteneren, anspruchsvolleren Akten beteiligen, beteiligen sich auch an den häufigeren, weniger anspruchsvollen Akten. So ergab sich eine Aufgliederung der (amerikanischen) Bevölkerung in die Gruppen: die Apathischen, die Zuschauer und die Gladiatoren (Milbrath & Goel 1977, S. 10–11). Diese Aufgliederung, die in den sechziger Jahren, und zwar *nicht* auf der Grundlage einer eigenen empirischen Untersuchung, erfolgte, wurde von der späteren Forschung zunehmend in Zweifel gezogen (Nie & Verba 1975, S. 27–30). Eine international vergleichende empirische Untersuchung politischer P in sieben Ländern, darunter Jugoslawien als einziges Land des Ostblocks, in den Jahren zwischen 1966 und 1971 konnte durchgängig vier klar voneinander getrennte Dimensionen politischer Beteiligung nachweisen. Alle vier Dimensionen gehören dem Bereich der konventionellen P an, umfassen also nicht unkonventionelle Formen wie Demonstrationen, Bürgerinitiativen usw. (Barnes, Kaase et al. 1979, S. 35; S. 42–44; Nie & Verba 1975, S. 26–27; Verba, Nie & Kim 1978, S. 48).

Die vier Dimensionen sind (1) Wählen, (2) Wahlkampfbezogene Aktivitäten, (3) (meistens gemeindebezogene) Gruppenaktivitäten und (4) politische Einzelkontakte. Der wesentliche systematische Unterschied zwischen diesen vier Dimensionen besteht darin, daß (1)–(3) sich auf kollektive politische Entscheidungen und (4) sich auf einzelpersonenbezogene Entscheidungen beziehen. Darüber hinaus verlangen die den vier Dimensionen zugeordneten P-Formen ein unterschiedliches Maß an Initiative der Bürger und weisen auch recht unterschiedliche Konfliktchancen und -intensitäten auf (Nie & Verba 1975, S. 6–9). Die *analytische* Trennung der vier Dimensionen bedeutet nun allerdings nicht, daß zwischen ihnen überhaupt keine Beziehung bestünde. Vielmehr ist darauf hingewiesen worden, daß es sich um eine Beziehungsstruktur zwischen den P-Formen handelt, in der die Korrelationen der Tätigkeiten untereinander im Durchschnitt *innerhalb* der Dimension höher sind als *zwischen* den Dimensionen; dem widerspricht nicht die Aussage, daß die Daten auch eine gemeinsame Aktivitäts-Nichtaktivitätsstruktur zum Ausdruck bringen (Milbrath & Goel 1977, S. 20; Barnes, Kaase et al. 1979, S. 44, S. 86–87). Insbesondere die amerikanischen P-Studien haben die konzeptionelle und empirische Analyse entscheidend vorangetrieben. Gemeinsam ist ihnen jedoch, daß sie noch in einer historischen Situation stehen, in der das Wort vom „Ende der Ideologie" einen weitgehend konfliktfreien politischen Prozeß für die Zukunft signalisierte. Die →*Protest*bewegungen der späten sechziger und siebziger Jahre wurden weder theoretisch noch empirisch ein- und ausgearbeitet; sie blieben analytisch zunächst ein Randphänomen, das systematisch vor allem mit Protestverhalten bis hin zur politischen Gewalt verbunden wurde. Diese Sichtweise änderte sich erst, als zum einen die direkten, unverfaßten Formen der P so regelmäßig und nationenübergreifend auftraten, daß sie nicht mehr mit ausgesprochenen Krisensituationen des politischen Systems in Verbindung gebracht werden konnten. Zum zweiten zeigte die sich langsam verdichtende empirische Forschung, daß diese P-Formen typischerweise bei Angehörigen bzw. zukünftigen Angehörigen (Studenten und Schüler) der mittleren und oberen Mittelschicht auftraten. Damit lag die Annahme nahe, daß den bisherigen P-Dimensionen eine neue Dimension zuwuchs, die man als direkte oder unkonventionelle politische P bezeichnen könnte.
In einer international vergleichenden empirischen Untersuchung in acht Ländern 1974 bis 1976 (Bundesrepublik Deutschland, Finnland, Großbritannien, Italien, Niederlande, Österreich, Schweiz, USA) wurde dann erstmals der Versuch unternommen, diese neuen direkten Formen der politischen Beteiligung quantitativ zu erfassen und ihre sozialstrukturellen wie motivationalen Voraussetzungen zu analysieren. Untersucht wurden die Billigung bzw. Mißbilligung (Legitimität) sowie die Teil-

nahme bzw. potentielle Teilnahme an diesen Formen, darunter Petitionen, Boykotts, genehmigte und ungenehmigte Demonstrationen und Hausbesetzungen. Obgleich unterschiedliche Analyseverfahren eingesetzt wurden, ergab sich übereinstimmend in allen acht Ländern eine getrennte, in sich kohärente Dimension der unkonventionellen politischen P (Barnes, Kaase et al. 1979, S. 65–81, 543–555; Allerbeck 1980, S. 10–23). Dieses Ergebnis konnte inzwischen für die Bundesrepublik Deutschland in unabhängigen Untersuchungen, zuletzt 1980, mehrfach bestätigt werden.

Von besonderem Interesse für die mittel- und langfristige systematische Bedeutung dieser neuen P-Dimension ist die Beantwortung der Frage, in welcher Beziehung sie zu den etablierten, konventionellen Formen der P steht. Die entsprechenden Analysen ergaben, daß zwischen konventioneller und unkonventioneller P durchweg eine deutliche *positive* Korrelation besteht (Barnes, Kaase et al. 1979, S. 151; Kaase 1981). Daraus läßt sich schließen, daß die beschriebenen Formen der direkten, unverfaßten P nicht alternativ, sondern *zusätzlich* im Sinne der Erweiterung des politischen Handlungsrepertoires der Bürger verwendet werden.

Diese Ergebnisse sind insbesondere vor dem Hintergrund der Fragen von Interesse, inwieweit die demokratietheoretisch begründeten Forderungen nach der Ausweitung von P sowohl im politisch-administrativen Raum als auch in anderen Bereichen in der Bevölkerung eine breite Basis besitzen und welche Folgen sich aus dieser P-Ausweitung für die politische Ordnung der westlichen Demokratien ergeben (Barnes, Kaase et al. 1979, S. 523–536). Das hohe Maß an Übereinstimmung in den Ergebnissen der vergleichenden Analyse kann als ein Hinweis darauf aufgefaßt werden, daß das analytische Instrumentarium tatsächlich relevante Entwicklungen, wenn auch in einem frühen Stadium, registriert hat. Problematisiert werden kann an diesem Instrumentarium die Tatsache, daß es nicht nur tatsächliches Verhalten, sondern vor allem verbal bekundete Verhaltensprädispositionen erfaßt. Ob es sich dabei um einen schwerwiegenden Einwand handelt, werden allerdings erst zukünftige sozio-politische Entwicklungen und deren wissenschaftliche Untersuchungen zeigen können. Beantwortbar wird dann auch die Frage nach der Beziehung zwischen den beschriebenen neuen Formen der direkten, unverfaßten Formen der politischen P und der Neigung, bei politischen Konflikten auch zu illegalen P-Akten einschließlich politischer Gewalt zu greifen (Muller 1979; →*Protest).*

Häufigkeit und Bedingungen von P. – In dem von Almond und Verba (1963) entwickelten theoretischen Rahmen zur Analyse der politischen Kultur spielt P als Teil der Inputstruktur eine zentrale Rolle. Der

Wunsch, sich an Politik zu beteiligen, und die Vorstellung, politische Entscheidungen tatsächlich beeinflussen zu können, war zum Zeitpunkt der Untersuchung (1959) in Deutschland nur schwach ausgeprägt. Dieses Ergebnis und die hohe Outputabhängigkeit veranlaßten die genannten Autoren, die Zukunft der Demokratie in Deutschland mit erheblicher Skepsis zu beurteilen. Dieser Schlußfolgerung widerspricht die schon in den fünfziger Jahren sehr hohe Wahlbeteiligung nur auf den ersten Blick. Wenn man einmal von der allgemeinen Bedeutungsambivalenz des Indikators Wahlbeteiligung für das Ausmaß an Identifikation mit den demokratischen Institutionen absieht (Beispiel: Weimar), so zeigt sich darüber hinaus, daß gerade die Beteiligung an Wahlen ein Akt ist, der einen relativ geringen Aufwand an eigener Initiative verlangt, institutionell eindeutig und hoch sichtbar verankert ist und einer großen Mobilisierungsanstrengung seitens der politischen Eliten ausgesetzt ist. Deshalb kann es auch nicht überraschen, daß politische Wahlen im Vergleich zu anderen P-Formen bis heute mit Abstand die häufigste Beteiligung der Bürger erfahren (Verba, Nie & Kim 1978, S. 53, 74). Dies, zusammen mit dem letztlich generalisierten Einfluß, der durch Wahlen lediglich ausgeübt werden kann, läßt diesen P-Akt als denkbar ungeeignet für die umfassende Analyse von P erscheinen (von Alemann 1975, S. 87–88; Barnes, Kaase et al. 1979, S. 86).

Die folgende Aufstellung soll einen knappen Überblick über das Vorkommen bestimmter P-Formen 1974–1975 in verschiedenen Ländern geben (in % der Bevölkerung ab 16 Jahre, die eine Angabe machten).

	D	SF	GB	I	NL	AU	CH	USA
An Gemeindeproblemen gearbeitet	14	31	17	20	18	14	21	37
mit einem Politiker Kontakt aufgenommen	11	11	11	19	13	12	15	27
sich für einen Kandidaten im Wahlkampf engagiert	8	7	5	7	3	5	10	14
Mitglied einer politischen Partei	6	6	5	6	5	16	5	9
Mitglied einer Gewerkschaft	15	21	18	22	3	nicht erhoben	14	21
eine Petition unterschrieben	31	20	23	17	22	39	45	60
an einer genehmigten Demonstration teilgenommen	9	6	6	19	7	7	8	12
sich an einer Hausbesetzung beteiligt	0	–	1	5	1	0	1	2
Gewalt gegen Personen angewandt	0	0	0	0	0	0	0	1

Aus substantiellen, methodischen und praktischen Gründen erscheint es allerdings nicht sinnvoll, auf die Zahlen im einzelnen einzugehen. Vielmehr soll die Analyse von P unter zwei übergreifenden Gesichtspunkten erfolgen: welches sind die Strukturen und Bestimmungsgründe von P, und welche Veränderungen ergeben sich über die Zeit? Die Dimensionen von P sind bereits behandelt worden, so daß hier nun vor allem die Bestimmungsgründe von P von Interesse sind. Diese Bestimmungsgründe lassen sich analytisch in persönlichkeitsbezogene, sozialstrukturelle und kontextuelle Faktoren aufgliedern (Milbrath & Goel 1977). Ganz grundsätzlich ist jedoch in diesem Zusammenhang festzustellen, daß ein rein individualistisches Modell der P unzureichend wäre. Die Ebene der *Messung*, die den einzelnen Bürger als demokratischen Souverän im Visier hat, ist von der Ebene zu unterscheiden, auf der die Faktoren liegen, die den Bürger zur P veranlassen. Dabei muß vor allem die überragende Rolle von Mobilisierungsprozessen über Gruppenzugehörigkeiten berücksichtigt werden.

Vulgarisierte Spekulationen über Persönlichkeitsmerkmale, die zur P prädisponieren, betonen Faktoren wie etwa einen wie immer auch gearteten Machttrieb. Diese Spekulationen, aber ebenso fundierte Überlegungen, finden in der bisherigen Forschung keine klaren Belege (Milbrath & Goel 1977, S. 74–84). Dies mag allerdings auch daran liegen, daß solche Hypothesen bisher nicht systematisch und kontinuierlich an der wahlberechtigten Bevölkerung überprüft worden sind und darüber hinaus der theoretische Status der Konzepte unklar ist (als Beispiel siehe die bei Milbrath & Goel 1977, S. 45–74, abgehandelten Variablen).

Unter den sozialstrukturellen Faktoren, die P besonders fördern, nimmt der sozioökonomische Status der Bürger, der in erster Linie durch Schulbildung, Beruf und Einkommen bestimmt ist, eine überragende Stellung ein. Man spricht deshalb auch von dem Standardmodell der politischen P, in dem eine hohe sozioökonomische Ressourcenausstattung der Bürger zur Ausbildung von bestimmten Einstellungen gegenüber dem politischen System (z. B. positive Einschätzung der eigenen Einflußmöglichkeiten; siehe dazu Milbrath & Goel 1979, S. 45–74) führen und beide kausal vermittelt wie auch Status alleine einen großen Teil der Varianz an politischer P erklären (Milbrath & Goel 1977, S. 90–96, 98–102; Verba, Nie & Kim 1978; Kaase 1981). Bemerkenswerterweise gilt dieses Ergebnis auch für die neuen, unkonventionellen P-Formen (Barnes, Kaase et al. 1979, S. 112–117, 171–189) sowie auch für P in kommunistischen Ländern (Verba & Shabab 1979).

Daneben spielen jedoch auch andere strukturelle Variablen eine Rolle, darunter insbesondere Alter und Geschlecht, wobei deren Einfluß allerdings unterschiedlich je danach zu beurteilen ist, ob es sich um konven-

tionelle oder unkonventionelle P-Formen handelt. Im konventionellen Bereich zeigt P einen typischen kurvilinearen Verlauf: P steigt bis ins mittlere Lebensalter an und fällt dann wieder ab. Dagegen stehen Lebensalter und unkonventionelle P in einem strikt linearen Zusammenhang: Je älter ein Bürger ist, desto geringer ist seine Neigung, sich unkonventionell politisch zu betätigen. Im Vergleich zwischen Männern und Frauen schneiden Frauen, auch nach Berücksichtigung der Schulbildungsunterschiede zwischen den Geschlechtern, vor allem bei konventionellen, geringer, aber immer noch merklich auch bei unkonventionellen P-Formen, schlechter ab als Männer (Milbrath & Goel 1977, S. 114–118; Barnes, Kaase et al. 1979, S. 129–135, 171–189; Allerbeck 1980, S. 48–58). Darüber hinaus beeinflussen mehrere andere Faktoren aus dem sozialen Umfeld der Bürger ebenfalls deren P-Neigung; darauf soll hier nicht weiter eingegangen werden (Milbrath & Goel 1977, S. 86–122).
Persönlichkeitsmerkmale und das soziale Umfeld der Bürger werden sinnvollerweise als erleichternde oder erschwerende Bedingungen für P, nicht aber als selbständig verursachende Faktoren aufgefaßt. Mit wenigen Ausnahmen ist P ein auf kollektive Ziele hin orientiertes soziales Verhalten, das in einem komplexen Zusammenspiel zwischen institutionellen Strukturen, konkreten politischen Ereignissen, Gruppeneinbindungen und individuellen Merkmalen zustande kommt.
Die Frage nach der Veränderung von P-Raten und P-Strukturen ist aus vielen Gründen, nicht zuletzt wegen der unbefriedigenden Datenlage, kaum zu beantworten. Die bisher mitgeteilten Ergebnisse hinsichtlich der Bestimmungsgründe für politische P scheinen sich insgesamt in den letzten zehn Jahren nicht grundlegend gewandelt zu haben. Ganz ohne Zweifel läßt sich für die Bundesrepublik über die letzten dreißig Jahre ein klarer Prozeß der Politisierung feststellen, der nicht nur an dem ständig wachsenden politischen Interesse der Bevölkerung abzulesen ist (Barnes, Kaase et al. 1979, S. 36–37). Vielmehr wird er, wie der Vergleich mit den Ergebnissen der Civic-Culture-Studie (Almond & Verba 1963) zeigt, auch an der Ausdehnung des politischen Handlungsrepertoires deutlich (Barnes, Kaase et al. 1979, S. 137–149). Insofern kann insgesamt von einem grundsätzlichen P-Rückstand Deutschlands im Vergleich zu anderen westlichen Demokratien nicht mehr ausgegangen werden (Almond & Verba 1980, S. 248–251). Die empirische Evidenz enthält darüber hinaus überzeugende Hinweise darauf, daß die P-Ausweitung innerhalb des Systems einer liberalen Demokratie erfolgt und nicht gegen diese Regierungs- und Verfassungsform gerichtet ist.

P und politische Gleichheit. – Auf den ersten Blick ist die normativ-demokratietheoretisch verankerte Vorstellung, daß sich erst in einer ständigen umfassenden P aller Staatsbürger Demokratie verwirkliche, von hoher Plausibilität und Überzeugungskraft. Diese Vorstellung übersieht jedoch oder berücksichtigt nicht hinreichend, daß Politik trotz ihrer überragenden Bedeutung für den Bürger nur ein Lebensbereich unter vielen, und darunter einer der *subjektiv* unwichtigsten ist. Höchstes andauerndes politisches Engagement, so die Schlußfolgerung, ist eher ein Krankheits- als ein Gesundheitssymptom der politischen Ordnung. Entscheidend sei vielmehr die Fähigkeit der Bürger, sich *gezielt,* d. h. im Sinne einer Ziel-Mittel-Kalkulation politisch zu beteiligen, wann immer sie dies für notwendig erachten (Almond & Verba 1963). Wegen ihrer normativen Bezüge ist eine solche Fragestellung nicht empirisch zu entscheiden. Bemerkenswert ist jedoch die Tatsache, daß die empirische P-Forschung nachgewiesen hat, daß fast alle bedeutsamen P-Formen jenseits des Wahlaktes insofern Ungleichheit schaffen, als die *Freiwilligkeit* der P in westlichen Demokratien und selbst in Jugoslawien bisher durchgängig für alle P-Dimensionen eine disproportionale Rekrutierung politischer Aktivisten aus den ressourcenstarken Segmenten der Bevölkerung erzeugt (Verba, Nie & Kim 1978; Kaase 1981). Je weniger verfaßt eine Aktivität ist und je direkter sie auf Politik Einfluß nimmt, desto höher ist aufgrund der guten sozioökonomischen Ausstattung der Aktivisten die Chance, politische Entscheidungen herbeizuführen, die nicht die Interessen der Mehrheit, sondern die der aktiven, artikulierten Minderheit berücksichtigen (Nie & Verba 1975, S. 60–68). Insofern würde paradoxerweise die Ausweitung der direkten, nicht verfaßten politischen P *unter den gegebenen Umständen* politische Gleichheit nicht erhöhen, sondern vermindern.

Max Kaase

Literatur:

Aleman, Ulrich von (Hrsg.): Partizipation – Demokratisierung – Mitbestimmung. Opladen 1975.
Allerbeck, Klaus R.: Politische Ungleichheit. Ein Acht-Nationen-Vergleich. Opladen 1980.
Almond, Gabriel A., *Verba,* Sidney: The Civic Culture. Princeton 1963.
Almond, Gabriel A., *Verba,* Sidney: The Civic Culture Revisited. Boston 1980.
Barnes, Samuel H., *Kaase,* Max, et al.: Political Action. Mass Participation in Five Western Democracies. Beverly Hills 1979.
Kaase, Max: Politische Beteiligung und politische Ungleichheit: Betrachtungen zu einem Paradoxon. In: *Albertin,* Lothar, *Link,* Werner (Hrsg.): Politische Parteien auf dem Weg zur parlamentarischen Demokratie in Deutschland. Düsseldorf 1981, S. 363–377.

Milbrath, Lester W., *Goel*, M. L.: Political Participation. Second Edition, Chicago 1977.
Nie, Norman H., *Verba*, Sidney: Political Participation. In: *Greenstein*, Fred I., *Polsby*, Nelson W. (Hrsg.): Handbook of Political Science, Volume 4. Reading 1975, S. 1–73.
Verba, Sidney, *Nie*, Norman H., *Kim*, Jae-on: Participation and Political Equality. A Seven-Nation Comparison. Cambridge 1978.
Verba, Sidney, *Shabad*, Goldie: Worker's Councils and Political Stratification: The Yugoslav Experience. Americal Political Science Review, 72, 1978, S. 80–95.

Politisches Bewußtsein

→ *Entfremdung, Gesellschaftsbild, Methodologie und Methoden, Politisches Lernen, Sozialisationsforschung, Vorurteil.*

I. Der Begriff „Politisches Bewußtsein" (PB) wird in vielfältigen Bedeutungszusammenhängen gebraucht. So sind alle Versuche, seiner mit einer exakten Definition habhaft zu werden, zum Scheitern verurteilt. Viele Wissenschaftler, die gerne diesen Begriff in ihr Kategorienrepertoire aufnehmen möchten, mögen das bedauern. Ich halte dies für einen Vorteil, weil das Scheitern von Definitionsversuchen anzeigt, daß der Sachverhalt, auf den unser Begriff „PB" verweist, sich nicht so ohne weiteres durch die Forschungsstrategien, die Methodenanwendung von Einzelwissenschaften einfangen läßt. Die hier aus dem arbeitsteiligen Spektrum der Wissenschaft angesprochenen Einzelwissenschaften sind Psychologie, Soziologie, Politologie, Politische Ökonomie und Geschichte. Um PB angemessen wissenschaftlich untersuchen zu können, bedarf es einer vereinheitlichenden Untersuchungsperspektive aus den genannten Wissenschaftsbereichen. Eine solche Untersuchungsperspektive würden wir mit dem Titel „PPs" versehen.

PB kann dann nicht als eine Einstellung aufgefaßt werden, die ein einzelner zu einem politisch zu nennenden Sachverhalt vorgibt zu haben; man denke hier beispielsweise an die Zustimmung zu einem Parteiprogramm oder eine kritische Einstellung zur Regierungspolitik oder eine positive Einstellung zu den Hausbesetzungen. Bewußtsein (B) ist demgegenüber (gegenüber dem Begriff der Einstellung) Ausdruck der jeweiligen historischen Beschaffenheit und Verfaßtheit des vergesellschafteten Subjekts; es ist die allgemeine Form – wie brüchig und porös auch immer – in der die Menschen gehalten sind, ihre Lebenszusammenhänge und ihre Verhältnisse darin zu interpretieren (Leithäuser 1979, S. 136 f). B ist a priori gesellschaftlich und verändert sich mit und in gesellschaftlichen Prozessen. Es ist institutionalisiert, insofern letztere institutionalisiert sind, wobei man bei den gegenwärtig bestehenden Gesellschaften davon ausgehen kann, daß sie zu ihrer Reproduktion einer Vielzahl von Institutionen bedürfen.

Das Prädikat politisch ist in dieser Charakterisierung des B-Begriffs ein wenig zurückgetreten. Es ging zunächst einmal darum, den gesellschaftlichen Charakter des B festzustellen. Fragen wir jetzt weiter nach seinem politischen Aspekt. Dieser wird häufig an den Inhalten, an denen sich B artikuliert, festgemacht. Neben vielen anderen Inhalten des gesellschaftlichen B wie ästhetischen, religiösen, sozialen und naturhaften gibt es auch politische, mit denen sich die Menschen auseinandersetzen müssen oder wollen. Das ist trivial, aber nicht falsch. Viele empirische Untersuchungen unterstellen diese Konzeption des PB ausgesprochen oder unausgesprochen. PB-Inhalte können so von einem gewissermaßen wertneutralen Standort aus, von außen untersucht werden.

Politisch kann nun auch die Form des B genannt werden. Kategorien wie Standes-B, Klassen-B, Alltags-B, emanzipatorisches B bezeichnen verschiedene B-Formen, nach welchen die Menschen sich ihre Welt interpretieren und die jeweils eine eigene politische Sichtweise implizieren (Leithäuser 1976). Die Untersuchungen solcher Formen PBs sind bisher meist theoretisch. Relevant ist bei diesen Untersuchungen, inwieweit sie die genannten Kategorien in einem klassifikatorischen Sinne gebrauchen oder ob in ihnen versucht wird, das jeweils verschiedenartige wechselseitige Verhältnis von B-Form und ihrem Inhalt zu rekonstruieren. Das erste Verfahren verweist auf eine statische, buchhalterische Auffassung des Formenbegriffs; das zweite zielt auf die Dynamik von Form und Inhalt, deren fließende oder sprunghafte Veränderungen, die epochenspezifisch als historische Dialektik konstruiert werden kann. In einem solchen Untersuchungszusammenhang stellt sich der Emanzipationsgedanke auf besondere Weise heraus, an den sich das Politische bindet, im Unterschied zu einer Orientierung des Politischen an pragmatischen oder manipulativen Zweckerwägungen zur Erhaltung oder gar Zerstörung gesellschaftlicher Zusammenhänge. Die Form-Inhalt-Dialektik des B wird theoretisch an der Perspektive der Emanzipation der Menschengattung orientiert. Solche Theorie wird formuliert als Kritik der bestehenden gesellschaftlichen Verhältnisse, als Ausweis ihrer Widersprüche und Antagonismen mit der Absicht der Umsetzung der Theorie in die politische Praxis der Emanzipation. Die Marxsche Theorie im paradigmatischen Sinne, aber auch neuere kulturrevolutionäre Theorien im Bezugsfeld der Studentenbewegung sind Beispiele für die theoretische Systematisierung des Emanzipationsgedankens.

Wir werden im folgenden an Versuchen von verschiedenen Wissenschaftsansätzen den B-Begriff beschreiben und seine politischen Dimensionen herausarbeiten.

II. Beginnen wir mit den gewiß spärlichen Versuchen der traditionellen akademischen Psychologie, B als Untersuchungsfeld für sich zugänglich zu machen und sehen wir, ob sich an diesem politische Konturen ablesen lassen. Mit der paradigmatischen Ausrichtung der Psychologie als einer empirischen Wissenschaft an der Naturwissenschaft (vorrangig der Physik und der Physiologie), deren strengen Anforderungen die Exaktheit der Methoden und ihrer Anwendung, wurden alle jene Untersuchungsfelder ausgeschieden, die einem strengen methodischen Zugriff nicht zugänglich waren. Das Verfahren der Introspektion erwies sich gegenüber dem Experiment und der kontrollierten Beobachtung nicht konkurrenzfähig. Mit der Ächtung der Introspektion wurde auch ihr Gegenstand, das B, aus der Psychologie herausgedrängt und die Kategorien des menschlichen und tierischen Verhaltens, die den Exaktheitskriterien der Methodenkonstruktion eher genügten, entwickelten sich zum zentralen Untersuchungsgegenstand der Psychologie. Interessant ist, daß gerade Wilhelm Wundt als der bedeutende Begründer der experimentellen Psychologie an dem B-Begriff als einem einheitlichen Zusammenhang der ,,Bewußtseinstatsachen": Empfindungen, Vorstellungen, Gefühle und Willensvorgängen festhielt und die Introspektion als die diesen Sachverhalten angemessene Weise der Analyse ansah. Wundt hatte ein waches Gespür dafür, was neuerdings wieder deutlicher als Problem der externen Validität von Methoden diskutiert wird (Mertens 1975). Die Frage der Entwicklung und der Wahl einer Untersuchungsmethode ist sehr abhängig von der Beschaffenheit des Untersuchungsgegenstandes. Prozesse, deren Auftreten schwerlich in Zeiteinheiten zu fassen ist, deren Qualitäten sich verwandeln, die unregelmäßig einmal stark, einmal schwach in Erscheinung treten, lassen sich nicht experimentell untersuchen; dazu bedarf es qualitativer Verfahren.

Alle ,,höheren seelischen Vorgänge", hierzu zählen Vorgänge, die heute unter Titeln wie Wahrnehmen und Denken abgehandelt werden, gehören nach Wundt denn auch zum Gebiet der Völkerpsychologie mit einer ,,historisch verstehenden Methodik" (Graumann 1969) und nicht zur experimentellen ,,Physiologischen Psychologie". Die ,,Völkerpsychologie" mit ihrer Methodik ist ohne nennenswerten Einfluß in der Psychologie geblieben, statt dessen haben sich die empirisch-experimentellen Verfahren in der Psychologie durchgesetzt und die B-Forschung an den Rand gedrängt. Es bleibt allerdings durchaus denkbar, auf den Wundt'schen B-Begriff zurückzugehen und ihn vermittelt durch eine kritische, gesellschaftstheoretisch orientierte Reflexion in die empirische Forschung neu einzubringen. Die Erforschung der Wirklichkeitsebene, auf die der B-Begriff zielt, ist zu bedeutsam, als daß man sie dem rigoristischen Methodenverständnis der experimentellen Psychologie und Sozialpsychologie opfern könnte. Wundt selber hat den B-Begriff wie auch den Begriff der Seele entsubstantialisiert (Wundt 1908). Befreit von der individualpsychologischen, naturwissenschaftlich orientierten Enge der Sichtweise, ist in einem sozialwissenschaftlichen Paradigma herauszufinden, wie es mit dem einheitlichen Zusammenhang von Empfindungen, Vorstellungen, Gefühlen und Willensvorgängen bestellt ist. Verbindungen zur Wissenssoziologie und Ideologiekritik sind auszuarbeiten und dabei die politischen Dimensionen dieses B-Begriffs zu erhellen.

Unsere Überlegungen sollen auch zeigen, daß PPs sich keineswegs an dem vermeintlich neuesten Stand wissenschaftlicher Erkenntnis halten muß. Gerade wenn sie der Empfehlung folgt, der arbeitsteiligen Ausdifferenzierung der Wissenschaften sich nicht blind zu unterwerfen, wird es ihr möglich durch Metareflexion auf die eben nicht stromlinienförmig zu immer klareren Erkenntnissen hinlaufende Wissenschaftsgeschichte, vergessene Perspektiven neu zu entdecken und für den Forschungsprozeß fruchtbar zu machen. Die methodologische und methodische Einpassung eines Forschungsgegenstandes in ein verbindliches Paradigma, seine eventuelle Verwerfung aus diesem, hat seine jeweils zu erhellende politische Seite, die sich nicht zuletzt auch in einem Kampf um die zu knappen Forschungsressourcen ausdrückt. Aber um solche pragmatisch-praktischen Fragen geht es nicht alleine; vielmehr gilt es für eine PPs zu prüfen, in welchen Paradigmen sich ein emanzipatorisches Erkenntnisinteresse angemessen ausformulieren läßt oder wie Holzkamp (1972) es formuliert, es geht darum, wie die emanzipatorische Relevanz einer Forschung gegenüber den Kriterien ihrer technischen Relevanz behauptet werden kann.

III. Überblickt man die gängigen Reader und Lehrbücher der Sozialpsychologie, so zeigt sich, daß die experimentelle Sozialpsychologie sich zur herrschenden Richtung etabliert hat. So findet sich in dem voluminösen Lehrbuch der Sozialpsychologie von Irle (1975) der B-Begriff nicht einmal mehr im Sachregister. Irle spürt andererseits durchaus, daß übertriebener Exaktheits- und Objektivitätsanspruch und die Überbetonung des Kriteriums empirisch-experimenteller Überprüfbarkeit die sozialpsychologische Forschung in die Enge der Einfaltslosigkeit und Trivialitäten geführt hat. Er plädiert dafür, Wissenschaftsperspektive und Sprache auch der experimentellen Sozialpsychologie in Frage zu stellen, möchte aber gleichwohl die Entwicklung neuer Theorien und neuer Methoden unter die wissenschaftstheoretischen und methodologischen Kriterien des Kritischen Rationalismus beugen. Irle stellt sich nicht die Frage, ob es nicht gerade die Festlegung der Wissenschaftsperspektive auf eine wissenschaftstheoretische Position, den Kritischen Rationalismus, ist, die Verarmung und Krise bewirkt, in die die Sozialpsychologie als enges Revier der experimentellen Forschung geraten ist. Mertens und Fuchs (1978) haben ausdrucksvoll gezeigt, daß die häufig verkürzte und mißverständliche Auslegung der Falsifizierbarkeit als dem Hauptabgrenzungskriterium des Kritischen Rationalismus die Krise der Sozialpsychologie nur steigert. Es ist irreführend zu glauben, daß Falsifizierbarkeit ausschließlich durch Experiment und Beobachtung gewährleistet werden könnte. Wo eine solche verengende Sichtweise sich ein wissenschaftliches Fachgebiet als Revier unterwirft, ist eine Krise nicht nur in der Theorienbildung, sondern auch der empirischen Forschung unausbleiblich, die mit der Verelendung des entsprechenden Fachgebiets endet. Für die PPs wäre daher aus der Krise der Sozialpsychologie zu lernen, in die sie sich nicht hineinziehen lassen darf. Es gilt, einen Reichtum an Theorien und Methoden zu entwickeln und wieder zu entdecken und diesen praktischen Forschungsprozeß vor den Versuchen der Gängelung durch zum Dogma oder Ideologie aufgebaute wissenschaftstheoretische Positionen welcher Couleur auch immer zu schützen. B, PB wäre auf dieser Grundlage als Gegenstand wissenschaftlicher Forschung wieder neu zu gewinnen. Politzers Entwurf einer ,,Konkreten Psychologie" ist als ein Schritt in dieser Richtung zu werten. Seine Kritik (1929) an der Abstraktheit und dem Formalismus der ,,Klassischen Psychologie" kann zur Kritik der Entwicklung der Sozialpsychologie zu einer rein experimentellen Sozialpsychologie entfaltet werden. Und weiter: dabei hätten Psychologen sich selbst ein PB davon zu erarbeiten, mit und in welchem sie die Funktion, die ihre Wissenschaft, ihre Methoden und ihre Ergebnisse im Prozeß der Reproduktion der gesellschaftlichen Verhältnisse hat, zu reflektieren vermögen. Brückner und Krovoza (1972, S. 73 f) zeigen in ihrer scharfsinnigen Analyse der konventionalisierten Forschungsmethodik der Psychologie, die sich zum Kriterium von ,,Wissenschaftlichkeit" aufgespreizt hat, daß mit ihr anstelle eines methodisch kontrollierten Erfahrungszugewinns die methodisch kontrollierte Verdummung betrieben wird. Der Forscher wird vor der Realität dumm, weil von ihm der Verzicht auf Erfahrungen gefordert wird, die sich dem vorhandenen Methodeninstrumentarium nicht fügen. Es bleibt daher sehr zu fragen, ob eine experimentelle Sozialpsychologie unter dem ideologischen Schutzdach eines zu eng verstandenen Kritischen Rationalismus den Titel der Wertfreiheit für sich überhaupt beanspruchen darf.

IV. In der nicht-experimentellen, dem philosophischen Pragmatismus verbundenen Psychologie hat sich der B-Begriff erhalten und in Verbindung mit philosophischen und soziologischen Reflexionen interessante Differenzierungen erfahren, welchen in den Theoriebildungsprozessen der PPs große Beachtung geschenkt werden sollte. James (1890), mehr noch Mead (1934) haben die soziale Konstitution des B theoretisch untersucht und diesen Begriff vom Immanentismus des monadologischen Individuums gelöst, in den er in der Wundtschen Psychologie verstrickt war. (Nebenbei sei angemerkt, daß das Wundtsche Konzept der Völkerpsychologie die Sprachtheorie Meads beeinflußt hat.) B, seine Höherbildungen und Ausdifferenzierungen: Das Selbst, das ,,I" und ,,me", der ,,significant other" und ,,generalized other" bilden sich in Interaktions- und Kommunikationsprozessen. Die theoretische Pointierung dieser sozialen Prozesse haben besonders die Meadsche Theorie zum Eckpfeiler des Symbolischen Interaktionismus werden lassen, der gegenwärtig in der soziologischen Diskussion eine wichtige Rolle spielt. In dieser Diskussion wird allerdings vernachlässigt, daß – und das ist wiederum für die PPs wichtig – James wie Mead die Restriktionen, die sich durch das Einwirken von Arbeits- und Gewaltverhältnissen für Interaktion und Kommunikation ergeben, stark auf die soziale Konstitution des B und seines Selbsts sich auswirkt. Die →*Entfremdung* der Arbeit erzeugt die Einschränkung des B und führt zur Vereinseitigung des Selbst. Meads sprachpragmatische Theorie impliziert eine kritische Sozialphilosophie mit einem Konzept der Utopie der allseitigen Entfaltung des Selbst in einem ,,universe of discourse", der zwar Probleme, aber keine – sei es durch Natur, sei es durch die Gesellschaft gesetzt – unüberwindbaren Grenzen und Schranken zu eigen sind (Leithäuser 1976, S. 145 f.). In dieser gesellschaftskritischen Perspektive findet man bei Mead Beschreibungen, die in der gegenwärtigen Diskussion seiner Theoreme ausgeklammert werden: ,,Wir können die Routine und die Plackerei von zahllosen uninteressierten Händen und Köpfen sehen, die in Fabriken und Bergwerken Waren produzieren, für welche die Menschen sich selbst und ihr Geld geben, und den Genuß..., der von ihrer Arbeit ganz abgetrennt ist. In der Tat, das ist die Definition der Plackerei, der blinden Produktion von Waren, abgeschnitten von jeglicher Interpretation und Inspiration durch ihren gemeinsamen Genuß" (Mead 1964, S. 295). Mead hat noch den Zusammenhang von ökonomischen und psychologischen Prozessen im Blick. Er kritisiert die Überspezialisierung und Reviereinteilung der Fachwissenschaften, die sich keinen kundigen Blick über ihre Grenzen hinweg zutrauen. Damit ist die Meadsche Theorie auch ein Entwurf für eine PPs, die sich einen politischen Emanzipationsanspruch gerade am Meadschen Konzept des Selbst artikulieren kann.

Eine weitere dem Symbolischen Interaktionismus nahestehende, der Phänomenologie von Husserl und Schütz entstammende Forschungsrichtung: die Ethnomethodologie ist für eine sich als fächerübergreifend verstehende PPs wichtig. Mit diesem Ansatz wird eine Konzeption des Wissens und B entwickelt, die sich auf den Prozeß der Konstitution richtet. Diese Konstitution ist immer auch zugleich eine der (gesellschaftlichen) Wirklichkeit. Sie ist auch nicht ein einmaliger quasi philosophischer Akt des Erkenntnissubjekts, sondern konstituiert sich in Permanenz (permanent neu) in den vielfältigen Handlungen, Äußerungen, Interaktionen (und Kommunikationen) der vielen Individuen. Die gesellschaftliche Wirklichkeit wird von der Ethnomethodologie nicht unabhängig von dem Subjekt, den individuellen Subjekten aufgefaßt; sie ist nichts Vorfindliches und Vorfindbares; sie existiert labil oder stabil, regelmäßig, kontinuierlich und wiederholbar in und durch die alltäglichen Handlungen der Individuen, die den B-Horizont dessen, was wirklich ist, abstecken, und zwar im wesentlichen als nicht-bewußte alltägliche Routine des B. Garfinkel (1973) versucht das Wie der Konstitution der alltäglichen Wirklichkeit durch Krisenexperimente, durch gezielte Störungen der nicht-bewußten Routine zu problematisieren, um dann an der Rekonstruktion der Routine, die die Versuchspersonen vornehmen, die Regeln ihrer Konstitution aufzudecken und zu beschreiben.

Diese interessanten Experimente einer empirisch vorgehenden Phänomenologie werden allerdings zweckentfremdet zur Beantwortung der genuin philosophischen Frage nach invarianten Universalien herangezogen, eine Art grammatischer Superstruktur, nach der die Konstitution der Handlungssituationen der Individuen sich vollziehen muß. Es wäre demgegenüber zweckdienlicher, gemäß dem wissenschaftstheoretischen Status in empirischen Untersuchungen nicht nach möglichen, Kontext-ungebundenen Regeln sozialer Interaktionen zu suchen, sondern statt dessen die situationsgebundene Struktur des B in actu von einzelnen und Gruppen zu beschreiben. Es wäre zu untersuchen, wie sich in sich wiederholenden Situationen Wirklichkeitsauffassungen und die sie konstituierenden Regeln und Methoden sozialisatorisch einschleifen und situationsabhängig von Fall zu Fall routinemäßig übertragen (Leithäuser et al. 1977). Eine solche Perspektive ist Bestandteil von PPs, weil mit ihr die subjektive Bildung und Veränderungen von politischen Vorstellungswelten erfaßt werden können. Die Ethnomethodologie kann einen interessanten Beitrag zur Frage des Wie der Konstitution PBs leisten. Sie wäre, so gesehen, nicht zurück auf dem Wege zur Philosophie, sondern würde aus dieser heraus (aber nicht von der Philosophie völlig unabhängig und gelöst) im Felde der Empirie die Dynamik des PBs von Gruppen im Nebeneinander verschiedener sozialer Situationen beschreiben. Dies wäre eine empirische Weiterentwicklung des von Sartre (1967) in seiner ,,Kritik der dialektischen Vernunft" vorgenommenen philosophischen Versuchs, Geschichte als Wandel und Veränderung serieller und lebendiger Gruppenpraxis zu beschreiben, die jeweils die verschiedenen Formen von entfremdeten und revolutionärem B konstituieren. Ein weiteres Problem des ethnomethodologischen Ansatzes sei noch erwähnt. Der Blick auf die innere Dynamik der Konstitution von B vernachlässigt die Funktion, die der B-Inhalt in diesem Konstitutionsprozeß einnimmt. So bleibt der politische Bildungsprozeß einer zwar nicht notwendigen aber doch möglichen Form-Inhalt-Dialektik des B ausgeklammert.

Halten wir aber fest: die Ethnomethodologie macht auf etwas Wichtiges aufmerksam: B ist nicht einfach etwas Vorfindbares, genausowenig die Wirklichkeit, auf die es sich bezieht. B ist prozessual, das sich rekonstruieren aber nicht feststellen läßt wie ein quasi dingliches Fakt. Auch das Politische am B läßt sich dann als ein prozessuales Moment ausmachen. Es äußert sich in den vielfältigen Unterschieden der jeweiligen Handlungsentwürfe von Wirklichkeit. Gleichwohl bleibt der Subjektbegriff der Ethnomethodologie undeutlich. Obwohl sie sich als Soziologie auffaßt, orientiert sie sich von vornherein an einem genuin individualistischen Subjektbegriff und läßt die kollektiven Gruppenprozesse unterbelichtet, aus welchen heraus sich die Individuen erst individuieren können. Hier steckt ein ungelöstes Dilemma der Ethnomethodologie. Sie kann B ebenfalls nicht als nur Individuelles rekonstruieren und beschreiben. Es wäre demgegenüber als genuin gesellschaftlich zu interpretieren, als ein zunächst kollektiver, sich Schritt für Schritt ausdifferenzierender Praxisentwurf von Gruppen.

V. Herbert Marcuse (1972, S. 74 f.) hat eine solche Bestimmung des gesellschaftlichen B in seiner Interpretation von Hegels Jenaer Realphilosophie akzentuiert. Er hebt den historischen Aspekt des B-Begriffs hervor und verweist auf das B einer sogenannten primitiven Gruppe, dessen erste Form allgemein und nicht die besondere eines Individuums ist. Das Allgemeine und nicht das Besondere bestimmt das B. Sinneseindrücke, Gefühle, Vorstellungen, Begriffe, auch Willensvorgänge sind Bestandteile eines einheitlichen allgemeinen Zusammenhangs.

Die Individualität ist unentfaltet, geht in der Allgemeinheit einer solchen primitiven Gruppe unter. Die Ausdifferenzierung, die von der Gruppe ihren Anfang nimmt, ist ein geschichtlicher Prozeß, dessen Ausgang offen und gleichfalls nicht von vornherein ausgemacht ist, ob und wie sich das Verhältnis von Gesellschaft und Individuum praktisch herausarbeitet. Das ist jeweils das Ergebnis praktisch-politischer Emanzipationskämpfe, in welchen sich das B als politisches bildet. Für diese Emanzipa-

tionskämpfe ist die Herr-Knecht-Dialektik bei Hegel ein Paradigma, der Klassenkampf bei Marx ein anderes; noch andere sind denkbar – hierher gehören die Theorien über die Randgruppen, auf deren Praxis Marcuse hoffte.
Versuchen wir den materialistischen Kern des Begriffs vom gesellschaftlichen B noch deutlicher herauszustellen. Marx und Engels schreiben in der ,,Deutschen Ideologie": ,,Das Bewußtsein kann nie etwas anderes sein als das bewußte Sein, und das Sein der Menschen ist ihr wirklicher Lebensprozeß. Wenn in der ganzen Ideologie die Menschen und ihre Verhältnisse wie in einer Camera obscura auf den Kopf gestellt erscheinen, so geht dies Phänomen ebenso sehr aus ihrem historischen Lebensprozeß hervor, wie die Umdrehung der Gegenstände auf der Netzhaut aus ihrem unmittelbar Physischen" (MEW, Bd. 3, S. 26). Der historische, wirkliche Lebensprozeß – das gesellschaftliche Sein – der Menschen, seine komplexe Ausdifferenzierung im Prozeß der Arbeitsteilung, kann nur insofern adäquat und angemessen zu B gelangen, richtiges B des Seins sein als die gesellschaftliche und natürliche Beschaffenheit des Lebensprozesses dies auch objektiv möglich macht. Sonst entstehen zwangsläufig nur partielle, verzerrte oder auf den Kopf gestellte Einsichten vom Sein. Das B des Seins ist damit notwendig falsch. Es ist Ideologie. Diese ist nur insofern zugleich auch richtig als die Falschheit des B nur so und nicht anders, also notwendig ist. Erst wenn der wirkliche Lebensprozeß der Menschen vernünftig wird, kann sich Ideologie, weil ihre Notwendigkeit entfällt, in richtigem B aufheben. Das wäre nach Marx das ,,enorme Bewußtsein".
Lefebvre (1972) hat die Entstehungsgeschichte der gesellschaftlichen B-Formen (Ideologien) folgendermaßen skizziert: Es entstehen zunächst auf der Stufe kaum entfalteter Arbeitsteilung Vorstellungen, Trugbilder, Mythen mit legendenhaftem, ethischem und heroischem Charakter, die innig mit dem täglichen Tun verbunden sind. Die Mythen werden von Priestern und Poeten verfeinert; sie berichten von den geringen Eingriffsmöglichkeiten in die Natur; sie stellen Herrschafts- und Ohnmachtsverhältnisse der Menschen dar. Auf die Mythen folgen Kosmogonien und Theogonien, die einen komplexeren Praxiszusammenhang – die Lebensform des Dorfes oder der Stadt – abbilden. Diese Vorstellungsgebilde enthalten Deutungen der Geschlechter, der Familie, der Arbeitsteilung, der Herrschaftsverhältnisse, des Lebens und des Todes, der vier Elemente: Erde, Luft, Wasser und Feuer. Sie haben den Charakter der Mythen nicht abgestreift, sind aber vielfältiger und feiner ausgesponnen. Ideologien im strengen Sinne des Begriffs gibt es erst mit der Entfaltung der großen Religionen. Religionen interpretieren als Ideologien die gesamte Welt, die gesellschaftliche Praxis als ganze (Leithäuser & Volmerg

1979, S. 23 f.). Diese ideologischen B-Formen als das jeweils bewußte Sein sind nicht kontemplativ, keine Haltungen des bloßen Denkens und Vorstellens, sondern sie sind praktisches B, die den wirklichen Lebensprozeß organisieren und damit sind sie von Grund auf politisch.
Psychologen haben mit ihrer Wissenschaftstradition, die sich auf das Einzelindividuum paradigmatisch zentriert, Schwierigkeiten, das Gesellschaftliche und das Ideologische des B zu begreifen. Das gilt auch für Rubinstein, Leontjew und Holzkamp, die den Marxismus mit der Einzelwissenschaft Psychologie theoretisch zu vermitteln suchen. Weil auch sie das individualpsychologische Paradigma nicht aufgeben und nicht (im dialektischen Sinne) aufheben, bleibt das Verhältnis von Gesellschaft und Individuum undeutlich. Das individuelle B steht auch in der Sichtweise der Kritischen Psychologie mehr neben dem gesellschaftlichen B als daß es in dieses vermittelt ist. Der Ideologiebegriff bleibt in diesen durch den Marxismus inspirierten Psychologien unterbelichtet. Das wissenschaftliche Interesse am B-Begriff ist mehr auf seine Naturgeschichte (Leontjew 1971), die in einer Art Stufentheorie in seine Gesellschaftsgeschichte übergeht, gerichtet. Es geht um die allgemeinen Entwicklungsbedingungen des individuellen B; mit der Vernachlässigung des Ideologieproblems geht auch die geringe Thematisierung des Politischen, sowohl was den Inhalt als auch die Form des B betrifft, einher.
Gleichwohl löst die historisch-materialistische Untersuchungsweise, wie sie in diesen Ansätzen der Psychologie vorgestellt wird, das B als eine ,,selbständige Identität" auf; ,, ,bewußt' ist vielmehr eine Qualität menschlicher Tätigkeit" (Holzkamp 1973, S. 155). Diese generelle Feststellung, der schwerlich etwas entgegenzuhalten wäre, ist auch die Grundlage von Rubinsteins einleuchtender Bestimmung: ,,Bewußtsein ist primär nicht ein Blicken nach innen auf die Empfindungen, Wahrnehmungen usw., sondern ein Blicken durch sie oder mit ihrer Hilfe auf die Welt, auf ihr gegenständliches Dasein, das diese Empfindungen und Wahrnehmungen entstehen läßt" (Rubinstein 1971, S. 25).
Das ,,gegenständliche Dasein" der Welt, dessen spezifische Formen, entstehen durch die Arbeit als das wesentliche Verhältnis des Menschen zur Natur. Mit der Entwicklung der Sprache, der Bildung der Gegenstandsbedeutungen der produzierten Gegenstände differenziert sich das menschliche B als gesellschaftliches. Holzkamp hat in seinem Versuch einer Synthese von Wahrnehmungenspsychologie und marxistischer Erkenntnistheorie eine Theorie der Gegenstandsbedeutungen formuliert, die als bemerkenswerter Bestandteil einer kognitivistischen Theorie vom individuellen und gesellschaftlichen B gesehen werden muß. Leontjew (1979) geht davon aus, daß das individuelle Psychische nur durch seine Vermittlungen in das gesellschaftliche B die Gestalt eines individuellen B

gewinnen kann, was aber nicht bedeutet, daß man die Psychologie durch eine Soziologie ersetzen kann. Das individuelle B hat sich aus gesellschaftlichen Zusammenhängen und Beziehungen zu einem solchen entwickelt. Es ist nicht ohne diese zu verstehen; seine psychologische Besonderheit ist andererseits der allgemeinen Gesellschaft gegenüber ein Stück weit verselbständigt. Dieser theoretische Weg erscheint fruchtbringender als der von Sève (1972), der durch homologische Begriffsbildungen zu Kategorien der Kritik der Politischen Ökonomie den gesellschaftlichen Charakter von ,,Individualitätsformen" und B-Formen nachweisen möchte. Anstelle der Vermittlung von Gesellschaft und Individuum wird ein Parallelismus von politisch-ökonomischen und psychologischen Begriffen konstruiert. Dieser Versuch verewigt eher die Ideologien-stiftende Arbeitsteilung zwischen der Kritik der Politischen Ökonomie und der Psychologie, als daß er sie aufzuheben vermag.
In einer mehr literarisch-spielerischen Weise konstruieren Negt und Kluge (1972) eine andere Art von Parallelismus zwischen Gesellschaft und B, die aber gleichfalls die Spezifität ihrer Vermittlung nicht sonderlich verdeutlichen kann. Ein physiologisches ,,Träger-Muster-Bedeutungssystem" als Resultat ,,der Arbeit von Zellengruppen" im Gehirn des Menschen bestimmt die konkrete sinnliche Wahrnehmung in ihrem unmittelbaren Umfeld. Dies ist der eine Spiegelungsprozeß im B. ,,Entfernt ähnlich" der Kooperationsweise der Gehirnzellen wirkt ein zweites gesellschaftliches ,,Träger-Muster-Bedeutungssystem" der ,,subjektivobjektiven Außen" als der andere Spiegelungsprozeß im B. Die Produktionsverhältnisse mit ihren Verkehrsformen bis hin zu den Formen persönlicher und Liebesbeziehungen sind Implement dieses Spiegelungsprozesses des B. Einmal die Richtigkeit der physiologischen Theorie vom menschlichen Gehirn, auf die Negt und Kluge sich stützen, unterstellt, bleibt der Erklärungswert, der ohnehin nicht viel weiter als zur Konstatierung ,,entfernter Ähnlichkeiten" der beiden ,,Träger-Muster-Bedeutungssysteme" gelangen kann, dieser Auffassungsweise vom menschlichen B problematisch. Nimmt man den Marxschen B-Begriff als einen Begriff der gesellschaftlichen Praxis ernst, so muß sich die Vermittlung von Gesellschaft und Individuum, die sich im B – in welcher Form auch immer – repräsentiert, als ein praktischer Prozeß rekonstruieren lassen. Der Aufbau des gesellschaftlichen B, in dem gesellschaftliche, psychologische, vielleicht auch physiologische Momente ineinandergreifen, ist folgerichtig als praktischer Prozeß der Sozialisation zu untersuchen. Die Feststellung von Parallelismen oder Similaritäten helfen in einer solchen Untersuchung wahrscheinlich nicht viel voran, es sei denn, sie werden als Beleg für den fortgeschrittenen Grad der Vergesellschaftung der Individuen gewertet, einer Vergesellschaftung, die auf die gehirnphysiologi-

schen Voraussetzungen psychischer Prozesse strukturbildend übergreift. Diese kritische Perspektive ist aber in den betreffenden Abschnitten zum B-Begriff in Negts und Kluges Buch „Geschichte und Eigensinn" (1981) nicht sichtbar. Darin liegt ein gewisser Gegensatz zu ihrer Arbeit „Öffentlichkeit und Erfahrung" (1972), in der die fortschreitende reelle Subsumption auch psychischer Prozesse unter das Kapital in ihrer Dialektik reflektiert wird.

VI. Die psychoanalytische Sozialpsychologie (Mitscherlich & Muck 1969) hat für die B-Forschung wichtige Perspektiven der →*Sozialisationsforschung* entwickelt, die gesellschaftliche und politische Aspekte akzentuieren. Die Vermittlung von Gesellschaft und Individuum wird hier in ihrer vollen dialektischen Schärfe gefaßt. Es zeigt sich, daß weder das Individuum in der Gesellschaft ganz aufgelöst, noch diese auf jenes gänzlich zurückgeführt werden kann. So betont Horn (1970, S. 116 f.) mit großem Recht: „Wird das Subjekt über seine Gesellschaft hinaus nicht zugleich auch als eigenständig und in dieser gesellschaftlichen Vermittlung nicht einfach als aufgehende Größe betrachtet, so ergibt sich daraus praktisch eine Form theoretisch sanktionierter Unmenschlichkeit." Es geht der psychoanalytischen Sozialpsychologie immer um die Emanzipation des Individuums von den Zwängen der Gesellschaft. Das ist die emphatisch-politische Zielsetzung, an der sie ihre theoretischen und empirischen Untersuchungen orientiert. In dieser Perspektive analysiert Lorenzer (1972) konsequent die früheste Sozialisation des kindlichen Organismus, in die auch die pränatalen Entwicklungsprozesse des Embryo einbezogen sind, als Vermittlung der gesellschaftlichen Praxis mit der inneren Natur des Kindes. In der Mutter-Kind-Dyade schon ist die ganze Gesellschaft qua dem Anteil Mutter in der Dyade in nuce präsent und bestimmt die frühe Strukturbildung der kindlichen Psyche. Gesellschaft tritt also nicht erst nachträglich nach einer gewissen Entwicklungsphase des Individuums als ein dieses umgebender sozial organisierter Raum hinzu, sondern strukturiert praktisch vermittelt durch die Mutter das psychische Geschehen des Kindes. Die Mutter-Kind-Dyade gestaltet sich als ein komplexer Zusammenhang vielfältiger Interaktionen, die eine zunächst nicht-sprachliche, später aber eine sprachliche Praxis konstituieren. Als Niederschlag dieser Interaktionspraxis sedimentieren sich „Interaktionsformen", die die Basis der subjektiven Struktur des Kindes bilden. In der „Einführungssituation der Sprache", ein entscheidender Entwicklungsschritt der Mutter-Kind-Dyade, werden diese Interaktionsformen benannt. Sie erhalten einen sprachlichen Prädikator und werden damit zur „Symbolischen Interaktionsform". Die „Symbolischen Interaktionsformen" der Mutter-Kind-Dyade bilden die Grundfigur des B, das damit – aus der Sicht der Lorenzerschen Sozialisationstheorie – von Anfang an Produkt gesellschaftlicher Praxis ist, in die die innere Natur des kindlichen Organismus eingefädelt wurde. Individuelles B wäre auch nach dieser Theorie spätes Resultat fortgeschrittener Sozialisation.

Lorenzers Sozialisationstheorie ist nun nicht auf die der frühen Kindheit eingeschränkt; Gesellschaftliches verändert sich wie auch seine Individuierungen unter dem Einfluß von Sozialisationsagenturen, ,,Umschlagplätzen, an denen Objektivität in Subjektivität und Subjektivität in Objektivität übergehen" (Lorenzer 1796, S. 44 f.). Die Sozialisationspraxis der Sozialisationsagentur Katholische Kirche (mit ihren Veränderungen durch das II. Vatikanische Konzil) hat Lorenzer (1981) kritisch untersucht und die weitreichenden Folgen für das B in einer ,,Zerstörung der Sinnlichkeit" aufgewiesen. Ideologiekritik, die Kritik des praktischen B spezifiziert sich hier zur Kritik der bornierten Praxis gesellschaftlicher Sozialisationsagenturen.

Sozialisatorische ,,Umschlagplätze", die die ökonomischen Prozesse der Vergesellschaftung mit den psychischen Entwicklungen der Individuen verklammern, durchherrschen das gesamte Alltagsleben der Menschen. Institutionen wie Schule, Betrieb (Arbeitsplatz), Arbeitslosigkeit, Krankenversorgung, Massenmedien (Bewußtseinsindustrie), entwickeln und nutzen bzw. behindern nicht nur kognitive Kompetenzen, emotionale Befindlichkeiten, Lebensorientierungen usw.; sie sind zugleich Brutstätten und Stützpfeiler von Ideologien, von ,,notwendig falschem B", ohne das die Menschen sich in der gegenwärtigen Gesellschaft nicht einzurichten vermögen. Vergesellschaftung und Sozialisation greifen wechselseitig ineinander (Leithäuser 1977). Die unmittelbaren Bilder – des Alltags-B –, die sich die Menschen von ihrer Realität machen, die sich verändert und von ihnen selbst verändert werden kann, können in ihrer sozialisatorischen Funktion mit den Methoden der psychoanalytischen Sozialpsychologie analysiert werden. Eine Untersuchung der objektiven Gegebenheiten allein des Alltags-B im Sinne der Marxschen Ideologiekritik ist nicht hinreichend (Horn 1972). Die Begriffe Alltags-B und Ideologie gilt es daher zu unterscheiden, nicht zuletzt auch, um die verschiedenen politischen Ebenen, auf die diese beiden Kategorien zielen, sichtbar zu machen. Zum Alltags-B und seiner politischen Bedeutung liegen inzwischen auch empirische Untersuchungen vor (B. Volmerg et al. 1982).

VII.   In der klassischen Konzeption des Ideologiebegriffs gibt es nur eine objektive, in der Undurchsichtigkeit der gesellschaftlichen Verhältnisse verankerte Nötigung zu falschem B. Es bleibt dem Ideologiebegriff verborgen, daß sich die gesellschaftlichen Verhältnisse nicht allein hinter dem Rücken der Individuen, sondern auch in ihren Strukturen durchsetzen. Der Ideologiebegriff gibt keine Auskunft darüber, wie die Gesellschaft in die psychischen Strukturen der Individuen eingreift. Nun kann aus dieser Feststellung sicher nicht der Schluß gezogen werden, Psychologie hätte in der gesellschaftlichen Situation, in der Marx diesen Ideologiebegriff entwickelt hat, keine Rolle gespielt. Die Individuen sind immer schon, bevor sie in die Systeme gesellschaftlicher Arbeit eingegliedert werden, sozialisiert. Familiale Erziehungsprozeduren sorgen dafür, daß sie die Normen, Wertvorstellungen und Deutungsmuster übernehmen, die objektiv herrschen. Daß die Individuen dennoch fähig sind, Ideologie zu entlarven und ihr wirkliches Wesen zu reflektieren, liegt im Doppelcharakter der Ideologie begründet. Wahr und falsch zugleich, ist die Ideologie sowohl falsches B als auch Mittel der Erkenntnis. So heißt es bei Horkheimer und Adorno, daß Ideologien erst unwahr durch ihr Verhältnis zu der bestehenden Wirklichkeit werden. Auf diesen Widerspruch zwischen Idee und Wirklichkeit in den Ideologien gründet sich die Ideologiekritik. Ideologiekritik hat deshalb zur Voraussetzung, zum einen die Unterscheidung des Wahren und Unwahren im Urteil und zum anderen den Anspruch auf Wahrheit im Kritisierten.

In diesem theoretischen Reflexionszusammenhang ist das Alltags-B als eine B-Form konzipiert, in der der Doppelcharakter von Ideologie, wahr und falsch zugleich zu sein, zunehmend problematisch geworden ist. Im Alltags-B ebnet sich die Differenz von B und Sein, Subjekt und Objekt, Wesen und Erscheinung ein. Das Alltags-B ist Ausdruck einer ,,Entfremdung zweiten Grades", die Hans-Jürgen Krahl wie folgt charakterisiert: ,,Nicht nur das Bewußtsein der Realität ist entfremdet, sondern die Reflexion dieses Bewußtseins selbst: ‚Entfremdung' nicht mehr nur der Sache, sondern des Blicks auf die Sache, nicht mehr des Wirklichen, sondern des Bildes der Wirklichkeit, nicht nur der subjektiven Illusion über die Objektivität, sondern über die Subjektivität" (Krahl 1971, S. 121).

Nun ist Alltags-B keineswegs nur eine Kategorie, mit der sich allgemeine gesellschaftliche Entwicklungstendenzen markieren lassen, sondern zugleich eine Kategorie mit konkretem Bezug zur empirischen Realität. Alltags-B bezeichnet den Zusammenhang von Wahrnehmungsweisen, Denkweisen und Bedürfnisstrukturen, wie sie sich in und für die alltägliche Lebenspraxis manifestieren. Alltägliche Lebenspraxis ist ein vielfach gebrochener Zusammenhang von ,,Sprachspielen", die Handeln und Reden in Interaktionen organisieren.

Der von Wittgenstein (1960) entwickelte Begriff des ,,Sprachspiels" wird in dieser Verwendung zu einem empirischen Konzept des Verstehens. Während Wittgenstein in seinen ,,Philosophischen Untersuchungen" den sprachlichen Regelzusammenhang unabhängig von den realen gesellschaftlichen Zwängen analysiert, kommt es darauf an, mit Hilfe des Sprachspielbegriffs spezifische Verzerrungen realer Kommunikation und Interaktion sichtbar zu machen. Der von Wittgenstein im „Sprachspiel" vorausgesetzte Idealfall umgangssprachlicher Verständigung, in der Sprachformen, Handlungsformen und Intentionen übereinstimmen, unterscheidet sich im empirischen Fall von den keineswegs so einheitlichen alltäglichen Sprachspielen. Mit Lorenzer (1977) sprechen wir daher vom „gestörten Sprachspiel". Im gestörten Sprachspiel haben die Sprachformen einen anderen Zweck als den der Verständigung. Sie können unangemessene Handlungsformen rationalisieren und zugrunde liegende Bedürfnisse und Intentionen verschleiern und verdrängen. Die Einheit des alltäglichen Sprachspiels ist somit aufgespalten. So wie in der Neurose die Verständigung des einzelnen mit sich selbst unterbrochen ist, so kann – einmal abgesehen von der Neurose – die Verständigung der Individuen untereinander gestört sein. Die sprachlichen Regeln dienen dann dazu, konflikthafte Bereiche der alltäglichen Praxis aus dem B auszusperren. Im Alltags-B gesellschaftlicher Gruppen organisieren sie sich zu Abwehrregeln.

Die neurotische Störung kann in einer sozialwissenschaftlichen Perspektive als Sonderfall einer allgemeineren Sprachzerstörung aufgezeigt werden. In der alltäglichen Kommunikation und Interaktion sind die Individuen Teilnehmer an Sprachspielen, deren Regeln sich, im Gegensatz zu den fixierten neurotischen Mechanismen, in Abhängigkeit von den sozialen Situationen, ändern. Soziale Wirklichkeit konstituiert und stabilisiert sich über die Anwendung der Regeln immer wieder aufs neue. In der Interaktionspraxis entscheidet sich, welche Regeln wie zur Anwendung kommen, was sprachlich und im Bewußtsein zugelassen wird und was nicht. Das Unbewußte der Sprachspiele bildet sich hier nicht als invariante psychische Struktur, sondern entsteht selbst erst im Prozeß alltäglicher Verständigung, wo es sich durch permanente Wiederholung stabilisiert. Im Unterschied zu Lorenzers Konzept der individuellen Sprachzerstörung läßt sich bei der gestörten alltäglichen Verständigung von einer kollektiven Aufspaltung der Sprachspiele reden. Über spezifische Konsensstrategien, Interaktionsmuster und soziale Kontrollen werden unliebsame Teile der sozialen Wirklichkeit, konfliktauslösende Bedürfnisse und Interessen verdrängt. Im kollektiv aufgespaltenen Sprachspiel organisieren sich die sprachlichen Regeln und die Regeln der Interaktion zu Abwehrregeln.

Diese kollektiven Abwehrregeln richten sich aber nicht nur auf das, was vergessen, unterdrückt und verdrängt werden oder bleiben soll, unangenehme, kränkende, beängstigende und leidvolle Ereignisse, die verleugnet, ungeschehen gemacht oder in ihr Gegenteil verkehrt werden sollen. Diese Abwehrregeln richten sich auch gegen die Vorstellungen und Phantasien von Noch-Nicht-Dagewesenem, von utopischen Zuständen, die vielleicht auch einmal real werden könnten. Denn auch der Blick in die bessere Zukunft kann, wenn diese zu fern und unerreichbar erscheint, unerträglich werden. Er wirkt zurück und zeigt die unfertige, beschwerliche und enge Gegenwart grell beleuchtet als etwas, von dem man sich nur abwenden kann, denn die Mittel zu ihrer Veränderung sind aus dem Blickfeld. Ernst Bloch zeigt „zwei Ränder" des B, an welchen Vergangenes und Zukünftiges abgegrenzt und ausgegrenzt werden: der innere Widerstand gegen das Vergessene und Verdrängte und der äußere der ungestalteten Wirklichkeit. Das B hat seine inneren Sperren und äußeren Barrieren, die beides: psychologisch und politisch-praktisch, sind. „Sonderbar schwer macht der innere Blick gar sich selber hell. Hier ist ein eigner Widerstand im allgemein Sachlichen; seelisches Leben wirkt flüchtig, schattenhaft. Wie lang dauerte es, bis man überhaupt nur merkte, daß dieses Leben sich selber bemerkt, also ein bewußtes ist. Und unterbewußte seelische Vorgänge werden als solche erst seit wenig mehr als zweihundert Jahren beim Namen genannt. Dem mag allenfalls zugute gehalten werden, daß die unbewußten Vorgänge nicht ohne weiteres bemerkbar gegeben sind, daß sie erst aus Zeichen erschlossen werden, daß sie inhaltlich Vergessenes enthalten. Doch schwerer verständlich wird es, nach der immerhin geschehenen Notiz des Bewußten, Unterbewußten, daß das Noch-Nicht-Bewußte solange unbeachtet geblieben ist" (Bloch 1959, Teil 2, S. 149).

Da zeigt sich wiederum, daß die Frage, was B ist und wie es beschaffen ist, nicht nur eine Frage der Theorie und der empirischen Forschung, sondern immer zugleich eine politisch-praktische Frage ist. Gutes politisches B besteht daher darin, die objektiven wie subjektiven Grenzen zur besseren Zukunft zu überschreiten, damit eine bessere gesellschaftliche Wirklichkeit machbar werden kann.

Thomas Leithäuser

Literatur:

Bloch, Ernst: Das Prinzip Hoffnung. Frankfurt/M. 1959.
Graumann, Carl-Friedrich: Sozialpsychologie: Ort, Gegenstand und Aufgabe. In: Handbuch der Psychologie, Bd. 7/I. Göttingen 1969.
Holzkamp, Klaus: Sinnliche Erkenntnis – Historischer Ursprung und gesellschaftliche Funktion der Wahrnehmung. Frankfurt/M. 1973.

Horn, Klaus: Psychoanalyse – Anpassungslehre oder kritische Theorie des Subjekts. In: *Gente*, Hans-Peter (Hrsg).: Marxismus und Psychoanalyse, Sexpol 2. Frankfurt/M.
Lefebvre, Henri: Probleme des Marxismus heute. Frankfurt/M. 1972.
Leithäuser, Thomas: Formen des Alltagsbewußtseins. Frankfurt/New York 1976.
Ders., *Volmerg*, Birgit, *Salje*, Gunther, *Wutka*, Bernhard: Entwurf zu einer Empirie des Alltagsbewußtseins. Frankfurt/M. 1977.
Ders., *Volmerg*, Birgit: Anleitung zur empirischen Hermeneutik. Frankfurt/M. 1979.
Lorenzer, Alfred: Zur Dialektik von Individuum und Gesellschaft. In: *Leithäuser*, Thomas, *Heinz*, Walter R. (Hrsg.): Produktion, Arbeit, Sozialisation. Frankfurt/M. 1976.
Marcuse, Herbert: Vernunft und Revolution. Darmstadt/Neuwied 1972.
Mertens, Wolfgang, *Fuchs*, Gudrun: Krise der Sozialpsychologie? München 1978.
Negt, Oskar, *Kluge*, Alexander: Geschichte und Eigensinn. Frankfurt/M. 1981.
Volmerg, Birgit, *Volmerg*, Ute, *Leithäuser*, Thomas: Der Ost-West-Konflikt im Alltagsbewußtsein. Frankfurt/M. 1982.

Politisches Lernen

→*Autoritarismus, Bürgerinitiativen, Gesellschaftsbild, Loyalität, Partizipation, Politische Sozialisation.*

1. *Politische Sozialisation – Politisches Lernen.* – Politisches Lernen (PL) als Forschungsgegenstand hat sich nie jener Popularität erfreut, die der politischen →*Sozialisation* (PS) entgegengebracht wurde. Die Erkenntnis, daß wir es hier mit einem „unberührten Bereich" (Dennis) zu tun haben, für den eine Theorie „weiterhin Desiderat" bleibt (Wasmund), ist nicht zuletzt Ergebnis einer Entwicklung, in der das Konzept der PS zunehmend ins Kreuzfeuer der Kritik geriet. In dem Maße, in dem PS als Vorgang und als Begriff hinterfragt wurde, wuchs das Bedürfnis nach einem Konzept politischen Lernens. Der Begriff der PS weist eine Reihe von Einschränkungen bereichsspezifischer und grundsätzlicher Art auf:
– Als Altersstufen stehen Kindheit und frühe Jugend im Mittelpunkt der Forschung. Die Kristallisationsthese – d. h. die Annahme des Primacy- und Strukturierungsprinzips – räumt später ablaufenden Erfahrungen nur noch geringen Einfluß auf das politische Bewußtsein ein.
– PS-Forschung untersucht den Einfluß von Sozialisationsagenten (Agencies), v. a. der Familie und der Schule, häufig mit dem Ziel, deren relative Beiträge zur Genese politischer Einstellungen abzuklären. Im-

plizit ist damit die Annahme eines passiven Sozialisanden verbunden, dem Haltungen übertragen werden (transmission of values).
- Als Ergebnis des Prozesses der PS werden vorwiegend affektive Strukturen bzw. Variablen beschrieben.
- Inhaltlich dominieren dabei eindeutig Variablen der Systemkonformität, wie Nationalstolz, Respekt vor dem Präsidenten, Vertrauen in die Staatsordnung usw. Als zentrale Funktion der PS wird die Bereitstellung einer unspezifischen Systemloyalität (diffuse support; →*Loyalität*) angesehen, die systembedingte Frustrationen kompensiert und die Individuen gegen Änderungsimpulse immunisiert.
- PS geht von der Voraussetzung universell geteilter Werte in einer homogenen Gesellschaft aus, in die sich einzuordnen als selbstverständliche Pflicht angesehen wird.

PS stellt sich somit als systemstabilisierender, am „Gemeinwohl" orientierter Prozeß dar (Hess 1970), der dem Sozialisanden das Bewußtsein vermitteln kann, in der besten aller Welten zu leben. Hier wird auch die historische Dimension der PS-Forschung deutlich, die eine Generation beschreibt, der die Erfahrung von Vietnam und Watergate noch bevorstand. Sieht man dagegen – wie Sears – im Lernen primär eine Entwicklung von Fähigkeiten (potentialities for action), liegt es nahe, PL als eine Art Gegenkonzept zur PS zu bestimmen; präziser: zur PS steht PL in einem Komplementaritätsverhältnis, denn in diesen beiden Begriffen spiegelt sich die Komplementarität von Anpassung und Selbstbestimmung, die das Verhältnis des Individuums zur Gesellschaft konstituiert. Diesem Abgrenzungsversuch folgend, können wir einige Merkmale des PL ableiten:
- Beim Konzept des PL stehen nicht Sozialisationsagenten, sondern Lernende im Mittelpunkt.
- Aus Sozialisationsagenten werden unter dieser veränderten Perspektive Erfahrungsfelder (Familie, Schule usw.), die Lernsituationen bieten.
- Im Prozeß des PL erfährt der Lernende einerseits etwas über politische Realitäten, andererseits macht er konkrete Erfahrungen bei der Durchsetzung individueller Interessen. Beides zusammen vermittelt ihm ein Bild seiner eigenen Möglichkeiten.

Etwas überspitzt läßt sich demzufolge die begriffliche Abgrenzung auf die Kurzformel „Politische Sozialisation von Normen versus Politisches Lernen von Möglichkeiten" reduzieren. Damit sind zwei Lernbereiche angesprochen:

- *Lernen im kognitiven Bereich:* Gemeint ist die Verarbeitung von Informationen über Sachverhalte, Ordnungen, Zusammenhänge in Bereichen, die als politisch definiert werden; dabei werden Sachstrukturen mehr oder weniger angemessen in subjektive Wissensstrukturen umgesetzt. Typisch für diese Prozesse von PL ist es, daß viele Wissenselemente – anders als etwa beim Lernen physikalischer Konzepte – durch Medien vermittelt sind und ihnen daher konkret-operative Grundlagen fehlen, was diese Konzepte möglicherweise in besonderem Maße labil macht.

– *Handlungslernen:* Dabei erfährt der Lernende etwas über die Folgen von Handlungen in der Interaktion mit anderen, er lernt, Konsequenzen zu antizipieren. Dies geschieht nicht nach einem schlichten Konditionierungsmechanismus. Kognitive Prozesse gehen in die Antizipation von Handlungen ein; der Rückgriff auf den Wissensbestand trägt zur Klärung der Bedingungen bei, unter denen gehandelt wird, er ermöglicht somit eine präzisere Antizipation. Auch beim Handlungslernen ist der Aspekt des Vermittelten bzw. Indirekten zu beachten. Ein großer Teil entsprechender Lernprozesse basiert auf Effekten des Beobachtungslernens, d. h., vieles wird am Erfolg und Scheitern anderer gelernt. Die Geschichte bietet hier ein unerschöpfliches Reservoir, und in didaktischen Konzeptionen ist die Möglichkeit der Identifikation mit politisch Handelnden häufig zum Prinzip erhoben worden. Zu beachten ist dabei jedoch, daß sich Personen mit unterschiedlichen „Modellen" identifizieren können und damit auch unterschiedliche Erwartungen lernen.

Eine vergleichbare Unterscheidung zweier Lernbereiche finden wir bei zahlreichen Autoren, die PL in seinen Komponenten zu bestimmen versuchen:

Lernprozesse, die Kenntnisse und Fähigkeiten vermitteln: Lernen im kognitiven Bereich	Lernprozesse, die Interaktionserfahrungen vermitteln: Handlungslernen (Autoren)
Basic Knowledge/Thinking	Skills (Taba/Hills)
Knowledge and intellectual Skills	Participation Skills (Patrick)
Learning about institutionalized processes	Experiences in the interpersonal world (Connell)
Cognitive Learning about the political system	Direct political Learning from interpersonal relations (Rosenau)
Informationslernen	Verhaltenslernen (Giesecke)
Erkennen (Sehen)/Beurteilen	Handeln (Hessische Rahmenrichtlinien; Hilligen)
Erwerb politischer Sachkenntnisse: Modell der Wissensakkumulation/ Modell der kognitiven Entwicklung	Erfahrungen aus der Interaktion mit Bezugspersonen: Interpersonales Transfermodell/ Identifikationsmodell (Hess/Torney: Modelle politischen Lernens)

Im Folgenden sollen diese beiden Formen des PL in Hinblick auf ihre Bedingungen und möglichen Ergebnissen näher dargestellt werden.

2. Lernen im kognitiven Bereich: Lernniveaus, Lernbedingungen, Lernprobleme. – In der institutionalisierten Politischen Bildung nehmen Lernziele des kognitiven Bereichs den größten Raum ein. Systematische Planung des Unterrichts ermöglicht es, daß dabei intellektuelle Prozesse unterschiedlichen Niveaus angesprochen werden können, die von der bloßen Wissensaufnahme bis zu höheren Formen analytischer und schöpferischer Denktätigkeit reichen. Aber auch außerhalb der institutionellen Rahmen bieten sich vielerlei Situationen für kognitives Lernen, die je nach den gegebenen Lernbedingungen und -voraussetzungen zu mehr oder weniger anspruchsvollen Lernergebnissen führen. Die Taxonomie von Bloom (1972) ist hier als Ordnungsinstrument auch für PL hilfreich. Bloom unterscheidet sechs Niveaus von Lernergebnissen, die jeweils spezifische Prozesse der Informationsverarbeitung implizieren und auf Voraussetzungen verweisen, die für erfolgreiches Lernen erforderlich sind. Die hier angeführten Beispiele für die sechs Lernniveaus sind nicht von Bloom übernommen, aber seinen Kriterien entsprechend formuliert:

Wissen: Beispiel: „Die im Bundestag vertretenen Parteien kennen." Gefordert ist dabei eine Reproduktions- bzw. Gedächtnisleistung, für die die Bedingungen des Behaltens, Vergessens, Erinnerns gelten. In der didaktischen Diskussion zur politischen Bildung wurde vor allem der sogenannten „Institutionenkunde" der Vorwurf gemacht, nur Lernprozesse auf dieser unteren formalen Ebene zu realisieren.

Verstehen: Beispiel: „Eine Grafik zur Entwicklung der Energievorräte in der Welt in eigenen Worten erläutern." In dieser Lernleistung ist bereits mehr als bloße Reproduktion enthalten; es geht nicht um die richtige Wiederholung eines Wortlauts, sondern um die Erfassung des Sinns einer Information. Für die Vermittlung stellt sich damit das Problem der Verständlichkeit politischer Informationen, die vor allem im Hinblick auf die Informationsquelle Fernsehen in verschiedenen Untersuchungen wiederholt in Frage gestellt wurde. Nach dem Konzept des sinnvoll-rezeptiven Lernens nach Ausubel ist Verstehen erst dann gegeben, wenn neue Begriffe mit der beim Lernenden vorhandenen Begriffshierarchie (kognitive Struktur) verknüpft worden sind. Scheitert dies, etwa bei einem unerläuterten Begriff, kommt es allerdings zum mechanischen Auswendiglernen.

Anwendung: Beispiel: „Das Phänomen politischer Restauration an verschiedenen historischen Situationen demonstrieren." Psychologisch haben wir es hier mit dem Transfer-Problem zu tun, und die Voraussetzungen eines entsprechenden Lernprozesses müssen daher den Transfer-Bedingungen entsprechen (vorausgegangene Variation von Beispielen, Verbalisierung von Prinzipien usw.). An einem politischen Ereignis wie der Französischen Revolution können z. B. Konzepte wie Herrschaft, Klasse, Revolution herausgearbeitet und in die Analyse ähnlicher politischer Situationen eingebracht werden. Stärker als in den Naturwissenschaften, deren Gesetze für einen definierten Bereich übertragbar sind, entsteht hier beim Transfer-Lernen das Problem, die Möglichkeit von Generalisierungen jeweils zu prüfen. Ebenso wie die Generalisierung nicht zustande kommt, wenn der Lernende gedanklich zu sehr an ein Einzelbeispiel fixiert ist, kann die Übertragung auch unangemessen sein, wenn die Spezifität einer politischen Situation verkannt wird. Neben dem Transfer von Konzepten ist der Transfer von Verfahrensweisen (Lernen des Lernens) hier von Bedeutung – ein Ansatz, der vor allem in der Instruktionspsychologie von Bruner betont wird; die Übertragung bezieht sich dabei vor allem auf Strategien der Informationsgewinnung und -verarbeitung.

Analyse: Beispiel: „Ursachen aktueller Spannungen im Nahost-Konflikt aufzeigen können." Für Bloom ist Analyse eine entwickeltere Form des Verstehens, die den Komponenten und Beziehungen gilt, die einen Sachverhalt konstituieren. Außerhalb des politischen Unterrichts wird auch mit bestimmten Darbietungsformen in den Medien (Ergänzung von Nachrichten durch redaktionelle Erläuterungen) versucht, analytische Einblicke in Zusammenhänge zu vermitteln. In der Rezeption politischer Informationen finden wir jedoch häufig, daß bereits durch ungeklärte Einzelbegriffe ein Verstehen verhindert wird und daher eine Analyse des Zusammenhangs von Konzepten gar nicht erst zustande kommen kann. Eine systematische Schulung von analytischen Fähigkeiten versucht u. a. das Inquiry Training (Fragetraining) nach Suchman. Dabei wird von medial dargebotenen Situationen ausgegangen, die durch ihre Konflikthaltigkeit bzw. Widersprüchlichkeit zu Fragen und Hypothesen Anlaß geben, die wiederum vom Lehrer kommentiert werden. Schüler sollen dadurch lernen, gezielter zu fragen und ein Reservoir von Fragestrategien erwerben. Den Fähigkeiten zur Analyse kommt für politisches Handeln eine besondere Rolle zu, da Kausalattribuierungen Ergebnisse analytischer Prozesse sind, auf deren Grundlage Entscheidungen getroffen werden.

Synthese: Beispiel: „Ein Konzept für ein Jugendzentrum entwickeln." Nach Bloom bezeichnet diese Kategorie ein Lernergebnis, das vor allem kreatives Verhalten des Lernenden erfordert. Leistungen dieses Typs setzen eine sachgerechte Analyse der Situation voraus und reichen von der wirkungsvollen Gestaltung eines Flugblatts bis zur schöpferischen Entwicklung umfassender politischer Konzepte. Von der geforderten Leistung her steht „Synthese" der Kategorie „Anwendung" nahe, impliziert aber die Anwendung mehrerer Prinzipien in einer Problemsituation. Die kurzfristigen und langfristigen Lernbedingungen für diese Leistungen entsprechen daher im wesentlichen den Transfer- und Kreativitätsbedingungen. Die bereichsspezifischen Voraussetzungen politischer Kreativität, die sich im Spannungsfeld von Interessenkonflikten und Sachzwängen bewähren muß, sind aber bislang kaum Gegenstand psychologischer Untersuchungen gewesen.

Evaluation: Beispiel: „Pläne zur Sanierung einer Altstadt beurteilen." Evaluation steht in der Taxonomie Blooms für das Bewerten von Ideen, Methoden usw., eine Leistung, die von ihm auch als eine höhere Form der Analyse angesehen wird, da hier im analytischen Prozeß zugleich mehrere Kriterien einbezogen werden und im Urteil bewußtseinspräsent sein müssen. In der Didaktikdiskussion zur Politischen Bildung finden wir in den Richtzielen „Kritikfähigkeit" bzw. „Kritisches Denken" vergleichbare Begriffe. Evaluation kann sich auf die innere Stimmigkeit, Richtigkeit eines Konzepts beziehen, wenn sie etwa Widersprüche in einem Plan aufzeigt; sie kann aber auch äußere Kriterien bzw. Wertvorstellungen einbeziehen und unter dieser Perspektive die Zielsetzungen eines Projekts oder einer Konzeption kritisch befragen.

Innerhalb der Taxonomie ist somit eine Dimension der Analyse (Verstehen/Analyse/Evaluation) erkennbar, die der Synthese-Dimension (Anwendung/Synthese) gegenübergestellt werden kann. Die Kategorie des Wissens repräsentiert dabei die Datenbasis für diese beiden grundlegenden Denkoperationen.

Politische Probleme und Konfliktsituationen sind mit einem hohen Maß an Komplexität und Handlungsunsicherheit (Schulze 1977) verbunden und überfordern oft die direkt oder indirekt an Entscheidungen Beteiligten. In Umfragen ist wiederholt belegt worden, daß nahezu 70 % der Erwachsenen das, was in der Politik vorgeht, für so kompliziert halten, daß es ein einfacher Bürger nicht verstehen kann. Dörner und Reither (1978) haben darauf hingewiesen, daß es häufig Mängel im Bereich der analytischen Fähigkeiten sind, die Personen ratlos machen oder zu Fehlentscheidungen provozieren.

Schon die Klärung der Ziele kann unzureichend sein, Widersprüche in Zielsetzungen werden nicht immer deutlich erkannt. Häufiger noch sind Mängel bei der Situationsanalyse, wenn etwa wichtige beteiligte Variablen und die Verknüpfungen der Variablen untereinander unberücksichtigt bleiben. Nicht selten werden „lautstarke" Probleme eher aufgegriffen als dringliche, und bei Entscheidungen ist oft unklar, welche Neben- und Fernwirkungen sich daraus ergeben können. Diese kognitiven Defizite können durch geplante Lernprozesse möglicherweise niemals völlig kompensiert werden, auch wenn dabei – etwa in Simulationsspielen – systematisch Analysestrategien vermittelt werden, da die zunehmende Ausweitung des Geflechts von Effekten und Nebenwirkungen im politischen Bereich durchaus die menschliche Kapazität zur Informationsverarbeitung übersteigen kann.

Eine Einschränkung für die rational fundierte Teilnahme an politischen Prozessen wird nicht nur der zunehmenden Komplexität der Probleme zugeschrieben, sondern auch als entwicklungsbedingtes Phänomen angesehen. Dem Ansatz Piagets folgend, nehmen Autoren wie Adelson, Merelman u. a. an, daß mit zunehmendem Alter die Zeitperspektive, das hypothetische Denken, die Abstraktionsfähigkeit, die Fähigkeit der Perspektivenübernahme und das Niveau des moralischen Urteils sich in der Wechselwirkung von Reifung und Erfahrung stufenweise fortentwickeln (vgl. Rosenau 1975). Das stufenzentrierte Entwicklungskonzept hat zahlreiche Autoren zu einer recht pessimistischen Einschätzung der Möglichkeit politischen Lernens in der Voradoleszenz veranlaßt. In der Diskussion um die politische Bildung ist daraus die Forderung abgeleitet worden, mit dem Politikunterricht in der Schule und vor allem mit der kritischen Analyse gesellschaftlicher Ordnungen nicht zu früh zu beginnen. Querschnittuntersuchungen zur Entwicklung des Gesellschaftsverständnisses, wie sie etwa bei Wacker (1976) referiert werden, lassen in der Tat auf teilweise sehr unangemessene → *Gesellschaftsbilder* bei Schülern schließen. Hier besteht allerdings die Gefahr, vorgefundene Lernresultate als naturwüchsige Entwicklungsstadien mißzuverstehen, eine Gefahr, in der alle reifungstheoretisch begründeten Didaktiken stehen, die „stufengemäße" oder „phasengerechte" Stoffe (Altersplazierung von Lernstoffen) postulieren. Demgegenüber steht die instruktionstheoretische Auffassung (Ausubel, Bruner, Gagné), wonach Lernerfolg möglich ist, wenn die entsprechenden Voraussetzungen (readiness) gegeben sind. Diese aber werden nicht als alters-, sondern als erfahrungsabhängig angesehen. Die Instruktionspsychologen können empirisch fundierte Argumente anführen:
– Die Entwicklung vom konkreten zum abstrakten (formalen) Denken verläuft kontinuierlicher, als es die Stufenkonzepte annehmen.
– Stufenkonzepte sind für die Unterrichtsplanung zu undifferenziert; Schüler, die etwa Piagets Stufe des formalen Denkens erreicht haben, unterscheiden sich in ihren fachspezifischen Voraussetzungen noch beträchtlich.

– Ein und derselbe Schüler kann bei verschiedenen Problemen – entgegen der stufentheoretischen Annahme – auf unterschiedlichem kognitiven Niveau stehen (Bereichsspezifität von Leistungen/Urteilen).
– Die Art des Problems und sein Anregungsgehalt beeinflussen das Niveau, auf dem die Reflexion darüber einsetzt.

Im Sinne des Readiness-Konzepts ist es demzufolge für geplante Prozesse des PL wichtig, ein gegebenes Problem im Hinblick darauf zu untersuchen, welche Zwischenschritte unter Berücksichtigung der Schülervoraussetzungen für den Lernerfolg erforderlich sind. Bruners These, wonach auf diese Weise „jeder Stoff für jedes Alter in redlicher Weise lernbar wird", ist allerdings mehr als polemische Attacke auf das Prinzip der Altersplazierung zu werten. Die Zahl der notwendigen Zwischenschritte bei Kindern (und Erwachsenen) mit geringen Lernvoraussetzungen dürfte unter Unterrichtsbedingungen leicht an zeitliche Grenzen stoßen, so daß auch in der Schulpraxis der Eindruck entstehen kann, bestimmte politische Probleme setzen als Lerngegenstand die Erreichung bestimmter Altersstufen voraus.

3. *Handlungslernen.* Aus der Kenntnis politischer Institutionen und →*Partizipations*formen folgt nicht notwendigerweise auch ihre Inanspruchnahme. Die Umsetzung von Wissen und Fähigkeiten kann durch Erfahrungen unterdrückt und gefördert worden sein. Bei der Handlungsauswahl – auch Nichthandeln gehört dabei zum Spektrum der Möglichkeiten – werden bewußt oder unbewußt Erinnerungen an frühere Situationen, Handlungen und Handlungskonsequenzen aktiviert. Wir können annehmen, daß die Auswahl einer Handlung bestimmt wird

a) durch Eigenerfahrung von Handlungskonsequenzen in früheren als ähnlich definierten Situationen (Lernen am Erfolg/Mißerfolg),
b) durch die bei anderen wahrgenommenen Erfahrungen von Handlungskonsequenzen in als ähnlich definierten Situationen (Lernen am Modell; Observational Learning),
c) durch Eigenerfahrung von Handlungskonsequenzen in Interaktionssituationen, die in der Regel unbewußt auf die gegebene Situation übertragen werden (Interpersonal Transfer).

Zu a): Eigenerfahrung auf der Grundlage direkter Lernmöglichkeiten sind für die Personen, die sich als politische Subjekte auf die Beteiligungsform „Wählen" reduziert haben, von relativ geringer Bedeutung. Mit zunehmendem politischem Engagement gewinnt dieser Typ von Lernprozessen jedoch an Gewicht, und die Bereitschaft zu handeln – dies gilt auch für „unkonventionelle politische Aktionsformen" (Kaase) –, wird in beträchtlichem Maße durch eigene Erfahrungen bestimmt. Diese Erfahrung von Handlungskonsequenzen führt häufig aber auch – vor allem über Mißerfolge – zum Abschied von anspruchsvollen Zielen, vergleichbar dem Praxisschock-Effekt bei Junglehrern. Durch die Senkung des Anspruchsniveaus wird das Erfahrungsfeld zunehmend so vorstrukturiert, daß Erfolgserlebnisse möglich bleiben. Lernen in der aktiven →Partizipation ist also häufig das Lernen von kleinen Schritten.

Zu b): PL ist wie kaum ein anderer Bereich ein Lernen am Modell, wobei oft negative Erfahrungen von Modellen stärker beeindrucken als positive. So lernten viele Deutsche unter dem nationalsozialistischen Regime an den bekanntgewordenen Fällen von Widerstand nichts anderes als die Einsicht, daß Widerstand sinnlos war. Herrscher aller Zeiten, die an ihren Widersachern öffentlich grausame Exempel statuieren ließen, haben auf diese Form des PL am Modell vertraut. Informationen über erfolgreiche Modelle wurden den Untertanen vorenthalten, wie den Schülern im Preußen des 19. Jahrhunderts die Ereignisse der Französischen Revolution. Noch lange nach dem Zweiten Weltkrieg dominierten im Geschichtsunterricht die Taten der Könige und Heerführer, die die Untertanen als Statisten der Politik erscheinen ließen. Das Geschichtsbewußtsein, das dieser Fluß von Informationen in Volksweisheiten und Redensarten ablagerte, ist das Bewußtsein des kleinen Mannes, über den die politischen Entscheidungen der Mächtigen hinweggehen wie Naturereignisse. In den letzten beiden Jahrzehnten scheint hier – nicht zuletzt durch die massenhafte Verbreitung des Fernsehens – ein Wandel eingetreten zu sein. Vorher kaum bekannte oder in Vergessenheit geratene Formen der Partizipation, d. h. auch des Widerstands, wie Demonstrationen, Sit-ins, →Bürgerinitiativen, Besetzungen usw., wurden für Millionen zu indirekten Erfahrungen i. S. des Lernens an Modellen. Die Tragweite dieser Effekte des Beobachtungslernens ist bis heute noch nicht abzusehen. Partizipationsformen des traditionellen Typs (Mitarbeit in Parteigremien usw.) haben diese Attraktivität als Modellverhaltensweise nicht, da ihnen einerseits meist der unmittelbar augenfällige Erfolg – eine zentrale Variable beim Beobachtungslernen – fehlt und sie zum anderen weniger mediengerecht, d. h. aktionsbetont sind. Das Fernsehen als Hauptinformationsquelle dokumentiert weniger diese Alltagsmodelle politischer Beteiligung, sondern tendiert eher zur Präsentation von Staatsakten und unkonventionellen Partizipationsformen.

Zu c): Politisches Handlungslernen findet nicht nur an Fällen oder Ereignissen statt, die im engeren Sinne als politisch definiert werden. Bevor das Interesse an poltischen Fragen entsteht, sind durch Familie und Schule bereits wesentliche Sichtweisen und Verhaltensstile für den Umgang mit sozialen Konflikten vorgeprägt. Diese Dispositionen aus scheinbar unpolitischen Erfahrungsräumen bzw. der ,,Alltagserfahrung''

(Schulze 1977), können auf politische Situationen übertragen werden. Hess und Torney (1967) sprechen daher hierbei auch vom ,,Interpersonal-Transfer"-Modell des PL.

In Deutschland hatte Bernfeld 1925 bereits mit ,,Sisyphos oder die Grenzen der Erziehung" die Schule als politisch relevanten Erfahrungsraum analysiert, eine Einsicht, die erst in den siebziger Jahren mit dem Schlagwort vom ,,heimlichen Lehrplan" (Hidden curriculum) wieder zu Ehren kam. Vermutet wird dabei, daß die Schule nicht so sehr durch ihre curricularen Angebote, sondern als Institution erzieht, die beim Schüler Interaktionsformen unterdrückt und fördert. Nicht die Vokabeln werden dort fürs Leben gelernt, sondern die Einsichten, daß man Schwierigkeiten bekommt, wenn man Anforderungen nicht erfüllt, daß man mit Tricks seine Chancen verbessern kann, daß es oft auf Beziehungen (Banknachbarn) ankommt, daß man bei Konflikten mit Mächtigen (Lehrern) spätestens in der nächsten Instanz klein beigeben muß usw. – Erfahrungen, die von eminenter Bedeutung für die spätere Einschätzung der eigenen politischen Möglichkeiten sind. Die guten Willens installierte Schülermitverwaltung mit ihrem beschränkten Kompetenzbereich verkommt vor diesem Hintergrund der 15000 Stunden Interaktionserfahrung in vielen Schulen sicher zur Spielwiese und fördert eher den politischen Zynismus. Ähnliches gilt für das Erfahrungsfeld Familie. Lange bevor die amerikanischen Untersuchungen zur politischen Sozialisation die Familie als Quelle ,,diffuser Systemunterstützung" zu beschreiben begannen, hatte Reich (1933) in seiner ,,Massenpsychologie des Faschismus" die Familie als das Miniaturmodell der Nation analysiert, charakterisiert durch die patriarchalische Ordnung (vgl. das Image des Präsidenten bei amerikanischen Kindern) und das Zusammengehörigkeitsgefühl der Familienmitglieder, das auf die Nation übertragen wird.
Die Erfahrung in der familiären Gemeinschaft kann uns lehren, daß die Befriedigung persönlicher Bedürfnisse dem ,,Gemeinwohl" schadet, daß Konflikte innerhalb dieser Gemeinschaft Gezänk und dem Ruf der Familie abträglich sind und daß ein Gemeinwesen eine väterliche Autorität braucht, die im Interesse des Ganzen handelt. Über die ,,Studien zu Autorität und Familie" (Horkheimer) und die ,,Authoritarian Personality" (Adorno u. a.; → *Autoritarismus*) sind diese Gedanken auch in die Arbeiten zur Politischen Sozialisation eingegangen. Im ,,Support"-Konzept von Easton/Dennis finden wir eine systemtheoretische Darstellung der These von Reich, daß die Loyalität zum Staat in der Familie erzeugt wird und die dort erworbene Frustrationstoleranz und Unterordnungsbereitschaft den Staat auch bei offensichtlichem Versagen vor radikalen Umwälzungen schützt. Neben Familie und Schule muß künftig auch das Erfahrungsfeld ,,Beruf" stärkere Beachtung finden, das für viele durch ein

hohes Maß an Fremdbestimmung charakterisiert ist und damit indirekt zur politischen Apathie und Resignation beitragen dürfte.
Solange informelle Lernprozesse in Familie, Schule und Beruf im Widerspruch zu demokratischen *Partizipations*normen stehen, bleibt die Gefahr, daß in diesen Erfahrungsräumen politisch retardierte Subjekte heranwachsen. Die gruppendynamischen Ansätze mit dem Anspruch Politischer Bildung haben sich hier als kompensatorische Angebote verstanden, die die Erfahrung gelungener Interaktionsprozesse zu vermitteln versuchten – eine Erfahrung, die anstelle der autoritär geprägten Verhaltensmuster in politische Praxis umgesetzt werden sollte.

4. *Das Produkt politischen Lernens: Ein Selbstkonzept politischer Kompetenz.* – In den Theorien zur politischen →*Partizipation,* die die wahrgenommenen Bedürfnisse und Möglichkeiten als Determinanten der Beteiligung herausstellen, finden wir in den Begriffspaaren ,,Affect and Competence" (Riesman/Glazer), ,,Discontent and Power" (Gamson), ,,Deprivation and Powerlessness" (Crawford/Naditch), ,,Mängelerfahrung und Kompetenzerfahrung" (Gronemeyer) Ordnungsversuche, die der psychologischen Wert-Erwartungstheorie entsprechen. Häufiger als ,,Competence/Power" wird in den Partizipationstheorien zwar der Begriff ,,Efficacy" oder ,,Sense of Efficacy" i. S. der subjektiv empfundenen Einwirkungsmöglichkeit bei politischen Vorgängen verwandt; gemeint ist damit eine gelernte Erwartungshaltung bzw. Einfluß-Überzeugung, die an Situationen herangetragen wird (vgl. Hess 1970). Als Pendant im psychologischen Sprachgebrauch bietet sich hier ein ,,Selbstkonzept politischer Kompetenz" an. Diese Variable kann als spezifischer Fall der ,,Locus-of-Control"-Dimension (Rotter) oder der ,,Origin-Pawn"-Dimension (De Charms) angesehen werden; sie ist damit eine gelernte Kontroll-Überzeugung, die nach Maßgabe politischer Einflußfelder – denken wir etwa an betriebspolitische, lokalpolitische oder außenpolitische Entscheidungen – unterschiedlich ausgeprägt sein kann. Situationen, die Bürgerinteressen berühren und objektiv die Möglichkeit politischer Beteiligung implizieren, aktivieren bei den Betroffenen ein Selbstkonzept politischer Kompetenz. Kontroll-Überzeugungen bzw. Erwartungshaltungen dieser Art werden nach Rotter im wesentlichen von zwei Faktoren bestimmt:
a) von der wahrgenommenen Schwierigkeit des Problems,
b) von den in der Vergangenheit erfahrenen Handlungskonsequenzen.
Für das Selbstkonzept politischer Kompetenz können somit wiederum die Lernprozesse als bedeutsam angesehen werden, die wir als Hauptkomponenten des PL zuvor dargestellt haben:

Lernen im Kognitiven Bereich	Handlungslernen
Lernprozesse, die Kenntnisse und Fähigkeiten vermitteln ↓	Lernprozesse, die soziale Interaktionserfahrung vermitteln ↓
Wahrgenommene Problemschwierigkeit ↘	Antizipation von Handlungskonsequenzen ↙
	aktiviertes Selbstkonzept politischer Kompetenz

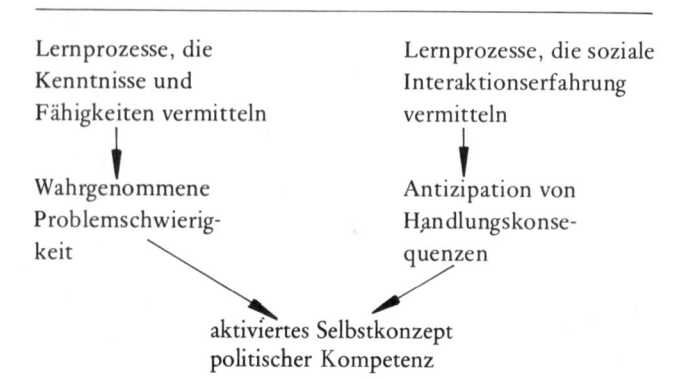

Auch die beiden Hauptbedingungen externaler Kontroll-Überzeugungen (i. S. von Ohnmacht) – ,,great complexity" und ,,powerful others" – verweisen wieder auf die beiden genannten Lernbereiche. Unter Etiketten wie ,,Powerlessness", ,,Politische Apathie" usw. ist diese Negativ-Version des Selbstkonzepts politischer Kompetenz in besonderem Maße Gegenstand vor allem soziologischer Untersuchungen gewesen. Dieses Lernergebnis kann sich einstellen, wenn zwischen kognitiv gelernten Einflußmöglichkeiten einerseits und erfahrenen und beobachteten Handlungskonsequenzen andererseits eine Diskrepanz erlebt wird. Der Übergang von der Schule zur Arbeitswelt ist hier als besonders kritische Lernphase anzusehen. Verschiedene Untersuchungen belegen, daß die institutionalisierte politische Bildung ein relativ optimistisches Bild der Einflußmöglichkeiten vermittelt, was auch in Schulbuchtiteln wie ,,Der Staat bist Du" o. ä. zum Ausdruck kommt; die Einschätzung der eigenen politischen Kompetenz nimmt mit den durchlaufenen Schuljahren zu (Hess 1970). Der Übergang in die Arbeitswelt kann dann ernüchternd wirken. Die Erfahrung starker Einschränkungen und geringer Entfaltungsmöglichkeiten am Arbeitsplatz verstärkt möglicherweise auch Kontroll-Überzeugungen des externalen Typs, die sich auf politische Einflußbereiche beziehen.

Rainer Krieger

Literatur:

Bloom, Benjamin, S.: Taxonomie von Lernzielen im kognitiven Bereich. Weinheim 1972.

Dörner, Dietrich, *Reither,* Franz: Über das Problemlösen in sehr komplexen Realitätsbereichen. Ztschr. f. exp. und angew. Psychologie 1978, 4, 527–551.
Hess, Robert, D.: The Acquisition of Feelings of Political Efficacy in Pre-Adults. In: *Abcarian,* G., *Soule,* J.W. (Eds.): Social Psychology and Political Behavior. Columbus, Ohio 1970.
Hess, Robert, D., *Torney,* Judith: The Development of Political Attitudes in Children. Chicago 1967.
Rosenau, Norah: The Sources of Children's Political Concepts. In: *Schwartz,* D.L., *Schwartz,* S.K. (Eds.): New Directions in Political Socialization. New York 1975.
Schulze, Gerhard: Politisches Lernen in der Alltagserfahrung. München 1977.
Wacker, Ali (Hrsg.): Die Entwicklung des Gesellschaftsverständnisses bei Kindern. Frankfurt/M. 1976.

Propaganda

→*Konformität, Öffentliche Meinung, Politisches Lernen, Sozialisationsforschung, Vorurteile, Wirkungsforschung, Zwischenstaatliche Beziehungen.*

Bei der Suche nach neuerer wissenschaftlicher Literatur zum Thema „Propaganda" (P) fällt die Nichtexistenz dieses Begriffes im Rahmen westlicher Demokratien auf: P tritt entweder als historisches Phänomen oder als Gegebenheit außerhalb westlicher Demokratien auf. Neuere wissenschaftliche Literatur zu diesem Stichwort ist fast ausschließlich in Form sowjetischer bzw. marxistisch-leninistischer Quellen zu finden.
Obwohl „P" – zumeist aus politikwissenschaftlichen Positionen heraus – als neutrale Kategorie betont und als Bestandteil der Demokratie gesehen wurde (z. B. Lasswell 1941, Hofstätter 1949, Schumpeter 1950, Hättich 1967) und obwohl die Tradition der empirischen Kommunikationswissenschaft großenteils aus der P-Forschung hervorging, liegt aktuell eine Tabuisierung des Begriffes vor. Ein Ergebnis der P-Forschung besagt, daß die bloße Etikettierung einer Aussage als „P" bereits deren Wirkung vermindere (Hovland 1957). Eine Vielzahl von neuen Begriffen, wie z. B. „Öffentlichkeitsarbeit", „Public Relations", „Politische Werbung", „Politische Bildung" oder „psychologische Verteidigung" entspringen Substitutionsbemühungen um den Begriff „P". Mit diesen Substitutionen wurde versucht, negative Konnotationen im alltagssprachlichen Gebrauch abzukappen, nicht aber den Begriff selbst zu klären. Die Unschärfen des P-Begriffs sind nach wie vor vorhanden, durch die begrifflichen Substitutionen sogar verstärkt.

Propaganda

Der Begriff „P" wird zurückgeführt auf den Namen eines Zentralorgans der katholischen Kirche, das 1622 von Papst Gregor XV. eingeführt wurde um die kirchliche Missionstätigkeit unter Nicht-Christen zu lenken und zu koordinieren: Congregatio de Propaganda Fide. *Religiöse P* operiert mit einem Wahrheitsanspruch, der heute nur noch im *marxistisch-leninistischen Propagandaverständnis* auftritt: P ist das Verbreiten von Wahrheit in Form der Interpretation sozialer Wirklichkeit. Sozialistische P konzentriert sich vor allem auf die „systematische, wissenschaftlich fundierte Darlegung der Gesetzmäßigkeiten der gesellschaftlichen Entwicklung" (Klaus 1972). Für die Verbreitung von Wahrheit ist sowohl P als Darlegung der abstrakten Gesetzmäßigkeiten, als auch *Agitation*, als Demonstration der abstrakten Gesetzmäßigkeit in der alltäglichen Praxis, erforderlich: „Von der lebendigen Anschauung zum abstrakten Denken und von diesem zur Praxis – das ist der dialektische Weg der Erkenntnis der Wahrheit, der Erkenntnis der objektiven Realität." (Lenin, Bd. 38, S. 160). Insofern ist Agitation in Form von „allseitigen politischen Enthüllungen... die notwendige und wichtigste Vorbedingung für die Erziehung der Massen zur revolutionären Aktivität" (Lenin 1970, S. 105 f.).

Diesem P-Verständnis steht in der westlichen Welt eine Gleichsetzung von P mit Lüge gegenüber: „P ist ein langes Wort für das kurze Wort Lüge" (nach Noelle-Neumann 1971, S. 307) oder „Jenes Aussäen von Unwahrheiten, falschen Folgerungen, Anreizungen zur Gewalt, das wir P nennen" (Bryce 1910). Zur Unterscheidung von propagandistischen und nichtpropagandistischen Kommunikationen werden *Wertentscheidungen* herangezogen: „Viele Theoretiker begründen die Unterscheidung mit werthaften Kriterien (wahr vs. falsch, glaubwürdig vs. Manipulation usw.). Häufig dient dann Erziehung als das Paradigma für „wahrhafte" nichtpropagandistische Kommunikation. Die Heranziehung von Wertentscheidungen hat aber ihre Tücken: Die theoretische Diskussion über Propaganda bekommt sehr leicht eine propagandistische Einfärbung." (Kecskemeti 1973, S. 845; Übers. d. Verf.). Die *Dichotomie P-Erziehung* gibt aber – zumindest vor dem Hintergrund „falsch–wahr" – keinen hinreichenden Kontrast zur Erklärung von P. P wird von Bourdieu/Passeron (1973, S. 12) gerade am Beispiel von Erziehung erläutert: „Jede Macht zu symbolischer Gewalt, d. h. jede Macht, der es gelingt, Bedeutungen durchzusetzen, indem sie die Kräfteverhältnisse verschleiert, die ihrer Kraft zugrunde liegen, fügt diesen Kräfteverhältnissen ihre eigene, d. h. eigentlich symbolische Kraft hinzu".

Als Unterscheidungskriterium zwischen „Erziehung" und „P" wurde auch die Existenz oder Nichtexistenz des gesellschaftlichen Konsens über faktische Wahrheit bzw. über die normative Gültigkeit von Aussagen herangezogen: In solchen Bereichen, in denen gesellschaftlich kein Konsens besteht, könne Übereinstimmung nur in propagandistischen Vorgehen hervorgerufen werden. Die Abgrenzung der Erziehung von P bezieht sich dann auf den *gesellschaftlichen Status quo:* „Die Einprägung herkömmlicher Werthaltungen wird gemeinhin Erziehung genannt, während der Begriff ‚Propaganda' für die Verbreitung subversiver, strittiger oder ungewöhnlicher Einstellungen dient" (Lasswell 1934, S. 552; Übers. d. Verf.). Diese Abgrenzung führt aber auch konsequenterweise zur Auflösung des „wahr-falsch"-Kontrastes, insofern sich eine Gesellschaft nicht prinzipiell immobilisieren will. Die Entscheidung über den Wahrheitsgehalt von P muß zunächst suspendiert und von späteren Entscheidungsprozessen abhängig gemacht werden.

Eine andere begriffliche Abgrenzung zwischen Erziehung und P setzt an den *Intentionen des Kommunikators* an. Die Dichotomie von „Wahrheit-Lüge" wird dabei übergeführt in „Aufrichtigkeit-Manipulation" und als Kriterium an die Kommunikationssituation angelegt. Als psychologischer Bezugspunkt tritt in diesen Unterscheidungen – mehr oder minder deutlich – der Umgang des Kommunikators mit der Ich-Identität seiner Adressaten hervor. „Erziehung" wird dabei auf die Herausbildung und Förderung der Ich-Identität beschränkt. „Erziehung ist bemüht, den Leuten zu zeigen, warum sie so denken und handeln wie sie es tun... Das Ziel des Propagandisten ist es, öffentliche Akzeptanz von Schlußfolgerungen zu bewirken und nicht die logische Analyse ihres Zustandekommens zu fördern." (Albig 1956, S. 276, 292; Übers. d. Verf.). Dieser Bezugspunkt liefert auch bei einem vorerst neutralen Gebrauch des Begriffs „P" Kriterien zur Unterscheidung des Auftretens als „Doppelgesicht der Aufklärung und der Lenkung, der Information und der Reklame, der Pädagogik und der Manipulation" (Habermas 1973, S. 30). Kris und Leites (1947) unterscheiden zwei Arten von P: „Die eine, welche sie demokratisch nennen, richtet sich ans Ich, gibt auf der kognitiven Ebene Erläuterung der Sachverhalte: Sie soll die Vernunft stärken, den politischen Markt transparent machen. Wir möchten diese Bemühungen der Tradition der Aufklärung zurechnen. Der Begriff P hingegen sollte Manipulationsversuchen vorbehalten bleiben, die sich ausschließlich ans Es und ans Über-Ich wenden und gerade nicht auf Objektbesetzung, sondern auf Identifizierung, nicht auf begriffliche und psychische Arbeit, auf Erweiterung des Ich und auf Autonomie zielen, sondern mit der Regressionsbereitschaft Hilfloser rechnen" (Horn 1972). Vielen psychologischen Definitionen der P ist gemeinsam, daß sie P „auf das subkortikale Wesen gerichtet" auffassen (Hofstätter 1949, 113) und somit P als Reklame, Manipulation fixieren, wobei sie deren kritik- und reflexionshemmende Intention hervorheben. In dieser Form wird P oft zu einer Verschwörung ge-

gen das Individuum, als „Verbreitung von Schlußfolgerungen aus Material unklarer Herkunft oder mit verdeckten Zielen" (Albig 1956, S. 302; Übers. d. Verf.) stilisiert. Geheime Verführer (Packard 1960) riefen bei Individuen durch Erzeugung von konditionierten Reflexen (Ellul 1965, S. 31) bestimmte Verhaltensweisen hervor.
Demgegenüber sehen andere Definitionen unter vorwiegend soziologischer Perspektive P als Versuch des sozialen und spezifisch politischen Einflusses.
„P versucht, die Einstellungen großer Menschenmengen zu beeinflussen, und zwar in kontroversen Fragen, in denen sich eine bestimmte Gruppe engagiert hat" (Lasswell 1927). In einer begriffskritischen Analyse hat Maletzke (1972, S. 157) versucht, P unter dem Gesichtspunkt einer sozialwissenschaftlichen Nominaldefinition zu erfassen: „‚P' sollen geplante Versuche heißen, durch Kommunikation die Meinungen, Attituden, Verhaltensweisen von Zielgruppen unter politischer Zielsetzung zu beeinflussen". Demnach ist P ein Unterbegriff der *politischen Kommunikation*, der zunächst wertneutral sowohl „Aufklärung" als auch „Lenkung" beinhaltet. Aber auch in der soziologischen Perspektive ist die negative Konnotation der P als „Gegen-Aufklärung" oder „Manipulation" fixierbar: Manipulation ist dann Kommunikationsverhinderung durch P; „P soll die Effektivität eines Kollektivs steigern, kontroverse Fragen sollen durch eine Haltungsänderung der gesellschaftlich Schwachen erledigt, Diskussionen politischer Fragen auf diesem Wege – der Einstellungsänderung der Minderheit – gegenstandslos werden" (Horn 1972, S. 211). Mit dieser Perspektive ist schließlich wieder der Aspekt der „Wahrheitsfähigkeit" von Gesellschaft mit dem Begriff der P verbunden, und zwar nicht mehr in Form eines apriorischen Anspruches auf Wahrheit, sondern vielmehr in Form einer manipulativen Verhinderung der Überprüfung von Geltungsansprüchen, wenn durch einseitige P asymmetrische Kommunikationsstrukturen in der Gesellschaft geschaffen werden.

Bei der Betrachtung der vorliegenden Definitionen der P und ihrer Begriffsabgrenzungen fällt zunächst auf, daß sich die meisten auf die P-Forschung im Zusammenhang mit den beiden Weltkriegen beziehen. Dieser Zusammenhang ist mit den offensichtlich praktisch-politischen Implikationen der P in Zeiten von Kriegen und politischen Krisen zu erklären. Die Reduktion von P auf diesen Zusammenhang wäre jedoch verfehlt. „*Psychologische Kriegsführung*" als „die in den beiden Weltkriegen ausgebildete, auf die moralische Stärkung der eigenen Bevölkerung einerseits und die Zermürbung des Gegners andererseits abzielende Propaganda" (zit. nach Maletzke 1972, S. 158) operiert offensichtlich mit einer Doppelstrategie, die im Normalfall der P nicht gegeben ist. Anklänge an diese

Situation weist lediglich die *Wahlkampf-P* politischer Parteien auf, die sich sowohl an die eigenen Anhänger als auch an die der anderen Parteien richtet. Aber sowohl die Wahlkampf- als auch die Kriegssituation haben entscheidende Anteile an der Hervorbringung der empirischen P-Forschung. Sie forcierten das politologische, soziologische und psychologische Interesse an der → *Wirkungsforschung,* die mit dem Aufkommen des Rundfunks als neuem Massenkommunikationsmittel auf breiter Basis entstand. Die ersten Ergebnisse der empirischen Wirkungsforschung relativierten schon die auf Annahmen der Massenpsychologie beruhenden Unterstellungen einer direkten und totalen Beeinflußbarkeit von Individuen durch P. Vor allem in der Yale-Schule um Hovland wurden darum die Bedingungen persuasiver Kommunikation in einem Forschungsprogramm genauer untersucht. Dieses Programm führte zur Ausformulierung der *„neuen wissenschaftlichen Rhetorik",* als wissenschaftliche Fundierung von P-Techniken. Die Ergebnisse dieser Forschungsrichtung sind allerdings mit der Künstlichkeit von Laborexperimenten behaftet. Demgegenüber setzte eine eher soziologisch orientierte Forschungsrichtung Feldforschung ein, um den Persuasionsprozeß unter der Bedingung der Verflochtenheit von Individuen in sozialen Gruppen zu beobachten. Die Ergebnisse der Wirkungsforschung insgesamt zeigen, daß das Modell der konditionierten Reflexe Pavlovscher Art als Propagandatechnik dem Mythos näher als der Realität steht (König 1973). Dennoch ist es nicht angebracht, von einer Ohnmacht der P zu sprechen, zumindest nicht dann, wenn man sich auf die gesellschaftliche Auswirkung der Strukturen politischer Kommunikation bezieht. Es bleibt zu erklären, warum es P als gesellschaftliches und spezifisch politisches Phänomen gibt, und wie P in modernen, komplexen politischen Systemen fungiert.

Das, was wir heute (politische) P nennen, hat in variierenden Ausprägungen eine weit zurückreichende geschichtliche Tradition (Sturminger 1961). Als spezifische gesellschaftliche Rollenfixierung von „Propagandist" und „Adressat" tritt P in der absoluten Monarchie Ludwigs XIV. auf, als Colbert im sich entwickelnden Merkantilismus durch P zur Unterstützung seiner Politik durch besitzende Bürger aufruft (Klaits 1977). Die P im Absolutismus zeigt, daß den Adressaten, dem Besitzbürgertum, ein politisches Gewicht beigemessen wurde. In der Herausbildung der Eigentumsmarktgesellschaften entwickelte dieses Besitzbürgertum eine eigene politische Ideologie; den Besitzindividualismus, der bis in die heutige liberal-demokratische Theorie hineinreicht (Macpherson 1973). In dieser Gesellschaft entstand die *politische Öffentlichkeit (→ Öffentliche Meinung)* vor dem Hintergrund der politischen Ideologie des Besitzindividualismus als Ideologie homogener Interessen in Form der Unterwerfung eines jeden unter die Gesetze des Marktes. Die Entwicklung des

Marktsystems zerbrach aber die Ideologie der homogenen Interessen und führte über die Ablösung des Klassenwahlrechts durch das allgemeine Wahlrecht zu einer *Transformation des liberalen Rechtsstaates zum Sozialstaat* (Habermas 1973). Mit dieser Transformation ist ein *Strukturwandel der Öffentlichkeit* (Habermas 1962) verbunden, der der P einen entscheidenden Stellenwert im politischen System zuschreibt, da „nach dem Verschwinden des alten Zusammenhalts keiner der Faktoren, die dahin gewirkt haben mögen, liberal-demokratische Staaten in Eigentumsmarktgesellschaften fortdauern zu lassen, eine befriedigende Rechtfertigungstheorie hervorgebracht (hat), und keiner wird eine hervorbringen können" (Marcpherson 1973, S. 307). Die entfallene Garantie eines Zusammenhalts unter den Stimmberechtigten durch das Klassenwahlrecht erfordert eine neue und permanente P-Arbeit sowie intensive Wahl-P um diesen Zusammenhalt zu restaurieren. Die staatlichen Interventionen in die Gesellschaft haben den *Pluralismus* der Interessenverbände und somit eine permanente *politische Werbung* hervorgebracht. Konkurrierende Parteien und konkurrierende Interessenverbände werben durch P um Unterstützung ihrer Ziele. Die dadurch erreichte Dynamisierung des Politischen Systems führt zu einer Steigerung der P-Tätigkeit der Entscheidenden gegenüber den von Entscheidung Betroffenen, zu einer Intensivierung der „*staatlichen Öffentlichkeitsarbeit*" (Böckelmann, Nahr 1979), die im Zusammenhang steht mit Stichworten wie „*Politische Steuerung*" und „*Politische Planung*". Weiterhin ist festzustellen, daß die Entwicklung der Interdependenzen des Weltmarktes und der internationalen Beziehungen *(→Zwischenstaatliche Beziehungen)* auch in diesem Bereich neue politische Kommunikationsstrukturen und eine stärkere Bedeutung der P hervorbringt (Murty 1968), was sich an der Diskussion um „*freien Kommunikationsfluß*" vs. „*ideologische Aggression*" heute schon zeigt.

Mit der fortschreitenden Entwicklung sozialstaatlicher Demokratien, d. h. mit der zunehmenden Durchdringung von Staat und Gesellschaft, wird auch die Anforderung an die politische Kommunikationsleistung gesteigert. Im Sozialstaat sind die Institutionen des liberalen Rechtsstaates formal erhalten, aber hinter diesen Institutionen verbirgt sich eine *weitreichende Veränderung politischen Handelns*. Die Formen politischen Handelns entfalten sich zu einem beträchtlichen Teil an den, durch die technische ‚Revolution des Kommunikationswesens' gegebenen, Möglichkeiten, politisches Handeln zu kommunizieren. „*Macht*" wird vorwiegend zu einer *Kommunikationsleistung,* während die traditionellen Machtmittel zurücktreten (z. B. Deutsch, Luhmann). In den empirischen Demokratietheorien (vg. Cnudde/Neubauer 1969) wird politische Kommunikation unter dem Aspekt der Steuerung gesehen, wobei Steuerung nicht lediglich Lenkung, sondern Selbststeuerung durch architektonische Kommunikationsstrukturen bedeutet: Information ist nicht nur Mittel, sondern auch Gegenstand der Steuerung (Cadwallader 1970). Wenn ‚P' heißen soll, daß durch Kommunikation die Meinungen, Attituden, Verhaltensweisen von Zielgruppen unter politischer Zielsetzung zu beeinflussen versucht wird, dann gibt es heute mehr P als jemals zuvor, wobei der Begriff ‚P' selbst aber nicht mehr auftritt. Wenn *Apathie der Bevölkerung in der Demokratie* als funktional eingestuft wird (Dahrendorf 1974), bzw. wenn unterschieden wird zwischen einer dysfunktionalen Apathie (bezogen auf Massenloyalität) und einer funktionalen Apathie (bezogen auf Bedürfnisanmeldungen an das politische System [Cnudde, Neubauer 1969, 521]), dann ist ein enormer Einsatz von P in manipulativer Form notwendig, nämlich als *Verhinderung politischer Kommunikation durch P*. Diese Form der Manipulation kann an der Beschreibung der *politischen Kommunikation als Verfahren* durch Luhmann gezeigt werden: Nachdem sich das politische System nicht mehr auf individuelle, gruppenspezifische oder situationsspezifische Gehorsamsmotive stützen kann, muß es sich die politische Unterstützung selbst beschaffen, und zwar derart, ,,daß ein nahezu motivloses, selbstverständliches Akzeptieren bindender Entscheidungen zustande kommt" (Luhmann 1970, S. 159). Dazu ist es notwendig, Konflikte in geregelten Kommunikationsprozessen zu kanalisieren und zu absorbieren, was Luhmann (1969) zufolge in der ‚Institution des Verfahrens' geschieht. In Verfahren könne man die Persönlichkeit durch Verstrickung in ein Rollenspiel einfangen, umbilden und zur Hinnahme von Entscheidungen motivieren (Luhmann 1969, S. 87). Um Konsensvermutungen stabilisieren zu können, müssen auch nicht direkt Beteiligte durch symbolisch-expressive Mechanismen am Verfahren beteiligt werden. Die symbolisch-expressive Einbeziehung leisten vorrangig die Massenmedien, die ,,überdies die notwendige Passivität des Zuschauers technisch, und dadurch überzeugend" sicherstellen (Luhmann 1969, S. 124). Von aktiven Verfahrensrollen Ausgeschlossene werden über eine sinnvermittelte Teilnahme, über symbolische Identifikation in das Verfahren einbezogen. Distanz ist dabei Funktionsbedingung sowohl der symbolischen Identifikation als auch der Vertrauensbildung, sie verwischt die Details und Vielfalt der Folgen einzelner Ereignisse. Derart ließen sich dann heterogene Differenzierungen verbinden, ,,nämlich auf seiten der Politik die Differenzierung von Herstellung und Darstellung, auf seiten des Publikums die Differenzierung verschiedenartiger Interessen und Mechanismen der Meinungsbildung" (Luhmann 1969, S. 195). Den politischen Entscheidungen wird bindende Wirkung verschafft. ,,Bindend ist die Wirkung einer Entscheidung dann, wenn es ihr, aus welchen Gründen auch immer, gelingt, die Erwartungen der Betroffenen effektiv umzustrukturieren und auf diese Weise Prämisse weiteren Verhaltens zu werden. Es handelt sich also um faktisches Lernen, nicht um formale Geltung" (Luhmann 1970, S. 159). Diese Verfahrenstechnik unterscheidet sich wesentlich vom Alltagsverständnis über P-Techniken: Verfahren ist kein Ritual. ,,Die politisch interessierenden Informationen haben, wenn sie laufenden Verfahren entstammen, nicht statischen, sondern dynamischen, ja dramatischen Charakter. Es werden nicht – wie im Falle einer sich selbst bestätigenden Hierarchie – nur einige wenige, immer gleiche Symbole dargestellt, zitiert, gefeiert und eingebleut. Der Zuschauer wird in Geschichten hineingezogen. Es ergeht die Einladung zum Miterleben eines dramatischen Geschehens mit wechselnden Inhalten, unter denen der einzelne die Kristallisationspunkte seines Interesses, seiner Sympathie und seiner Antipathie selbst suchen kann. Indem er das tut, verliert er jedoch, ähnlich wie in einer Rolle, durch die Geschichte seines Miterlebens seine ursprüngliche Freiheit, die Komplexität möglicher Einstellungen reduziert sich in einer Art Lern- und Sozialisierungsvorgang, und seine Alternativen schränken sich ein auf wenige, politisch steuerbare Varianten" (Luhmann 1969, S. 195).

Die politischen Rollen des Publikums sind zudem nach den Erfordernissen des politischen Systems, insbesondere nach seinen Kommunikationswegen, aufgeteilt, und systemkonformes Rollenverhalten in diesen Rollen wird zur Einflußbedingung. Die aktive Teilnahme im System unterliegt strukturellen Filtern von Entscheidungsregeln, Aufmerksamkeitsfiltern, Zugang zu bestimmten Ausrüstungen usw. Durch diese Teilnahmerestriktionen und die Verfahrensmechanismen, die auf symbolische Identifikation mit Politik als Drama (Edelmann 1976) abzielen, fungiert politische Kommunikation als – von konkreten Inhalten unabhängige – manipulative P, indem sie selbst als Kommunikationsverhinderung auftritt: ,,Die legitimationswirksam hergestellte Öffentlichkeit hat vor allem die Funktion, die Aufmerksamkeit durch Themenbereiche zu strukturieren, d.h. andere Themen, Probleme und Argumente unter die Aufmerksamkeitsschwelle herunterzuspielen und dadurch der Meinungsbildung zu entziehen. Das politische System übernimmt Aufgaben der Ideologieplanung. Dabei ist allerdings der Manipulationsspielraum eng begrenzt, denn das kulturelle System verhält sich gegenüber administrativen Kontrollen eigentümlich resistent: es gibt keine administrative Erzeugung von Sinn" (Habermas 1973). Damit werden aber die Legitimationsprobleme der sozialstaatlichen Demokratie, die die Steigerung der Propagandatätigkeit hervorrufen, im Status einer permanenten *Legitimationskrise* gehalten (Habermas 1973).

Auf der Ebene der *politischen Kultur*, der Verschränkung der Struktur des politischen Systems mit den Strukturen der Individuen, treffen sich die eher soziologischen und die eher psychologischen Theoreme der P in den Bereichen, die als „*politische* →*Sozialisation*" bzw. als „*politische Bildung*" angegeben werden (Behrmann 1979). Dies ist auch der von Habermas gewählte Bezug von Gesellschaft, politischer Kommunikation und Ich-Identität (Habermas 1976). Auf dieser Ebene konvergiert „*P als Manipulation*" unter soziologischer (Unterbindung politischer Kommunikation) und unter psychologischer Perspektive (Abzielen auf die Regressionsbereitschaft Hilfloser und Verhinderung der Ausbildung von Ich-Identität). Manipulative P im Bereich der politischen Kultur drückt sich demnach im Versuch aus, die Masse der Bevölkerung auf eine unreflektierte →*Konformität* festzulegen, die Ich- und Über-Ich-Funktionen an propagierte Autoritäten abtritt, oder auf einer Privatisierung im Konsumbereich festzuhalten, die einer dauerhaften Regression der Massen auf Es-Funktionen entspricht. Diese Form der manipulativen P widerspricht den tradierten Normen der Demokratie. Demokratische P ist der Idee der Aufklärung, dem Gegenpol der Manipulation, verpflichtet. Diese Verpflichtung verlangt eine Offenheit der Kommunikationsstrukturen für die Diskussion geltungsbedürftiger Normen und Sachverhalte sowie eine prinzipielle Parteilichkeit für „autonome Individuen", also für die Möglichkeiten der Ausbildung von Ich-Identität (Habermas 1973, Geissler 1973). Aus den kybernetischen Analysen der Herrschaft geht in bezug auf „pathologisches Lernen" und Manipulation hervor: „Eine Politik, die Menschen verdummt, verdummt selbst" (Senghaas 1967). In diese Richtung verweist auch die Ideologiekritik von Etzioni (1968), die sich an der Dichotomie von „Inauthentizität-Authentizität" entwickelt.

Ideologiekritik als P-Kritik setzt so zuerst an der Kommunikationsstruktur der Gesellschaft, dann an den einzelnen Kommunikationsinhalten an. Die kritische Analyse von P-Inhalten ist traditionell Gegenstand der *Inhaltsanalyse* (George 1959, Krippendorf 1980). Einen wesentlichen Beitrag zur Enthüllung manipulativer P liefert dabei auch die *Semantik* (Hayakawa 1967). Bezogen auf die Forschungssituation ist allerdings zu bemerken, daß die ideologiekritische Inhaltsanalyse dem Gebiet der Wirkungsforschung weit hinterherhinkt.

Georg Räder

Literatur:

Ellul, Jacques: Propaganda – the formation of men's attitudes. New York 1965.
George, Alexander L.: Propaganda analysis: A study of inferences made from Nazi-propaganda in World War II. Evanston 1959.
Kecskemeti, Paul: Propaganda. In: *Sola Pool,* Ithiel de, et al. (Ed.): Handbook of communication. Chicago 1973, 844–870.

Klaits, Joseph: Printed Propaganda under Louis XIV. Absolute monarchy and public opinion. Princeton N. J. 1977.
Maletzke, Gerhard: Propaganda – eine begriffskritische Analyse. In: Publizistik 17, 1972, 153–164.
Murty, B. S.: Propaganda and world public order. The legal regulation of the ideological instrument of coercion. New Haven/London 1968.
Qualter, T. H.: Propaganda and psychological warfare. New York 1962.

Protest

→*Parteipräferenz, Partizipation, Wählerverhalten, Bürgerinitiativen.*

Problemstellung. – Politischer Protest (P) ist seit den 60er Jahren ein dauerndes Phänomen der westlichen Demokratien. Mit den Erscheinungsformen des P werden häufig Krisenhypothesen verknüpft, d. h., P wird als Ausdrucksform einer Destabilisierungstendenz der politischen Institutionen dieser Gesellschaften gesehen. Ob diese negativ funktionale Wirkung von P letztlich besteht, ist eine empirische Frage, die sich gegenwärtig noch nicht beantworten läßt. Dazu müßten die Auswirkungen von P für die betreffenden Gesellschaften über einen längeren Zeitraum hinweg systematisch beobachtet werden. Seit einiger Zeit jedoch gibt es einige Studien auf der Mikroebene, deren primäre Fragestellung dem P-Phänomen gilt (Barnes, Kaase et al. 1979; Muller 1979). Von daher sind zumindest empirisch gesicherte Plausibilitäten zur Bedeutung von P für die Stabilität der westlichen Demokratien zu gewinnen.
Bezugsrahmen. – Die umfassendste Untersuchung von P in diesen Demokratien wurde innerhalb des Bezugsrahmens der Modernitätstheorien vorgenommen (Barnes, Kaase et al. 1979). Daß dieser Bezugsrahmen sinnvoll gewählt wurde, läßt sich nicht nur mit der Kompatibilität der empirischen Resultate mit ihm begründen, sondern auch mit den theoretischen Überlegungen verschiedener Sozialwissenschaftler (Habermas 1981; Huntington 1974). Sie konvergieren in der Annahme, daß P eine Folge von Entwicklungen ist, die sich aus der gesellschaftlichen Modernisierung bis hin zu einer sogenannten postindustriellen Gesellschaft ergeben. Eine der Grundproblematiken dieser Entwicklung liegt in der Zunahme der disfunktionalen Nebenfolgen des kapitalistischen Wirtschaftswachstums gegenüber den intendierten Konsequenzen. Als Beispiel seien hier die teilweise Zerstörung der natürlichen Umwelt und die Überforderung der Persönlichkeiten durch verschiedene nichtmaterielle Deprivationen genannt (Habermas 1981, S. 575–582). Die Ökologie- und die Alternativbewegung in der Bundesrepublik können als Aus-

drucksformen dieser beiden Modernisierungsfolgen betrachtet werden, die sich relativ stark auf P-Aktionen als Artikulationsform ihrer politischen Interessen stützen.

Politisierung. – Die „Widersprüche der Modernität" (Dahrendorf) gewinnen ihre politische Relevanz erst im Kontext spezifischer Organisationsformen des politischen Systems. Hier ist vor allem die institutionalisierte Form der Vermittlung von gesellschaftlichen Interessen in den politischen Entscheidungsprozeß von Belang. Die zentralen Vermittlungsorgane der repräsentativen Demokratien des Westens sind die Parteien. Die gegenwärtigen Parteiensysteme dieser Staaten haben sich auf der Grundlage gesellschaftlicher Konflikte gebildet, deren Strukturen sich vor etwa 200 Jahren herauszubilden begannen (Huntington 1974, S. 190). Im Vordergrund stand dabei der Klassenkonflikt zwischen Arbeit und Kapital. Im Verlauf dieses Konfliktes vor allem wurden die Programmatiken der gegenwärtigen Parteien formuliert, die in ihren ideologischen Grundpositionen bis heute noch gelten. Die Aufnahmefähigkeit der in solchem Kontext entstandenen Parteiensysteme für eine Problemdimension, welche erst relativ kurzfristig einen Ausdruck gefunden hat, ist deshalb zumindest gegenwärtig begrenzt. Der Rückgriff auf P-Aktionen jenseits der institutionalisierten Formen politischer Willensbildung ist aus diesem Grunde eine naheliegende Konsequenz. Ob diese Modernisierungsfolgen zu der Bildung eines neuen Cleavage führen, das tendenziell an die Bedeutung der alten Cleavages heranreicht oder diese sogar übertrifft, ist eine umstrittene Frage, die aber gleichwohl bedeutsam für die Stabilitätsproblematik ist.

Definitionen. – P wird im allgemeinen als eine spezifische Form politischer →*Partizipation* begriffen. Eine weitgehend akzeptierte Definition politischer Partizipation dürfte die von Milbrath und Goel (1977, S. 2) sein, die sie bestimmen als „die Handlungen von Staatsbürgern, mit denen sie versuchen, Regierung und Politik zu beeinflussen oder zu unterstützen" (Übers. d. Verf.). Diese allgemeine Definition läßt sich nach verschiedenen Aspekten hin differenzieren; die hier interessierende Frage ist aber lediglich, worin die Spezifizität von politischem P als einer Dimension von Partizipation beruht.

Eine theoretisch plausible Definition gibt Hibbs (1973, S. 7), indem er drei Kriterien für entsprechende Aktivitäten angibt. Diese Definition übernimmt Muller in seiner Studie über aggressive politische Partizipation. Er bestimmt „aggressive politische Teilnahme als Verhalten mit folgenden Eigenschaften: (1) es muß insofern gegen das herrschende politische System gerichtet sein, als es von seinen legalen und formellen Regeln der politischen Teilnahme abweicht, d. h., es muß eine illegale politische Handlung sein; (2) es muß politische Bedeutung haben, d. h., es muß einen Versuch darstellen, die Regierung so zu beeinflussen, daß sie in Schwierigkeiten gerät oder in ihrer normalen Funktion gestört wird; (3) es muß Gruppenaktivität von seiten der Nicht-Eliten einschließen. Aggressive politische Teilnahme ... kann oder kann auch nicht Gewalt beinhalten. Beinhaltet sie keine Gewalt, wird sie, im Unterschied zur politischen Gewalt, als ziviler Ungehorsam bezeichnet" (Muller 1979, S. 6; Übers. d. Verf.). Unangesehen einiger Unklarheiten, z. B. was eine ,,Störung des normalen Funktionierens" genau ist, wird der theoretische Bezug und die Abgrenzung bei dieser Definition relativ deutlich. Muller begreift aggressive politische Partizipation bezogen auf die Stabilität des politischen Systems: sie kann zu Veränderungen oder Zusammenbrüchen politischer Systeme führen. Dieser Antisystemcharakter drückt sich in seiner Definition in den Kriterien der Illegalität und Disfunktionalität aus. Von diesen Bestimmungen her ergibt sich auch die Abgrenzung zu den normalen Formen politischer Partizipation. Trotz der Plausibilität der Verknüpfung von Illegalität und Antisystemcharakter ist diese nicht unproblematisch. Auf der subjektiven Ebene ist es zumindest denkbar, daß die Handelnden die gegebenen Festlegungen von Legalitätsgrenzen im Rahmen allgemein akzeptierter demokratischer Grundnormen nicht teilen. Welche Aktivitäten diesen Grundnormen entsprechen, ist keine Frage, die ein für allemal durch Rechtssätze festzulegen ist. Es besteht durchaus die Möglichkeit, daß die Anwendung aggressiver Handlungsformen subjektiv als eine legitime Ausweitung demokratischer Beteiligungsrechte angesehen wird, die mit dem bestehenden Institutionensystem in seinen Grundelementen verträglich ist.

Diese Möglichkeit ist konzeptuell einbezogen in den Begriff der ,,unkonventionellen politischen Partizipation" (Barnes, Kaase et al. 1979, S. 42–50), der aus einer Abgrenzung zu den institutionalisierten Formen politischer Beteiligung gewonnen wurde. Diese institutionalisierten Formen beziehen sich auf Parteien und Wahlen. Vermittelt über Parteien und durch Wahlen, fließen die politischen Interessen der Bürger als Inputs in das politische System. Demgegenüber sind die unkonventionellen Aktivitäten direkte und nichtinstitutionalisierte Beteiligungsformen. Diese lassen sich nach dem Ausmaß öffentlicher Legitimität differenzieren; öffentliche Legitimität wird gemessen anhand der expliziten Billigung der einzelnen Aktivitäten durch die Bevölkerung. Entsprechend den unterschiedlichen Legitimitäts- oder Konventionalitätsgraden können die einzelnen Aktivitäten hierarchisch angeordnet werden. Bezogen auf die Individuen, wird dabei unterstellt, daß die Bereitschaft der Anwendung einer bestimmten Aktivität in der Hierarchie die Bereitschaft der Anwendung der hierarchisch niedrigeren mit einschließt. Das entspricht statistisch dem Modell der Guttman-Skala. Auf der Grundlage

dieser Überlegungen wurde eine sogenannte Protestpotentialskala gebildet, die insgesamt 7 Aktivitäten umfaßt und entsprechend viele Skalenwerte hat (Barnes, Kaase et al. 1979, S. 57–81). Die statistischen Kriterien für die Angemessenheit der Daten an die Annahmen der Guttman-Skala konnten empirisch für alle untersuchten Länder erfüllt werden. Mit einem derart konzipierten und operationalisierten Begriff von politischem P kann bei einer repräsentativen Studie angegeben werden, wieviele Bürger *potentiell* wie weit zur Durchsetzung ihrer politischen Interessen gehen.
Verteilungen. – Die Verteilung der Bevölkerungen auf der Protestpotentialskala sieht für die 5 Länder folgendermaßen aus (Barnes, Kaase et al. 1979, S. 80).

Land \ P	0 (kein P)	1	2	3	4	5	6	7
Niederlande	9%	20	25	15	11	7	7	6
Großbritannien	23	22	25	15	7	3	2	3
USA	9	21	24	26	8	6	3	3
Bundesrepublik	19	21	29	19	5	3	2	2
Österreich	21	33	26	11	5	2	1	1

Daraus läßt sich ersehen, daß für alle 5 Länder ein beträchtlicher Teil der Bevölkerung bereit ist, *unter bestimmten Umständen* auch unkonventionelle politische Handlungsweisen zur Erreichung ihrer politischen Ziele einzusetzen. Allerdings gibt es einen deutlichen Bereitschaftsabfall bei der Legalitätsgrenze (die Skalenpunkte 4–7 beziehen sich in allen Ländern auf illegale Aktivitäten, wie Mietstreiks, Verkehrsblockade, wilde Streiks, Gebäudebesetzungen). Wenn Mullers Annahme zuträfe, daß nur illegale politische Aktivitäten antisystemischen Charakter haben, wäre, von daher gesehen, das Potential relativ gering. Nur etwa durchschnittlich 3% der Bürger sind bereit, das ganze unkonventionelle Repertoire einzusetzen. Gewaltanwendung als die radikalste und zugleich illegitimste P-Form ist in dieser Skala zudem nicht einmal enthalten.
Einen wichtigen Hinweis für die Beurteilung der politischen Konsequenzen dieser Verteilung ergibt die Beziehung der beiden Handlungsdimensionen zueinander. Wenn unkonventionelles Handeln eine antisystemische Ausdrucksform wäre, dann müßte man eher eine ausschließende Beziehung zu den systemkonformen Handlungsformen erwarten. Diese Erwartung konnte aber für alle 5 Länder abgewiesen werden; die Protest-

potentialskala korreliert *positiv* mit der Skala konventioneller Partizipation mit durchschnittlich etwa r = .25 (Barnes, Kaase et al. 1979, S. 151). Dieses Ergebnis legt die Interpretation nahe, daß es sich bei den unkonventionellen Handlungsformen eher um eine *Ergänzung* des politischen Aktionsrepertoires der Bürger handelt als um eine Ersetzung.

Determinanten. – Wenn die modernisierungstheoretisch begründeten Annahmen auf der Makroebene stichhaltig sein sollen, müssen sie in irgendeiner Form auf der Mikroebene ein Äquivalent haben, d. h. sich in subjektiven Handlungsgründen ausdrücken. Politischer Wandel ist letztlich nur denkbar durch die konkreten Handlungen von Individuen und Gruppen.

Der gewissermaßen modale Theorieansatz, auf den sich die meisten Arbeiten über die Ursachen unkonventioneller politischer Partizipation mehr oder weniger explizit stützen, ist eine revidierte (Berkowitz) und politisch spezifizierte (Gamson) Frustrations-Aggressionstheorie. Die wesentliche Annahme dieser Form einer ,,Mikrotheorie politischen Handelns" ist, daß sich politische Unzufriedenheit nicht direkt in politisches Verhalten umsetzt, sondern *vermittelt* über intervenierende Variablen (Barnes, Kaase et al. 1979, S. 36–50). Diese beziehen sich auf den Prozeßaspekt der demokratischen politischen Systeme. Die institutionalisierte Form der Artikulation politischer Unzufriedenheit ist die Veränderung der Parteipräferenz oder die Erwartung bestimmter Maßnahmen der präferierten Partei. Diese Form ist aber nur dann wahrscheinlich, wenn die Unzufriedenen den in Frage kommenden Parteien auch einen gewissen Vertrauensvorschuß einräumen hinsichtlich ihrer Bereitschaft, auf die Erwartungen der Bürger auch zu reagieren. Liegt ein solcher Vertrauenskredit nicht vor, dann ist ein Ausweichen auf unkonventionelle Handlungformen möglich. Wahrscheinlich wird das aber erst bei einer weiteren Zusatzbedingung, nämlich der subjektiven Einschätzung einer gewissen Wirksamkeit dieser Aktivitäten. Diese beiden intervenierenden Variablen werden in den verschiedenen Studien fast durchweg mit ähnlichen Indices gemessen, und zwar durch die sogenannte ,,Efficacy"- und ,,Vertrauens"-Variable. Der unterstellte Zusammenhang zwischen den erörterten Variablen läßt sich in folgender Strukturgleichung zusammenfassen: UPP = (RD * Efficacy * Vertrauen), d. h., Relative Deprivation setzt sich in dem Maße in unkonventionelles politisches Handeln um, wie die eigenen Einflußchancen als groß und das Vertrauen in die politischen Autoritäten als niedrig beurteilt werden. Die unabhängige Variable der Gleichung ist ein multiplikativer Term und das bedeutet z. B., daß der Effekt der genannten Variable auf die Abhängige Null wird, wenn eines der Elemente Null ist.

Nach der empirischen Analyse der Daten auf der Grundlage dieser Mikrotheorie sind im Rahmen der bisherigen Überlegungen vor allem zwei

Resultate von Bedeutung. Der Effekt eines Indexes politischer Deprivation, der sich auf sogenannte postmaterialistische Probleme bezieht, erweist sich als deutlich stärker als der Effekt eines Indexes, der auch andere Probleme mit einbezieht (Kaase 1976, S. 197). Da postmaterialistische Orientierungen das Mikroäquivalent zu postindustrialistischen Entwicklungen der Makroebene sind, ergibt sich dadurch eine Bestätigung der ursprünglichen Annahme: Die Wahrscheinlichkeit der Verwendung von P-Aktivitäten ist bei denjenigen Personen größer, die unzufrieden sind mit der Aufnahme und Verarbeitung postmaterialistischer Interessen, d.h. solchen Interessen, die sich auf der Grundlage von Modernisierungsprozessen ergeben. Dieses Ergebnis ist aber noch nach zwei Aspekten hin zu qualifizieren. Es wurde schon erwähnt, daß der Einsatz von P-Aktionen nicht in einem Ausschließungsverhältnis zu konventionellen Aktivitäten steht. Die Unzufriedenen bedienen sich zu einem relativ großen Prozentsatz auch konventioneller Partizipationsformen; sie verwenden also das gesamte Repertoire von Einflußmöglichkeiten zur Durchsetzung ihrer Interessen. Die Hypothese von sytemverändernden Absichten dieser Personengruppe läßt sich von daher nicht bestätigen. Dieses Argument läßt sich durch die Verteilungen zweier Variablen stützen, die in dem deutschen Teil einer Nachfolgestudie von ,,Political Action" enthalten sind. Diese messen generalisierte Unterstützung im Sinne Eastons, die sich auf die Struktur des politischen Systems bezieht und nicht auf seine wechselnden Akteure. Bei den Eastonschen Dimensionen diffuser Unterstützung (Legitimacy, Common Interest) ist auch bei den P-Bereiten eine sehr hohe Systemzustimmung festzustellen.

Systemkonsequenzen. – Empirisch konnte für die westlichen Demokratien verhältnismäßig plausibel gezeigt werden, daß *gegenwärtig* die Artikulation bestimmter systematisch vernachlässigter Interessen keine Bedrohung für die Stabilität dieser Gesellschaften bedeutet. Die Theoretiker politischer Stabilität nehmen jedoch an, daß andauernde Unzufriedenheiten auf der Prozeßebene *langfristig* auf die Strukturebene zurückschlagen. Bezogen auf die konkreten P-Bewegungen (z.B. Ökologiebewegung), könnte das bedeuten, daß die Zielrichtung ihrer Aktivitäten nur *befristet* den politischen Autoritäten gilt. Mit dem Andauern ihrer Deprivationen träte dann eine Radikalisierung mit systemdestabilisierenden Folgen ein. Diese Entwicklung ist jedoch aus mehreren Gründen unwahrscheinlich. Man kann beispielsweise annehmen, daß die etablierten Parteien auf bestimmte Probleme in dem Maße reagieren, wie es gelingt, die Bevölkerung für sie zu mobilisieren. Wenn dies nicht der Fall ist, dann ist die Entstehung neuer Parteien wahrscheinlich. Das bedeutet aber für das Gesamtsystem funktional dasselbe. P kann in diesem Sinne eher als positiv funktional für die Stabilität demokratischer politischer Systeme betrachtet werden, da es in der Art eines Frühwarnsystems Aufmerksamkeiten strukturiert und die Trägheit zwischen der Entstehung gesellschaftlicher Probleme und ihrer politischen Verarbeitung verkürzen hilft. Wenn die jeweiligen P-Inhalte aber eine Angelegenheit von Minderheiten bleiben, *könnte* sich ebenfalls eine positiv funktionale Wirkung ergeben, weil die Chancen der Berücksichtigung auch von relevanten Minderheitsinteressen damit größer werden. Dieses ist insofern von Bedeutung, als in den komplexen modernen Gesellschaften vermutlich eine Differenzierung von Interessen stattfindet, die qua konventionellen Aggregationsmechanismen systematisch Interessenminderheiten generiert.

In dieser Möglichkeit der Durchsetzung *partieller* Interessen über P-Aktionen könnte aber auch eine Gefahr liegen. Die erwähnte positiv funktionale Wirkung solcher unkonventioneller Durchsetzungsstrategien ist nur so lange wahrscheinlich, als eine *begrenzte* Anzahl von Minderheitsgruppen auf sie zurückgreifen. Es ist aber nicht auszuschließen, daß die anderen gesellschaftlichen Gruppen darauf reagieren und entsprechend handeln. Damit könnte eine Dialektik in Gang gesetzt werden, die eine der zentralen Funktionen des politischen Systems untergräbt, nämlich die Aggregation der vielfältigen gesellschaftlichen Interessen im Sinne kollektiv bindender und legitimer Entscheidungen. Am Ende stünde dann die von Huntington (1974) prognostizierte und befürchtete Paralyse des politischen Entscheidungssystems in postindustriellen Gesellschaften. Eine autoritäre politische Reaktion wäre die wahrscheinlichste Folge; diese könnte sich auf ein verbreitetes, aber gegenwärtig noch latentes gesellschaftliches Repressionspotential stützen (Barnes, Kaase et al. 1979, S. 89). Damit hätte sich dann die befürchtete politische Destabilisierung durch P-Bewegungen auf eine paradoxe Art bewahrheitet.

Dieter Fuchs

Literatur:

Barnes, Samuel H., *Kaase*, Max et al.: Political Action. Mass Participation in Five Western Democracies. Beverly Hills 1979.

Habermas, Jürgen: Theorie der kommunikativen Kompetenz. Band 2. Frankfurt/M. 1981.

Hibbs, Douglas A. Jr.: Mass Political Violence: A Cross-National Causal Analysis. New York 1973.

Huntington, Samuel P.: Postindustrial Politics: How Benign Will It Be? Comparative Politics 6, 1974, 163–191.

Kaase, Max: Bedingungen unkonventionellen politischen Verhaltens in der Bundesrepublik Deutschland. Politische Vierteljahresschrift, Sonderheft 7, 1976, 179–216.

Milbrath, Lester W., *Goel*, M. L.: Political Participation (second edition). Chicago 1977.
Muller, Edward N.: Aggressive Political Participation. Princeton 1979.
Zimmermann, Ekkart: Performanz und Persistenz: Zur Entwicklung eines neuen krisentheoretischen Ansatzes. Politische Vierteljahresschrift, Nr. 4 (Dezember 1978), 559–600.

Psychobiographie

→*Aggression, Autoritarismus, Diskriminierung, Ethnozentrismus, Führung, Methodologie und Methoden, Politisches Bewußtsein.*

1. *Begriff.* – Die Psychobiographie (P) untersucht den Einfluß der Lebensgeschichte eines Menschen auf seine Persönlichkeit und seine Verhaltensweisen. Die lebensgeschichtliche Erklärung menschlichen Verhaltens bedarf theoretischer Annahmen über Persönlichkeitsentwicklung und Erlebensverarbeitung. Allgemein läßt P sich somit kennzeichnen als Lebensbeschreibung auf der Grundlage einer expliziten Persönlichkeitstheorie (Glad 1973, 296). Die theoretische Orientierung von Pn ist im allgemeinen psychoanalytisch. Diese Grundorientierung umfaßt heute ein breites Spektrum möglicher Ansätze. Man untersucht z.B., wie innere Konflikte oder unterdrückte Bedürfnisse sich auswirken auf politisches Handeln. Man geht der Frage nach, welche Grundmuster zwischenmenschlichen Verhaltens jemand seit frühester Kindheit erlebt und unwissentlich gelernt hat und wie diese dann sein späteres Verhalten bestimmen. In letzter Zeit erkannte man die Bedeutung von Selbstbild und Selbstwertgefühl mit ihren vielfältigen Auswirkungen; im politischen Bereich z.B. Größenvorstellungen, Überwältigungsängste, Führer- und Feindbilder und die gefühlshafte Besetzung von Macht und Ohnmacht. Solche theoretischen Annahmen sollen keinen einzelnen Fall ganz erfassen; sondern sie dienen als orientierender Ausgangspunkt und werden durch das Fallmaterial verfeinert oder entkräftet.
Eine politische P beobachtet am einzelnen Fall auch die Wechselwirkung von gesellschaftlichen, wirtschaftlichen und politischen Verhältnissen einerseits und sehr persönlichem Erleben und Handeln andererseits. Sie sucht vor allem Erklärungen für destruktives und irrationales Verhalten. Zunehmend fragt man zugleich nach Möglichkeiten rationaler und kreativer Realitätsbewältigung.

2. *Gegenstand.* – a) Pn *führender Politiker* entstanden etwa seit Mitte der 50er Jahre in den USA. Als maßstabsetzend gilt die 1956 erschienene

Psychobiographie

P von Alexander und Juliette George über W. Wilson. Die wohl einzige P über einen nichtfaschistischen Politiker des deutschen Sprachraums veröffentlichte Lewis Edinger 1965 über Kurt Schumacher.
Diese Gruppe von Pn sucht z. B. Erklärungen für politisch irrationales (z. B. selbstschädigendes) Verhalten. (So hatte Wilson im Streit um die Ratifizierung der Völkerbundsverträge viel dazu beigetragen, daß sein eigenes Lebenswerk trotz günstiger Ausgangsbedingungen scheiterte.) Pn führender Politiker stellen zugleich die Frage nach dem Handlungs- und Einflußspielraum einzelner Personen innerhalb entwickelter und hochkomplexer politischer Systeme.
Einen Schwerpunkt dieser Forschungsrichtung bildet das Amt des Präsidenten der USA. Hier ist es ebenso naheliegend wie möglich, folgenschweres individuelles Handeln zu analysieren innerhalb eines hochdifferenzierten Systems mit stark strukturierten Verhaltensrahmen. Auf der Grundlage von Pn wird z. B. versucht, die Verhaltensstile der Präsidenten etwa seit der Jahrhundertwende zu vergleichen und ein vorhersagekräftiges theoretisches Modell zu entwickeln. Es werden v. a. Voraussagemöglichkeiten angestrebt über erwartbares Krisenverhalten von Amtsinhabern und Bewerbern.
Man untersucht mit Pn auch politische Führer, die in wesentlich weniger strukturierten Rollen gehandelt haben; deren Persönlichkeitsentwicklung kann zur Erklärung ihres Erfolgs oder Scheiterns Gesichtspunkte beitragen, die sonst als unerklärbar aus der wissenschaftlichen Diskussion ausgeschieden würden. Dazu zählen Revolutionäre (z. B. Mazlish, The Revolutionary Ascetic, 1976); „charismatische Führer"; sowie Diktatoren und ihre unmittelbaren Gefolgsleute (→*Führung*).
Häufigster Gegenstand von Pn (v. a. von Binion und Waite) ist noch immer Hitler. Erklärungen seines extremen Antisemitismus und seiner Gier nach „Lebensraum" im Osten sind aber politikwissenschaftlich nur von Belang im Blick auf seine Fähigkeit, sehr weitreichende öffentliche Unterstützung dafür zu mobilisieren.
Die P eines „durchschnittlichen" Karrierepolitikers kann beitragen zur Kenntnis einer politischen Kultur. Hier bieten sich vergleichende Untersuchungen an, besonders zur Erklärung von „Intra-Elite-Differenzen", also entgegengesetzter Haltungen innerhalb derselben Führungsschicht („Falken" und „Tauben").

b) Politische Pn von *Durchschnittsmenschen* können zeigen, wie Politik erlebt und wahrgenommen wird von den letztlich Betroffenen (z. B. R. Lane, Political Ideology, 1962). Sie können zugleich beitragen zum Verständnis der tatsächlichen Durchsetzung von Politik im alltäglichen Verhalten zahlreicher Menschen.

Eine große Zahl folgebereiter *Vollstrecker* ermöglichte dem Nationalsozialismus die „reibungslose Durchführung" bürokratisch organisierter Massenverbrechen. In den letzten Jahren entstanden in wachsendem Umfang „mikropolitische" Untersuchungen zum deutschen Faschismus; also Studien zur Machtpraxis in der Provinz, zu Alltagsverhalten und Alltagserfahrung, und zur tatsächlichen Durchsetzung der nat.-soz. Politik. So beginnt man zu fragen nach der Beteiligung militärischer und ziviler Stellen bis hin zur Reichsbahn an der Politik verwalteter Massenmorde. Der Anteil sehr zahlreicher Menschen an legaler Unmenschlichkeit ist bis heute kaum analysierbar ohne heftigen emotionalen Widerstand.

Pn einzelner Mitläufer und Mittäter können zumindest bruchstückhaft zeigen, wie Menschen zu Schergen werden. Einzelfallstudien können der Frage nachgehen, was Menschen unfähig gemacht hat zu passivem Widerstand, aber fähig zu ungerührtem Verwalten von Leid und Erniedrigung. Das Leben eines einzelnen mag Hinweise geben auf Ursachen von Manipulierbarkeit und erbarmungsloser Pflichttreue, mangelnder Empörung über anderen angetanes Unrecht und die Abwesenheit von handlungsfähigem Mitgefühl. Pn können in einzelnen Fällen aus einer zeittypischen Lebensgeschichte eine verstümmelte Menschlichkeit zumindest teilweise aufhellen, ohne zu beschönigen oder soziale Ursachen zu verschleiern. Zu untersuchen ist die Wirkungsweise von (sozialen, politischen, und letztlich ökonomisch bedingten) Mechanismen der Dehumanisierung, der legalisierten und routinisierten Grausamkeit. Eine P untersucht diese Mechanismen innerhalb der Gefühlswelt jener Menschen, durch deren Handeln die Politik verwalteter Grausamkeit schließlich realisiert wird.

Die schwerstwiegende Frage an Pn der Nazizeit ist die nach dem unterschiedlichen Verhalten verschiedener Leute in vergleichbaren Situationen. Wir wissen wenig darüber, warum manche Leute den Opfern von Verfolgung zu helfen suchen, viele sich an der Menschenjagd beteiligen und die meisten wegsehen. Pn von Helfern der Verfolgten und von Antifaschisten liegen bisher nicht vor.

c) Die überlebenden *Opfer* von Verfolgungspolitik tragen nach heutiger Kenntnis schwere und oft unheilbare Schäden davon. Die P von Überlebenden mag beitragen zu einem Mindestmaß an informiertem Verständnis. Sie zeigt die Grenzen und die Möglichkeiten der Bewahrung menschlicher Integrität (vgl. B. Bettelheim, The Informed Heart. 1960).

3. *Problematik*. – Die P unterliegt allen Vorbehalten gegen nicht exakte und nicht quantifizierende Verfahren, überdies allen kritischen Einwänden gegen die Psychoanalyse (PsA). Zudem steht sie vor den methodi-

schen (und z. T. auch wissenssoziologischen) Schwierigkeiten fächerübergreifenden Arbeitens in jeweils hochspezialisierten Gebieten. Schließlich ergeben sich spezifische Probleme (zu theoretischen und Methodenfragen vgl. Glad 1973; Greenstein 1975; Anderson 1981; zur Kritik Stannard 1980):

a) Die P besitzt, anders als die PsA, meistens nur wenig *Material* zum persönlichen Erleben des Betroffenen. Dieses ist der Fremdbeobachtung nicht unmittelbar zugänglich. Die Interpretation literarischer Werke ist in der politischen P nur ausnahmsweise (Tagebücher) möglich. Der Betroffene selbst mag dem Biographen Material zugänglich machen; aber dann ist zu fragen, welche (nicht notwendig bewußten) Motive die Auswahl und Darstellung gefärbt haben mögen – z. B. der Wunsch, im Biographen einen Anwalt gegenüber der Nachwelt zu finden oder einen treu bewahrenden Erben.

Lücken im Material sind selbst oft soziokulturell bedingt. So hat es die politische P regelmäßig mit Männern zu tun, denen das Wahrnehmen und Ausdrücken von Gefühlen schwergefallen ist. Sehr oft erfährt man so gut wie nichts über die Mutter und die Beziehung zu ihr, oft nur schablonenhaftes über die Ehefrau (sehr lehrreich dazu im Blick auf den Nationalsozialismus: K. Theweleit, Männerphantasien. 1977).

Das Kindheitserleben insbesondere ist der politischen P oft kaum zugänglich. Die neuere PsA (Margret Mahler, H. Kohut u. a.) betont aber zunehmend die Bedeutung frühester Erfahrungen und der allerersten zwischenmenschlichen Beziehungen für die Erklärung noch des erwachsenen Verhaltens. Indessen kann schon eine einzelne frühe Erinnerung – und besonders eine solche, die zugleich als schmerzlich und als kennzeichnend erinnert und erzählt wird – der P wertvolles Material in die Hand geben.

Die P ist nicht auf Mutmaßungen angewiesen. Ihre Annahmen lassen sich weit genug präzisieren, um durch widersprechendes Material widerlegbar zu sein. Sie kann – und ist insoweit freier als die klinische PsA – alles zugängliche Material verwenden, von Dokumenten bis zu Äußerungen Dritter. Sie kann aber ihre Interpretationen und Schlußfolgerungen nicht an den Gefühlsreaktionen des Betroffenen überprüfen. (Man scheut sich heute auch vor der früher vielverwendeten Symboldeutung.) Im Einzelfall läßt sich ein hohes Maß an Plausibilität erreichen und sonst Unerklärbares zumindest bruchstückhaft verstehen. Nur ist es nicht möglich, das Verhalten eines einzelnen Menschen exakt zu erklären; oder auch nur einen Menschen vollständig und genau zu beschreiben. Die P kann beitragen zu einem informierten Verständnis; exakten Beweis führen kann sie nicht.

b) Als „*Reduktionismus*" läßt sich die Gefahr kennzeichnen, eine umfassende Erklärung anzustreben, aber im Ergebnis eine Erklärungsebene zugunsten einer anderen zu vernachlässigen. Oft wird mit einander ergänzenden Erklärungen so verfahren, als schlössen sie einander aus. Die PsA betont die vielfältigen und kaum je vollständig erfaßbaren Ursachen (die „Überdeterminiertheit") psychischer Vorgänge. Sie neigt aber selbst oft zum Ausblenden ökonomischer Bedingtheiten und politischer Zwänge. Umgekehrt kann die kritische Analyse politisch-wirtschaftlicher Verhältnisse trotz verbaler Bekenntnisse zur „Relevanz" des „subjektiven Faktors" die Individualität menschlichen Fühlens und Leidens verkennen.
Das Problem isolierender Erklärungsansätze stellt sich der politischen P vor allem beim Bewerten des Ranges von Kindheitserfahrungen für die Erklärung späteren politischen Verhaltens. Einerseits haben gerade Pn (v. a. Erik Eriksons Bücher über den jungen Luther und über Gandhi) herausgearbeitet, welche Bedeutung der Adoleszenz und noch dem Erwachsenenleben zukommt für die Persönlichkeitsentwicklung. Andererseits stärkt unsere politische Kultur die Neigung, das Leiden von Kindern unter ihren Erziehern zu beschönigen und die Schäden verleugneten Kinderleids zu bagatellisieren. Tiefe und zugleich verleugnete emotionale Schädigungen sind mehr die Regel als die Ausnahme; „denn bis vor kurzem wußte man nicht, wie sehr ein Kind leiden kann" (Miller, 1980/81). Die schon klassischen Studien über die politische Funktion von Sexualunterdrückung (W. Reich) und abgespaltener Aggressivität („Autoritäre Persönlichkeit") bezeichnen nur den Anfang einer noch an Gewicht zunehmenden Forschungsrichtung. Das Gebiet der P berührt sich mit dem wachsenden und heftig umstrittenen Arbeitsfeld der „Psychohistorie" (Zeitschriften: Psychohistory Review; Journal of Psychohistory).

c) Eine abwertende „*Psychiatrisierung*" eines politisch Handelnden kann besonders (aber keineswegs nur) aus einer popularisierenden P folgen. Nun besitzt „normales" politisches Verhalten auch Anteile an Angst, Zwang, Wahn und schierer Destruktion. Zuweilen kann man bei kollektiven Phantasien (auch der sog. Eliten) mit einigem Grund von „psychotischen" Zügen sprechen (Kriegsbegeisterung, nationale Größenträume, Ketzerverfolgungen). Ein auslösendes Moment für das Entstehen politischer Pn war zudem die Möglichkeit schwerer seelischer Erkrankung von amtierenden und durchaus erfolgreichen Spitzenpolitikern. Rücktritt und nachfolgender Freitod des ersten Verteidigungsministers der USA, Forrestal, hatten dies im Jahr 1949 bestürzend deutlich werden lassen. Krankheitsbild und politisches Verhalten (Verfolgungsangst und Antikommunismus) zeigten zudem in diesem Fall einen Zusammenhang. Klinische Erklärungen bieten sich auch in weit weniger ex-

tremen Fällen an. Es läßt sich aber zeigen, daß auch sorgsam geprüfte Diagnosen in den Händen von kompetenten und als integer bekannten Fachleuten nicht immer frei sind von abwertenden Beiklängen.
Zum Unterschied von der P arbeitet die klinische PsA ausschließlich mit Äußerungen des Patienten, vor allem seinen Träumen und Einfällen. Zu deren Preisgabe kann man niemanden zwingen. Es gibt deshalb keine kunstgerechte PsA gegen den Willen des Betroffenen. (Darauf beruht zu einem wesentlichen Teil ihr aufklärerischer Anspruch.) Dieses Korrektiv besitzt die P nicht. Sie kann durch ihr Vorgehen dem landläufigen Vorurteil Nahrung bieten, die PsA könne Menschen gegen ihren Willen durchschauen und ihre verborgenen Wünsche und heimlichen Wunden der Öffentlichkeit preisgeben. Eine an der PsA orientierte P wird demgegenüber die Gefühle und Erwartungen des Autors (und seiner Leser) von der beschriebenen Person abzulösen suchen und dieser vielleicht gerade ihre Fremdheit lassen. (Ein eindrückliches Beispiel bietet Wolfgang Hildesheimers Buch über Mozart.)
In neuerer Zeit – und gerade im Gefolge der PsA – haben die gesellschaftlich vorherrschenden Vorstellungen über geistige Krankheit und Gesundheit sich als ihrerseits gesellschaftlich und politisch bedingt erwiesen. Der Wissenschaftler muß sich deshalb auseinandersetzen mit seiner eigenen Neigung – und der seiner absehbaren Öffentlichkeit –, etwa zum Gleichsetzen von krank mit gefährlich, gesund mit normal; und vor allem mit der faschistischen Vorstellung, Leiden beweise Schwäche und Schwäche sei minderwertig. Umgekehrt muß eine politische P sich ebenso der Möglichkeit gewahr sein, unvermerkt ihren „Helden" in Schutz zu nehmen gegenüber seinen Opfern.

d) Die *Gefühle* des Wissenschaftlers gegenüber seinem „Objekt" beeinflussen die Arbeit an einer P, beginnend mit der Themenwahl. Eine von allem Empfinden reine Distanz ist kaum menschenmöglich. Die PsA sieht in der genauen – und systematisch ausgebildeten – Beobachtung der eigenen emotionalen Reaktionen sogar das eigentliche Werkzeug zum Verstehen fremden (nicht unmittelbar beobachtbaren) Erlebens und Fühlens. In der klinischen PsA arbeitet man aber mit einem unmittelbar anwesenden, zudem durch sein persönliches Leid das Mitgefühl ansprechenden einzelnen. In der P dagegen hemmen innerer und äußerer Abstand – und oft die vom „Subjekt" der P begangenen Untaten – das Entstehen von Empathie. Einfühlung setzt Distanz voraus. Sie kann aber umgekehrt verwechselt werden mit Identifizierung; zumal wenn der Beobachter bewußt oder unbewußt Partei nimmt für Werk oder Schicksal der beschriebenen Person.
Die politische P von Zeitgenossen wird in Deutschland überdies erschwert, weil sie auch Nachgeborene des Nationalsozialismus regelmäßig

zu belastenden Konfrontationen führt mit der eigenen Entwicklung unter dem Einfluß von vielfach nationalsozialistisch geprägten Personen und Verhältnissen. Man findet diese Auseinandersetzung weniger in wissenschaftlichen Untersuchungen als in literarischen Texten, häufig der als Roman eingekleideten Autobiographie (etwa seit Christa Wolf, Kindheitsmuster. 1976).
Eine P kann Abwehr oder Betroffenheit auslösen. Deren Verarbeitung trägt aber bei zum Verständnis emotionaler Beschädigung, ihrer sozialen Bedingtheit und ihrer Verwertbarkeit im Interesse menschenverachtender Herrschaft.

Dieter-Dirk Hartmann

Literatur:

Anderson, James W.: The Methodology of Psychological Biography. Journal of Interdisciplinary History 11, 1981, 455–475.
Glad, Betty: Contributions of Psychobiography. In: *Knutson,* Jeanne (Ed.): Handbook of Political Psychology. San Francisco 1973, 296–321.
Greenstein, Fred L.: Personality and Politics: Problems of Evidence, Inference, and Conceptualization. New York 1975.
Mensch, Terry G.: Psychohistory of the Third Reich: A Library Pathfinder and Topical Bibliography of English Language Literature. Journal of Psychohistory 7, 1979, 331–354.
Miller, Alice: Am Anfang war Erziehung. Frankfurt/M. 1980.
Stannard, David, E.: Shrinking History: On Freud and the Failure of Psychohistory. New York/Oxford 1980.

Sicherheitsdenken

→*Aggression, Angst, Internationaler Konflikt, Konservatismus, Militarismus, Zwischenstaatliche Beziehungen.*

1. *Sicherheitsdenken* läßt sich als das *Bemühen* von Individuen und Kollektiven beschreiben, für sich und/oder andere *in einer als bedrohlich oder undurchschaubar erlebten Situation oder für die derartig wahrgenommene Zukunft mehr Sicherheit (S) zu erlangen oder eine Situation erlebter S in die Zukunft hinein zu stabilisieren.* Die Vieldeutigkeit des S-Begriffs soll dabei mit Kaufmann (1973) zu vier Bedeutungskomplexen zusammengefaßt werden, für die gelten soll, daß ,,S als Wertbegriff'' zugleich ,,*Gefahrlosigkeit, Verläßlichkeit, Gewißheit und Sorgelosigkeit*'' meint. Ihr Zusammenhang läßt sich wie folgt verdeutlichen: ,,Nur die

Gewißheit verläßlichen Schutzes führt zur Sorgelosigkeit oder: Das subjektive ‚S-Gefühl' soll berechtigt sein in dem Sinne, daß objektiv keine Gefahr droht" (Kaufmann, S. 149). Dies sei nur dann gegeben, wenn die Wahrnehmung der Gefahrlosigkeit richtig sei, wenn also „auf das wahrgenommene Bild der Außenwelt Verlaß ist und die Wahrnehmungsverarbeitung dem Kriterium der ‚richtigen Erkenntnis', der Gewißheit" genüge (ebd.).

Auf die gesellschaftliche Ebene übertragen bedeutet dies: „Gesellschaftlich vermittelte Sicherheit erscheint als die Gewißheit einer verläßlichen Ordnung", als Zustand, in dem Handelnde „Verhaltenssicherheit im Sinne von Ruhe, Vertrauen und Entschlossenheit" dadurch gewinnen, daß gegebene Garantien und Schutzvorkehrungen berechenbar sind. „Wer so in sein eigenes Handeln eine gewisse Kontinuität zu bringen vermag, ist außerdem für den Mitmenschen ‚sicherer', d. h. zuverlässig oder zum mindesten von ‚voraussehbarer Unzuverlässigkeit'" (ebd.).

Frei unterscheidet zwischen der *subjektiven und der objektiven Ungewißheit*. Dies ermöglicht, verschiedene *Typen von S und Un-S zu definieren*. Subjektive Ungewißheit ist dadurch bedingt, „daß das künftige Verhalten anderer eingeschätzt werden muß und nur eingeschätzt und nicht sicher berechnet werden kann" (Frei, S. 20). Die objektive Ungewißheit ergibt sich aus den tatsächlichen Handlungsmöglichkeiten des anderen. Aus der Aufteilung der beiden Dimensionen der Ungewißheit in je zwei Ausprägungen, groß und gering, gewinnt Frei folgende vier Typen: *„Echte Sicherheit* besteht dann, wenn sowohl subjektiv als auch objektiv die Ungewißheit in bezug auf ein negativ bewertetes Ereignis gering ist... *Unsicherheit* dagegen besteht, wenn sowohl die subjektive Einschätzung als auch die objektive Lage äußerst ungewiß sind. Die beiden asymmetrischen Situationen, *‚falsche Sicherheit'* und *‚Obsession'*, lassen sich mit Hilfe dieser beiden Dimensionen ebenfalls klar umschreiben und verstehen" (ebd.).

2. S-Denken gehört zu den *überlebensnotwendigen Orientierungen* des Menschen als „Mängelwesen". Es ist eine „*universale menschliche Eigenschaft*" (Kaufmann, S. 10). Im Sinne einer Schutzvorkehrung gegen dem Menschen unfreundliche natürliche Umweltfaktoren (Beschaffung von Wohnung, Kleidung, Jagdgerät, Vorräten etc.) und gegenüber unfreundlichen Mitmenschen war S-Denken stets ein *Antrieb im Prozeß der Zivilisation*. Elias beschreibt in diesem Zusammenhang v. a. die Herausbildung von *Gewaltmonopolen*. Durch sie wurde „die Bedrohung, die der Mensch für den Menschen darstellt... einer strengeren Regelung unterworfen und ... berechenbar". Der Alltag wurde „freier von Wendungen, die schockartig hereinbrechen. Die Gewalttat ist kaserniert; und aus

ihren Speichern, aus den Kasernen, bricht sie nur noch im äußersten Fall, in Kriegszeiten und in Zeiten des gesellschaftlichen Umbruchs, unmittelbar in das Leben des Einzelnen ein" (Elias, S. 325). Die für Gewaltanwendung zuständigen Spezialisten überwachen „nur noch am Rande des gesellschaftlichen Alltags" „als eine Kontrollorganisation... das Verhalten des Einzelnen". Damit behalte die Gewalt und die Bedrohung, die von ihr ausgeht, einen bestimmenden Einfluß auf den einzelnen, auch wenn dieser es nicht wahrnehme. „Aber es ist nicht mehr eine beständige Unsicherheit, sondern eine eigentümliche Form von Sicherheit" (ebd.). Trotz dieser sehr langwierigen gesellschaftlichen Entwicklung wird dem S-Denken erst in der sozialwiss. Literatur des 20 Jh.s Aufmerksamkeit zuteil. Erst in dieser Zeit wurde „S" zum *Symbol einer gesellschaftlichen Wertidee,* ja zur „Kategorie der Industriekultur" (H. Freyer, zit. nach Kaufmann, S. 13). Zugleich wurde S-Denken zum *Gegenstand vorwiegend liberaler Kritik,* in der es als Gegentendenz zur Verwirklichung des Freiheitsideals verurteilt wird (vgl. Maihofer).

3. Kaufmann unterscheidet zwei grundsätzlich verschiedene *Konzeptionen* des S-Denkens. Die eine ziele auf „*Geborgenheit*". Hierunter versteht er eine „*verlorene S*", einen Bewußtseinszustand, der vergangenen soziokulturellen Bedingungen entspricht (Kaufmann, S. 141; anders Bossel, S. 47, für den das Gefühl der Geborgenheit generell als Bezeichnung für die Erfüllung des von ihm sogenannten „*Leitwertes*" S gilt). Die andere Konzeption ziele auf eine „*zu gewinnende S*" und entspreche einem neuzeitlichen Begriffsverständnis (Kaufmann, S. 157). Beide verbinde und unterscheide ihr *Zukunftsverständnis.* „Zukunft" sei für das moderne Bewußtsein geradezu das „Unsichere schlechthin". Der positive Begriff „S" meine „Zukunft" in einem vorneuzeitlichen, ahistorischen (räumlichen bzw. raum-zeitlichen) Sinn, während der negative Begriff „Un-S" Zukunft im modernen, zeitbezogenen Sinn verstehe (ebd., S. 158). Sowohl das Konzept der Geborgenheit wie die geplante System-S setzten die Wertmaßstäbe bereits voraus und überantworteten sie nicht dem handelnden Subjekt. Seien jedoch die Wertmaßstäbe außerhalb des Subjekts zerbrochen oder besäßen Wertmaßstäbe der Vergangenheit keine Verbindlichkeit mehr, so müsse eine „Un-S der Orientierung" entstehen, „als deren Ausdruck der Verlust des Horizonts und damit die Freisetzung der Zukunft als Zeitlichkeit anzusehen ist" (ebd., S. 162). Unsicherheit werde dann thematisiert, wenn „Zukunft" ihren freundlichen Aspekt verloren habe. Dies hänge damit zusammen, daß nur noch „S" und nichts Bestimmteres mehr angestrebt werde, wodurch S zu einem Leitwert zur „*Garantie beliebiger Werte*" (Kaufmann, S. 162) werde. Diese Tendenz ist v. a. in den Industrieländern in diesem Jahrhundert

festzustellen. Sie läßt sich nicht hinreichend mit dem Hinweis auf Kriege, Wirtschaftskrisen oder die menschliche Grausamkeit begründen; Kaufmann führt sie vielmehr auf ,,Unbestimmtheit der Werte, Subjektivierung des Weltbezuges und Freisetzung der Zeitlichkeit der Zukunft" als drei zentralen Elementen eines ,,einheitlichen neuzeitlichen Bewußtseins" zurück (S. 169).
Was dem konservativen Bewußtsein als Ordnungsverlust, als Verlust der ,,Ganzheit" oder ,,Geborgenheit" erscheine, sei sachlich richtiger ,,als *Differenzierungsprozeß* zu beschreiben, in dem ,alte Ordnungen' abgelöst und ,neue Ordnungen' geschaffen werden" (S. 170). Dabei wird jedoch nicht lediglich eine Ordnung durch eine andere ersetzt, sondern es ist eine ,,*Pluralität von Ordnungen*" entstanden, ,,an denen das Individuum in segmenthafter Weise teilhat, ohne in ihnen aufzugehen" (ebd.). Das Individuum erfahre sich unter ,,verschiedenen, untereinander nicht in evidenter Weise verbundenen Ordnungen handelnd... in denen unterschiedliche Normen und Leitbilder gelten". Es könne seine Identität nur dadurch bewahren, daß es ,,sein soziales Verhalten als rollenhaft segmentiert" reflektiere (ebd., S. 172). Da Gesellschaft nur noch als Komplex sozialer Systeme bestimmt werden könne, erscheine dem unter differenzierten Sozialverhältnissen lebenden Individuum ,,Gesellschaft" nun nicht mehr als ,,Wahrnehmungsgestalt", ,,seine Sozialbeziehungen haben keinen geschlossenen Horizont mehr, sondern nehmen die Form eines offenen ,Netzwerkes' an, in dem nur noch eigene Bezugspersonen des Individuums ihrerseits untereinander Beziehungen haben und auch diese Beziehungen sich in der Regel auf einige oder wenige Dimensionen reduzieren" (ebd., S. 173).

4. Die hier angesprochenen vielfältigen Beziehungen zwischen dem Individuum und Segmenten seiner Umwelt sind, soweit es sich nicht um zufällige und einmalige Begegnungen handelt, auf (z.T. wechselseitigen) *Erfahrungen* gegründet und werden unter bestimmten *Erwartungen* aufgenommen, fortgeführt, verändert oder beendet. Ein Teil dieser Erfahrungen kann als ,,*S-Erleben*", ein Teil der Erwartungen als ,,*S-Bedürfnis*" beschrieben werden.
S-Denken ist in diesem Sinne eine Auswertung der gesammelten Erfahrungen zur Formulierung sicherheitsorientierter Erwartungen. Diese lassen sich auf wenigstens sechs verschiedenen Ebenen lokalisieren. Sie betreffen a) *interindividuelle Beziehungen;* b) Beziehungen zu und innerhalb von *Kleingruppen* (Familie, Freundeskreis, Nachbarschaft, am Arbeitsplatz etc.); c) Beziehungen zu und zwischen *Einrichtungen im lokalen Nahbereich* (Kindergarten, Schule, Firma, bei der man arbeitet, Arzt, Krankenhaus, Kirchengemeinde, Gemeindeverwaltung, Polizeirevier,

Arbeitsamt, Lokalzeitung, Gewerkschaften und Parteien auf lokaler Ebene etc.); d) Beziehungen zu und zwischen *gesamtgesellschaftlich relevanten Institutionen* (Staatsorgane einschl. Polizei und Militär, Rechtswesen, Gesamtverbände von Parteien, Gewerkschaften und Interessenvereinigungen, Kirchen, öffentlich-rechtliche und andere Massenmedien, etc.); e) Beziehungen zu und zwischen *Staaten und trans- und internationalen Organisationen* (UNO, NATO, EG, befreundete, neutrale und gegnerische Staaten, nichtstaatliche internationale Organisationen, etc.); f) schließlich Beziehungen zum *transzendentalen Bereich* (Gott oder andere religiöse Heilsspender und Leitbilder).
Individuelles S-Denken kann sich auf alle sechs Ebenen beziehen. Erwachsene, denen die Vielschichtigkeit des Alltagsbegriffs „S" in groben Umrissen präsent sein dürfte, werden auch jeweils für bestimmte Bedürfnisse die richtige Stelle ansprechen. Pathologische Entwicklungen können hingegen z. B. aus einem übersteigerten S-Denken oder aus Frustrationen aufgrund von an die „falsche Adresse" gerichteten Erwartungen resultieren.
S-Denken ist auch eine Orientierungsweise der auf den anderen Ebenen angesiedelten Einheiten. Dort wird es jedoch meist als „*S-Interesse*" bezeichnet. Auch dieses S-Denken kann sich auf Einheiten der gleichen oder einer anderen sozialen Ebene bis hinunter zum Individuum beziehen.

5. Im Gegensatz zum französischen und englischen Sprachgebrauch ist der S-Begriff im deutschen *umfassend* verwendbar. Es entspricht darüber hinaus dem Leitwertcharakter von S – vielleicht auch einer Neigung von Großorganisationen zur Perfektionierung –, daß S-Gesichtspunkte verschiedenster Art politische Entscheidungen beeinflussen. Dies führt nicht nur dazu, daß sich immer häufiger unterschiedliche S-Interessen wechselseitig im Wege stehen (z. B. beim Straßenbau Verkehrs-S gegen Erhaltung von Trinkwasserschutzgebieten), sondern es erlaubt auch den *demagogischen Umgang* mit den S-Bedürfnissen der Betroffenen. Durch die „scheinbar evidente Eindeutigkeit bei gleichzeitiger Unbestimmtheit des informativen Gehalts" erlangt das Wort eine „*emotionale Appellqualität*" (Kaufmann, S. 32). Es wird zum „Kristallisationspunkt für die verschiedensten Assoziationen" (Frei, S. 13 f.).
Hierin ist auch ein Grund dafür zu sehen, daß die beiden großen miteinander konkurrierenden Parteien in der Bundesrepublik, CDU/CSU und SPD, eine Vielzahl von Wahlkämpfen seit 1957 mit S-Appellen führen konnten. Seit dieser Zeit etwa besaß eine größere Zahl von Bürgern wieder etwas, das sie nach den vorangegangenen Jahren der Entbehrungen nicht verlieren mochte. Situationen, wie die zur Zeit des Wahlkampfes

1980, als Ereignisse wie Energieverteuerung und Eintrübung des Ost-West-Verhältnisses als für das künftige Wohlergehen bedrohlich wahrgenommen wurden, steigern die Ansprechbarkeit über den S-Appell: Es wird gerade soviel *Angst* erzeugt, daß noch keine Panik entsteht und die diffusen S-Angebote der Parteien noch wahrgenommen werden.

6. Demoskopische, aber auch sozialpsychologische Erhebungen zeigen, daß sich eine *allgemeine S-Orientierung* Ende der 70er Jahre keineswegs auf den Anteil der Bevölkerung beschränkte, der über Vermögen verfügte und/oder eher konservativ wählte.

Von einer Mehrheit der Bevölkerung werden *S-Bedürfnisse* für sehr wichtig gehalten, während nur ein Drittel *Entfaltungsbedürfnisse* bevorzugt. „Insbesondere das Alter, das als ‚Verfahren der Konsensbildung' in Richtung zunehmender Ordnungsliebe charakterisiert wurde, und die soziale Stellung der Bürger sowie die mit diesen Merkmalen verbundenen Realisierungschancen für weitere Ziele sind dafür ausschlaggebend, welche Bedürfnisse für die Bürger vorrangig sind" (Murck, S. 184). „Ist man älter, weiblich, nicht erwerbstätig und mit ökonomischen Ressourcen eher schlecht versorgt, so ist man wahrscheinlich ein Sicherheitstyp. Ist man dagegen jünger, männlich, erwerbstätig und auf einer höheren Ebene der Verteilungspyramide, so überwiegen wahrscheinlich Entfaltungsbedürfnisse" (Arzberger, S. 36). Eine solche Polarisierung entspricht auffällig den von Inglehart ermittelten Faktoren der *materialistischen* und *postmaterialischtischen Orientierung*. Sie findet auch eine gewisse Entsprechung in dem von liberalen Theoretikern häufig postulierten *Spannungsverhältnis zwischen Freiheit und Sicherheit,* einer Annahme, die z. B. die FDP jahrzehntelang davon abgehalten hat, ihren Wahlkampf genau wie CDU und SPD mit S-Parolen zu führen. Unter den S-Bedürfnissen rangieren solche, deren Befriedigung einen unmittelbaren und deren Nichtbefriedigung einen in den Konsequenzen überschaubaren Einfluß auf das persönliche Wohlergehen haben, vor denjenigen, deren Hochschätzung eher einem common sense entspricht. Dies gilt z. B. für Gesundheit und finanzielle Absicherung der unmittelbaren Zukunft etwa im Vergleich zu Fragen der längerfristigen Ressourcensicherung.

7. Untersuchungen, wie sich *erlebte Beeinträchtigungen* auswirken und in welcher Weise die Betroffenen ihnen zu begegnen versuchen, zeigen vor allem bei Beeinträchtigungen auf der Mikroebene einschließlich des sozialen Bezugsfeldes eine außerordentliche *Vielfalt von Auswirkungen und Beeinflussungsversuchen.*

Die *Auswirkungen* reichen von handfesten psychosomatischen Erscheinungsformen (wie Beklemmung und Schlafstörungen) über Verhal-

tensänderungen (wie erhöhter aggressiver Reizbarkeit oder Leistungsbeeinträchtigung) bis hin zu Formen erlebter Machtlosigkeit und stimmungs- und antriebsmäßiger Hilflosigkeit (wie depressiven Gefühlen und Aktivitätsverlust) und Gefühlen der kognitiven Verunsicherung und des Zweifels (vgl. Günther und Meyer, 1981).
Auch im Bereich der *Reaktionsformen* zeigt sich auf den verschiedenen Ebenen ein vielfältiges Spektrum, das von einer Aktivitätssteigerung bis zum resignativen Nichtstun reicht. Gegenmaßnahmen, die eher auf Veränderungen des Umfeldes zielen, wurden jedoch vergleichsweise selten genannt (ebd.).
Insgesamt läßt sich feststellen, daß beeinträchtigtes S-Erleben in inhaltlich verschiedenen Feldern zu jeweils völlig unterschiedlichen Auswirkungen und demzufolge auch zu verschiedenartigen Bewältigungsversuchen führt. So veranlaßt Un-S im Leistungsbereich viele Menschen, ihre Anstrengungen auf diesem Feld zu steigern; zugleich nimmt unter ihnen aber die Häufigkeit negativer psychosomatischer Reaktionen (z. B. Magen- und Schlafbeschwerden) zu. Verunsicherungen in politischen und gesellschaftlichen Erlebnisfeldern führen dagegen vorwiegend zum Gefühl der Machtlosigkeit und ziehen nur selten erhöhte Aktivität zur Vergrößerung der eigenen Einflußmöglichkeiten nach sich (ebd.). Letzteres stimmt auch mit dem Befund überein, daß sicherheitsorientierte Menschen im Vergleich zu entfaltungsorientierten politisch weniger aktiv sind und seltener Ansprüche an den Staat artikulieren (Murck, S. 185 ff.).

8. S-Denken im *militärpolitisch-strategischen* Bereich muß von dem bisher Dargestellten getrennt betrachtet werden. Hier ist zunächst zu unterscheiden, ob es sich um S-Denken als Gegenstand öffentlicher Meinungsäußerungen handelt oder um das S-Denken von Militärs und Politikern.
Demoskopische Umfragen zum Themenkreis S-Politik und Bundeswehr spiegeln seit Jahren ein „konstant ambivalentes" Meinungsbild wider (Zoll, S. 49). Während die Wichtigkeit der Bundeswehr sehr hoch eingeschätzt wird, beurteilt ein großer Teil der Bürger ihre Schlagkraft im Vergleich zu der des potentiellen Gegners als gering, rangiert der Soldatenberuf in der Statushierarchie sehr niedrig, wird die Betroffenheit durch die Bundeswehr von einem erheblichen Teil der Bevölkerung abgestritten und ist folgerichtig auch der Informationsgrad über die Grundlagen der S-Politik äußerst dürftig. Zolls Urteil, daß „von einer politischen Öffentlichkeit bezüglich des Gegenstandes Sicherheitspolitik und Streitkräfte nicht die Rede sein" könne (ebd., S. 181), ist sicher berechtigt. Die Gleichzeitigkeit eines stark ausgeprägten Bedürfnisses nach Frieden und äußerer S mit einem so geringen Informationsgrad und -bedürfnis über

die Wege, zu diesen Zielen zu gelangen, läßt vermuten, daß sich die meisten Bürger für diese komplexe Aufgabe nicht verantwortlich fühlen und sie infolgedessen im Sinne einer *Arbeitsteilung* mit nahezu blindem Vertrauen den dafür zuständigen Spezialisten der Bundeswehr überlassen. Elias' Beobachtungen zur Herausbildung des Gewaltmonopols (s. o.) bestätigen sich hier; zugleich stellt sich aber die Frage nach der demokratischen Einbindung des sicherheitspolitischen Instrumentariums.

9. Auf der Ebene der Militärs und Politiker erweist sich S-Denken sehr häufig noch als an *atavistischen Vorstellungen* wie dem Leitsatz „Wenn du den Frieden willst, bereite den Krieg vor" ausgerichtet, ohne daß Konsequenzen daraus gezogen würden, daß sich diese Maxime schon seit Jahrhunderten als *längerfristig unwirksam* erwiesen hat. Die vorherrschende Orientierung an den militärischen Möglichkeiten eines potentiellen Gegners und nicht an dessen politischen Absichten, führt zu einem *„worst case thinking"*, d. h. zu einer Ausrichtung der eigenen Vorbereitungen am denkbar schlimmsten Fall. Wer sich bei seinen Bemühungen, Gegner abzuschrecken, nur an seinem eigenen S-Bedürfnis orientiert, vernachlässigt die Interdependenz der Einzelstaaten im Rahmen der *Weltpolitik*. „Wenn in sicherheitspolitischen Belangen zwei, drei und mehr Systeme das gleiche tun, so besteht durchaus die Möglichkeit, daß dadurch das Erstrebte gerade nicht erreicht wird. Konkret: Die Gewißheit erzeugenden Abschreckungsvorkehrungen des einen sind eine Ursache für Furcht, Ungewißheit und Unsicherheit jedes anderen" (Frei, S. 46). Es gelte, die Unterschiede zwischen der Ebene der nationalen Systeme und der Ebene des internationalen Systems zu beachten. „Je mehr die einzelstaatlichen Systeme durch Rüstung nach abschreckungsgesicherter Sicherheit streben, desto unsicherer wird das internationale System insgesamt... Die Weltsicherheit ist nicht die Summe der Sicherheit der Einzelstaaten, sondern im Gegenteil: sie sinkt ins Minus ab, je mehr einzelstaatliche Sicherheit zusammenaddiert wird" (Frei, S. 46).
Erst wenn Abschreckungsmaßnahmen so geartet sind, daß sie nicht als Angriffsvorbereitungen interpretiert werden können, läßt sich ein Rüstungswettlauf vermeiden. D. h., ein modernes, *nicht-partikularistisches* S-Denken hat die S-Bedürfnisse des potentiellen Gegners mit zu berücksichtigen. Es hat davon auszugehen, daß beide Seiten in ihrer S in dem Maße nur gesichert sind, in dem sich die jeweilige Gegenseite vor der anderen sicher fühlen kann.

10. Das Wissen um den *reflexiven Charakter der S* bedingt ein sicherheitspolitisches Umdenken, die *Abkehr vom Leitbild der verunsichernden Abschreckung hin zu einem System der wechselseitig zugesicherten S.*

Fortschritte auf diesem Weg dürften v. a. über *Vertrauensbildungsprozesse* zu erreichen sein.

„Vertrauen" ist wie „S" zunächst für den zwischenmenschlichen Verkehr von Bedeutung. Beide Kategorien stehen in einer engen Beziehung zueinander: Wem ich Vertrauen entgegenbringen kann, in dessen Gegenwart fühle ich mich sicherer als gegenüber demjenigen, dem ich mißtraue. Vertrauen ist eine Art *„Brücke"*, um in nichtgesicherten Situationen mehr S zu gewinnen. Ist S bereits vorhanden und gesichert, bedarf es dieser Art der Vertrauensleistung nicht mehr (vgl. Luhmann, S. 16 u. 23). So wie S-Gefühle aufgrund bestimmter Erfahrungen entstehen, erwächst auch Vertrautheit aus Erfahrungen mit bestimmten Situationen, Personen oder Organisationen. Hieraus werden dann (vergleichbar mit der Genese von S-Bedürfnissen) Erwartungen in bezug auf die Wiederbegegnung mit diesen Personen und Organisationen oder auf das Eintreten vergleichbarer Situationen abgeleitet. Mißtrauen und Vertrauen sind in diesem Prozeß gleichermaßen *generalisierte Erwartungshaltungen* (vgl. Luhmann, S. 19).

Das herrschende Abschreckungssystem beruht auf der generalisierten Erwartung, daß negatives Verhalten der einen Seite mit einer negativen Antwort der anderen vergolten wird. Wer in dieser Situation dafür sorgen will, daß Mißverständnisse und Überreaktionen vermieden werden, muß der negativen Kalkulation eine positive gegenübersetzen. Er muß unterstellen, daß der andere nicht böswilliger ist als er selbst und deshalb positives Verhalten durch positive (oder wenigstens nicht negative) Reaktionen beantworten wird. Um die Richtigkeit dieser Unterstellung zu testen, muß er dem anderen in irgendeinem Bereich zeigen, daß er bereit ist, sich selbst einem *Risiko* auszusetzen. Und er muß abwarten, ob der andere dies ausnutzt oder seinerseits mit einem Akt der „Öffnung" reagiert. Dies ist der für einen Vertrauensbildungsprozeß notwendige *Vertrauensvorschuß*. Zur Einleitung einer positiven Reaktion darf der Vertrauende keine Bedingungen stellen oder Sanktionen ankündigen, da er sich sonst die Möglichkeit nimmt, die Vertrauensleistung des anderen als solche und nicht nur als Erfüllung zu erkennen. Aufgrund einer *Abfolge abwechselnden Aufeinanderzu- und -eingehens* könnte eine *Vertrauensbasis* zustande kommen, durch die die Fähigkeit, *miteinander in S zu leben*, gesteigert würde.

Berthold Meyer

Literatur:

Arzberger, Klaus et al.: Die Bürger. Bedürfnisse. Einstellungen. Verhalten. Königstein i. Ts. 1979.

Bossel, Hartmut: Bürgerinitiativen entwerfen die Zukunft. Neue Leitbilder, neue Werte. Frankfurt/M. 1978.
Elias, Norbert: Über den Prozeß der Zivilisation. Soziogenetische und psychogenetische Untersuchungen. 2. Band. Frankfurt/M. 3. Aufl. 1977.
Frei, Daniel: Sicherheit. Grundfragen der Weltpolitik. Stuttgart/Berlin/Köln/Mainz 1977.
Günther, Rudolf, *Meyer* Berthold: „Sicherheit" als individueller und gesellschaftlicher Wert und das Bedürfnis nach Sicherheit als Rahmenbedingung friedenspolitischer Lernprozesse. Projekt-Schlußbericht, Tübingen 1981.
Kaufmann, Franz Xaver: Sicherheit als soziologisches und sozialpolitisches Problem. Stuttgart, 2. Aufl. 1973.
Luhmann, Niklas: Vertrauen. Ein Mechanismus der Reduktion sozialer Komplexität. Stuttgart, 2. Aufl. 1973.
Murck, Manfred: Soziologie der öffentlichen Sicherheit. Frankfurt 1980.
Zoll, Ralf (Hrsg.): Wie integriert ist die Bundeswehr? München 1979.

Sozialisationsforschung

→ *Gesellschaftsbild, Methodologie und Methoden, Moral, Politisches Lernen, Politisches Bewußtsein, Psychobiographie.*

Die *Entwicklungsgeschichte der Sozialisationsforschung* (S) reicht von der französischen Soziologie und den Anfängen der Psychoanalyse um die Wende zu diesem Jahrhundert über die ersten umfangreichen Grundlegungen in der amerikanischen Sozialforschung und die Wandlungen der Sozialwissenschaften in Deutschland zu empirisch arbeitenden Disziplinen bis in die Heterogenität der Wissenschaftszweige, die in der Gegenwart aus höchst unterschiedlichen Motiven sich mit der Hervorbringung des sozialen Wesens Mensch beschäftigen. Sozialisation ist heute ein zentrales Thema von Forschung und Theoriebildung der meisten Human- und Sozialwissenschaften – oft verengt auf Fragestellungen, welche die intradisziplinär verkrusteten Traditionen gerade noch zulassen, viel zu selten interdisziplinär und damit vieldimensional bearbeitet. Die Fülle der divergierenden Erkenntnisinteressen, wissenschaftstheoretischen Grundüberzeugungen, methodologischen Selbstverständnisse, forschungspraktischen Gewohnheiten, etablierten Theoriegebäude und selbstüberheblichen Vorurteile in der Abgrenzung von jeweils anderen Wissenschafts- und Forschungszweigen schlagen sich auch in der S nieder. Sie ist deshalb bislang in keine einheitliche, umfassende und überzeugende Theorie der Sozialisation gemündet, sondern widmet sich in gelegentlich chaotisch anmutender Vielfalt einem strittigen Objektbereich,

definiert eben diesen zuweilen nach Gusto, wählt verschiedenartige Zugriffsweisen, zieht einander ausschließende oder ergänzende Folgerungen aus ihren Ergebnissen und weiß sich unterschiedlich zu legitimieren. Der gemeinsame *Gegenstand aller Ansätze der S* ist der – letztlich lebenslängliche – Prozeß menschlichen Lernens in sozialen Zusammenhängen, infolgedessen Menschen als Individuum und als Mitglieder kleinerer oder größerer Kollektive sowie als Gattungswesen innerhalb einer konkret bestehenden (Welt-)Gesellschaft und im Medium alltäglicher Verkehrsformen gesellschaftlich handlungsfähig werden. Realiter wird dieser Gegenstand freilich immer nur ausschnittweise oder aus einem jeweiligen Betrachtungswinkel erforscht, der sich der Manifestation der oben bezeichneten Vielfalt verdankt. Von der Bestimmung des Ausschnitts und des Betrachtungswinkels hängt es ab, wie der Prozeß des menschlichen Lernens gesehen, gedacht und gedeutet wird und was über ihn in gesicherte Erfahrung gebracht werden kann. Die Bedeutung der Erkenntnisse der S für die Praxis der Sozialisation selbst ist dabei generell zwischen zwei Extrempolen angesiedelt. Denn sie erweist sich im Spannungsfeld von hochgradiger Abstraktion, die Anweisungen für konkretes Handeln nicht mehr zuläßt, und von unverbundenem Detailwissen, das nicht zu einem bündigen Handlungsimpetus verdichtet werden kann. Im einen Falle liegt die Akzentsetzung der S auf der Untersuchung der allgemeinsten Bedingungen der Sozialisation (gesellschaftliche Totalität), im anderen Falle markiert eine Verzettelung in die kleinsten Elemente von Lernprozessen den Ertrag von Analysen (überstrenge Operationalisierung und Variablenisolation). Das Forschungsobjekt, die Sozialisationswirklichkeit, erweist sich demgegenüber als ein heute mehr denn je komplexer Funktionszusammenhang, der ohnehin kaum vollständig abbildbar ist, geschweige denn durch die aus Extremen resultierenden Verengungen heraus auch nur näherungsweise rekonstruiert werden kann.
Immerhin ist es möglich, durch eine *kategoriale Erschließung des Forschungsfeldes* den Gegenstand der S über die wissenschaftlichen Differenzen hinweg zu präzisieren. So läßt sich etwa deutlich machen, daß der soziale Prozeß menschlichen Lernens durch eine Reihe von Faktoren geprägt wird, die sich in den Termini gesamtgesellschaftliche Umwelt, institutioneller und situativer Kontext, Zeitpunkt und Entwicklungsstand der individuellen und gesellschaftlichen Biographie, Tatsachen, Verhaltensweisen sowie Wert- und Normgefüge als inhaltliche Elemente sozialen Lernens, Interaktionsstruktur hinsichtlich der Lerngegenstände und der Beziehungen von Kommunikationspartnern, äußere Einzelbedingungen des Lernprozesses wie z. B. Zugang zu Informationen und Hilfsmitteln sowie innere Einzelbedingungen des Lernprozesses wie etwa motivationale Verfaßtheit, Wahrnehmungs- und Deutungsfähigkeit benennen las-

sen. Einerseits scheint es, als würden sich in diesen Kategorien – die oft mehr dem Inhalt nach als nominell in der S präsent sind – die bis heute wirksamen und dichotomisch getrennten Ansätze der S zusammenführen oder doch als aufeinander angewiesen dingfest machen lassen: hier die Gewichtung der sozialen Zwänge im Lernprozeß, die eher auf Passivität oder Prägung verweisen; dort die Betonung der personalen Ungebundenheiten im Lernprozeß, welche vorrangig Aktivität oder Aneignung aufzeigen. Andererseits ist die Dichotomie insofern fragwürdig, als es offensichtlich eine Anschauung der bloßen personalen Momente abseits sozialer Mechanismen gar nicht gibt, so daß die Kategorien sowie die mit ihnen bezeichneten Sachverhalte vermutlich auf andere Weise zueinander in Beziehung zu setzen sind. Selbst wenn sich S darauf besinnt, ein breites naturgegebenes Potential für jeden Menschen vorauszusetzen und die darauf sich gründende konkrete inhaltliche Persönlichkeitsgenese in den Grenzmarken des historisch gewordenen gesellschaftlichen Umfelds sich konstituieren sieht, ist damit über Wesen und Erscheinung von Passivität/Prägung und Aktivität/Aneignung sowie ihr mögliches Wechselverhältnis noch nichts ausgesagt, obwohl gerade sie die Wirklichkeit des Gegenstandes von S ausmachen.

Die tatsächlich möglich werdenden Erkenntnisse über die Sozialisationspraxis sind nicht allein abhängig von ihrer objektiven Beschaffenheit, sondern auch von dem, was man *forschungsmethodische Paradigmen und ihnen zugrundeliegende Erkenntnisinteressen* nennt. Müßig ist im einzelnen die Frage, ob bestimmte Verfahren der Erkenntnisgewinnung einer expliziten Intention folgen oder unabhängig von ihr und eigendynamisch sich entfalten. Entscheidend ist vielmehr, daß Methoden, sogar gegen bessere Absichten, primär eine eindeutige Funktion erfüllen und bestimmten Interessen dienen, während gegenläufige Tendenzen zwar nicht ausgeschlossen, aber mehr zufällig und seltener sind. Einem praktischen Interesse folgen oder nützen alle – zumeist im engeren Sinne hermeneutischen – Verfahren, mit denen die S dem Sosein von Sozialisation auf die Spur zu kommen trachtet: sie ermöglichen höchstens ein immanentes Verstehen überkommener Sozialisationspraxis und die Erleichterung sozialer Handlungsfähigkeit innerhalb des Ganzen eines gesellschaftlichen Systems in seiner aktuellen Beschaffenheit. Technischem Interesse entspringen oder genügen alle – in der Regel klassischen empirisch-analytischen – Verfahren, aufgrund derer die S die momentane Sozialisationspraxis nachzuvollziehen sich anschickt: ihnen gelingt bestenfalls das Entdecken ablaufender Prozeßgesetze und die Verfügung über Variationsformen zur Steuerung von Lernprozessen in Richtung auf eine bessere soziale Handlungsfähigkeit gemäß gültiger Ziele und Zwecke eines bestehenden gesellschaftlichen Systems. Für ein emanzipatorisches

Interesse gemäß oder verfügbar sind hoffentlich und programmadäquat etliche – Herrschafts- und Ideologiekritik einschließende hermeneutische, der Quantifizierung nicht sklavisch unterworfene und sich inhumaner Tendenzen entledigende empirische sowie konsequent dialektisch-materialistisch betriebene – Verfahren, welche die Sozialisationswirklichkeit als Produkt und Element historisch-gesellschaftlicher Bewegungsabläufe zu begreifen gestatten: Mit ihrer Hilfe lassen sich die Gewordenheit individualer und sozialer Strukturen in ihrer Verflochtenheit durchschauen, auf Eingriffsmöglichkeiten befragen und mit Blick auf die in ihnen verborgenen besseren Möglichkeiten für Veränderungen vorbereiten, wenn nicht direkt auf den Weg der Veränderung bringen. Während praktisches und technisches Interesse samt der ihnen zugehörigen Verfahren, ausdrücklich oder scheinbar wertneutral, über die Begünstigung des vorherrschenden Sozialisationssystems das gesamtgesellschaftliche System stützen, steht das emanzipatorische Interesse mit den ihm entsprechenden Verfahren, faktisch oder intentional, dem mangelhaften Sozialisationssystem als einem Element des fragwürdigen gesamtgesellschaftlichen Systems skeptisch bis oppositionell gegenüber: Einerseits wird überflüssig-irrationale Herrschaft überhaupt nicht oder nicht als problembeladen gesehen, andererseits ist Herrschaftskritik, -kontrolle und -minimierung der Motor auch für S als einem Aspekt von Aufklärung und befreienden Handlungsoperationen. So wie praktisch-technische S gelegentlich emanzipatorische Qualität haben kann bzw. emanzipative nicht durchgängig zu behindern imstande ist, muß emanzipatorische S nicht automatisch den intendierten Zweck erreichen, da sie sich nicht ungehindert entfalten kann.

Damit läßt sich die *Eingebundenheit der S in ein gesellschaftliches Beziehungsgeflecht* verdeutlichen. Ein gesellschaftliches Interesse an praktischer und technischer S besteht insofern (und in zunehmend größerem Maße), wie ganz allgemein die Angewiesenheit von Gesellschaft auf Wissenschaft im Zuge zunehmender Komplexion und Differenzierung sich ausweitet sowie besonders der Sozialisationsbereich an Bedeutung für die Reproduktion herrschender Norm- und Wertsysteme, systemkonformer Verhaltensweisen und instrumenteller Fähigkeiten und für die Begründung, Erhaltung und Stabilisierung von Herrschaft gewinnt. Ein Interesse an emanzipatorischer S ist insofern und solange unabdingbar, wie Gesellschafts- und Sozialisationssystem Ungerechtigkeit perpetuieren bzw. legitime Restbedürfnisse unbefriedigt lassen und wie innergesellschaftlich Widerstand sich regt bzw. im Sozialisationsprozeß Widersprüche nicht ausgeschlossen sind. Die Konkurrenz von praktisch-technischer S auf der einen und emanzipatorischer S auf der anderen Seite ist gewissermaßen die wissenschaftliche Variante des Ringens zwischen

Kräften der Systemerhaltung (der Tradierung von Herrschaft) und Kräften der Systemveränderung (des Abbaus von Herrschaft). Sie ist hier und heute mehr als nur ein Epiphänomen der Gesellschaft, weil ihr Ergebnis nämlich dialektisch mit den materiellen Lebensgrundlagen verschränkt ist und Ferment in gesellschaftlicher Stagnation oder gesellschaftlichem Wandel zu sein verspricht. Auch das friedliche Obsiegen einer emanzipatorischen S innerhalb einer Wissenschaftsdisziplin – wie z. B. der Soziologie, Sozial- oder PPs, Politikwissenschaft oder Pädagogik – wird noch nicht unbedingt als wirkungsvoller Fortschritt auf eine Besserung des menschlichen Zusammenlebens – auf die Existenzrettung und die Prosperität aller Individuen, Gruppen und´der Menschheit – hin zu werten sein. Denn die Disziplinenpluralität ist unter anderem Ausdruck der Hochgradigkeit von gesellschaftlicher Arbeitsteilung, die nicht geringfügig am Dilemma prekärer sozialer Handlungsweisen mitverantwortlich beteiligt ist, das durch das partikularistische Sozialisationssystem hervorgebracht wird. Wenn die Gesamtgesellschaft erst wieder auf der Grundlage ganzheitlicher, unentfremdeter Lebenszusammenhänge voranschreiten kann, dann ist ein Vorwärtskommen der S wahrscheinlich auch erst als Folge der Überwindung von Disziplingrenzen, -egoismen und -blindheiten zu erwarten. Dafür gibt es freilich derzeit Hemmnisse mehr als erfolgreiche Beispiele und praktikable Konzeptentwürfe weniger als voluntaristische Programmschriften.

Auf dem Wege zu einer wahrhaft praxisrelevanten und nicht nur der Anhäufung von Herrschaftswissen dienenden Theorie der Sozialisation wird vermutlich jeder seriöse Versuch oder auch nur Beitrag zu einer *Synopse plausibler Erkenntnisse bisheriger S* hilfreich sein können, die durch alle terminologischen Unklarheiten, divergierenden Forschungsfragen und -designs, Interpretationsmuster und wertgebundenen Prämissen hindurch die vorliegende Flut von Einzelstudien zu bislang ungezählten Problemen und Problemkomplexen ordnet, durchschaubar und damit kommunikabel macht. Die Bewältigung einer solchen als Wissenschaftsdidaktik zu bezeichnenden Aufgabe erleichtert nicht nur die Aneignung durch oder Vermittlung an die Betroffenen, sondern treibt auch die diskursive wissenschaftliche Auseinandersetzung voran – und sei es auch nur, weil die damit unausweichlich verbundenen Reduktionen, Neu- und Umdeutungen, Kompilationen und Adaptionen zum Widerspruch reizen. Augenblicklich sieht es danach aus, als könnten synoptische Bemühungen konkretisierend um folgende differenzierungsbedürftige Dimensionen kreisen:

– *Sozialisationsprozesse beginnen spätestens in frühester Kindheit und dauern wenigstens bis ans Lebensende an;* unter den gegenwärtigen Bedingungen der Organisation des Sozialisationssystems verkrusten,

akkumulieren und verlangsamen sie sich allerdings mit zunehmendem Alter.
- *Frühe Sozialisationserfahrungen sind* – mindestens solange wie sie in späteren Lebensphasen nicht produktiv verarbeitet oder in erträglicher Weise durch gegenteilige Erfahrungen neutralisiert werden – *langfristig dergestalt prägend,* daß sie Grundstrukturen des Wahrnehmens und Verarbeitens sowie Basiskenntnisse, -gefühle und -handlungsmuster ausbilden und wie ein Selektionsfilter wirken, der Strukturfremdes ausblendet oder partiell integriert.
- *Sozialisation umfaßt die Gesamtheit aller Lernprozesse,* d.h., sie erstreckt sich auf intellektuelle, emotionale und instrumentelle Bereiche ebenso wie auf die Gesamtheit aller Objekte des Lernens. Denn: Die Bereiche sind unauflöslich untereinander verbunden, und die Objekte sind anders als gesellschaftlich bestimmt und vermittelt bzw. als auf gesellschaftliche Existenz bezogen nicht denkbar. Die Anforderungsstruktur des herrschenden gesellschaftlichen Systems bringt es aber mit sich, daß die Bereiche unterschiedlich (zuungunsten von umfassender Theoriebildung und Verminderung falschen Bewußtseins, von Ich-Stärke und Freiheit von →*Angst* und →*Aggression*, von einem realitätsgerechten →*Gesellschaftsbild*, von systemkritischen Kompetenzen) berücksichtigt und manche (nonkonformistische) Objekte unterrepräsentiert werden.
- Die *Gesamtleistung der Sozialisation* besteht – allemal unter den Lebensbedingungen in hochindustrialisierten, insbesondere spätkapitalistischen Massengesellschaften – in einer *Anpassung* des einzelnen an die Normen und Verhaltensstandards nicht etwa nur seiner unmittelbaren Bezugsgruppe, sondern *an die Imperative des Systems (*→*Loyalität,* →*Autoritarismus,*→*Konformität),* die Abweichungen nur als Ventil und in dem Maße zulassen, wie das System dadurch nicht gefährdet wird. Das geschieht auf dem Wege von Bedürfnismanipulation, der Vorgabe von Leitbildern, der Verheimlichung von Alternativen u.v.a.m.
- Die *Sozialisation* erfolgt überwiegend als *Interaktion,* jedoch – weil das die Beschaffenheit der Verkehrsformen und die Organisationsmodi der Gesellschaft nur selten zulassen – kaum als wechselseitige Beeinflussung und verändernder Eingriff in Lebenswelten durch die Lernenden, sondern häufiger als Tradierung des Systems. Der Reproduktionsfunktion herkömmlicher Interaktionen konvenieren rezeptives Lernen oder Lernaktivitäten, die sich in der Aneignung des Bestehenden erschöpfen. Über die Erschließung von vorhandenen Sinnzusammenhängen hinausgehende Innovationen – z.B. Sinnkonstituierung und auf Veränderung zielende Rückmeldungen an einzelne Systemelemente – sind hingegen selten.

- Die Wirkweisen von Einrichtungen des *Sozialisationssystems* – wie z. B. Familie, Schule, Betrieb – reproduzieren mit dem Systemganzen auch seinen tendenziellen *Ungerechtigkeitscharakter* (→ *Konservatismus*). Während alle Lernenden auf subtile Art (unmerklich durch Verlockungen, Belohnungen, Bestrafungen, Imitations- und Identifikationsangebote, Rollenzwänge, Kanalisierung von Reifungsvorgängen) dem etablierten Herrschaftszusammenhang unterworfen werden, sind Angehörige unterer Schichten und zahlreiche soziale Minderheiten noch zusätzlich in der Ausschöpfung des vom System Zugelassenen behindert.
- Die *Persönlichkeitsgenese* ereignet sich im Rahmen von *funktionaler* (beiläufiger, zufälliger, ohnehin ablaufenden Interaktionen entspringender) und *intentionaler* (zielgerichteter, planmäßiger, eigens organisierter) Sozialisation; beide ergänzen einander und weisen auf dieselbe Zweckbestimmtheit. Manche Vorgänge im Sozialisationsprozeß ereignen sich unbeabsichtigt; dem Lernenden bleiben sie nicht selten unbewußt oder erscheinen ihm als unentrinnbares Schicksal, zu dem sie aus ideologischen Gründen von der Umwelt auch stilisiert werden.

Obwohl durch den Fingerzeig auf zugrundeliegende Bedingungen bei all diesen Dimensionen signalisiert wird, daß es sich jeweils nicht um generelle Unausweichlichkeiten von naturgesetzähnlicher Kraft handelt, sondern mit der Bedingungsvariation auch Varianten in Sozialisationsprozeß und -ergebnis möglich werden könnten, haftet den Darlegungen ein positivistischer Zug an: sie stehen in der Gefahr, sich wie Festschreibungen eines Status quo lesen zu lassen. Sie sind zwar richtig, insofern sie mehrheitlich bzw. der Tendenz nach vorkommende Tatbestände verzeichnen. Wahr wären sie aber erst, wenn sie auch Aussagen über das im positiv Gegebenen nicht unmittelbar oder nur als ein gelegentliches Aufblitzen Enthaltene treffen würden. Das aber hieße, das Augenmerk zu richten auf Widersprüche in und zwischen den Dimensionen, auf quantitativ vorschnell für unwichtig erklärte, weil nur in geringer Anzahl auftretende Abweichungen, auf unterdrückte oder auch nur unentdeckte Widerstände und Widerstandspotentiale, auf allmähliche und deshalb bei oberflächlicher Betrachtung unmerklich bleibende Verschiebungen einschließlich der jeweiligen Bedingungen, unter denen all das möglich oder notwendig ist.

Die *Entwicklung von weiterführenden und zukunftsweisenden Perspektiven für eine praxisbedeutsame S* hat höchstwahrscheinlich an diesem Punkt anzusetzen. Das geht freilich nicht kriterienlos und ohne gerichtete Fragestellung. Es ist deshalb wichtig, Sozialisationsziele zu formulieren, von denen her die Frage nach Brüchen und Ambivalenzen, in welchen Widersprüche in Erscheinung treten, überhaupt erst notwendig werden und für die sich relative Offenheiten von Lernprozessen produktiv nutzen lassen. Derartige Sozialisationsziele lassen sich aber kaum beliebig aus den allen Teilleistungen der S direkt oder indirekt inhärenten Intentionen auswählen oder als ein Sammelsurium aller nachweisbaren Absichten zusammenstellen. Das nämlich wäre purer Dezisionismus oder blanker Eklektizismus. Bei der – gewiß ohnehin nur vorläufigen, auf mögliche Revisionen bedachten – Bestimmung von Sozialisationszielen kann es sich nur um parteinehmende Setzungen handeln, mit denen der S eine klare, obwohl nicht diktatorische Richtung gegeben wird, weil auch die Sozialisationszwecke angegeben werden. In metatheoretischen und vorbereitenden Überlegungen zu einer S, die das Prädikat kritisch im ursprünglichen und zugleich fortschrittlichsten Sinne verdient, wird aus guten Gründen geltend gemacht, daß angemessene Sozialisationsziele, die über die herrschende Sozialisationspraxis hinausweisen, nur aus einem konkret-utopischen Konzept der Gesellschaft und einer präzisen Analyse der auf sie zuführenden Schritte heraus und gemeinsam mit diesen entwickelt sowie in beständigen Diskursen legitimiert werden können. So wie die Theoriebildung über vorfindliche Sozialisationspraxis notwendig in differenzierte Gesellschaftstheorie übergehen bzw. gar einer ihrer integralen Bestandteile sein muß, wenn sie nicht über der Fülle von Einzelbefunden der S entscheidende Zusammenhänge aus dem Blick verlieren soll, so wird eine verantwortbare Veränderung der Sozialisationspraxis auf die in ihr selbst verborgenen besseren Möglichkeiten hin ohne Anleitung durch eine multidimensionale Gesellschaftstheorie kaum gelingen. Das Erfordernis von Differenziertheit und Multidimensionalität ergibt sich aus der schlichten Erkenntnis, daß allein mit dem Wandel gesellschaftlicher Strukturen sich noch lange nicht Sozialisationsweisen ändern und daß veränderte Sozialisationsweisen nicht automatisch Gesellschaft wandeln. Differenzierung und Multidimensionierung dienen daher einer praktisch mutmaßlich folgenreichen Ergründung der gleichwohl vorhandenen Dialektik von gesamtgesellschaftlichen und subsystemalen, hier: den Sozialisationssektor betreffenden Prozessen. Kritische Gesellschaftstheorie kann bekanntermaßen die bessere Gesellschaft ebensowenig positiv antizipieren, wie eine auf sie rückbezogene Sozialisationstheorie ihre Ziele operationalisiert zu fixieren vermag. Angeben läßt sich freilich, was kurz-, mittel- und langfristig mit hoher Wahrscheinlichkeit weniger schlecht ist. Wenn beispielsweise gesamtgesellschaftliche Inhumanität eine ihrer Ursachen im ausgeprägten Partikularismus hat, dann steht zu erwarten, daß künftige Sozialisationsziele adäquat sind, welche die Persönlichkeit, das psychologische Subjekt, in seiner Ganz- und Vielseitigkeit repräsentieren und zu fördern veranlassen. Gleichwohl ist es angeraten, dabei der spezifisch politischen Sozialisation, in der es um die

Konstituierung inhaltlich besonderer Vernünftigkeit, Identität und Kompetenz geht, besondere Aufmerksamkeit zu widmen. Dies nicht etwa als Anpassungsreflex auf die Tatsache, daß gesellschaftliche Arbeitsteilungsvorgänge in der Geschichte allmählich den Sektor der Politik hervorgebracht haben, jene Steuerungsinstanz für die Ordnung des Zusammenlebens und der Lebensgrundlagen – das nämlich wäre bloß affirmativ. Vielmehr gründet es darauf, daß die erweiterte und künftig sich noch erweiternde Bedeutung des politischen Systems als herausragendes Subsystem komplexer Gesellschaften für die Sicherung des Überlebens in Würde und die Verbesserung der Lebensbedingungen für alle genutzt sein will – denn anders ließe sich der mit einer utopischen Konzeption der Gesellschaft unauflöslich verbundene Anspruch auf eine kultivierende und kultivierte Bildung im System als Beitrag zum Widerstand gegen die Liquidierung des Subjekts durch das System kaum einlösen. Erst die Durchsetzung humanerer gesellschaftlicher Strukturen – welche den Abbau der Herrschaft von Menschen über Menschen und den Verzicht auf die rigorose Ausbeutung der Natur gleichermaßen umfassen – vermittels eines politischen Handelns, das die kommunikativen Übereinkünfte nicht in den Strategien verrät oder unmöglich macht, schafft die Bedingungen, unter denen Subjekte in ihrer Allseitigkeit wieder Subjekte sein können. Das aber beinhaltet auch die Hervorbringung von gewandelten Vollzugsmodi des politischen Handelns, mit anderen Worten: die Befähigung zu einer politischen Lebensführung, zu Selbst- und Mitbestimmung als Alternative zur formalen Demokratie (wo diese sich als nicht mehr funktionsfähig erweist) und als Ergänzung von Repräsentationsorganen (wo diese nicht ersetzt werden dürfen). Insofern sich bestätigt, daß die diesbezüglichen Defizite in der herkömmlichen politischen Sozialisation nicht allein in den Einrichtungen des Sozialisationssystems hervorgebracht werden, sondern durch Versagen von Chancen zur →*Partizipation* im politischen System sozialisiert werden (→*politisches Lernen*), verschieben sich die Inhalte und Adressatengruppen von korrigierenden Sozialisationsmaßnahmen: zur Aufklärung von öffentlichen wie privaten Politikträgern und direkt oder indirekt Betroffenen. Der mit S befaßten Forschergemeinschaft eröffnen sich damit Perspektiven, die nicht nur die Theorieproduktion befruchten, sondern auch eben diese gesellschaftlich-politischer Praxis zugute kommen lassen.

In der Spur dieser Perspektiven verbleibende *konkrete Aufgaben für die S* lassen sich danach in Umrissen skizzieren: Ergiebiger als die Fortführung emsiger Erhebungen von Einzeldaten versprechen selbstkritische Synthetisierungsbemühungen zu sein, die nicht etwa additiv und nivellierend verfahren, sondern gerade Diskrepanzen und Unvereinbarkeiten herausarbeiten und im Lichte der Sozialisationsziele durchdenken. Damit fällt sekundäranalytischer S eine Hauptlast zu, welcher auf der Ebene der von ihr mitanzuleitenden Sozialisationspraxis eine quasitherapeutische Selbstreflexion entspricht. Primäranalytische S wird damit nicht völlig obsolet. Ihr obliegt vielmehr eine neue Art Grundlagenforschung; nicht im Sinne der Sammlung von elementaren Basiskenntnissen, aber als ein zielstrebiges Den-Dingen-auf-den-Grund-Gehen und als eine Radikalisierung der Fragehaltung. Viel weniger als auf äußerliche Verhaltensweisen und Sozialisationsergebnisse wird sie sich auf innerpersonale Weisen der Verarbeitung gesellschaftlich-politischer Phänomene und Vorgänge sowie auf das Zustandekommen innerpersonaler Strukturbildungen und ihre Folgen für Individuum und politisch-gesellschaftliches System zu konzentrieren haben. Anhaltspunkte dafür lassen sich beispielsweise aus bereits fixierten oder in Kommunikationszusammenhängen zur Artikulation kommenden biographischen Materialien gewinnen. Dabei geht es nicht um Beobachtungen und Messungen, wie sie der traditionellen empirischen Sozialforschung eigen sind (→ *Methodologie und Methoden,* → *Demoskopie,* → *Wirkungsforschung),* sondern – was etwa die Handlungsforschung zu leisten mehr als nur vorgibt – um ein interaktives Erhandeln von Sinnkomplexen, um Konstituierung und Rekonstituierung von → *politischem Bewußtsein* und Erarbeitung von Kriterien für eine politisch relevante → *Moral.* Verfährt S dergestalt, wird sie selbst zu einer politischen Bildung, deren überkommener Gewandungen sie sich freilich entledigt. Will sie nicht schon beim Registrieren stehenbleiben und sich damit dem Diktat herrschender Bedingungen unterwerfen, muß sie selbst Bedingungen bereitstellen, unter denen Subjekte Selbstverfügung erhalten und noch erweitern können. Das läuft darauf hinaus, die zu einem Identischen gerinnenden Zusammenhänge von S und Bildung so zu öffnen und zu entritualisieren, daß persönliche Biographie von Lernenden im Kontext des Durchschauens politisch-gesellschaftlicher Entwicklungsgeschichte einschließlich ihrer Hoffnung gewährenden Potentiale aufgearbeitet werden kann. Produktiv wird die Aufarbeitung dann, wenn sie den Mantel der Apathie, → *Anomie* und → *Entfremdung* durchdringt und gewaltlos, d. h. ohne unzumutbare psychische Kosten sprengt, so daß, auf humane Zwecke hin, verschüttete Strebungen reaktualisiert, brachliegende Motivationen gebündelt und Energiereserven aktiviert werden. Perspektiven für das politische Handeln werden daraus allerdings nur, sofern es gelingt, sozialisierte Ohnmachtsgefühle, die stets auch Ausdruck realer Machtverhältnisse sind, zu verunsichern und um das Gegenteil zu ergänzen. Deshalb müssen zum einen der Prozeß von S und Bildung selbst als ein genuin politischer Lebenszusammenhang etabliert werden, auf den die betroffenen Subjekte gestaltend Einfluß nehmen können, und zum anderen unter Ausschöpfung von zur Disposition stehenden Erkenntnissen und Erkenntnisverfahren der Sozialwissenschaften zugängliche und herstellbare Handlungsfelder und -möglichkeiten erschlossen werden. Läßt sich S darauf ein, mündet sie unweigerlich in eine bildungstheoretische Didaktik der Sozialwissenschaften. Deren sozialisationsstiftende Relevanz besteht, emanzipatorisch gewendet, nicht in der Bereithaltung von kanonischem Wissen und Technologien für die Vermittlung sekundärer Tugenden. Sie bemißt sich nach der Fähigkeit zur behutsamen und von den Lernenden in vernünftiger Verständigung weitestgehend selbst zu steuernden und zu verantwortenden Differenzierung von Subjektstrukturen des kognitiven, affektiven und psychomotorischen Bereichs. Und sie bemißt sich zudem nach dem Ausmaß der Verarbeitung von zum Thema erhobenen realen politisch-gesellschaftlichen Konflikten, die – durchschaubar eingeführt – subjektinterne Konflikte stimulieren oder zu artikulieren auffordern, deren Bewältigung ein Bildungsfortschritt mit politischer Bedeutung ist. Die Demokratisierung von S besteht nach alledem gewißlich nicht allein in der Transparenz ihrer Ergebnisse und deren Zustandekommens für eine breite Öffentlichkeit, sondern in der Verfügungsgewalt über ihr erkenntnisförderndes und praxisanleitendes Instrumentarium seitens der Staatsbürger.

Bernhard Claußen

Literatur:

Claußen, Bernhard; *Wasmund*, Klaus (Hrsg.): Handbuch der politischen Sozialisation. Braunschweig 1982.
Geulen, Dieter: Das vergesellschaftete Subjekt. Zur Grundlegung der Sozialisationstheorie. Frankfurt/M. 1977.
Görlitz, Axel: Politische Sozialisationsforschung. Eine Einführung. Stuttgart 1977.
Gottschalch, Wilfried; *Neumann-Schönwetter*, Marina; *Soukup*, Gunther: Sozialisationsforschung. Materialien, Probleme, Kritik. Neuausgabe Frankfurt/M. 1981.
Hurrelmann, Klaus; *Ulich*, Dieter (Hrsg.): Handbuch der Sozialisationsforschung. Weinheim/Basel 1980.
Walter, Heinz (Hrsg.): Sozialisationsforschung. Bde. 1–3. Stuttgart 1973/75.

Terrorismus

→*Aggression, Protest, Sozialisationsforschung*

„Terror" (lat.) bedeutet Schreck, Schreckensnachricht, schreckenerregender Gegenstand; „terriculum" ist ein Schreckmittel; die Verben „terrere" und „terrificere" stehen für erschrecken, scheuchen.

Terrorismus

Terror (T) von oben ist die durchgängige Herrschaftspraxis einer verabsolutierten Staats- und Gesellschaftsauffassung sowie Normenordnung, die gegenüber allen innenpolitischen Feinden und nichtakklamierenden, anderen Wertmaßstäben zuneigenden Individuen und Gruppen durch systematisch und unbegrenzt angewendete Gewalt aller Institutionen durchgesetzt und aufrechterhalten wird.

„T von oben" prägt insbesondere die innere Herrschaftsordnung totalitärer Regime, die Ausgrenzung und gewaltsame Ausschaltung nicht-angepaßter Individuen und Gruppen zum Prinzip erheben. Als partielle Tendenz kann „T von oben" aber auch die exekutive Durchsetzung von Einzelfall- und Maßnahmegesetzen und Ausgrenzungsversuchen gegen ethnische, religiöse und/oder politische Minderheiten in rechtsstaatlichen (jedenfalls nicht durchgängig totalitären) Systemen bestimmen (z. B. Sozialistengesetz, Kulturkampf, Wahlrechtskonflikte, Kolonial- und Nationalitätenpolitik).

„T von oben" korrespondiert (insbesondere in seiner partiellen Erscheinungsform) vielfach mit partiellem „T von unten", wobei die Interaktionen ein wechselseitiges Legitimationsmuster für die jeweiligen Gewaltaktivitäten bzw. unkonventionellen Protestformen begründen. Sporadischer „T von unten" ist vielfach eine Reaktion auf Ausgrenzungsmaßnahmen, die als illegitime Beschränkungen einer als objektiv notwendigen und moralisch berechtigten radikalen Oppositionshaltung und Verpflichtung empfunden werden (jüngste Beispiele – wie z. B. gegen die „Startbahn West" gerichtete Gewaltaktionen – können der Eskalationskette bundesrepublikanischer Atom- und Umweltpolitik entnommen werden).

T von unten ist eine von sozialen Konflikten ausgehende (Klein-)Gruppenstrategie, die gegen ein verhaßtes System von Institutionen, Normen und Repräsentanten und bei Abwesenheit eines breit protestierenden Publikums oder angesichts der Unterdrückung von Protestartikulation (T von oben) eine systematisch gewaltgeprägte Fundamentalopposition ausübt. Alle vom System selbst etablierten und legalisierten Verfahren und Medien zur Artikulation von Protest und Interessen werden als unzulänglich und korrumpierend zugunsten radikalisierter moralischer Prinzipien abgelehnt.

Insbesondere wenn sie als demonstrativer Akt gegen Symbole des abgelehnten Herrschaftssystems gerichtet ist, wird Gewalt als das einzige reine Medium einer unverfälschten, kurzfristig wirksamen und den zerstörerischen Gewalten des Systems adäquaten Antihaltung aufgefaßt. Vielfach werden Gewaltaktionen so geplant und legitimiert, daß sie als Fanal die oppositionelle Politisierung breiter Volksmassen vorantreiben sollen. Der Interaktion von t-er Gewaltbotschaft und den repressiven

Reaktionsformen des Systems wird ein aufklärerischer Wert zugesprochen, der die Basis des sozialen und politischen Protests gegen das unmenschliche System verbreitern soll (im Sinn einer self-fulfilling prophecy von Gewalt und Gegengewalt bzw. der Produktion von Zuständen, in denen das Verhalten der Ordnungshüter auf die vom „T von unten" vorab geprägten Begriffe – z. B. imperialistisch, faschistisch – gebracht werden soll). – Gruppendynamisch dient die Gewaltstrategie des „T von unten" der Integration der aus dem Untergrund agierenden Gruppen und der Individuen, die mit den Lebensentwürfen einer bürgerlichen Karriere brechen.

Definitionsprobleme. – Die Unklarheiten über den Begriff T, die sich aus unterschiedlichen Aufmerksamkeitsrichtungen ergeben, lassen zunächst einen sehr formaloperationalisierten T-Begriff angeraten erscheinen. („Politischer Terrorismus bezeichnet eine revolutionäre Strategie, die gewaltsame Durchhaltekampagnen gegen klar erkennbare öffentliche Ziele richtet." – So Gurr in Stohl 1979, S. 23, 25.) Dieser Begriff bezieht sich auf die Anbindung von T an soziale Bewegungen, während der institutionalisierte T politischer Systeme und Organisationen (als extensive Machterhaltung unter Bruch gültiger allgemeinverbindlicher Normen [Gesetze, Völkerrecht] und als totale Ausgrenzung der definierten politisch-sozialen Feinde aus einer geschlossenen Gesellschaft) von dieser Definition nicht erfaßt wird. Die definitorischen Unklarheiten und die tendenzielle Nichtberücksichtigung eines institutionellen T bedingen, daß insbesondere Angaben zum Umfang t-er Aktionen nur als Indikator, nicht aber als exakte Quantifizierung aufgefaßt werden können.

Für „T von oben" mögen die Französische Revolution, Faschismus, Stalinismus und Militärdiktaturen in Entwicklungsländern (bes. in Süd- und Mittelamerika) als Beispiele stehen, „T von unten" kann mit Hinweis auf Anarchismus (etwa die russischen Narodnaja Volja), auf nationalrevolutionäre und nationalistische Bewegungen (z. B. Iren, Basken, Palästinenser) und auf die moderne „Stadtguerilla" in Südamerika, Japan, Europa und den USA illustriert werden. Die Scheidelinie zwischen „unten" und „oben", zwischen Bewegung und System ist, wie südamerikanische Todesschwadronen, palästinensische Organisationen oder die faschistischen Parteiarmeen zeigen, fließend, ebenso wie die Abgrenzung t-er Gewaltanwendung von Formen irregulär-militärischer Gewaltmittel (Guerilla, Freikorps).

Geschichte des T. – Vor jeder weiteren Diskussion muß angesichts der viel zu unreflektiert von den Überreaktionen und Eskalationsgefahren des blutigen Augenblicks und von systemlegitimatorischen Aspekten bestimmten bundesrepublikanischen Diskussion Anfang und Mitte der 70er Jahre darauf hingewiesen werden, daß – bei allen zeitgeschichtlichen Besonderheiten – T eine lange Geschichte hat und ,,eine Strategie des Aufstandes (ist), die von Leuten der verschiedensten politischen Richtungen angewandt werden kann" (Laqueur 1977, S. 5), und daß T keine bundesrepublikanische Besonderheit ist, sondern seit Anfang der 70er Jahre transnational und intergesellschaftlich praktiziert wird.

Die ,,autochthonen Verteidiger des heimatlichen Bodens", die dem Partisanenkampf einen ,,tellurischen Charakter" aufgeprägt haben, geraten in das Geflecht internationaler ideologischer und politischer Strategien und werden bisweilen durchaus okkasionell (man denke an die Zusammenarbeit sowohl der ,,linken" Rote-Armee-Fraktion [RAF] wie der ,,rechten" Wehrsportgruppe [WSG] mit Palästinensern) – instrumentalisiert (C. Schmitt 1963, S. 26, 71 ff., 77). Mit der Politisierung und geographischen Verallgemeinerung des Partisanentums schwindet die Abgrenzung zum T, der nur mehr als strategisches Konzept im Sinn des *systematischen politischen* T von irregulärer Kriegführung mit t-er Taktik und organisiertem Verbrechertum ohne politische Zielsetzung abgegrenzt werden kann (bei zahlreichen Verweisen und Überschneidungen in einzelnen Fällen; vgl. Analysen zum Terrorismus 1, S. 26).

Auf jeden Fall muß die politische Beliebigkeit von T als einer bewußten Gewaltstrategie unterstrichen werden: Bis zum Ersten Weltkrieg gilt T, wie Mitte der 70er Jahre, überwiegend als ,,links"; aber schon vor dem Ersten Weltkrieg (etwa in Form der modernen Todesschwadronen ähnlichen ,,Schwarzen Hundertschaften" in Rußland) und erst recht in der Zwischenkriegszeit – mit Freikorps und dem faschistischen Ideal (,,libro e moschetto – fascista perfetto!") – bedienen sich auch extrem ,,rechts"-gerichtete Gruppen individual- und massen-t-er Mittel (Laqueur 1977, S. 16, 64, 65 ff.). Das t-er Prinzip der Legitimation selbst außerordentlicher Gewalteinsätze (Buonarotti: ,,Kein Mittel ist verbrecherisch, wenn es einem heiligen Zweck dient") bestimmt als Strategie Organisations- und Aktionsformen, ist inhaltlich aber offen für ,,links-" oder ,,rechtsgerichtete" Wertsysteme und Angriffe auf ein total abgelehntes ,,System". Schon die Französische Revolution macht deutlich, wie fungibel T für diametrale politische Ziele ist, wenn sie nur (gleich ob von ,,links" oder ,,rechts") Gewalt als politisches Mittel verabsolutieren. Revolutionärer T vollstreckt zwischen März 1793 bis August 1794 16594 Todesurteile. Es ist die Rede von Köpfen, die wie Dachziegel fallen (so der öffentliche Ankläger des Revolutionstribunals Fouquier-Tinville) oder wie ein Kohlhaupt abgeschlagen werden (Hegel). 90% der Opfer sind Bürger, Bauern, Sansculotten, Angehörige des ,,dritten Standes" also, und Antrittsgesetz dieses T sind moralische Askese, rigides Festhalten an Prinzipien

und der Traum von einer Republik, ,,vor der jeder Mensch gekniet wäre" (Desmoulins). Laut Gesetz vom 10. 6. 1794 ist ein ,,Feind des Volkes", ,,wer die Kraft und Reinheit der revolutionären und republikanischen Prinzipien" verfälscht oder verfälschen will. Solche ,,Feinde des Volkes" haben mit der Todesstrafe zu rechnen, wobei ein Gerichtsverfahren mit Beweiserhebung und -würdigung als Behinderung des zum Maßstab erhobenen ,,gerecht denkenden und vernünftigen Geistes" zurückgewiesen wird und angesichts der Dominanz dieser Bewertung auch unnötig ist: ,,Die Richtschnur bei der Urteilsfindung ist das von der Vaterlandsliebe erleuchtete Gewissen der Richter, ihr Ziel der Sieg der Republik und der Untergang ihrer Feinde, das Verfahren beruht in der Anwendung der einfachen Mittel, die der gesunde Menschenverstand an die Hand gibt."
Derartig systematischer T löst Prozesse aus, die zur Ersetzung dieses T durch einen anderen führen. Ende 1794 und im Winter 1794/95 setzt sich die Rache der bürgerlichen Notabeln durch; die bürgerliche Jugend (jeunesse dorée) praktiziert den T des Anti-T, des ,,weißen Schreckens". Von Mai bis Juli 1795 regiert nach der letzten Volkserhebung in der Französischen Revolution (April 1795) und nach Hungerunruhen im Mai der ,,weiße Terror" und begründet die bürgerliche Herrschaft der Notabeln. Die Eskalationskette und Verweisstruktur von politischem Rigorismus, T und t-er Zurückschlagung des T sowie t-er Ausschaltung des auf alle Gegner ausgedehnten T-Verdachts wird so in der Französischen Revolution Realität. Jene ,,Schere des Terrors von oben und/oder unten" Funke 1977, S. 10) tritt als politisches Strukturprinzip in Erscheinung, und erst die rechtsstaatliche T-Diskussion ist bemüht, zu verhindern, ,,durch Überreaktionen im Einsatz der Herrschaftsmittel (in) die vom revolutionären Terrorismus aufgebaute Falle" (Funke 1977, S. 10) hineinzugeraten, um dem t-er Eskalationsprozeß mit seinem Legitimationsprinzip der self-fulfilling prophecy zu entgehen.
In der Bundesrepublik ist das von Regierungs- wie Oppositionsseite öffentlich proklamierte Gleichgewicht von strenger Rechtsstaatlichkeit und Effektivität (so der Bundesminister der Justiz, Vogel, am 28. 10. 1977 im Bundestag) eine Reaktion auf den historischen Faschismus. Die NSDAP hat bis zum 30. 1. 1933 alles gegen sie gerichtete Staatshandeln als ,,Innenpolitik des Terrors" (Göring) gedeutet. Diese Sichtweise, in Verbindung mit einem sozialdarwinistischen Politikverständnis und verabsolutierten Zielen, legitimiert die faschistische Reaktion auf die als Einheit von Terror und Verfolgung wahrgenommene Politik: ,,Dem Terror von links kann man nur mit noch schärferem Terror begegnen." Göring formuliert für den Nationalsozialismus das Prinzip des T von oben, wenn er am 3. 3. 1933 sagt: ,,... wer sich zum Staat bekennt, zu dem bekennt sich der Staat. Wer aber den Staat vernichten will, den vernichtet auch der

Staat." Diese t-e Politik führt vor 1933 zu bürgerkriegsähnlichen Zuständen und drückt sich nach 1933 vor allem im System der Konzentrationslager (KZs) aus.
Saal- und Straßenschlachten sowie sonstige politisch bedingte Gewalttaten fordern im Deutschen Reich in der Zeit vom 1. 1. bis 23. 9. 1932 155 Todesopfer; allein im 6wöchigen Wahlkampf für die Reichstagswahl am 31. 7. 1932 ereignen sich 100 Todesfälle.
Vor allem aber offenbaren sich Umfang und Qualität der gegen politische Gegner außer Kraft gesetzten Rechtsstaatlichkeit („Maßnahmestaat") und des nationalsozialistischen T nach 1933 in den KZs. Die Gesamtzahl der KZ-Häftlinge beläuft sich bis 1939 auf 300000, und die Gesamtzahl aller KZ-Häftlinge 1933-1945 wird auf 7,8 Millionen geschätzt. Laut Justizstatistik werden 1933-1944 11881 Todesurteile vollstreckt; zusammen mit den Opfern der Militärgerichtsbarkeit sind 1933-1945 schätzungsweise 32500 Todesurteile ausgeführt worden. Allein in der Hinrichtungsstätte Brandenburg werden vom 22. 8. 1940 bis 20. 4. 1945 1807 Hinrichtungen wegen politischer oder religiöser Tatbestände ausgeführt (Weisenborn). Die Todesrate in einzelnen KZs ist sehr unterschiedlich und liegt in Dachau bis 1936 bei 1% der Häftlinge, 1941 beläuft sie sich im selben KZ auf 36%, in Buchenwald liegt sie 1938-1941 bei 16% und erreicht 1940 in Mauthausen 76% (Pingel).
Diesen T von oben beendet 1945 der Sieg der alliierten Anti-Hitler-Koalition – nicht aber (anders als z. B. in Italien) ein erfolgreicher Widerstand aus der Gesellschaft. Vom Selbstverständnis her und auf der Grundlage gleichzeitig eines Antikommunismus und Antifaschismus entwickelt sich nach 1949 eine „wehrhafte Demokratie", deren Rechtsstaatlichkeit den definierten „Feinden der Freiheit" zwar keine Handlungsfreiheit und grundrechtlich garantierten Aktionsrahmen gewährt, die t-sche Mittel aber ausschaltet. Bei allem „Rechtsdrall der ,Verfassungswirklichkeit'" (Ridder) zeigt ein Vergleich mit dem Nationalsozialismus und Stalinismus, daß die formelle Geltung des Rechtsstaatsprinzips die Gewaltausübung begrenzt, daß auch gegen politische Gegner politische Gewalt nur in rechtsförmiger Gestalt angewendet wird. Zwar werden bis 1968 etwa 6000–7000 Kommunisten verurteilt (bei etwa 125000 Ermittlungsverfahren), aber es gibt keine Verhaftungen und Verurteilungen außerhalb der rechtsstaatlichen Vorschriften. Bei allen Tendenzen permanenter Vorverlegung dieser Vorschriften bleibt „der rechtsstaatliche Anspruch entscheidend für die Struktur der Kommunistenverfolgung" (Brünneck). – Und mit dem Ende des „T von oben" endet zunächst auch der politisch-sozial motivierte „T von unten". Erst im Gefolge des studentischen Protests 1968 bildet sich in der Bundesrepublik eine Situation heraus, die aus t-scher Wahrnehmung parallel „gegenrevolutionären Terrorismus und den revolutionären Gegenterrorismus" (Marenssin) hervorbringt.

Terrorismus

Nach 1945 wird T im Gefolge nationaler Befreiungsbewegungen (Algerien, Kuba, Vietnam), älterer nationalistischer Konflikte (Südtirol, Nordirland, Palästina, Baskenland), traditionell t-er Herrschaftssysteme (Südamerika) und seit Mitte der 60er Jahre als Folgeerscheinung studentischer Protestbewegungen (USA, BRD, Japan) zur weltweiten Erscheinung mit einer insbesondere Mitte der 70er Jahre stark ansteigenden Tendenz. Z. B. gibt es 1948/58 jährlich 2 Fälle von Luftpiraterie, 1958/63 sind es 3 p. a., 1963/68 7 und 1969/70 sind es jährlich 50 Fälle. Zwischen 1967 und 1973 ereignen sich im Mittleren Osten 20 Fälle von Luftpiraterie und Angriffen auf Flughäfen, bei denen 111 Tote als Opfer zu beklagen sind. Zwischen 1967 und 1975 werden auf der ganzen Erde 831 Personen von Terroristen ermordet, weitere 1967 werden verwundet. Gurr (in Stohl) analysiert für den Zeitraum 1961–1970 199 t-er Einzelaktionen und 136 t-er Kampagnen in 87 Ländern, auf die 167 bzw. 4455 Opfer entfallen. In den 35 demokratischen Regimen ist die Zahl t-er Zwischenfälle besonders groß (105 Einzelaktionen, 72 Kampagnen), während die Zahl der Opfer in Regierungssystemen mit gemischter Verfassung am größten ist (2808 gegenüber 1186 in demokratischen Ordnungen). Die t-en Aktionen in Europa richten sich zu gleichen Teilen gegen Repräsentanten der öffentlichen Ordnung wie der privaten sozialen Macht, während sowohl in Lateinamerika wie im afroasiatischen Bereich primär politische Repräsentanten zu den Opfern t-er Anschläge zählen. Es gibt zwar transnationale Elemente im politischen T, aber nur 19 der von Gurr untersuchten 335 t-en Gruppen erhalten nennenswerte Unterstützung von außerhalb. Die transnationale t-e Gruppe entsteht erst in den 70er Jahren. Mickolus (in Stohl) analysiert von 1968 bis 1975 1298 t-e Aktionen; auf Bombenanschläge (433), Luftpiraterie (289), Briefbomben (205) und Entführungen (142) entfallen gut 80 % der Aktivitäten. Diese Hauptaktivitäten verteilen sich geographisch durchaus unterschiedlich. Bombenanschläge und Luftpiraterie sind in der atlantischen Gemeinschaft, Briefbomben in Asien und Entführungen in Lateinamerika am häufigsten.

Seit 1971 nimmt die Zahl der Opfer stark zu. Im Gipfeljahr 1974 sterben 330 Personen, 461 werden verwundet. Die meisten Opfer entstammen dem Nordatlantik-Bereich, während Afrika die wenigsten Opfer verzeichnet. Asien und Afrika sind ebenso wie die Ostblockstaaten vom transnationalen Terror weitgehend verschont. In mehr als 30 % der Fälle zählen US-Bürger zu den Opfern (Rangfolge und Anzahl der Opfer t-er Aktionen der im Zeitraum 1968–1975 ereignisreichsten Staaten: USA 435, GB 121, Israel 71, BRD 36, Spanien 34, UdSSR 30, Italien 29, Kolumbien 27, Frankreich 24, Libanon 22, Mexiko 22).

In der Bundesrepublik (Funke 1977, S. 331 ff.; Gewalt von rechts, S. 291 ff.) kulminieren die t-en Versuche, ,,das Wesen des technologisch-imperialistischen Faschismus" bzw. die „grausame konterrevolutionäre Natur" der Bourgeoisie bloßzulegen, in Reaktionen der RAF und des „2. Juni", insbesondere 1972 (RAF-Sprengstoffanschläge), 1975 (Lorenz-Entführung, Überfall auf die Stockholmer Botschaft), 1976 (Entebbe), 1977 (Ermordung von Buback, Ponto und Schleyer, Mogadischu). In der internen Diskussion t-er Gruppen wird alternativ darauf hingewiesen, die Stadtguerilla sei „eine unerläßliche Phase, um die sogenannten ‚subjektiven Bedingungen' zum Reifen zu bringen, und d. h., um das ‚notwendige Bewußtsein' des europäischen Proletariats zu erweitern, das mit dem ideologischen Gift des Reformismus und Revisionismus getränkt ist"; demgegenüber wird aber auch kritisiert, die RAF sei „gerade daran gescheitert ..., daß ihre Aktivitäten in keiner Verbindung zu den Massenkämpfen hier in Westdeutschland standen".

Rechter T, insbesondere gegen die „Kanakenbrut", gegen eine Regierung in der „BRD-Besatzerrepublik", die als „Mörder am eigenen Volk" gilt, gegen die „Auschwitzlüge" und gegen Repräsentanten linker Organisationen, setzt Ende der 70er Jahre ein (1977/78 Raubüberfälle auf Banken und militärische Dienststellen, 1979 Sprengstoffanschläge gegen Sendeanlagen, 1980 Sprengstoff- und Brandanschläge gegen Ausländerwohnheime, Sprengstoffanschlag auf das Münchner Oktoberfest, Ermordung von Grenzbeamten beim Waffenschmuggel, 1981 Sprengstoffanschläge gegen Ausländer, Fememord, Entdeckung umfangreicher Waffen- und Sprengstofflager in der Lüneburger Heide, Banküberfall). Folge derartiger Aktivitäten sind seit 1980 22 Tote und mehr als 200 Verletzte. (Der linke T zählt 1977 9 Todesopfer, 1980 sterben als Folge rechts-t-er Anschläge 18 Menschen.)

Bei Betrachtung der Interaktionen zwischen T und politischem System der Bundesrepublik fällt auf, daß die, angesichts von z. B. rund 15000 Verkehrstoten, relativ kleine Zahl der Opfer des T strukturelle Konsequenzen zeigt – insbesondere, was den linken T der 70er Jahre anbetrifft. Offensichtlich ist es die Fähigkeit von politischem System und politischer Kultur, die Opfer von Arbeit und Kriminalität und Verkehr als „naturgegeben" hinzunehmen, während provozierende t-e Aktionen als Antipode zur politisch-sozialen Normalität größte Aufmerksamkeit erlangen (Laqueur 1977, S. 165). Die Reaktion des politischen Systems sind umfangreiche und einschneidende Änderungen von Strafgesetz, Prozeß- und Anwaltsordnung (Funke 1977, S. 366 ff.) und – neben den Anti-Terror-Gesetzespaketen von 1976 und 1978 – der 1977 verabschiedete Aufbauplan des für die Aufklärung von T und politisch-motivierten Gewaltverbrechen gegen Inhaber hoher Staatsämter zuständigen Bundeskriminalamtes (1978 wird die Zahl der Stellen von 2545 um 578 auf 3123 angehoben, 1981 gibt es 3528 besetzte Stellen).

Als „Krisenwissenschaft der Gegenwart" (Klingemann/Kaase) ist PPs vor allem auch gefordert, im T-Feld die Interaktionen zwischen Individuum, Gruppe und politischem System zu analysieren. Dies um so mehr, als angesichts der Gewaltakzeptanz und Rigidität von T öffentlich vielfach nach dem „Zusammenhang ... mit psychischen Anomalien und Krankheitserscheinungen" (Vogel 1978 als Bundesminister der Justiz) gefragt wird und T z. B. als „das Brandstifterspiel einer verschwindenden Minderheit der Hoffnungslosen" (Wördemann), als Zusammenspiel von „ichschwachem, neurotischem Individuum" mit einer gewaltgeprägten „zu illegalem Tun verschworenen Gruppe" (Fetscher) oder als der „möglicherweise aus kranker Seele, aus Frustration geborene Kompensationsdrang" (Funke 1977, S. 24) erklärt wird (vgl. Laqueur 1977, S. 170 ff.).

Empirische Untersuchungen zum T in der Bundesrepublik betonen sowohl für die rechte (Gewalt von rechts, S. 11 ff., 155 ff.) wie für die linke Form (Analysen zum Terrorismus 2) die herausragende Bedeutung sozialer Normalität für die Sozialisation zum T. Die empirischen Befunde liefern keine Anhaltspunkte für die These, es handele sich um eine Revolte der Gestörten (Analysen zum Terrorismus 2, S. 101 ff.). Vielmehr kann gezeigt werden, daß T ein lebensgeschichtlicher Prozeß sozialer Desintegration und erneuter Integration in einer Kleingruppe und in der weiteren Szene einer Gegenkultur ist. Die Desintegration ist Folge von gehäuften und überdurchschnittlich schweren Konflikten in der Adoleszensphase (Analyse zum Terrorismus 2, S. 29 ff., Gewalt von rechts, S. 118 ff.). Die Konfliktfelder sind die der Jugendphase (Elternhaus, Schule, Arbeitsplatz, Geschlechtsrolle), wobei aber die Jugend der Terroristen überdurchschnittlich reich an ebenfalls überdurchschnittlich tiefgreifenden derartigen Brüchen ist. Erst durch den situativen Kontext der Lebensgeschichten ergeben sich die Bedingungen für eine t-e Karriere. Insbesondere die moralische Rigidität und Polarisierung des Denkens (Holger Meins: „Entweder Schwein oder Mensch ... dazwischen gibt es nichts"), die wiederum die Gewaltakzeptanz begründen, resultieren aus Interaktionen mit dem politischen System und den Kommunikationsbeziehungen mit Institutionen. Stigmatisierungen als Folge vor t-er, informeller Proteste kommt eine bedeutende Rolle bei der Verfestigung der extremistischen wie t-er Wendung und Anbindung an eine Gruppe zu. Die Gruppenbildung ist dabei im linken T fortgeschrittener, weil das Alter der Gruppenmitglieder homogener, die Bezugsideologie differenzierter ist und eine lebensgeschichtliche Einübung in kollektive Lebensformen vorliegt, die der stärker unterschichtengeprägte Rechts-T nicht kennt. Die Leistung der Gruppe ist die soziale Bewältigung der weltanschaulich bedingten Devianz durch Produktion rationalisierender Artikulationen und stabilisierender Aktionen.

In der Interaktion und Kommunikation von Gruppe, Individuum und politisch-sozialem System kann T bestimmt werden als ein Grenzwert, für den die legalisierten Beeinflussungsformen von Öffentlichkeit und Akteuren als unmöglich erscheinen. T geht von der Unmöglichkeit jeder Form immanenter Teilhabe und Beeinflussung aus und ersetzt Partizipation durch Destruktion. In diesem Handlungs-, Planungs- und Rationalisierungsbezug sind institutionelle Verhaltensweisen überhaupt wie staatliche Reaktionen insbesondere immer Teil des sozialen Bedingungsgefüges t-er Gruppen wie individueller Sozialisationsprozesse, die über radikale und extremistische Vorformen zu t-er Rigidität und Gewaltakzeptanz führen. Insbesondere Stigmatisierungen und mangelnde Partizipationsmöglichkeiten sind Erfahrungen in Interaktionen mit Institutionen, die sich beim Zusammentreffen mit der geschilderten Adoleszenskrise und der Beeinflussung durch Bezugspersonen als Faktoren einer t-en Karriere ausweisen.

Eike Hennig

Literatur:

Bundesminister des Innern (Hrsg.): Analysen zum Terrorismus. Bd. 1: Fetscher, Iring, und Günter Rohrmoser: Ideologien und Strategien. Opladen 1981; Bd. 2: Jäger, Herbert, Gerhard Schmidtchen und Lieselotte Süllwold: Lebenslaufanalysen. Opladen 1981; Bd. 3: v. Baeyer-Katte, Wanda, Dieter Claessens, Hubert Feger und Friedhelm Neidhardt: Gruppenprozesse. Opladen 1982; Bd. 4 (Gesellschaftliche Prozesse und Reaktionen) ist in Vorbereitung.
Bundesministerium des Innern, Referat Öffentlichkeitsarbeit gegen Terrorismus (Hrsg.): Gewalt von rechts. Bonn 1982.
Funke, Manfred (Hrsg.): Terrorismus. Düsseldorf 1977.
Laqueur, Walter: Terrorismus. Kronberg i. Ts. 1977.
Schmitt, Carl: Theorie des Partisanen. Berlin 1963.
Stohl, Michael (Hrsg.): The Politics of Terrorism. New York und Basel 1979.

Vertragsprinzipien

→ *Ethnozentrismus, Gesellschaftsbild, Internationaler Konflikt, Loyalität, Moral, Politisches Bewußtsein.*

Vertragsprinzipien (V) sind sozial-ethische Grundprinzipien bzw. Soziale Wohlfahrtsprinzipien (SWP), die Kriterien dafür angeben, was als eine gerechte Verteilung von Wohlfahrt (der Begriff wird hier in einem allgemeinen, nicht nur ökonomischen Sinn gebraucht) in der Gesellschaft angesehen werden soll. Sie werden als V bezeichnet, weil sie sich auf vertragstheoretischer Grundlage formulieren lassen. Die von Gevers, Sen und anderen vorgelegten Axiomatisierungen solcher Prinzipien haben aber gezeigt, daß dies nicht die einzig denkbare Grundlage ist. Ausgangspunkt kann auch die Denkfigur des ‚Sich-Hinein-Versetzens-in-die-Lage-anderer' sein oder die Einführung bestimmter Annahmen über die Vergleichbarkeit individueller Wohlfahrtsfunktionen. Mit keinem dieser Ansätze lassen sich bestimmte SWP, also spezifische Wohlfahrtsverteilungskriterien, ausreichend begründen. Was sie aber zu leisten vermögen – und das zeigt sich bei der entscheidungslogischen Axiomatisierung –, ist der Nachweis der ethischen Verallgemeinerbarkeit solcher Verteilungskriterien.

Der Bezug der V zur PPs oder Sozialpsychologie ergibt sich im Zusammenhang mit Kohlbergs sechs Stufen der moralischen Entwicklung (→Moral). Die V stellen in diesem Rahmen eine inhaltliche Ausfüllung der sechsten Stufe unter normativem Gesichtspunkt dar.

1. *Vertragstheoretische Ableitung.* – Es lassen sich unterscheiden:
– ein *gerechtes* Prinzip im Sinne von Rawls; diesem Prinzip zufolge ist ein sozialer Zustand x dann einem anderen y vorzuziehen oder gleich gut wie dieser, wenn er die Gewähr bietet, daß die Wohlfahrt der repräsentativen Person in der niedrigsten sozialen Position in diesem sozialen Zustand x höher oder gleich hoch liegt wie in dem anderen y; für dieses Prinzip ist also die Maximierung der Wohlfahrt sozial Benachteiligter das Ziel;
– ein *utilitaristisches* Prinzip; ihm zufolge ist x dann y vorzuziehen oder gleich gut wie y, wenn die Wohlfahrt aller Personen insgesamt in x größer oder gleich groß ist wie in y; bei diesem Prinzip geht es mithin nicht um die Wohlfahrt bestimmter Positionen, sondern um die Maximierung der Wohlfahrtssumme aller Personen;
– ein *konservatives* Prinzip; ihm zufolge ist x dann y vorzuziehen oder gleich gut wie y, wenn die Wohlfahrt der repräsentativen Person in der höchsten sozialen Position in x höher oder gleich hoch ist wie in y; dieses Prinzip maximiert also die Wohlfahrt der höchsten sozialen Position.

Als Grenzfall des gerechten Prinzips sind von einigen Autoren unterschiedliche Varianten eines *egalitären* Prinzips vorgeschlagen worden, demzufolge x dann y vorzuziehen ist, wenn x eine Gleichverteilung von Wohlfahrt (unter bestimmten Aspekten) impliziert, y hingegen eine Ungleichverteilung. Schließlich ist von Gaertner ein *gewichtetes gerechtes* Prinzip entworfen worden, das unter Verwendung der Borda-Regel für den Wohlfahrtsvergleich sozialer Zustände neben der niedrigsten sozialen Position auch mittlere und höhere Positionen heranzieht. Wir werden diese Prinzipien im folgenden nicht weiter erörtern.

Die vertragstheoretische Ableitung der erstgenannten Prinzipien basiert im Sinne von Rawls auf der Idee von Gerechtigkeit als Fairness. Dementsprechend wird eine hypothetische Entscheidungssituation *(original position* oder ursprüngliche Situation) entworfen, die dem Naturzustand der klassischen Vertragstheorie analog ist und die eine Entscheidung darüber erlaubt, welches Prinzip in der Gesellschaft gelten soll. Die ursprüngliche Situation ist fair, weil die eingeführten Annahmen die Entscheidungsbeteiligten in einem fundamentalen Sinn zu Gleichen machen, und sie ermöglicht ethisch relevante Entscheidungen, weil die Annahmen anonyme und neutrale, d. h. ethisch verallgemeinerbare Aussagen erlauben. Kohlberg hat diese Eigenschaft der ursprünglichen Situation als ‚Reversibilität' gedeutet (vgl. Abschnitt 2).

Eine zentrale Annahme für die ursprüngliche Situation ist der ‚Schleier des Nicht-Wissens' *(veil of ignorance);* eine Informationsbedingung, der zufolge die Beteiligten an der Entscheidung nicht wissen, welchen Platz in der Gesellschaft sie einnehmen werden, welcher sozialen Gruppe oder Schicht sie angehören und über welche Fähigkeiten und Talente sie verfügen. Damit wird verhindert, daß die Individuen von ihrer sozialen Position her urteilen, bzw. ihre persönlichen oder Gruppeninteressen in die Entscheidung einbringen. Die Entscheidung und das aus ihr resultierende Prinzip ist daher anonym, d. h. unabhängig davon, welche Person in welcher sozialen Position ist (bzw. bei der späteren Anwendung unabhängig davon, welche Person welche sozialen Zustände bevorzugt).

In die ursprüngliche Situation wird weiter die Vorstellung eingeführt, daß alle Individuen nach gesellschaftlichen Grundgütern streben. Darunter sind Güter allgemeinerer Natur zu verstehen, wie Rechte, Freiheiten, Chancen, Einkommen, Vermögen, von denen angenommen wird, daß erst sie es den Individuen erlauben, ihre Absichten in der Gesellschaft, ihre Bedürfnisse und Interessen, kurz: ihren Lebensplan, zu verwirklichen, so daß sie von ihnen lieber mehr statt weniger werden haben wollen. Das Prinzip, über das zu entscheiden ist, soll sich also auf die Verteilung gesellschaftlicher Grundgüter beziehen, mithin auf die Aussicht, ein bestimmtes Wohlfahrtsniveau zu erlangen, nicht auf dieses selbst. Die Annahme garantiert, daß das resultierende Prinzip in bezug auf die sozialen Zustände neutral ist. Sind mit anderen Worten verschiedene soziale Zustände hinsichtlich der Aussichten der Personen als gleich gut oder schlecht einzustufen, so müssen sie auch gleich gut oder schlecht bewertet werden, was immer sonst ihre Unterschiede sein mögen.

Allerdings unterscheidet Rawls zwischen bestimmten Typen von Grundgütern, etwa Freiheiten und Rechten auf der einen und Einkommen und Vermögen auf der anderen Seite, und entwickelt für diese Typen getrennte Prinzipien, die dann auch nur neutral bezogen auf die einzelnen Typen von Grundgütern sein können, aber nicht generell neutral bezogen

auf alle gesellschaftlichen Grundgüter. Das unterscheidet die Rawlssche Konstruktion von der utilitaristischen, die nur ein Grundgut, Wohlfahrt im Sinne individuellen Nutzens, kennt und dafür ein einziges Prinzip entwirft, das dann neutral bezogen auf dieses Grundgut ist.
Die in die ursprüngliche Situation eingeführten Voraussetzungen der Anonymität und Neutralität sichern, daß das aus der Entscheidung der Beteiligten resultierende Prinzip verallgemeinerbar, also ethisch relevant ist. Die Voraussetzungen bilden den generellen vertragstheoretischen Rahmen, aus dem sich, je nachdem wie die ursprüngliche Situation weiter konkretisiert wird, die unterschiedlichen Prinzipien ableiten lassen.
Die verschiedenen Konkretisierungen der ursprünglichen Situation lassen sich am einfachsten verdeutlichen, wenn wir letztere als Situation einer Entscheidung unter Unsicherheit auffassen, wie sie aus der Entscheidungstheorie bekannt ist – dabei aber beachten, daß dies nur eine Analogie ist. Für eine solche Situation gibt es eine Reihe von Entscheidungsregeln, die sich nach verfügbarer Information und Risikohaltung der Entscheidungsbeteiligten unterscheiden.
Bezüglich der Konkretisierung, die zum *gerechten Prinzip* führt, ist zunächst zu notieren, daß der ‚Schleier des Nicht-Wissens' die Anwendung der Bayes-Regel unmöglich macht, denn dazu wäre die Kenntnis der Wahrscheinlichkeit der Verteilung sozialer Positionen auf die Personen notwendig. Unter Voraussetzung individueller Risikoaversion ist jedoch die Wald-Regel plausibel; eine Regel, nach der das zu erwartende Minimum an Nutzen oder Aussicht auf Nutzen zu maximieren ist. Im Zusammenhang der ursprünglichen Situation stellen sich die Beteiligten vor, daß sie, da sie nicht wissen können, welche soziale Position sie einnehmen werden, am Ende der sozialen Leiter in der künftigen Gesellschaft stehen können. Dafür wollen sie Vorsorge treffen und befürworten daher das Prinzip der Maximierung der Aussichten der niedrigsten sozialen Position (Differenz- oder Maximin-Prinzip).
Rawls führt die Voraussetzung individueller Risikoaversion aber nicht direkt in die ursprüngliche Situation ein. Sie ergibt sich aus seinen anderen Annahmen: Der Schleier des Nicht-Wissens bedeutet, daß die Personen ihre ‚psychologische Ausstattung' nicht kennen und damit auch nicht ihre Haltung zum Risiko. Die Unsicherheit, nicht zu wissen, welche Position man einnehmen wird, verstärkt sich dadurch, daß auch nicht bekannt ist, welche Risikobereitschaft man gegenüber dieser Unsicherheit haben wird. Hinzu kommt, daß das Prinzip, über das zu entscheiden ist, endgültig sein soll, also nicht geändert werden kann, wenn der Schleier des Nicht-Wissens aufgehoben ist. Aus diesen Voraussetzungen folgt, daß die Beteiligten sich für ein Prinzip der Vorsicht entscheiden werden, so als würde ihnen ein Feind ihren Platz in der künftigen Gesellschaft zuweisen: das Differenzprinzip.

Die Beteiligten werden sich unter diesen Voraussetzungen auch überlegen, daß sie in der künftigen Gesellschaft einer religiösen, ethnischen oder politischen Minderheit angehören können. Daher muß ihnen daran liegen, daß die freie Ausübung der Religion, Rechte der Minderheiten, politische Meinungsfreiheit etc. garantiert sind. Sie werden daher ein System größtmöglicher Freiheiten für jedermann befürworten, das dem Differenzprinzip lexikographisch vorangestellt ist, weil keine materielle Besserstellung einen Verlust an Freiheiten aufwiegen kann. Die obige Formulierung des gerechten Prinzips umfaßt dieses vorangestellte Prinzip nicht, sondern nur das eigentliche Differenzprinzip.

Eine Konkretisierung der ursprünglichen Situation, die zum *utilitaristischen Prinzip* führt, hätte davon auszugehen, daß die Beteiligten bereit sind, ein gewisses Risiko auf sich zu nehmen. Sie stellen sich daher nicht vor, daß sie sich in der künftigen Gesellschaft am Ende der sozialen Leiter befinden würden, sondern daß sie mit gleicher Wahrscheinlichkeit jede soziale Position einnehmen könnten. Das etabliert ein Prinzip, wonach nicht die Wohlfahrt einer einzelnen (der niedrigsten) Position, sondern die Summe der Wohlfahrt aller Personen zu maximieren ist, eben das utilitaristische Prinzip. Wie immer die Annahme individueller Risikobereitschaft in die ursprüngliche Situation eingeführt wird, es ist klar, daß die Situation dann nicht mehr vollständig fair im Rawlsschen Sinne ist. Dennoch ist das daraus resultierende utilitaristische Prinzip ebenso anonym und neutral wie das Differenzprinzip.

Das utilitaristische Prinzip formuliert nicht im selben Sinne ein Verteilungskriterium wie das Differenzprinzip, denn eine Maximierung der Wohlfahrts- oder Nutzensumme besagt nichts über die Verteilung der Wohlfahrt auf die Individuen. Um dazu etwas sagen zu können, müssen zusätzliche Annahmen herangezogen werden. Üblicherweise geht man davon aus, daß der individuelle Nutzen aus einem Güterbündel bei zunehmender Menge zunimmt – und zwar mit abnehmender Rate. Es kommt nun darauf an, ob diese individuellen Nutzenverläufe sehr ähnlich oder gar gleich sind oder ob sie sich stark voneinander unterscheiden. Ist ersteres der Fall, führt die Anwendung des utilitaristischen Prinzips tendenziell zur Gleichverteilung der Wohlfahrt (das wäre eine faire Situation auch im Rawlsschen Sinne). Ist aber letzteres der Fall, so wird stets zugunsten der Person mit dem ‚steileren' Nutzenverlauf verteilt. Erst wenn bei dieser Person ein Punkt erreicht ist, an dem ihr Nutzenzuwachs für eine weitere Einheit des Güterbündels kleiner wird als der Nutzenzuwachs von Personen mit flacherem Nutzenverlauf, werden letztere begünstigt.

Aus der Tatsache, daß die utilitaristische Konzeption mit einem einzigen Prinzip auskommt, da auch nur ein Grundgut vorausgesetzt wird (Wohlfahrt im Sinne individuellen Nutzens), ergibt sich im Blick auf die Rawlssche Konzeption das Problem, ob dieses Prinzip gesellschaftliche Grundgüter wie Rechte und Freiheiten berücksichtigen kann. Offenkundig ist dies nur so weit möglich, wie solche Rechte und Freiheiten positiv in die individuellen Nutzenvorstellungen eingehen. Es gibt demnach eine Art *trade-off* zwischen Freiheit und Wohlfahrt, bei dem Freiheit zugunsten materieller Besserstellung geopfert werden kann.

Demgegenüber hat Harsanyi eine regel-utilitaristische Interpretation des Prinzips vorgeschlagen, die diese Schwierigkeit mildert. Ihr zufolge ist das utilitaristische Prinzip nicht auf einzelne Situationen oder Handlungen anzuwenden (Akt-Utilitarismus), sondern auf die handlungsleitende Regel, die in der Lage ist, langfristig die größtmögliche Wohlfahrtssumme zu sichern, wenn jeder ihr folgt (Regel-Utilitarismus). Damit ist der angesprochene *trade-off* zwar nicht ganz ausgeschlossen, es ist aber wesentlich schwieriger, zu argumentieren, daß Freiheiten und Rechte etwas darstellten, das langfristig die gesellschaftliche Wohlfahrt mindert. Im übrigen wird dadurch auch der utilitaristische Wohlfahrtsbegriff erweitert, der in dieser Interpretation auf den langfristig gedachten gesellschaftlichen Gesamtnutzen bezogen ist, und nicht ausschließlich auf die materielle Besserstellung der Personen.

Um zum *konservativen Prinzip* zu gelangen, müßte die ursprüngliche Situation auf eine Weise konkretisiert werden, daß die Beteiligten bereit sind, auch ein hohes Risiko einzugehen. Daraus würde – entscheidungstheoretisch gesehen – die Regel der Maximierung maximal erreichbaren Nutzens folgen. Die Beteiligten hätten sich vorzustellen, daß sie in der künftigen Gesellschaft in der höchsten sozialen Position sein könnten (das Risiko, daß dies dann nicht der Fall ist, würden sie annahmegemäß auf sich nehmen), und verständigen sich demnach auf ein Prinzip der Maximierung der Wohlfahrt der höchsten sozialen Position. Die Annahme wie das Prinzip sind erkennbar sehr problematisch. Die Verhaltensannahme der Risikofreude, auch wenn sie indirekt eingeführt wird, gestaltet die ursprüngliche Situation unfair im Sinne von Rawls. Dennoch ist auch dieses Prinzip anonym und neutral.

Ohne daß darüber in der Literatur schon ausreichend Klarheit herrscht, wird man annehmen können, daß zur Etablierung dieses Prinzips eine weitere, bislang unerwähnte Voraussetzung der Rawlsschen Konstruktion geändert werden muß. Dort war davon ausgegangen worden, daß die Verteilung der Fähigkeiten und Talente auf die Individuen das Resultat einer ‚natürlichen Lotterie' ist. Daher hat keiner ein moralisches Recht auf sein Talent, bzw. nur soweit, wie es der gesellschaftlichen Wohlfahrt dient. Demgegenüber müßte die das konservative Prinzip stützende Annahme die sein, daß das Individuum über seine Fähigkeiten und Talente selbst frei verfügen kann. Das kann allerdings ein Prinzip der Maximierung der Wohlfahrt der am besten gestellten, weil talentiertesten Person nur unvollkommen rechtfertigen. Es ließe sich besser verteidigen, wenn dem Prinzip ein analoges Prinzip zur Seite gestellt wäre, das die Verteilung der Pflichten und Aufgaben regelt – und zwar in der Weise, daß der höchsten sozialen Position auch die meisten Pflichten und Aufgaben zugewiesen werden, also ein Prinzip der Maximierung der Pflichten der höchsten sozialen Position. Erst dann könnte eine auch im Rawlsschen Sinne faire Situation gegeben sein.

2. *Entscheidungslogische Axiomatisierung.* – Die erörterten Prinzipien lassen sich axiomatisch herleiten, d. h., es ist möglich, die notwendigen und hinreichenden Bedingungen anzugeben, die für sie gelten. Wir können die Axiomatisierung in diesem Rahmen nicht auf formal präzisierte Weise darlegen und verweisen dazu auf die angegebene Literatur, wollen aber die Vorgehensweise und die dabei eingeführten Bedingungen wenigstens kurz skizzieren.

Grundsätzlich gehen die verschiedenen Axiomatisierungen davon aus, daß ein SWP eine Funktion ist, die die individuellen Wohlfahrtsbeurteilungen in ein generelles oder kollektives Wohlfahrtsurteil transformiert, das die Bevorzugung bestimmter sozialer Zustände oder politischer Alternativen vor anderen zum Ausdruck bringt. Die persönlichen Wohlfahrtsvorstellungen sind dabei in der Form individueller Wohlfahrtsfunktionen gegeben, die für jede Person die individuellen Wohlfahrtswerte der sozialen Zustände oder politischen Alternativen festlegt. Sie können kardinal sein, aber auch ordinal; im letzteren Fall würde nur eine Präferenz hinsichtlich der sozialen Zustände vorliegen, die angibt, welcher Zustand welchem(n) anderen vorgezogen wird.

Nimmt man nun an, daß die Individuen ihre Wohlfahrtsfunktionen unabhängig voneinander formulieren, und sucht diese über eine wie immer geartete SWP zu aggregieren, so stößt man an die Schwierigkeit des Arrowschen Unmöglichkeitstheorems: Es gibt kein SWP, d.h. keine Möglichkeit der Aggregation individueller Wohlfahrtsfunktionen zu einem allgemeinen Wohlfahrtsurteil, wenn das SWP bestimmten Bedingungen gehorchen soll, die für seine ethische Relevanz unabdingbar sind.

Um diese Schwierigkeit zu umgehen, wird die Annahme eingeführt, daß die individuellen Wohlfahrtsfunktionen interpersonell vergleichbar sind. Die Annahme der interpersonellen Vergleichbarkeit läßt sich auf unterschiedliche Weise formulieren. Eine Möglichkeit ist die, daß die Individuen selbst diesen Vergleich anstellen, indem sie nicht nur die zur Debatte stehenden Zustände oder Alternativen beurteilen, sondern sich darüber hinaus in die Lage der anderen Personen versetzen, um die Alternativen aus deren Sicht einzuschätzen. Dieser Vergleich, der als Grundlage moralischer Urteile seit langem anerkannt ist, erfordert formal eine Erweiterung des Konzepts der individuellen Wohlfahrtsfunktion, da diese nunmehr neben Aussagen der Art, daß ein Individuum i Alternative x für besser hält als Alternative y, auch Aussagen der Art aufnehmen muß, daß j sich mit x für besser gestellt hält als j mit y oder j mit y höher einschätzt als k mit z.

Die Möglichkeit der interpersonellen Beurteilung von Alternativen würde nicht wesentlich weiterführen, denn es ist leicht zu sehen, daß die Individuen sehr unterschiedliche Beurteilungen abgeben können, wenn nicht zusätzlich die Forderung erhoben wird, daß eine Person sich beim Hineinversetzen in die Lage einer anderen auch deren Auffassungen zu eigen machen muß. Faktisch bedeutet das, daß z. B. Person i, will sie beurteilen, ob x oder y für Person j besser ist, sich deren Auffassung anzuschließen hat und auch den Vergleich, ob x für sie selbst besser ist als y für j, nur hinsichtlich x unter ihrem eigenen Gesichtspunkt, hinsichtlich y aber unter dem Gesichtspunkt von j anstellen muß.

Ein ähnlicher Vergleich liegt auch dem von Kohlberg entwickelten Gedanken der ‚Reversibilität' moralischer Urteile zugrunde: Urteile gelten danach nur dann als moralisch relevant, wenn sie auch nach dem Hineinversetzen in die Lage anderer aufrechterhalten werden können. Genaugenommen setzt das, ähnlich wie bei der Goldenen Regel, nur einen Vergleich zwischen x und y voraus, bei dem sich z. B. i in die Lage von j versetzt, ohne aber automatisch auch die Auffassung von j über x und y zu übernehmen. Er ist also begrenzter als unser Vergleich, der außerdem die Forderung beinhaltet, sich die Auffassungen anderer Personen zu eigen zu machen.

Ist diese Forderung erfüllt, dann müssen alle individuellen erweiterten Wohlfahrtsfunktionen übereinstimmen und können somit zu einer einzigen allgemeinen, erweiterten Wohlfahrtsfunktion zusammengefaßt werden. Dementsprechend ist das SWP dann eine Funktion, die das generelle Wohlfahrtsurteil von dieser allgemeinen, erweiterten Wohlfahrtsfunktion abhängig macht, innerhalb der sich nur die individuellen Präferenzen hinsichtlich der Alternativen voneinander unterscheiden.

Die Frage ist dann, welchen Bedingungen das SWP genügen soll. Setzen wir einen unbeschränkten Definitionsbereich und die vollständige Vergleichbarkeit der individuellen Präferenzen voraus, dann erweisen sich besonders die Bedingungen der Anonymität und Neutralität sowie die Pareto-Bedingung als bedeutsam. Anonymität besagt, daß das Resultat, also das generelle Wohlfahrtsurteil, unverändert bleiben muß, wenn die Personen in ihren Positionen zu den Alternativen permutiert werden; Neutralität bedeutet, daß das SWP nicht zwischen den Alternativen dis-

kriminieren darf, diese also einem einheitlichen Beurteilungsmaßstab unterwerfen muß. Neutralität hat hinsichtlich der Alternativen eine ähnliche Funktion wie Anonymität hinsichtlich der Personen.
Fügen wir diesen Bedingungen noch eine Trennungsbedingung hinzu, mittels der jene Personen aus der Betrachtung ausgeschlossen werden, die sich mit den anstehenden Alternativen genau gleich gut stellen, dann wird der Kreis der denkmöglichen SWP so weit eingeschränkt, daß nur mehr die oben erörterten Prinzipien übrigbleiben. Die genannten Bedingungen sind demnach notwendig und hinreichend dafür, daß das SWP nur das gerechte, das utilitaristische oder das konservative Prinzip (in spezifischen Versionen) sein kann.
Innerhalb dieser gemeinsamen axiomatischen Charakterisierung lassen sich die Prinzipien dann durch ihre unterschiedlichen Verteilungskriterien kennzeichnen. Fügt man den obigen Bedingungen eine auf das jeweilige Prinzip zugeschnittene gerechte, utilitaristische oder konservative Verteilungsbedingung hinzu (wobei die Vergleichbarkeits- und die Trennungsbedingung weggelassen werden kann, da sie in der jeweiligen Verteilungsbedingung impliziert sind), so entsteht damit die axiomatische Ableitung der einzelnen Prinzipien.
Im Rahmen dieser Axiomatisierung gelten mit den Bedingungen der Anonymität und Neutralität nicht nur dieselben Voraussetzungen wie in der ursprünglichen Situation bei Rawls, beide Bedingungen etablieren eine grundlegende Symmetrie ebenso zwischen Personen wie zwischen sozialen Zuständen; zusammen sichern sie die ethische Verallgemeinerbarkeit (Universalisierbarkeit) des jeweiligen Prinzips, eine Forderung, die schon Kant mit seinem kategorischen Imperativ gestellt hatte und die den doppelten Aspekt der Unparteilichkeit gegenüber Personen wie des gleichen Beurteilungsmaßstabs hinsichtlich sozialer Zustände impliziert.
Die zweite Möglichkeit, interpersonelle Vergleichbarkeit der individuellen Wohlfahrtsfunktionen einzuführen, liegt darin, daß die Vergleiche nicht von den Personen selbst durchgeführt werden. Man geht vielmehr davon aus, daß diese ihre Wohlfahrtsfunktionen unabhängig voneinander festlegen. Die Vergleichbarkeit der individuellen Wohlfahrtswerte hinsichtlich der Alternativen wird dann als Bedingung an die SWP formuliert. Dabei können verschiedene Arten von Vergleichbarkeit unterschieden werden (z.B. ordinale oder kardinale, unter letzterer Vergleichbarkeit der Wohlfahrtseinheiten oder vollständige Vergleichbarkeit).
Die drei Prinzipien können auch durch solche Vergleichbarkeitsannahmen charakterisiert werden. Fügt man zu den obigen Bedingungen (unbeschränkter Definitionsbereich, Anonymität, Neutralität, Trennung und Pareto) die Annahme ordinaler Vergleichbarkeit hinzu, so kann das SWP nur das gerechte oder das konservative Prinzip sein – und das utilita-

ristische, wenn man statt dessen kardinale Vergleichbarkeit der Wohlfahrtseinheiten hinzufügt.

Sicher ist diese Form der Axiomatisierung ethisch nicht ganz überzeugend, sie zeigt aber, daß die Anwendung der SWP durch die Art der verfügbaren Informationen über die individuellen Wohlfahrtsfunktionen deutlich eingeschränkt sein kann.

Lucian Kern

Literatur:

D'Aspremont, Claude, *Gevers,* Louis: Equity and the Informational Basis of Collective Choice. In: Review of Economic Studies 44, 1977, 199–209.
Deschamps, Robert, *Gevers,* Louis: Leximin and Utilitarian Rules – A Joint Characterization. In: Journal of Economic Theory 17, 1978, 143–163.
Gaertner, Wulf: Rawlsianism, Utilitarianism, and Profiles of Extended Orderings. In: Zeitschrift für die gesamte Staatswissenschaft 137, 1981, 78–96.
Harsanyi, John C.: Rule Utilitarianism and Decision Theory. In: Erkenntnis, 11, 1977, 25–53.
Kohlberg, Lawrence: Justice as Reversibility. In: *Laslett,* Peter, *Fishkin,* James (Hrsg.): Philosophy, Politics, and Society, 5. Serie. New Haven 1979, S. 257–272.
Rawls, John: Eine Theorie der Gerechtigkeit. Frankfurt/M. 1975.
Sen, Amartya: On Weights and Measures – Informational Constraints in Social Welfare Analysis. In: Econometrica 45, 1977, 1539–1572.

Vorurteil

→*Autoritarismus, Diskriminierung, Ethnozentrismus, Protest, Wirkungsforschung.*

Aus der Geschichte der Definitionsansätze von Vorurteilen (V) ließe sich eine Geschichte der Sozialpsychologie und ihrer jeweils aktuellen Forschungskonzepte rekonstruieren.

So findet sich z. B. das präpotente Einstellungskonzept sowohl in frühen V-Definitionen wieder (vgl. z. B. Rose 1951, 5): „Ein Vorurteil ist eine Einstellung, die Diskriminierungen verursacht, sie festigt oder rechtfertigt." – wie auch in neueren Publikationen: „Das Vorurteil kann demnach als eine Einstellung gegenüber jeder beliebigen Gruppe von Menschen definiert werden" (Ehrlich 1973, 17).

Auch die antiquierte Dreiteilung von Einstellungen in affektive, kognitive und konative Komponenten wird in V-Definitionen übernommen.

Auf dem Höhepunkt des Einflusses tiefenpsychologischer Modellvorstellungen auf die Sozialpsychologie – markiert durch die Studie zur Autoritären Persönlichkeit (Adorno et al. 1950) – wurden V vielfach als Persönlichkeitsmerkmale aufgefaßt, die motivationale und funktionale Aufgaben innerhalb der Persönlichkeit zu übernehmen hatten (→ *Autoritarismus*).

Der starke gruppenpsychologische Trend der Sozialpsychologie der 50er und 60er Jahre schlägt sich vor allem in solchen Definitionen nieder, die konfligierende Beziehungen zwischen Gruppen (In-group-/Out-group-Relationen) berücksichtigten: „Gruppen-Vorurteile beziehen sich auf negative (unfavorable) Einstellungen von Gruppenmitgliedern gegenüber einer anderen Gruppe und ihren Mitgliedern, die sie aus ihrer Gruppennorm für die Behandlung einer out-group abgeleitet haben" (Sherif und Sherif 1969, 268).

Eine weitere Aufschlüsselung der Forschungsperspektiven findet sich bei Schäfer und Six (1978).

Definitionen dieser Art sind vor allem mit der Historie der zentralen Konzepte belastet, die als Definitionsbestandteile mehr Schwierigkeiten aufgeben als sie beseitigen.

Wir haben uns bei der folgenden Darstellung eines neuen Definitionsansatzes an unserer Einleitung orientiert und stellen eine V-Konzeption vor, die dem gegenwärtigen Trend der Sozialpsychologie verpflichtet ist, nicht um modisch zu sein, sondern um eine angemessenere Definition von V anbieten zu können.

Die kognitive Wende in der Sozialpsychologie hat für die Definition des V-Konzepts zu einer Re-Interpretation geführt, die primär dadurch zu kennzeichnen ist, daß sowohl Prozesse der Informationsverarbeitung stärker berücksichtigt werden, als auch der funktionale Stellenwert von V als Interpretationsmuster sozialer Wirklichkeit in den Vordergrund gerückt wird.

Auf dem Hintergrund einer kognitiv ausgerichteten Psychologie der sozialen Wahrnehmung sind V Ergebnisse von Prozessen der Informationsverarbeitung sozialer Reize. Die Vielfalt unterscheidbarer sozialer Reize wird zur Aufrechterhaltung der Umweltorientierung, d.h. zum Zweck einer stabilen und strukturierten Umweltwahrnehmung, in Kategorien zusammengefaßt. Dieser Prozeß der Kategorisierung wird sowohl aufgrund seiner Entstehung – durch Lernen im sozialen Kontext – als auch aufgrund seines Bezugs zu den sozialen Sachverhalten, die in einem derartigen Prozeß katalogisiert und systematisiert werden, als sozialer Kategorisierungsprozeß bezeichnet.

Dieser soziale Kategorisierungsprozeß beinhaltet gleichzeitig ein Präferenzsystem, durch das die zur Beurteilung anstehenden sozialen Sachver-

halte Kategorien zugeordnet werden, die hinsichtlich Intensität und Richtung unterschiedlich ausgeprägt sind.
Der Attribuierungsprozeß sozialer Sachverhalte zu den bereitgestellten Kategorien läßt sich dabei als ein Verfahren kennzeichnen, bei dem einem einzelnen sozialen Sachverhalt (eine Person, eine Institution, eine Nation) zunächst diejenige Kategorie einschließlich ihres Präferenzsystems zugeordnet wird, die als besonders zutreffend angesehen wird. Dem einzelnen Sachverhalt werden dann alle diejenigen Merkmale zuerkannt, die die Kategorie konstituieren (Prozeß der Generalisierung). Darüber hinaus werden aber Einzelaspekte des jeweiligen sozialen Sachverhalts weiteren Kategorien zugeordnet, wobei der subjektive Bedeutsamkeitsgrad jedoch nachläßt. So weisen z. B. selbst weitverbreitete und eindeutige V gegenüber Gastarbeitern einer bestimmten Nation trotz aller Übereinstimmung noch Variationen auf und ermöglichen es, Einzelpersonen aus dem entsprechenden V auszunehmen, da die für das V zentrale Kategorie zwar verwendet, aber abgewertet und durch eine andere, subjektiv bedeutsamere ersetzt wird.
V als soziale Kategorisierungsprozesse zu definieren, bei denen soziale Sachverhalte Kategorien unter Verwendung eines Präferenzsystems (Bewertungsmaßstabes) in generalisierender Weise attribuiert werden, bietet entscheidende Vorteile gegenüber herkömmlichen Definitionen:
(1) Es werden keine Konzepte verwendet, die selbst wieder zahlreiche Interpretationsvarianten aufweisen (wie z.B. das Einstellungskonzept).
(2) V werden als Prozesse definiert, d. h., Konstanz und Veränderung werden konzeptionell berücksichtigt.
(3) V als Prozesse der Sozialen Wahrnehmung sind sowohl Konsequenz des sozialen Kategorisierungsprozesses wie Antezedens für daran anschließende Kategorisierungen (V sind sowohl abhängige wie unabhängige Variablen).
(4) V werden nicht als Urteile definiert, die falsch sind und deren Korrektur bei ,,genauerem Hinsehen" möglich ist. Es gibt keine Validierungsmöglichkeiten für soziale Sachverhalte, die als objektive Kriterien gelten können, wie z.B. Wolf (1979) meint.

Der Problembereich der Entstehung von V läßt sich nach folgenden Fragestellungen gliedern:

1. Wann treten im individuellen Entwicklungsablauf V erstmals auf, und unter welchen Bedingungen werden überhaupt neue V erworben? Die Mehrzahl dieser Untersuchungen orientiert sich an einem in den USA entwickelten Forschungsparadigma, bei dem schwarzen und weißen Kindern Puppen (oder Fotos) von Schwarzen oder Weißen gezeigt wer-

den. Die Aufgabe der Kinder besteht dann in der Regel darin, die Puppen aufgrund ihrer Hautfarbe zu identifizieren und ihre Präferenzen für eine der beiden Puppen (schwarze oder weiße) zu äußern. Die in mehreren Studien mit meist 3- bis 7jährigen Kindern durchgeführten Untersuchungen belegen eine starke Präferenz der weißen und schwarzen Kinder für die weißen Puppen. Mit zunehmendem Alter zeigte sich allerdings eine leichte Tendenz bei den schwarzen Kindern, die Puppen der eigenen Hautfarbe zu präferieren.

2. Welche individuellen und/oder sozialen Determinanten sind Aktivatoren bzw. Inhibitoren des Entstehungsprozesses? Diese nicht nur für die Entstehung, sondern gleichermaßen für die potentielle Veränderung von V zentrale Frage läßt sich aufgrund der vorliegenden Befunde vor allem deshalb nicht beantworten, weil die vorliegenden Untersuchungen nur korrelative Aussagen beinhalten, aus denen sich keine Aussagen über die Ursache-Wirkung-Verhältnisse ableiten lassen. So plausibel im einzelnen Kovariationen von V-Maßen und sozialen oder persönlichkeitsspezifischen Indikatoren auch sein mögen, so zurückhaltend wird man sich bei einer Interpretation derartiger Daten verhalten müssen, Indikatoren dieser Art als V-Determinanten anzusehen. Ökonomische Rezessionen und die in Verhalten umgesetzten V (→ *Diskriminierung*) treten nicht nur bei den besonders von der Rezession betroffenen Bevölkerungsschichten auf, die ihr diskriminierendes Verhalten z. B. vor allem gegenüber denjenigen Gastarbeitern zeigen, die als potentielle Bewerber der knappen Arbeitsplätze konkurrieren, sondern auch die institutionalisierte Diskriminierung durch verschärfte Anwendung von Gesetzen und Einwanderungsstopps sind Begleiterscheinungen derartiger wirtschaftlicher Krisen (→ *Ethnozentrismus*). So selbstverständlich es auch scheinen mag, daß Sozialisationsinstanzen, wie Familie, Schule, Beruf und die Gruppe der Gleichaltrigen, die Funktion übernehmen, V zu tradieren, ihren Erwerb zu fördern und die Anwendung durch das jeweilige Mitglied zu gratifizieren, so schwierig fällt im einzelnen der Nachweis, daß bestimmte Erziehungsstile, die Länge der Ausbildung, die höhere berufliche Qualifikation oder die als subjektiv relevant anerkannte Mitgliedschaft in einer Gruppe Gleichaltriger *Ursachen* der V sind.

3. Welche theoretischen Erklärungsansätze für die Entstehung von V gibt es? Die derzeit vorliegenden theoretischen Ansätze zur Erklärung der Entstehung von V lassen sich folgendermaßen gruppieren:

a) *Theorien der Sozialen Wahrnehmung und des (Sozialen) Lernens.* – Zu diesem Theorienbereich zählen neben den klassischen Lerntheorien, die auf dem Konditionierungsschema basieren, die Ansätze der sozialen

Lerntheorien. Die Ergebnisse der Untersuchungen, die aufgrund der Paradigmen der klassischen Lerntheorie durchgeführt worden sind, beziehen sich meist auf Konditionierungsexperimente, in denen Farbnamen (z. B. Schwarz) aversiv konditioniert wurden und anschließend die Auswirkungen derartiger Konditionierungsprozesse auf Fragebogenitems überprüft wurden. Die Anwendungen der sozialen Lerntheorien gehen mit wenigen Ausnahmen über eine von den Autoren unterstellte, aber selten nachgewiesene Wirkung von Lernen durch Beobachtung nicht hinaus. Von größerer Bedeutung sind die Varianten der Akzentuierungstheorie, wie sie von Lilli (1975) und Tajfel (1978) ausgearbeitet wurden. In einer von Taylor et al. (1978) modifizierten und erweiterten Version lauten die Grundannahmen dieser Konzeption in verkürzter Darstellung:
(1) Physische und soziale Unterscheidungsmerkmale wie ethnische Zugehörigkeit und Geschlecht werden zur Kategorisierung von Personen und zur Informationsorganisation verwendet.
(2) Als Resultate dieses Kategorisierungsprozesses werden Unterschiede innerhalb einer Gruppe minimiert und zwischen Gruppen maximiert.
(3) Je geringer die Anzahl der Mitglieder einer Gruppe oder je vertrauter jemand mit den Mitgliedern einer Gruppe ist, desto größer ist die Anzahl der von ihm gemachten Differenzierungen.

Vorgegebene oder evidente Merkmale von Gruppen führen also zu einer Kategorisierung, die innerhalb einer Gruppe Unterschiede minimiert und zwischen Gruppen Unterschiede maximiert. Die empirischen Befunde stützen diese Konzeption recht deutlich.

b) *Persönlichkeitstheoretische Konzeptionen.* – Die drei an dieser Stelle zu nennenden Konzeptionen sind die bei weitem einflußreichsten Erklärungsansätze, gemessen an ihrem Verbreitungsgrad, nicht hinsichtlich ihres Erklärungswertes. Das psychoanalytische Grundmodell der Autoren der „Autoritären Persönlichkeit" (Adorno et al. 1950, →*Autoritarismus*) in seiner Anwendung auf die Entstehung einer autoritären, d. h. primär faschismusanfälligen Ideologie sieht die Ursachen einer antidemokratischen Ideologie in den elterlichen Erziehungspraktiken der frühen Kindheit. Die sozioökonomischen Bedingungen werden in ihrem Einfluß über die Instanzen der Persönlichkeit wirksam und prägen die Persönlichkeitsdispositionen des autoritären Charakters (wie z. B. autoritäre Untertänigkeit und Aggression, Destruktivität und Zynismus, Macht und Härte, Konventionalismus und Aberglaube).

Das als Alternativmodell von Rokeach (1960) vorgelegte →*Dogmatismus*-Konzept ist demgegenüber eine kognitive Theorie, in der strukturelle Merkmale der Informationsverarbeitung verantwortlich für jegliche Art von Ideologisierung sind. Das geschlossene kognitive System, ge-

kennzeichnet durch isolierte kognitive Subsysteme, geringen Differenziertheitsgrad und geringe Anpassung an die situativen Anforderungen, bildet die Voraussetzung für dogmatische Haltungen, unabhängig vom jeweiligen ideologischen Inhalt.
Nach Allport (1971) bildet die leichte Verständlichkeit den Grund für die Beliebtheit der Sündenbocktheorie, die sich auf die generalisierte Frustrations-Aggressions-Hypothese stützt, wonach Frustrationen stets die Folge von Aggressionen sind. Lassen sich diese Aggressionen nicht auf den Verursacher der Aggressionen richten, dann erfolgt eine Verschiebung der Aggressionen auf die Mitglieder einer Außengruppe (die Sündenböcke).
Trotz vielfacher Kritik – u. a. läßt sich zeigen, daß Frustrationen nicht immer zu Aggressionen führen und keine Erklärung für die spezifische Wahl der jeweiligen Sündenböcke gegeben werden kann – und mangelnder empirischer Belege ist noch kein Konsens gefunden, auf dieses Konzept endlich zu verzichten.

c) *Sozialisationstheoretische Konzeptionen.* – Die sozialisationstheoretischen Modelle sind Phasenmodelle, die selten mehr als heuristischen Wert haben. Es gelingt ihnen jedoch durch die Phaseneinteilung, die vorliegenden empirischen Befunde zu systematisieren und z. T. sogar zu approximieren. Hess und Torney (1968) unterscheiden in ihrem Modell der politischen Sozialisation 4 Phasen: a) die Kognitionsphase, in der politische Objekte erstmals identifiziert werden, b) die Konzeptualisierungsphase, in der Normen und Verhaltensweisen gegenüber politischen Sachverhalten erworben werden, c) die Phase der Ausbildung von Präferenzen gegenüber Autoritäten und politischen Problemen, primär auf emotionaler Basis, d) die Phase der Teilnahme an politischen Aktivitäten. Allports (1971) Dreistufenmodell, das in modifizierter Version von Jaspars et al. (1972) teilweise empirisch bestätigt werden konnte, unterscheidet eine erste Stufe, die für die Ausbildung von V nur vorbereitenden Charakter hat. In diesem Stadium des sog. prägeneralisierenden Lernens werden erste, insgesamt aber noch unvollkommene Versuche gemacht, die eigene Person und die nächsten Bezugspersonen von der übrigen Umwelt abzugrenzen und in dichotomer Weise erste Bewertungen von Selbst und Bezugsgruppe einerseits und Fremden und Außengruppen andererseits vorzunehmen. In der zweiten Phase, der Phase der totalen Ablehnung, werden alle Mitglieder von Außengruppen (Minoritäten) total abgelehnt, und erst in der darauffolgenden dritten Phase erfolgt eine allmähliche Revision dieser totalen Ablehnung, verbunden mit einer differenzierteren Wahrnehmung der anderen.

d) *Sozialpsychologische Theorien.* – Von den vorliegenden sozialpsychologischen und soziologischen Erklärungsansätzen (→ *Ethnozentrismus*) sollen an dieser Stelle zwei Konzeptionen skizziert werden: (1) Die Theorie des realistischen Gruppen-Konflikts sieht die Ursachen von V in den sozialen Vergleichsprozessen, die von den Mitgliedern der jeweiligen Gruppen (Minoritäten bzw. Majoritäten) vorgenommen werden. Bedrohungen durch Konkurrenz am Arbeitsplatz, Aufstiegswillen der Minoritätenangehörigen in statushöhere Arbeitsplätze, offene Gewalt und Kriminalität führen zu V, die nichts anders sind als die aggressiv formulierten Eigeninteressen. (2) Die Theorie des Symbolischen Rassismus (Kinder und Sears 1981) ist eine differenziertere Form der Ablehnung ethnischer Minderheiten. Die Ablehnung von Minoritäten erfolgt nicht mehr über offen ausgetragene Konflikte, wie z. B. Forderungen nach getrennten Schulsystemen, sondern zum einen über die Aufwertung der eigenen Gruppe für den Bestand der Gesellschaft (die Wahrung der Tradition, die Akzeptanz von Leistungsnormen etc.), zum anderen in der Ablehnung von Unterstützungsprogrammen für die Minderheiten. Diese eher moralisch-normative Abwehr gegen Minoritäten, die anstelle der offenen Aggressionen und Konflikte tritt, erklärt u. a. auch den in den letzten Jahren abnehmenden massiven Widerstand gegen Integrations- und Förderungsprogramme (vor allem in den USA), aber auch die zunehmend konservative Grundeinstellung amerikanischer Wählergruppen. Kinder und Sears (1981) haben einen Vergleich beider Theorien vorgenommen und belegen den größeren Einfluß des Symbolischen Rassismus zumindest auf das Wählerverhalten ihrer Stichprobe.

Wohl kaum ein Ziel der Sozialwissenschaften findet so bereitwillig Zustimmung wie die Reduzierung von V. Die inhaltliche Festlegung, was V-Reduktion eigentlich bedeutet, ist allerdings bislang keiner intensiven Diskussion unterzogen worden. Zielvorgaben in Richtung bestimmter sozialer Normen (wie z. B. Mitmenschlichkeit, Humanität, Emanzipation, Chancengleichheit, rechtliche Gleichstellung) sind als Kriterien entweder unüberprüfbar und zu vage oder lassen sich auch dann erfüllen, wenn die V weiterbestehen.
Es erscheint auf dem Hintergrund der Fragwürdigkeit der Kriterien der V-Reduktion ein vorläufig sinnvolles Kriterium zu sein, die Konsequenzen der V, das diskriminierende Verhalten, zu reduzieren. Die Kriterien für → *Diskriminierungen* sind eindeutiger und damit leichter feststellbar als die bisher genannten V-Kriterien.
Die im einzelnen vorgeschlagenen Strategien und Techniken zur Reduktion von V lassen sich hinsichtlich ihrer Wirksamkeit nicht ohne den Anwendungskontext beurteilen. Die alleinige Anwendung einer einzigen Strategie oder Technik wird in der Regel genausowenig zum Erfolg füh-

ren wie die nur kurzfristige, massierte Maßnahme. Je ausgeprägter und konsequenzenreicher V sind, desto umfangreicher müssen die eingesetzten Mittel sein: d. h. Beeinflussung durch Medien, Erziehungs- und Unterrichtsmaßnahmen, durch gesetzgeberische Maßnahmen und durch Kontakt und Information.

Der Katalog der Maßnahmen, der im Folgenden vorgestellt wird, enthält nicht sämtliche verwendeten Techniken und Strategien, wohl aber die wichtigsten Klassen von Maßnahmen, die bislang verwendet worden sind:

(1) *Psychotherapieformen* in Einzel- und Gruppensituationen sind zwar von ihrem eigenen Anspruch her geeignet, V zu reduzieren, die wenigen empirischen Ergebnisse mit Spieltherapien und gruppendynamischen Trainings zur Reduktion von V lassen eine Beurteilung der Effektivität dieser Verfahren jedoch nicht zu. Angesichts des relativ hohen zeitlichen Aufwands und der nur schwer zu kontrollierenden Einflußfaktoren bei derartigen Therapieformen sind sie nur bedingt zu empfehlen.

(2) Die immer wieder gutgemeinten Ratschläge zum *elterlichen Erziehungsverhalten* verschieben das Problem der Reduktion von V letztendlich nur um eine Generation nach hinten. Erziehung zur Toleranz, zur Achtung vor anderen, reziproker Interaktionsstil, aggressionsfreie Verhaltenssteuerung oder auch die Bereitschaft, Minderheiten und Randgruppen zu akzeptieren, sind sicher Voraussetzungen zur Reduktion von V, die im elterlichen Erziehungsverhalten realisierbar sind. Welche optimalen Techniken und Strategien jedoch dazu eingesetzt werden müssen, um derartige Praktiken zu implementieren, bleibt jedoch ungeklärt.

(3) Eine Form der Reduktion von V, die vor allem in Kindergärten, Vorschulen und Schulen zunehmend an Bedeutung gewinnt, sind *Rollenspiele* (vgl. z. B. Ostermann und Nicklas 1976). Hierbei übernehmen die Teilnehmer wechselnde Rollen (Minderheiten-, Mehrheiten-Rollen) und versuchen, in gestellten Situationen die jeweilige Perspektive der Rolleninhaber nachzuspielen. Da aktuelle oder überdauernd relevante Thematiken aus dem jeweiligen sozialen Umfeld der Kinder und Jugendlichen ausgewählt werden können (z. B. Rollen von Gastarbeitern, Behinderten, Zigeunern, Nichtseßhaften), sind derartige Techniken von ihrer Grundkonzeption empfehlenswert. Leider fehlen noch ausreichende Evaluationsstudien.

(4) *Lehr- und Lernprogramme* im Unterricht haben sich vor allem dann bewährt, wenn sie über mehrere Wochen oder Monate ausgedehnt wurden. Das Urteilsverhalten der Schüler wurde vor allem differenzierter, und die anfänglichen meist negativen Urteile wurden insgesamt positiver.

(5) Die Auswirkungen *persuasiver Kommunikation*, wie sie vor allem durch die Medien (→ *Wirkungsforschung*) erfolgt, sind nur schwer von den übrigen Umwelteinflüssen zu trennen. So lassen sich zwar nach der Darbietung von Filmen kurzfristige V-Änderungen feststellen, die wichtigen Langzeitwirkungen sind aber ebensowenig kontrollierbar wie die tatsächlichen Wirkgrößen, die als persuasiv oder informativ eingestuft werden könnten.

(6) Die vor allem in den USA untersuchten Auswirkungen der *gemischtrassigen Klassen* sind weitaus geringer als zunächst angenommen. Das Überblicksreferat von Stephan (1978) zeigt, daß der erwartete positive Änderungstrend nur minimal war oder ganz ausblieb. Dies spricht allerdings weitaus weniger gegen die eingeführte Maßnahme der „school segregation", sondern sollte vielmehr als Beleg für die feste Verankerung von V gewertet werden, die sich durch Einzelmaßnahmen nur schwer ändern lassen.

(7) Die immer wieder empfohlenen *Kontakte* zu Ausländern (Austauschprogramme etc.) und zu Minoritätengruppen sind kaum wirksam, wenn ausschließlich eine erhöhte Kontaktaufnahme gefördert wird. Kontakt erweist sich nur dann als überhaupt wirksame Strategie zur Reduktion von V, wenn „günstige" Bedingungen bei der Kontaktaufnahme vorliegen. Zu diesen „günstigen" Bedingungen zählen gleicher Status derjenigen, die Kontakt miteinander haben, kooperative Formen des Kontakts, die z. B. dann vorliegen, wenn gemeinsame Ziele in Spiel oder Beruf realisiert werden können.

(8) *Gesetzgeberische Maßnahmen* (z. B. Ausländergesetze, staatliche Förderungsmaßnahmen) dienen in der Regel eher dazu, die Integration von Minderheiten zu fördern, stellen aber erst in vermittelter Form Möglichkeiten der V-Reduktion dar, da sie individuelle V nur über Prozesse der sozialen Anerkennung durch staatliche bzw. administrative Instanzen steuern können. Allerdings lassen sich derartige Maßnahmen auch zu einer verschärften Diskriminierung verwenden.

(9) Die →*Protest*bewegungen der von Vorurteilen und Diskriminierungen betroffenen Gruppen sind als Selbsthilfemaßnahmen zwar geeignet, auf die eigene Situation aufmerksam zu machen, und sie erreichen zumindesten eine Darstellung ihrer Schwierigkeiten und Probleme in der Öffentlichkeit. Sie sind jedoch nicht den Strategien und Techniken der V-Reduktion zuzuordnen, da sie selbst nur Indizien für V und Diskriminierungen sind.

(Zur Relation von V und Diskriminierung siehe → Stichwort *Diskriminierung*.)

Bernd Six

Literatur:

Allport, Gordon W.: Die Natur des Vorurteils. Köln 1971.
Ehrlich, Howard J.: Das Vorurteil. München 1973.
Hess, Robert D., *Torney,* Judith: The Development of Political Attitudes in Children. New York 1968.
Jaspars, Joseph M. F., *van den Geer,* John P., *Tajfel,* Henri, *Johnson,* Nicholas: On the Development of National Attitudes in Children. European Journal of Social Psychology, 1972, 347–369.
Kinder, Donald R., *Sears,* David O.: Prejudice and Racism versus Racial Threats to the Good Life. Journal of Personality and Social Psychology, 1981, 414–431.
Lilli, Waldemar: Soziale Akzentuierung. Stuttgart 1975.
Ostermann, Änne, *Nicklas,* Hans: Vorurteile und Feindbilder. München 1976.
Rose, Arnold M.: The Roots of Prejudice. Paris 1951.
Schäfer, Bernd, *Six,* Bernd: Sozialpsychologie des Vorurteils. Stuttgart 1978.
Sherif, Muzafer, *Sherif,* Carolyn W.: Social Psychology. New York 1969.
Stephan, Walter G.: School Desegregation. An Evaluation of Predictions Made in Brown v. Board of Education. Psychological Bulletin, 85, 1978, 217–238.
Taylor, S. E., *Fiske,* S. T., *Etcoff,* N. L., *Ruderman,* A. J.: Categorical and Contextual Bases of Person Memory and Stereotyping. Journal of Personality and Social Psychology, 36, 1978, 778–793.
Tajfel, Henri: Differentiation between Social Groups. London 1978.

Wählerverhalten

→*Demoskopie, Loyalität, Methodologie und Methoden, Parteipräferenz, Partizipation, Sozialisationsforschung*

Fragestellung und Erkenntnisinteresse. – Unter Wähler- oder auch Wahlverhalten (W) ist nicht nur die Wahl einer Partei oder eines bestimmten Kandidaten, sondern auch die Tatsache der Stimmabgabe an sich, d. h. also die individuelle Wahlbeteiligung zu verstehen.
Die empirische Wahlforschung untersucht einerseits, mit welcher Häufigkeit sich die verschiedenen sozialen Gruppen und Kategorien von Individuen an politischen Wahlen beteiligen und welchen Parteien sie dabei bevorzugt die Stimme geben; zum anderen geht sie der Frage nach, welche Einzelfaktoren und Einflußkonstellationen für dieses W ausschlaggebend sind und wie im Lichte derartiger Erkenntnisse die Resultate künftiger Wahlen wahrscheinlicher ausfallen werden. Das Erkenntnisinteresse der empirischen Wahlforschung ist somit nicht nur deskriptiver und erklärender, sondern auch prognostischer Natur.

Zur Funktionsweise von Wahlen: Auf der Ebene des Regierungssystems stellen Wahlen einen wichtigen Legitimationsfaktor dar; sie können sowohl diffuse Systemloyalität (→ *Loyalität*) ausdrücken als auch die Politik der regierenden Eliten nachträglich sanktionieren oder verwerfen. Überdies werden bei der Wahl politisch bedeutsame, wenn auch im allgemeinen programmatisch recht unbestimmte und daher vielfältig auslegbare Weichenstellungen für die Zukunft getroffen und damit, innerhalb der vom politischen und wirtschaftlichen System gesetzten Rahmenbedingungen, die Akzente der künftigen Politik bestimmt.

Für den einzelnen Wähler bedeutet der Akt des Wählens in den westlichen Demokratien zwar nicht den alleinigen, wohl aber den am weitaus häufigsten genutzten, mit dem geringsten Aufwand verbundenen Weg der Artikulation politischer Präferenzen und der Einflußnahme, ein Akt, der zudem durch das Wahlgeheimnis den Ausdruck politischer Vorlieben und Abneigungen ohne Furcht vor direkten Sanktionen und ohne die im politischen Alltag übliche selbstauferlegte Zensur bei politischen Stellungnahmen zuläßt.

Zwei Typen von Erklärungsfaktoren. – Wie alle menschlichen Handlungsweisen läßt sich das W durch zwei Klassen von Variablen erklären, durch Umwelt- und Persönlichkeitsfaktoren. Typische Umwelt- oder Hintergrundfaktoren sind Gruppenbindungen aller Art, Vorgänge des politischen oder ökonomischen Raums und bestimmte kollektive historische Erfahrungen wie beispielsweise die Inflation oder die Entnazifizierung. Unter Persönlichkeitsfaktoren sind sowohl lang andauernde, tief in der Psyche des einzelnen verwurzelte Eigenschaften und Prozesse als auch kürzerfristig wirksame, leichter veränderbare Einstellungen zu verstehen, die als Verhaltensdispositionen wirken.
Von bestimmten situativen Gegebenheiten, etwa den Regulierungen der politischen Teilnahmemöglichkeiten durch das Wahlrecht und das Wahlsystem abgesehen, beeinflussen die Hintergrundfaktoren das individuelle W immer nur indirekt, d.h. vermittelt über Persönlichkeitsfaktoren: „Hintergrundfaktoren verursachen niemals Verhalten; sie verursachen Einstellungen... und diese wiederum determinieren das Verhalten" (Allport 1950, 153; zitiert nach Falter 1973, 23).
Andererseits entwickeln viele Personen ungeachtet differierender Persönlichkeitsdispositionen in ähnlich gelagerten sozialen Situationen ganz unabhängig voneinander die gleichen parteipolitischen Vorlieben und Abneigungen. Von den Hintergrundvariablen gehen mit anderen Worten gleichförmige Einflüsse aus, die entsprechende Einstellungsmuster und mit deren Hilfe wiederum politische Verhaltensregelmäßigkeiten erzeu-

gen. Soziale und psychische Verursachungsmechanismen greifen folglich bei der Bestimmung des W ineinander.
So werden beispielsweise durch Familie, Schule oder Arbeitskollegen bestimmte Parteibindungen und politische Werthaltungen vermittelt, werden Wahrnehmungsmuster geprägt und Verhaltensweisen beeinflußt. Umgekehrt bedürfen viele außerhalb der engeren politischen Sphäre ablaufenden Ereignisse, um das W überhaupt prägen zu können, der politischen Übersetzung und parteilichen Zuschreibung durch den einzelnen Wähler. Eine Preissteigerung etwa wird in privatwirtschaftlich verfaßten Systemen gewöhnlich nicht als ein politisches Phänomen an sich interpretiert, sondern muß, um Relevanz für das individuelle W zu erlangen, immer erst der Regierung oder einer bestimmten Partei angelastet werden. Dies erfolgt üblicherweise durch den Prozeß der politischen Kommunikation, d. h. durch einen sozialen, auf Interaktionen beruhenden Vorgang, in dessen Verlauf solche potentiell wahlverhaltensrelevanten Faktoren in das subjektive Wahrnehmungsfeld des einzelnen gerückt und mit politischer Bedeutung versehen werden.
Hintergrund- und Persönlichkeitsfaktoren können durchaus isoliert voneinander das W zu einem nicht unerheblichen Teil erklären; der Prozeß der Meinungsbildung jedoch beruht auf dem Zusammenspiel von sozialen und psychischen Faktoren. Aus diesem Grunde sind – trotz des geradezu komplementären Charakters vieler Hintergrund- und Persönlichkeitsfaktoren – umfassendere Erklärungsmodelle des W, die Variablen beider Bereiche miteinander verknüpfen, zumindest potentiell den „eindimensionalen" Analysemodellen überlegen. Auch kann in vielen Fällen bei der Untersuchung von W gar nicht auf die Heranziehung von Persönlichkeitsfaktoren verzichtet werden, da der Einfluß weiter zurückliegender Sozialisationsprozesse häufig überhaupt nur noch in Form von Einstellungen oder generellen Werthaltungen ermittelt werden kann. Dennoch führt die Kombination von sozialen und psychischen Erklärungsvariablen nur in Ausnahmefällen zu einer entsprechenden linearen Steigerung der Erklärungskraft, da in den komplexeren Analysemodellen durch die Korrelation bestimmter Hintergrund- und Persönlichkeitsfaktoren Varianz verlorenzugehen pflegt.

Meß- und Analyseprobleme. – Die Erfassung des individuellen W kann auf dreierlei Weise erfolgen: durch die Erhebung von Verhaltensabsichten („Welche Partei würden Sie wählen, wenn am nächsten Sonntag Bundestagswahlen wären?"), durch die Erfragung zurückliegenden W („Welcher Partei haben Sie bei der letzten Bundestagswahl Ihre Stimme gegeben?") und durch Rückgriff auf offizielle Wahlstatistiken.
Je nach den herangezogenen Daten ergeben sich zwei grundverschiedene Analysearten mit stark differierenden Fragestellungen und Erkenntnis-

möglichkeiten: die Individual- und die Aggregatdatenanalyse. Erstere findet vor allem bei der Untersuchung gegenwärtigen W Anwendung, wo es um die Aufdeckung individueller Einflußfaktoren, wie Gruppeneinflüsse, affektive Parteibindungen (→*Parteipräferenz*) oder Kandidaten- und Sachorientierungen, geht. Letztere ist die Domäne der historischen Wahlforschung und der Wahlbeteiligungsanalyse sowie der Untersuchung sozialökologischer Einflußkonstellationen.

Beide Analysearten begegnen unterschiedlichen Problemen. So können Wahlabsichts- und Wahlerinnerungsfragen erheblich verzerrte Resultate liefern, wenn von den Befragten unwahre Auskünfte gegeben werden; dies ist in den vergangenen zehn Jahren gehäuft der Fall gewesen, wo in den Umfragen die Wähler der SPD in der Regel weit über- und die Anhänger der Unionsparteien weit unterrepräsentiert waren. Hierfür sind Erinnerungslücken, die Tendenz, im Sinne des vorherrschenden Meinungsklimas zu antworten, und die unvollständigen Ausschöpfungsquoten der Stichproben sowie selektive Antwortverweigerungen verantwortlich zu machen. Den dadurch herbeigeführten Qualitätsminderungen der Umfragen konnten die Meinungsforscher nur durch nachträglich durchgeführte Gewichtungsprozeduren begegnen. Allerdings deutet vieles darauf hin, daß gegenwärtig, d. h. Mitte 1981, die Verzerrung zuungunsten der Union zurückgeht, ein Indiz für das sich wandelnde Meinungsklima in der Bundesrepublik.

Eines der Hauptprobleme von Aggregatdatenanalysen besteht darin, daß nicht Variablenbeziehungen auf der Ebene der einzelnen Untersuchungspersonen, sondern Merkmalsverteilungen auf der Ebene von Kreisen oder Gemeinden analysiert werden. Der Rückschluß von der Gebietsebene auf das Verhalten von Individuen jedoch ist extrem fehlschlußgefährdet und nur unter bestimmten, eng definierten Bedingungen möglich. Weitere Probleme bestehen in der oft sehr lückenhaften Quellenlage und der territorialen Veränderung der Untersuchungseinheiten aufgrund von Verwaltungsreformen.

Aus diesen Problemen der beiden Analysearten resultieren die angesprochenen Fragestellungsbeschränkungen. So beeinträchtigen Formulierungswechsel in den ohnehin erst seit rund dreißig Jahren für die Bundesrepublik vorliegenden Umfragen die Vergleichbarkeit über die Zeit; auch tendieren die Befragten, vor allem bei weiter zurückliegenden Wahlen, zu erheblichen Wahrnehmungsverzerrungen, was ihre eigenen Verhaltensweisen und Motivationen betrifft.

Gravierender noch sind die Einschränkungen im Falle der Aggregatdatenanalysen: Hier liegen keinerlei Informationen über Persönlichkeitsfaktoren oder über das Verhalten eng umgrenzter sozialer Gruppen vor. Auch ist der Forscher gewöhnlich an die Vorgaben der amtlichen Statistik, die nach gänzlich anderen Gesichtspunkten als der Erklärung von W

arbeitet, gebunden. Ferner weist selbst die amtliche Statistik, ähnlich wie die Umfrageforschung *(→Demoskopie)*, Änderungen in der Definition ihrer Merkmale auf, so daß auch hier Zeitreihenanalysen häufig erheblich erschwert, wenn nicht völlig unmöglich geachtet werden.
Schließlich sind auch die Informationen der amtlichen Repräsentativstatistik, wo auf der individuellen Ebene tatsächliches W anhand von Sonderauszählungen mit bestimmten Sozialdaten in Beziehung gesetzt wird, nur von begrenztem Erklärungswert, da die Sonderauszählungen der statistischen Ämter aus Gründen der Geheimhaltung und der Praktikabilität auf nur drei Merkmale von relativ geringer Aussagekraft beschränkt bleiben: auf Alter, Geschlecht und Ortsgröße.
Komplexere Untersuchungsansätze endlich, die versuchen, W unter gleichzeitiger Verwendung von Aggregat- und Individualdaten im Rahmen sogenannter Kontextanalysen zu erklären, haben bislang noch nicht wesentlich zur Steigerung der Erklärungsleistung der verschiedenen Analysemodelle beitragen können (vgl. Pappi 1976).

Verschiedene Forschungstraditionen. – Aus der unterschiedlichen Verwendung von Persönlichkeits- und Hintergrundfaktoren sowie der Natur der herangezogenen Daten ergeben sich divergierende Forschungstraditionen der empirischen Wahlforschung. Allgemein kann man zwischen einer eher soziologisch orientierten, sich in erster Linie auf Umweltfaktoren stützenden, einer eher psychologisch vorgehenden, primär Persönlichkeitsvariablen verwendenden und einer sozialpsychologischen, beide Variablentypen miteinander verbindenden Forschungsrichtung unterscheiden.
Am Beginn der Entwicklungsgeschichte der empirischen Wahlforschung steht die *„Wahlgeographie"*, die bereits im Jahre 1913 von dem französischen Sozialgeographen André Siegfried mit der Veröffentlichung seiner Schulen bildenden Untersuchung über das W in Frankreich unter der Dritten Republik begründet wurde. Geologische Beschaffenheit und Höhenlage, also natürliche Gegebenheiten, bestimmten Siegfried zufolge die sozialen und politischen Voraussetzungen des W (vgl. Diederich 1965, 19). Gebiete mit Kalkböden stimmten tendenziell anders ab als Regionen auf Urgestein. Allerdings wurde der geographische Determinismus Siegfrieds im Gefolge der Auflösung des traditionellen ländlichen Milieus von seinen Schülern und Nachahmern allmählich durch stärker soziologisch und demographisch ausgerichtete Ansätze ersetzt, in denen die geographische Dimension des W meist nur noch zum Zwecke der Illustration herangezogen wurde.
Für die Untersuchung des deutschen W erlangte die Wahlgeographie in ihrer Weiterentwicklung als *„Politische Ökologie"* Bedeutung, die stärker als ihr französisches Vorbild auf die Wechselwirkungen zwischen po-

litischem System und sozialökonomischer Grundstruktur der untersuchten Gebietseinheiten abhob (vgl. Heberle 1978, 224 ff.). In seiner Untersuchung über den Aufstieg des Nationalsozialismus in Schleswig-Holstein – immer noch eine der lesenswertesten deutschen Wahluntersuchungen überhaupt – gelingt es dem Begründer der Politischen Ökologie, Rudolf Heberle, die das damalige W bestimmenden sozialökonomischen Einflußgeflechte in ihrer vielfältigen räumlichen Verschränkung und historischen Bedingtheit überzeugend offenzulegen (vgl. Heberle 1963). Allerdings fand dieser Ansatz, der an die interdisziplinäre Vorbildung des Forschers hohe Anforderungen stellt, außerhalb des engeren Schülerkreises von Heberle nur wenige Nachahmer. Die stürmische Entwicklung der Umfrageforschung nach dem Zweiten Weltkrieg verdrängte ihn, ohne daß er sich hierzulande voll entfalten konnte.

Auch konzentriert er sich in seinen die räumlichen und historischen Bezüge des W besonders herausstreichenden Aggregatdatenanalysen sehr stark auf die objektspezifischen, dem untersuchten Gebiet und den ins Auge gefaßten Wahlen jeweils eigentümlichen Aspekte des W. Dessen paradigmatische Züge hingegen treten in den politisch-ökologischen Untersuchungen meist in den Hintergrund. Zwar vermögen in dieser Tradition stehende Wahluntersuchungen viel zum Verständnis der historischen, sozialen, ökonomischen und politischen Randbedingungen eines Wahlergebnisses beizutragen, ihre theoretischen Aussagen jedoch sind im allgemeinen von geringer Reichweite und Verbindlichkeit.

In diametralem Gegensatz hierzu entbehren die mittels demoskopischer Methoden gewonnenen, sich häufig auf das gesamte Bundesgebiet beziehenden *Individualanalysen* praktisch vollständig des räumlichen und oft genug auch des historischen Bezugs. Ihre Aussagen erwecken dadurch nicht selten den Anschein, sehr viel zeitloser und allgemeingültiger zu sein als die der Politischen Ökologie. Sie scheinen sich aus diesem Grunde eher zur Aufstellung umfassender, eine Vielzahl von Anwendungsfällen in sich bergender Theorien des W zu eignen als die Analysen der Heberle-Schule. Doch begnügen sich noch immer allzu viele Wahluntersuchungen individualistischer Orientierung mit der bloßen Aufdeckung korrelativer Zusammenhänge. Auf die Herausarbeitung von Kausalzusammenhängen wird bei der Mehrzahl dieser Arbeiten konsequenterweise verzichtet.

Korrelate des W. – Trotzdem gelang es in den vergangenen zweieinhalb Jahrzehnten durch derartige, zumeist atheoretisch vorgehende Untersuchungen, eine Reihe von gut bestätigten Informationen über das deutsche W zu erarbeiten.

Alle einschlägigen Arbeiten sind sich darüber einig, daß die beiden Unionsparteien von Katholiken, insbesondere solchen mit starker Kir-

chenbindung, bevorzugt werden. Dagegen tendieren nichtpraktizierende Katholiken eher zur SPD und zur FDP. Weit überdurchschnittliche Erfolge können CDU und CSU ferner regelmäßig bei Selbständigen und Angehörigen der freien Berufe, bei Landwirten und bei Angestellten und Beamten in leitender Position verbuchen. Schließlich neigen auch Wähler über 60 und in kleinen Gemeinden wohnende Personen sehr viel stärker zur CDU/CSU als der Durchschnitt.
Die Wählerschaft der SPD verhält sich hierzu nahezu spiegelverkehrt. Besonders große Wahlerfolge erzielt die SPD bei Gewerkschaftsmitgliedern, ungelernten Arbeitern, Protestanten ohne Kirchenbindung und bei Jungwählern. Die Wählerschaft der FDP schließlich liegt in ihrer sozialen Färbung zwischen den Anhängerschaften der großen Parteien: Wie der SPD gelingt es ihr regelmäßig, bei Personen ohne Kirchenbindung, insbesondere wenn es sich um Angehörige der gehobenen neuen Mittelschicht, d. h. um Angestellte und Beamte in leitender Position, handelt, ihre größten Wahlerfolge zu erzielen.
Nur geringe Unterschiede im W zugunsten der großen Parteien weisen Facharbeiter, kleine und mittlere Angestellte und Beamte sowie Wähler zwischen 36 und 60 Jahren auf. Auch das W der Männer und Frauen unterscheidet sich seit etwa einem Jahrzehnt nur noch geringfügig; in den fünfziger und sechziger Jahren hingegen bevorzugten Frauen noch deutlich die Unionsparteien.
Insgesamt haben sich die Unterschiede im W der verschiedenen Sozialkategorien seit den fünfziger Jahren erheblich verringert. Lediglich bei den kirchentreuen Katholiken und bei den Angehörigen des alten Mittelstandes, also den Selbständigen und freien Berufen, sowie den Landwirten hat sich die Tendenz, CDU/CSU zu wählen, verstärkt. Da aber gleichzeitig der Anteil dieser Kategorien an der Gesamtbevölkerung drastisch geschrumpft ist, kann davon ausgegangen werden, daß die sozialstrukturelle Determiniertheit des W heute deutlich geringer ist als vor zwanzig oder dreißig Jahren (vgl. Baker et al. 1981; Pappi 1976).

Gruppentheoretische Ansätze: Die teilweise recht ausgeprägte Korrelation von sozialstrukturellen Variablen und W, die sich in praktisch allen westlichen Gesellschaften beobachten läßt, bewog den amerikanischen Wahlforscher Paul F. Lazarsfeld in seiner klassischen Untersuchung der amerikanischen Präsidentenwahl von 1940 zu der Aussage, daß eine Person politisch so denke und fühle, wie sie sozial gelagert sei: „Soziale Merkmale bestimmen politische Präferenzen", so sein berühmtes Diktum (Lazarsfeld et al. 1944, 27).
Dem von ihm und seinen Mitarbeitern entwickelten *individualistischen Gruppenansatz* zufolge stellen solche sozialstrukturellen Variablen wie

sozioökonomischer Status, Religion oder Beruf Indikatoren gleich- oder gegenförmig verlaufender sozialer Einflüsse dar, denen das Individuum ausgesetzt ist. Durch gruppenspezifische Sozialisation in der Kindheit und frühen Jugend werden vom Individuum relativ breitangelegte gesellschaftlich-politische Werthaltungen erworben, die wiederum die spezifischeren Einstellungen zu den Parteien und Sachfragen bestimmen, von denen schließlich das konkrete W abhängt. Gemeinsam mit den empirisch davon allerdings nur schwer zu trennenden aktuell wirksamen Gruppeneinflüssen werden dadurch Verhaltensgleichförmigkeiten produziert. Im Falle verschiedener, gegeneinandergerichteter Gruppeneinflüsse, sogenannter *Cross Pressures*, wie sie hierzulande etwa bei Katholiken im Falle gleichzeitiger gewerkschaftlicher und kirchlicher Bindung auftreten können, ist Verhaltensunsicherheit und daraus resultierende Teilnahmeverweigerung oder auch häufig wechselndes W die Folge (vgl. Berelson et al. 1954).

Gegen das individualistische Gruppenmodell wurde eingewandt, daß Gruppenzugehörigkeiten nur recht grobe Indikatoren für politische Präferenzen darstellen könnten. Auch verfahre das individualistische Gruppenmodell bei der Auswahl der untersuchten Variablen im allgemeinen rein pragmatisch, indem es prognostischer Fähigkeit den Vorrang vor kausaler Erklärungskraft einräume. Eine stärker theoriegeleitete Selektion der Erklärungsvariablen erlaubt hingegen der *makrosoziologische Analyseansatz* von Lipset und Rokkan (1967; vgl. Pappi 1976, 414 ff.). Die festgestellten Gleichförmigkeiten des W, die besonders stark in der Primärgruppe, d. h. im Familien-, Freundes- und Kollegenkreis des einzelnen Wählers, zutage treten, verstärken diesem Ansatz zufolge lediglich Tendenzen, die anderswo, zum Beispiel in der Verbandspolitik, entstehen.

Durch die Mitgliedschaft in sozialen Gruppen und Verbänden wie den Gewerkschaften oder den Kirchen erfolgt nach Ansicht der makrosoziologischen Gruppentheorie eine Anbindung der Individuen an das sogenannte gesellschaftliche Cleavage-System. Unter Cleavages, ein nahezu unübersetzbarer Begriff, versteht man lang andauernde Koalitionen von politischen Parteien und gesellschaftlichen Großgruppen, die aufgrund tiefgreifender historischer Konflikte im Verlaufe der Nationalstaatsbildung, der Reformation und der Säkularisation sowie der industriellen und sozialen Revolution begründet wurden und die Parteisysteme der meisten westlichen Staaten bis in die Gegenwart hinein prägen (vgl. Lipset und Rokkan 1967). Die beiden Hauptcleavages der deutschen Politik sind die religiöse und die klassenbezogene Spaltung, die beide im 19. Jahrhundert entstanden und aus dem Gegensatz von Staat und katholischer Kirche während des Kulturkampfes einerseits und der Auseinandersetzung zwischen Arbeitern und Unternehmern andererseits herrühren. Die CDU/CSU als Nachfolgerin der beiden katholischen Parteien der Weimarer Republik und des Kaiserreiches und die SPD als Partei der deutschen Arbeiterbewegung repräsentieren diese beiden Hauptkonfliktlinien der bundesrepublikanischen Gesellschaft, während die FDP mit keinem dieser beiden Cleavages verbunden ist (vgl. Pappi 1976, 388; Falter 1973, 51 ff.).

Der Identifikationsansatz. – Hält man die aus der Cleavage-Typologie abgeleiteten Variablen konstant, so verschwinden die Korrelationen der meisten anderen sozialstrukturellen Faktoren mit dem W tendenziell. Doch ist auch die Verbindung von individualistischem und makrosoziologischem Gruppenansatz nur unvollkommen in der Lage, Veränderungen im W von Wahl zu Wahl in befriedigender Weise zu erklären oder gar zu prognostizieren. Der durch die soziologischen Analysemodelle zu erreichende Erkenntnisgewinn ist hauptsächlich auf die Erklärung der Stabilität von W bezogen. Der Wechsel von →*Parteipräferenzen* und insbesondere vorübergehende Abweichungen vom habituellen Abstimmungsverhalten lassen sich mit ihrer Hilfe weniger gut in den Griff bekommen. Auch ist die Stabilität der Wählerentscheidungen in den vergangenen zehn Jahren nicht in dem Maße zurückgegangen, wie aufgrund der beiden Gruppenmodelle zu erwarten gewesen wäre.

Die dadurch entstehende Erklärungslücke wird weitestgehend von der stärker sozialpsychologisch orientierten Identifikationstheorie des W geschlossen, die von Angus Campbell und seinen Mitautoren Ende der fünfziger und Anfang der sechziger Jahre entwickelt wurde (vgl. Campbell et al. 1960; 1966). Sie geht davon aus, daß das individuelle W eine Resultante aus der Parteibindung des einzelnen, seinen Einstellungen zu den im Wahlkampf diskutierten und von ihm als wichtig empfundenen Sachfragen und seiner Einschätzung der Spitzenkandidaten der Parteien darstellt.

Die Bindung des einzelnen Wählers an eine politische Partei wird im Rahmen dieser Thorie durch das Konzept der *Parteiidentifikation* (→*Parteipräferenz*) beschrieben, worunter eine für gewöhnlich länger andauernde, oft schon in der Jugend erworbene, affektiv verankerte Beziehung zu einer bestimmten politischen Partei zu verstehen ist. Diese Beziehung ist im allgemeinen positiver, kann aber auch negativer Natur sein. Die Partei, mit der er sich identifiziert, dient dem einzelnen als Bezugsgruppe, an der er sein politisches Denken und Handeln orientieren kann. Auf diese Weise gelingt es, die schier unüberschaubare Komplexität des politischen Raums in den Griff zu bekommen, ohne sich in allzu hohe Informationskosten zu stürzen. Als hochgeneralisierte Einstellungsdimension mit – im Durchschnitt – längerer Lebensdauer ist die Parteiidentifikation den Kandidaten- und Problemorientierungen, die sie prägt, aber nicht vollständig determiniert, zwar vorgelagert; sie kann jedoch umgekehrt von diesen ebenfalls beeinflußt und schließlich auch verändert werden.

Auf dieser Unterscheidung der drei psychischen Hauptdeterminanten des individuellen W baut die weiterführende *Konzeption der Normalwahl* auf, eines der bislang elegantesten Analysemodelle von W überhaupt, mit dessen Hilfe es möglich ist, ein Wahlergebnis in einen durch Langzeiteinflüsse und einen durch kürzerfristige Faktoren bestimmten Anteil zu zerlegen und damit den Effekt bestimmter Streitfragen und der zur Wahl stehenden Kandidaten für den Ausgang einer Wahl zu bestimmen.

So zeigte sich beispielsweise anläßlich der Bundestagswahl 1980, auf die das Konzept der Normalwahl erstmals auch für den deutschen politischen Kontext übertragen wurde, daß die Kandidatenorientierung das Wahlergebnis deutlich stärker beeinflußt hat als die verschiedenen während des Wahlkampfes diskutierten Sachfragen. Im Vergleich zum Langzeiteffekt jedoch, der durch die Parteiidentifikationsverteilung im Elektorat gemessen wird, bleiben die Kurzzeitfaktoren insgesamt von relativ untergeordneter Bedeutung. Gegenüber den USA erwiesen sich hierzulande die Langzeiteffekte als von erheblich größerer Bedeutung, ein Hinweis auf die Wirkung der in Parteibindungen geronnenen bedeutsameren Cleavage-Strukturen in der Bundesrepublik (vgl. Falter und Rattinger 1982).

Nach wie vor in der Literatur umstritten ist allerdings die Frage, ob sich das für die Normalwahl-Analyse zentrale Konzept der Parteiidentifikation tatsächlich auf deutsche Verhältnisse übertragen läßt oder ob hier andere, aus sozialen Gruppenmitgliedschaften ableitbare Formen von Parteibindungen vorherrschen. In der neueren Diskussion dominiert jedoch mittlerweile wieder eine insgesamt optimistischere Sichtweise (vgl. Baker et al. 1981).

Rationale Entscheidungsmodelle: In den siebziger Jahren wurde vor allem in den USA wiederholt Kritik am Identifikationsmodell laut, das – ebenso wie die soziologischen Gruppenansätze – die rationalen Aspekte des W vernachlässige und den Wähler als ein mehr oder weniger konditioniertes, im Normalfall von seinen Partei- oder Gruppenbindungen und nicht etwa von politischen Nutzenerwägungen geleitetes, d.h. im Grunde also apolitisches Wesen behandele. Tatsächlich würden die meisten Wähler durchaus darauf achten, nur den Parteien und Kandidaten die Stimme zu geben, von denen sie sich eine möglichst kompetente und effektive Verwirklichung ihrer politischen Zielvorstellungen versprächen.

In der Sprache des oben skizzierten Ann-Arbor-Modells handelt es sich hierbei um ausschließlich sachfragenorientiertes, von Kandidaten- und Parteibindungen unabhängiges W. Eine Grundvoraussetzung für derartige „rationale" Entscheidungen ist ein ausreichender Informationsstand über die Politik und die programmatischen Positionen der Parteien und eine zumindest im Grundsätzlichen vorhandene Konsistenz und Kohärenz der Einstellungen des einzelnen zu den verschiedenen Sachkomplexen (vgl. Rattinger 1980). In der Bundesrepublik ist, im Gegensatz etwa zu den Vereinigten Staaten, der Forschungsstand hierzu noch immer recht dürftig. Zwar gibt es einige Studien, die belegen, daß eine Reihe von Wählern sich in ihrer Wahlentscheidung durchaus an den vermuteten Kompetenzen der Parteien zur Lösung der als subjektiv wichtig erachteten Sachfragen orientieren, doch handelt es sich dabei tatsächlich nur um einen Bruchteil der Gesamtwählerschaft, wenn man solche „irrationalen", da eher affektiv begründeten Komponenten des W wie die Kandidaten- und die Parteibindung statistisch kontrolliert (vgl. Falter und Rattinger 1982).

Diese Feststellung trifft auch für die Vereinigten Staaten zu, in denen seit Jahren eine lebhafte Auseinandersetzung über die Frage ausgetragen wird, ob die amerikanischen Wähler der sechziger und siebziger Jahre politisch rationaler, d. h. informierter und problemorientierter sind als die Generation ihrer Väter oder ob die in diese Richtung weisenden Resultate der amerikanischen Wahlforschung (vgl. Nie et al. 1979) Methodenartefakte, d. h. Kunstprodukte der verwendeten Untersuchungsinstrumente darstellen (vgl. Rattinger 1980).

Fazit. – Die vorstehenden Ausführungen belegen, daß die empirische Wahlforschung trotz aller Fortschritte der letzten Jahre sich keineswegs über die dem W zugrunde liegenden psychischen und sozialen Mechanismen einig ist. Zwar ist die analytische Eleganz der Erklärungsmodelle beträchtlich gestiegen, doch steht dem, zumindest für den deutschen Kontext, eine erhebliche Verschlechterung der Datenbasis gegenüber. Bei den vorgestellten theoretischen Ansätzen handelt es sich in fast allen Fällen um Erklärungen im nachhinein; ihre prognostische Kraft ist noch immer unbefriedigend. Allerdings unterscheidet sich hierin, trotz ihrer relativen Exaktheit und der Intensität, mit der sie betrieben wird, die empirische Wahlforschung kaum von anderen „fortgeschrittenen" sozialwissenschaftlichen Teildisziplinen.

Jürgen W. Falter

Literatur:

Baker, Kendall L. et al.: German Politics Transformed. Cambridge 1981.
Berelson, Bernard R. et al.: Voting. Chicago 1954.
Campbell, Angus et al.: The American Voter. New York 1960.
Campbell, Angus et al.: Elections and the Political Order. New York 1966.
Diederich, Nils: Empirische Wahlforschung. Köln/Opladen 1965.
Falter, Jürgen W.: Faktoren der Wahlentscheidung. Köln 1973.
Falter, Jürgen W.; *Rattinger*, Hans: Parteien, Kandidaten und politische Streitfragen bei der Bundestagswahl 1980 – Möglichkeiten und Grenzen der Normal-Vote-Analyse. In: *Kaase*, Max; *Klingemann*, Hans-Dieter (Hrsg.): Wahlverhalten und politische Kultur bei der Bundestagswahl 1980. Berlin 1982.
Heberle, Rudolf: Wahlökologie und Wahlgeographie. In: *König*, René (Hrsg.): Handbuch der empirischen Sozialforschung, Bd. 12, Stuttgart 1978.
Heberle, Rudolf: Landbevölkerung und Nationalsozialismus. Stuttgart 1963.
Lazarsfeld, Paul F. et al.: The People's Choice. New York 1944.
Lipset, Seymour M.; *Rokkan*, Stein: Party Systems and Voter Alignments. New York 1967.
Nie, Norman H. et al.: The Changing American Voter. Cambridge, Mass./London 1979.
Pappi, Franz U.: Sozialstruktur und politische Konflikte in der Bundesrepublik. Habilitationsschrift, Köln 1976.
Rattinger, Hans: Die empirische Wahlforschung auf der Suche nach dem rationalen Wähler. Zeitschrift für Politik 1980, 44–58.

Wirkungsforschung

→*Angst, Demoskopie, Methodologie und Methoden, Öffentliche Meinung, Propaganda, Sozialisationsforschung, Wählerverhalten.*

In über 50jähriger Tradition hat die Wirkungsforschung (W) bei wechselnder theoretischer Orientierung ein komplexes Arsenal von differenzierten empirischen Einzelbefunden und Hypothesen hervorgebracht. Die Frage nach der *Wirkung medienvermittelter öffentlicher Kommunikation* (Massenkommunikation = Mk) läßt sich demnach keinesfalls generell, d. h. ,,durch undifferenziert verallgemeinernde Aussagen", beantworten, ein und dieselbe Kommunikation kann vielmehr verschiedene Wirkungen besitzen, je nach Alter, Geschlecht, Intelligenz, Einstellung, sozialen Situationen usw. der Empfänger. Vor allem innerhalb der *politischen Kommunikation* wird dies häufig übersehen und immer wieder unreflektiert mit der Wirkung der Mk argumentiert. Unter dem Stichwort Wirkung werden außerdem eine Reihe verschiedener Sachverhalte verstanden.

Wirkungsbegriff. – Die Wirkungen der Mk lassen sich in dreifacher Hinsicht unterscheiden, 1. nach formalen und inhaltlichen Wirkungen, 2. nach kognitiven, emotionalen und Verhaltenswirkungen sowie schließlich 3. nach der Untersuchungseinheit, Individuum einerseits und sozialem System (Familie, Gruppe, Gesellschaft usw.) andererseits. *Formale Wirkungen* beziehen sich auf die stabilen Angebotsmuster der Medien, die sich ständig einander ähnlich wiederholen. Vor allem das formale Angebot des *Fernsehens,* gekennzeichnet durch Schnelligkeit, Kurzfristigkeit, unvollständige Handlungsabläufe und ständige Umsprünge von Bild/Wort und Wort/Bild sowie Zoomtechnik und Bildschnitte, wird unter dieser Rubrik subsumiert (Sturm 1979). Während der Bereich der formalen Wirkungen noch wenig untersucht ist, kann für die inhaltlichen Wirkungen eine überbordende Fülle von Ansätzen und Forschungsbefunden konstatiert werden. *Inhaltliche* W orientiert sich dabei sehr stark am *Einstellungskonzept,* dem unterstellt wird, die Vielfalt postkommunikativer Wirkungen zu integrieren. *Einstellungen* werden als Systeme von 3 verbundenen Komponenten gesehen, von *Kognition* (Wissen), *Emotion* und *Verhalten* (Wählen, Kaufen usw.). Einstellungen werden (u. a. über Mk) *gelernt* und sind auf *Objekte* bezogen. Aufgrund ihres Systemcharakters tendieren die einzelnen Komponenten dahin, sich auszubalancieren. Mit dem Systemcharakter von Einstellungen wird auch auf die Komplexität, Differenziertheit und Verbundenheit der einzelnen Einstellungselemente untereinander hingewiesen, auf die Richtung, Extremität und Intensität von Einstellungen sowie auf ihre Zentralität bzw. Bedeutsamkeit für eine Person. Kommunikationen, die die *zentralen* und vitalen *Grundeinstellungen* einer Person berühren, besitzen nach bisherigen Erfahrungen relativ *geringe* Wirkungschancen. Sie erzielen u. U. sogar gegenteilige Wirkungen *(Bumerangeffekt). Periphere Einstellungen* lassen sich dagegen vergleichsweise leichter verändern. Über das *Individuum* und seine Einstellungen hinaus können Wirkungen auch *interpersonale Beziehungen,* Gruppen und größere *soziale Systeme* betreffen, z. B. Familienleben, Kommunikation im Freundeskreis, Verein und die →*öffentliche Meinung.* W verweist stets auch auf *gesamtgesellschaftliche* Bezüge. Diese Wirkungen der Mk, etwa im Hinblick auf ,,Herstellung von Öffentlichkeit" (Ronneberger 1974) oder ,,Demokratisierung der Basiskommunikation" (Geissler 1973), wurden von der eigentlichen W nur spärlich behandelt. Da W ihren raschen Aufschwung den Forschungsaufträgen von Unternehmen, Parteien und Militär verdankt, standen vielmehr stets Wirkungen im Sinne von Beeinflussung bzw. ,,persuasiver Kommunikation" (Bettinghaus 1967) im Vordergrund der Forschungsinteressen (→*Propaganda*). Dabei ist und war W auf die Untersuchung der Wirkungen von Aussagen der Mk auf den einzelnen Rezipienten (Seher, Hörer, Leser) zentriert und entzog sich damit (erfolgreich) dem gesamtgesellschaftlichen Kontext. Wirkungen können schließlich *manifeste* (beabsichtigte) oder *latente* (unbeabsichtigte) Konsequenzen darstellen sowie von kurz-, mittel- und langfristiger Dauer sein. *Langfristige* Wirkungen gelten dabei als noch am wenigsten erforscht.

Theoretische Positionen. – Ihrer Entwicklung nach ist die W durch 2 *gegensätzliche* theoretische *Grundperspektiven* bzw. *-positionen* gekennzeichnet. Der 1. Ansatz, der *traditionale Wirkungsansatz*, besitzt eine *direkte* Perspektive, indem er unterstellt, daß der Mk-Prozeß einseitig und linear („Einbahnstraße") verläuft: Bestimmte Kommunikationsvariablen (Kommunikator, Aussage, Kanal usw.) besitzen *psychologischen* und/oder *sozialen Einfluß* auf den Empfänger bzw. Rezipienten. Der Ansatz versucht, die Frage zu beantworten, *„was die Medien mit den Menschen machen"*, und setzt somit grundlegende Medienzentralität für den Wirkungsprozeß voraus. Man kann hier auch von einem durch das Kausalitätsprinzip geprägten Reiz-Reaktionsschema sprechen. Der Kommunikator sendet einen Reiz in Form einer Botschaft, der Empfänger reagiert darauf im einfachsten Fall entsprechend, d.h. wie vom Kommunikator beabsichtigt (sog. *mechanistisches Stimulus-Response-Modell* bzw. Impfnadelmodell, typisch für die W von 1920–1940), anderenfalls wird die Reaktion des Empfängers durch eine Reihe zusätzlicher *intervenierender Variablen* psychologischen und soziologischen Formats (vorhandene Einstellungen, Gruppeneinflüsse usw.) modifiziert (sog. *erweitertes Stimulus-Response-Modell,* W ab 1940). Klassische Beispiele für Forschungen mit dieser Perspektive sind vor allem die Arbeiten zur *Überredungskommunikation,* zur *Diffusion von Innovationen* (zeitliche Verbreitung neuer Ideen, Techniken über bestimmte Kommunikationskanäle an die Mitglieder eines sozialen Systems) sowie neuerlich die Arbeiten zur *Themenstrukturierungsfunktion* („agenda-setting") der Mk. Im Gegensatz zum traditionalen Wirkungsansatz unterstellen 2. Ansätze mit *selektiver Perspektive,* daß der Rezipient *aktiv* und *selektiv* bestimmte Medieninhalte zur Erfüllung diverser *Bedürfnisse* und *Interessen* nutzt. Die selektive Perspektive ist somit durch eine grundlegende Publikumszentriertheit gekennzeichnet, wird doch der Mk-Prozeß als durch den Empfänger bzw. Rezipienten initiiert aufgefaßt, so daß hier die Forschungsfrage lautet: *„Was machen die Menschen mit den Medien?"* Im sogenannten *Nutzen- und Belohnungsansatz* (Katz et al. 1974) findet die selektive Perspektive einen vorläufigen Höhepunkt. Andere Beispiele für die selektive Richtung sind das *„Information-Seeking"* (Donohew und Tipton 1973) und das *Transaktionsmodell* (Bauer 1973).

Grundmodell der Wirkungsforschung. – Während des 2. Weltkrieges untersuchte eine Gruppe um Carl I. Hovland (1948, 1953) an der Yale-Universität systematisch die *inhaltlichen Wirkungen* der Kommunikation, wobei Wirkung mit Einstellungs- und Meinungsänderungen gleichgesetzt wurde. Eine Vielzahl durchgeführter *Laborexperimente* sollte u. a. dazu beitragen, die Soldaten besser zum Kampf zu motivieren („why we fight"). Die Untersuchungen waren (allerdings nicht stringent) *lerntheoretisch* fundiert, sie basierten auf der Überlegung, daß sich Einstellungen und Meinungen durch Kommunikationsinhalte nur dann ändern lassen, wenn sie *Anreize* liefern, die im Vergleich zu dem Anreiz an einer Meinung festzuhalten, eine stärkere (motivierende) Wirkung ausüben. Systematisch wurden in den Experimenten die Kommunikationsreize variiert und in ihrer *(persuasiven) Wirkung* auf die Einstellungen der Rezipienten untersucht. Als *„neue wissenschaftliche Rhetorik"* (→ *Propaganda*) tituliert, führten die Forschungen von Hovland et al. schließlich zu einer *Systematik* derjenigen Faktoren, die für jegliche Überredungskommunikationen von Bedeutung sind. In dieser Systematik bilden die *beobachtbaren Kommunikationsstimuli (Inhalt, Kommunikator, Medien, Situation)* und die *beobachtbaren Reaktionen* der Rezipienten, die den *Einstellungswandel* letztlich ausmachen, die Enden des Kommunikationsprozesses. Hinzu kommen 2 *zusätzliche Konstrukte*, die die Beziehung zwischen den Kommunikationsstimuli und den beobachtbaren Effekten vermitteln: prädispositionale Faktoren und interne Mediatisierungsprozesse. Während die *Prädispositionen*, unterteilt in *kommunikationsgebundene* (individuelle Interaktion mit dem Stimulus) und *kommunikationsfreie (allgemeine Überredbarkeit einer Person)* Faktoren, den individuellen Differenzen bei den beobachteten Reaktionen Rechnung tragen, wenn alle Kommunikationsstimuli konstant gehalten werden, berücksichtigen die internen *mediatisierenden Prozesse (Aufmerksamkeit, Verständnis, Annahme)* die Möglichkeit unterschiedlicher Effekte, die den verschiedenen Typen von Kommunikationen in ihrer Wirkung auf die gleiche Person zugeschrieben werden. *Klassische Beispiele* der W nach diesem Grundmodell sind die Untersuchungen der Wirkung des Inhaltes einer Kommunikation und der Glaubwürdigkeit des Kommunikators:

Der *Inhalt der Kommunikation* wurde vor allem hinsichtlich der Wirkung der Argumentationstechnik und der emotionalen Appelle untersucht. (1) *Einseitige und zweiseitige Argumentation:* Die Frage ist, ob Kommunikationen wirksamer sind, die ausschließlich Argumente für einen zu befürwortenden Standpunkt enthalten *(einseitig)*, oder solche, die auch Gegenargumente *(zweiseitig)* zulassen? Einseitige Argumentation erweist sich bei denjenigen Personen als wirksamer, die der angestrebten

Meinung von vornherein bereits zustimmen und die – unabhängig von ihrer ursprünglichen Meinung – weniger gebildet sind. Bei intelligenterem Publikum und bei Personen, die eine gegenteilige Meinung besitzen, ist dagegen zweiseitige Argumentation wirksamer. Argumente für beide Seiten zu liefern, ist auch dann wirksamer, wenn die Rezipienten später einer *Gegenpropaganda* ausgesetzt werden: Zweiseitige Argumentation wirkt *immunisierend*. (2) *Argumenteanordnung:* Bei einseitiger Argumentation stellt sich die Frage, ob die zuerst präsentierte Aussage (*„law of primacy"*), einen stärkeren Meinungswandel hervorruft als die zuletzt genannte (*„law of recency"*). Die Befunde sind hierzu bisher ebenso widersprüchlich geblieben wie hinsichtlich der Fragestellung, ob die Wirkung der Argumente einer Aussage mit schrittweise *steigender (,,climax")* oder sinkender (*„anticlimax"*) Überzeugungskraft zunimmt. (3) *Explizite und implizite Schlußfolgerung:* Die Frage, ob es wirksamer ist, *explizite* Schlüsse aus einer Argumentationskette zu ziehen oder aber dies dem Rezipienten selbst zu überlassen *(implizit)*, hängt von einer Vielzahl *zusätzlicher Variablen* ab. Sind die Problemstellungen dem Rezipienten wenig vertraut bzw. sehr komplex und treffen die Argumente auf Rezipienten mit geringer Bildung bzw. Intelligenz und Motivation, ist die explizite Darlegung dem impliziten Vorgehen überlegen (und vice versa). (4) Ob *rationale* oder *emotionale Appelle* stärker wirken, ist noch unentschieden. Die widersprüchlichen Ergebnisse hierzu führte Hovland selbst auf die Schwierigkeit der Trennung von emotionalen und rationalen Appellen zurück. Weitgehend ungeklärt ist auch, ob *positive* oder *negative Appelle* wirksamer sind. Die Wirkung von (negativen) angstauslösenden Appellen auf die Einstellungen der Rezipienten belegen z. B. Janis und Feshbach (1953) in einer Studie über Zahnhygiene. Es zeigte sich, daß starke →*Angst*appelle weniger überzeugend wirken als schwache. Aus anderen Untersuchungen geht hervor, daß starke Angstappelle schwache in ihrer Wirkung überbieten (z. B. Dabbs, Leventhal 1966). Ein mittleres *Intensitätsmaß* an Angst (-„arousal") dürfte somit wirkungsvoller sein als ein hohes oder niedriges. Ganz allgemein wird angstauslösenden Appellen nur dann eine Wirkung zugesprochen, wenn ihnen entsprechende *spannungsreduzierende* andere *Aussagen* (insbesondere spannungsabbauende Empfehlungen) folgen. Sonst würden die Rezipienten eine Abwehrhaltung gegen die Botschaft und den Kommunikator entwickeln.

Kommunikator. – ‚Wer' etwas sagt, ist für den Wirkungsprozeß oft ebenso wichtig, wie das ‚was' er sagt. So können identische Kommunikationen entweder akzeptiert oder abgelehnt werden, je nachdem, ob sie von einer *glaubwürdigen* oder unglaubwürdigen Quelle stammen. Unter Glaubwürdigkeit wird dabei i. d. R. die *Sachkenntnis* und *Vertrauens-*

würdigkeit eines Kommunikators verstanden (Hovland und Weiss 1951), ob er z. B. relevante Informationen besitzt, objektiv ist und keine eigenen Interessen verfolgt. Diverse Studien verdeutlichen, daß *glaubwürdige Kommunikatoren* mit ihren Aussagen *wirkungsvoller* sind als unglaubwürdige. Allerdings ist die stärkere Wirkung glaubwürdiger Kommunikatoren nicht von Dauer. *Langfristig* gesehen, entstehen vielmehr Verschiebungstendenzen durch das Vergessen der Herkunft der Argumente, so daß nach einer längeren Zeit (ca. vier Wochen) die Aussage des gering glaubwürdigen Kommunikators doch noch akzeptiert wird. Dieses Phänomen wird in der W mit dem *„Sleeper"-Effekt* (Spätzündereffekt) bezeichnet. Parallel dazu verliert die Aussage des glaubwürdigen Kommunikators im Zeitablauf an positiver Wirkung. Man spricht von einem *Vergessenseffekt.* Folgestudien erbrachten bisher jedoch keine Absicherung, sondern stellten die Gültigkeit des „Sleeper"-Effekts eher in Frage (Capon und Hulbert 1973). Wie bei den meisten anderen Untersuchungen des Hovlandschen Programmes wurden die *widersprüchlichen Ergebnisse* auf eine zu wenig elaborierte theoretische Untermauerung der Untersuchungen und die Forschungsmethode des Laborexperiments *(Künstlichkeit der Laborsituation,* nicht mitgemessene Reaktivität), als typisch für den gesamten Bereich der Einstellungsänderung durch Kommunikation, zurückgeführt.

Homöostatische Theorien. – Im Vergleich zum Hovlandschen Forschungsprogramm untersuchen die *homöostatischen Ansätze* den Zusammenhang zwischen Kommunikation und Meinungs-/Einstellungsbzw. Verhaltensänderung auf der Grundlage gleichgewichtstheoretischer Überlegungen. Es wird unterstellt, daß Personen nach *Konsistenz* innerhalb und/oder zwischen ihren Einstellungen und Verhaltensweisen streben bzw. Inkonsistenzen zwischen ihren interpersonalen Beziehungen, intrapersonalen Kognitionen und/oder zwischen ihren Überzeugungen, Gefühlen und ihrem Verhalten zu minimieren versuchen, da solche Inkonsistenzen (unangenehme) Spannungen erzeugen würden. Die wesentlichsten homöostatischen Ansätze sind das *Balance-* (Heider 1967), das *Kongruenz-* (Osgood, Tannenbaum 1967) und das *Dissonanzmodell* (Festinger 1957). Die Theorie der kognitiven Dissonanz, die wohl wichtigste in diesem Zusammenhang, erfaßt die möglichen Beziehungen zwischen kognitiven Elementen (Wissen, Einstellungen, Meinungen, die eine Person über sich, ihre Umgebung und ihr Verhalten hat) über die Begriffe *Dissonanz* und *Konsonanz.* Zwei Elemente, X und Y, stehen dann in dissonanter, spannungsreicher Beziehung zueinander, wenn X nicht aus Y folgt; folgt X aus Y, ist die Beziehung konsonant. Als grundlegende menschliche *Verhaltensstrategie* ist das Suchen konsonanter und das

Vermeiden dissonanter kognitiver Elemente impliziert. Diese Disposition führt auch zu einem bestimmten *Informationsverhalten*, das allgemein als „selective exposure" (selektive Zuwendung) bezeichnet wird: *Informationen, die die Dissonanz erhöhen könnten, zu vermeiden und Informationen, die die Dissonanz reduzieren könnten, bevorzugt auszuwählen.* Widersprüchliche Untersuchungsergebnisse ließen allerdings Zweifel an der Gültigkeit der „selective exposure"-These aufkommen, so daß inzwischen in *Komplexitäts-* und „*curiosity*"-*Theorien* behauptet wird, daß Rezipienten aus einem *Abwechslungs- und Anregungsbedürfnis* heraus Informationen auswählen, die inkonsistent zu ihren kognitiven Elementen sind (sog. „*information-processing* und *-seeking*").

Meinungsführerkonzept. – Ein weiterer wichtiger Impuls für die W resultierte aus einer *Umfrage-(Panelstudie)* von Lazarsfeld, Berelson, Gaudet (1944), die während des Wahlkampfes 1940 die Wirksamkeit von Rundfunk und Presse auf die *politische Meinungsbildung* ermitteln sollte. Während man damals noch vom einfachen Reiz-Reaktions-Schema (s. o.) ausging und das *Publikum* als voneinander isoliert, atomisiert, heterogen und organisationslos, als „*Masse*", darstellte, wurde in dieser Studie erstmals auf *soziologische Variablen* im Wirkungsprozeß aufmerksam gemacht. Die meisten Befragten waren nämlich entgegen der Annahmen des Reiz-Reaktions-Schemas nicht ausschließlich durch die Medien, sondern vor allem durch *interpersonale („face-to-face") Kommunikation* mit Freunden, Bekannten, Kollegen, Familienmitgliedern usw. beeinflußt worden. Angeregt durch dieses Ergebnis, gelang es Lazarsfeld et al., solche besonders einflußreiche Personen, sie wurden später als *Meinungsführer („opinion leader")* bezeichnet, zu identifizieren. Sie stellten in der Tat die dominante Einflußquelle auf das → *Wählerverhalten* in ihrer unmittelbaren sozialen Umgebung dar. Mit Ausnahme des politischen Bereiches, in dem ihr Einfluß zum Teil vertikal bzw. schichtabhängig erfolgt, üben Meinungsführer ihren *Einfluß* in der Regel (in den Bereichen Mode, Konsum usw.) *horizontal* im schichtspezifisch homogenen Milieu aus. Da sie sich darüber hinaus auch von den übrigen Personen durch rege Nutzung der Massenmedien unterscheiden, nimmt diese Gruppe an der Schnittstelle zwischen Massenmedien und Publikum zwei wesentliche *Funktionen* wahr: (1) die Übermittlung von Informationen aus den Massenmedien an die Gefolgsleute *(Transmission)* und (2) die Beeinflussung von Meinungen, Einstellungen und Verhalten im Zuge interpersoneller Kommunikation *(Persuasion).* Diese Funktionen, die Meinungsführer im Mk-Prozeß besitzen, wurden von Lazarsfeld et al. in der bekannten *These des „two-step-flow of communication"* präzisiert, wonach Informationen auf einer *ersten Stufe* von den Medien zu den Meinungsführern fließen und dann auf einer *zweiten Stufe* von diesen unter gleichzeitig stattfindender Beeinflussung an die Gefolgsleute weitergegeben werden. Wie wohl kaum eine andere These der W wurde die Zweistufenthese der *Kritik* unterzogen. Bezweifelt wurde z. b. die Zweistufigkeit, da Meinungsführer sich häufig selbst bei anderen Meinungsführern informieren (sog. ,,*multi-step-flow*"). Weiter wurde darauf hingewiesen, daß es in der Originalstudie versäumt worden sei, zwischen *Informationsfluß* und *Beeinflussung* zu trennen, ein zweistufiger Informationsfluß sei also gar nicht gemessen worden, sondern allenfalls die Abwesenheit eines einstufigen Kommunikationsflusses (Kreutz 1971; Bostian 1970). Studien, die die ,,reine" Verbreitung *(Diffusion)* von *Informationen* untersuchten, kamen zu der Schlußfolgerung, daß die Funktion der Informationsübertragung durch Meinungsführer kaum noch praktische Relevanz besitze (Deutschman und Danielson 1960), sondern der *Kommunikationsfluß* überwiegend *direkt* von den Massenmedien zu den Rezipienten und ohne Einschaltung der Meinungsführer verlaufe. Im Hinblick auf das *Beeinflussungspotential* der Meinungsführer wurde darauf hingewiesen, daß bisher nur ungenügend zwischen Meinungsführern und dem Rest des Publikums als ,,Gefolgschaft" differenziert wurde (z. B. Robinson 1976), was schließlich zur *Dreiteilung des Publikums* in ,,*opinion givers*" (Meinungsführer), ,,*opinion askers*" (Gefolgsleute) und ,,*Inaktive*" führte. So konnten z. B. Troldahl und van Dam (1965) nachweisen, daß die Gefolgsleute nicht ausschließlich den passiven Part im Kommunikationsprozeß spielen, sondern häufig selbst aktiv werden. Meinungsbildungsprozesse kommen deshalb vielfach durch Meinungsteilung und Austauschprozesse (Rollenwechsel) zwischen Meinungsführern und Gefolgsleuten zustande. Verstärkt wurde schließlich auf das Phänomen der ,,*Inaktiven*" hingewiesen, die z. T. einen hohen Anteil im Publikum ausmachen, keinerlei Aktivitäten in bezug auf den Meinungsgegenstand entfalten und auch mit den Meinungsführern nicht in Berührung kommen.

Nutzen- und Belohnungsansatz (,,uses and gratifications approach"). – Der Nutzen- und Belohnungsansatz zeichnet sich ganz entschieden durch ,,Rezipientenorientiertheit" aus. Ausgehend von der *Publikumsforschung* (Leser-, Hörer- und Zuschauerforschung →*Demoskopie*), deren Absicht es ist, den in *Reichweite*- und Nutzungsdaten, *Einschaltquoten* und Sehbeteiligung ausgedrückten Kontakt zwischen Medieninhalten und den Medienpublika (nach soziodemographischen Merkmalen) unter dem Erkenntnisinteresse der *Programmsteuerung* (Berg und Kiefer 1978, Bessler 1980), aber auch des *Kommunikationsmarketings* (Kiock 1972), zu beschreiben, stellt die Erweiterung zum Nutzen- und Belohnungsansatz auf den *subjektiven Sinn* ab, den die Rezipienten mit der jeweiligen Mediennutzung verbinden. Die Frage ist bei diesem Modell der Mk, warum Menschen von den Angeboten der Mk Gebrauch machen, welche *Motive, Interessen, Bedürfnisse* hinter der jeweiligen Nutzung stehen, welche *Medien* sich bei welchen Problemlagen als *funktional äquivalent* erweisen? Die *„Gratifikationsleistungen"* der Medien, d. h. die Bedürfnisse, die die Medien befriedigen, wurden im Rahmen dieses Ansatzes in einer Vielzahl von Studien untersucht. Die Medien erfüllen nach frühen Untersuchungen z. B. *Gratifikationen,* wie Unterstützung beim Rollenspiel, Flucht aus der Realität („*escape"*, Katz und Foulkes 1952), stellvertretende Erfüllung von Wünschen, die im wirklichen Leben nicht befriedigt werden, Möglichkeiten der Identifikation mit Lebensstilen, die belohnender erscheinen (Herzog 1944), Ausgleich für mangelnde soziale Interaktion usw. Eine wichtige Gratifikationsleistung des *Fernsehens,* vor allem von Shows und Sendungen mit Moderatoren, liegt darin, daß es *„para-soziale Interaktion"* zwischen den „persona" und den Zuschauern ermöglicht (Horton und Wohl 1956). Die Zuschauer denken sich dabei in die Handlungen der Medienakteure hinein, übernehmen deren Rolle (*„role taking"*), versetzen sich in neue Situationen oder reflektieren eigene Handlungsentwürfe auf dem Hintergrund gesehener Handlungen. Oft sehen sie dabei die Medienakteure als Ratgeber, Vorbild usw. an, als Ersatz für nichtvorhandene soziale Beziehungen. Eine neuere *empirisch fundierte Typologie* der Zuschauer-Gratifikationen von McQuail et al. (1972) umreißt die *Grundstruktur* der *Medienfunktionen* für die Mediennutzer wie folgt: *Ablenkung* („diversion") von der Umwelt (Rückzug aus Zwängen, Problemen usw.), Aufbau *persönlicher Beziehungen* (mit Personen aus den Medien, Nützlichkeit der Medieninhalte für die Alltagskommunikation), *persönliche Identitätsfindung* (Vergleich der Inhalte mit der eigenen Situation, Erweiterung der Realitätsvorstellungen, Bestärkung von Wertorientierungen) und *kognitive Kontrolle* (*„surveillance"*) der Umwelt. Wie andere Untersuchungen bestätigen (z. B. Katz et al. 1973, INFRATEST 1975), ist Mediennutzung hauptsächlich von *kognitiven* (Information) und *emotionalen (Ablenkung) Bedürfnissen* abhängig, die wiederum in persönlichen (Identität) und sozialen (Kontakt-)Bezügen verhaftet sind. Die verschiedenen Medien erweisen sich bei der Erfüllung einiger dieser Bedürfnisse als funktional äquivalent. Das gilt vor allem für aktuelle kognitive Bedürfnisse, die von Tageszeitung, TV und Rundfunk gleichermaßen erfüllt werden können. Gespräche im Rahmen interpersonaler Kommunikation können eine Vielzahl der Medienfunktionen übernehmen. Trotz ihrer Aktualität sind Nutzen- und Belohnungsstudien nicht frei von theoretischen und methodischen Problemen. Mit dem Nutzen- und Belohnungsansatz kann

z. B. nicht erklärt werden, *warum* Rezipienten bestimmte Bedürfnisse besitzen und warum Rezipienten bestimmte Medieninhalte als funktional bezüglich der Befriedigung ihrer Bedürfnisse ansehen. Die Bedürfnisproblematik wird weitgehend ausgeklammert, so daß Gratifikationsforschung häufig zu undifferenziert gerät. Während die *Idee des „aktiven" Publikums* allgemein *akzeptiert* wird, bestehen hinsichtlich der *theoretischen Untermauerung Divergenzen*. Einige Medienforscher verfolgen den Ansatz im Rückgriff auf Theorien des symbolischen Interaktionismus weiter und diskutieren dabei Fernsehen bzw. Mediennutzung als *„soziales Handeln"* (Teichert 1972, 1973, Renckstorf 1977). Andere operieren weiterhin mit funktionalistischen Erklärungsansätzen (z. B. Katz 1979). Daß sich *Wirkungs- und Gratifikationsansatz* trotz anfänglich starrer Fronten einmal *verbinden* lassen, ist darüber hinaus nicht auszuschließen, weisen doch neuere Arbeiten z. B. darauf hin, daß häufiger eskapistischer Mediengebrauch, dessen motivationale Ursachen beim Rezipienten in sozialer Isolation, dem Wunsch nach Ablenkung usw. liegen können, Vorstellungen von der sozialen Realität erzeugt, die eher der *Medienrealität* der Unterhaltungsserien als der tatsächlichen „Wirklichkeit" entsprechen. Vor allem die sogenannten *Vielseher* (sozial Isolierte, ältere Menschen, Kinder), die mehr als 4 Stunden pro Tag fernsehen, sind betroffen. Sie erweisen sich im Vergleich zu Wenigsehern nicht nur als ängstlicher (Gerbner 1978), sondern passen sich auch den ständig ähnlichen Darstellungsmustern in den Medien eher an, sind dabei herkömmlichen Stereotypen stärker unterworfen.

Resümee und Ausblick. – Die große Unzufriedenheit mit den Laborexperimenten (Künstlichkeit der Laborsituation) der traditionalen W, die sich in z. T. sehr widersprüchlichen, häufig auch als artifiziell bezeichneten Ergebnissen ausdrückt, führt zu einer *Neuorientierung* der W sowohl in methodischer als auch theoretischer Hinsicht, wobei die *Entwicklung* allerdings noch weitgehend *offen* ist. In *methodischer* Hinsicht (→ *Methoden*) bedeutet das eine Abkehr der W von der Laborforschung hin zur Feldforschung, zumindest zum Feldexperiment, zu offeneren, den sozialen Situationen entsprechenden (biotischen) Untersuchungsanordnungen unter Verwendung sowohl qualitativer als auch quantitativer Techniken (AfK 1980). In *theoretischer* Hinsicht erfolgt eine verstärkte Zuwendung zur rezipientenorientierten W unter Einschluß einer Reihe sozialwissenschaftlicher Theorien, z. B. der *soziologischen Handlungstheorie* (Mead), der *Bedürfnistheorien* (funktionaler Ansatz), *kognitiver Entwicklungstheorien* (Piaget, umgesetzt auf Mk von Sturm 1980), *Lerntheorien* (Bandura) usw. Die Konzentration der W auf verschiedene, untereinander konkurrierende Einzelansätze und Forschungsperspektiven führt auch zu einer Abkehr vom integrativen Einstellungskonzept, das vielmehr wieder in seine einzelnen Komponenten (Kognition, Emotion, Verhalten) aufgelöst wird. Dabei rücken vor allem die *kognitiven Wirkungen* in den Vordergrund der W, weil einerseits Informationszuwächse (mehr wissen, lernen) durch Mk bisher leichter nachgewiesen werden konnten als Einstellungsänderungen (Schenk 1978). Andererseits lassen sich kognitive Medienwirkungen vorteilhafterweise auch in gesamtgesellschaftlichen Zusammenhängen verorten, z. B. durch die *These der wachsenden Wissenskluft* („*increasing knowledge gap*", Tichenor, Donohue, Olien 1970), die postuliert, daß, zumindest kurzfristig gesehen, bei zunehmender Informationseingabe in ein soziales System die Segmente mit höherem sozialen Status diese Informationen rascher aufnehmen als Segmente mit niedrigerem Status, so daß bereits vorhandene Wissensklüfte zwischen beiden Segmenten eher zu- statt abnehmen. Auf die Bedeutung kognitiver Medienwirkungen weist auch die These der *Themenstrukturierungsfunktion* („agenda setting") der Mk hin (McCombs, Shaw 1972), wonach die Medien durch die Form ihrer Berichterstattung die Tagesordnung der öffentlichen Kommunikation (→ *Öffentliche Meinung*) festlegen, indem sie stets ganz bestimmte Themen nach noch genauer zu untersuchenden Kriterien an die Öffentlichkeit bringen und damit u. U. als Wirkung erzielen, daß diese Themen von den Mitgliedern der Gesellschaft tatsächlich diskutiert werden. *Agenda-setting-Forschung* untersucht daher die Prozesse der Vermittlung von Wissen zwischen Mk und Publikum, wobei die Themen als unabhängige und die Publikumsreaktionen (die kognitiven Strukturen) als abhängige Variablen betrachtet werden. Die These des „agendasetting" wird dann als bestätigt angesehen, wenn eine positive Korrelation zwischen der Themenstruktur der Medien und dem bei den Nutzern ermittelten Themenbewußtsein festgestellt wird (Lippert et al. 1979). Eine durch bestimmte, sich ständig wiederholende Auswahlmechanismen (Nachrichtenfaktoren, Schulz 1978) geprägte, Themen setzende Mk könnte, worauf hingewiesen werden muß, die Selektionsmöglichkeiten der Empfänger beeinträchtigen und u. U. erhebliche (langfristige) kognitive Wirkungen erzielen.

Michael Schenk

Literatur:

Arbeitsgemeinschaft für Kommunikationsforschung (AfK) (Hrsg.): Mediennutzung/Medienwirkung. Berlin 1980.
Berg, Klaus, *Kiefer,* Marie-Luise (Hrsg.): Massenkommunikation. Mainz 1978.
Geißler, Rainer: Massenmedien, Basiskommunikation und Demokratie. Tübingen 1973.

Renckstorf, Klaus: Neue Perspektiven in der Massenkommunikationsforschung. Berlin 1977.
Schenk, Michael: Publikums- und Wirkungsforschung. Tübingen 1978.
Sturm, Hertha, *Grewe-Partsch,* Marianne, *Saxer,* Ulrich u. a.: Grundlagen einer Medienpädagogik. Zug 1979.

Zwischenstaatliche Beziehungen

→*Friedensforschung, Führung, Internationaler Konflikt, Militarismus, Psychobiographie.*

Erkenntnisinteresse. – Im folgenden wird nicht von einer psychologistischen Konzeption der PPs ausgegangen. Ebenso wird eine Verengung auf einen bestimmten Forschungskanon abgelehnt. Ziel einer Analyse ‚Zwischenstaatlicher Beziehungen' (ZB) unter dem Blickwinkel von PPs ist es, Situationen zu erkennen, die sich bei der Interaktion zwischen Individuum und internationalem politischem System ergeben. Hierbei ist die *historische* Bedingtheit dieses Vermittlungsvorganges ebenso zu bedenken wie die – im folgenden näher skizzierte – Allgegenwärtigkeit zwischenstaatlicher *Herrschafts*beziehungen sowie deren sich teilweise autonomisierendes Derivat: das internationale *Sicherheitsdilemma* (→*Internationaler Konflikt*).

Herrschaftspolitische Tatbestände. – Bei der Analyse von ZB ist zunächst die konkrete, historisch entfaltete Lage im internationalen System zu (er)klären. Hierzu liegen Erkenntnisbestände vor, die im wesentlichen um folgende Thesen gruppiert werden können:
– *Staaten* sind nach wie vor die ausschlaggebenden weltpolitischen Akteure, weil sie über kollektiv organisierte Gewaltpotentiale nahezu monopolartig verfügen;
– diese Potentiale sind angesichts revolutionärer Militärtechnologien zu *Instrumenten* der Herstellung und/oder Veränderung bestehender weltpolitischer Kräfteverhältnisse entwickelt worden;
– der sozioökonomische Entwicklungsgrad korreliert mit dieser Zugriffsmöglichkeit, d. h., nur hochentwickelte Industriestaaten vermögen die Voraussetzungen zur Herstellung dieser Steuerungsressource auf *Dauer* (also zur Verwirklichung von Langzeitzielen) zu gewährleisten;
– deshalb korreliert auch der Ausarbeitungs- und Institutionalisierungsgrad von Staats- resp. Verfassungs- resp. *Friedenszielen* (i. e. weltpolitischen Ordnungszielen wie Pax Americana, Pax Sovietica) mit dem sozioökonomischen Entwicklungsstand;

– von diesen Potentialen her erklärt sich bereits die im wesentlichen *bipolare* Struktur des zwischenstaatlichen Beziehungsnetzes, d. h. die um die ökonomisch-militärischen Potentiale der Ersten und Zweiten Welt angegliederten Klientelstrukturen unterschiedlichen Dependenzgrades;
– diese *im wesentlichen bipolare* Struktur der ‚Staatengesellschaft' besteht aus einer Gemengelage überwiegend anti- oder nichtwestlicher politischer Systeme staatssozialistischer, autoritärer, semi-faschistischer, prätorianischer oder kategorial z. Z. überhaupt nicht erfaßbarer Provenienz;
– ‚Modernisierungs'- und ‚Emanzipierungs'-Vorstellungen westlicher Art sind, weltpolitisch gesehen, nur noch ein *konkurrierendes* Entwicklungsmodell unter vielen geworden;
– es deuten sich Ordnungs- resp. *Friedenskonzepte* ‚abweichender' Art an, wobei das Problem ‚abweichender' Modernisierung offenkundig in der bislang zu beobachtenden Unmöglichkeit besteht, sich den sofort einsetzenden *Durchdringungsversuchen* seitens der Industriestaaten ebenso zu entziehen wie den auch in *Konsumwünschen* sich formierenden Mobilisierungen – solange jedenfalls noch keine autochthone politische und gesellschaftlich-kulturelle Struktur errichtet ist; hinzu kommt das herrschaftspolitisch begründete Interesse der neuen Eliten an *Teilhabe am militärtechnologischen Fortschritt* zum Zwecke der Durchsetzung politischer Ziele oder auch nur: zur äußeren Absicherung der gesellschaftlichen Veränderung.

Konsequenzen. – Das Netz von ZB läßt sich also summarisch als eine im wesentlichen zur Bipolarität, i. e. zur *weltpolitischen Dialektik* der Kräfteverhältnisse drängende Herrschaftsstruktur deuten. Gegenläufige ‚polyzentrische' Prozesse werden bislang wegen übergreifender und/oder durchdringender ökonomisch-militärischer Interventionen aus dem weltpolitischen Hauptsystem (i. e. die aufgrund der Entfaltung der Produktivkräfte gebildete ‚Abschreckungsgesellschaft' West vs. Ost) heraus zumindest der Tendenz nach „reintegriert". In Perspektive deutet sich weniger ein Weltstaat mit zentralisiertem Monopol physischer Gewaltpotentiale an als vielmehr ein in seinen staatlichen Komponenten sich ständig wandelndes Widerspiel konkurrierender und regional organisierter *Weltparteien* (seit der Aufklärungs- und Revolutionsepoche in der typischen Koppelung von kontinental-reaktionär vs. ozeanisch-fortschrittlich, wobei a) die Leitmächte dieser weltpolitischen Dyade wechseln, b) seit einiger Zeit sich das Bemühen der Sowjetunion bemerkbar macht, diese herkömmliche Dichotomie aufzulösen, indem sie die militärischen Produktivkräfte für den Statuswandel zu einer *Global*macht nutzt und seitdem tendenziell janusgesichtig als Kontinental- *und* zugleich ozeanische Macht aufzutreten vermag).

Das Verhältnis von ‚Individuum' und ‚Weltpolitik' muß also zuerst unter diesen *herrschaftspolitischen* Bedingungen gesehen und sodann mit den eigenen kulturellen *Wünschbarkeiten* konfrontiert werden. Wie dargestellt, darf diese Beziehung nicht mechanistisch-isoliert gesehen werden. Vielmehr handelt es sich um eine vielfach komplex vermittelte soziale Wirklichkeit, in die hinein die Analyse vollzogen werden muß. Eigenständige Wünschbarkeiten wären hier etwa (vgl. Erich Fromm) unter dem Rubrum einer *humanistischen Psychoanalyse* auszuarbeiten. Mit Blick auch auf die internationalen Beziehungen bezeichnet Klaus Horn es als Gegenstand des theoretischen und praktischen Interesses von PPs, „den Bereich relativer, *blinder* Autonomie des im Subjekt selbst mit Natur verflochtenen Unbewußten und Nichtgewußten einzuschränken, insofern gesellschaftliche Prozesse sich solcher Vermittlungen bedienen. Ziel dieser Anstrengungen ist, dem individuellen und dem gesellschaftlich institutionalisierten Bewußtsein Unzugängliches zunächst wenigstens ins Bewußtsein zu heben" (1973, S. 188). In erster Linie als *Forschungsobjekt* interessant sind hierbei die „gesellschaftlich vermittelten psychischen Barrieren gegen das von den Produktivkräften her mögliche Optimum kollektiver und individueller Autonomie" (ebd.). Insgesamt ist PPs der Versuch, die analysierten „überflüssigen gesellschaftlichen und lebensgeschichtlichen Kosten zu kritisieren und auf höhere Stufen menschlichen Zusammenlebens hinzuarbeiten" (ebd.).

Bei einer *Umsetzung* von PPs-Erkenntnissen auf die Ebene ZB liegen – wie die Literatur erweist – eine Reihe *methodischer Fehlschlüsse* nahe. So wird etwa direkt von einer charakterologischen oder von einer Einstellungsanalyse außenpolitischer Führungsgruppen auf das Verhalten des betreffenden Staates im internationalen System geschlossen. Neuerdings wird Rüstungsdynamik auf bestimmte Einstellungsmuster politischer u. a. Eliten zurückgeführt (USA-Fall). Umgekehrt ist im Falle der UdSSR-Eliten diese direkte Form der Sozialforschung unmöglich, so daß nunmehr hilfsweise analoge Kategorien (MIK, Interessengruppen) auf diesen Akteur projiziert werden. Im UdSSR-Falle ergibt sich aus solchen Methoden das Bild eines dem Westen *vergleichbaren* weltpolitischen Akteurs – so daß eigenständige kognitive (Ideologien und deren Institutionalisierung), kulturell-tradierte, autochthone usf. Muster auf *westliches* Vorstellungsvermögen eingepaßt werden.

Entsprechend kann sich eine ‚*Therapie*' nicht auf – beispielsweise – die psychoanalytische Behandlung solcher politischer Führer eingrenzen (so überhaupt als Methode praktizierbar). Das Problem liegt nach Horn darin, „die vielfältigen Vermittlungen zu verfolgen, denen Psychologisches, bis es in internationalen Beziehungen wirksam wird, unterworfen ist" (1973, S. 224). So könnte ein Weg zur Erklärung zwischenstaatlicher Aggressivität darin bestehen, bei der von der PPs gelieferten Diagnose des modernen Menschen (in der westlichen Industriegesellschaft) zu beginnen: Ausgehend vom Konzept der Ich-Analyse kann man, über weitere vermittelnde Konzepte sozialpsychologischer Art, auf die durch den gesellschaftlichen Kontext und die Herrschaftsstruktur vermittelte Realitätsperzeption eingehen. Diese soziale Realität wird, „weil sie nicht mehr erfahrend konkret durchdrungen werden kann, projizierend, tendenziell wahnhaft beurteilt. Abstrakte Realitätssplitter werden herausgegriffen und zur Erfüllung infantil gebliebener Bedürfnisse benutzt. Solches Umgehen mit den Problemen kann die eigene Verflochtenheit in diese nicht mehr wahrnehmen. Das Wahnbewußtsein versucht, alles in die Außenwelt hinein, die personalistisch vorgestellt wird, aufzulösen; politisch bedeutet das Aggression gegen eine Fremdgruppe" (ebd.). *Kriegführen* ist dann die äußerste Konsequenz dieser projizierten paranoiden Vorstellungswelt auf den Gegner, denn in einer „wesentlich bürokratisch und technokratisch organisierten Welt haben diejenigen, die ihre Aggression am besten externalisieren können, die größte Überlebenschance" (ebd.). Zur ‚Pathologie der Normalität' (Fromm) moderner ZB gehört, weil Kriegführen wegen der Nuklearwaffen unkalkulierbar wurde, im weltpolitischen Hauptsystem (bipolares West-Ost-System) eine Perzeption von ZB, die man mit Dieter Senghaas, trotz aller methodischen Bedenken, als ‚*autistische*' bezeichnen kann.

ZB der Ersten und Zweiten Welt. – Damit liegt es nahe, den weltpolitischen Hauptgegensatz und das sich hieraus ergebende antagonistisch-kooperative Netz von ZB auf seine *psycho-politischen Wirkungen* hin zu analysieren. Überwiegend gehen Studien über die Wechselwirkungen zwischen Individuum und Gesamtgesellschaft (‚Der moderne Mensch') kaum oder überhaupt nicht auf die spezifisch historischen und weltpolitischen Kräfteverhältnisse ein – dadurch erscheint dieser Zusammenhang lediglich als Restgröße (‚Der Kapitalismus') innerhalb eines vorwiegend *inner*gesellschaftlich aufgeklärten Kontextes (vgl. etwa Riesman und Fromm). Umgekehrt vermögen die – wie das Beispiel Autismusdiagnose erweist – von der Ebene der ZB ‚herabsteigenden' Ansätze bislang kaum die Vermittlungskonzepte auszuarbeiten, anhand derer eine (Wechsel-) Wirkung zwischen kollektiver (ZB) und individueller Ebene beschrieben oder gar erklärt werden könnte. Ungefähr ‚zwischen' diesen beiden bislang noch sehr problematischen Ansätzen siedeln sich zunehmend Arbeiten an, die über die Analyse des ‚internationalen Verhaltens' von Einzelpersonen oder wichtigen Entscheidungsträgern (z. B. politische Eliten) die verschiedenen Untersuchungsebenen kurzzuschließen suchen. (Vgl. Kelman, Lasswell & Lerner und als Analyse eines außenpolitischen Verhaltenspotentials Schössler & Weede.)

Einzelpersonen. So liegt es nahe, sich vor allem mit dem Zusammenhang von internationalen Konzepten, individuellem Träger und den Durchführungs- bzw. Realisierungsbedingungen zu beschäftigen. Überschaubar wird dieses Problem am Beispiel derjenigen staatlichen Teilnehmer an den ZB, die sich in ihrer Entwicklungsgeschichte bis zurück in ursprüngliche ‚Verschwörerzirkel' bzw. bis zu Einzelpersonen hin als deren buchstäbliche Architekten oder Sozialingenieure verfolgen lassen (Sowjetunion, Faschistisches Italien, NS-Deutschland u. a.). Zwischen dem außenpolitischen Verhalten dieser staatlichen Akteure und dem ‚individuellen Bildungsgang' solcher ‚weltpolitischen Persönlichkeiten' wie Lenin, Trotzki, Mussolini, Hitler ist eine erstaunliche Korrelation festzuhalten. Die PPs-Analyse kann hier zur Erklärung des Außen-Verhaltens solcher Staaten insofern beitragen, als sie die historischen und gesamtgesellschaftlichen Rahmenbedingungen mit dem jeweiligen individuellen ‚Bildungsgang' der betreffenden weltpolitischen Akteursperson zu *vermitteln* sucht. Der Aufstieg beispielsweise aus den Wiener Nachtasylen in die Position eines weltpolitisch ausschlaggebenden Terroristen kann dann als Korrelationsproblem zwischen geschichtlich entfalteten sozio-ökonomischen und weltpolitischen Rahmenbedingungen einerseits und individueller Sozialisation behandelt werden. (Einen interessanten Deutungsversuch, bei dem die kollektiven und die individuellen Ebenen verkoppelt werden, stellt die psychoanalytische Studie von Helm Stierlin dar: Hitler wird hier als ‚gebundener Delegierter seiner Mutter' diagnostiziert und das spätere weltpolitische Verhalten des durch Hitler verkörperten Gesamtsystems mit dieser Hypothese zu erklären versucht →*Psychobiographie).*

Elitegruppen. – Die Erforschung von Rekrutierung, Mentalität, politischen und sozialen Einstellungen außen- und sicherheitspolitischer Eliten hat in den letzten Jahren in den westlichen Ländern einen deutlichen Aufschwung erfahren. (Vgl. die Arbeiten etwa von K. Deutsch, Edinger, Hanson & Russett, Hart, Kaase, Roth, Schössler & Weede, Wildenmann.)
Es muß allerdings – aus verschiedenen objektiven Gründen – ein erhebliches Defizit in der ‚tiefenpsychologischen' Diagnose führender westlicher Akteursgruppen festgehalten werden (Ansätze etwa bei Hutschnekker). Problematischer noch ist die Untersuchung *östlicher* politischer Eliten (vgl. Leites). Wegen unterschiedlicher methodischer Ansätze, divergierender Erkenntnisinteressen und naturgemäß ebenso auseinanderfal-

lender zeitgeschichtlicher und gesellschaftlicher Kontexte ist auch ein Resümee dieser Forschungsrichtung schwierig. Vielleicht ist ein gemeinsames Resultat in dem häufig auftretenden Befund zu sehen, daß die Einstellungen gegenüber den ZB, also dem ‚internationalen System' und dessen ‚Realität', stark von anderen Faktoren wie parteipolitische Zugehörigkeit oder Bildungsgrad (zumeist in Kombination verschiedener sog. demographischer Variablen), Einkommen usf. gesteuert werden. Mit anderen Worten: häufig scheinen *innerkulturelle* (oder teilkulturelle) Faktoren und *Überzeugungssysteme* die Wahrnehmung der ZB und mithin: die außenpolitischen *Verhaltensdispositionen* zu bestimmen. Dies bedeutete weiter, daß a) sozialer resp. kultureller *Wandel* (z. B. ‚nachindustrielle Werte') auch die Realitätswahrnehmung im internationalen System beeinflußt (z. B. Verdrängen der macht- und ideologiepolitischen Zwänge in der ‚internationalen Staatengemeinschaft') und b) daß Veränderungen in der (Herrschafts-) Struktur des *internationalen* Systems keine, verzerrte oder erst – durch Hysterisierung – verspätete Reaktionen bei den betreffenden Elitegruppen auslösen (vgl. das Verhalten des Westens gegenüber Hitler). Ein weiterer für die hier anstehende Problematik wichtiger Befund ist der Nachweis von Wahrnehmungs*mustern*, die sich auf einige wenige, relativ fest umrissene Perzeptionsraster zurückführen lassen: so ergaben die ab Mitte der 70er Jahre von Schössler & Weede durchgeführten Umfragen eine gewissermaßen *dichotome* Wahrnehmung der ZB – eine ‚idealistische' versus eine ‚realistische' Sicht der Probleme des internationalen Systems. Hierbei wurde weiter sichtbar, daß demographische Variablen allein nicht unbedingt diese Wahrnehmungsmuster voraussagen; vielmehr war die ‚realistische' Mehrheit *quer* zu beispielsweise den parteipolitischen Linien feststellbar. Von diesen Gruppen (Parteieliten, Verbandseliten, Militär usf.) werden die *Kriegsursachen* resp.: die kriegsbegünstigenden Rahmenbedingungen in allen drei durchgeführten Umfragen (1976, 1977, 1980/81) in erster Linie auf *ideologische* Ziele der staatlichen Hauptakteure zurückgeführt. An zweiter und dritter Stelle wird das durch Wettrüsten entstehende *Sicherheitsdilemma* (→ *Internationaler Konflikt*) sowie *wirtschaftlicher Wettbewerb* genannt. Aus der hier vertretenen ‚realistischen' Erkenntnishaltung heraus handelt es sich also um eine durchweg (von einer Mehrheit der Befragten vertretene) richtige Widerspiegelung der gegenwärtigen weltpolitischen Bedingungen (s. o.). Weil diese für Außenpolitik wichtigen Einzelakteure im großen und ganzen a) sich um einen kognitiven Zusammenhang zwischen Rüstung (Abschreckung) und Entspannungspolitik bemühen, b) die regionale (atlantische) Integration betonen, c) im ökonomischen Außenwettbewerb ein Substitut für internationale Konfliktbereitschaft zu sehen beginnen – wobei Abschreckung und Bündnisintegration die Drehpunkte für alle weiteren außenpolitischen Aktivitäten bleiben – kann vom außen- und sicherheitspolitischen Verhaltenspotential der *westdeutschen* Eliten eine zurückhaltende, ja Status-Quo-Attitüde bei künftigen weltpolitischen Konflikten erwartet werden. (Dies ist, wenn man insgesamt ein sich *revolutionierendes* System der ZB diagnostiziert, eine zumindest tendenziell unangepaßte Verhaltensbereitschaft.) Während für die ausschlaggebenden westlichen Eliten (v. a. USA) ein Längsschnitt-Vergleich zunehmende weltpolitische Risikobereitschaft signalisiert (vgl. Schweigler), lassen die tatsächlichen Verhaltensweisen der Gegenseite (Afghanistan, Afrika) auf drastisch gesteigerte Risikopotentiale schließen (vgl. Wettig u. a.).

Soziale Bewegungen. – Der weitere Rahmen für die oben erwähnten Forschungsansätze kann in der schon klassisch gewordenen Diagnose von modernen Massenbewegungen gesehen werden. Von Le Bon über Michels, Spengler und Ortega y Gasset bis hin zu den moderneren gesellschaftskritischen Analysen beispielsweise der angelsächsischen Soziologie der fünfziger und frühen sechziger Jahre (prototypisch: Riesman oder auch Fromm) läßt sich eine zumindest im Kern der Diagnose übereinstimmende, nämlich eher kulturpessimistisch-negative Einschätzung dieses Phänomens feststellen. Diese Linie der Analyse ist jener vorhergehenden optimistischen, die über Stufen oder Perioden sich zum ‚Positiven‘ fortschreitend begriff (z. B. Saint-Simon, Comte), geradezu *entgegengesetzt*. Freud hat („Massenpsychologie und Ich-Analyse") der Untersuchung dieser modernen Vergesellschaftungsphänomene ein begriffliches Instrumentarium geliefert, anhand dessen gerade die Diagnose des Faschismus- und Nationalsozialismus-Phänomens vorangetrieben werden konnte. Dies kann, wie die Arbeiten von Reich erweisen (Massenpsychologie des Faschismus), leicht ins Biologistische abgleiten.

Zusammenfassung. – Ziel einer ZB-Analyse unter dem Blickwinkel von PPs ist es, die sich aus der ‚Interaktion‘ von Individuum und Weltpolitik ergebenden Situationen zu erkennen und sie anhand eines expliziten Werterahmens (z. B. humanistische Psychoanalyse) zu beurteilen. Ein Praxisbezug, d. h., evtl. hieraus abzuleitende therapeutische Strategien, setzt zunächst eine von der indivuduellen Ebene methodisch zu isolierende theorctische Diagnose der weltpolitischen (Herrschafts-)Ebene voraus. Grob gesagt, geht der weltpolitische Trend in die Richtung antagonistischer Friedensziele, zu deren Durchsetzung zunehmend Rüstung und Militärmacht benötigt werden. In diesem Zusammenhang sind sodann die Realisierungsbedingungen von Praxisbezügen auszuloten. Methodische Fehlschlüsse (von der ‚individuellen‘ auf die ‚kollektive‘ Ebene) liegen nahe. Zumeist wird der weltpolitische Bezug in der PPs-Literatur vernachlässigt. Fruchtbar erscheint die Analyse des ‚internationalen Verhaltens' von Einzelpersonen oder wichtigen sozialen Entscheidungsträgern (außenpolitische Eliten). Allerdings sollten solche ‚Einstellungs'-Studien auch die zugrunde liegenden sozio-kulturellen Verhaltenspotentiale einbeziehen – was bei den meisten Staatsakteuren die Einbeziehung der für die politische Verfassung konstitutiven Sozialen Bewegungen erforderlich macht. Hier wäre auch in besonderer Weise die Kontinuität mit den jetzt schon als klassisch zu bezeichnenden Ansätzen der PPs (wieder) herstellbar.

Dietmar Schössler

Literatur:

Aron, Raymond: Die imperiale Republik. Stuttgart/Zürich 1975.
Horn, Klaus: Politische Psychologie. In: Politikwissenschaft. Frankfurt/M. 1973, 185–229.
Kelman, Herbert: Sozialpsychologische Aspekte internationalen Verhaltens. In: Krieg und Frieden im industriellen Zeitalter. Gütersloh 1966, 141–239.
Lasswell, Harold, *Lerner*, Daniel: World Revolutionary Elites. Cambridge/London 1966.
Schössler, Dietmar, *Weede*, Erich: West German Elite Views on National Security and Foreign Policy Issues. Königstein 1978.
Stierlin, Helm: Adolf Hitler. Frankfurt 1975.

Sachregister

Abgrenzungsdilemma (territoriales) 126, 128, 130
Abrüstung, militärische 48, 129
Abschreckung, militärische 127 f., 296, 362
abweichendes Verhalten (s. Devianz)
Adoleszenz 261, 287
Aggression 18, *19—26*, 33, 39, 41, 92, 100, 173, 193, 303, 331
Aggressionstrieb 98, 100
Aktionsforschung (s. a. Handlungstheorie) 186 f.
Alienation 86
Alltag, 29, 30
Alltagsbewußtsein 240, 251 f.
Alltagserfahrung 263
Alltagsverhalten 285
Altruismus 51
analytische Aggressionstheorie 21
Angewandte Psychologie 12, 26
Angst 17, 25, *26—34*, 94, 294, 303, 350
Anomia 87
Anomie 17, *35—39*, 83, 87, 93, 147, 173
Anpassung (Sozialisation als) 303
Anti-Intrazeption 41
Antimilitarismus 191
Antisemitismus 40, 73, 88, 90, 94, 284
Apathie 29, 32, 44, 52, 153, 265 f., 273
Arbeiterbewußtsein 116, 118
Arbeitermilieu 118
Arbeitslosigkeit 26
Argumentationstechnik 349
Ausländerfeindlichkeit 69, 88, 95, 334
Autismus (von Feindbildern) 360
Autoritarismus 17, 31, *39—48*, 73, 74, 77, 131, 173, 264, 303, 330
Autoritäre Persönlichkeit (The Authoritarian Personality) 40, 74, 90, 264, 287, 327
Autorität 74 f.
Autoritätsgläubigkeit 131

Behaviorismus 20
Belief 75
Beobachtungslernen 257
Berkeley-Gruppe 46, 73, 74, 78, 82, 92
Berufsverband Deutscher Psychologen 13
Bewußtsein 182, 239 f.
Bumerangeffekt 347
Bürgerinitiativen 11, 13, 17, 26, 33, *48—56*, 218, 231, 263
Bürokratie 47

Chancengleichheit 121, 122
Charismatische Herrschaft 105, 284
Civic-Culture-Studie 237
Cleavage 277, 342
Cognitive-Mapping-Technique 107
Compliance 217
Congregatio de Propaganda Fide 268
Cross Pressure 342

Datenanalyse 187
Demokratie 42, 44, 46, 47
Demoskopie 18, *57—66*, 205, 209, 213, 232, 353
Depression 24, 34
Destruktivität 41
Deutsche Vereinigung für Politische Wissenschaft 14
Devianz 36, 133, 134
Diskriminierung 18, 32, *67—72*, 88, 91, 134, 329, 332
Dogma 72
Dogmatismus 17, 31, 43, *72—83*, 133, 135, 173, 330, 331
Dogmatismus-Skala 77 f., 81
Doppelbindung 32

Efficacy 265, 280
Egozentrik 89, 90
Einstellungen (Attitüden) 15, 37, 40, 71, 75, 85, 122, 131, 326 f., 347
Einstellungen und Verhalten 71, 231, 336

Sachregister

Einzelfallstudien 104, 187, 285
Elite 46, 172, 175, 211, 213, 361
Emanzipation 31, 102, 140, 157, 240, 246, 300 f.
emanzipatorische Sozialisation 301 f.
emanzipatorisches Bewußtsein 240
Emotion 23
Empathie 29
empirische Sozialforschung 57, 65, 86
Empirismus 40
Energieverknappung 26
Entfremdung 17, 33, 37, 38, *83—88*, 93, 244
Entfremdung zweiten Grades 252
Entscheidungsforschung 109
Entwicklungsstufen der bürgerlichen Gesellschaft 84
Entwicklungstheorie der Moral 202
Erkenntnisinteresse 27
Erziehung (vs. Propaganda) 268 f.
Ethik 196 f.
Ethnomethodologie 186 f., 245
Ethnozentrismus 17, 40, 43, 73, *88—96*, 191, 329
Evaluation 260
Extremismus 174

Face-to-face-Interaktionen 51
Faschismus 40, 42, 73, 79, 140, 191, 264, 288, 310, 312, 363
Faschismus-Skala 173, 174
Feindbild 24, 89, 283
Form vs. Inhalt 75, 240
Französische Revolution 29, 139, 210, 311
Fremdgruppe 90, 91, 92, 94, 95, 327, 360
Frieden 48, 96 f., 125, 191
Friedensbewegung 48, 50, 52
Friedenserziehung (Lernziele der) 102
Friedensforschung 18, *96—103*
Frustration 23, 32
Frustrations-Aggressions-Theorie 19, 23 f., 92, 193, 280, 331
Frustrationstoleranz 264
Führung 18, 40, 41, 44, 53, *103 —112*, 140, 283 f.

Gattungsentfremdung 85
Geborgenheit 291
Gehorsam 132, 133, 145
Gerechtigkeit 318 f.
Gesellschaft 32, 36, 40, 45, 65
Gesellschaftsbild 17, 91, *112—124*, 261, 303
Gesellschaftsstruktur 15
Gesetz der antagonistischen Kooperation 55
Gewalt 97, 98, 99, 100, 290, 291, 311
Great-man-Theorie 105
Groupthink 110, 135
Gruppenbeziehungen 89
Gruppendynamik 91

Handlungskompetenz der politischen Parteien 226
Handlungslernen 257, 262 f.
Handlungstheorie, -forschung 120, 186 f., 307, 355
Handlungstheorie der Aggression 20, 21 f.
heimlicher Lehrplan (hidden curriculum) 264
Herrschaft 30, 31, 111, 138, 157 f., 170 f., 207, 301, 357 f.

Ich-Schwäche 43
Ideologie 247 f.
Ideologie der offenen Leistungskonkurrenz 122
Illoyalität 153
Image 113
Imperialismus 192
Individualismus 64
individuelles Bewußtsein 15
Inhaltsanalyse 102, 275
Instinkt-Aggressions-Schema 101
Institution 15, 31, 32
Instruktionstheorie 261
Interaktion (Sozialisation als) 303
Interdisziplinarität 14, 47
Internationale Beziehungen 104
Internationaler Konflikt 18, *125 —129*, 357
International Governmental Organizations 219

Sachregister

International Non-Governmental Organizations 219
International Society of Political Psychology (ISPP) 14
Interpersonal Transfer 262, 263, 264
Intra-Elite-Differenzen 284
Intoleranz 74, 77, 131
Intoleranz der Ambiguität 73
Introversion 81

Jugendzentrismus 88

Katharsis 19, 23
Klassenbewußtsein 115, 240
Klassengesellschaftsordnung 116, 192
Klasseninteressen 225
kognitive Dissonanz 351
kognitive Konsistenz 76
kognitives Orientierungssystem (belief-disbelief-system) 74, 75, 76
kollektive Entscheidungen 15
kollektive Phantasien 287
kommunikative Ethiken 199 f.
Kommunikator 350
Kommunismus 42, 79
Konfliktforschung 70, 99, 170
Konformismus 131
Konformität 17, *130—136*, 167, 196, 275, 303
konkrete Psychologie (Politzer) 243
konsensuale Herrschaft 147
Konservatismus 17, 40, 43, 73, 78, 92, 116, *136—143*, 174, 304, 318
Konventionalismus 41
Konzentrationslager 313
Krieg 96, 125, 126, 127, 128, 292, 311, 360
Kriegsfurcht 125
Kriegsursachen 362
Kristallisationsthese 255
kritische Psychologie 178 f., 248
kritische Theorie des Subjekts 178 f.
kritischer Rationalismus 178 f., 243
kulturelle Normen 15

Langzeitinitiativen 52, 53
Legitimationskrise 274

Legitimationszwang 55
Legitimität 122, 155, 161, 167, 231, 278
Leistungsprinzip 122
Lernen am Erfolg/Mißerfolg 20, 262, 263
Lernen am Modell 20, 262, 263
Lerntheorie 27
Lerntheorie der Aggression 19
Lernzieltaxonomie (Bloom) 258 f.
Liberalismus 116, 137, 139, 211
Locus of Control 265
Loyalität 18, *143—169*, 256, 264, 303, 336

Machiavellismus 17, 33, *170—178*, 196, 208, 209
Macht 40, 95, 109, 170 f., 272, 283, 307
Machtbedürfnis 109
Machttrieb 236
Manipulation 159, 170 f., 269 f.
Marxismus 84, 114 f., 181, 182
Massenkommunikation 52, 346 f.
Massenloyalität 164
Massenpsychologie 16, 271, 363
Meinung 31, 74, 206 f.
Meinungsforschung s. Demoskopie
Meinungsführer (opinion leader) 352 f.
Methodologie und Methoden 27, 28, *178—188*
Milgram-Experiment 132, 133, 151
Militarisierung 190
Militarismus 17, 140, *189—196*
Militärisch-Industrieller-Komplex 194, 359
Minorität — Majorität 68, 69, 70
Misanthropie 92
Misogynie 89
Mißtrauen 86, 99
Mobilität 121 f.
Modernitätstheorien 276
Moral 17, 33, 51, 145, 159, 170, *196—204*, 307, 318
moralische Entwicklung (Modell von Kohlberg) 203
Moralisches Urteil 201 f., 261, 318, 324
Moralpsychologie 201

Sachregister

Motivationstheorie der Agression 20
Mythen (als Vorstufen von Ideologien) 247

Nationalsozialismus 40, 42, 140, 141, 285, 288, 312, 313, 363
NATO 126
Naturalismus 198
Neokonservatismus 141
Neue wissenschaftliche Rhetorik 271
neurotische Angst 86
Nomenklatura 138
Normalwahl 344
Normen, formelle vs. informelle 130
Normensystem 35
Normlosigkeit 87
Nutzenfunktion von Loyalität 149
Nutzen- und Belohnungsansatz (uses and gratifications approach) 353 f.

Objektivität 14
Öffentliche Meinung 18, 33, 54, 55, *204—214*, 271, 347
Öffentlichkeit 54, 55, 205 f., 271
Ökologie 13, 49
Oligarchisierung 53
Omnibus (Mehrthemenbefragung) 63
Operational-Code-Technique 107, 108, 109
Organisationen 16, 17, 18, 50, 51, 52, *215—224*
Organisationen-Typologie (Parsons) 217
Organisationssoziologie 53, 216, 223
organisierte Gesellschaft 220
organisierte Persönlichkeit (Presthus) 149

Paradigmenwechsel 13
Parteien 54, 224 f.
Parteiidentifikation 224, 227, 343
Parteipräferenz 18, 135, 156, *224—229*, 232, 280, 338, 343
Partizipation 18, 33, 44, 50, 52, 97, 123, 225, *229—239*, 262, 263, 265, 277, 280
Partizipation (Dimensionen der) 232 f.
Pazifismus 174, 191
Persönlichkeitsgenese (Sozialisation als) 304

Pessimismus 86
Phänomenologie 115, 245
Politik als sozialer Machtkampf 175
Politik der Stärke 125
Politikwissenschaft 13, 16
Politische Bildung 13, 96, 258, 267, 275
politische Deprivation 281
politische Einstellungen 15, 255
politische Gleichheit 237
Politische Führung 104 f.
politische Kommunikation 270, 273 f., 346 f.
politische Kompetenz 265
Politische Kultur 46, 47, 95, 123, 274, 284
politische Partizipation, aggressive 230 f., 277
politische Partizipation, direkte 233
politische Partizipation, unkonventionelle 233 f., 236 f., 278 f.
Politische Planung 272
Politische Ökologie 339, 340
Politische Ökonomie 249
politische Sozialisation 255 f.
Politische Steuerung 272, 273
politische Überzeugungen 224
politische Werbung 272
politischer Konflikt 225
politischer Zynismus 41, 264
politisches Bewußtsein 18, 50, 182, 194, *239—255*, 307
politisches Engagement 38, 238
politisches Lernen 18, 50, *255—266*, 306
politisches System 11, 15, 43, 44, 47, 49
politisches Verhalten 35
Politisierung 237, 277, 309
postindustrielle Demokratie 229
postindustrielle Gesellschaft 276
Postmaterialismus 46, 281, 294
Primat der Politik 192
Propaganda 18, 33, 172, 209, *267—276*, 347
Propagandaverständnis (marxistisch-leninistisches) 268
Protest 17, 33, 48, 123, 163, 233, *276—283*, 309, 334
Protestbewegungen 16
Protestpotentialskala 279

Sachregister

Psychiatrisierung 287
Psychoanalyse 27, 31, 40, 42, 74, 76, 100, 181, 185, 250, 283, 285 f., 298
Psychobiographie 18, 188, *283—289*, 361
Psychohistorie 287
Psychologische Kriegsführung 270
Psychometrie 14, 30, 38
Public relations 267

Radikalenerlaß 26
Radikalismus 42, 173, 174
Rassismus 88, 134, 332
Rechtsextremismus 15, 131
Rechts-links-Dimension 74
Reduktionismus (b. d. Erklärung psychischer Vorgänge) 287
Reifung vs. Erfahrung 261
Religionsethik 198, 199
Repräsentativität von Umfragen 60, 62
Rigidität 41, 74, 131
Rote-Armee-Fraktion 311 f.
Rüstungsmilitarismus 195

Selbstentfremdung 85
Selbstgefühl 24, 25
Selbstkonzept politischer Kompetenz 265 f.
Selbstwertgefühl 70, 283
selektive Wahrnehmung 119
Sexualität 30, 41
Sicherheit 33, 125, 126, 289 f.
Sicherheitsdenken 18, *289—298*
Sicherheitsdilemma 125, 126, 128, 130, 357, 362
Sicherheitspolitik 295
SINUS-Studie 15, 46
Sleeper-Effekt (Spätzündereffekt) 351
Sociological release 119
Solidarität 92, 123
Sonntagsfrage (d. Wahlforschung) 227
Sozialdarwinismus 89, 191, 312
Soziale Bewegungen 49, 50
Soziale Distanz 68
soziale Gleichheit 117
soziale Kategorisierung 327, 328
soziale Legitimität 122, 123

soziale Normen 45 f., 67, 87, 122, 130 f., 171, 275
soziale Ungleichheit 120 f.
soziale Verortung 113
Soziale Verteidigung 101
Soziale Wahrnehmung, Theorie der 329, 330
sozialer Druck 132
sozialer Wandel 36
sozialer und politischer Wandel 231
soziales Lernen 102
soziales Milieu 113
soziales Selbstbild 113
Sozialisation 24, 43, 45, 47, 69, 95, 113, 255, 275, 298 f., 331
Sozialisationsforschung 16, 18, 31, 92, 225, 250, *298—308*
Sozialisationsziele 305
Sozialismus 116
Sozialpsychologie 12, 15, 16, 35, 37, 71, 87, 242
Sozialstatus 38
sozioökonomischer Status 236
Soziozentrismus 90, 92, 93
Sprachspiel (Wittgenstein) 252, 253
Sprachzerstörung 253
Srole-Skala 37 f., 87
Stadtguerilla 310
Stalinismus 310, 313
Standesbewußtsein 240
Status Quo 304
Stereotypie 41
Stichprobenauswahl 58 f.
Stimulus-Response-Modell (der Medienwirkung) 348
strukturelle Gewalt 32, 99
Strukturwandel der Öffentlichkeit 213, 272
subjektiver Faktor 13, 168, 287
Sündenbock 44, 95
Suizid/Selbstmord 32, 35 f.
Support-Konzept 264
Supranationale Organisationen 219
Symbolischer Interaktionismus 244, 245, 355
Systemtheorie 111

Terrorismus 11, 18, *308—317*
terroristische Aktionen 314
Terror von oben 309
Terror von unten 309

Sachregister

Thematisierungsfunktion der Massenmedien (agenda-setting-Hypothese) 213, 348, 356
These der wachsenden Wissenskluft 356
Totalitarismus 44, 45, 191, 309
totalitäre Systeme (Kennzeichen) 43
Tradition 44
Traditionalismus 137
Träger-Muster-Bedeutungssystem 249
Triebtheorie der Aggression 19, 20, 100
Two-step-flow of communication 352

Überdeterminiertheit (psychischer Vorgänge) 287
Umweltschutz 13, 48, 49, 50, 52, 56, 276
Umweltvergiftung 26
Unabhängigkeit (vs. Konformität) 131
UNESCO 98, 102, 193
Ungerechtigkeit (Reproduktion der) 304
Ungewißheit 290
Uniformität 130 f., 135
Unterordnungsbereitschaft 264
Utilitarismus 94, 318 f.
utilitaristische Organisationen 217

Verantwortlichkeit des Forschers 16, 17
Verbände, 16, 17, 50
Verdrängung 31
Verfassungsloyalität 166
Verfassungsprinzipien 17
Verfügungsgewalt 161, 162, 167
Vergesellschaftung 215
vergleichende Regierungslehre 106
Verhaltensdifferential (Triandis) 68
Verlust (Erfahrung des) 142
Vernunft-Ethik 199
Vernunftsmoral 197
Verrechtlichung 145
Verteilungsungleichheit 121
Vertragsprinzipien 18, *317–326*
Vertrauen 297
Volksmeinung 207

Völkerpsychologie 241, 244
Vorurteil 18, 32, 69, 70, 88, 191, *326–335*

Wahlbeteiligung 235
Wahlentscheidung 13, 227
Wahlgeographie 339
Wahlforschung 63
Wahlrecht 230
Wählerschaft der großen Parteien 341
Wählerverhalten 17, 135, 225, 232, *335–346*
Wald-Regel 320
Wertewandel, gesellschaftlicher 164
Wertfreiheit der Forschung 179, 181
Wertorientierung, individuelle 225
Wettrüsten 125, 128, 129
Widerstand 44
Wirkungsforschung 18, 49, 52, 209, 271, 334, *346–357*
Wissenschaftstheorie 82
Wohlfahrt 192, 317 f.

Zeitperspektive 75, 76, 77, 261
Zivilismus 191
Zukunftsverständnis 291
ZUMA 66
Zwangsorganisationen 217
Zwischenstaatliche Beziehungen 18, 272, *357–364*

Autorenregister

Abcarian, G. 267
Abelard, P. 199
Acheson, D. 108
Adelson, J. 261
Adorno, Th. W. 40 ff., 48, 73 ff., 80, 90, 92 f., 96, 135, 213, 252, 264, 327, 330
AfK 355 f.
Ajzen, I. 71 f.
Albert, H. 79 f., 178
Albertin, L. 238
Albig, W. 269 f.
Alemann, U. von 230 f., 235, 238
Alkuin 207
Allerbeck, K. R. 234, 237 f.
Allport, G. W. 95, 202 f., 331, 335 f.
Almond, G. A. 234, 237 f.
Anderson, J. W. 286, 289
Andreski, St. 172
Andritzki, W. 54, 56
Anselm, S. 26, 34
Apel, O. 200, 203
Aquin, Th. von 207
Aristoteles 198, 208
Aron, R. 364
Arrow, K. J. 323
Arzberger, K. 294, 297
Ausubel, D. P. 261
Axelrod, R. 108, 112

Baeyer, W. von 26, 34
Baeyer-Katte, W. von 15, 26, 34, 317
Bagley, Ch. 68, 72
Bain, A. 202
Baker, K. L. 341, 344, 346
Baldwin, A. L. 202
Bandura, A. 20, 26, 355
Barber, J. D. 107, 112
Barnes, S. H. 230 ff., 233 ff., 236 ff., 276, 278 ff., 282
Barres, E. 94, 96

Barth, H. 142
Barth, P. 215–224
Baruffol, E. 81
Bateson, G. 32
Bauer, R. A. 348
Bauer, W. 207, 209, 211, 214
Baumgartner, H. M. 208
Beck, U. 12, 18
Beckett, S. 83
Behrens, H. 109, 112
Behrmann, G. C. 275
Bem, D. J. 109
Bentham, J. 198
Berelson, B. R. 342, 346, 352
Berg, K. 353, 356
Berger, H. 60 f., 64 ff.
Berger, M. 227 f.
Berger, P. L. 113
Berghan, V. R. 195
Berkeley, G. 202
Berkowitz, L. 280
Bernfeld, S. 264
Bessler, H. 353
Bettelheim, B. 285
Bettinghaus, B. 347
Binion, R. 284
Birbaumer, N. 27 f., 34
Bishop, J. 198
Bloch, E. 254
Blondel, J. 106, 112
Bloom, B. 258 f., 266
Bluntschli, J. C. 211
Boden, U. 79, 83
Böckelmann, F. 272
Bogardus, E. S. 68
Bohm, G. 51
Bolte, K. M. 122, 124
Borsdorf-Ruhl, B. 52
Bosse, H. 18
Bossel, H. 291, 298
Bostian, L. R. 353
Bott, H. 94, 118
Boulding, K. 119
Bourdieu, P. 268
Bracher, K. D. 97
Brandt, A. 22
Brandt, W. 108
Braun, K.-H. 178, 183, 186, 188
Braun, S. 118
Bredow, W. von 136–143, 192 f.

Autorenregister

Bromley, St. 72
Browning, R. P. 187
Brückner, P. 243
Brünneck, A. von 313
Bruner, J. S. 261 f.
Brunner, O. 195, 214
Brunswik, E. 202
Bryce, J. 268
Bucher, R. 209
Budge, J. 227, 229
Bürki, J. F. 89, 96
Buffon, G. L. 81
Bulmer, M. J. 118
Burk, E. 139
Burnham, J. 171, 174 f., 176 ff.
Burns, J. D. 110 ff.
Butler, S. 198

Cadwallader, L. 273
Campbell, A. 68, 72, 227, 229, 343, 346
Campbell, D. T. 88 f., 92, 96
Capon, N. C. 351
Carlyle, J. R. 104
Cattell, R. B. 202
Christie, R. 79, 171 f., 174, 177
Claessens, D. 317
Claußen, B. 298–308
Cnudde, Ch. F. 272 f.
Colbert, J. B. 271
Colley, L. A. 202
Comte, A. 197 f., 363
Converse, Ph. E. 88, 226 f., 229
Conze, W. 214
Coombs, C. H. 228
Crawford, M. P. 265
Crewe, I. 229
Crosby, F. 68, 72

Dabbs, J. M. 350
Daheim, H. J. 120
Dahrendorf, R. 44, 48, 80, 118, 273, 277
Danielson, W. A. 353
Darwin, Ch. 89
D'Aspremont, C. 326
Davies, J. C. 16, 120
DeCharms, R. 265
Demokrit 198
Dempf, A. 207

Dennis, R. M. 255, 264
Deppe, F. 115
Deschamps, R. 326
Desmoulins, C. 312
Deutsch, K. 272, 361
Deutschmann, P. J. 353
Devereux, G. 27, 34
Diederich, N. 339, 346
Diemer, A. 208
Ditfurth, H. von 34
Döbert, R. 204
Dörner, D. 200, 260, 267
Donohew, L. 348
Donohue, C. A. 356
Dollard, D. 19, 23, 92
Donley, R. 109
Doob, L. W. 19
Dorsch, F. 18
Downs, A. 50
Dreitzel, H. P. 113, 119, 124
Driver, M. J. 112
Duhm, D. 26, 29, 33 f.
Dulles, J. F. 108
Duns Scotus, J. 199
Durkheim, E. 35 f., 198

Easton, D. 111, 264, 281
Ebbinghaus, H. 202
Ebert, Th. 101, 103
Eckart, Ch. 123
Edelmann, W. 274
Edinger, L. J. 284, 361
Ehrlich, H. J. 326, 335
Eibl-Eibesfeld, I. 91, 198
Eide, A. 195
Elias, N. 290 f., 296, 298
Ellul, J. 270, 275
Ellwein, Th. 224
Endres, F. C. 193
Engels, F. 247
Entman, R. 213
Epikur 198
Eppler, E. 198, 204
Erikson, E. H. 287
Ertel, S. 79 ff., 82 f.
Esser, H. 64, 66
Etcoff, N. L. 335
Etzioni, A. 86, 88, 217, 224, 275
Eysenck, H. J. 42 f., 79, 171

Falbo, T. 174, 177
Falter, J. W. 227, 229, *335–346*
Farlie, D. 229
Feger, H. 317
Feshbach, S. 350
Festinger, L. A. 351
Fetscher, I. 316 f.
Fiedler, H. 192
Fischer, A. 38 f.
Fishbein, M. 71 f.
Fishkin, J. 51
Fiske, S. T. 335
Flavell, J. H. 90
Form, W. H. 122
Forndran, E. 98, 101, 103
Forrestal, J. 287
Forschner, N. 210
Forster, J. G. 204, 210 f.
Foulkes, D. 354
Fouqier-Tinville, A. Q. 311
Fraenkel, E. 213
Franco, F. 44, 47
Frei, D. 125, 130, 290, 293, 296, 298
Frenkel-Brunswik, E. 73, 90, 92, 135
Freud, S. 12, 30 f., 42, 363
Freyer, H. 291
Freyhold, M. von 42, 48
Friedeburg, L. von 55
Friedrich, C. J. 43, 212
Fröchling, H. 48
Fröhlich, V. 69
Fromm, E. 16, 21 f., 25 f., 82, 93, 359 f., 363
Fuchs, D. 276–283
Fuchs, G. 243, 255
Fuhrmann, J. 118
Funke, M. 98 f., 103, 312, 314 ff., 317

Gadamer, H.-G. 198
Gaertner, W. 326
Gagne, R. M. 261
Gamson, W. A. 265, 280
Galtung, J. 97, 99, 103
Gandhi, M. 287
Garfinkel, H. 245
Garve, Ch. 211
y Gasset, O. 363
Gaudet, H. 352

Gaulle, Ch. de 106, 108
Gehlen, A. 15
Geiger, Th. 124
Geis, F. I. 171, 174
Geißler, R. 275, 347, 356
Gente, H.-P. 255
George, A. L. 107, 109 f., 112, 275, 284
George, J. 284
Gerbner, G. 355
Gerdes, K. 65 f.
Gerhardt, W. 81
Gersdorff, K. von 212
Gerth, H. 169
Gessenharter, W. 39–48
Geulen, D. 16, 308
Gevers, L. 318, 326
Geyer, M. 194 f.
Giscard d'Estaing, V. 108
Giesen, B. 181, 188
Glad, B. 283, 286, 289
Glanvill, J. 209
Glaser, H. 94
Glazer, N. 264
Gluchowski, P. 227, 229
Goel, M. L. 232 f., 236 f., 239, 277, 283
Göring, H. 312
Görlitz, A. 308
Goldthorpe, J. E. 118
Gottschalch, W. 308
Graumann, C. F. 241, 254
Grebing, H. 139, 143
Greenstein, F. I. 239, 286, 289
Greiffenhagen, M. 142 f., 169
Greiffenhagen, S. 169
Grewe-Partsch, M. 357
Grochla, E. 169
Groeben, N. 81
Gronemeyer, M. 32, 34
Gronemeyer, R. 56
Grossmann, H. 50, 56
Gruen, E. 26, 34
Günther, R. 295, 298
Günther, U. 81
Guggenberger, B. 50, 56
Guntern, A. 81
Gurr, T. R. 310

Autorenregister

Haan, N. 51
Habermas, J. 15, 80, 115 f., 120, 122, 124, 200, 202 f., 204, 213 f., 269, 272, 275 f., 282
Hack, L. 115, 124
Hättich, M. 267
Hammond, S. E. 120
Hansen, G. 68, 72
Hanson, E. C. 361
Harsanyi, J. C. 322, 326
Hart, A. B. 361
Hartfiel, G. 45, 48
Hartig, I. A. 34
Hartley, D. 202
Hartmann, D. D. 283–289
Hartmann, H. A. 72–83
Hartmann, K. D. 14, 18
Hartshorne, H. 202
Hayakawa, S. I. 275
Hazelrigg, J. S. 120
Heberle, R. 340, 346
Hegel, G. W. F. 84, 198, 200, 202, 207, 246 f., 311
Heider, F. 351
Heinemann, G. 98
Heintz, P. 41
Heinz, W. R. 255
Hennig, E. 308–317
Henning, H. J. 170–178
Hennis, W. 207, 213
Heradstreit, J. 108
Herbert, W. 169
Herkommer, S. 115, 124
Hermann, M. 104, 107, 111 f.
Herrmann, Th. 80, 178, 184
Herz, J. H. 125, 130
Herzog, H. 354
Hesiod 207
Hess, R. D. 256 f., 264 ff., 267, 331, 335
Hibbs, D. A. 277, 282
Hildesheimer, W. 288
Hilke, R. 26
Hiller, P. 115, 122, 124
Hilligen, W. 257
Himmelweit, E. T. 120
Hintze, O. 192
Hirschmann, A. O. 169
Hitler, A. 207, 284, 361 f.
Hobbes, Th. 198, 202

Hobhouse, H. 203
Hochman, L. 83
Höffe, O. 204
Hölscher, L. 206, 209, 211, 214
Hörning, K. H. 124
Hoffmann, St. 103 ff., 112
Hoffmann-Nowotny, H. J. 124
Hofmannsthal, H. von 140
Hofstätter, P. R. 267, 269
Hoggart, R. 118
Holm, K. 60, 66
Holsti, O. R. 107 f.
Holtzendorff, F. von 212
Holzkamp, K. 20, 79 ff., 82 f., 178, 203, 242, 248, 254
Hondrich, K. O. 177 f.
Hopf, Ch. 65 f.
Hopple, N. 107
Horkheimer, M. 252, 264
Horn, K. 18, 100, 178, 250 f., 255, 269 f., 359, 364
Hortleder, G. 114, 124
Horton, D. 354
Hovland, C. I. 267, 271, 349, 351
Huber, M. P. 122
Hulbert, J. A. 351
Hull, C. L. 202
Hume, D. 73, 202, 209
Huntington, S. P. 276 f., 282
Hunziker, P. 205, 212, 214
Hurrelmann, K. 16, 308
Husserl, E. 197, 245
Hyman, H. H. 188

Infas 52
Infratest 354
Inglehart, R. 46, 225, 294
Irle, M. 131 f., 134 f., 242 f.
Israel, K. 84, 87 f.

Jacobs, K. 204
Jacobsen, W. 13, 15
Jäger, H. 317
Jaeggi, U. 120
Janis, I. L. 109 f., 112, 135, 350
James, W. 244
Jaspars, J. M. F. 331, 335
Jaspers, K. 17, 76 f.
Johnson, N. 335
Jouvenel, J. 107

Autorenregister

Kaase, M. 14, 18, 63, 66, 169, *229 –239*, 236 ff., 262, 276, 278 ff., 281 f., 316, 346, 361
Kaiser, K. 97, 103
Kaltenbrunner, G. K. 141 ff.
Kant, I. 17, 73, 81, 197 f., 202 ff.
Karmasin, F. 66
Karmasin, H. 66
Karl, F. 49, 52, 56
Katz, D. 348, 354 f.
Kaufmann, F. X. 289 ff., 293, 298
Kecskemeti, P. 268, 275
Keiler, P. 77 f., 80 ff., 83
Kelman, H. 76, 361, 364
Kempf, W. 19–26
Keniston, K. 85 f., 88
Kennedy, J. F. 105, 108, 110
Kern, L. 317–326
Kiefer, M. L. 353, 356
Kierkegaard, S. A. 30, 34
Kim, J. 232, 234 ff., 238 f.
Kinder, D. R. 332, 335
Kiock, H. 353
Kissinger, H. 105 f., 108, 110
Klages, H. 169
Klaits, J. 271, 276
Klaus, G. 268
Kleining, G. 113, 120
Klemm, K. 68, 72
Klingemann, H. D. 14, 18, *224–229*, 316, 346
Kluge, A. 214, 249 f., 255
Knöpfle, F. 51
Knutson, J. N. 13, 18, 39, 187 ff., 289
Kodolitsch, P. von 55 f.
König, R. 12, 65 f., 271, 346
Kohut, H. 286
Kohlberg, L. 200, 202 ff., 318 f., 326
Kornadt, H. J. 20
Koselleck, R. 214
Krämer-Badoni, Th. 83–88
Krahé, B. 69, 72
Krahé, P. 69, 72
Krahl, H.-J. 252
Krampen, G. 172, 178
Kress, G. 18
Kreutz, H. 353
Krieger, R. 255–267
Kriele, M. 205
Krippendorf, E. 97, 275

Kris, E. 269, 275
Krohne, H. W. 27, 34
Kromrey, H. 66
Krovoza, A. 243
Krüger, K. 205
Krupp, B. 48
Kuczynski, J. 29, 34
Kuhn, Th. S. 208
Kuhne, D. 26–34

Laclos, Ch. de 212
Lakatos, I. 184, 189
Lane, R. 284
Lang, K. 190
Lange, R. P. 52 f.
Langenhol-Weyer, M. 68
LaPierre, T. T. 71
Laponce, W. 124
Laqueur, W. 311, 315 ff.
Lasswell, H. D. 12, 109, 267, 269 f., 361, 364
Laumann, E. O. 225, 229
Lazarsfeld, P. F. 202, 341, 346, 352
Lazarus, R. S. 27 f.
Lazarus-Mainka, G. 27, 34
LeBon, G. 12, 363
Lederer, G. 46, 48
Lefebvre, G. 29, 34
Lefebvre, H. 247, 255
Leibholz, G. 213
Leibnitz, G. W. 209
Leites, N. 269, 361
Leithäuser, Th. 18, 182, 186, 189, *239–255*
Lenin, W. J. 268
Lenz, F. 212, 214
Leontjew, A. N. 248
Lepenies, W. 30 f., 34
Lepsius, M. R. 113
Lerner, D. 361, 364
Leventhal, H. 350
LeVine, R. A. 89, 92, 96
Levinson, D. J. 73, 90, 135
Liebknecht, K. 192
Likert, R. 203
Lilli, W. 330, 335
Lind, G. 196–204
Link, W. 238
Linz, J. J. 44 f., 47 f.
Lippert, E. 11–18, 88–96, 189 –196, 356

Autorenregister

Lipset, S. M. 43, 225, 229, 342, 346
Locke, J. 202, 205, 209
Lockwood, D. 118
Lopreato, J. A. 124
Lorenz, K. 19, 101, 103, 198
Lorenzen, P. 200 f.
Lorenzer, A. 178, 250, 253, 255
Luckmann, T. 113
Ludz, Ch. 83, 88
Luhmann, N. 94, 213, 224, 272 ff., 297 f.
Luther, M. 287

Machiavelli, N. 170, 205, 208 f., 212
MacPherson, C. B. 272 f.
Märtesheimer, P. 69
Mahler, M. 286
Maihofer, W. 291
Maistre, J. M. de 139
Maletzke, G. 270, 276
Mannheim, K. 137
Mao Tse Tung 106, 108
Marcus, G. B. 226 f., 229
Marcuse, H. 80, 246, 255
Marenssin, D. 313
Marin, B. 94, 96
Markard, M. 188
Martin, F. M. 120
Marx, K. 80, 84 f., 240, 247, 251 f.
Maslow, A. H. 109
Massing, O. 143–169
Mayer, K. U. 118, 121, 124
Mayer-Tasch, P. C. 49 f., 52, 55 f.
Mayntz, R. 120, 216, 224
Mazlish, B. 284
McCarthy, J. 82
McClelland, D. 109
McCombs, M. E. 356
McConahay, J. B. 188
McKennell, A. C. 124
McQuail, D. 354
Mead, G. H. 113, 200, 244
Mechtersheimer, A. 195
Meinefeld, W. 71 f.
Meins, H. 316
Mendelsohn, G. A. 202
Mensch, T. G. 289
Merelman, R. M. 261
Merten, K. 205
Mertens, W. 241, 243, 255
Merrit, R. L. 48

Merton, R. K. 36 f.
Meyer, B. 289–298
Michels, R. 53, 363
Mickolus, E. F. 314
Miguel, A. de 47 f.
Milbrath, L. W. 38, 232 f., 236 f., 239, 277, 283
Milgram, St. 132, 136, 151
Mill, J. 198, 202
Miller, A. 287, 289
Miller, J. G. 111 f.
Miller, N. E. 19
Miller, W. 229
Mills, C. W. 169
Mirabeau, B. 211
Mischel, W. 202
Mitscherlich, A. 95, 250
Mohler, A. 141
Moltke, H. von 193
Moltmann, B. 192, 196
Montaigne, M. de 210
Moore, H. 120
Moscovici, S. 70, 72
Moser, H. 18, 34, 39, 179, 183, 188 f.
Mowrer, O. H. 19
Mozart, W. A. 288
Muck, M. 250
Müller, A. 139
Müller, K.-J. 196
Müller, U. 187, 189
Müller, W. 124
Münster, H. A. 212
Muller, E. N. 234, 276, 278 f., 283
Murck, M. 294 f., 298
Murty, B. S. 272, 276
Musgrave, A. 184

Naditch, M. P. 265
Nahr, G. 272
Narr, W.-D. 169
Narvesen, G. F. 108
Necker, J. 210 f.
Negt, O. 214, 249 f., 255
Neidhardt, F. 317
Neubauer, W. F. 272 f.
Neumann-Schönwetter, M. 308
Nicklas, H. 69, 72, 93, 96, 102, 333, 335
Nie, N. H. 230 ff., 233, 236 ff., 239, 345 f.

Noelle, E. 57, 66
Noelle-Neumann, E. 66, 212, 214, 268
Norpoth, H. 228 f.
Nowak, S. 120
Nunner-Winkler, G. 204

Oberndörfer, D. 229
Ockham, W. von 199
Oeser, O. E. 120
Offe, C. 11, 50, 55, 77 f., 82, 169
Olien, C. N. 356
Olsen, M. E. 87 f.
Olson, M. 50, 126, 130
Opitz, E. 196
Osgood, Ch. E. 351
Ossowski, S. 112
Ostermann, Ä. 69, 72, 93, 96, 102, 333, 335
Österreich, D. 78, 83

Packard, V. 270
Paige, J. M. 110, 112
Paletz, D. L. 213
Pappi, F. U. 225, 229, 339, 341 ff., 346
Pareto, V. 138, 324 f.
Parkin, F. 124
Parsons, T. 36, 122, 217
Passeron, J. C. 268
Peltzer, U. 178−189
Petermann, F. 60, 66
Peuckert, R. 131 f.
Pfeiffer, D. K. 224
Piaget, J. 89 f., 202 ff., 261, 355
Pittel, S. M. 202
Platon 197 f., 206
Politzer, G. 243
Polsby, N. W. 239
Popitz, H. 113, 115 f., 118 ff., 124
Popper, K. 80, 201, 223 f.
Portele, G. 204
Prätorius, R. 169
Presthus, R. 149, 169
Protagoras 198
Putnam, R. 107, 112
Pyrrhon von Ellis 73

Qualter, T. H. 276
Quintilian 207

Radway, L. I. 196
Räder, G. 267−276
Rammstedt, O. 18, 49, 55 f.
Rappoport, L. 28 f., 34
Raschke, J. 13
Rattinger, H. 344 ff.
Rattner, J. 93
Rawls, J. 318 ff., 321 ff., 326
Reichel, P. 98
Reich, W. 82, 264, 287, 363
Reither, F. 260, 267
Renckstorf, K. 355, 357
Rest, J. R. 204
Ridder, H. 313
Riesman, D. 37, 265, 363
Ritsert, J. 188
Robinson, G. J. 353
Robinson, J. P. 38 f., 87 f.
Rogers, C. R. 22, 26
Roghmann, K. 41 f., 48, 77 ff., 82 f.
Rohrmoser, G. 317
Rokeach, M. 43, 73 ff., 76 ff., 79, 83, 91, 107, 330
Rokkan, St. 48, 229, 342, 346
Ronge, V. 57−67
Ronneberger, F. 347
Roos, E. 205
Rose, A. M. 326, 335
Rosenau, J. 111
Rosenau, N. 257, 261, 267
Ross, E. 211
Rostock, M. 45, 48
Roth, J. 32, 34, 361
Rotter, J. B. 265
Rousseau, J. J. 210, 198
Rubinstein, S. L. 248
Rudermann, A. J. 335
Runciman, R. G. 123
Rusk, D. 108
Russett, B. M. 361

Saint-Simon, C. H. 363
Salje, E. 255
Sandberger, J. U. 112−124
Sanford, R. N. 73, 90, 135
Sartre, J. P. 246
Saxe, L. 72
Saxer, U. 357
Scase, R. 119, 124
Schäfer, B. 327, 335

Autorenregister

Schäffle, A. 211
Schefer, G. 114
Schelling, Th. C. 127, 130
Schenk, M. 48–56, 346–357
Scheuch, E. K. 66
Schlangen, W. 48
Schmid, M. 181, 188
Schmidtchen, G. 317
Schmitt, C. 95, 141, 311, 317
Schmitt, F.-J. 69
Schmoller, G. 211
Schneewind, K. 178, 184, 189
Schössler, D. 357–364
Schopenhauer, A. 81, 198
Schrader, A. 68
Schreiber, E. 204–214
Schülein, J. A. 14, 18
Schütz, A. 245
Schulz, W. 29, 34, 356
Schulze, G. 260, 264, 267
Schumacher, K. 108, 284
Schumann, H. 68, 72, 143
Schumpeter, J. A. 50, 267
Schwartz, D. L. 267
Schwartz, S. K. 267
Schweigler, G. 363
Schwemmer, O. 200 f.
Sears, D. O. 332, 335
Sears, R. R. 19, 256
Seeman, M. 37, 86 ff.
Seligman, M. 34
Selg, H. 26
Selman, R. L. 90
Sen, A. 318, 326
Senghaas, D. 18, 100, 103, 194, 275
Sève, L. 249
Shabad, G. 236, 239
Shaftesbury, A. A. C. 198
Shaver, Ph. R. 38 f., 87 f.
Shaw, D. L. 356
Sherif, C. W. 327, 335
Sherif, M. 132, 327, 335
Siegfried, A. 339
Siekmann, S. 54
Sills, D. L. 196
Simpson, G. 72
Simon, H. A. 169
SINUS 48
Six, B. 67–72, 171 f., 177, *326–335*
Skinner, B. F. 202

Slomczynski, K. 120
Smelser, N. J. 214
Smith, A. 84
Sola Pool, I. de 275
Soukup, G. 308
Soule, J. W. 267
Spengler, O. 363
Spielberger, Ch. 28
Spinoza, B. de 198
Srannard, D. E. 286, 289
Srole, L. 37 f., 87
Stadler, M. 77 f., 79 ff., 83
Stahl, J. 211
Steck, P. 18, 130–136
Stephan, W. G. 334 f.
Stern, F. 140
Stern, W. 202
Stewart, J. 107
Stierlin, H. 361, 364
Stohl, M. 310, 314, 317
Stokes, D. 229
Strauss, P. S. 83
Streiffeler, F. 18, 92
Stuart, D. 103–112
Sturm, H. 347, 355, 357
Sturminger, A. 271
Suchman, R. J. 259
Süllwold, L. 317
Sumner, W. G. 89 f.

Tajfel, H. 72, 330, 335
Tannenbaum, P. H. 351
Taylor, S. E. 330, 335
Teichert, W. 355
Temple, W. 209
Thee, M. 195
Theweleit, K. 286
Thorndike, E. L. 202
Thurstone, L. L. 204
Tichenor, Ph. J. 356
Tipton, L. P. 348
Tjaden-Steinhauer, M. 115, 124
Tomberg, F. 84, 88
Topitsch, E. 80
Torney, J. 257, 264, 267, 331, 335
Toynbee, A. 104
Triandis, H. C. 68
Troldahl, V. C. 353

Uledow, A. K. 205, 212
Ulich, D. 308

Vacchiano, R. B. 78 f., 83
Van Dam, R. 353
Van der Geer, J. P. 335
Verba, S. 230 ff., 233 f., 236 ff., 239
Verma, G. K. 68, 72
Vogel, H.-J. 54, 312, 315
Vogt, W. R. 192
Volmerg, B. 182, 186, 189, 247, 251, 255
Volmerg, U. 255
Vroom, V. 109

Wacker, A. 18, 261, 267
Wagner, D. 96–103
Waite, R. R. 284
Wakenhut, R. 11–18, 35–39, 88–96, 204
Walter, H. 308
Waltz, K. N. 125, 130
Warner, W. L. 124
Wasmund, K. 38 f., 255, 308
Weber, M. 40, 53, 80, 105, 107, 146 f., 169, 198, 200
Weede, E. 125–130, 187, 361, 364
Wegener, B. 228 f.
Weingarten, E. 65 f.
Weiss, W. 351
Werbik, H. 22
Wesolowski, R. 120
Westermarck, E. 203
Wettig, G. 361
Wicker, A. W. 71
Wiedemann, H. 120
Wiesbrock, H. 26, 29, 34
Wildemann, R. 361
Willener, A. 120
Williams, R. M. 67
Winter, S. J. 107, 109
Wilson, W. 284
Wittgenstein, L. 252 f.
Wördemann, N. 316
Wohl, R. R. 354
Wolf, B. 328
Wolf, Ch. 289
Wolfenstein, V. E. 107, 112
Wolff, Ch. 202
Wulf, Ch. 102
Wundt, W. 200, 204, 241 f., 244
Wutka, B. 255

Yetton, Ph. 109
Yinger, J. M. 39, 67, 72

Ziegler, R. 224
Zillessen, H. 50
Zimmermann, E. 39, 283
Zimpel, G. 50
Zoll, R. 295, 298
Zorn 209

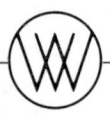

Hans D. Klingemann/Max Kaase (Hrsg.)
unter Mitarbeit von Klaus Horn
Politische Psychologie
1981. 469 S. 15,5 X 23,5 cm (PVS-Sonderheft 12/1981)
Folieneinband

Die Politische Psychologie trifft seit einigen Jahren auch in Deutschland auf ein verstärktes Interesse. Dieses Interesse fand nicht zuletzt seinen Ausdruck in der Entscheidung der Internationalen Gesellschaft für Politische Psychologie (ISPP), ihre 4. Jahrestagung — erstmals außerhalb der USA — im Juni 1981 an der Universität Mannheim abzuhalten. In diesem Sonderheft werden Arbeiten zur Politischen Psychologie vorgelegt, die in Zusammenhang mit einem im Herbst 1980 durch das Zentrum für Umfragen, Methoden und Analysen (ZUMA) veranstalteten Workshop sowie einer Tagung des Arbeitskreises Politische Psychologie der Deutschen Vereinigung für Politische Wissenschaft (DVPW) entstanden sind. In diesen Beiträgen werden fünf breite Themenbereiche behandelt: Politische Sozialisation, Politische Wertorientierungen, Einstellungen zum politischen System und politische Beteiligung, Faschismusforschung sowie historisch relevante Themen von Subjektivität.

Autoren der Beiträge: W. W. Weiß, S. Preiser, W. Wannenmacher, G. Lind, K. D. Hartmann, E. Lippert, B. Kroner, G. Winter, H. Klages, P. Streck, M. Schneider, H. Hermsen, R. J. Dalton, D. Fuchs, D. Dickenberger, M. Rosch, P. Schmidt, H.-G. Räder, H. Moser, D.-D. Hartmann, S. Ertel, R. Erlebach, T. Kissenkötter, R. Krieger, D. Wacker, E. Reinke-Köberer, H. Bosse, K. Horn, J. A. Schülein, B. Volmerg, T. Leithäuser, U. Volmerg, O. Rammstedt, E. Bornemann.

Westdeutscher Verlag